Hans Küng
Strukturen der Kirche

SERIE PIPER
Band 762

Zu diesem Buch

Hans Küng will bestimmte, für die Ökumene wichtige Wesenszüge der Kirche historisch und systematisch durchleuchten, um so zentrale Ordnungselemente und Ordnungszusammenhänge deutlich zu machen. Der Schwerpunkt liegt dabei auf dem Verhältnis Kirche-Amt und Konzil-Papst. Die Fragen, die dieses Buch bei seinem ersten Erscheinen zur Zeit des II. Vatikanischen Konzils aufgeworfen hat, sind von einer zunehmend restaurativen Kirche bis heute nicht beantwortet worden – sie sind unverändert aktuell. Ein Buch, das aus dem Reform-Geist des II. Vatikanischen Konzils heraus geschrieben wurde und Ausdruck des leidenschaftlichen ökumenischen Engagements dieses katholischen Theologen ist.

»Dieses Buch hat seine Geschichte, und es wird, so hoffe ich, wieder neu eine Zukunft haben.«　　　　　　　　　　　　　　　　　　Hans Küng

Hans Küng, geboren 1928 in Sursee (Schweiz). 1948 bis 1955 Studium der Philosophie und Theologie in Rom. 1955 Studium an der Sorbonne und am Institut Catholique in Paris. 1957 bis 1959 praktische Seelsorge in Luzern. 1960 Berufung an die Universität Tübingen als o. Professor für Fundamentaltheologie. Unter Papst Johannes XXIII. theologischer Konzilsberater. Seit 1963 Professor der dogmatischen und ökumenischen Theologie und Direktor des Instituts für ökumenische Forschung. Seit 1980 fakultätsunabhängig Professor für ökumenische Theologie und Direktor des Instituts für ökumenische Forschung.

Im Piper Verlag sind u. a. erschienen: »Christ sein« (1974, [11]1983); »Existiert Gott?« (1978, [2]1984); »Ewiges Leben?« (1982); (mit Heinz Bechert, Josef van Ess, Heinrich von Stietencron) »Christentum und Weltreligionen« (1984); »Theologie im Aufbruch« (1987).

Hans Küng

Strukturen der Kirche

Mit einem Vorwort zur Taschenbuchausgabe
und einem Epilog 1987

Piper
München Zürich

Die Erstausgabe dieses Buches erschien 1962 im Verlag Herder, Freiburg.

ISBN 3-492-10762-1
Oktober 1987
© R. Piper GmbH & Co. KG, München 1987
Umschlag: Federico Luci,
unter Verwendung eines Ausschnittes aus dem Gemälde
»Himmlisches Jerusalem« von O.H. Hajek
Foto Umschlagrückseite: Rita Strothjohann
Gesamtherstellung: Clausen & Bosse, Leck
Printed in Germany

INHALT

STRUKTUREN DER KIRCHE
FÜNFUNDZWANZIG JAHRE SPÄTER

Vorwort zur Taschenbuchausgabe

Dieses Buch hatte seine Geschichte, und es wird, so hoffe ich, wieder neu eine Zukunft haben. Es war das erste meiner Bücher, das die römische Inquisitionsbehörde einem förmlichen Verfahren unterwarf, welches damals allerdings – mit Hilfe von Kardinal Augustinus Bea – mit einem Freispruch endete. Entstanden war es in einer Zeit, in der Theologie und Kirche vom Aufbruch konziliarer Erneuerung bewegt waren. Die Ankündigung eines ökumenischen Konzils durch Johannes XXIII. machte damals die Besinnung auf weithin vergessene Strukturen der Kirche zu einem spannenden Unternehmen. Denn diese Konzilsankündigung war zweifellos die größte Überraschung, die der Katholischen Kirche von innen her in diesem Jahrhundert bereitet wurde.

In früheren Jahrhunderten wäre eine Konzilsankündigung keineswegs eine solche Überraschung gewesen. Oft genug hatte man nach Konzilien gerufen, um eine »Reform der Kirche an Haupt und Gliedern« zu beschleunigen. Gewiß war auch in unserem Jahrhundert immer wieder die Reform der Kirche gefordert worden, aber ein ökumenisches Konzil hatte niemand ernsthaft verlangt. Außerhalb der katholischen Kiche war man ohnehin weithin der Meinung, der Zentralisierungsprozeß der katholischen Kirche habe im Vatikanum I seinen Höhepunkt erreicht. Dieses Konzil sei wohl das letzte katholische Konzil gewesen, da die Fülle der Vollmacht, die hier dem Papst zuerteilt worden war, ein Konzil im Grunde überflüssig mache. Aber auch innerhalb der katholischen Kirche glaubte niemand mehr recht an ökumenische Konzilien. Konkret jedenfalls rechnete keiner mehr damit. Warum auch? In den Handbüchern der katholischen Dogmatik waren die Traktate über den Papst immer länger und die über das Konzil immer kürzer geworden, ja zum Teil – gerade in den dicksten Ekklesiologien – überhaupt verschwunden. Konzilien waren in Leben und Theologie der Kirche nicht mehr gefragt.

Und dann kam Johannes XXIII. und kündigte zur Freude der einen und zum Schock der anderen 1959 ein Konzil an. Und ich will es nicht verhehlen: es brauchte die mutige Entscheidung dieses unvergessenen Papstes, um uns katholische Theologen aufzurütteln. Wir begannen, wieder neu über die Kirche und ihre Strukturen nachzudenken. Über Kirche war offenbar mehr zu sagen als das Vatikanum I mit seiner papalistischen Zentrierung glauben machen konnte.

Diese Studie trägt nicht den anspruchsvollen Titel »*Die* Struktur der

Kirche«: sie will nicht eine *umfassende* Beschreibung des Wesens der katholischen Kirche geben; diese wurde dann versucht in meinem Buch »Die Kirche« (1967) und zu Ende gedacht in »Unfehlbar? Eine Anfrage« (1970). Diese Studie hier behandelt »Strukturen der Kirche«: sie will in ökumenischem Geist eine gezielte Beschreibung von bestimmten Wesenszügen der katholischen Kirche geben. Sie will in die Struktur, in das lebendige Gefüge der Kirche hineinleuchten, um so zentrale Ordnungselemente und Ordnungszusammenhänge wieder neu zu entdecken. Leicht war ein solches Verfahren nicht. Der Systematiker war und ist darauf angewiesen, von den Forschungen seiner Kollegen in der Exegese, Kirchengeschichte und Kanonistik Ergebnisse zu übernehmen, die er nicht alle im einzelnen überprüfen kann.

Alle Fragen konnten und sollten nicht mit der gleichen Ausführlichkeit behandelt werden. Bei einer ekklesiologischen Arbeit, die im deutschen Sprachraum entstanden ist, durfte man es beim damaligen Stand des ökumenischen Gesprächs als selbstverständlich annehmen, daß sie sich besonders mit der evangelischen Theologie auseinandersetzt; es ergab sich dabei eine Konzentration vor allem auf die – seit dem Amtsantritt des polnischen Papstes wieder neu akut gewordene – Problematik des Verhältnisses Kirche und Amt, Konzil und Papst. Daraus folgt, daß zentrale Anliegen der orientalischen Kirche und Theologie mitberücksichtigt sind, auch wenn die Auseinandersetzung nicht direkt mit der orientalischen Theologie geführt wird.

Nun wäre der Verfasser glücklich, wenn das, was in seinem Buch theologisch-ekklesiologisch entworfen wurde, auch praktisch-ekklesiologisch eingelöst worden wäre. Die Verhältnisse aber sind, Gott sei's geklagt, nicht so! Bei allen anderen Fortschritten in der Ökumene sind wir auch in den entscheidenden ökumenischen Fragen der Kirchenverfassung nicht weitergekommen, und dies trotz – oder gerade wegen – der Kirchenkonstitution des Vatikanum II, welche die in diesem Buch behandelten Fragen weithin ausgeblendet oder aber in traditioneller Weise festgeschrieben hat. Im Gegenteil: der gegenwärtige Papst, die römische Bürokratie und der von ihr wieder weithin kontrollierte und in vorkonziliare Abhängigkeit zurückgebundene Episkopat tun zur Zeit alles, um die Realisierung dieser ökumenischen Desiderata überall zu behindern. Eine vom Vatikanum aus gesteuerte weltweite unökumenische Obstruktion und Inquisition wie zu Zeiten eines Pius' IX., Pius' X. und Pius' XII., unter der wie schon damals vor allem kritische Theologen, aufgeschlossene Bischöfe, indirekt aber die ganze katholische Kirche und die Ökumene überhaupt zu leiden haben. Doch: die Fragen, die dieses Buch schon vor genau 20 Jahren aufgeworfen hat, können nicht mit Dekreten, Erklärungen und Maßregelungen unterdrückt werden. Sie müssen gerade in dieser erneuten Restaurationsphase unerschrocken in der katholischen, evangelischen und orthodoxen Theologie diskutiert werden:

II

1. Daß *Konziliarität* eine Grundstruktur der kirchlichen Wirklichkeit ausmacht, scheinen wir in einer Zeit neuen päpstlichen Absolutismus und Triumphalismus vergessen zu haben. Wie anders wäre zu erklären, daß man im neuen Codex des Kirchenrechts versucht, gegen die große katholische Tradition das ökumenische Konzil in seiner ekklesiologischen und praktischen Bedeutung möglichst zu minimalisieren? Wie anders wäre zu erklären, daß mit der vom Vatikanum II feierlich geforderten Kollegialität wenigstens von Papst und Bischöfen (von Priestern und Laien noch ganz zu schweigen) noch immer nicht wirklich ernst gemacht wird, daß der Papst sich wieder als einziger Bischof mit allen Mitteln und unbekümmert um die Kosten ständig in den Vordergrund spielt und die Bischofssynode nur eine Alibifunktion für den römischen Zentralismus hat? Das hat gerade die letzte römische Bischofssynode gezeigt (1985), die zwar das Zweite Vatikanische Konzil in aller Form weiterführte und belobigte, doch alle konkreten Ergebnisse vermissen ließ. Keine Frage: Rom blockiert den Geist des Vatikanum II, wo es nur geht. Eine differenzierte Analyse findet sich in dem von mir und Norbert Greinacher herausgegebenen Buch: »Katholische Kirche – wohin? Wider den Verrat am Konzil«, 1986 (Serie Piper Nr. 488).

2. Daß die Frage der *apostolischen Sukzession* nicht durch die Kette der Handauflegungen allein realisiert werden kann, ist unterdessen von zahlreichen offiziellen ökumenischen Gesprächskommissionen, in denen auch die katholische Kirche vertreten war, bestätigt worden. Bestätigt wurde, daß die Frage der Amtsnachfolge nicht mehr kirchentrennend zu sein braucht. Gerade in diesem Punkt haben sich die Hoffnungen dieses Buches auf einen ökumenischen Konsens bestens erfüllt. Wenn dem aber so ist, warum anerkennt dann die katholische Kirche noch immer nicht die Gültigkeit der protestantischen und anglikanischen Ämter und Abendmahlsfeiern und betrachtet alle protestantischen und anglikanischen Bischöfe und Pfarrer – vom Erzbischof von Canterbury angefangen bis zum jüngsten Vikar – als fromme, aber leider ungültig funktionierende Laien? Von den evangelischen Kirchenleitungen dürfte man erwarten, daß sie die Einklage der evangelischen Anliegen nicht aus Diplomatie und Taktik kritischen katholischen Theologen überlassen.

3. Daß *Primat und Unfehlbarkeit des Papstes* die größten Hindernisse auf dem Weg zur ökumenischen Verständigung sind, hat unterdessen selbst ein Papst wie Paul VI. öffentlich zugegeben. Der Verfasser dieses Buches konnte 1962 nicht ahnen, welchen Preis er 17 Jahre später unter einem weniger toleranten und gesprächsfähigen Papst für einen Vorstoß in ökumenischem Geist gerade in dieser Frage zahlen sollte. Einen Kritiker, der sich nach wie vor mit der Zustimmung eines Großteils der katholischen Kirchengemeinschaft und Theologenschaft als katholischen Theologen be-

trachtet, hat man damit desavouiert, aber die Fragen und die hier angebotenen Lösungen bleiben. Auch in Rom wird man sich, wenn man ehrlich ist, keinen Illusionen darüber hingeben, daß ohne die Lösung der Primats- und Unfehlbarkeitsfrage alle ökumenischen Umarmungen orthodoxer, protestantischer und anglikanischer Kirchenführer folgenlose Gesten sind, die die Kirchenspaltung, weil verschleiern, perpetuieren. Was nützt die Einrichtung immer neuer ökumenischer Kommissionen, wenn man im Dialog auf weniger brisante theologische Fragen ausweicht und bezüglich der zentralen Streitfragen nicht bereit ist, die Ergebnisse der bereits seit Jahrzehnten tätigen Kommissionen endlich in die Praxis umzusetzen, statt sie im Vatikan zu schubladisieren?

Wenn man in Rom nur wollte: so vieles ließe sich bei gutem Willen – wie zur Zeit von Papst Johannes – über Nacht ändern. Die »Vision einer künftigen Kirche«, wie sie im Epilog aufgezeigt ist, ist keine Illusion, sondern kann jederzeit verwirklicht werden. Ja, diese Kirche mit einem anderen, einem menschlicheren, christlicheren Antlitz wächst von unten.

Die Konsequenz für die Kirche oben müßte sein: Vielen schönen ökumenischen Worten, Gesten und Reisen von Päpsten, Kardinälen, Bischöfen sollten endlich, endlich Taten folgen! Ein Testfall ist und bleibt gerade das Einigungsdokument zwischen Rom und Canterbury aus dem Jahr 1982, welches man in Rom ohne alle Gründe und ohne allen ökumenischen Takt desavouiert hat – zur Machterhaltung des römischen Apparats und zum Schaden der Ökumene und der katholischen Kirche! Es gibt vielleicht keine bessere Bestätigung für die schon in diesem Buch eingeschlagene Linie als dieses wahrhaft ökumenische katholisch-anglikanische Dokument. Dieses Buch hier hatte seine Geschichte, und es wird, so hoffe ich, wieder neu eine Zukunft haben.

Tübingen, im Mai 1987   Hans Küng

Diese Besinnung auf die Strukturen der Kirche wurde ausgelöst durch die Ankündigung eines ökumenischen Konzils. Die Konzilsankündigung durch Papst Johannes XXIII. war vielleicht die größte Überraschung, die der katholischen Kirche von innen her in diesem Jahrhundert bereitet wurde. In früheren Jahrhunderten wäre eine Konzilsankündigung keineswegs eine solche Überraschung gewesen; sehr oft war früher nach Konzilien gerufen worden. In der Kirche der vergangenen Jahrzehnte war so mancher Ruf erhoben worden, doch nach einem ökumenischen Konzil hatte niemand ernsthaft gerufen. Außerhalb der katholischen Kirche war man mit Hinschius weithin der Meinung, der Zentralisierungsprozeß der katholischen Kirche habe im Vatikanum I seinen Höhepunkt erreicht und dieses Konzil dürfte das letzte katholische Konzil gewesen sein, da die Fülle der Vollmacht, die hier dem Papst zuerteilt worden war, ein Konzil im Grunde überflüssig mache. Innerhalb der katholischen Kirche glaubte man auch nicht mehr recht an ökumenische Konzilien, jedenfalls rechnete man mit ihnen nicht mehr konkret. In den Handbüchern der katholischen Dogmatik waren die Traktate über den Papst immer länger und die über das Konzil immer kürzer geworden, ja zum Teil – gerade in den dicksten Ekklesiologien – überhaupt verschwunden. Konzilien waren in Leben und Theologie der Kirche nicht mehr gefragt.

War dies alles nicht ein Zeichen, daß man gewisse notwendige Strukturen der katholischen Kirche in Theologie und Leben nicht mehr genügend gesehen, ja sogar übersehen hatte? Hat nicht diese Konzilsankündigung uns geweckt, um – nach dem Vatikanum I – wieder neu über die Kirche und ihre Strukturen nachzudenken? Unsere Studie trägt nicht den anspruchsvollen Titel „*Die* Struktur der Kirche“: sie will nicht eine *umfassende* Beschreibung des Wesens der katholischen Kirche geben. Sie behandelt „Strukturen der Kirche“: sie will eine gezielte Beschreibung von bestimmten Wesenszügen der katholischen Kirche geben. Sie will in die Struktur, in das lebendige Gefüge der Kirche hineinleuchten, um so zentrale Ordnungselemente und Ordnungszusammenhänge wieder neu zu entdecken. Leicht ist ein solches Verfahren nicht. Der Dogmatiker allein vermag es nicht zu leisten; er ist darauf angewiesen, von den Forschungen seiner Kollegen in der Exegese, Kirchengeschichte und Kanonistik Ergebnisse zu übernehmen, die er unmöglich alle im einzelnen überprüfen kann. Doch gewinnt seine deshalb recht mühevolle Arbeit gerade so Weite und Intensität zugleich.

Es konnten nicht alle Fragen mit der gleichen Ausführlichkeit behandelt werden. Bei einer ekklesiologischen Arbeit, die im deutschen Sprachraum entstanden ist, darf man es beim heutigen Stand des ökumenischen Gespräches als selbstverständlich annehmen, daß sie sich besonders mit der evangelischen Theologie auseinandersetzt; es ergab sich dabei eine Konzentration vor allem auf die Struktur des Verhältnisses Kirche und Amt, Konzil und Papst. Daraus folgt, daß zentrale Anliegen der orientalischen Kirche und Theologie mitberücksichtigt sind, auch wenn die Auseinandersetzung nicht direkt mit der orientalischen Theologie geführt wird.

Die Reihe, in der dieses Buch erscheint, trägt den Titel: „Quaestiones disputatae". Die Überschrift ist ernst gemeint. Sie setzt voraus, daß es in der Theologie Fragen gibt, die von größter Gewichtigkeit sind und doch der befriedigenden Lösung harren. Eine solche Lösung aber kann nicht plötzlich entstehen. Sie muß vorbereitet werden. Es muß unter den Theologen ernsthaft über die Frage gesprochen werden. Ernsthaft, das heißt: ohne Angst, mit jener nüchternen theologischen Redlichkeit, die sich allein von der Sache leiten läßt und die allein von der Sache her spricht: opportune – importune (2 Tim 4, 2). Nur durch unerschrockene Sachlichkeit und unvoreingenommene Aufrichtigkeit als Ausdruck offener loyaler Kirchlichkeit wird heute der Theologe seinen Dienst zu leisten vermögen: für die Kirche in der Welt.

Für wertvollste Anregungen habe ich Dank zu sagen meinen Kollegen an der katholisch-theologischen Fakultät der Universität Tübingen, insbesondere Prof. Dr. Karl August Fink und Prof. Dr. Karl Hermann Schelkle, die das ganze Manuskript oder Teile davon gelesen haben. Unermüdlich standen mir bei der ganzen Arbeit zur Seite meine Assistenten und Mitarbeiter Dr. theol. Walter Kasper, Fräulein cand. theol. Christa Hempel und Fräulein Odette Zurmühle. Ganz besonderen Dank schulde ich Prof. D. Dr. Edmund Schlink D. D., Heidelberg, der als Beobachter des Rates der Evangelischen Kirche Deutschlands bei der Vorbereitung des Zweiten Vatikanischen Konzils zur Problematik dieses Buches eine besondere Beziehung hat; er hat sich die große Arbeit gemacht, das Manuskript zu lesen, und mir mit verschiedenen guten Hinweisen geholfen. Vor allem aber bin ich dem Herausgeber der „Quaestiones disputatae", Prof. Dr. Karl Rahner S. J., Innsbruck, zu aufrichtigem Dank verpflichtet; er hat keine Mühe gescheut, um dem Verfasser mit seinem kompetenten Rat zur Seite zu stehen.

Tübingen, im Mai 1962

ABKÜRZUNGEN

CC   Corpus Christianorum seu nova Patrum collectio, Turnhout — Paris 1953 ff.

CR   Corpus Reformatorum, (Braunschweig) Berlin 1834 ff, Leipzig 1906 ff.

CSEL   Corpus scriptorum ecclesiasticorum latinorum, Wien 1866 ff.

Denz   H. Denzinger, Enchiridion Symbolorum, Definitionum et Declarationum de rebus fidei et morum, Freiburg i. Br. [31]1960.

Mansi   J. D. Mansi, Sacrorum conciliorum nova et amplissima collectio, 31 Bde., Florenz-Venedig 1757—1798; Neudruck und Forts. hrsg. v. L. Petit u. J. B. Martin in 60 Bdn., Paris 1899—1927.

PG   Patrologia Graeca, hrsg. v. J. P. Migne, 161 Bde., Paris 1857—1866.

PL   Patrologia Latina, hrsg, v. J. P. Migne, 217 Bde., u. Reg.-Bde., Paris 1878—1890.

WA   M. Luther, Werke. Kritische Gesamtausgabe („Weimarer Ausgabe") 1883 ff.

I

EINE THEOLOGIE DES ÖKUMENISCHEN KONZILS?

Für die Ekklesiologie ist das ökumenische Konzil ein Prisma. Im dreikantigen Glasprisma gibt das weiße, sichtbar-unsichtbare Sonnenlicht sein reiches, vielfarbiges Spektrum, seine innere Natur und Art preis. Im ökumenischen Konzil offenbart die reine, sichtbar-unsichtbare Kirche dem glaubenden Auge ihr geheimnisvoll vielfältiges Wesensbild. Ihre spannungsgeladenen Strukturen und ihre dynamischen Komponenten werden hier gleichsam optisch faßbar und, wie auf eine Projektionswand geworfen, mit besonderer Deutlichkeit theologisch analysierbar. Wer über das ökumenische Konzil nachdenkt, denkt – ausdrücklich oder nicht – über die Kirche nach. In dieser Abhandlung soll das Nachdenken über das Konzil ganz ausdrücklich auf das Nachdenken über die Kirche und ihre Strukturen ausgerichtet sein: Theologie des ökumenischen Konzils in Funktion der Ekklesiologie und umgekehrt. Wer über das ökumenische Konzil nachdenkt, denkt über die Kirche nach – dieser Satz ist nicht einfach umkehrbar. Es kann einer über die Kirche nachdenken und in seiner grundsätzlichen Betrachtung das ökumenische Konzil ganz und gar außer acht lassen. Das hat eine geschichtlich-aktuelle Ursache: das ökumenische Konzil war in Leben und Theologie der Kirche nach dem Ersten Vatikanischen Konzil sehr in den Hintergrund getreten. Das hat aber zugleich eine grundsätzlich theologische Ursache: sie betrifft das grundsätzliche Verhältnis Kirche – Konzil.

Vor allen Sachfragen ist auf die grundlegende Schwierigkeit zu antworten, die jeder theologischen Besinnung auf das Wesen des ökumenischen Konzils vorausliegt: Eine theologische Besinnung auf das Wesen des ökumenischen Konzils, also eine Theologie des ökumenischen Konzils – gibt es denn das überhaupt? Hat die Theologie wirklich etwas Verbindliches über das ökumenische Konzil zu sagen?

Gewiß hat das *Kirchenrecht* etwas Verbindliches darüber zu sagen: die Canones 222–229 des Codex Iuris Canonici handeln de Concilio Oecumenico[1]. Gewiß hat auch die *Kirchengeschichte* etwas Verbindliches darüber zu sagen: Hefeles Konziliengeschichte zählt neun Bände, und

---

[1] Vgl. dazu die *Kommentare zum CIC : A. Toso,* Commentaria minora (Romae 1923) II, 16–25; *M. Conte a Coronata,* Institutiones Iuris Canonici (Taurini 1928) I, 368–372; *F. X. Wernz - P. Vidal,* Ius Canonicum (Romae ³1943) II, 522–540; *E. Eichmann - K. Mörsdorf,* Lehrbuch des Kirchenrechts (Paderborn ⁶1949) I,

Mansis „Amplissima Collectio", das Standardquellenwerk der Konziliengeschichte, zählt einunddreißig bzw. sechzig Bände[2]. Aber hat die *Theologie* etwas Verbindliches über das ökumenische Konzil zu sagen? Mit Theologie ist also nicht eine unbiblische, über alles Mögliche und Unmögliche *unverbindlich* redende Theologie gemeint, die selbstverständ

328–330; *A. Vermeersch - I. Creusen,* Epitome Iuris Canonici (Parisiis [7]1949) I, 292–294; *E. F. Regatillo,* Institutiones Iuris Canonici (Santander [4]1951) I, 280–282; *C. Holböck,* Handbuch des Kirchenrechts (Innsbruck-Wien 1951) I, 294–297; *S. Sipos - L. Gálos,* Enchiridion Iuris Canonici (Romae [6]1954) 156–159; *J. A. Abbo - J. D. Hannan,* The Sacred Canons (St. Louis [2]1957) I, 288–291. Vgl. ferner *N. Iung,* Art. Concile, in: Dictionnaire de Droit Canonique (Paris 1942) III, 1268–1301.

[2] Zur *Konziliengeschichte* vgl. neben den Werken zu den einzelnen Konzilien: *C. J. v. Hefele,* Conciliengeschichte. Bd. I–IX (VIII und IX von Hergenröther) (Freiburg i. Br. 1855 ff.; [2]1873 ff.); Neubearbeitung durch *H. Leclercq,* Histoire des conciles d'après les documents originaux. Tom. I–IX (Paris 1907 ff); Le concile et les conciles. Contribution à la vie conciliaire de l'Église (Paris 1960); Die ökumenischen Konzile der Christenheit, hrsg. von H. J. Margull (Stuttgart 1961); zur kurzen sachlichen Orientierung *H. Jedin,* Kleine Konziliengeschichte (Freiburg i. Br. 1959. [3]1961; wertvolle Anmerkungen zur Geschichte der Konzilien bei *H. Fuhrmann,* Das Ökumenische Konzil und seine historischen Grundlagen, in: Geschichte in Wissenschaft und Unterricht, Zeitschrift des Verbandes der Geschichtslehrer Deutschlands 12 (1961) 672–695. – Ebenso die entsprechenden Artikel über die Konzilien im allgemeinen in: Kirchenlexikon III, 779–810 von *J.-M. Scheeben* (Freiburg i. Br. 1884); Dictionnaire de Théologie Catholique III, 636–676 von *J. Forget* (Paris 1923); Lexikon für Theologie und Kirche VI, 182–188 von *L. Mohler* und *E. Schneider* (Freiburg i. Br. 1934); Lexikon für Theologie und Kirche, 2. Aufl. VI, 525–532 von *H. Jedin* und *H. Lais* (Freiburg i. Br. 1961); Catholicisme II, 1439–1444 von *Y. Congar* und *G. Marsot* (Paris 1950); Realenzyklopädie für protestantische Theologie und Kirche XIX, 262–277 von *A. Hauck* (Leipzig 1907); Religion in Geschichte und Gegenwart, 3. Aufl. III, 1800–1806 von *H. D. Altendorf* und *H. Barion* (Tübingen 1959); Evangelisches Kirchenlexikon II, 934–942 von *G. Kretschmar* und *G. Dickel* (Göttingen 1958). – Als *Dokumentensammlung* ist klassisch: *J. D. Mansi,* Sacrorum conciliorum nova et amplissima collectio. Bd. I–XXXI (Florenz-Venedig 1757–98); Neudruck und Forts. hrsg. von *L. Petit* und *J.-B. Martin* in 60 Bdn. (Paris 1899–1927). Dazu die z. T. gründlicheren Aktensammlungen einzelner Konzilien (bes. von Ephesus, Chalkedon, Konstantinopel II, Konstanz, Basel-Ferrara-Florenz, Trient und vom Ersten Vatikanischen Konzil). Die älteren Konziliensammlungen sind verzeichnet in: Lexikon für Theologie und Kirche 2. Aufl. VI, 534–536 und Catholicisme II, 1444 f. – Dann unter den Handbüchern zur allgemeinen *Kirchengeschichte* besonders: *J. Lortz,* Geschichte der Kirche in ideengeschichtlicher Betrachtung (Münster i. W. [16]1950); *Bihlmeyer-Tüchle,* Kirchengeschichte. Bd. I–III (Paderborn [13]1952); *Fliche-Martin,* Histoire de l'Église. Bd. I–XXIV (Paris 1946 ff). – Und schließlich zu der mit der Konziliengeschichte eng verknüpften *Papstgeschichte: L. v. Pastor,* Geschichte der Päpste seit dem Ausgang des Mittelalters. Bd. I–XVI (Freiburg i. Br. 1885 ff); *J. Schmidlin,* Papstgeschichte der neuesten Zeit. Bd. I–IV (München [2]1933); *F. X. Seppelt,* Geschichte der Päpste. Bd. I–VI (München [2]1954).

lich auch über das ökumenische Konzil zu reden weiß. Damit ist die christliche Theologie gemeint, die sich an die Offenbarung Gottes in Jesus Christus gebunden weiß und die von *dorther* etwas *Verbindliches* zu künden hat. Sind also *theologisch verbindliche, streng dogmatische Aussagen* über das ökumenische Konzil möglich?

Ein allzu leichter und letztlich untheologischer Weg wäre es, einfach von den gegenwärtigen Bestimmungen des Codex Iuris Canonici her eine „Theologie des ökumenischen Konzils" zu entwerfen oder auch einfachhin von einem Konzil wie dem Tridentinum oder dem Ersten Vatikanum her eine „Theologie des ökumenischen Konzils" zu deduzieren. Die Tatsache, daß dieser Weg in den Schulbüchern fast durchwegs gegangen wird, macht den Weg selbst nicht besser. In einer Theologie des ökumenischen Konzils kann es nicht darum gehen, nur eine damalige oder auch jetzige Gestalt des ökumenischen Konzils zu beschreiben; sondern eine Theologie des ökumenischen Konzils sollte – ohne ungeschichtlich zu werden – zum *Wesen* des ökumenischen Konzils vorstoßen.

Um die Problemlage genau zu sichten, setzen wir einmal voraus, was es bestimmt nicht gibt: einen Kirchenrechtler, der *nur* vom gegenwärtigen Kirchenrecht her dächte, und einen Kirchengeschichtler, der *nur* von der Kirchengeschichte her dächte. Es muß dem Theologen zu denken geben, daß ein Kirchenrechtler, der *nur* vom gegenwärtigen Codex Iuris Canonici her dächte, und ein Kirchengeschichtler, der *nur* von der Konziliengeschichte her dächte, sich kaum darüber einigen könnten, wie ein ökumenisches Konzil im wesentlichen auszusehen habe. Es gibt kaum einen Kanon des Kodex über das ökumenische Konzil, gegen den der Kirchengeschichtler nicht einwenden könnte, auf diesem oder jenem ökumenischen Konzil sei es gerade *nicht* so gewesen, und es sei doch ein echtes ökumenisches Konzil gewesen. Was hat nicht alles gewechselt im Laufe der Konziliengeschichte: nicht nur die Tagungsorte und die ganze Konzilsszenerie, sondern auch Person und Amt des Einberufenden und des Vorsitzenden, der Teilnehmerkreis und die Beratungsgegenstände, der Verhandlungsmodus und die Notwendigkeit einer ausdrücklichen Approbation[3]. Der Kirchenrechtler mag also den ersten, fundamentalen und vielleicht folgenreichsten Kanon des Codex Iuris Canonici über das ökumenische Konzil zitieren: „Can 222. – § 1. Dari nequit Oecumenicum Concilium quod a Romano Pontifice non fuerit

---

[3] Zur Stellung der Konzilien in der *kirchlichen Rechts- und Verfassungsgeschichte*: P. *Hinschius,* System des katholischen Kirchenrechts = Kirchenrecht III, 325–666 (Berlin 1883); U. *Stutz,* Geschichte des Kirchenrechts = Kirchenrecht I, in: Enzyklopädie der Rechtswissenschaft, hrsg. von *Holtzendorff-Kohler* (München-Leipzig 1914) V, 293–294 340–343; A. M. *Koeniger,* Grundriß einer Geschichte des katholischen Kirchenrechts (Köln 1919) 44–47; B. *Kurtscheid,* Historia Iuris Canonici. Historia institutorum ab Ecclesiae fundatione

convocatum. – § 2. Eiusdem Romani Pontificis est Oecumenico Concilio per se vel per alios praeesse, res in eo tractandas ordinemque servandum constituere ac designare, Concilium ipsum transferre, suspendere, dissolvere, eiusque decreta confirmare."

Der Kirchengeschichtler wird nicht bestreiten, daß dies nach der gegenwärtigen Rechtslage zutrifft, wird aber ruhig beifügen, daß dies alles bei den so grundlegenden (und von allen christlichen Konfessionen des Westens und Ostens als ökumenisch anerkannten) ersten ökumenischen Konzilien des christlichen Altertums gerade *nicht* so war: daß es gerade *nicht* der Papst war, der diese Konzilien einberief, der die Verhandlungsgegenstände bestimmte und die Verhandlungsordnung festlegte, der die Konzilien verlegte, vertagte und schloß; daß weiter weder er noch seine Legaten immer den Vorsitz führten und daß schließlich das Faktum der ausdrücklichen päpstlichen Approbation bestritten wird. Und als Echo der Geschichte auf Kanon 222 würde er vielleicht ein paar Sätze aus dem Artikel „Konzil" des Lexikons für Theologie und Kirche zitieren, wo es von den ersten ökumenischen Konzilien heißt: „Wegen des engen Verhältnisses von Staat und Kirche waren sie unmittelbare Staats- und Reichsangelegenheit (Reichssynoden). Sie wurden vom Kaiser einberufen, vertagt oder verlegt; ihre äußere Ordnung lag in der Hand des Kaisers oder seiner Kommissare; ihre Beschlüsse erhielten durch kaiserliche Bestätigung Gesetzeskraft, wie auch ihre Durchführung von Staats wegen gesichert war. Die Synoden selbst wie die Päpste anerkannten diese Rechte."[4]

usque ad Gratianum (Romae 1941. ²1951) 44–46 150–154; *I. Zeiger,* Historia Iuris Canonici. Vol. II: De historia institutorum canonicorum (Romae 1947) 50–52 111–118; *H. E. Feine,* Kirchliche Rechtsgeschichte (Weimar 1950) I, 46–48 93–95 271–273 380–407; *W. M. Plöchl,* Geschichte des Kirchenrechts (Wien 1953–59) I, 55–56 134–136 297, II, 102–111.
[4] *L. Mohler,* Art. Konzil, in: Lexikon für Theologie und Kirche (Freiburg i. Br. 1934) VI, 183. Vgl. *Y. Congar,* Art. Concile, in: Catholicisme (Paris 1949) II, 1439; *P. M. Goemans,* Het algemeen concilie in de vierde eeuw (Nijmegen 1945); *P. Th. Camelot,* Les Conciles œcuméniques des IVᵉ et Vᵉ siècles, in: Le concile et les conciles (Paris 1960) 45–73. – Zur Rechtsstellung des Papstes auf den Konzilien vgl. bes. *F. X. Funk,* Der römische Stuhl und die allgemeinen Synoden des christlichen Altertums, in: Tübinger Theologische Quartalschrift 64 (1882) 561–602; Die Berufung der ökumenischen Synoden des Altertums. Die päpstliche Bestätigung der acht ersten allgemeinen Synoden, in: *Funk,* Kirchengeschichtliche Abhandlungen und Untersuchungen (Paderborn 1897) I, 39–121; Zur Frage nach der Berufung der allgemeinen Synoden des Altertums, in: *Funk,* Kirchengeschichtliche Abhandlungen und Untersuchungen (Paderborn 1907) III, 143–149 406–439; *J. Forget,* Le rôle des papes dans la convocation des huit premiers conciles, in: Mélanges Moeller (Louvain 1914) I, 179–191; *E. Schwartz,* Über die Reichskonzilien von Theodosius bis Justinian, in: Zeitschrift der Savigny-Stiftung für Rechtsgeschichte. Kanonist. Abt. 11 (1921) 208–253; *V. Grumel,* Le Siège de Rome et le concile de Nicée: con-

Natürlich kann der Kirchenrechtler hier replizieren und Distinktionen einführen. Bezüglich der Funktionen von Papst und Kaiser auf den Konzilien wird er vielleicht mit einem scharf unterscheidenden „formaliter — materialiter" oder „implicite — explicite" zurückstoßen und dabei die ganzen Schwierigkeiten des ersten Jahrtausends modo dogmatico unter den Tisch zu wischen versuchen[5]. Aber vermutlich wird der Kirchengeschichtler mit solchen apriorischen Distinktionen nicht ganz zufrieden sein. Es ist nun einmal geschichtliche Tatsache: Der Kaiser, und der Kaiser allein, hat als Herrscher des Reiches schon das erste ökumenische Konzil von Nikaia wie denn auch die folgenden sieben ökumenischen Konzilien zusammengerufen: „Deshalb tue ich euch kund, geliebte Brüder, daß es mein Wille ist, daß ihr alle in der genannten Stadt (d. i. in Nikaia) bereitwillig euch versammelt."[6] Und dann in Konstantins Rede an die Synode: „Als ich aber wider alles Erwarten von eurem Zwiste vernahm, hielt ich, was ich hörte, durchaus nicht für unbedeutend, und ich ließ euch alle ohne Verzug zusammenkommen, weil es mein Wunsch war, durch meine Dienste auch hierin Abhilfe zu schaffen."[7] Von einer ausdrücklichen Zustimmung oder auch nur einer schweigenden Ermächtigung des Papstes ist uns nichts überliefert; diese hat vom Papst niemand erfragt noch überhaupt erwartet; wie alle übrigen Patriarchen und Bischöfe hatte der Papst die Einberufung einfachhin als kaiserlichen Befehl hinzunehmen[8]. Auch die Bischöfe waren sich durch-

---

vocation et présidence, in: Échos d'Orient (1925) 411–423; *F. Dvornik,* De auctoritate civili in conciliis oecumenicis, in: Acta conventus VI Velehradensis (Olomucii 1933) 156–167; Emperors, Popes and General Councils, in: Dumbarton Oaks Papers 6 (Cambridge, Massachusetts 1951) 1–23; *J. A. Eisele,* Die Rechtsstellung des Papstes im Verhältnis zu den allgemeinen Konzilien (Emsdetten 1938); *A. Michel,* Die Kaisermacht in der Ostkirche (843–1204), in: Ostkirchliche Studien 2 (1953) 1–35 89–109; 3 (1954) 1–28 133–163; 4 (1955) 1–42 221–260; 5 (1956) 1–32.

[5] Vgl. auch die heute wegen historischer Bedenken in diesem Zusammenhang eher vermiedenen, aber früher ebenfalls gebrauchten Distinktionen: per se — per alios; potestate propria — potestate delegata; coactive — exhortative; auctoritative – opitulative.

[6] Das Berufungsschreiben selbst blieb nicht erhalten, wohl aber das Schreiben, durch das die zuerst nach Ankyra angesagte Synode nach Nikaia verlegt wurde. Dieses wurde aus der syrischen Übersetzung von *E. Schwartz* ins Griechische zurückübersetzt. Zit. nach *F. X. Funk,* Kirchengeschichtliche Abhandlungen und Untersuchungen (Paderborn 1907) III, 149.

[7] *Eusebios,* Vita Constantini III, 12; PG 20, 1068.

[8] *H. Jedin,* Kleine Konziliengeschichte (Freiburg i. Br. ³1961) 15: „Die seit der Reformation, in neuerer Zeit zwischen dem Dogmatiker Scheeben und dem Kirchenhistoriker Funk heftig umstrittene Frage, ob die Kaiser bei der Berufung der alten Konzilien die vorherige Zustimmung oder gar den Auftrag der Bischöfe von Rom eingeholt haben, darf, was die Tatsachen anbetrifft, als negativ entschieden gelten."

aus der Tatsache bewußt, daß es hier um einen autoritativen Rechtsakt des Kaisers, und des Kaisers allein, ging; sie bezeugen und anerkennen selbst: „Nachdem die Gnade Gottes und unseres gottgeliebten Kaisers Konstantin uns alle zusammengerufen hat, ist die große und heilige Synode in Nikaia zusammengetreten."[9] Einer ausdrücklichen nachfolgenden Approbation der Konzilsbeschlüsse (was etwas grundsätzlich anderes ist als ein Annehmen, bzw. Nichtverwerfen) bedurfte es ebenfalls nicht[10]. Kurz: Der Kirchengeschichtler wird somit auf alle apriorischen Distinktionen antworten, daß durch solche an sich tiefgründigen Worte die harten und schweren Blöcke der geschichtlichen Tatsachen um keinen Fuß von der Stelle gerückt würden und daß es fast scheine, als ob, was nicht sein darf, auch nicht gewesen sein kann[11].

Vor diesem Streit zwischen Recht und Geschichte steht der Theologe nicht wenig konsterniert. Die alte Konziliengeschichte und das neue Konzilsrecht scheinen sich gegenseitig zu desavouieren. Wohin sich also wenden auf der Suche nach einer möglichen Theologie des ökumenischen Konzils? Der Theologe wird sich jedoch nicht als Herkules am Scheideweg vorkommen, der zu wählen hätte zwischen Tugend und Laster; Konzilsrecht und Konziliengeschichte würden sich mit Recht wechselseitig für eine böse Einstufung bedanken. Der Theologe wird vielmehr tiefer graben müssen, um auf festen Grund zu kommen. Er wird dabei aus dem Streit gelernt haben und zuallererst nüchtern und sachlich feststellen, was ungemein wichtig ist: daß nämlich *auf dieser Ebene der Diskussion zwar faktische und praktische Rechtssätze, aber keine streng verbindlichen theologisch-dogmatischen Sätze feststellbar sind.* Nicht nur, daß die geschichtlichen Formen des ökumenischen Konzils höchst mannigfaltig sind. Nicht nur, daß manche Autoren wesentliche Unterscheidungen einführen zwischen den ökumenischen Konzilien des Altertums oder der Neuzeit und den römischen „Generalsynoden" des zwölften Jahrhunderts (1123, 1139, 1179), die weder von den Veranstaltern noch von den Zeitgenossen als ökumenische Konzilien angesehen und auch noch im Spätmittelalter zusammen mit dem Ersten Konzil von Lyon 1245 nicht zu den ökumenischen Konzilien gerechnet wurden. Nicht nur, daß es keine offizielle Liste der anerkannten ökumenischen Konzilien gibt und man je nachdem (d. h. meist je nach theologischen Tendenzen) 22, 21, 20, 19 oder noch weniger ökumenische Konzilien zählt; daß Denzingers Enchiridion keine besondere historische Autorität hat, braucht wohl nicht bemerkt zu werden.

---

[9] Synodalbrief an die Ägypter, in: *Athanasios,* De Decretis Nic. Syn.; *Sokrates,* Historia Eccl. 1, 9; PG 67, 77.
[10] Vgl. Anmerkungen 4 und 8.
[11] Diese Fragen sollen später ausführlicher behandelt werden: vgl. Kap. VII, 6.

Es ist über alles dies hinaus die allgemeine Auffassung der katholischen Theologen heute, daß es in der katholischen Kirche überhaupt ohne ökumenische Konzilien ginge bzw. daß ökumenische Konzilien nicht zum Wesen der katholischen Kirche gehören. „Quamvis convenientia et utilitas conciliorum negari non possit, tamen eorum necessitas vel praeceptum Christi vel ordinatio apostolorum probari nequeunt, ideoque consilia *iuris ecclesiastici* vocari debent."[12] Wenn aber auf diese Weise nicht nur die konkrete geschichtliche Form der ökumenischen Konzilien, sondern sogar ihre *notwendige Existenz* in der Kirche in Frage gestellt werden kann, so wird es auf *dieser* Ebene jedenfalls keine verbindliche Theologie des ökumenischen Konzils geben können. Damit ist nicht ausgeschlossen, daß die Regelungen des Codex Iuris Canonici über das ökumenische Konzil verbindliche Theologie enthalten *können;* dies wird zu prüfen sein. Präsumiert kann es jedenfalls nicht werden. Verbindliche Theologie des ökumenischen Konzils ist also vom gegenwärtigen Kodex nicht einfachhin zu deduzieren[13].

Will man also nicht einfach bei einer kirchenrechtlichen oder kirchengeschichtlichen Abhandlung über ökumenische Konzilien stehenbleiben

---

[12] *B. Kurtscheid,* Historia iuris canonici (Romae 1941. ²1951) 44; vgl. ebenfalls *F. X. Wernz - P. Vidal,* Ius Canonicum (Romae ³1943) II, 524 529 s; *S. Sipos - L. Gálos,* Enchiridion Iuris Canonici (Romae ⁶1954) 157; *W. M. Plöchl,* Geschichte des Kirchenrechts (Wien 1953) I, 55; *N. Iung,* Art. Concile, in: Dictionnaire de Droit Canonique (Paris 1942) III, 1209 u. a. – Zum ökumenischen Konzil vgl. weiter die verschiedenen ekklesiologischen Traktate: *M.-J. Scheeben,* Handbuch der katholischen Dogmatik. Gesammelte Schriften (Freiburg i. Br. 1948) III, 242–261; Art. Concil, in Kirchenlexikon (Freiburg i. Br. ²1884) III, 779–810; *J. Heinrich,* Dogmatische Theologie (Mainz ²1882) II, 459–526; *Ch. Pesch,* Institutiones Propaedeuticae ad sacram Theologiam (Freiburg i. Br. ⁵1915) I, 310–326; *B. Bartmann,* Lehrbuch der Dogmatik (Freiburg ⁸1932) II, 157–159; *L. Billot,* De Ecclesia Christi (Romae ⁵1927) 718–723; *F. Diekamp,* Katholische Dogmatik (Münster ¹³1958) I, 69–71; *H. Felder,* Apologetica (Paderbornae ²1923) II, 256–260; *T. Zapelena,* De Ecclesia Christi (Romae 1954) II, 175–184; *J. Salaverri,* Sacrae Theologiae Summa (Matriti 1955) I, 682–685; *Ch. Journet,* L'Église du Verbe Incarné (Bruges ²1955) I, 536–541.
[13] Vgl. *Y. Congar,* Art. Concile, in: Catholicisme (Paris 1950) II, 1439 s: „Les exposés que l'on trouve dans les manuels et les traités *De Ecclesia* proposent une théologie des conciles qui suit exactement les déterminations actuelles du droit canonique. En particulier, on a affirmé qu'un concile n'est oecuménique que s'il a été convoqué, présidé et approuvé par le pape. Cela est parfaitement légitime et même nécessaire s'il s'agit de dire ce que doit être un concile pour être oecuménique en l'état actuel de la discipline. Mais l'histoire montre que les normes ainsi posées ne peuvent s'appliquer exactement à nombre de conciles anciens, en particulier aux premiers conciles oecuméniques dont aucun n'a été convoqué par le pape, dont certains n'ont été présidés ni par lui ni par les légats (c'est le cas, semble-t-il, de Nicée), dont l'approbation par le pape ne semble pas avoir été toujours conçue comme nécessaire, au moins

und auf eine eigentliche Theologie des ökumenischen Konzils verzichten, so wird man einen authentisch theologischen Ansatzpunkt finden müssen, um eine Theologie des ökumenischen Konzils entwickeln zu können. Diesen Ansatzpunkt, der über vieles entscheidet, muß uns die Ekklesiologie liefern. Er soll nun in einem zweiten Abschnitt in der gebotenen Kürze herausgearbeitet werden. Zugleich wird er sich erweisen als der authentisch theologische Ansatzpunkt, um die entscheidenden Strukturen der Kirche selbst in den Blick zu bekommen.

---

avant le Ve s. et sous la forme d'un acte pontifical (ainsi encore Nicée)... Il n'y a rien d'étonnant, ni surtout rien de troublant à cela. Les conciles, en effet, ne font pas partie de la *structure essentielle* de l'Église, comme par ex. les sacrements ou la primauté de Pierre. Ils sont d'institution ecclésiastique, tout au plus d'institution apostolique, et relèvent du pouvoir canonique de l'Église, non strictement du ‚droit divin'." – Vgl. ebenfalls *R. Aubert*, Qu'est-ce qu'un concile? in: Qu'attendons-nous du concile? (Études pastorales I. Bruxelles-Paris 1960) 21: „Ce n'est que peu à peu que fut mis au point le type moderne du concile oecuménique tel qu'il fut réalisé au Concile du Vatican en 1870 et fixé en 1917 dans le Code de droit canonique. Rien ne dit que cette formulation actuelle soit la dernière et que d'autres modalités ne puissent encore se faire jour dans l'avenir."

II

DIE KIRCHE ALS ÖKUMENISCHES KONZIL
AUS GÖTTLICHER BERUFUNG

Während in der griechischen Kirchensprache später der Ausdruck σύνοδος als terminus technicus gebraucht wird (Eusebios' Kirchengeschichte[1] überliefert ihn für die Zeit des Dionysios von Alexandrien), findet sich das lateinische „concilium" im kirchlichen Sinne erstmals schon um 200 beim großen Former der lateinischen Kirchensprache Tertullian[2].

In unserem Zusammenhang muß es nun auffallen, daß Concilium und Ekklesia sprachlich dieselbe Wurzel haben; dies ist keine Äußerlichkeit. Con-cilium kommt von con-kal-ium, bzw. von con-calare[3]. Calare wird als religiöser terminus technicus gebraucht für „ausrufen", *„zusammenrufen"* ; so bedeutet concilium *Versammlung.* Schon die etymologischen Wörterbücher verweisen nun von concilium ausdrücklich auf σύγκλητος bzw. ἐκκλησία. Das lateinische calo entspricht ja dem griechischen καλῶ, das in den Evangelien manchmal den einfachen Sinn des Rufens hat, daneben aber schon bei den Synoptikern und vor allem bei Paulus den spezifisch theologischen Sinn des Rufens, d. h. des *Berufens,* erhält[4]. Wenn wir schlicht das neutestamentliche Vokabular von καλῶ

---

[1] *Eusebios,* Hist. eccl., VII, 7, 5; PG 20, 651.

[2] *Tertullian,* De ieiunio 13, 6–7; CC. 2, 1272; vgl. De pudicitia 10, 12; CC. 2, 1301; später dann bei Cyprian, Ep. 75, 4; PL 3, 1205 f.

[3] Vgl. *Ernout-Meillet,* Dictionnaire Étymologique de la langue Latine (Paris [4]1959); *Walde-Hofmann,* Lateinisches etymologisches Wörterbuch (Heidelberg [3]1938).

[4] Neben den Wörterbüchern zum Neuen Testament *(F. Zorell, W. Bauer)* und den Bibeltheologien des Neuen Testamentes *(M. Meinertz, J. Bonsirven, F. Prat, A. Wikenhauser, R. Bultmann, E. Stauffer)* sind folgende Lexikonartikel besonders wichtig: *K. L. Schmidt,* Art. καλέω usw., in: Theologisches Wörterbuch zum NT (Stuttgart 1938) III, 488–505; *E. Neubäusler,* Art. Berufung, in: Lexikon für Theologie und Kirche (Freiburg i. Br. [3]1958) II, 280–283; *G. Molin,* Art. Berufung, in: Bibeltheologisches Wörterbuch hrsg. von *J. B. Bauer* (Graz 1959) 66–72. Vgl. weiter *E. Egel,* Die Berufungstheologie des Apostels Paulus (Diss. Heidelberg 1939); *H. H. Rowley,* The Biblical Doctrine of Election (London 1950); *P. J. Daumoser,* Berufung und Erwählung bei den Synoptikern (München 1954); *H. Schlier,* Der Ruf Gottes, in: Geist und Leben 28 (1955) 241–247; *S.-J. d'Arc,* Le mystère de la vocation, in: La Vie Spirituelle 38 (1956) 167–186; *W. Bieder,* Die Berufung im Neuen Testament (Zürich 1961).

überschauen, zeigt sich uns folgendes: *Gott* selbst ist der καλῶν; er ist es, der auf Grund einer ewigen gnädigen Erwählung ruft und beruft (Röm 8, 30; 9, 12. 24; 1 Kor 1, 9; 7, 15. 17; Gal 1, 6. 15; 5, 8; 1 Thess 2, 12; 4, 7; 5, 24; 2 Thess 2, 14; 2 Tim 1, 9; Hebr 5, 4; 1 Petr 1, 15; 2, 9; 5, 10; 2 Petr 1, 3). Er ruft und beruft zum *Heil*: zum Heil in der Heiligung durch den Geist und im Glauben an die Wahrheit (2 Thess 2, 14), zum Leiden (1 Petr 2, 21), zum Frieden (1 Kor 7, 15), zum Frieden Christi (Kol 3, 15), zur Freiheit (Gal 5, 13), zur Heiligung (1 Thess 4, 7), zu einer Hoffnung der Berufung (Eph 4, 4), zum Erbe des Segens (1 Petr 3, 9), zur Verheißung des ewigen Lebens (Hebr 9, 15), zum ewigen Leben (1 Tim 6, 12), zu Gottes wunderbarem Licht (1 Petr 2, 9), zu Gottes ewiger Herrlichkeit in Christus (1 Petr 5, 10), zur Gemeinschaft mit seinem Sohne Jesus Christus (1 Kor 1, 9), zum Hochzeitsmahl des Lammes (Apk 19,9). Gott ruft und beruft also aus Gnade, er, der Gott aller Gnade (1 Petr 5, 10), ruft und beruft in *Christus*: nicht auf Grund der Werke des Menschen, sondern auf Grund der Berufung (Röm 9, 12), vermöge seiner Herrlichkeit und Vollkommenheit durch seine Gnade (2 Petr 1, 3; Gal 1, 15), durch die Gnade Jesu Christi (Gal 1, 6), in heiliger Berufung nicht auf Grund unserer Werke, sondern auf Grund seiner eigenen, zuvor getroffenen Entscheidung und der Gnade, die uns von Christus Jesus verliehen wurde vor ewigen Zeiten, jetzt dagegen offenbar geworden ist durch das Erscheinen unseres Heilandes Jesus Christus (2 Tim 1, 9; vgl. Hebr 9, 15; 1 Petr 5, 10). Dieser Ruf Gottes, der uns im Evangelium von Jesu Christi Tod und Auferstehung offenbar wird, ist also nicht nur ein berichtendes Wort von unserem Heil in Jesus Christus, auch nicht nur ein ankündigendes Wort, sondern ein wirkendes und vergegenwärtigendes Wort; Jesus Christus, der erhöhte Herr selbst, wirkt durch die Macht des Geistes in seinem rufenden und berufenden Wort zur Rettung aller, die an ihn glauben.

Was vom Verb „berufen" her zu sagen ist, könnte bestätigt werden durch das Substantiv κλῆσις, das ebenfalls spezifisch theologisch gebraucht wird[5]; es geht auch hier um die Berufung durch Gott in Christus: um die „himmlische Berufung Gottes in Christus Jesus" (Phil 3, 14; vgl. Röm 11, 29; 1 Kor 1, 26; 7, 20; Eph 1, 18; 4, 1. 4; 2 Thess 1, 11; 2 Tim 1, 9; Hebr 3, 1; 2 Petr 1, 10). So sind denn die Christen die „Berufenen" schlechthin (vgl. Röm 1, 6. 7; 8, 28; 1 Kor 1, 2. 24; Jud 1; Apk 17, 14). Jeder Einzelne ist berufen, aber nicht als Einzelner, sondern als Glied des einen Volkes, des einen Leibes: berufen in einem Leib (Kol 3, 15), *ein* Leib und *ein* Geist (Eph 4, 4). So bilden alle Christen „das auserwählte Geschlecht, die königliche Priesterschaft, das heilige Volk, das Volk des Eigentums, damit ihr die herrlichen

---

[5] Vgl. Anmerkung 4.

Taten dessen verkündigt, der euch aus der Finsternis zu seinem wunderbaren Licht berufen hat, euch, die ihr ehemals kein Volk waret, jetzt aber Gottes Volk seid" (1 Petr 2, 9f). Alle Christen haben somit in der Kirche am königlichen, priesterlichen und prophetischen Amt Christi Anteil.

Von daher also muß das Wort ἐκ-κλησία verstanden werden, das bekanntlich im Neuen Testament – auch abgesehen von seinem profanen Gebrauch – einen ebenso vielfältigen wie zutiefst zusammenhängenden religiösen Bedeutungsinhalt umschließt und das ebenso die Gesamtgemeinde der durch Christus erlösten Menschen des Neuen Bundes wie die christliche Ortsgemeinde, die christliche Hausgemeinde und insbesondere die zum Gottesdienst versammelte Gemeinde bezeichnen kann[6]. Auf alle diese verschiedenen Weisen aber bedeutet Ek-klesia die heraus- und zusammengerufene Gemeinschaft des neuen Gottesvolkes. Die Etymologie, das ἐξ, ist dabei kaum mehr bewußt mitgedacht worden. Man dachte ja vor allem vom Alten Testament her; ἐκκλησία wurde in der Septuaginta zur Übersetzung des alttestamentlichen Schlüsselwortes קָהָל bzw. קְהַל יְהֹוָה gebraucht. Nachdem aber die Juden im Unglauben den Eckstein verworfen hatten, mußte sich die junge Urgemeinde als das wahre Gottesvolk der Endzeit, als das wahre Volk des Bundes, das sich Gott in Israel versammelt hatte, betrachten. Die legitime Nachfolge des alttestamentlichen Gottesvolkes trat nun das durch das Wort des Evangeliums Jesu Christi aufgerufene und versammelte Bundesvolk an. So wurde nach dem Zeugnis der Apostelgeschichte zuerst die Urgemeinde in Jerusalem Ekklesia genannt; in ihr fielen Einzelgemeinde und Gesamtgemeinde, Einzelkirche und Gesamtkirche zusammen. Dann war aber auch bald die Rede von der Ekklesia in Judäa, in Galiläa und in Samaria; schließlich sprach man in der Mehrzahl von Ekklesiai. Jede einzelne Ekklesia war ein Abbild der Urgemeinde, jede repräsentierte die Gesamtekklesia. Paulus verwendet Ekklesia vor allem für die Einzelgemeinde (besonders auch für die zum Gottesdienst versammelte Gemeinde) und gebraucht das Wort sehr oft in der Mehrzahl, aber vor allem die Gefangenschaftsbriefe sprechen in einer ganz neuen und tiefen Weise von der Ekklesia als Gesamtkirche[7].

---

[6] Neben den in Anmerkung 4 zitierten Wörterbüchern und Theologien des NT vgl. *A. Médebielle,* Art. Église, in: Dictionnaire de la Bible, Supplément (Paris 1934) II, 487–691; *K. L. Schmidt,* Art. ἐκκλησία, in: Theologisches Wörterbuch zum NT (Stuttgart 1938) III, 502–539; *H. Haag,* Art. Kirche, in: Bibellexikon (Einsiedeln 1951) 920–929; *V. Warnach,* Art. Kirche, in: Bibeltheologisches Wörterbuch (Graz 1959) 432–459, sowie die in diesen Werken angegebene Literatur.

[7] Zur biblischen Theologie der Kirche vgl. folgende neueren katholischen

Was die Einzelgemeinde und Einzelkirche im kleinen, das ist die Gesamtgemeinde und Gesamtkirche im großen: die von Gott durch das Evangelium aus der Welt herausgerufene, um Christus und in Christus zusammengerufene, versammelte Gemeinschaft des neutestamentlichen Gottesvolkes; gerade sie ist zugleich das in den Gefangenschaftsbriefen gepriesene Mysterion des heilbringenden Werkes Gottes an den Menschen, das Mysterion Christi und das Pleroma Christi, sein in Taufe und Eucharistie, Glaube, Liebe und Leiden aufzubauender Leib, seine noch wartende, aber doch schon beschenkte Braut und der Tempel des Heiligen Geistes. So ist die *Gesamtekklesia die geheimnisvolle Versammlung der Christusgläubigen.* Sie ist – um es nun mit einem andern Worte zu sagen – *das große Concilium der Glaubenden, das Gott selbst durch Christus im Geiste berufen hat. Beides* gehört zu diesem Concilium: die Berufung des berufenden Gottes von oben *und* die Gemeinschaft der berufenen Menschen von unten, die (in Wort, Sakrament und Amt wirksame) Stiftung der Versammlung von Gott her (institutio Dei) *und* die (ganz von Gottes Gnade in Glaube und Liebe lebende) Gemeinschaft von den versammelten Menschen her (communio fidelium). Dieses Concilium ist somit zugleich personal-ereignishaft und institutionell-seinshaft. Es ist nicht nur eine atomistische Summe gläubiger Einzelmenschen, noch weniger nur ein über die „Gnaden" verfügender und die Menschen regierender übernatürlicher Beamtenapparat. Dieses Concilium ist die durch die Verkündigung des Wortes, die Feier der Sakramente und den Dienst des apostolischen Amtes immer wieder neu zusammengerufene und zusammengehaltene Gnadengemeinschaft des auserwählten Bundesvolkes mit Gott durch Christus im Heiligen Geiste[8].

Werke: *A. Wikenhauser,* Die Kirche als der mystische Leib Christi nach dem Apostel Paulus (Münster 1937. [2]1940); *L. Cerfaux,* La théologie de l'Église suivant St. Paul (Paris 1942. [2]1948); *H. Schlier – V. Warnach,* Die Kirche im Epheserbrief (Münster 1949); *Th. Soiron,* Die Kirche als der Leib Christi (Düsseldorf 1951); *E. Sauras,* El cuerpo místico de Cristo (Madrid 1952); *M. Villain – J. de Baciocchi,* La vocation de l'Église (Paris 1954); *F. Mussner,* Christus, das All und die Kirche (Trier 1955); *H. Schlier,* Die Zeit der Kirche (Freiburg i. Br. 1956. [3]1962); *J. Bonsirven,* Le Règne de Dieu (Paris 1957); *R. Schnackenburg,* Gottes Herrschaft und Reich (Freiburg i. Br. [2]1961).
[8] Die Kirche als *versammelte Gemeinschaft der Gläubigen* ist in der Geschichte der Theologie teilweise zu stark hinter der Kirche als Institution zurückgetreten. Doch vergessen wurde sie nie, weder in der Patristik noch in der Scholastik, noch in der gegenreformatorischen Neuzeit. Dazu nur einige wenige, charakteristische Belege: 1) Patristik: Schon die etymologische Erklärung des Wortes „Ekklesia" mußte die Väter in diese Richtung führen: „Der Name Ekklesia erklärt sich daraus, daß durch sie alle Menschen berufen und vereint werden" (Kyrill von Jerusalem, Katechesen an die Täuflinge XVIII, 24; PG 33, 1044). Schon die apostolischen Väter sprachen von der Kirche als der

Alle Menschen des Erdkreises sind zu diesem Concilium berufen, durch Gottes gnädigen Willen, der niemand zu berufen vergißt, sondern will, daß alle Menschen gerettet werden. Alle Menschen des Erdkreises sind zu diesem Concilium berufen, um die Gnadenwahl Gottes in der Glaubensentscheidung entgegenzunehmen und um versammelt zu sein im einen Geiste, zusammengefügt durch das Band der Liebe, in der Kraft des Wortes und der Sakramente, unter apostolischer Leitung: „alle" als „einer in Christus Jesus" (Gal 3, 28). Gottes gnädige Berufung zu diesem Concilium ist universal, ist ökumenisch: auf die *Oikumene* gerichtet. Überbrückt ist in diesem Concilium der für *jüdische* Augen grundlegende *religiöse* Gegensatz von berufenem Volk und sündigen Heiden; denn Gott hat „berufen nicht nur aus Juden, sondern auch aus Heiden" (Röm 9, 24; vgl. 1 Kor 7, 18). Überbrückt ist auch der für *heidnische* Augen grundlegende *soziale* Gegensatz von Freien und Sklaven; denn Gott hat berufen Freie und Sklaven (1 Kor 7, 20–24). Über sie *alle* soll der Heilige Geist ausgegossen werden (Apg 2). Auf dem ganzen

---

„Zahl der Erwählten", „die berufenen Heiligen", „das neue Volk", das (nach Barbaren, Hellenen, Juden) „vierte Geschlecht" usw. Noch ausdrücklicher die späteren Väter, so Hippolyt: „die heilige Versammlung der in der Gerechtigkeit Lebenden" (in Dan. comment. I, 17, 7, ed. Bonwetsch 1, 28); Klemens von Alexandrien: „die Versammlung der Erwählten" (Stromata VII, 5; PG 9, 437); Origines: „coetus populi christiani" (in Ez. hom. I, 11; PG 13, 677), „credentium plebs" (in Ex. hom. IX, 3; PG 12, 365), „coetus omnium sanctorum" (in Cant. lib. I, 1; PG 13, 84); Augustin: „congregatio societasque hominum . . . in qua fraterna caritas operatur" (de fide et symb. 9, 21; PL 40, 193), „universa societas sanctorum atque fidelium" (ep. 98, 5; PL 33, 362), „christiana societas" (contra litteras Petiliani II, 39, 94; PL 43, 293), „societas credentium" (de bapt. VII, 53, 102; PL 43, 243), „societas sanctorum" (in Jo tract. 26, 17; PL 35, 1614), „catholicae Ecclesiae communio" (ep. 93, 1, 3; PL 33, 323; vgl. ep. 112, 3; PL 33, 428), „christianae fidei communio nostra" (ep. 87, 1; PL 33, 297). – 2) Mittelalter: Von der „Definition" des Isidor von Sevilla „Ecclesia vocatur proprie, propter quod omnes ad se vocet, et in unum congreget" (de ecclesiasticis officiis I, 1; PL 83, 739s; vgl. Etymol. VIII, 1, 7s; PL 82, 295) führt die Tradition zu Rhabanus Maurus, Remigius von Auxerre, Placidius monachus, Bonaventura, Durandus von Mende (vgl. *de Lubac,* Katholizismus als Gemeinschaft [Einsiedeln-Köln 1943] 58). Immer wieder besinnt man sich auf die Wurzel des Wortes Ekklesia (=convocatio). Und die gebräuchlichste Definition der Kirche in der mittelalterlichen Theologie und Kanonistik war congregatio fidelium oder societas fidelium oder auch adunatio, collectio, collegium, coetus, corpus, communio, populus, unitas, universitas . . . fidelium, christianorum, catholicorum (vgl. *B. Tierney,* Foundations of the Conciliar Theory (Cambridge 1955); *Y. Congar,* Der Laie. Entwurf einer Theologie des Laientums (Stuttgart 1956) 52–97. Ausdrücklich muß hier auf Thomas von Aquin hingewiesen werden, der öfters auf die Kirche als congregatio fidelium zu sprechen kommt. Zum Artikel des Symbolums „Sanctam Ecclesiam catholicam" gibt er folgende Erklärung: „Circa quod sciendum est quod Ecclesia est idem quod congregatio. Unde Ecclesia

Erdkreis, in der ganzen *Oikumene,* soll das Evangelium gepredigt werden allen Völkern zum Zeugnis (Mt 24, 14), und bis an die Grenzen der *Oikumene* ist das Wort der Botschaft gedrungen (Röm 10, 18). So dürfen wir sagen: *die Ekklesia ist wirklich das Concilium oecumenicum, das Gott selbst berufen hat:* ἡ μεγάλη καὶ ἁγία σύνοδος οἰκουμενική.

Was ist also der authentisch-theologische Ausgangspunkt für eine Theologie des ökumenischen Konzils? Es ist der eben kurz entwickelte Satz, von dem her alle Strukturen der Kirche verstanden werden müssen: Die Kirche ist ökumenisches Konzil aus göttlicher Berufung. Dieser Satz ist nun zu entfalten und in Beziehung zu setzen mit dem, was man gemeinhin ökumenisches Konzil nennt, nämlich mit dem ökumenischen Konzil aus *menschlicher* Berufung. Wie verhalten sich ökumenisches Konzil aus *menschlicher* Berufung und ökumenisches Konzil aus *göttlicher* Berufung bzw. Kirche zueinander? Dies kann gesagt werden durch einen Satz, der als zweiter Grundsatz einer Theologie des ökumenischen Konzils stehen mag.

---

sancta est idem quod congregatio fidelium et quilibet christianus est sicut membrum ipsius Ecclesiae" (Expos. in Symb. art. 9; vgl. c. Gent. IV, 78; S. th. I, q. 117. a. 2. obj. 1; III, q. 8. a. 4. ad 2; De Ver. q. 29. a. 4. obj. 8; Comp. theol. I, 147; in 1 Cor c. 12. lect. 3; in Hebr c. 3 lect. 1). – 3) Gegenreformation: Auch als das Wort der „congregatio fidelium" durch häretische Interpretation verdächtig geworden war, hat man in der katholischen Kirche nie auf diese wichtigste traditionelle Definition der Kirche verzichtet. Es genügt hier das eine Zeugnis des Catechismus Tridentinus. Dieser leitet Ecclesia ausdrücklich von evocatio ab und stellt zugleich die Beziehung ecclesia – concilium heraus: „Ac quoniam ecclesiae vocem Latini a Graecis mutuati post divulgatum evangelium ad res sacras transtulerunt: quam vim habeat hoc vocabulum, aperiendum est. Significat autem ecclesia evocationem; verum scriptores postea usurparunt pro concilio et concione." Anschließend wird die Kirche nach der Heiligen Schrift auf folgende Weise beschrieben: „Communi vero deinde sacrarum Scripturarum consuetudine haec vox ad rem publicam Christianam, fideliumque tantum congregationes significandas usurpata est; qui scilicet ad lucem veritatis et Dei notitiam per fidem vocati sunt, ut, reiectis ignorantiae et errorum tenebris, Deum verum et vivum pie et sancte colant, illique ex toto corde inserviant; atque, ut unico verbo haec res tota absolvatur, ‚Ecclesia', ut ait S. Augustinus, ‚est populus fidelis per universum orbem dispersus'" (Catech. Trid. c. 10, 2).
Und so trägt im Schema constitutionis secundae de ecclesia Christi secundum reverendissimorum patrum animadversiones reformatum (Mansi 53, 308–317) des Ersten Vatikanischen Konzils das zweite Kapitel den Titel: „Ecclesiam a Christo institutam esse coetum fidelium."

III

DAS ÖKUMENISCHE KONZIL AUS MENSCHLICHER BERUFUNG ALS REPRÄSENTATION DES ÖKUMENISCHEN KONZILS AUS GÖTTLICHER BERUFUNG

Das ökumenische Konzil aus menschlicher Berufung ist Repräsentation des ökumenischen Konzils aus göttlicher Berufung. Dieser Satz hat eine negativ-kritische und eine positiv-konstruktive Funktion: das ökumenische Konzil aus menschlicher Berufung ist *nur,* aber zugleich *wirklich* Repräsentation des ökumenischen Konzils aus göttlicher Berufung.

1. *Es ist nur Repräsentation*

Das ökumenische Konzil aus menschlicher Berufung ist *nicht einfach die Kirche,* sondern nur Repräsentation, Darstellung und Vergegenwärtigung der Kirche. Dies bedeutet zweierlei:

a) Die Kirche ist *wesenhaft* ökumenisches Konzil aus göttlicher Berufung. Als dieses von Gott durch Christus im Geiste zusammengerufene Konzil christusgläubiger Menschen stellt sich die Kirche dar und verwirklicht sich stets neu: in der von Christus durch das Apostelamt geordneten Verkündigung des Wortes und der Feier der Sakramente, im Bekenntnis des gemeinsamen Glaubens, in der Betätigung der alle einenden Liebe und in der hoffenden Erwartung des wiederkommenden Herrn. Die intensivste Darstellung der Kirche geschieht im Gottesdienst, geschieht im gemeinsamen Hören des Gotteswortes und in der gemeinsamen eucharistischen Mahlfeier. Auf *diese* Selbstdarstellung verpflichtet die Kirche das Wort des Herrn. Als ökumenisches Konzil aus göttlicher Berufung ist die Kirche aber aus ihrem Wesen heraus auf eine andere Darstellung ihres Wesens, nämlich auf eine Darstellung ihrer selbst in einem ökumenischen Konzil aus *menschlicher* Berufung zur gemeinsamen Beratung und Entscheidung, zur Ordnung und Gestaltung der Gesamtkirche, nicht angewiesen. Kein Wort Christi oder der Apostel verpflichtet sie darauf. Kirche kann also sein auch ohne ökumenische Konzilien aus menschlicher Berufung[1]. Die Geschichte der Kirche bestätigt dies. Während der drei ersten, entscheidungsvollen

---

[1] Vgl. Kap. I.

und auch während mancher späterer Jahrhunderte ist die Kirche tatsächlich ohne ökumenische Konzilien ausgekommen. Das erste ökumenische Konzil der Kirchengeschichte geht zurück auf eine Initiative nicht der Kirchenleitung, sondern der heidnischen Staatsleitung in der Person des noch immer heidnischen und den Titel, das Amt und den Einfluß eines heidnischen Pontifex Maximus beibehaltenden Kaisers.

b) Mit dem Wesen der Kirche als ökumenisches Konzil aus göttlicher Berufung ist nicht die *Existenz* eines ökumenischen Konzils aus menschlicher Berufung gegeben; um so weniger ist eine bestimmte *Erscheinungsform* des ökumenischen Konzils aus menschlicher Berufung gegeben, vorausgesetzt allerdings, daß eine Repräsentation der Kirche in ihrem bleibenden Wesen wahrhaft gegeben ist; was dies konkret zu bedeuten hat, wird eingehend zu untersuchen sein. Das ökumenische Konzil aus menschlicher Berufung kann die Kirche in höchst verschiedenen historischen Erscheinungsformen manifestieren und repräsentieren. Die Wandelbarkeit betrifft nach dem Zeugnis der Kirchengeschichte vor allem Person und Amt des Einberufenden und des Vorsitzenden, den Teilnehmerkreis und die Beratungsgegenstände, die Geschäftsordnung und die Notwendigkeit einer ausdrücklichen Approbation[2]. Gerade im Hinblick auf die Wiedervereinigung der getrennten Christen und eventuelle Unionsverhandlungen auf einem späteren Konzil dürften also aus Fragen des gegenwärtigen Rechtes oder Zeremoniells keinesfalls Fragen des Dogmas gemacht werden[3]. Vielmehr ist das gegenwärtige Recht darauf zu prüfen, was aufgebbar und was *wirklich,* d. h. *vom Evangelium Jesu Christi her,* unaufgebbar ist. Gerade für Konzil und Wiedervereinigung dürfte die vom Evangelium Jesu Christi abzulesende Unterscheidung von ius divinum und ius humanum eine ganz und gar grundlegende Bedeutung haben. Sie wird weder im Hinblick auf das ökumenische Konzil noch im Hinblick auf das kirchliche Leben im allgemeinen genügend beachtet. Während die evangelischen Kirchen – so scheint uns Katholiken – in ihrer Kirchenverfassung den Rahmen zum Teil gefährlich gelockert oder gar verloren haben, hat die katholische Kirche den verfassungsmäßigen Rahmen zur Sicherheit verstärkt und an manchen Ecken mit vielfach störenden und verdeckenden Klammern versehen, die dem nichtkatholischen Beobachter oft mehr in die Augen stechen, als ihn das Bild selbst zur nachdenklichen Betrachtung zu reizen vermag.

---

[2] Vgl. Kap. I.

[3] So ist es z. B. heute von Wichtigkeit zu wissen, daß auf einem Unionskonzil wie dem von Florenz die schismatischen Orientalen als *gleichberechtigte Partner* teilnahmen. Vgl. *J. Gill,* L'accord gréco-latin au Concile de Florence, in: Le concile et les conciles (Paris 1960) 190 s; für die Dokumentation vgl. *J. Gill,* The Council of Florence (Cambridge 1959).

2. Es ist wirklich Repräsentation

Das ökumenische Konzil aus menschlicher Berufung *ist wirklich* Repräsentation des ökumenischen Konzils aus göttlicher Berufung: Schon der erste Bericht, der uns in der christlichen Literatur von kirchlichen Konzilien Kunde gibt, zeugt in außerordentlich deutlicher Weise von diesem Konzilsverständnis. Tertullian berichtet: „Aguntur praeterea per Graecias illa certis in locis concilia ex universis ecclesiis, per quae et altiora quaeque in commune tractantur, et ipsa repraesentatio totius nominis Christiani magna veneratione celebratur. Et hoc quam dignum fide auspicante congregari undique ad Christum! Vide, quam bonum et quam iucundum habitare fratres in unum! – ... es werden in den griechischen Ländern an bestimmten Orten jene Konzilien aus allen Kirchen gehalten, von denen sowohl wichtigere Dinge gemeinschaftlich verhandelt werden als auch die Repräsentation der ganzen Christenheit in ehrfurchtgebietender Weise dargestellt wird. Und wie angemessen ist es, sich unter dem guten Zeichen des Glaubens um Christus zu versammeln! Siehe, wie schön und lieblich ist es, wenn Brüder einmütig beieinander wohnen!"[4]

In der Heiligen Schrift selbst spielt das Prinzip der Repräsentation eine große Rolle. Die ganze Heilsgeschichte entwickelt sich nach dem Prinzip der Repräsentation. Schon in der Schöpfung erscheint der Mensch als Repräsentant der Gesamtschöpfung, dann das Volk Israel als Repräsentant der Gesamtmenschheit, weiter der Rest Israels als Repräsentant des Gesamtvolkes Israel, schließlich Christus als der Repräsentant des Restes. Im Alten Testament wirkt sich somit die Repräsentation in der Weise aus, daß auf Christus hin eine progressive Reduzierung von der Vielfalt zum Einen stattfindet. Im Neuen Testament umgekehrt: Repräsentation durch progressive Ausweitung von dem Einen zur Vielheit. In der Kraft dessen, der als Einer für die Vielen den Tod erlitten hat und von den Toten auferstanden ist, soll nun die Vielheit den Einen repräsentieren: Die Apostel sollen für die Kirche, die Kirche für die Menschheit Christus repräsentieren, im eschatologischen Ausblick auf die erlöste Menschheit im kommenden Gottesreich und die erlöste Schöpfung des neuen Himmels und der neuen Erde[5]. Hier ist nun zu untersuchen, wie in unserer Zwischenzeit eine bestimmte Versammlung von Gläubigen ihrerseits die Kirche selbst repräsentieren kann: das ökumenische Konzil aus menschlicher Berufung

---

[4] *Tertullian,* De paenitentia 13, 6–7; CC. II, 1272.
[5] Vgl. *O. Cullmann,* Königsherrschaft Christi und Kirche im Neuen Testament (Zollikon-Zürich 1941) 35f; Christus und die Zeit. Die urchristliche Zeit- und Geschichtsauffassung (Zollikon-Zürich 1946. ²1948) 99–103.

als die Repräsentation des ökumenischen Konzils aus göttlicher Berufung.

Schon wenn Zwei oder Drei im Namen des Herrn versammelt sind, ist er selbst durch seinen Geist mitten unter ihnen. Schon in einer solchen kleinen Versammlung wird die Gemeinschaft mit Christus im Geist vergegenwärtigt, ereignet sich Kirche, wird die Kirche selbst präsent, stellt sich die Kirche selbst dar. Diese kleine Versammlung ist zwar nicht einfachhin *die* Kirche; die Kirche ist das *Ganze,* das Ganze des Volkes Gottes, des Leibes Christi, des Tempels des Heiligen Geistes. Aber schon diese kleine Versammlung stellt die Kirche dar, vergegenwärtigt, aktualisiert, *repräsentiert* die Kirche, weil in ihr der ganze Christus gegenwärtig ist. Wenn nun schon diese kleine Versammlung, um wieviel mehr erst die große Versammlung, die nicht nur wenige Einzelne, sondern – und das ist nicht nur ein quantitativer, sondern ein qualitativer Unterschied – das Ganze, die Oikumene, das Gottesvolk der ganzen bewohnten Erde ausdrücklich hinter sich hat. Für Athanasios, den großen Vorkämpfer der Orthodoxie auf dem ersten ökumenischen Konzil, ist dieses Konzil von Nikaia erhaben über alle Synoden: „denn wenn man Zahl mit Zahl vergleicht, dann sind die Versammelten in Nikaia um so viel mehr denn die Versammelten auf einer partikularen Synode (τῶν κατὰ μέρος), als das Ganze mehr ist denn der Teil"[6].

Durch dieses von Menschen aus der ganzen Oikumene berufene Concilium zur gemeinsamen Beratung und Entscheidung, zur kirchlichen Ordnung und Gestaltung wird das von Gott selbst berufene Concilium der Kirche zwar nicht in der intensivsten Weise des gemeinsamen Gottesdienstes, andererseits aber auch nicht nur in der allgemeinsten Weise des Zusammenkommens vereinzelter Christen, sondern in ausgezeichneter Weise repräsentiert: Hier geschieht die Repräsentation der Kirche nicht nur – auch das ist etwas Großes – in *vereinzelter, partikularer* Weise, sondern – und das Ganze ist nicht einfach nur „größer" als der Teil – in gesamthaft-umfassender, eben in *ökumenischer* Weise.

Wenn hier das ökumenische Konzil aus menschlicher Berufung als die ausgezeichnete, ökumenische *Repräsentation* der Kirche verstanden wird, so im allgemeinen Sinne der „Darstellung", nicht im besonderen Sinne der „Vertretung" (Stellvertretung, Delegation); dieses letztere Verständnis des ökumenischen Konzils ist ein Verständnis der „Repräsentation", wie es sich erst im Mittelalter unter dem Einfluß naturrechtlicher

---

[6] *Athanasios,* Ep. contra Arianos, ad honoratissimos in Africa episcopos 2; PG 26, 1032. Derselbe Gedanke findet sich auch bei Augustin. Vgl. dazu *F. Hofmann,* Die Bedeutung der Konzilien für die kirchliche Lehrentwicklung nach dem heiligen Augustinus, in: Kirche und Überlieferung, hrsg. von J. Betz und H. Fries (Freiburg-Basel-Wien 1960) 85 f.

Ideen herausgebildet und in der konziliaren Periode durchgesetzt hat. Zur „Repräsentation" der Kirche auf dem ökumenischen Konzil aus menschlicher Berufung ist nicht erfordert, daß die Versammelten ihre Kirche als von ihr bevollmächtigte Delegierte *vertreten*. Es ist aber erfordert, daß die Versammelten ihre Kirche, in welcher Form auch immer – wir werden dies genauer zu untersuchen haben –, gewissermaßen personifizierend zur *Darstellung bringen*. Gewiß nur aus der Kraft des im Heiligen Geiste gegenwärtigen Herrn vermögen die auf dem ökumenischen Konzil aus menschlicher Berufung Versammelten die Kirche in diesem Sinn zu repräsentieren; dies gilt von einem ökumenischen Concilium nicht anders als vom Concilium der Ortskirche oder vom Concilium der Zwei oder Drei. Doch nur wenn die zu einem Konzil Versammelten die Kirche der gesamten Oikumene in der gemeinten Weise hinter sich haben, vermögen sie in der Kraft des Herrn die Kirche auf nicht nur vereinzelte, sondern auf wahrhaft *ökumenische,* gesamthaft-umfassende Weise zur Darstellung zu bringen.

Wir sehen daraus zugleich, daß auch das ökumenische Konzil aus *menschlicher* Berufung nicht ohne *Gottes* „Zutun" zustande kommt. Andererseits muß man sagen, daß auch das ökumenische Konzil aus *göttlicher* Berufung, das die Kirche ist, nicht ohne das „Zutun" der *Menschen* zustande kommt. Aber bei der Kirche selbst ist der im strengen Sinne Berufende Gott allein, beim ökumenischen Konzil aus menschlicher Berufung ist es – nicht ohne Gott – der Mensch. Oder um es in scholastischer Terminologie zu sagen: Bei der Berufung der Kirche ist die causa principalis Gott; der Mensch kann dabei nicht mehr als causa instrumentalis sein. Bei der Berufung des ökumenischen Konzils aus menschlicher Berufung ist die causa principalis – unter der providentia Dei als der causa prima – der Mensch als causa secunda.

Wie Goemans in seiner eingehenden historischen Untersuchung über das ökumenische Konzil im vierten Jahrhundert überzeugend herausstellt, ist die Repräsentation der Gesamtkirche das entscheidende Merkmal der ökumenischen Konzilien[7]. Darauf wird in der alten Kirche immer wieder ihre besondere Autorität begründet. Dies geschieht meistens in Abhebung von der beschränkten Bedeutung partikularer Synoden. Schon der Name ist hier bezeichnend. Nur in bezug auf die allgemeinen Konzilien findet man Ausdrücke wie „die große, heilige und ökumenische"[8], „die katholische Synode"[9] und ganz allgemein eine

---

[7] *M. Goemans,* Het algemeen Concilie in de vierde eeuw (Nijmegen-Utrecht 1945); zustimmend *Y. Congar,* Bulletin d'Ecclésiologie, in: Revue des Sciences philosophiques et théologiques 31 (1947) 287–291.

[8] Vgl. *J. B. Pitra,* Analecta Sacra Spicilegio Solesmensi (Parisiis 1883) IV, 224 451.

[9] *Athanasios,* Apologia contra Arianos 25; PG 25, 289.

Feierlichkeit in der Benennung, die man bei partikularen Konzilien umsonst sucht[10].

Wie es im ersten Jahrtausend keine ausgestaltete Theorie von der Kirche gab, so auch keine ausgestaltete Theorie vom ökumenischen Konzil. Man lebte die Kirche, man lebte das ökumenische Konzil; die Häresien des ersten Jahrtausends zielten weniger auf die Kirche als auf die Trinitätslehre und die Christologie; die irdische Rechtsgestalt der Kirche aber war damals noch nicht im Vordergrund des kirchlichen Bewußtseins. Doch wie die Väter immer wieder auf die bestimmenden Wesenszüge der Kirche hinwiesen, so auch auf die des ökumenischen Konzils, das in den Zusammengekommenen die gesamte Kirche repräsentiert. Besonders für das erste ökumenische Konzil sind die Zeugnisse zahlreich. Athanasios hebt den Unterschied zwischen partikularer und ökumenischer Repräsentation ausdrücklich hervor: ,,Darum fand nämlich die *ökumenische* Synode in Nikaia statt, wo 318 Bischöfe zusammenkamen, um des Glaubens willen wegen der arianischen Gottlosigkeit, auf daß nicht mehr *partikulare* (Synoden) unter dem Vorwand des Glaubens stattfinden ... Diese (in Nikaia) hat die ganze *Oikumene* erfüllt.''[11] In demselben Brief spricht er von den Konzilsvätern als denen, ,,welche in Nikaia aus unserer ganzen Oikumene zusammenkamen''[12]. Weiter Phoebadius Aginnensis: ,,Quid egistis, o beatae memoriae viri, qui ex omnibus orbis partibus Nicaeam congregati?''[13] Hilarius: ,,Ex omnibus orbis partibus in unum advolant Nicaeamque concurrunt.''[14] Sulpicius Severus: ,,Synodus apud Nicaeam ex toto orbe contrahitur.''[15] Marius Victorinus: ,,Cum in Nicaea civitate fide confirmata per 300 plures episcopos, Arianitas excludentes, in qua synodo istorum virorum Ecclesiae totius orbis lumina fuerunt''[16]. Auch für Augustin steht das ökumenische Konzil nicht aus kirchen- und verfassungsrechtlichen Erwägungen über dem Provinzialkonzil, sondern weil das Provinzialkonzil nur eine Provinz, das ökumenische Konzil den ganzen katholischen Erdkreis repräsentiert. Die ökumenischen Konzilien ,,stellen die universi orbis auctoritas dar (De bapt. 2, 4, 5); ihre Beschlüsse sind der Ausdruck der universalis ecclesiae consensio (De bapt. 7, 53, 102).

---

[10] *M. Goemans,* Het algemeen Concilie in de vierde eeuw (Nijmegen-Utrecht 1945) 44.

[11] *Athanasios,* Ep. contra Arianos, ad honoratissimos in Africa episcopos 2; PG 26, 1032.

[12] *Athanasios,* Ep. contra Arianos, ad honoratissimos in Africa episcopos 1; PG 26, 1029.

[13] *Phoebadius Aginnensis,* Liber contra Arianos 6; PL 20, 17.

[14] *Hilarius,* Fragmenta Historica 2, 26; CSEL 65, 149.

[15] *Sulpicius Severus,* Chronicorum 2, 35; PL 20, 149.

[16] *Marius Victorinus,* Adversus Arium 1, 28; PL 8, 1061.

Darum sind sie eine Willenskundgebung der Gesamtkirche (Contra Cresc. 1, 33, 39), die als Eingebung Gottes geradezu einer Offenbarung gleichkommen (De bapt. 6, 39, 76)."[17]

Das Mittelalter aber brachte im Westen eine Konzentration auf die Rechtsstruktur der Kirche. Damit ist im Zusammenhang mit dem korporativen Denken eine wichtige Umdeutung des Repräsentationsgedankens gegeben, auf die wir noch einzugehen haben. Aber hier interessiert uns vorläufig nur das Faktum, daß auch die mittelalterlichen Generalsynoden, soweit sie überhaupt Ökumenizität beanspruchten, als Repräsentation der Kirche gegolten haben. Dies muß jedenfalls vom Vierten Laterankonzil gesagt werden, das in einer neuen Weise die Kirche repräsentierte; war es doch nicht einfach eine Bischofssynode, sondern eine repräsentative Versammlung der geistlichen und weltlichen Stände der Christenheit. Obwohl damals die Dekretisten keine genauere Analyse des Repräsentationsbegriffs durchführten, so hat dieses größte Konzil des Mittelalters als konziliares Modell auf die Ausgestaltung der „konziliaren Theorie" und ihres Repräsentationsverständnisses einen starken Einfluß ausgeübt, wobei im 14. Jahrhundert die Repräsentation nicht mehr nur im Sinne einer reinen Personifikation, sondern auch im Sinne einer Delegation verstanden wurde[18]. Es kommt nun die Zeit, wo die Repräsentation der Gesamtkirche sogar ausdrücklich in Konzilsdekreten vermerkt wird. Die ökumenischen Konzilien von Konstanz und Basel gebrauchen vielfach die berühmt gewordene Formel „universalem Ecclesiam repraesentans", wobei manches Moment mitschwingt, das nicht notwendig mit dem Begriff der Repräsentation der Kirche gegeben ist. Doch ist zweifellos jeder Katholik streng an das gebunden, was das Konzil damals zur Bejahung den Hussiten und Wyclifiten vorschrieb: „Item, utrum credat, teneat et asserat, quod quodlibet Concilium generale, et etiam Constantiense, universalem Ecclesiam repraesentet."[19]

Auf dem Konzil von Trient kam es zu harten Diskussionen nicht um die Sache, jedoch um die Formel „universalem Ecclesiam repraesentans", über die H. Jedin sehr genau berichtet[20]. Als Bischof Braccio Martelli von Fiesole schon in einer der ersten Sitzungen verlangte, daß das Konzil sich als Repräsentation der Allgemeinen Kirche bezeichne und die

---

[17] *F. Hofmann,* Die Bedeutung der Konzilien für die kirchliche Lehrentwicklung nach dem heiligen Augustinus, in: Kirche und Überlieferung, hrsg. von J. Betz und H. Fries (Freiburg-Basel-Wien 1960) 86.
[18] Vgl. *B. Tierney,* The Foundations of the Conciliar Theory (Cambridge 1955) 47 s.
[19] Denz. 657 (vgl. Denz. 658).
[20] *H. Jedin,* Geschichte des Konzils von Trient, Bd. II: Die erste Trienter Tagungsperiode 1545/47 (Freiburg 1957).

Formel „universalem Ecclesiam repraesentans" in das Dekret eingefügt werde, stimmten fast alle ihm folgenden Bischöfe zu. Die päpstlichen Legaten bestritten die Berechtigung der Formel nicht, wohl aber ihre Opportunität. Kardinal del Monte sagte, „auch er leugne selbstverständlich nicht, daß sie (die gegenwärtige Versammlung) die Gesamtkirche repräsentiere, aber sei es ratsam, bei der gegenwärtigen Zusammensetzung, bei einer Präsenzstärke von noch nicht drei Dutzend Bischöfen, die anspruchsvolle Formel zu gebrauchen, die den Angriff, ja den Hohn der Gegner geradezu herausfordere?"[21] Auch wurde bemerkt, daß bereits der Begriff „ökumenisch" die Vertretung der Gesamtkirche einschließe. Fast ein Drittel der stimmberechtigten Väter bestand auf der Einführung der Repräsentationsformel, sobald das Konzil eine zahlreichere Beteiligung aufweise[22]. Immer wieder wurde mit verschiedenen Begründungen die Einführung der Formel gefordert[23]. Die Legaten waren offenkundig darüber beunruhigt, daß der konziliare Geist von Basel wieder auferstehen könnte. Doch auch sie wagten nie zu bestreiten, daß das ökumenische Konzil die Repräsentation der Gesamtkirche darstelle. Ja der Konzilspräsident Kardinal del Monte erklärte sich sogar bereit, dem Konzil etwa folgenden Kanon vorzulegen: „Wenn jemand sagt, das legitim versammelte Generalkonzil repräsentiert nicht die Allgemeine Kirche, der sei im Bann. Er hätte gar nicht anders handeln können, ohne die Autorität eben des Konzils anzutasten, dessen Vorsitz er führte. Aus der Weigerung, die Konstanzer Formel den Trienter Dekreten einzufügen, sprach nichts anderes als die Furcht vor dem Konziliarismus, die wir ja längst wie als Hindernis der rechtzeitigen Berufung so als dauernde Hemmung der Legaten bei der Leitung des Konzils erkannt haben."[24]

Auf dem Ersten Vatikanischen Konzil ging es vor allem um das Amt des Papstes und nicht um das ökumenische Konzil. Aber auch hier wurde am Rande vom ökumenischen Konzil als der Repräsentation der Gesamtkirche gesprochen. So sprach man damals noch oft vom ökumenischen Konzil als der Ecclesia coadunata. Dreißig neapolitanische Bischöfe hatten durch Kardinal Riario Sforza erklärt, es sei notwendig, auch vom Lehramt sowohl der zerstreuten Kirche wie der im Konzil vereinigten Kirche zu sprechen: „ . . . videri necessarium esse ut etiam agatur de magisterio ecclesiae tum dipersae tum in concilium congregatae."[25] Und als der Relator der Glaubensdeputation, Bischof Zinelli, einen autoritativen Kommentar bezüglich der obersten kirchlichen Jurisdiktionsgewalt des ökumenischen Konzils abzugeben hatte, ge-

---

[21] *H. Jedin,* a. a. O. II, 18.   [22] *H. Jedin,* a. a. O. II, 19.
[23] *H. Jedin,* a. a. O. II, 21 32 77 222f 260 295f 334.
[24] *H. Jedin,* a. a. O. II, 295f.   [25] *Mansi* 51, 823.

brauchte er die Repräsentationsformel: „Concedimus lubenter et nos in concilio oecumenico sive in episcopis coniunctim cum suo capite supremam inesse et plenam ecclesiasticam potestatem in fideles omnes: utique ecclesiae cum suo capite coniunctae optime haec congruit. Igitur episcopi congregati cum capite in concilio oecumenico, quo in casu *totam ecclesiam repraesentant,* aut dispersi, sed cum suo capite, quo casu sunt ipsa ecclesia, vere plenam potestatem habent."[26] Und Papst Johannes XXIII. spricht vom Zweiten Vatikanischen Konzil als von der Repräsentation des Christenvolkes: „la grande riunione del popolo cristiano[27]."

So ist es denn auf dem Hintergrund der Konziliengeschichte ganz unzweideutig Tatsache, daß das ökumenische Konzil aus menschlicher Berufung die Repräsentation des ökumenischen Konzils aus göttlicher Berufung ist, möge dies durch eine Formel bezeichnet werden oder nicht, möge dies auf diese oder jene Weise erklärt werden. Das ökumenische Konzil aus menschlicher Berufung repräsentiert, stellt dar die Ecclesia una, sancta, catholica et apostolica und reflektiert gerade so die Wesensstrukturen der Kirche. Was dies im Zusammenhang mit dem Kirchenamt bedeutet, soll später eingehend ausgeführt werden. Hier soll nur folgendes ganz allgemein festgestellt werden:

Die über die Oikumene verstreuten und untereinander so verschiedenartigen Einzelkirchen aus allen Ländern und Erdteilen, aus allen Rassen, Sprachen und Kulturen, aus allen Gesellschafts- und Staatsformen, aus allen Riten, Liturgien, Theologien, Frömmigkeits- und Rechtsformen machen durch ihre Versammlung die sichtbar-unsichtbare *Einheit* der Gesamtkirche als besonderes, konkretes Ereignis präsent: die Repräsentation der Ecclesia *una!*

Aber gerade weil diese Versammlung aus den verschiedensten Ländern und Erdteilen, aus den verschiedensten Rassen, Sprachen und Kulturen, aus den verschiedensten Gesellschafts- und Staatsformen, aus den verschiedensten Riten, Liturgien und Theologien, aus den verschiedensten Frömmigkeits- und Rechtsformen zusammengerufen und berufen wird, gerade weil diese Versammlung ein konkretes Ereigniswerden der Einheit aus verschiedenen und verschiedenartigen eigenständigen *Einzelkirchen* mit ihren eigenen Fragen und Schwierigkeiten, ihren eigenen Nöten, Anliegen und Forderungen ist, erhellt deutlich: im konziliaren Ereigniswerden dieser Einheit wird zugleich die weltumspannende *Katholizität* ereignishaft präsent, die weltumspannende

---

[26] *Mansi* 52, 1109; Bischof de la Tour d'Auvergne hatte vorgeschlagen, dem Kapitel über die Unfehlbarkeit ein Kapitel über das ökumenische Konzil „Ecclesiam universalem repraesentans" (Mansi 51, 816) anzufügen.
[27] L'Osservatore Romano vom 8. 4. 1959.

Katholizität in ihrem liturgischen, theologischen, rechtlichen und kulturellen Pluralismus: die Repräsentation der Ecclesia *catholica*!

Das ökumenische Konzil aus menschlicher Berufung also als Repräsentation der Ecclesia una et catholica! – Aber auch der Ecclesia sancta? Das versteht sich nicht so leicht. Die Konziliengeschichte bewahrt uns vor der illusionären Spekulation, daß bei einem ökumenischen Konzil von vorneherein mit einer Versammlung besonders heiliger (etwa heiligzusprechender) Männer gerechnet werden könne, also mit einem Concilium sanctorum. Das ökumenische Konzil aus menschlicher Berufung ist vielmehr auch hierin das getreue Abbild des ökumenischen Konzils aus göttlicher Berufung: es geht in beiden Fällen um eine Berufung von *Menschen*. Es geht folglich immer um ein Concilium, das aus dem Menschlichen, Allzumenschlichen und Sündhaften nicht herausgenommen ist. Alles, was es in der Kirche an Versagen und Ermüden, an Mittelmäßigem und Böswilligem, an unverschuldet Verbogenem und schuldhaft Verzerrtem gibt, das kann es auch auf dem ökumenischen Konzil aus menschlicher Berufung geben und gibt es – nach dem Zeugnis der Geschichte – immer wieder[28]. Und doch wird nun in der kirchlichen Überlieferung nicht nur das ökumenische Concilium aus göttlicher Berufung, sondern auch das ökumenische Concilium aus menschlicher Berufung ἅγιον, sogar sacrosanctum genannt.

Allein wir erinnern uns daran, daß das Attribut „heilig" der Kirche in der ersten Zeit nicht nur auffällig selten beigelegt wurde, sondern daß auch sein erster Sinn keineswegs die moralische Heiligkeit der Glieder war, sondern der Kirche Beziehung zu Gott (heilig als „himmlisch") und vor allem zum Heiligen Geist (heilig als „geistlich"); weiter, daß die ursprüngliche Tauffrage in der Apostolischen Überlieferung nicht vereinfacht lautete: „Glaubst du an die Heilige Kirche?", sondern sehr genau: „Glaubst du an den Heiligen Geist *in* der Heiligen Kirche zur

---

[28] Zur theologischen Bewertung der Menschlichkeit und Sündhaftigkeit der Kirche aus Menschen und Sündern vgl. *H. Küng*, Rechtfertigung. Die Lehre Karl Barths und eine katholische Besinnung (Einsiedeln 1957. ³1960) 240–242; Konzil und Wiedervereinigung. Erneuerung als Ruf in die Einheit (Wien-Freiburg-Basel 1960. ⁵1962) 22–52; sowie *F. Pilgram*, Physiologie der Kirche (Mainz 1860. ²1931); *Ch. Journet*, L'Église du Verbe incarné. 2 vol. (Bruges 1941. 1951) I, XIIIs; II, 395s, bes. II, 893–934; *K. Rahner*, Die Kirche der Sünder (Freiburg 1948) bes. 14f; *Y. Congar*, Vraie et fausse réforme dans l'Église (Paris 1950) 63–132 (vgl. auch die von Congar zitierten *E. Mersch, Dom Vonier, K. Adam, Pinard de la Boullaye, J. Bernhart, P. Couturier, H. Rahner*). Wie scharf die *Väter* über die Menschlichkeit und Sündhaftigkeit der Kirche zu sprechen wagten, zeigen *H. de Lubac*, Katholizismus als Gemeinschaft (Einsiedeln-Köln 1943) 61f, und in hervorragender Weise mit ungezählten Beispielen *H. U. von Balthasar*, Casta meretrix, in: Sponsa Verbi. Skizzen zur Theologie II (Einsiedeln 1961) 203–305.

Auferstehung des Fleisches?"[29] Vom Heiligen Geist her darf die Kirche aus Menschen und Sündern heilig genannt werden.

Wenn also das ökumenische Konzil aus menschlicher Berufung die *Heiligkeit* des ökumenischen Konzils aus göttlicher Berufung repräsentieren darf, so nur und allein in der Kraft jenes heiligenden Geistes, der als der Geist Jesu Christi in der Kirche lebt und wirkt: der nach der Verheißung Jesu in der Kirche für immer bleiben wird (Jo 14, 16f), sie alles lehren und an alles erinnern wird, was Jesus gesagt hat (14, 26), der nicht von sich aus eine neue Wahrheit, sondern Jesu Wahrheit bezeugen, der dabei in die volle Wahrheit einführen wird (16, 13f).

So also wirkt der Heilige Geist nach Jesu Verheißung in der Kirche und damit auch in dem Ereignis ihrer besonderen Repräsentation: im ökumenischen Konzil aus menschlicher Berufung. Als die besonders ausgezeichnete, eben ökumenische Repräsentation der Kirche steht das ökumenische Konzil aus menschlicher Berufung auch unter dem besonderen Beistand des der Kirche verheißenen Heiligen Geistes. Und von diesem Beistand her hat das ökumenische Konzil aus menschlicher Berufung als die besondere Repräsentation des ökumenischen Konzils aus göttlicher Berufung auch seine besondere ökumenische *Autorität*. Von dort her darf denn das ganz und gar nicht selbstverständliche *Und* gewagt werden, das nach Apg 15, 28 im Dekret des Apostelkonzils gewagt wurde und das auch den späteren ökumenischen Konzilien und ihren Beschlüssen leuchtete: „Der Heilige Geist *und wir* haben beschlossen . . ." Als *im Heiligen Geist* versammelt, ist das ökumenische Konzil aus menschlicher Berufung eine Repräsentation der Ecclesia *sancta*! – Auch der Ecclesia apostolica? Davon muß später eingehend die Rede sein. Vorher aber ist noch auf etwas Entscheidendes hinzuweisen.

---

[29] *P. Nautin,* Je crois à l'Esprit Saint dans la Sainte Église pour la résurrection de la chair. Étude sur l'histoire et la théologie du symbole (Paris 1947).

IV
GLAUBWÜRDIGE ODER UNGLAUBWÜRDIGE REPRÄSENTATION?

Die Repräsentation der Ecclesia una, sancta, catholica bedeutet für das ökumenische Konzil aus menschlicher Berufung nicht nur eine Gabe, sondern auch eine Aufgabe, eine schwere Aufgabe. Ökumenische Konzilien waren ja nie nur harmlose, periodische kirchliche Generalversammlungen in ruhigen und friedlichen Zeiten, sondern immer Versammlungen der Kirche in Zeiten der Beunruhigung und der äußeren oder inneren Bedrohung. Wenn das Gewissen der Kirche aufgescheucht war durch Häresien oder durch unbewältigte, einen Entscheid der Gesamtkirche herausfordernde geschichtliche Aufgaben, dann hatte jeweils die Stunde des ökumenischen Konzils geschlagen. In solchen Zeiten der Unruhe, des Sturmes und der neuen Entscheidungen wird es sehr darauf ankommen, ob die Repräsentation der Ecclesia una, sancta, catholica nur schlecht und recht oder aber gut, d. h. wahrhaft *glaubwürdig* (für die Menschen in- und außerhalb dieser Ekklesia) Ereignis wird.

Schon für das ökumenische Konzil aus göttlicher Berufung gilt: Gegenüber den konkreten suchenden, zweifelnden oder fragenden Menschen reicht es nicht aus, die Kirche mit ihren Strukturelementen als „signum levatum in nationes"[1] *abstrakt* zu erweisen. Es genügt nicht, die Merkmale (notae) der Kirche, ihre Einheit, Heiligkeit, Katholizität und Apostolizität –, zuerst als für die wahre Kirche Christi notwendig, und dann als in der heutigen katholischen Kirche faktisch gegeben – *abstrakt* aufzuzeigen. Abstrakt heißt: unter Absehen von all dem, was in der konkreten Wirklichkeit des kirchlichen bzw. unkirchlichen Lebens dieses signum levatum verdeckt und die Einheit, Heiligkeit, Katholizität und Apostolizität verdunkelt und entstellt, unter Absehen also von all dem, was die Kirche und ihre Einheit, Heiligkeit, Katholizität und Apostolizität ganz konkret *unglaubwürdig* machen kann, so daß das erforderte obsequium rationi consentaneum[2] im konkreten Fall des konkreten Menschen nicht konkret möglich ist oder sehr erschwert wird. Kardinal Newman hat sehr deutlich darauf hingewiesen, daß die nicht *von* der Welt seiende Kirche als *in* der Welt seiende eine welthafte Schattenseite hat und daß diese welthafte Schattenseite nach außen gekehrt ist: „daß

---

[1] Concilium Vaticanum, Const. de fide catholica, cap. 3. Denz. 1794.
[2] Ebd. Denz. 1790.

die Kirche, weit entfernt, buchstäblich und tatsächlich von der bösen Welt getrennt zu sein, *in* ihr ist. Die Kirche ist ein Gemeinwesen aus Gliedern, die allesamt in der Welt und zugleich in einem Vorgang allmählicher Lösung von der Welt sind. Die Macht der Welt, ach, erstreckt sich über die Kirche hin: weil die Kirche in die Welt gekommen ist, um die Welt zu retten. Alle Christen sind in der Welt und gehören zur Welt, sofern Sünde noch Herrschaft über sie hat; und selbst die Besten von uns sind nicht ganz rein von Sünde. Obschon also in unserer Idee, die wir von beiden haben, in ihren Grundsätzen, in ihren Aussichten für die Zukunft, die Kirche etwas anderes ist als die Welt, gehört doch tatsächlich für jetzt die Kirche zur Welt und ist nicht von ihr getrennt; denn die Gnade Gottes hat selbst von religiösen Menschen nur zum Teil Besitz ergriffen; und das Beste, was sich von uns sagen läßt, ist, daß wir zwei Seiten haben, eine Licht- und Schattenseite, und daß die Schattenseite nach außen gekehrt ist. So sind wir füreinander ein Stück Welt, obschon wir ‚nicht von der Welt‘ sind."[3]

„Damit die Welt glaube" (Jo 17, 21), kommt alles darauf an, daß die Kirche ihre Einheit, Heiligkeit, Katholizität und Apostolizität dem Gebet des Herrn entsprechend *glaubwürdig* darstellt. Glaubwürdig heißt nicht ohne Schatten – das ist bei der Kirche aus Menschen, und aus sündigen Menschen, unmöglich –, aber doch mit so hellem und starkem Licht, daß das Dunkel zweitrangig, unwesentlich erscheint: also nicht als das eigentliche Wesen, sondern als das dunkle Unwesen des lichten Wesens der Kirche während dieser Pilgerzeit. „Einheit, Heiligkeit, Katholizität und Apostolizität sind definitive Wesenszüge der Kirche – und sind alle vier hier auf Erden nur unvollkommen verwirklicht. Sie sind Gaben an die Kirche, aber in ihrer eschatologischen Gerichtetheit zugleich zu verwirklichende *Aufgaben*."[4]

„Damit die Welt glaube", kommt nun auch bei dem ökumenischen Konzil aus menschlicher Berufung alles darauf an, daß die Einheit, Heiligkeit, Katholizität und Apostolizität des ökumenischen Konzils aus göttlicher Berufung für die Menschen in und außerhalb der Kirche *glaubwürdig* dargestellt, repräsentiert wird. Das von Martin Luther in seiner Schrift „Von den Konziliis und Kirchen"[5] zitierte bittere Wort des Bischofs und Kirchenlehrers Gregor von Nazianz dürfte uns auch heute noch Mahn- und Warnwort sein: „Um die Wahrheit zu sagen, so halte ich dafür, daß man jedes Konzil der Bischöfe fliehen sollte, da ich einen glücklichen Ausgang noch bei keinem Konzil erlebte; auch nicht

---

[3] *J. H. Newman,* Parochial and Plain Sermons VII, 3 35/40, zit. nach Newman-Karrer, Die Kirche (Einsiedeln 1946) II, 319.
[4] *J. L. Witte,* Die Katholizität der Kirche, in: Gregorianum 47 (1961) 235.
[5] *M. Luther,* Von den Konziliis und Kirchen; WA 50, 604.

die Abschaffung von Übelständen ...; immer dagegen Ehrsucht oder Zank ums Vorgehen ..."[6]

1. *Ecclesia una*

Die Ecclesia *una* würde *unglaubwürdig* repräsentiert, wenn das ökumenische Konzil aus menschlicher Berufung nur eine äußerliche (vielleicht sehr prächtige und eindrucksvolle) Manifestation der Einheit wäre, etwa in der Art eines gut organisierten totalitären Parteikongresses, wo die Kongreßleitung durch verschiedene Methoden und Methödchen der Geschäftsordnung und Geschäftsführung alle freie Initiative schon von vorneherein auf ein Mimimum zu reduzieren versteht und wo das kritiklose, begeisterte Plazet zu den Plänen des Führers das Zeichen der Treue ist. Die Ecclesia una wird *glaubwürdig* repräsentiert, wenn die Einheit auf dem ökumenischen Konzil eine wirkliche innere Einheit des Glaubens und der Liebe ist, eine Einheit nämlich im einenden Heiligen Geiste, der wirksam ist in der Einmütigkeit der freien Entscheidung aller, so daß vom Konzil die wahre Tradition der Gesamtkirche, der sensus Ecclesiae, zum Ausdruck gebracht und der Kirche nicht Streit und Spaltung, sondern der Friede in der Freiheit geschenkt wird.

Die Einheit der Kirche ist keine natürliche Größe; sie wird naturalistisch mißverstanden, wenn sie ganz auf die Äußerlichkeiten (Kirchensprache, Kirchenrecht, Verwaltung usw.) verlagert wird[7]. Die Einheit der Kirche ist in erster Linie eine *geistliche* Größe: „die Einheit des *Geistes* durch das Band der Liebe: ein Leib und ein Geist, wie ihr auch berufen seid zu einer Hoffnung eurer Berufung: ein Herr, ein Glaube, eine Taufe; ein Gott und Vater aller, der über allen und bei allen und in allen ist" (Eph 4, 3–6). Oder wie die Einheit der Kirche nach Paulus von Heinrich Schlier umfassend beschrieben wird: „Diese Einheit ist die Auswirkung und also auch der Widerschein der einigenden Einheit Gottes in Jesus Christus kraft des Heiligen Geistes. Sie ruht im Heilswesen und Heilswillen Gottes. Sie erwächst aber aus den Heilsmitteln und -gaben, deren sich Gott in Jesus Christus durch den Heiligen Geist bedient und die ebenfalls von wesentlicher Einheit sind; aus dem einen Einheit wirkenden Wort und Sakrament, dem einen die Einheit schützenden und fördernden Amt, dem einen sie belebenden und nährenden Charisma. Dadurch erweist sich die Einheit der Kirche als eine konkret-geschicht-

---

[6] *Gregorius von Nazianz*, Ep. 130 ad Procopium; PG 37, 225.
[7] Zur Problematik der Einheit der Kirche vgl. neuerdings: *H. Volk,* Einheit als theologisches Problem, in: Münchener theologische Zeitschrift 12 (1961) 1–13, bes. 11–13; *ders.,* Die Einheit der Kirche und die Spaltung der Christenheit (Münster i. W. 1961); beide Artikel abgedruckt in Volks Sammelband, Gott alles in allem (Mainz 1961).

liche und nicht nur ideale, gegenwärtige und nicht erst zukünftige, gegebene und nicht erst herzustellende Einheit des einen Volkes Gottes, das der eine Leib Christi und der Tempel des Heiligen Geistes ist. Sie wird wahrgenommen und verwahrt in der Erfahrung des Glaubens und seiner Erkenntnis, der Hoffnung und der Liebe, und zuerst und zuletzt der Demut. In Hinsicht auf ihre Erfahrung ist sie eine Einheit des Herzens."[8]

Es ist richtig, wenn in der Kirche die innere geistliche Einheit auch äußerlich bekundet wird; eine solche Äußerung ist keine Veräußerlichung. „Aber die berechtigte Tendenz, die innere Einheit, die übernatürlich begründet ist, auch zu veranschaulichen, darf doch nicht dazu führen, die Vereinheitlichung im Natürlichen in ihrer Bedeutung den geistlichen Prinzipien der Einheit der Kirche an die Seite zu stellen. Da würde aus dem Zeichen der Einheit ein Prinzip der Einheit. Hier kann sogar ein Naturalismus drohen, wenn man den geistlichen Prinzipien nicht die Kraft der Einung zutraut und möglichst viele äußere Zeichen der Einheit so betont, als ob die Einheit der Kirche an sie gebunden wäre. Hier können Überprüfungen notwendig sein, weil wir nicht etwas als Prinzip der Einheit betrachten und ausgeben wollen, was nur eine variable Erscheinungsform der Einheit ist."[9]

Die große und schwere Aufgabe des ökumenischen Konzils aus menschlicher Berufung ist es, die nicht nur äußerliche, sondern zutiefst innerlich-geistliche Einheit, diese Einheit der Kirche im Geiste zu repräsentieren, und sie glaubwürdig zu repräsentieren. Es soll auf dem Konzil der consensus Ecclesiae zum Ausdruck gebracht werden: d. h. das Zusammenfühlen, Zusammendenken, Zusammenstimmen der Gesamtkirche. Dieses Zusammenfühlen, Zusammendenken und Zusammenstimmen wird auf dem ökumenischen Konzil aus menschlicher Berufung zum Ausdruck gebracht durch die *Einmütigkeit* und die erstrebte möglichste *Einstimmigkeit*[10] der konziliaren Entscheidungen. Das ökumenische Konzil ist kein demokratisches Parlament, in dem es nur darauf ankommt, daß sich irgendeine (vielleicht äußerst knappe) numerische Mehrheit für oder gegen eine Entscheidung findet. Das ökumenische Konzil ist vielmehr die Repräsentation der Kirche und ihrer Ein-

---

[8] *H. Schlier,* Die Einheit der Kirche nach dem Apostel Paulus, in: *M. Roesle –
O. Cullmann,* Begegnung der Christen (Stuttgart-Frankfurt a. M. 1959) 112f.
[9] *H. Volk,* Die Einheit der Kirche und die Spaltung der Christenheit (Münster i. W. 1961) 25.
[10] Wir sagen möglichste, weil sonst ein Konzil entweder zur Entschlußlosigkeit verdammt würde wie ein polnischer Reichstag von früher oder gerade wieder jene gewaltsame Einhelligkeit totalitärer „Parlamente" als Gefahr gegeben wäre, die der Tod der Einheit in verantwortlicher Freiheit ist und ein Konzil erst recht unglaubwürdig machen würde.

heit, die nur in der geistgewirkten Einmütigkeit der Entscheide glaubwürdig zum Ausdruck kommt. Nicht in der größeren „Fraktion", sondern in der Einmütigkeit aller erweist der Heilige Geist der Einheit seine
Gegenwart.

Die alte Kirche war sich der Bedeutung der Einmütigkeit konziliarer
Entscheidungen wohl bewußt. In den Akten der Synoden wird kein
Merkmal so beständig und so vielfältig wiederholt wie die Einmütigkeit.
Immer wird darauf hingewiesen, daß die Beschlüsse von allen Anwesenden gefaßt wurden: omnes uno consensu, de consensu communi, quid
decrevimus communi consilio, de communi conlatione, universi
iudicavimus[11]. Dies war nicht eine leere Formel; die häufig bezeugte
Tatsache wird ausdrücklich auch als Forderung erhoben. „Denn dies
ist die wahre Lehre, wie die Väter sie überliefert haben, und dies
ist in Wahrheit der Lehrer Zeichen: das Übereinstimmen miteinander und das Nicht-im-Streit-Sein weder miteinander noch mit den
Vätern."[12]

Selbstverständlich war dies leider nicht. Die Geschichte der Synoden
zeigt manchen Versuch von seiten weltlicher Behörden oder einer der
anwesenden Parteien, um eine Entscheidung durch politische oder andere
zweifelhafte Mittel zu erzwingen. Eine solche erzwungene Einstimmigkeit ist aber für die Väter keine wahre Einstimmigkeit, und solche Synoden sind keine wahren Synoden. Aus diesen Gründen verwirft der von
Athanasios angeführte Synodalbrief der Synode von Alexandrien 338
die 335 in Tyros gehaltene Synode: „Denn was war das damals für eine
Synode von Bischöfen? War es eine Versammlung, die sich auf die Wahrheit stützte? Waren die meisten unter ihnen uns nicht feindlich gesinnt? . . . Wie wollten solche Leute gegen uns eine Synode halten? Wie
wagen sie es überhaupt, so etwas Synode zu nennen, wenn ein Staats-
beamter die Leitung hatte, ein Aufseher anwesend war und ein Sekretär
uns hereinführte statt der Diakone der Kirche? Jener fing an herum-
zuschreien, die Anwesenden aber schwiegen, oder vielmehr: sie
fügten sich dem Staatsbeamten."[13] Öfters wird demgegenüber das
Recht auf freie Meinungsäußerung gewährleistet: „ . . . Superest ut
de hac ipsa re singuli quid sentiamus proferamus neminem iudican-
tes aut a iure communicationis aliquem si diversum senserit amoven-

---

[11] *M. Goemans,* Het algemeen concilie in de vierde eeuw (Nijmegen-Utrecht)
23 157–158 181 238. Im Griechischen finden sich Ausdrücke wie: ὁμολογεῖν,
ὁμονοεῖν, ὁμοφωνεῖν, συμφωνεῖν; ἡ συμφωνία; ἡ σύνοδος ὁμοφωνοῦσα; κοινῇ
γνώμῃ; ἐκ κοινῆς γνώμης; μιᾷ γνώμῃ; παμψήφει; πάσαις ψήφοις; κοινὴ ψῆφος;
διὰ ὁμοψύχου καὶ ὁμόφρονος συνέσεως; πάντων συνθεμένων; σύμφωνον ψῆφον
ἐξενεγκόντες; συναινούντων πάντων καὶ εἰς ταὐτὸν συνιόντων.
[12] *Athanasios,* Epistola de decretis Nicaenae synodi 4; PG 25, 429.
[13] *Athanasios,* Apologia contra Arianos 8; PG 25, 261–264.

tes."[14] Einstimmigkeit ist also gefordert, aber Einstimmigkeit als Ergebnis einer freien Diskussion. „Dieses sei gesagt zu der Darlegung des Glaubens, mit welcher wir ja alle übereinstimmen, und zwar nicht ohne Prüfung, sondern nachdem wir unsere Meinungen darüber ausgetauscht hatten."[15]

Konstantin drückt zweifellos die Auffassung des Konzils von Nikaia selbst aus, wenn er schreibt, daß im einstimmigen Konzilsentscheid das Urteil Gottes, der Heilige Geist am Werke sei: „Dreihundert und mehr Bischöfe, hochzuschätzen an Weisheit und Scharfsinn, bekräftigten einen und denselben Glauben, der allein übereinstimmt mit der vollkommenen Wahrheit des göttlichen Gesetzes . . . Empfangen wir also das Urteil, das der Pantokrator gewährt . . . Was nämlich die dreihundert Bischöfe für richtig erachten, ist nicht verschieden von dem Urteil Gottes, eben deshalb, weil der Heilige Geist im Verstande solch großer Männer wohnt und den göttlichen Willen ans Licht bringt. Deshalb sei keiner im Zweifel . . ."[16] Dies auszudrücken ist auch der Sinn der auf den alten Konzilien üblichen Akklamationen, wie sie schon spärlich für Ephesus, massenhaft aber für Chalkedon und die späteren Konzilien überliefert sind[17].

Y. Congar hat somit die alte Tradition der katholischen Kirche hinter sich, wenn er feststellt: „Im Konzil gilt nicht das Gesetz der Mehrheit, sondern der Einmütigkeit. Natürlich stimmt man auch in Konzilien ab, weil man noch kein anderes Ausdrucksmittel gefunden hat, so wie man einen Schüler nicht anders auf sein Wissen prüfen kann, als ihn durch ein Examen hindurchgehen zu lassen. Aber diese Abstimmung auf einem Konzil ist nur ein Mittel, um zur Einmütigkeit zu gelangen, indem man mittels einer Majorität das wahre *Denken* und die *Führungslinie* der *Kirche* als solcher feststellt, so daß es vielleicht für einige, die es noch nicht erkannten, nun aber, nach der Deutung und Feststellung, zum Gesetz für alle wird. Daher *ist ein Konzil nicht die Summe der einzelnen Stimmen, sondern das Gesamt des Bewußtseins der Kirche.* Ihr Ideal ist, wie in den ersten

---

[14] *Cyprianus,* Sententiae episcoporum de haereticis baptizandis, CSEL III/1, 435–436.

[15] *Eusebios,* Epistola ad Caesarienses 8; PG 20, 1541.

[16] *Sokrates,* Hist. Eccl. I, 9; PG 67, 85.

[17] *Th.-P. Camelot,* Les Conciles œcuméniques des IVᵉ et Vᵉ siècles, in: Le concile et les conciles (Paris 1960) 65 f. „Cette présence, voire cette inspiration du Saint-Esprit au concile se manifestent dans les acclamations, bruyantes et répétées, par lesquelles les évêques proclament leur foi, acclamant Célestin, Cyrille ou Léon, Théodose ou Martien; elles apparaissent comme une manifestation de l'Esprit qui est en eux. Plus ces cris sont forts et unanimes, plus on croit à la présence et a l'action du Saint-Esprit." Vgl. *Th. Klauser,* Art. Akklamation, in: Reallexikon für Antike und Christentum (Stuttgart 1950) I, 216–233, bes. 225–227; *Y. Congar,* Conclusion, in: Le concile et les conciles (Paris 1960) 313.

Tagen, das ‚in unum convenire' (St. Cyprian, epist. 55, 6, 1), die Übereinstimmung. Wenn die Bischöfe die Entscheidungen unterzeichnen mit ‚Consensi et subscripsi', dann wollen sie nicht so sehr sagen: ich bin einverstanden, sondern: ich nehme teil am consensus, d. h. ich trete in die Einmütigkeit ein."[18]

Die Einmütigkeit wird dem Konzil selten mühelos in den Schoß fallen. Sie muß meist sehr mühselig errungen werden: in vielen Diskussionen und Gesprächen, in ernsten Verhandlungen und oft erregten Auseinandersetzungen vor dem Konzil, während des Konzils und manchmal sogar nach dem Konzil. Dies nicht nur, weil in dem Konzil aus Menschen das menschlich-allzumenschliche „quot capita tot sensus" den con-sensus Ecclesiae schwierig machen kann. Über alle individuellen Eigenheiten, Eigenhaltungen und Eigenaktionen hinaus spielen wie auf dem Konzil aus göttlicher Berufung so auch auf dem Konzil aus menschlicher Berufung die Antagonismen der theologischen Schulen, der nationalen Traditionen und der verschiedene Interessen verfolgenden kirchlichen Ämter mit. Wie viele – theologische, philosophische, geographische, kulturelle, politische, charakterliche! – dissensus gab es in der langen Konziliengeschichte: zwischen Alexandrinern und Antiochenern, Orientalen und Okzidentalen, zwischen Rom und Byzanz, zwischen Päpstlichen und Kaiserlichen, Kurialisten und Bischöfen, Italienern und Deutschen, zwischen Dominikanern und Franziskanern, Thomisten und Skotisten, Gallikanern und Ultramontanen...! Nur das allseitige beharrliche „sentire *in* Ecclesia" (so heißt das berühmte Wort – viel tiefer und richtiger als „sentire *cum* Ecclesia" – bei Ignatius von Loyola), das sich weder mit einem unkirchlichen „sentire *contra* Ecclesiam" noch mit einem häretischen „sentire *extra* Ecclesiam", noch mit einem absolutistisch-totalitären „sentire *supra* Ecclesiam" verträgt, führte jeweils gegen alle Widerstände zum einmütigen con-sensus Ecclesiae.

Der einmütige consensus Ecclesiae wurde nicht immer in der Vollkommenheit, Reinheit und so Glaubwürdigkeit errungen, die man gewünscht hätte. Eine mathematische Einstimmigkeit wird natürlich niemand erwarten, der mit einem Konzil aus Menschen rechnet; schon auf dem ersten ökumenischen Konzil verweigerten zwei Bischöfe die Unterschrift. Aber auch die erstrebte moralische Einstimmigkeit wurde oft durch eigensinnige und eigenmächtige Parteimachenschaften, in denen andersdenkende Gruppen zum Schaden der Einmütigkeit gewaltsam

---

[18] *Y. Congar,* Die Konzilien im Leben der Kirche, in: Una Sancta 14 (1959) 161 f; zur Bedeutung der Einmütigkeit auf den vornizänischen Konzilien vgl. *H. Marot,* Conciles anténicéens et conciles œcuméniques, in: Le concile et les conciles (Paris 1960) 38–43; *Th.-P. Camelot,* Les Conciles œcuméniques des IVᵉ et Vᵉ siecles, l. c. 54 65; *H. S. Alivisatos,* Les Conciles œcuméniques Vᵉ, VIᵉ, VIIᵉ et VIIIᵉ, l. c. 115.

überspielt wurden, ernsthaft in Frage gestellt und so die Gefahr des Schismas heraufbeschworen. „Wahrheitsfindung innerhalb einer Gemeinschaft geschieht durch Rede und Gegenrede, also durch geistigen Kampf. Wie überall, wo Menschen miteinander um die Wahrheit ringen, so fordert auch auf den Konzilien das Menschliche und das Allzumenschliche seinen Tribut, das erste als von Gott gewollt, das zweite als zugelassen. Man kann über die Methoden Cyrills in Ephesus, auch über die Innozenz' IV. auf dem zweiten (ersten?) Konzil von Lyon verschieden denken, ohne die Rechtmäßigkeit der Resultate dieser beiden Konzilien in Zweifel zu ziehen. Der Zoll der Menschlichkeit, den die Konzilien zahlen, ist der Zoll, den die sichtbare Kirche für ihre Sichtbarkeit inmitten der Menschheit entrichten muß."[19]

Man wird die Gefährdungen der Einmütigkeit, auf die hier hingewiesen wird, nicht verharmlosen. Man hat denn auch nicht nur auf den alten Konzilien, sondern auch auf den mittelalterlichen Generalsynoden die Einmütigkeit in der moralischen Einstimmigkeit angestrebt. Auf dem ökumenischen Konzil zu Konstanz hat man – um eine italienische Majorisierung unmöglich zu machen – nicht nur nach Nationen statt nach Köpfen abgestimmt, sondern zugleich die Einstimmigkeit der Nationen gefordert[20]. Für das Konzil von Trient betonte Pius IV. bei der Behandlung wichtiger dogmatischer Fragen, „er wünsche nur das zu definieren, was durch den einmütigen Konsens der Väter beschlossen wurde". Diese Regelung wurde auf dem Ersten Vatikanischen Konzil angeführt von den zahlreichen Bischöfen (darunter der sehr kompetente Tübinger Konzilienhistoriker Hefele), die gegen eine nur einfache Mehrheit fordernde Abänderung der Geschäftsordnung heftigst protestierten[21]. Die-

---

[19] *H. Jedin,* Kleine Konziliengeschichte (Freiburg i. Br. 1959, ³1961) 128.
[20] *C. J. von Hefele,* Conciliengeschichte (Freiburg i. Br. ²1874) VII, 83: „Am nämlichen Tage, den 7. Februar, wurde noch die weitere höchst wichtige Frage aufgeworfen, ob nach Köpfen oder nach Nationen abzustimmen sei. Die italienischen Prälaten und Doktoren machten nahezu die Hälfte aller Stimmenden aus, darum wurde, um ihr Übergewicht zu brechen, gegen den Willen des Papstes und gegen das bisherige Herkommen, die Abstimmung nach Nationen beschlossen. Alle Anwesenden wurden in vier Nationen: die italienische, deutsche (samt den Polen), französische und englische geteilt und für jede Nation eine bestimmte Anzahl Deputierter, Kleriker und Laien ernannt, samt Prokuratoren und Notaren. An der Spitze der Deputierten jeder Nation stand ein Präsident, der alle Monate wechselte. Jede Nation versammelte sich besonders, um die Angelegenheiten, die vor das Konzil gebracht werden sollten, zu beraten. Darauf teilten sich die Nationen gegenseitig ihre Beschlüsse mit, um etwaige Anstände zu beheben. Waren sie über einen Punkt einig geworden, so wurde eine Generalkongregation der vier Nationen abgehalten, und wenn auch hier der Artikel allgemein gefiel, so brachte man ihn vor die nächste allgemeine Sitzung, um ihn vom Konzil approbieren zu lassen."
[21] *Butler-Lang,* Das Vatikanische Konzil (München ³1933) 200f.

ser Punkt wurde von ihnen für derart wichtig erachtet, daß sie erklärten, falls er nicht zugestanden würde, „würde ihr Gewissen mit einer unerträglichen Bürde niedergedrückt und sie müßten befürchten, daß der Charakter des Konzils in Frage gezogen und seine Autorität untergraben würde, als lasse es die Freiheit vermissen". Und die Sache kam denn auch bezeichnenderweise bis zum vorzeitigen Konzilsabbruch nie zur Ruhe. Es kann nun nicht darum gehen, die Legitimität der Vatikanischen Beschlüsse anzufechten. Die moralische Einstimmigkeit, die im Notfall auch durch Stimmenthaltung und durch nachträgliche Zustimmung[22] erreicht werden kann, ist denn schließlich auch in der Unfehlbarkeitsfrage – wenn auch spät – so doch zustande gekommen[23]. Aber sowenig eine ruhige, sachliche Beurteilung alle Methoden Kyrills auf dem Konzil von Ephesus billigen kann, sowenig kann eine ruhige, sachliche Beurteilung alle Methoden der Infallibilisten gegenüber der Minderheit billigen (die Beschränkung des Vorschlagsrechtes auf den Papst, den absoluten Ausschluß der Minorität aus der Glaubensdeputation, die anormale italienische Übervertretung[24], die schärfste Parteilichkeit Pius' IX. im Widerspruch zu seiner anfänglich bekräftigten Unparteilichkeit[25] usw.).

---

[22] Damit soll nicht gesagt sein, daß die Beschlüsse des Konzils erst durch die nachträgliche Zustimmung verpflichtend wurden, da diese nachträglich zustimmenden Bischöfe ja gerade zustimmten, *weil* sie diese Beschlüsse für verpflichtend hielten. Es soll gesagt sein, daß eine moralische Pflicht der Abstimmenden besteht, der Möglichkeit dieser moralischen Einmütigkeit wirklich allen Ernstes zu dienen.

[23] *R. Aubert,* Le pontificat de Pie IX (Histoire de l'Église, fondée par *Fliche-Martin,* vol. 21 [Paris 1952]) 361: „Même si la procédure suivie par le concile avait été illégale, comme certains le pensaient, il fallait du moins reconnaître que l'affirmation de l'infaillibilité pontificale avait été ratifiée à Rome même par une fraction notable de l'épiscopat et que, en y ajoutant les adhésions individuelles qui s'étaient succédées depuis lors, on allait rapidement vers l'unanimité morale."

[24] *R. Aubert,* Le pontificat de Pie IX (Histoire de l'Église, fondée par *Fliche-Martin,* vol. 21 [Paris 1952]) 324: „En dépit de l'œcuménicité indiscutable de l'assemblée, la place tenue par les Italiens constituait une anomalie qui fut souvent relevée. Elle était le résultat de circonstances historiques qui avait multiplié les diocèses dans l'Italie méridionale et centrale et donné aux Italiens une place prépondérante à la Curie. Non seulement les prélats italiens formaient à eux seuls 40 pour cent de l'épiscopat européen, mais les deux tiers des consulteurs et tous les secrétaires étaient Italiens, de même que tous les présidents de commissions; sur 48 personnes à remplir des charges auprès du concile, cinq seulement étaient étrangères. Conscient de cet inconvénient, le pape avait désigné le savant canoniste et historien autrichien Fessler comme secrétaire du concile et le cardinal de Reisach comme premier président. Malheureusement, ce dernier mourut quelques jours après l'ouverture du concile et les présidences furent dès lors toutes exercées également par les Italiens . . ."

[25] Vgl. *Butler-Lang,* Das Vatikanische Konzil (München ³1933) 391–395.

Die moralische Einstimmigkeit – das versteht sich – ist aus ihrem Wesen heraus (ebenso wie etwa die certitudo moralis, ein Begriff, ohne den die Moraltheologie nicht auskommt) keine *genau*, d. h. *mathematisch* feststellbare und anwendbare *positive* Norm; es ist nicht in jedem Fall mathematisch feststellbar, mit dieser bestimmten einen Neinstimme hört die moralische Einstimmigkeit auf. Doch ist sie jedenfalls zumindest ein höchst wichtiges *negatives* Kriterium. Man wird zwar (wenigstens in der heutigen Verfassungssituation der Kirche) nicht behaupten können, daß die Opposition einer (vielleicht relativ erheblichen) Minorität die *rechtliche* Kraft der Konzilsbeschlüsse in Frage stellen kann. Aber durch diese indirekte juridische Betrachtung ist die ganze Frage noch nicht erledigt. Muß doch beantwortet werden, welche *sittlichen* Verpflichtungen die Konzilsväter in dieser Hinsicht haben. Und dafür ist das Prinzip der moralischen Einstimmigkeit wichtig. Es ist durch dieses Prinzip jedenfalls feststellbar, daß man in einem bestimmten Fall sicher *nicht* mehr in einem *guten* Sinn von einer Einstimmigkeit reden kann[26]. Das kann unter Umständen von ausschlaggebender Bedeutung sein. Es kommt doch auch darauf an, daß die Einheit und Einmütigkeit der Kirche vom Konzil *glaubwürdig* zum Ausdruck gebracht wird. Dies ist dann nicht der Fall, wenn die numerische Mehrheit eine wesentliche Minderheit von Einzelkirchen (was etwas entschieden anderes ist als eine häretische oder schismatische Sekte, die praktisch schon vor dem Konzil abgeschrieben wurde und jedenfalls ausgeschlossen werden muß) gegen ihren ausdrücklichen Willen majorisiert und so den echten consensus Ecclesiae in Frage stellt. In einem derartigen Falle wäre es angebracht, daß die Mehrheit – entsprechend der Regel Pius' IV., die in Trient oft mit Erfolg angewandt wurde – im Dienste der Einheit und Einmütigkeit der Kirche darauf verzichtete, die Minderheit zu vergewaltigen[27]. Nur so kann auch die Gefahr des Schismas vermieden werden. Nur der treuen Kirchlichkeit der Minoritätsbischöfe auf dem Vatikanum I war es zu

---

[26] Mit einem banalen Beispiel verdeutlicht: Es ist nicht mathematisch genau positiv feststellbar, mit welchem Haar, das vom Haupte fällt, aus dem Haarschopf eine Glatze wird. Doch ist jedenfalls das negativ feststellbar, daß man in einem bestimmten Fall sicher nicht mehr von einem Haarschopf reden kann, sondern von einer Glatze reden muß.

[27] *R. Aubert* sagt von der „Minderheit" auf dem Vatikanum I, die sich von vornherein gegen eine Konzilsdiskussion der Unfehlbarkeit und für die Beibehaltung des status quo aussprach: „Les cinq documents recueillirent 136 signatures et les animateurs de l'opposition furent très satisfaits de ce résultat. Ils n'étaient évidemment qu'une minorité, personne n'en avait jamais douté, mais qui représentait 20 pour cent du concile et s'imposait à l'attention par la notoriété scientifique de plusieurs de ses membres et par l'importance des diocèses représentés: pratiquement toute l'Autriche-Hongrie, dont l'influence restait considérable à Rome, une partie notable de l'épiscopat français, tous

verdanken, daß das bedauerliche Schisma, das aus der Unfehlbarkeits-definition folgte, nicht weiter um sich greifen konnte. Man könnte sich auch durchaus die Frage stellen, ob in einem weniger parteiischen und mehr verständnisvollen und einmütigen Vorgehen nicht überhaupt jedes Schisma hätte vermieden werden können.

„... die Einmütigkeit muß früher oder später kommen. Sollte sie nicht erreicht werden, so wäre es ein Zeichen, daß das Konzil die öku-menische Kirche nicht in ihrer Fülle darstellt. Einmütigkeit, Gemein-schaft sind das Werk des Heiligen Geistes (s. 2 Kor 13, 13 „Koinonia"). Um den tieferen Sinn der Konzilien zu begreifen, muß man den Heiligen Geist als entscheidende Person hinzunehmen. Konzilien nennen sich immer Versammlungen im Heiligen Geist, denen unsichtbar Christus vorsteht (manchmal wurde diese Gegenwart Christi anschaulich dar-gestellt durch ein Bild Christi oder besser noch durch die Heilige Schrift, die geöffnet auf einem Altar lag). Immer hat man den Text des heiligen Matthäus zitiert (18, 20), der die Gegenwart des Herrn verheißt, wo immer die Kirche einmütig und brüderlich versammelt ist."[28] Es muß also immer wieder neu Wirklichkeit werden, was das erste christliche Zeugnis von den Konzilien der Kirche aussagt: „... ipsa repraesentatio totius nominis Christiani magna veneratione celebratur. Et hoc quam dignum fide auspicante congregari undique ad Christum! Vide, quam bonum et quam iucundum habitare fratres in unum!"[29]

2. Ecclesia catholica

Die Ecclesia *catholica* würde *unglaubwürdig* repräsentiert, wenn auf dem ökumenischen Konzil aus menschlicher Berufung nicht wirklich alle Einzelkirchen mit ihrer Geschichte und mit ihren Überlieferungen, mit ihren Problemen und Nöten, ihren Kritiken und Anliegen, ihren Wün-schen und Forderungen zu Worte kämen, oder wenn eine bestimmte Einzelkirche den anderen totalitaristisch ihre Sonderüberlieferung, ihre Sonderfrömmigkeit, ihre Sonderlehre, ihr Sonderrecht aufdrängte. Die Ecclesia catholica wird *glaubwürdig* repräsentiert, wenn *einerseits* alle Einzelkirchen ihr Eigenes in den Entscheid des Konzilsganzen inte-grieren können und die Einheit des Konzils und seiner Entscheide so die

---

les grands sièges d'Allemagne, plusieurs archevêchés importants d'Amérique et d'Italie, trois patriarches orientaux. Dans ces conditions, ne pouvait-on espérer que Pie IX suivrait l'exemple de Pie IV, qui avait donné pour instruc-tion à ses légats à Trente de retirer les propositions qui soulèveraient des dis-cussions irritantes?" (Le pontificat de Pie IX [Paris 1952] 332s).
[28] *Y. Congar*, Die Konzilien im Leben der Kirche, in: Una Sancta 14 (1955) 162.
[29] *Tertullian*, De paenitentia 13, 6–7; CC II, 1272.

Vielfalt der Einzelmeinungen dankbar umschließt in einer echt biblischen Koinonia, die nicht einfach in der zentralistischen Ausrichtung aller Einzelnen auf ein sichtbares organisatorisches Zentrum besteht, sondern vor allem in der brüderlichen communio *untereinander* im Geiste des erhöhten Herrn der Kirche, und wenn *andererseits* das Konzil in allem und jedem nicht nur an die auf dem Konzil Repräsentierten denkt, sondern auch an diejenigen, die – obwohl vielleicht sogar getaufte Christen – am Konzil nicht ohne Schuld der Ecclesia catholica nicht teilnehmen.

Die Vielfalt in der Kirche ist nicht ein unvermeidliches Übel. Gott selbst ist nicht eine starre eintönige Einheit, sondern die lebendige Dreifaltigkeit. Er wollte auch nicht nur *ein* Geschöpf schaffen, sondern eine wunderbare Vielfalt von Geschöpfen, die in Christus zusammengehalten sind (Kol 1, 16f). Im selben Christus wurde die aus der Einheit mit Gott gefallene Vielheit der Geschöpfe wieder neu zusammengefaßt (Eph 1, 10). In der Kirche sollte sie fruchtbar werden und kundtun die vielfältige Weisheit Gottes (Eph 3, 10), bis zur Vollendung, da Gott alles in allem sein wird (1 Kor 15, 28). In der Kirche ist *ein* Geist, aber viele Gaben, *ein* Gotteswort, aber viele Sprachen, *ein* Leib, aber viele Glieder, *ein* Gottesvolk, aber viele Nationen. Die Vielfalt in der Kirche ist eine Gottesgabe. Ecclesia circumdata varietate (vgl. Ps 44, 10): diese Worte versteht man seit dem Mittelalter allzu vordergründig von der varietas der Tugenden, der Sakramente, der hierarchischen Stufen. Die alte Kirche verstand das Wort tiefer von der varietas der einzelnen Kirchen, Völker, Riten, Sprachen[1].

---

[1] *W. de Vries,* Wegbereitung zur Einheit der Christen aus ostkirchlicher Sicht (Recklinghausen 1961) 5–7: „So paradox es klingen mag: Das größte Hindernis auf diesem Weg zur Wiedervereinigung ist gerade die bis ins letzte durchgeführte Vereinheitlichung in der westlichen Katholischen Kirche, oder besser: nicht eigentlich diese Vereinheitlichung in sich – sie mag für die Kirche eines im wesentlichen einheitlichen Kulturkreises das richtige sein –, sondern das Ideal, das wir uns auf Grund der tatsächlichen Lage im westlichen Katholizismus von der Einheit, wie sie in der ganzen katholischen Weltkirche herrschen müßte, gemacht haben. Man preist beispielsweise für die ganze Kirche die Einheitsmesse, wenn möglich gar gesungen nach der gleichen Choralmelodie, als das Ideal an. Oder man redet ganz selbstverständlich vom Latein als *der* Sprache der Katholischen Kirche. Auf den naheliegenden Einwand hin, daß es doch auch östliche Liturgien mit ihren eigenen Sprachen in der Katholischen Kirche gebe, zieht man sich zurück und betont, man habe natürlich nur von der ganzen *lateinischen* Kirche reden wollen. Aber gerade dieses so selbstverständliche Reden von der ‚ganzen Kirche‘, ohne die Mannigfaltigkeit zu berücksichtigen, die es in der echten universalen Kirche tatsächlich gibt, deutet darauf hin, daß es bei uns am rechten Blick für die katholische Weite fehlt und wir kein Gespür dafür haben, daß die ganze weltumspannende Kirche Raum haben muß für die Vielgestaltigkeit und bunte Mannigfaltigkeit aller Völker, die in dieser Kirche ihre geistige Heimat finden sollen … Wenn wir all den

Die katholische Vielfalt ist jedoch nicht nur *Gottes Gabe,* sondern zugleich und gerade deswegen der *Kirche Aufgabe.* Diese katholische Vielfalt soll nicht nur nicht vernachlässigt oder gar abgedrosselt werden (sei es durch widerrechtliche, sei es auch durch rechtliche Mittel!), sie soll vielmehr (auch mit allen rechtlichen Mitteln) bewahrt und beschützt, nein, sie soll mit allen Mitteln innerhalb der katholischen Einheit *gefördert* und *ausgestaltet* werden. „Diese Vielheit ist dabei nicht nur eine Voraussetzung, die durch die Einheit überwunden und aufgehoben wird, sondern etwas, was bleiben, ja angestrebt werden *soll.* Und selbstverständlich nicht nur in dem Sinn, daß die Kirche sich aus vielen numerisch unterscheidbaren Gliedern zusammensetzt. Die Glieder sollen qualitativ verschieden sein, und zwar nicht nur durch solche Eigenschaften, die für die Gliedschaft als solche belanglos sind, sondern auch durch solche, die in der Kirche und für die Kirche bedeutsam sind. Die Kirche soll nicht nur durch viele Glieder konstituiert werden, sondern durch qualitativ verschiedene Glieder. Die Verschiedenheit ist nicht nur faktisch nicht aufhebbar, sondern *soll* sein, ist also etwas, was zu bewahren und zu fördern ist . . . Dieser legitime und sein sollende (also *werden* sollende) Pluralismus kann nun nicht nur für die einzelnen Menschen in der Kirche gelten, sondern gilt gewiß auch für größere Gliedverbände, für Ortskirchen, Länder und Völker, zumal diese auch als solche eine ‚Berufung‘ zum Licht des Evangeliums haben."[2]

---

vielen Christen, die jahrhundertelang ihre eigenen Wege gegangen sind, die ihre besonderen gottesdienstlichen Formen und ihr eigenes religiöses Brauchtum geformt haben, die auf ihre eigene Weise fromm sind, die aus ihrer geistigen Welt heraus der christlichen Wahrheit eine ihnen gemäße sprachliche Formulierung gegeben haben – wenn wir all diesen Christen unsern westlichen Katholizismus so, wie wir ihn herausgebildet haben, bis zur Choralmelodie, zum Weihrauch und zur Form und Farbe der liturgischen Gewänder und so fort als das einzig Richtige aufzwingen wollen, dann versperren wir ihnen den Weg zu der wahren heilsnotwendigen Kirche Gottes; dann werden wir vielleicht mehr oder weniger Einzelne zur Katholischen Kirche bekehren, aber wir werden darauf verzichten müssen, die getrennten Gemeinschaften als solche für die Einigung zu gewinnen. Wir sollten mehr fragen, was für die Einheit der Kirche wesentlich ist, worin alle, die zur Kirche Christi gehören wollen, übereinstimmen *müssen* und was nur unwesentliches Beiwerk und Ornament ist." – Vgl. zur Katholizität der Kirche: *H. de Lubac,* Katholizismus als Gemeinschaft (Einsiedeln-Köln 1943) 44–51; 248–267; *Y. de Montcheuil,* Aspects de l'Église (Paris 1949) 55–64; *Y. Congar,* Esquisses du mystère de l'Église (Paris ²1953) 117–127; *H. Fries,* Aspekte der Kirche heute, in: Kirche und Überlieferung, hrsg. von J. Betz und H. Fries (Freiburg-Basel-Wien 1960) 288–310, bes. 299–301; *J. L. Witte,* Die Katholizität der Kirche. Eine neue Interpretation nach alter Tradition, in: Gregorianum 42 (1961) 193–241 (auf S. 194f weitere neuere Literatur zur Katholizität).
[2] *K. Rahner* und *J. Ratzinger,* Episkopat und Primat. Quaestiones disputatae 11 (Freiburg-Basel-Wien 1961) 97f.

Die Ausgestaltung einer echten Katholizität ist in der heutigen geschichtlichen Stunde besonders dringend geworden: 1. Das nationale Erwachen der Völker Asiens und Afrikas und das von vielen Nichtchristen mit Frohlocken festgestellte Scheitern der christlichen Mission in China, Indien, Japan und zum Teil auch in Afrika, insbesondere bei den Mohammedanern[3], läßt es undenkbar erscheinen, daß sich diese Völker je zu einer zentralistisch gelenkten westlich-lateinischen Einheitskirche bekehren werden; auch die sich anbahnende Weltzivilisation (die jedenfalls keine westlich-lateinisch-römische sein wird) wird die rassischen, kulturellen, religiösen Eigenheiten nicht einfach auslöschen, sondern zum Teil sogar noch akzentuieren (das nähere Zusammenrücken der Kulturkreise fördert das Bewußtwerden der Verschiedenheiten und führte bis jetzt bezeichnenderweise nicht auf eine einzige Weltsprache hin)[4]. – 2. Die durch die Kirchenspaltung ausgelöste und während vieler Jahrhunderte entwickelte Ausgestaltung eigenständigen Christentums außerhalb der organisierten katholischen Kirche in der orthodoxen Christenheit des Ostens und der evangelischen Christenheit des Westens kann mit all den vielen christlichen Werten des Glaubensbewußtseins, der Frömmigkeit, der Theologie usw. nicht einfach als

---

[3] Dieses Frohlocken kann man z. B. im Artikel über die Missionen in der Großen Sowjetenzyklopädie (1958) finden. Man sollte sich nicht durch die Zahlen der Konvertiten, die im Vergleich zu den Nichtgetauften meist in einem geradezu lächerlichen Verhältnis stehen, allzusehr beeindrucken lassen, sondern ruhig zur Kenntnis nehmen, was der Inder *K. M. Panikkar* in seinem bekannten Buch „Asien und die Herrschaft des Westens" (Zürich 1955) konstatiert: „Inzwischen dämmerte es in Europa und Amerika vielen großmütigen Spendern der Missionsfonds, daß die mit ihren Beiträgen erzielten Resultate den gehegten Erwartungen doch nicht entsprachen und der Angriff auf die Religionen des fernen Ostens gescheitert war" (S. 402). – „ In China, um das man sich am intensivsten bemühte und wo die Bemühungen am günstigsten schienen, war der Zusammenbruch des Bekehrungswerkes am vollständigsten. Zwar gibt es dort immer noch Chinesen, die sich Christen nennen, aber die Missionsarbeit der Europäer hat aufgehört. In Indien gibt es die christliche Kirche noch, so wie es sie seit den Zeiten des ungläubigen Thomas gab, aber außer auf ärztlichem und pädagogischem Gebiet ist die Missionsarbeit ohne Bedeutung. In Japan, Siam und Burma sind seit dem Erstarken des Nationalgefühls und der östlichen Religion die Aussichten für christliche Missionare noch dünner geworden" (S. 406). – Vgl. dazu *H. Küng*, Theologische Neuorientierungen in der Weltmission, in: Priester und Mission (Aachen 1960) 111–130.
[4] *H. Volk*, Die Einheit der Kirche und die Spaltung der Christenheit (Münster i. W. 1961) 10: „Die Zeugniskraft der Kirche kann uns aber zu keiner Zeit gleichgültig sein. Denn die Zeugniskraft der Kirche ist nicht überwältigend groß. Trotz großer Erfolge in einzelnen Missionsgebieten und trotz aufopfernder Arbeit der Missionare hat sich der Anteil der Katholiken an der Menschheit von 1880 bis 1958 nur etwa um 0,14% vergrößert."

illegitim bezeichnet werden (wie man im übrigen auch immer über die doktrinären oder institutionellen Mängel dieses Christentums urteilen mag); es wäre von daher nicht nur kirchenpolitisch unvernünftig, sondern theologisch grundfalsch, wollte man für eine Wiedervereinigung von den orthodoxen und evangelischen Christen eine Aufgabe ihrer eigenen guten christlichen Werte (die vielfach von einem vertieften Schriftverständnis und der ältesten Tradition her kommen) verlangen und die katholische Kirche für eine solche Bereicherung nicht offen erklären[5].

„Jetzt heißt es erkennen, was Manifestation der Katholizität in der Welt von heute bedeutet, und Mut haben zur Metanoia und zum Eingeständnis dessen, was noch fehlt. Im Hinblick auf das Objekt der Katholizität (Kirche und Menschheit als konkrete Gemeinschaft der Menschen) scheint Folgendes das Gebot der Stunde zu sein: 1. Die Kirche muß sich darstellen als die wirklich universale Kirche, die andere christliche ‚Kirchen‘ geheimnisvoll einschließt und allen Menschen weit offensteht – sie darf nicht als nur exklusiv und ins Getto zurückgezogen erscheinen. – 2. Die Kirche muß sich darstellen als die Kirche, die Ehrfurcht hat für alle Sprachen, Überlieferungen und geistlichen Erfahrungen in der den verschiedenen Völkern je eigenen Prägung: diese sind eben Gegenstand der werbenden Katholizität der Kirche nicht als ‚Seelen‘, sondern als Gemeinschaften von konkreten, aus Leib und Seele bestehenden Menschen."[6]

Die große und schwere Aufgabe des ökumenischen Konzils aus menschlicher Berufung ist es, die (sowohl nach innen wie nach außen der Vielfalt Raum gewährende) echte Katholizität des ökumenischen Konzils aus göttlicher Berufung, das die Kirche ist, zu repräsentieren, und sie glaubwürdig zu repräsentieren. Schon der Name „ökumenisches" Konzil stellt den Anspruch und die Aufgabe eines solchen Konzils heraus, die „Ökumenizität" der katholischen Kirche glaubwürdig dar-

---

[5] *W. de Vries* bringt ein konkretes Beispiel: „Ob nicht die Auflehnung eines Großteils der germanischen Völker gegen Rom gerade auch in der allzu strengen Einheit in liturgischen Dingen, die man ihnen auferlegte, ihren Grund hatte? – Jedenfalls haben diese Völker in der Trennung von Rom eigene liturgische Formen in der Volkssprache herausgebildet. Wird man, wenn eine große geschlossene Wiedervereinigung dieser getrennten Gemeinschaften angebahnt werden soll, das alles einfach beiseite schieben können? Wenn man einmal aus der Erkenntnis, daß die Verschiedenheit in liturgischen Dingen in der Eigenart der Völker ihren Grund hat, die rechten Folgerungen zieht, so wird man die Möglichkeit einer Anerkennung dessen, was – wenngleich außerhalb der Katholischen Kirche – auf dem Boden dieser Völker und ihnen gemäß gewachsen ist, offenlassen müssen" (S. 12f).
[6] *J. L. Witte*, Die Katholizität der Kirche. Eine neue Interpretation nach alter Tradition, in: Gregorianum 42 (1961) 239.

zustelle. „Ökumenisch" (= die bewohnte Erde, den Erdkreis betreffend) und „katholisch" (= allgemein, allgemein verbreitet oder allgemein gültig) sind von ihrem ursprünglichen Wortsinn und ihrem christlichen Gebrauch her eng verwandt. Insbesondere gehören „ökumenisches" Konzil und „katholische" Kirche im ersten Jahrtausend zusammen; ökumenisch bedeutet ja in diesem Zusammenhang: „zur Kirche als ganzer gehörend oder sie vertretend" und von daher auch „allgemeine kirchliche Gültigkeit besitzend"[7].

Seit dem ersten ökumenischen Konzil von Nikaia war die Anerkennung eines Konzils durch die einzelnen Kirchen der Ecclesia catholica von großer Wichtigkeit. Immer wieder hat unter anderen[8] der Vorkämpfer des Nizänums, Athanasios, dieses Faktum der Katholizität gegen seine Gegner ins Feld geführt: „Ihm (dem Glauben von Nikaia) hat damals die ganze Oikumene zugestimmt, und jetzt, da viele Synoden stattfinden, erinnern sich alle, aus Dalmatien, Dardanien, Makedonien, Epeiros, aus Griechenland, Kreta und den anderen Inseln, ganz Ägypten und Libyen und die meisten aus Arabien, daran und erkennen ihn an."[9] „Dieser (der Glaube von Nikaia) war überall durch die ganze Kirche hin anerkannt und verkündigt."[10] „Wisse denn, von Gott sehr geliebter Augustus, daß dies von Ewigkeit verkündigt ist, daß die Väter, die in Nikaia zusammengekommen sind, eben diesen Glauben bekannt haben und alle Kirchen über die ganze Erde hin zugestimmt haben, die Kirchen in Spanien, in Britannien und Gallien, die Kirchen von ganz Italien, von Dalmatien, Dakien und Mysias, Makedonien, ganz Griechenland und Afrika, Sardinien, Zypern, Kreta, Pamphylien, Lykias, Isaurias, Ägypten, Libyen, Pontos und Kappado-

---

[7] Bezüglich des komplexen Sinnes des Wortes „ökumenisch" bzw. „katholisch" vgl. *W. A. Visser t' Hooft,* The Meaning of Ecumenical (London 1953); *ders.,* Art. „ökumenisch", in: RGG IV, 1569f (Tübingen 1960); *E. Kinder,* Der Gebrauch des Begriffs „ökumenisch" im älteren Luthertum, in: Kerygma und Dogma 1 (1955) 180–207; *E. Fascher,* Ökumenisch und katholisch. Zur Geschichte zweier, heute viel gebrauchter Begriffe, in: Theologische Literaturzeitung 85 (1960) 7–20; *J. L. Witte,* Die Katholizität der Kirche, in: Gregorianum 42 (1961) 224–225; *H. van der Linde,* Wat is oecumenisch? Een onderzoek naar de betekenis van de woorden oecumene en oecumenisch (Roermond-Maaseik 1961).

[8] Schon für die vornizänischen Konzilien gilt: „Un premier point sur lequel insistent nos textes, c'est le grand nombre d'évêques présents à ces conciles. On peut dire que, pour toute la tradition anténicéenne, un concile possède d'autant plus d'autorité que ses participants ont été plus nombreux." *H. Marot,* Conciles anténicéens et conciles œcuméniques, in: Le concile et les conciles (Paris 1960) 37.

[9] *Athanasios,* Ep. contra Arianos, ad honoratissimos in Africa episcopos 1; PG 26, 1029.

[10] *Athanasios,* Ep. ad Iovianum Imperatorem 1; PG 26, 816.

zien, die in unserer Nähe und die Kirchen im Osten, ausgenommen wenige, welche arianisch gesinnt waren ... Die ganze Oikumene hielt den apostolischen Glauben."[11] Auch Papst Liberius bestätigt: „Cum constiterit omnes in expositum fidei quae inter tantos episcopos apud Nicaeam praesente sanctae memoriae patre tuo confirmata est, universos consensisse."[12]

Gewiß darf diese Anerkennung der ökumenischen Konzilien durch die einzelnen Kirchen nicht als eine Art nachträglicher Volksabstimmung über die Konzilsbeschlüsse verstanden werden. Auch kann nicht die Verbindlichkeit konziliarer Beschlüsse von der Zustimmung des ganzen gläubigen Volkes gleichsam de iure abhängig gemacht und so den ökumenischen Konzilien das Recht abgesprochen werden, bindende Entscheidungen in Glaubensfragen zu treffen, wie dies in der auf Alexej Chomjakov († 1860) zurückgehenden und von vielen slawischen Theologen (besonders Sergij Bulgakov † 1944) vertretenen Sobornost-Lehre behauptet wird[13].

Andererseits läßt sich kaum leugnen, daß insbesondere bei den von allen christlichen Konfessionen anerkannten ökumenischen Konzilien des ersten Jahrtausends de facto nicht ein bestimmter juristischer Akt (eines Einberufenden oder Approbierenden), sondern die (z. T. erst viel spätere) allgemeine Anerkennung in der Gesamtkirche für die Ökumenizität eines Konzils ausschlaggebend war. So sagt H. Jedin: „Für den ökumenischen Charakter eines Konzils ist über das erste Jahrtausend hinaus nicht maßgebend die Absicht und der Wille der Einberufer, ein solches Konzil zu veranstalten, und auch die Anerkennung der Beschlüsse durch den Papst hat in diesem Zeitraum noch nicht von Anfang an den Charakter einer formalen Bestätigung wie eindeutig bei den späteren ökumenischen Konzilien. Die Anerkennung gerade dieser zwanzig Konzilien als ökumenischer geht nicht auf einen sie alle gemeinsam umfassenden Gesetzgebungsakt der Päpste zurück, sondern hat sich in der kirchlichen Wissenschaft und in der Praxis durchgesetzt."[14]
Und H. E. Feine: „Eingeladen wurden amtlich vor allem die Metropoliten, die möglichst ihre Suffraganbischöfe mitbrachten. Stimmrecht hatten alle Bischöfe und ihre Vertreter, ebenso das Recht zur Mitunter-

[11] *Athanasios,* Ep. ad Iovianum Imperatorem 2; PG 26, 816 s.
[12] *Liberius,* Ep. ad Constantium Imperatorem 6; PL 8, 1354.
[13] Vgl. *P. Johannes Chrysostomus,* Das ökumenische Konzil und die Orthodoxie, in: Una Sancta 14 (1959) 177–186; *P. Leskovec,* II Concilio Ecumenico nel pensiero teologico degli Ortodossi, in: La Civiltà Cattolica 111 (1960) 140–152; *B. Schultze,* Die Glaubenswelt der orthodoxen Kirche (Salzburg 1961) 149–153.
[14] *H. Jedin,* Kleine Konziliengeschichte (Basel-Freiburg-Wien ³1961) 10. Vgl. für die vornizänischen Konzilien *H. Marot,* Conciles anténicéens et conciles œcuméniques, in: Le concile et les conciles (Paris 1960) 39: „De cette unanimité au sein d'un concile, ou de plusieurs conciles entre eux en ce qui

zeichnung der Beschlüsse, doch galt die Anwesenheit der Patriarchen oder ihrer Vertreter als unerläßlich, ihre Stimmen waren von entscheidendem Gewicht. Der Bischof von Rom ließ sich regelmäßig durch Legaten vertreten; sie haben aber nur auf dem Konzil von Chalkedon 451 (Leo d. Gr.) eine führende Stellung einnehmen können, doch lehnten sie damals wegen Widerspruchs gegen den sogenannten Kanon 28 die Unterzeichnung der Akten ab. Eine päpstliche Bestätigung der Konzilsbeschlüsse kennt das Altertum nicht. Die kaiserliche Bestätigung stattete sie mit Gesetzeskraft für das ganze Reich aus und lieh ihrer Durchführung den weltlichen Arm. Doch entschied über die kirchliche Ökumenizität die nachherige Annahme oder Verwerfung durch das kirchliche Gesamtbewußtsein."[15]

Konzilien, die nicht als ökumenische einberufen wurden, konnten sich als ökumenische durchsetzen: So wurde das zweite ökumenische Konzil (Konstantinopel 381), auf das zum ersten Male das Adjektiv „ökumenisch" angewandt worden ist, nicht als ökumenisches Konzil einberufen; es fand ohne jede Mitwirkung des Papstes als orientalische Generalsynode statt und wurde in der Westkirche erst seit Gregor I., bzw. seit der Lateransynode von 649, zu den ökumenischen Konzilien gerechnet; ähnlich wurde das fünfte ökumenische Konzil (Konstantinopel 553), das von Justinian gegen den Willen des Papstes Vigilius einberufen worden ist, erst im siebten Jahrhundert im Westen anerkannt; ebenso hat das fränkische Reich gezögert, das siebte ökumenische Konzil anzuerkennen usw.; P.-Th. Camelot sagt somit vom zweiten ökumenischen Konzil mit Recht: „C'est une sorte de *consensus* de l'Église qui a reconnu après coup ce caractère à un concile qui n'était oecuménique ni d'intention ni de fait."[16] Auch die Kanones kleinerer Synoden des Ostens wie die von Ankyra 314, Neokaisareia (Pontus) um 320, Antiochia 329 (?), Gangra (Paphlagonien) 342 und Laodikeia (Phrygien) um 350 haben auf dem Wege der Rezeption Bedeutung für den Westen gewonnen.

Aber auch umgekehrt: Konzilien, die als ökumenische berufen wurden, konnten sich nicht als ökumenische durchsetzen. Dies gilt von den Reichssynoden von Sardika, Ephesus II (449), von der zweiten Trullanischen Synode ebenso wie von den westlichen Generalsynoden von Arles 314 und Rom 341.

---

concerne la célébration, on passe facilement à l'adhésion donnée par le reste des évêques d'une région et même par toute la chrétienté. Il y a comme un certain flou entre les deux notions, et ainsi est posé le problème de l'approbation, au moins implicite, des décisions d'un concile par les autres chrétientés ou certains sièges plus importants."
[15] *H. E. Feine,* Kirchliche Rechtsgeschichte (Weimar 1950) I, 94.
[16] *P.-Th. Camelot,* Les conciles œcuméniques des IVe et Ve siècles, in: Le concile et les conciles (Paris 1960) 73.

Die ersten sieben ökumenischen Konzilien erlangten jedoch wenigstens mit der Zeit – abgesehen von einigen häretischen Gruppen – die Anerkennung der gesamten Ecclesia catholica, der gesamten christlichen Oikumene des Ostens und des Westens[17]. Die Ökumenizität dieser Konzilien des ersten Jahrtausends erstrahlt so bis auf den heutigen Tag in ungebrochener Glaubwürdigkeit. Dies läßt sich leider von keinem einzigen ökumenischen Konzil des zweiten Jahrtausends sagen. Die mittelalterlichen Konzilien waren z. T. schon nicht als ökumenische geplant und durchgeführt worden (so die Lateransynoden von 1123, 1139, 1179). Sie werden heute wieder oft zum Unterschied von den ökumenischen Konzilien des Altertums als päpstliche Generalsynoden bezeichnet; die Adjektive „generalis" und „universalis" wurden im Mittelalter im Zusammenhang mit den Synoden vielfach ausgetauscht[18]. Ökumenizität wird den ökumenischen Konzilien des zweiten Jahrtausends jedenfalls nur von der Westkirche zuerkannt; die Unionen von Lyon (1274) und Florenz (1439 bzw. 1442) bleiben Episode. Dieser Zustand hat sich in der Neuzeit nach der Reformation noch einmal bedenklich verschlimmert. Die beiden ökumenischen Konzilien der Neuzeit (Trient und Vatikanum I) haben selbst innerhalb der westlichen Christenheit nur teilweise Anerkennung finden können. So stehen wir denn heute vor dem traurigen Tatbestand, daß das als „ökumenisch" angekündigte Zweite Vatikanische Konzil nur ungefähr die Hälfte der christlichen Oikumene hinter sich hat. Die andere Hälfte sagt von diesem Konzil, seine Ökumenizität sei nur eine behauptete, die halbe Oikumene

---

[17] Die Schwierigkeiten, die bei der Erklärung des Rezeptionsvorganges auftauchen, dürfen nicht unterschätzt werden. *H. Jedin,* Kleine Konziliengeschichte (Freiburg i. Br. ³1961) 10 stellt fest: „Der Vorgang der Rezeption ist wissenschaftlich noch nicht im einzelnen untersucht..." Dazu bemerkt *E. Schlink* richtig: „Darüber hinaus ist das Rezeptionsproblem eines der historisch, systematisch und kirchenrechtlich schwierigsten Probleme überhaupt. Blickt man auf das Ganze der Konzilsgeschichte, so ergibt sich, daß die Rezeption ebenso viele Wandlungen durchgemacht hat wie das Konzil. Denn die Rezeption ist ein Korrelatbegriff zu dem der konziliaren Autorität. Sicher ist, daß bei den altkirchlichen ökumenischen Konzilien sich der Begriff der reichsrechtlichen Rezeption und der faktisch-kirchliche Vollzug der Rezeption nicht deckten und daß sich von den letzteren her tiefgreifende Korrekturen der reichskirchenrechtlichen Entscheidungen ergeben haben, die die Kaiser durch die Bestätigung und Verkündigung der Synodalbeschlüsse getroffen hatten. Reichsrechtlich waren die Konzilsbeschlüsse auf Grund dieses kaiserlichen Aktes für alle Kirchen in Geltung. Faktisch aber haben sich manche dieser Beschlüsse im Leben der Kirche nicht durchgesetzt und mußten dann durch spätere Konzilsbeschlüsse geändert und ersetzt werden." Ökumenische Konzilien einst und heute, in: Der kommende Christus und die kirchlichen Traditionen (Göttingen 1961) 247f.
[18] Vgl. *Y. Congar,* Conclusion, in: Le concile et les conciles (Paris 1960) 316.

sei nicht die Oikumene, in Wirklichkeit sei dieses Konzil kein ökumenisches, sondern ein römisch-katholisches Konzil. So wurde denn auch innerhalb der protestantischen ökumenischen Bewegung das Wort „katholisch" zugunsten von „ökumenisch" bewußt vermieden, um keine Assoziationen mit der römisch-katholischen Kirche zu erwecken — und dies, obwohl an sich „katholisch" (nicht nur statisch, sondern dynamisch, nicht nur als zu sichernde Gegebenheit, sondern als verpflichtende Aufgabe verstanden) sich deckt mit dem heutigen Sinn von „ökumenisch" (Ausdruck des Wissens um die Einheit der Christenheit und des Verlangens nach ihr).

Was nun immer von der inneren Ökumenizität und Katholizität dieser römisch-katholischen Konzilien der Neuzeit zu sagen ist – diese Frage erfährt ihre Beantwortung innerhalb der Antwort auf die umfassende Frage nach der einen wahren Kirche und dem Verhältnis katholische–nichtkatholische Christenheit –, so wird man doch auf katholischer Seite mit vollem Ernst die traurige Wirklichkeit sehen müssen. Wie immer es um die innere Ökumenizität dieser römisch-katholischen Konzilien bestellt ist und wie sehr ihr ökumenischer Anspruch zu Recht bestehen mag: *allgemein glaubwürdig* ist diese Ökumenizität in der Christenheit jedenfalls nicht. Die andere Hälfte der Christenheit desavouiert sie. Unter Glaubwürdigkeit der Ökumenizität wird hier ja nicht nur die objektive Möglichkeit (Glaubwürdigkeit „in se et de iure") verstanden, die katholische Kirche als die wahre Kirche Christi und ihren und ihres Konzils objektiv berechtigten Anspruch auf Ökumenizität zu erkennen. Hier ist die konkrete Glaubwürdigkeit de facto gemeint. Diese aber ist insofern nicht gegeben, als die Ökumenizität des katholischen Konzils nicht von allen Christen geglaubt wird und man auch nicht sagen kann, diese Ökumenizität könne nur schuldhaft verkannt werden. Gerade diese faktische Ökumenizität aber ist für die Menschen außerhalb unserer Kirche von höchster Bedeutung und muß deshalb von einem Konzil mit allen Kräften angestrebt werden.

Diese volle faktische ökumenische Glaubwürdigkeit des Konzils kann in dieser Lage nicht durch theoretische Argumente, sondern nur durch die Wiedervereinigung der getrennten Christen hergestellt werden. Sie kann nur dadurch erreicht werden, daß ein kommendes Konzil wieder einmal die *gesamte* Oikumene wirklich repräsentieren und so die Anerkennung der gesamten Oikumene finden wird. Bis es so weit sein wird, mag es lange, unerträglich lange dauern. Aber die Tatsache, daß man sich auf den Weg macht, ist das heute Entscheidende. Durch die epochemachende Tat, in der Johannes XXIII. das Zweite Vatikanische Konzil auf die Wiedervereinigung *ausgerichtet* hat, hat er nicht nur große Hoffnungen geweckt, sondern die ökumenische Glaubwürdigkeit dieses Konzils gewaltig erhöht. Den entscheidenden Beitrag zur Erhöhung der ökumenischen Glaubwürdigkeit muß jedoch jedes Konzil selbst leisten, indem es im besten Sinne stellvertretend und die *gesamte* Oikumene repräsentierend versucht, die echten und guten theologischen wie praktischen Anliegen der *gesamten* Oikumene auf dem Konzil zu Geltung und Auswirkung zu bringen: in innerkatholischer Erneuerung durch die sukzessive Verwirklichung der berechtigten orthodoxen, evangelischen, anglikanischen, ja sogar freikirchlichen Anliegen.

Die ökumenische Glaubwürdigkeit des ökumenischen Konzils aus menschlicher Berufung ist so abhängig von der Entfaltung der auf dem Konzil repräsentierten Katholizität der Kirche. Die katholische Kirche, die die Katholizität sogar in ihrem Namen führt, wird bei der Entfaltung der Katholizität nichts verlieren. Vielmehr macht sie sich erst recht glaubwürdig, indem sie die Proteste, die gegen sie erhoben werden, auch möglichst einleuchtend und greifbar gegenstandslos macht und in einer erneuerten und entfalteten Katholizität auffängt[19].

Gleichsam einen Testfall für den Willen der katholischen Kirche zur Entfaltung der Katholizität und zur Stärkung der ökumenischen Glaubwürdigkeit bilden auf dem Konzil die bereits mit der katholischen Kirche vereinten orientalischen Kirchen. Wird man diese katholischen Ostkirchen hören und – mehr als auf dem Ersten Vatikanischen Konzil – ernst nehmen? Als eine voll legitime Ausgestaltung des Katholischen *oder* nur als eine (vorübergehend?) geduldete Randform, ein Anhängsel der „eigentlichen" lateinischen Kirche?[20] Als die in relativer Autonomie wirkenden eigenständigen und gleichberechtigten Gliedkirchen der einen Kirche (mit verschiedener Theologie, Liturgie, Spiritualität, Frömmigkeit und Kirchenverfassung) *oder* nur als andersartige rituelle

---

[19] Vgl. *Y. de Montcheuil,* Aspects de l'Église (Paris 1949) 56: „En s'appelant catholique, l'Église proclame qu'elle n'accepte pas sa situation de fait comme définitive, qu'elle fait effort pour la changer, et que chacun de ses membres a le devoir d'y travailler avec elle. Dire que l'Église est catholique, c'est dire qu'elle est universelle par son essence même, que la vie qu'elle porte tend à une diffusion universelle, qu'elle est faite pour l'humanité entière, et que, par conséquent, tant qu'elle ne coïncidera pas avec l'humanité, elle s'efforcera de dépasser ce qu'elle a réalisé déjà, pour gagner ce qui lui demeure encore étranger."

[20] *Patriarch Maximos IV. von Antiochien,* Der katholische Orient und die christliche Einheit. Unsere Berufung als Werkzeug der Einigung, in: Una Sancta 16 (1961) 3: „In den Augen vieler Geistlicher aber stellen die katholischen orientalischen Kirchen oder (wie man häufiger sagt) ‚die orientalischen Riten' nichts anderes dar als eine Konzession, die der heilige römische Stuhl den Orientalen auf Grund altüberlieferter Traditionen gemacht hat, eine Nachgiebigkeit also, ein Privileg, eine Ausnahme. Da man die Orientalen nicht ganz katholisch, d. h. lateinisch-katholisch machen kann, duldet man recht geschickt, daß sie Katholiken sind, obschon sie Orientalen bleiben, mit einem Wort: Katholiken zweiten Ranges."

Formen („Riten") und archaische Museumsstücke?[21] Als die gewichtigen (und oft von beiden Seiten arg verkannten) Repräsentanten ihrer von der katholischen Kirche (und durch deren Mitschuld!) getrennten orientalischen Schwesterkirchen *oder* nur als eine durch orientalische „Riten" getarnte „fünfte Kolonne" der lateinischen Kirche innerhalb der Kirche des Ostens?[22] „Salvis privilegiis omnibus et iuribus eorum" (wie bei der Union von Florenz den orientalischen Patriarchen feierlich versprochen[23]) ein Modell für eine zukünftige Wiedervereinigung (auch mit den evangelischen Christen!) *oder* nur die Ableger einer alle Katholizität überspielenden Latinität und Romanität?[24]

Wird es einem kommenden Konzil gelingen, in Wort und Tat die Ecclesia catholica glaubwürdiger zu repräsentieren, als dies bis jetzt im bald endenden zweiten Jahrtausend geschehen ist? Einer der höchsten Amtsträger der katholischen Kirche, der Melchitische Patriarch von Antiochien, Maximos IV. Saigh, fordert: „Wir müssen also davon überzeugt sein, daß das Christentum seine Sendung in der Welt nie wird erfüllen können, wenn es nicht nur von Rechts wegen, sondern auch tatsächlich katholisch, das heißt: allumfassend ist. Wenn katholisch sein heißt, auf seine Liturgie und seine Hierarchie, auf seine Patristik und seine Geschichte, auf seine Hymnendichtung und seine Künste, auf seine Sprache und seine Kultur, auf sein gesamtes geistiges Erbe zu verzichten, um den Ritus, das philosophische und theologische Denken, die Dichtung, die liturgische Sprache, die Kultur und Spiritualität einer gegebe-

---

[21] *Patriarch Maximos IV.*, a. a. O. 6: „Die den Uniatismus begünstigten, respektierten in Wahrheit nur die Riten des Orients. Im übrigen aber versuchten sie, dem Orient sein Bestes zu entreißen, um ihm dafür oft weniger Gutes aus dem Westen anzubieten oder aufzudrängen. Der katholische Westen hat sich in seiner Gesamtheit noch nicht genügend Rechenschaft darüber abgelegt, was er eigentlich am Orient, vor allem an den liturgischen Riten und an anderen Schätzen geistlicher, künstlerischer, theologischer und institutioneller Art, zum Besten der ganzen Kirche bewahren müßte. Infolgedessen hat er darauf hingearbeitet, all das zu zerstören, was ihm nicht ähnlich war. Man muß gestehen, daß ihm das recht gut gelungen ist; sieht doch bei den meisten katholischen orientalischen Gemeinschaften – abgesehen von den liturgischen Riten (und auch hier!) – nichts dem Westen ähnlicher als dieser unierte Orient. So ist es verständlich, daß dieses Modell einer Einigung nicht gerade geeignet ist, unsere Sendung zu erleichtern."
[22] Vgl. *Maximos IV.*, a. a. O. 5: II. Was wir in den Augen unserer orthodoxen Brüder des Ostens darstellen.
[23] *J. Gill,* The Council of Florence (Cambridge 1959) 414–415.
[24] *Patriarch Maximos IV.*, a. a. O. 9: „Sosehr die römische Kirche sich bemüht hat, die orientalischen Riten zu erhalten, so sehr verlegten sich gewisse Vertreter von ihr eifrigst darauf, die orientalischen Kirchen ihres eigenen Erbes, ihrer kirchenrechtlichen Institutionen, ihrer überlieferungsgemäßen Organisation zu entleeren, um ihnen eine lateinische Gestalt zu geben. Als Beispiel sei nur die kürzlich in Rom erfolgte Kodifizierung des orientalischen Kirchen-

nen Gruppe, und wäre sie auch die beste, anzunehmen, dann wäre die Kirche nicht mehr das große Geschenk Gottes an die gesamte Menschheit, sondern sie stellte eine Interessengemeinschaft dar, so groß sie auch sein mag – eine menschliche Einrichtung, die an die Interessen einer bestimmten Gruppe gebunden ist. Sie ist dann nicht mehr die wahre Kirche Christi. Wenn wir also der Latinisierung unserer Institutionen Widerstand entgegensetzen, so verteidigen wir nicht die kleinlichen Interessen einer Kirchturmspolitik oder einen überholten Traditionalismus. Vielmehr sind wir uns bewußt, die lebenswichtigen Interessen der apostolischen Kirche zu verteidigen, um einer Sendung, einer Berufung treu zu bleiben, die wir nicht verraten können, ohne uns selbst zu verleugnen und ohne die Botschaft Christi vor unsern Brüdern zu entstellen."[25] Und was Maximos IV. schon früher sagte, gilt nicht nur im Hinblick auf die orientalischen Christen: „Man müßte damit anfangen, den lateinischen Westen zum Katholizismus zu bekehren, zur Universalität der Botschaft Christi … Die Gleichschaltung ist mit der katholischen Universalität nicht vereinbar."[26]

3. Ecclesia sancta

Die Ecclesia *sancta* würde *unglaubwürdig* repräsentiert, wenn auf dem ökumenischen Konzil aus menschlicher Berufung Parteiinteressen und Kirchendiplomatie das eigentliche Geistliche verdrängten, wenn statt der Offenbarung persönliche Interessen, statt des Evangeliums Jesu Christi das menschliche Recht, statt der Erneuerung der Kirche Wahrung des Status quo und opportunistische Politik im Vordergrund stünden. Die Ecclesia sancta wird *glaubwürdig* repräsentiert, wenn das Konzil den Willen des Vaters tut, der im Himmel ist, wenn es auf Jesus Christus hört, der zur Kirche spricht durch die Heilige Schrift, wenn es offen ist

rechtes angeführt: Man muß sehr wohl mit Bedauern feststellen, daß trotz eines eindrucksvollen kritischen Apparates, trotz einer von orientalischen Quellen inspirierten Terminologie und trotz einer sehr verdienstvollen, mühseligen Arbeit der Grundton der Kodifizierung leider sehr latinisierend bleibt. Das war nicht immer die Schuld derer, die daran gearbeitet haben, sondern das liegt an dem Geist, der das Milieu beherrscht, in dem diese Arbeit getan wurde. Für dieses Milieu bleibt das höchste Ideal die größtmögliche Annäherung an das lateinische Kirchenrecht, und zwar nach Inhalt und Form. Die dem Osten eigentümlichen Institutionen, wie z. B. die des Patriarchates, werden als Ausnahme geduldet und auf engsten Bereich reduziert, wenn sie nicht sogar geschickt ihres Sinnes entleert und praktisch neutralisiert werden als Folge übertriebener administrativer Zentralisation."
[25] *Patriarch Maximos IV.*, a. a. O. 10.
[26] Zit. bei *W. de Vries,* Wegbereitung zur Einheit der Christen aus ostkirchlicher Sicht (Recklinghausen 1961) 6.

für den Heiligen Geist, der weht, wo er will, auch außerhalb irgendeines Amtes.

Das vorausgegangene Kapitel hat uns gezeigt, daß die Heiligkeit des ökumenischen Konzils aus menschlicher Berufung nur vom Heiligen Geist her verstanden werden kann. Nicht durch eine aus sich selbst und durch sich selbst erworbene Moralität der sündigen Menschen ist die *Kirche* heilig. Sie ist heilig auf Grund der *Berufung* im Geiste Jesu Christi zur Gemeinschaft mit Gott. Ihre Heiligen – und Heilige sollen *alle* ihre Glieder sein – sind keine selbstgemachten Heiligen. Sie sind *berufene* Heilige: κλητοὶ ἅγιοι (Röm 1, 7; 1 Kor 1, 2). Indem sie Christus im Heiligen Geist zur Kirche beruft, versammelt und zusammenhält, ist diese versammelte Gemeinde „heilig" und bleibt sie „heilig": die mit der Welt im Widerspruch lebende, von ihr verfolgte und ihr doch durch Verkündigung des Evangeliums und Taten der Liebe dienende Kirche: das aus der Welt ausgegrenzte, abgesonderte, ausgezeichnete, heilige Gottesvolk, das Volk des Eigentums, damit es die herrlichen Taten dessen verkündige, der es aus der Finsternis zu seinem wunderbaren Licht berufen hat (1 Petr 2, 9), der vom Heiligen Geist bewohnte Tempel (1 Kor 3, 16 f; Eph 2, 21 f). So ist die Kirche heilig durch das Werk des Heiligmachers, der die Kirche stets neu begründet und belebt, erhält und erleuchtet, führt und heiligt: die Kirche als das concilium oecumenicum aus göttlicher Berufung. „Wir aber müssen Gott allezeit eurethalben danken, vom Herrn geliebte Brüder, daß euch Gott von Anfang an erwählt hat zum Heil in der Heiligung durch den Geist und im Glauben an die Wahrheit, wozu er euch auch berufen hat durch unser Evangelium, damit ihr die Herrlichkeit unseres Herrn Jesus Christus erlangt" (2 Thess 2, 13 f).

Nie darf der Geist, der die Kirche leitet, einfach menschlicher Geist sein, mag er noch so klug, noch so scharfsinnig, noch so praktisch, noch so wendig sein. Immer muß der Geist, der die Kirche leitet, der Geist Jesu Christi sein. Natürlich kann der Geist Jesu Christi mit dem Menschengeist verwechselt werden. Man hält dann Menschengedanken für Eingebungen des Heiligen Geistes, Menschenwege für seine Wege. Dann kann es vorkommen – und es kommt immer wieder vor –, daß irgendein begeisterter „Erleuchteter" sich auf den Heiligen Geist zu berufen meint, wo er nur seinen eigenen Geist reden hört. Auch beim kirchlichen Amtsträger – die Versuchung ist hier besonders naheliegend und gefährlich – ist es möglich, daß er seine menschlichen Regungen, Gedanken, Wünsche und Befehle für die des Heiligen Geistes hält. Hier und überall in der Kirche ist die Unterscheidung der Geister, die διάκρισις πνευμάτων (1 Kor 12, 10) angezeigt.

Der Heilige Geist ist nicht irgendein in die Kirche eingefangener und mit ihr in irgendeiner Weise identischer Geist, über den sie verfügen kann; nein, er weht, wo er will (Jo 3, 8). Er ist aber auch nicht irgendein „absoluter", frei schwebender Weltgeist, der seine eigene Dialektik entwickelt; nein, er ist „der Geist Jesu Christi" (Phil 1, 19). Der Heilige Geist kündet der Kirche nichts Neues; er kündet ihr Christi Wort: „Wenn aber jener kommt, der Geist der Wahrheit, wird er euch in die ganze Wahrheit leiten; denn er wird nicht von sich aus reden, sondern was er hört, wird er reden, und das Zukünftige wird er euch verkündigen. Er wird mich verherrlichen; denn aus dem Meinigen wird er es nehmen und euch verkündigen. Alles, was der Vater hat, ist mein; deshalb habe ich gesagt, daß er aus dem Meinigen nimmt und euch verkündigen wird" (Jo 16, 13–15). So wird der Heilige Geist die Kirche an alles erinnern, was *Christus* ihr gesagt hat (Jo 14, 26). Er wird sie an das Evangelium *Jesu Christi* erinnern. Der Geist der Wahrheit, den Christus vom Vater sendet, wird der Kirche von Christus Zeugnis ablegen, damit auch die Kirche von Christus Zeugnis ablege (Jo 15, 26f). Indem die Kirche als das im Heiligen Geiste versammelte Concilium von Christus und seinem Evangelium in Wort und Tat Zeugnis ablegt, ist und erweist sie sich als *heilig.*

Die große und schwere Aufgabe des ökumenischen Konzils aus menschlicher Berufung ist es, die im Heiligen Geiste Jesu Christi ruhende Heiligkeit des ökumenischen Konzils aus göttlicher Berufung, das die Kirche ist, zu repräsentieren, und sie glaubwürdig zu repräsentieren. Was auf dem ökumenischen Konzil aus menschlicher Berufung besprochen und beschlossen wird, hat – nach dem Zeugnis der Apostelgeschichte vom Apostelkonzil – nicht nur den Versammelten, sondern auch und in erster Linie dem Heiligen Geist zu gefallen: „es hat dem Heiligen Geiste und uns gefallen" (Apg 15, 28)!

Eine rein äußerlich organisatorische Betrachtung ist es, in den ökumenischen Konzilien einfachhin Ratsversammlungen zu sehen. Man übersieht dabei gerade, daß die ökumenischen Konzilien eine Repräsentation der Ecclesia sancta sind. Sie haben einen ausgesprochen *gottesdienstlichen Charakter :* „Die Synoden sind in der Alten Kirche historisch erwachsen aus der Versammlung der örtlichen Gemeinde, das heißt aus der gottesdienstlichen Versammlung. Wie die gottesdienstliche Versammlung und der in ihr geschehende Dienst der zentrale Ansatz für die Entfaltung der Ämterordnung war, so auch für die Entfaltung der Synode. Sie entstand, indem zu den Beratungen der Ortsgemeinde führende Glieder anderer Gemeinden hinzutraten. Aber auch mit dem Anwachsen der Zahl der aus verschiedenen Ortskirchen zusammentretenden Glieder blieb der *gottesdienstliche Charakter* der Versammlung erhalten. Alle Beratungen waren eingebettet in den Gottesdienst, von ihm kamen sie her und ihm waren sie zugeordnet. Die Bitte um den Heiligen Geist und die Gewißheit seiner Leitung bestimmte das synodale Beraten und Beschließen in gleicher Weise wie die Gebete, Zeugnisse und Doxologien des gottesdienstlichen Handelns sonst."[1]

Schon die alten Konzilien verstanden sich so als im Heiligen Geiste versammelt. Schon das Konzil von Ephesus verbietet ein anderes Glaubenssymbol als das „von den in Nikaia mit dem Heiligen Geiste versammelten Vätern festgelegte"[2]. Aber viele Formulierungen gehen noch beträchtlich weiter und lassen auf eine „Inspiration" der Konzilien durch den Heiligen Geist schließen[3].

Schon vor dem Nizänum: „placuit nobis Spiritu sancto suggerente" (Konzil von Karthago)[4]; „placuit ergo praesente Spiritu sancto et angelis eius" (Konzil von Arles 314)[5]. Insbesondere gilt das vom Konzil von Nikaia, nach welchem „das, was von den dreihundert heiligen Bischöfen beschlossen worden ist, einzig und allein als Spruch des Sohnes Gottes anzusehen ist"[6]. Besonders legen auf die Inspiration der Konzilien Gewicht Kyrill von Alexandrien, nach welchem in Nikaia „die Väter die Definition des makellosen Glaubens unter der Inspiration der Wahrheit des Heiligen Geistes formuliert haben; ... gemäß dem Wort des Heilandes war es der Geist Gottes, der durch sie sprach"[7], und Leo d. Gr.: „regulae sanctionum ... in synodo Nicaena ad totius ecclesiae regimen spiritu Dei instruente sunt conditae"[8]; „... illa Nicaenorum canonum per spiritum vere sanctum ordinata."[9] In diesem Zusammenhang müssen auch – wir haben schon darauf hingewiesen – die Akklamationen auf den Konzilien gesehen werden, die als göttliche Eingebungen der Anwesenden die Gegenwart des Geistes anzeigten; deswegen wurde ihre Zahl und Stärke in den Protokollen genau festgehalten. Die Auffassung von der Inspiriertheit der Konzilien wurde in der Folge gestützt durch die weitverbreitete Ansicht, daß die vier ersten Konzilien den vier Evangelien gleichzuordnen seien[10]. Das erste Zeugnis von dieser

---

[1] *E. Schlink,* Ökumenische Konzilien einst und heute, in seinem Sammelband: Der kommende Christus und die kirchlichen Traditionen (Göttingen 1961) 244.
[2] Denz. 125.
[3] Zu dieser Frage hat reiches Material zusammengetragen *H. Bacht,* Sind die Lehrentscheidungen der ökumenischen Konzilien göttlich inspiriert?, in: Catholica 13 (1959) 128–139.
[4] *Cyprianus,* Epistola synodica ad Cornelium Papam, ep. 54; PL 3, 887.
[5] *J. D. Mansi,* Sacrorum conciliorum nova et amplissima collectio 2, 469.
[6] *Mansi* 2, 991.
[7] *Kyrill von Alexandrien,* Ad monachos Aegypti, ep. 1; PG 77, 16.
[8] *Leo d. Gr.,* Ad Marcianum Augustum, ep. 104, 3; PL 54, 995.
[9] *Leo d. Gr.,* Ad Anatolium Episcopum, ep. 106, 2; PL 54, 1003; weitere Stellen bei *H. Bacht,* Sind die Lehrentscheidungen der ökumenischen Konzilien göttlich inspiriert?, in: Catholica 13 (1959) 130f.
[10] Diese Tradition wurde eingehend untersucht von *Y. Congar,* La Primauté des quatre premiers conciles oecuméniques. Origine, destin, sens et portée d'un thème traditionnel, in: Le concile et les conciles (Paris 1960) 75–109.

Tradition ist das dem Papst Gelasius I. (492–496) zugeschriebene Dekret De recipiendis et non recipiendis libris, wo es im vierten Kapitel heißt: „Sancta id est Romana ecclesia post illas veteris vel novi testamenti, quas regulariter suscipimus, etiam has suscipi non prohibet scripturas, id est: sanctam synodum Nicaenam... Ephesinam... Calchedonensem."[11] 519 hat Papst Hormisdas nach östlichem Brauch das (ohne jede westliche Beteiligung abgehaltene) Konzil von Konstantinopel 381 hinzugefügt, nachdem schon 516 Theodosius als Führer der chalkedontreuen palästinensischen Mönche ausgerufen hatte: „Wenn einer nicht die vier Synoden annimmt wie die vier Evangelien, sei er im Banne"; Justinian hat den Kanon der vier Konzilien nicht nur in sein Glaubensbekenntnis, sondern auch in seine Gesetzgebung aufgenommen; Gregor der Große führte also nur eine schon lange vorbereitete Tradition weiter, wenn er in verschiedenen ähnlichen Formulierungen bekräftigte: „Sicut sancti evangelii quattuor libros, sic quattuor concilia suscipere et venerari me fateor."[12] Über Isidor von Sevilla vor allem setzte sich diese Tradition im Mittelalter fort, und zwar auf verschiedenen Synoden wie bei verschiedenen Päpsten (Leo IX., Gregor VII.), Kanonisten (schon im Decretum Gratiani) und Theologen (Abälard, Hugo von Sankt Viktor, Petrus Lombardus, allerdings nicht bei den großen Scholastikern); auch bei den Reformatoren wie bei den katholischen Theologen zur Zeit des Konzils von Trient nahmen die vier ersten Konzilien einen unvergleichlichen Rang ein; erst nachher ist diese Tradition in der katholischen Theologie – abgesehen von der gallikanischen – praktisch versickert.

Was ist der Sinn dieser Aussagen? Die Tradition von dem Primat der vier ersten Konzilien soll uns hier nicht näher beschäftigen; abgesehen von dem „mystischen" Sinn, den Antike und Mittelalter in der – sowohl biblisch wie profan begründeten – Quaternität sahen, liegt die Bedeutung dieser Lehre darin: andere spätere Konzilien sollen nicht ausgeschlossen oder entwertet werden, aber die ersten vier ökumenischen Konzilien (und unter ihnen wieder in einzigartiger Weise herausgehoben das Nizänum) haben in fundamentaler und entscheidender Weise den katholischen Glauben definiert, und deshalb stellen sie für alle folgenden Konzilien eine bestimmte Norm dar; es gibt eine Hierarchie und ein verschiedenes Gewicht der Konzilien, was für die Einigung mit dem Osten besonders wichtig ist[13]. Was aber ist von der „Inspiriertheit" der Konzilien zu halten? H. Bacht macht mit Bezug auf die Forschungen von G. Bardy und J. de Ghellinck darauf aufmerksam, daß in den alten

[11] Zit. nach Y. Congar, a. a. O. 75.
[12] Vgl. Y. Congar, a. a. O. 76–80; H. Bacht, a. a. O. 132f.
[13] Vgl. Y. Congar, a. a. O. 101–109.

Quellen nicht nur den Konzilien, sondern auch sonst den Vätern „Inspiration" zugeschrieben wird, sei es von diesen Vätern sich selbst (von Clemens von Rom und Pastor Hermae bis Gregor dem Großen), sei es noch mehr von den einen den andern (so Gregor von Nyssa dem Basilius, Augustinus dem Hieronymus, mittelalterliche Theologen wiederum Augustinus und Gregor dem Großen usw.); einander widersprechende Aussagen der Väter versuchte man mit allen Mitteln zu harmonisieren; aber sogar den Kaisern wurde Inspiration und Unfehlbarkeit zugeschrieben. Dies alles weist jedoch zugleich auf die *Vieldeutigkeit* des Begriffs der Inspiration hin, der ja auch schon in der griechisch-hellenistischen Religionsphilosophie und Religionsgeschichte eine große Rolle spielt. Es ist also unbedingt zu unterscheiden. „Mochten dem antiken und frühkirchlichen Verständnis *irgendwelche* Weisen der göttlichen Verursachung genügen, um von ‚Inspiration' zu reden, so hat die fortschreitende theologische Reflexion genauer zu unterscheiden gelernt und redet nur dann noch von eigentlicher Inspiration, wo Gott die eigentliche, primäre Autorschaft zugeschrieben werden muß."[14] Insbesondere wird heute zwischen Irrtumslosigkeit (die auch bei menschlichen Äußerungen, wie den konziliaren oder päpstlichen Definitionen „unter *Assistenz* des Heiligen Geistes", gegeben ist) und Inspiration (die *nur* beim Gotteswort der Heiligen Schrift „unter der *Inspiration* des Heiligen Geistes " gegeben ist) unterschieden.

Gottes Wort im eigentlichen Sinn, inspiriertes, in und durch Menschenwort bezeugtes geistgewirktes und geisterfülltes Gotteswort ist also *nur* die Heilige Schrift. Genau hat das Erste Vatikanische Konzil die Grundlage für den Primat der Schrift umschrieben: Die Kirche hält die Schriften des Alten und Neuen Testamentes für heilig und kanonisch, „non ideo, quod sola humana industria concinnati, sua deinde auctoritate sint approbati; nec ideo dumtaxat, quod revelationem sine errore contineant; sed propterea, quod *Spiritu Sancto inspirante conscripti Deum habent auctorem,* atque ut tales ipsi Ecclesiae traditi sunt."[15] T. Zapelena sagt: „Scriptura active est formaliter verbum Dei; traditio active non *est* formaliter verbum Dei, sed *continet* verbum Dei."[16] Ebenso Franzelin: „Licet praeter scripturas alia exstent documenta ecclesiastica, quae et verbum Dei continent et edita sunt sub assistentia Spiritus Sancti errorem infallibiliter praecaventis, non tamen ideo praeter scripturas alia sunt monumenta inspirata."[17]

---

[14] *H. Bacht,* a. a. O. 137.   [15] *Denz.* 1787.
[16] *T. Zapelena,* De Ecclesia Christi (Romae 1954) II, 274; vgl. *P. v. Leeuwen,* Regula credendi, in: Genade en Kerk (Utrecht-Antwerpen 1953) 341 s.
[17] *J. B. Franzelin,* Tractatus de divina Traditione et Scriptura (Romae ²1875) 364; vgl. *A. Deneffe,* Der Traditionsbegriff (Münster 1931) 161; *C. H. Baumgartner,* Tradition et magistère, in: Recherches de Science religieuse 41 (1953) 171–185.

Es ist somit klar: Die ökumenischen Konzilien sind also nicht vom Geiste „inspiriert", sondern nur vom Geiste „assistiert". Auch die Definitionen ökumenischer Konzilien sind nicht im eigentlichen Sinne Wort Gottes, sondern sie *bezeugen* mittelbar als *menschliches* Wort (unter Beistand des Geistes) die Offenbarung Gottes. Auch die ökumenischen Konzilien stehen deshalb *nicht über* der Heiligen Schrift, sondern – gerade in ihrem Dienst der Erklärung und Interpretation – *unter der Heiligen Schrift*. Was nach der vatikanischen Definition vom Papst gilt, gilt ebenso von den ökumenischen Konzilien: sie können nicht eine neue Wahrheit offenbaren, sondern nur die durch die Apostel überlieferte Offenbarung bewahren und getreu auslegen: „Neque enim Petri successoribus Spiritus Sanctus promissus est, ut eo revelante novam doctrinam patefacerent, sed ut, eo assistente, traditam per Apostolos revelationem seu fidei depositum sancte custodirent et fideliter exponerent."[18] In der katholischen Kirche ist es selbstverständlich, daß die Heilige Schrift – geistgewirkter und geisterfüllter Niederschlag der urkirchlichen Verkündigung – nicht als ein vom Himmel gefallenes Buch in isolierter, selbstherrlicher Geistgewißheit vom gläubigen Individuum interpretiert werden darf, sondern nur als ein in der Kirche und für die Kirche entstandenes Buch der Kirche; es ist also selbstverständlich, daß Schrift und Kirche nicht getrennt werden dürfen, sondern Schrift und kirchliche Tradition nach dem Trienter Konzil „pari pietatis affectu ac reverentia"[19] anzunehmen sind. Doch zugleich ist es selbstverständlich (wenn auch leider nicht immer deutlich genug bewußt gewesen und ernst genommen worden!), daß die Heilige Schrift die norma *normans* ist, währenddem die Definitionen der Konzilien zwar auch norma, aber nur norma *normata,* nur von der Heiligen Schrift normierte Normen sein können; so wird deutlich, daß die Lehre eines Konzils, als von der Schrift

---

Vgl. *G. de Broglie,* Note sur la primauté de l'argument d'Écriture en théologie, in: *L. Bouyer,* Du Protestantisme à l'Église (Paris 1954) 247: „De là la place unique que l'Écriture a toujours tenue dans l'enseignement de l'Église. Car si tout docteur chrétien a pour fonction essentielle de transmettre le message divin en toute sa pureté, et si l'Écriture est, en somme, le seul moyen qu'il ait d'aller puiser *immédiatement* ce message à la parole même de ce Dieu qui en est la source, comment son premier souci ne serait-il pas de remonter toujours à cette source dans toute la mesure où il peut, et donc de se référer d'abord et avant tout aux témoignages de l'Écriture? Aussi le pape Léon XIII (que personne n'accusera d'avoir méconnu l'importance du Magistère ecclésiatique!) a-t-il pu noter que le recours à l'Écriture doit être comme ,l'âme' de toute la théologie; et il ajoute: ,telle a été, à toutes les époques, la doctrine de tous les pères et des plus remarquables théologiens, doctrine qu'ils ont appuyée par leurs exemples. Ils se sont appliqués à établir et à affermir avant tout sur les livres saints toutes les vérités qui sont l'objet de la foi et celles qui en découlent' (Encyclique Providentissimus Deus)."
[18] *Denz.* 1836.   [19] *Denz.* 783.

normierte, Norm ist für das richtige Verständnis der Schrift beim einzelnen Christen. Wie die urkirchliche Verkündigung sich im geistgewirkten Zeugnis der Heiligen Schrift niedergeschlagen und kristallisiert hat, so kreist und graviert andererseits die gesamte spätere kirchliche Verkündigung, auch die autoritative Interpretation durch die ökumenischen Konzilien, um die Heilige Schrift, der der *vollständige* Inhalt der christlichen Offenbarung (zum mindesten fundamentaliter und implizit) anvertraut ist[20]. „Sans aucun doute, les conciles, comme, du reste, tout le magistère ecclésial, n'ont *aucune* autonomie par rapport aux règles

---

[20] Vgl. die Arbeiten von *R. Geiselmann,* Das Mißverständnis über das Verhältnis von Schrift und Tradition und seine Überwindung in der katholischen Theologie, in: Una Sancta 11 (1956) 131–150; Das Konzil von Trient über das Verhältnis der heiligen Schrift und der nicht geschriebenen Traditionen. Sein Mißverständnis in der nachtridentinischen Theologie und die Überwindung dieses Mißverständnisses, in: Die mündliche Überlieferung, hrsg. von M. Schmaus (München 1957) 125–206; Die Tradition, in: Fragen der Theologie heute, hrsg. von J. Feiner, J. Trütsch und F. Böckle (Einsiedeln 1957) 69–108; Art. Depositum fidei, in: Lexikon für Theologie und Kirche (Freiburg 1959) III, 236–238; Die lebendige Überlieferung als Norm des christlichen Glaubens. Die apostolische Tradition in der Form der kirchlichen Verkündigung – das Formalprinzip des Katholizismus dargestellt im Geiste der Traditionslehre von Joh. Ev. Kuhn (Freiburg i. Br. 1959); Schrift – Tradition – Kirche. Ein ökumenisches Problem, in: Begegnung der Christen, hrsg. von M. Roesle und O. Cullmann (Stuttgart-Frankfurt ²1960) 131–159. – Zu ähnlichen Ergebnissen kam schon vorher *E. Ortigues,* Écriture et tradition apostolique au concile de Trente, in: Recherches de Science religieuse 36 (1949) 271–299; dann *H. Holstein,* La tradition d'après le concile de Trente, in: Recherches de Science religieuse 47 (1959) 367–390; *E. Stakemeier,* Das Konzil von Trient über die Tradition. Zu einer Untersuchung von H. Holstein, in: Catholica 14 (1960) 34–55; *Y. Congar,* Traditions apostoliques non écrites et suffisance de l'Écriture, in: Istina 6 (1959) 279–306; La tradition et les traditions. Essai historique (Paris 1960) 107–232. Für die inhaltliche Suffizienz der Heiligen Schrift zitiert *Geiselmann* in seiner Abhandlung Schrift – Tradition – Kirche 154 f: im 19. Jahrhundert *Dobmayer-Senestrey, J. A. Möhler, J. H. Newman, Joh. Ev. von Kuhn;* in der Gegenwart *A. Deneffe, K. Rahner, O. Karrer, P. A. Liégé, M. Chenu, J. Daniélou, H. St. John, S. Bullough, O. Semmelroth, J. Ratzinger, A. M. Dubarle.* Hinzuzufügen wären noch unter anderen *H. Jedin, M. Schmaus, J. Ternus, P. Lengsfeld, L. Scheffczyk.* Vgl. dafür auch die wichtigen Arbeiten von *G. Biemer,* Überlieferung und Offenbarung. Die Lehre von der Tradition nach J. H. Newman (Freiburg-Basel-Wien 1961), und *W. Kasper,* Die Lehre von der Tradition in der Römischen Schule (Diss. Tübingen 1961, Freiburg i. Br. 1962). Gegen Geiselmanns Interpretation des Trienter Dekrets haben Einwände gemacht *H. Lennerz* und *J. Bäumer.* Geiselmann weist darauf hin: „Es besteht jedoch kein Anlaß, die in dieser Abhandlung geäußerte Ansicht zu ändern. Dies soll andernorts nachgewiesen werden" (a. a. S. 142). Auf H. Lennerz antworteten vom historischen Standpunkt aus *Y. Congar,* La tradition et les traditions (Paris 1960) 215–218; vom systematischen Standpunkt aus K. *Rahner,* Virginitas in partu. Ein Beitrag zum Problem der Dogmenentwicklung und Überlieferung, in: Kirche und Überlieferung (Fest-

---

objectives de la foi, à savoir la divine Révélation faite par les prophètes, en Jésus-Christ, par les apôtres, Révélation dont les Écritures sont le témoignage écrit absolument normatif."[21]

Gerade die alten Konzilien zeigen in außerordentlich deutlicher Weise, daß die Konzilien in ihren Definitionen einfachhin das Evangelium Jesu Christi, seine in der Schrift niedergelegte und überlieferte Botschaft verkünden und interpretieren wollen. Und gerade die bewußt angestrebte *Schriftnähe* der ersten vier Konzilien kann der letzte Grund sein dafür, daß sie – in analoger Weise „sicut sancti evangelii quatuor libros" – als „inspiriert" betrachtet werden konnten. Ihre Verkündigung ist heilig, weil sie ein Widerschein des inspirierten Gotteswortes ist, das sie bezeugen. Von Christus und seinem Worte her können die Konzilien Ehrfurcht und Gehorsam verlangen: „Sacerdotum iudicium ita debet haberi, ac si ipse Dominus residens iudicet, nihil enim licet his aliud sentire, vel aliud iudicare, nisi quod Christi magisterio sunt edocti."[22] Das heilige Konzil und die Heilige Schrift gehören also zusammen.

Das Konzil hat die Lehre der Schrift zu bezeugen: die Lehre, „welche Christus geschenkt hat, die Apostel verkündet und die Väter, die aus der ganzen Oikumene in Nikaia zusammenkamen, überliefert haben"[23]. Die Väter von Nikaia „schrieben doch so treffend, daß jeder, der ihre Schriften aufrechten Sinnes zur Hand nehme, darin die Ehrfurcht vor Christus erkennen werde, die in den heiligen Schriften geboten ist"[24]. „Allen doch ist es klar, daß dies der wahre und treue Glauben ist an den Herrn, aus den heiligen Schriften erkannt und anerkannt."[25] Die Väter „atmen die heilige Schrift"[26], sie haben gesprochen „secundum scripturas"[27], sie haben das Glaubensbekenntnis aufgestellt „sacris voluminibus pertracti"[28] und halten daran fest, „quia hoc accepimus a prophetis: hoc nobis Evangelia locuta sunt: hoc apostoli tradiderunt, hoc martyres passione confessi sunt."[29]

---

schrift J. Geiselmann, Freiburg-Basel-Wien 1960) 601–605. Ein weiterer Beitrag Geiselmanns erscheint demnächst in der Reihe „Quaestiones disputatae".
[21] *Y. Congar,* Conclusion, in: Le concile et les conciles (Paris 1960) 291.
[22] *Constantinus I. Imperator;* PL 8, 488.
[23] *Athanasios,* Epistola contra Arianos, ad honoratissimos in Africa episcopos 1; PG 26, 1029.
[24] *Athanasios,* Epistola de synodis Arimini in Italia, et Seleuciae in Isauria, celebratis 6; PG 26, 689.
[25] *Athanasios,* Epistola ad Iovianum Imperatorem 1; PG 26, 816.
[26] *Athanasios,* Epistola contra Arianos, ad honoratissimos in Africa episcopos 4; PG 26, 1036.
[27] *Ambrosius,* De fide ad Gratianum Augustum libri quinque I, 18; PL 16, 555–556.
[28] *Phoebadius Aginnensis,* Liber contra Arianos 6; PL 20, 17.
[29] *Phoebadius Aginnensis,* Liber contra Arianos 22; PL 20, 30.

Auch auf späteren Konzilien war man sich der entscheidenden Bedeutung des Wortes Gottes für das Tun und Lassen, Diskutieren und Definieren bewußt. Jedenfalls mahnte auf manchen ökumenischen Konzilien die feierlich auf einem Thron im Angesicht der ganzen Kirchenversammlung aufgestellte Heilige Schrift die Konzilsväter, um welches Zentrum ihre Gedanken, Worte und Taten auf dem Konzil zu kreisen haben. Nicht irgendwelche wissenschaftlichen Liebhabereien und politischen Tendenzen, nicht irgendwelche Philosophumena oder Theologumena, nicht irgendwelche Schulthesen oder Schulsysteme, nicht irgendwelche Traditionen von Nationen, Universitäten oder Orden sollen in allen Dingen den Ausschlag geben, sondern Gottes Wort in den heiligen Schriften des Alten und Neuen Testamentes. Läßt sich das, was Athanasios von den Vätern von Nikaia sagte, von den Vätern *aller* Konzilien sagen: „sie atmen die Heilige Schrift"[30]? Es kann nicht übersehen werden, daß die *Schriftnähe* der einzelnen Konzilien sehr verschieden war. Es war ein großer Unterschied zwischen Nikaia, wo es primär um die Interpretation der Schrift ging, und späteren nachchalkedonischen Konzilien, wo es oft primär darum ging, wer für seine Ansicht die längeren Beweisketten von Väterzitaten schmieden konnte[31]. Im zweiten Jahrtausend zeichnet sich die erste Tagungsperiode von Trient dadurch aus, daß sie von den umstrittenen Schulmeinungen möglichst abstrahierte, die scholastische Terminologie zurückdrängte und sich um eine biblische Sprache bemühte[32]. Noch auf dem Vatikanum I wurde die Arbeit der Väter von Trient als Vorbild hingestellt[33]. In all dem, was die Väter auf einem Konzil entscheiden und lehren, sollen sie sein: „sacris voluminibus pertracti".

Die Heilige Schrift soll aber nicht nur für Lehrentscheidungen, sondern für die ganze Tätigkeit des ökumenischen Konzils primäre

---

[30] *Athanasios,* Epistola contra Arianos, ad honoratissimos in Africa episcopos 4; PG 26, 1036.

[31] Schon für die Theologie des 6. Jh. gibt *Ch. Moeller* als zwei wesentliche Charakteristika an: ..l'usage des Florilèges patristiques, qui va de pair avec la disparition de l'argument scripturaire; la dialectique croissante, bientôt franchement aristotélicienne en certains secteurs . . .“ Le chalcédonisme et le néo-chalcédonisme en Orient de 451 à la fin du VIe siècle, in: Das Konzil von Chalkedon, hrsg. von A. Grillmeier und H. Bacht (Würzburg 1959) I, 650.

[32] Vgl. dazu *H. Jedin,* Geschichte des Konzils von Trient (Freiburg i. Br. 1957) II.

[33] Unter den vielen kritischen Stimmen, die das erste Schema De fide catholica angriffen, war auch Erzbischof *Connolly* von Halifax: „Er griff schneidend scharf den ganzen Bestand und die ganze Art des Schemas an: im Unterschied zu allen vorausgehenden Konzilien, aber besonders merklich zum Tridentinum, handelt es ‚de omni scibili in re dogmatica', auch erhebt es theologische Spekulationen zu Glaubensartikeln; Fragen, die als offen unter den theologischen Schulen anerkannt sind, sind in einseitigem Sinn entschieden. Die Theologen

Norm sein. Es genügt nicht, die Heilige Schrift nur vor dem Konzil aufzustellen. Es wird entscheidend sein, ob das Evangelium im Konzil nur gleichsam den zwar würdevollen, aber praktisch einflußlosen „Ehrenvorsitz" hat (wie oft wird der frühere aktive Vorsitzer altershalber zum Ehrenvorsitzenden „promoviert"!) – oder ob es der eigentlich tonangebende und wirksam steuernde Leiter dieser Versammlung bis in alle Kleinigkeiten hinein ist, weil man nämlich immer wieder neu auf die – nicht immer bequeme! – alte Stimme des Evangeliums zu hören und sie für eine neue Zeit ernst zu nehmen versucht: in der Vorbereitungsarbeit der Kommissionen, in der (so wichtigen) Auswahl der Traktanden, in der Verhandlungsordnung und Verhandlungsleitung, in der Art und Weise der Diskussionen, in den Definitionen und Beschlüssen. Dies alles soll „die Heilige Schrift atmen"! Dann ist es wahrhaft glaubwürdig.

Ein Konzil wird also die Heiligkeit der Kirche dann glaubwürdig repräsentieren, wenn es auf ihm im Großen und Kleinen *evangelisch,* gemäß dem Evangelium zugeht. Um die Heiligkeit der Kirche glaubwürdig zu repräsentieren, müssen auf dem Konzil äußerer Rahmen, innere Grundhaltung und konziliare Entscheidungen vom Evangelium bestimmt, vom Evangelium geprägt sein. Dann ist das Konzil glaubwürdig! Gefahren, die drohen, wie Aufgaben, die ernsthafte Christen herausfordern, müssen hier klar gesehen werden:

a) Äußerer Rahmen: Eine Versammlung, die die hohe und schwere Aufgabe hat, die Heiligkeit der Kirche zu repräsentieren, ist immer in Gefahr, anstatt in allem die Kirche und ihre Heiligkeit, nebenbei noch *sich selbst* zu repräsentieren, sich selbst zu bespiegeln, sich selbst zu präsentieren, sich selbst „repräsentativ" darzustellen. Aber das ökumenische Konzil aus menschlicher Berufung soll nicht sich selbst, sondern das ökumenische Konzil aus göttlicher Berufung darstellen. Es ist kein glanzvoller Kongreß weltlich-„repräsentativer" Reichsfürsten. Keine „religiöse" Sensation und kein Schauspiel für Fernsehen und Illustrierte. Es soll nicht der Welt imponieren, sondern die Kirche repräsentieren in der Nachfolge Christi und seiner Apostel: durch Unauffälligkeit, Bescheidenheit, Demut. Pracht, Prunk und Pomp machen das Konzil, das die Kirche und ihre Heiligkeit repräsentieren will, für die Menschen, die vom Evangelium her denken, unglaubwürdig[34].

---

von Trient würden aus ihren Gräbern aufstehen und sagen: ‚Seht, wie wir die Sache gemacht haben!' Das Schema solle nicht geflickt oder ausgebessert, sondern achtungsvoll begraben werden (cum honore sepeliendum): Es solle durch die Deputation de Fide vollständig umgearbeitet werden." So bei *C. Butler – H. Lang,* Das vatikanische Konzil (München 1933) 150.

[34] „On peut être assuré que la presse, si muette aujourd'hui sur le Concile, même la presse catholique, multipliera les photos et les reportages. La radio et

b) **Innere Grundhaltung**: Eine Versammlung, die die hohe und schwere Aufgabe hat, die Heiligkeit der Kirche zu repräsentieren, ist immer in Gefahr, anstatt in allem die von Gott stammende und auf Gott weisende Heiligkeit die *Kirche als Selbstzweck* zu repräsentieren, ihren eigenen Glanz und Ruhm, ihre eigene Größe, Tugend, Organisation und Wahrheit zu repräsentieren. Aber das ökumenische Konzil aus menschlicher Berufung soll nicht die Ecclesia triumphans, sondern die Ecclesia militans, und auch diese nicht als selbstherrliche Größe, repräsentieren. Es ist keine Parade des kirchlichen Generalstabes und keine Demonstration klerikaler Macht. Es will nicht herrschen, sondern dienen: dienen in der demütigen Nachfolge des Herrn, auf den es die Menschen hinweisen soll; dienen im Geiste der Buße, ohne sich zu scheuen, Fehler öffentlich zu bekennen, wo die Kirche grundsätzlich Fehler machen konnte und tatsächlich Fehler gemacht hat. Nicht für sich selbst ist die Kirche da, sondern im Dienst an der Welt durch Christus im Geist für den Vater. Kirche ist Weg, nicht Ziel. Sie ist ganz aus auf die Basileia Gottes, die kommen wird. Ein Konzil, das die Kirche statt den Herrn lobt und verherrlicht, repräsentiert nicht der Kirche Heiligkeit. Geistliche Machtdemonstration, überhebliche Selbstgerechtigkeit, Pochen auf Rechte und Vollmachten, pharisäische Gesetzlichkeit und lieblos-stolzes Verurteilen der Anderen machen das Konzil, das die Kirche und ihre Heiligkeit repräsentieren will, für die Menschen, die vom Evangelium her denken, unglaubwürdig[35].

c) **Konziliare Entscheidungen**: Eine Versammlung, die die hohe und schwere Aufgabe hat, die Heiligkeit der Kirche zu repräsentieren, ist immer in Gefahr, diese heilige Kirche, statt durch Taten, nur durch Worte zu repräsentieren: zu diskutieren, zu distinguieren, nicht entschieden zu handeln. Aber das ökumenische Konzil aus menschlicher Berufung soll das ökumenische Konzil aus göttlicher Berufung durch Worte und Taten repräsentieren, und zwar nicht nur durch halbe,

---

la T. V. seront de la partie. Mais à quoi bon cet intérêt aux aspects extérieurs et, qu'on nous passe l'expression, folkloriques? Ce sera magnifique, tous ces évêques mitrés et chapés ... et le Pape sur sa sedia s'avançant pour ouvrir le XXI⁰ Concile oecuménique! A Jérusalem, ni Pierre, ni Paul n'avaient de mitre ni de chape et pourtant c'est là que l'Église est sortie définitivement du judaïsme pour s'ouvrir aux païens. L'important ne se verra pas: l'enjeu du Concile c'est l'évangélisation du monde et l'unité de l'Église." Qu'attendons-nous du Concile? Avant-propos (Bruxelles-Paris 1960) 7.

[35] „A la différence de ce que certains pourraient être tentés de penser, un concile général n'est pas pour l'Église l'occasion d'une spectaculaire manifestation de puissance, étalant devant les yeux du monde ses états-majors au grand complet et son unité massive, afin d'en imposer par ses réalisations. Un concile oecuménique est, au contraire, avant tout un grand acte d'humilité, où, dans la seule préoccupation d'une fidélité rigoureuse aux consignes de son Seigneur,

sondern durch ganze Taten. Es ist kein Parteitag, auf dem vor allem proklamiert und dem Chef applaudiert wird. Auch keine Aktionärsversammlung, in der die Eigentümer nur rein formal ihre Rechte wahrnehmen, um im übrigen die ganze effektive Geschäftsführung dem Verwaltungsrat zu überlassen. Das ökumenische Konzil soll die Kirche nicht nur formal, sondern voll verantwortlich aktiv repräsentieren. Es soll seinen Teil beitragen, um die heilige Kirche vor der Welt glaubwürdig zu machen. Und diese Aufgabe erfordert zu jeder Zeit, besonders aber in der heutigen Stunde eines weltgeschichtlichen Umbruches, Taten der Erneuerung – opportune importune: kühne Taten im Lichte des Evangeliums Jesu Christi. Proklamationen und Deklamationen ohne Aktionen, Administrativmaßnahmen ohne grundlegende Reformen machen das Konzil, das die Kirche und ihre Heiligkeit repräsentieren will, für die Menschen, die vom Evangelium her denken, unglaubwürdig[36].

Um für die heutige Situation noch etwas konkreter anzudeuten, was mit diesem Handeln im Lichte des Evangeliums gemeint und nicht

l'Église se demande périodiquement, sous la lumière de l'Esprit, dans quelle mesure ses membres, à quelque degré de la hiérarchie qu'ils appartiennent, n'ont pas perdu peu à peu de vue l'une ou l'autre de celles-ci où, danger plus subtil, ne risquent pas d'en trahir l'esprit à travers un respect extérieur de la lettre: il s'agit, pour l'Église, en toute loyauté, de se demander s'il n'y a pas, non certes dans sa nature profonde mais dans son comportement concret, quelque chose à corriger afin d'apparaître à nouveau sans équivoque comme ‚un signe au milieu des nations' et d'enlever tout prétexte de critique ou simplement d'hésitation à ceux qui lui reprochent si souvent de faire plutôt, par certains de ses comportements extérieurs, écran à la force de rayonnement de l'Évangile." *R. Aubert,* Qu'est-ce qu'un Concile, in: Qu'attendons-nous du Concile (Bruxelles-Paris 1960) 12 s.

[36] Für das Erste Vatikanische Konzil wurde eine Unzahl von Reformanträgen (300 Foliospalten) eingereicht. Aber keine einzige Reformerwartung wurde vom Konzil erfüllt. 46 Schemata für Kirchendisziplin und Ordenswesen waren vorbereitet worden, nur 4 wurden diskutiert, kein einziges wurde verabschiedet! Und dies, obwohl vom 8. Januar bis zum 22. Februar diskutiert wurde, obwohl die Dekrete umgearbeitet und im Mai neuerdings diskutiert wurden. Die umfangreichen Vorarbeiten der dritten und vierten Kommission für das Ordenswesen, für die orientalischen Kirchen und die Missionen waren überhaupt nicht zur Debatte gekommen. Der Mißerfolg der konziliaren Reformbemühungen lag offenkundig nicht nur am Zeitmangel. Dafür gab es unter anderem zwei Gründe: 1. Die Vorbereitungsarbeit war mit Eifer, aber einseitig geleistet worden: nicht repräsentativ für alle Regionen und Strömungen innerhalb der Gesamtkirche, welche die Bischöfe dann zum Ausdruck brachten. 2. Man konzentrierte sich anstatt auf die wesentlichen Erfordernisse im Lichte des Evangeliums auf zweitrangige Detailfragen und verlor sich im Dickicht der Einzelheiten. Der Erzbischof von Paris, *Darboy,* stellte in der Konzilsdiskussion fest: „Vierzig Tage hat man jetzt auf Einzelfragen verwendet, die ohne Ordnung oder Zusammenhang eingebracht wurden. Welches

gemeint ist, drei (recht willkürlich ausgewählte) Beispiele. 1. Es ist möglich, bei einer Erneuerung der Messe an Äußerlichkeiten zu flicken – *oder* es ist möglich, auf das Abendmahl Christi und bei dem (still gegen die Wand geflüsterten) Kanon auf das Wort sich zu besinnen: „Sooft ihr dieses Brot eßt und den Kelch trinkt, *kündigt ihr an* den Tod des Herrn, bis er wiederkommt" (1 Kor 11, 26), um *von dorther* den Mut zu haben, der Kirche das einfach aufgebaute und unmittelbar verständliche Eucharistiegebet mit dem laut verkündeten Gedächtnis des Abendmahles wiederzuschenken. 2. Es ist möglich, die Brevierreform mit ähnlichen sekundären Maßnahmen, wie wir dies öfters erlebten, zu erledigen (Rubrikenreform statt Reform des Priestergebetes) – *oder* es ist möglich, sich bei dieser Gelegenheit auf das Wort des Herrn zu besinnen: „Wenn ihr betet, so plappert nicht wie die Heiden; denn sie meinen, daß sie um ihrer vielen Worte willen Erhörung finden" (Mt 6, 7), um *von dorther* den Mut zu einer *grundlegenden* Reform zu haben, die verzichtet auf die Persolvierung eines bestimmten Gebets*quantums* und die dem Seelsorgepriester eine bestimmte täglich Gebets*zeit,* ein geeignetes Gebetbuch in der Muttersprache sowie die fortlaufende Lesung der gesamten Heiligen Schrift schenkt. 3. Es ist möglich, bei der Reform des Kirchenrechts nur die Paragraphen zu vermehren, zu vermindern oder zu verändern – *oder* es ist möglich, sich auf das anklagende Herrenwort zu besinnen: „Sie binden schwere Bürden und legen sie auf die Schultern der Menschen; sie selbst aber wollen sie nicht mit dem Finger bewegen" (Mt 23, 4), um *von dorther* den Mut zu haben, in der Kirche Gottes ein Minimum an Vorschriften und ein Maximum an Freiheit (für Bischöfe, Priester und Laien) zu gewährleisten.

Glaubwürdige oder unglaubwürdige Repräsentation der Kirche? Das ist die Frage, die über den inneren *Erfolg oder Mißerfolg* eines öku-

---

waren denn die Übel, die geheilt werden sollten, und welches die Heilmittel, die man vorschlug? Die Bischöfe hatten erwartet, daß für eine Übersicht über das vorgesehene Arbeitspensum des Konzils gesorgt sei, nicht in einer schönrednerischen und zerfließenden Form von Wortemacherei, sondern als kurze Zusammenstellung, damit sie sich stets vergegenwärtigen könnten, worauf sie hinstreben sollten. Wenn erst die Grundsätze niedergelegt wären, werde die Lösung der ins einzelne gehenden und minder wichtigen Dinge nachfolgen. Wir aber spazieren kreuz und quer durch ein Dickicht von Einzelheiten und ebenso wertlosen wie haltlosen ‚placita' der Schulen. Wir diskutieren mit schwerem Ernst Fragen für Kanonisten und sitzen an der Arbeit über Kindereien (puerilia) aller Art. Manche hatten befürchtet, das Vatikanische Konzil werde sich an größere Dinge wagen, als eine kranke Gesellschaft vertragen könnte. Meine Furcht geht dahin, damit ich die Aufmerksamkeit und die Erwartung aller nicht zu sehr in Anspruch nehme, das Konzil werde der Aufgabe, die es in die Hand nahm, im Urteil derer nicht gewachsen erscheinen, die diese Königin der Welt, die öffentliche Meinung, machen." Nach *Butler–Lang,* Das Vatikanische Konzil (München ³1933) 175f.

menischen Konzils entscheidet! Man sage nicht, ein ökumenisches Konzil könne kein Mißerfolg sein. Gewiß wird es kein ökumenisches Konzil gegeben haben, das nicht irgendwelche offene oder verborgene, direkte oder indirekte segensvolle Auswirkung gehabt hat. Aber so viel (oder so wenig) läßt sich von mancher Versammlung sagen. Und auch ein Konzil mit irgendwelchen segensreichen Auswirkungen kann, aufs *Ganze* gesehen, im Hinblick nämlich auf das Ziel, für das es berufen wurde, doch ein Mißerfolg sein. Der Beistand des Heiligen Geistes, der der Kirche verheißen ist, bewahrt ein Konzil nicht notwendig vor Mißerfolg. Es ist ein Unterschied zwischen dem ökumenischen Konzil aus göttlicher Berufung und dem ökumenischen Konzil aus menschlicher Berufung. Die *göttliche* Berufung des Konzils sorgt gnädig von vorneherein dafür, daß das ökumenische Konzil, das die Kirche ist, aufs Ganze gesehen (und nur so!) *kein* Mißerfolg werden kann. Die *menschliche* Berufung vermag nicht von vorneherein dafür zu sorgen, daß das menschliche Konzil kein Mißerfolg wird. An sich richtige Lehrdefinitionen, die ein Konzil herausgeben kann, reichen noch nicht aus, um das Konzil als Ganzes zu einem inneren Erfolg zu führen. Ganz abgesehen von der Möglichkeit, daß auch an sich richtige und wahre Definitionen (die als Definitionen ja mit den in ihnen zum reflexen Bewußtsein erhobenen Inhalten nicht einfachhin identisch sind) nicht opportun sein können, an den entscheidenden Erfordernissen einer Zeit und der Kirche (die vielleicht andere Definitionen erforderten) vorbeidefiniert sein können, muß grundsätzlich festgehalten werden: Es ist eine Folge der wesenhaften *Menschlichkeit* des ökumenischen Konzils, die sich beim ökumenischen Konzil aus menschlicher Berufung ganz anders auswirkt als beim ökumenischen Konzil aus göttlicher Berufung, daß mit der menschlichen Einberufung eines Konzils der innere Erfolg dieses Konzils nicht von vorneherein gegeben ist. Ein ökumenisches Konzil kann gehalten werden und doch – bei aller imposanten äußeren Festlichkeit und bei allem Proklamieren und Exkommunizieren – an den entscheidenden Erfordernissen der Zeit und der Kirche vorbeigehalten worden sein.

Daß es bei dieser Möglichkeit nicht um eine rein hypothetische Möglichkeit geht, zeigt das Fünfte Laterankonzil (1512–1517): „Allen Zweifeln und Bedenken, die man begründeterweise gegen ein solches Konzil haben konnte, zum Trotz wurde es enthusiastisch als Morgenrot einer neuen, besseren Zeit, als Beginn der Kirchenreform begrüßt."[37] Die Kirchenreform war vom Augustinergeneral Egidio von Viterbo in seiner Eröffnungsrede als die Hauptaufgabe der Kirchenversammlung

---

[37] *H. Jedin,* Geschichte des Konzils von Trient. Bd. I: Der Kampf um das Konzil (Freiburg i. Br. ²1951) 90.

hingestellt worden. Von den beiden Venezianern Tommaso Giustiniani und Vincenzo Quirini, die erst kurz vorher in den Kamaldulenserorden eingetreten waren, wurde ein umfangreiches Reformgutachten eingereicht, „das großzügigste und zugleich das radikalste aller Reformprogramme seit der Konzilsära"[38]. Das ökumenische Konzil war einberufen, sein großes Ziel angekündigt, es trat zusammen, gab Definitionen gegen den Averroismus heraus[39], redete viel von Reformen – und wurde trotz allem ein erschreckender Mißerfolg: „Man darf ohne Übertreibung sagen: das Reformprogramm der beiden Kamaldulenser hat die Kirche mehr als ein Jahrhundert beschäftigt. Das Konzil von Trient, die liturgischen Reformen Pius' V., die Sixtusbibel, die Gründung der Propaganda Fide liegen auf der von ihnen vorgezeichneten Linie. Aber der Papst, an den sie schrieben, und das Konzil, das unter ihren Augen versammelt war, vermochten dem geschulten und zugleich seherischen Blick der hochgemuten Venezianer nicht zu folgen. Sie enttäuschten die in sie gesetzten Erwartungen."[40] Der Mißerfolg dieses ökumenischen Konzils, das viele Jahre getagt hatte, war katastrophal für die Kirche: sechs Monate nach seinem Abschluß brach die lutherische Reformation aus.

4. Ecclesia apostolica

Das ökumenische Konzil aus menschlicher Berufung ist die Repräsentation der Ecclesia una sancta catholica. Auch der Ecclesia apostolica? Es muß hier in eine Problematik eingetreten werden, die schon bei der Repräsentation der Ecclesia una sancta catholica im Hintergrund stand, wie denn überhaupt jede Nota der Kirche, in ihrer ganzen (neutestamentlichen!) Tiefe verstanden, die anderen fordert und einschließt. Wie könnte die *eine* Kirche wahrhaft *eine* sein, wenn ihr nicht zugleich die Spannweite der Katholizität, die Kraftquelle der Heiligkeit und der Ursprung der Apostolizität gegeben wäre! Wie könnte die *katholische* Kirche wahrhaft *katholisch* sein, wenn ihr nicht zugleich der Zusammenhalt der Einheit, die Selbstlosigkeit der Heiligkeit und die Stoßkraft der Apostolizität gegeben wäre! Wie könnte die *heilige* Kirche wahrhaft

---

[38] *H. Jedin,* a. a. O. 103.
[39] *K. Rahner,* Zur Theologie des Konzils, in: Stimmen der Zeit 87 (1962) 336: „Ich vermute, daß nicht nur Luther, sondern auch katholische Christen schon gedacht haben, daß das 5. Laterankonzil eigentlich wichtigere Probleme gehabt hätte, die es aber ungelöst gelassen hat, als die Definition der natürlichen Unsterblichkeit der menschlichen Seele, so wahr dieser Satz ist. Die damit verworfenen wenigen Neoaristoteliker waren nicht die Gefahr, die damals vor allem der Kirche drohte. Die Prälaten jenes Konzils hätten sie näher bei sich selbst suchen sollen."
[40] *H. Jedin,* a. a. O. 104.

heilig sein, wenn ihr nicht zugleich das Rückgrat der Einheit, die Weitherzigkeit der Katholizität und die Verwurzelung der Apostolizität geschenkt wäre. Und wie könnte so schließlich die *apostolische* Kirche wahrhaft *apostolisch* sein, wenn ihr nicht die Kollegialität der Einheit, die Vielfalt der Katholizität und der Geist der Heiligkeit geschenkt wäre!

Die Eigenschaften der Kirche sind keine statischen Etiketten, sondern gehen als die verschiedenen Dimensionen der einen und selben Kirche an jedem Punkt dynamisch ineinander über (in einer circumincessio und circuminsessio eigener Art). Ihre Problematik ist bei aller Differenziertheit nur eine. Und wenn hier bei der Repräsentation der Ecclesia apostolica besondere Schwierigkeiten auftauchen, so sind es keine anderen Schwierigkeiten als die, die schon bei der Repräsentation der Ecclesia una, sancta, catholica – etwas verdeckter, aber nicht weniger wirklich – präsent waren. Wir müssen hier weiter ausholen und Martin Luthers gedenken.

V

KIRCHE, KONZIL UND LAIEN

1. Das Anliegen Luthers

Luthers ganze Geschichte war mit dem ökumenischen Konzil ver-
knüpft; wir werden das später in anderem Zusammenhang noch deutlicher sehen[1]. Schon unmittelbar nach der Abfassung der Ablaßthesen[2]
hatte Luther in seinem Streit mit dem Dominikaner Prierias 1518 mit
scharfer Spitze gegen das Papsttum festgestellt: „Ego ecclesiam vir-

---

[1] Vgl. Kap. VI, 1–2. Zur Auffassung des Konzils bei Luther und den Reformatoren vgl.: *J. Kolde*, Luthers Stellung zu Concil und Kirche bis zum Wormser
Reichstag 1521 (Gütersloh 1876); *K. G. Steck,* Der „Locus de Synodis" in
der lutherischen Dogmatik, in: Theologische Aufsätze, Karl Barth zum
50. Geburtstag (München 1936) 338–352; *H. Jedin,* Geschichte des Konzils
von Trient (Freiburg i. Br. ²1951) I, 135–175 u. ö.; *F. Hübner,* Das Konzil als
Leitbild für ökumenische Konferenzen, in: Gedenkschrift für D. Werner Elert
(Berlin 1955) 387–399; *E. Kinder,* Der Gebrauch des Begriffs „ökumenisch"
im älteren Luthertum, in: Kerygma und Dogma 1 (1955) 180–207; *R. Stupperich,* Kirche und Synode bei Melanchthon, in: Gedenkschrift für D. Werner
Elert (Berlin 1955) 199–210; Die Reformatoren und das Tridentinum, in:
Archiv für Reformationsgeschichte 47 (1956) 20–63; *E. Bizer,* Die Wittenber-
ger Theologen und das Konzil 1537, in: Archiv für Reformationsgeschichte 47
(1956) 77–101; *F. W. Kantzenbach,* Das Ringen um die Einheit der Kirche im
Jahrhundert der Reformation (Stuttgart 1957); *P. Meinhold,* Der evangelische
Christ und das Konzil (Freiburg-Basel-Wien 1961); Das Konzil im Jahrhundert
der Reformation, in: Die ökumenischen Konzile der Christenheit, hrsg. von
H.-J. Margull (Stuttgart 1961) 201–233; *M. Seils,* Das ökumenische Konzil in
der lutherischen Theologie, in: Die ökumenischen Konzile der Christenheit,
hrsg. von H.-J. Margull (Stuttgart 1961) 333–372; *J.-L. Leuba,* Das ökumeni-
sche Konzil in der reformierten Theologie, in: Die ökumenischen Konzile der
Christenheit, hrsg. von H.-J. Margull (Stuttgart 1961) 373–392; *J. Pelikan,*
Luthers Stellung zu den Kirchenkonzilien, in: K. E. Skydsgaard, Konzil und
Evangelium (Göttingen 1962) 40–62.
[2] *E. Iserloh,* Luthers Thesenanschlag, Tatsache oder Legende? in: Trierer
Theologische Zeitschrift 70 (1961) 303–312: „Bis zu Luthers Tod wissen also
die zahlreichen Quellen nichts von einem Thesenanschlag. Nach ihnen hat der
Reformator am 31. Oktober Erzbischof Albrecht von Mainz seine Thesen
geschickt und sie bald darauf auch Kollegen in und außerhalb Wittenbergs
zugestellt. Diese gaben sie weiter. Die Thesen fanden dann handschriftlich
und gedruckt in wenigen Wochen eine so schnelle und so weite Verbreitung,
wie keiner, auch Luther selbst nicht, sie hätte voraussehen können. Von einem
Thesenanschlag ist nicht nur keine Rede, sondern verschiedene Tatsachen
machen ihn unwahrscheinlich, ja schließen ihn aus. Jedenfalls hat er für das

tualiter non scio nisi in Christo, repraesentative non nisi in Concilio"[3], und: „Et expectemus uterque in hac re sententiam et determinationem Ecclesiae seu concilii."[4] In dem inzwischen gegen ihn eingeleiteten Prozeß hatte Luther nach dem Augsburger Gespräch mit Kardinal Kajetan, das er veröffentlichte[5], am 16. bzw. 22. Oktober 1518 in Augsburg „von dem nicht gut unterrichteten Papst an den besser zu unterrichtenden" appelliert[6]. Um sich aber zu sichern, vollzog er schon am 28. November vor Notar und Zeugen die Appellation vom Papst an das Konzil, die gegen seinen Willen sofort veröffentlicht wurde: „Idcirco a praefato Sanctissimo domino nostro Leone non recte consulto ... ad futurum concilium legitime ac in loco tuto, ad quem ego vel procurator per me deputandus libere adire potero vel poterit, et ad illum vel ad illos, ad quem seu quos de iure, privilegio, consuetudine vel alias mihi provocare et appellare licet, provoco et appello ..."[7] Zwei Jahre später, durch die Bulle „Exsurge Domine" mit dem Bann bedroht, erneuerte Luther diese Appellation[8].

Schon in einem Brief Luthers an Spalatin vom 18. Dezember 1519[9] war der Gedanke des Laienpriestertums aufgetaucht, angeregt durch 1 Petr 2, 5–9. Diese Grundidee lutherischer Ekklesiologie wird auf das ökumenische Konzil angewandt in der Schrift „An den christlichen Adel deutscher Nation von des christlichen Standes Besserung"[10], die mit „De captivitate babylonica ecclesiae praeludium"[11] und „Von der Freiheit eines Christenmenschen"[12] zu den im Jahre 1520 entstandenen sogenannten drei reformatorischen Hauptschriften zählt. In dieser Schrift entwickelt Luther das ernste Programm eines Reformkonzils: die Gravamina Papst, Kardinäle und Kurie betreffend[13], und die 28 Punkte zählenden, sehr konkreten Reformvorschläge[14]. Vorausgehend aber behandelt er grundlegende theologische Fragen. Drei Mauern haben nach ihm die Romanisten zu ihrem Schutz gegen eine Reform der Kirche gezogen: gegen den Reformwillen der weltlichen Gewalt behaupten sie die Überordnung der geistlichen Gewalt über die weltliche; gegen die Reformen gebietende Macht der Heiligen Schrift die Auslegung der Schrift allein durch den Papst; gegen die Drohung mit einem Konzil das Verbot eines Konzils, das nicht berufen ist durch den Papst: „drewet

---

Bewußtsein der Zeitgenossen keine Rolle gespielt" (S. 311f). – Die Studie Iserlohs fußt besonders auf *H. Volz*, Martin Luthers Thesenanschlag und dessen Vorgeschichte (Weimar 1959).
[3] *M. Luther*, Werke. Kritische Gesamtausgabe (Weimar 1883ff; im folgenden zitiert mit WA) 1, 656.
[4] WA 1, 658. [5] Acta Augustana 1518; WA 2, 6–26.
[6] WA 2, 28–33. [7] WA 2, 39f. [8] WA 7, 75–82.
[9] WA Briefwechsel 1, 595. [10] WA 6, 404–469. [11] WA 6, 497–573.
[12] WA 7, 20–38. [13] WA 6, 415–427. [14] WA 6, 427–469.

man yhn mit einem Concilio, szo ertichten sie, es muge niemant ein Concilium beruffen, den der Bapst."[15]

Uns interessiert in diesem Zusammenhang nur der dritte Punkt. Was antwortet Luther darauf? Zuerst bringt er Argumente aus der Konziliengeschichte: Schon das Apostelkonzil sei nach Apg 15, 6 nicht von Petrus, sondern von allen Aposteln und den Ältesten einberufen worden, wie denn auch das berühmteste Konzil von Nikaia und viele folgende Konzilien nicht vom Papst berufen worden seien. Und bei den von den Päpsten einberufenen Konzilien sei schließlich auch nichts Besonderes ausgerichtet worden[16]. Für die gegenwärtige Not der Christenheit aber gelte: Wenn schon in der Stadt ein Feuer ausbreche, soll dann jedermann stillstehen und brennen lassen, was da brennen mag? Und dies nur deswegen, weil keiner die Macht des Bürgermeisters innehabe oder weil das Feuer vielleicht gerade im Haus des Bürgermeisters ausgebrochen sei? Sei nicht vielmehr jeder Bürger verpflichtet, die anderen zu bewegen und zu berufen? Und wieviel mehr habe dies für die geistliche Stadt Christi zu geschehen, wenn ein Feuer des Ärgernisses sich erhebe, sei es an des Papstes Kirchenleitung oder wo es wolle![17]

Und deshalb Luthers grundsätzliche theologische Antwort, die sich beruft auf das allgemeine Priestertum der Gläubigen: „Darumb, wa es die not foddert und der bapst ergerlich der Christenheit ist, sol dartzu thun wer am ersten kan, als ein trew glid des gantzen corpers, das ein recht frey Concilium werde, wilch niemandt so wol vormag als das weltlich schwert, sonderlich die weyl nu auch mitchristen sein, mitpriester, mitgeystlich, mitmechtig in allen dingen, und sol yhre ampt und werck, das sie von got haben ubir ydermann, lassen frey gehen, wo es not und nutz ist zugehen."[18]

Was hat die katholische Theologie zu diesem Anliegen Luthers zu sagen? Zur Frage der *Einberufung* ökumenischer Konzile wurde schon im Eingangskapitel teilweise Stellung genommen; es soll später noch ausführlicher darauf eingegangen werden. Hier interessiert uns zuerst einmal die Frage: Was sagt die katholische Theologie zur *Teilnahme* von Laien an ökumenischen Konzilien? Historisch? Grundsätzlich?

2. Die Laien in der Konziliengeschichte

a) Die Konziliengeschichte zeigt eine große Variabilität des Teilnehmerkreises. Schon das *„Apostelkonzil"* bestand eindeutig nicht nur aus Aposteln. Vielmehr kommt den Ältesten und der ganzen Gemeinde

---

[15] WA 6, 406. [16] WA 6, 413. [17] WA 6, 413. [18] WA 6, 413.

eine bedeutungsvolle Rolle zu. Zwar spricht das Sendschreiben an die antiochenischen Christen nur von den „Aposteln und Ältesten" (Apg. 15, 23). Doch hebt der Bericht ausdrücklich hervor: 1. Die Gemeinde, die Apostel und die Ältesten empfingen die antiochenischen Abgesandten und ließen sich von ihnen orientieren (15, 4); 2. die Apostel, Ältesten und die ganze Gemeinde faßten den *Beschluß,* Männer aus ihrer Mitte zu erwählen und sie mit Paulus und Barnabas nach Antiochien zu senden (15, 22). Dasselbe ἔδοκεν (beschließen)[19], das im Sendschreiben nur von den Aposteln und von den Ältesten gebraucht wird, wird im entscheidenden Bericht 15, 22 auch von der ganzen Gemeinde ausgesagt[20]. Es besteht kein Grund zur Annahme, daß 15, 22 ein falscher Bericht wäre; vielmehr wird die Gemeinde im Sendschreiben (15, 23; vgl. 16, 4) bei den „Aposteln und Ältesten" selbstverständlich miteingeschlossen; die moderne Entgegensetzung zwischen „Klerus" und „Laie" darf nicht in den Text hineingelesen werden.

Als Vorbild der ersten ökumenischen Konzilien gilt nun aber weniger das Apostelkonzil als die *Regionalsynoden des zweiten und dritten Jahrhunderts,* von denen schon Tertullian berichtet. Man mag die Entstehung dieser Synoden erklären wie immer: sei es als erweiterte Gemeindeversammlungen (R. Sohm) oder als Versammlungen nach dem Vorbild des staatlichen Concilium provinciale (E. Friedberg); oder als Versammlungen, entsprungen aus dem Bedürfnis der Kirche, über schwierige Fragen sich zu verständigen (K. v. Schwartz); oder als aus dem Einheitsgefühl und dem regen Verkehr der alten Gemeinden entstandene Versammlungen der Bevollmächtigten vieler Gemeinden zur Beratung und Beschlußfassung über die diese Gemeinden gemeinsam betreffenden Angelegenheiten (A. Hauck). Es wird sich jedenfalls nach dem Urteil der Historiker schwer erweisen lassen, daß diese Synoden ursprünglich nur aus Bischöfen bestanden haben. Von den ältesten uns bekannten Synoden, die sich in der zweiten Hälfte des zweiten Jahrhunderts in Kleinasien gegen die Montanisten versammelten, zeugt ein Anonymus bei Eusebios in einer bemerkenswerten Formulierung: „Die ganze unter dem Himmel ausgebreitete, wahrhaft katholische Kirche zu lästern lehrte dieser dreiste Geist, so daß der pseudoprophetische Geist ihr

---

[19] Vgl. *W. Bauer,* Wörterbuch zu den Schriften des Neuen Testaments (Berlin [5]1958) 366.

[20] *A. Wikenhauser,* Die Apostelgeschichte (Regensburg [3]1956) 142: „Der Antrag des Jakobus wird von den leitenden Männern unter Zustimmung der ganzen Gemeinde zum Beschluß erhoben." *E. Haenchen,* Die Apostelgeschichte (Göttingen [12]1959) 392: „ἔδοξε bezeichnet hier nicht, wie Lk 1,3, einen privaten Entschluß, sondern einen öffentlichen Beschluß, der geltendes – heiliges – Recht schafft. An diesem Beschluß ist nicht nur die Kirchenleitung (Apostel und Älteste) beteiligt, sondern auch die daneben genannte Gemeinde, die freilich im Kopf des Schreibens nicht wieder mit aufgeführt wird."

weder Ehre noch Zugang zu ihr ließ. Die Gläubigen von Asien kamen aber häufig und an vielen Orten Asiens deswegen zusammen, prüften die neuerlichen Lehren und verurteilten die Häresie, so daß sie aus der Kirche ausgestoßen und aus der Gemeinschaft ausgeschlossen wurde."[21]

Mit der Zeit traten die Bischöfe fast exklusiv in den Vordergrund. Aber noch auf den afrikanischen Provinzialsynoden in der Mitte des dritten Jahrhunderts, von denen Bischof Cyprian berichtet, spielte die Gemeinde eine wichtige Rolle. Wichtig ist Cyprians Grundsatz für die Leitung seiner Kirche: „nihil sine consilio vestro et sine consensu plebis mea privatim sententia gerere", wie er es in einem Brief an seine Presbyter und Diakone ausgesprochen hat: „Auf die Mitteilung aber, die mir unsere Mitpresbyter Donatus, Fortunatus, Novatus und Gordius gemacht haben, kann ich allein keine Antwort erteilen; denn gleich zu Beginn meines bischöflichen Amtes habe ich beschlossen, nichts ohne euren Rat und ohne die Zustimmung des Volkes, lediglich auf Grund meiner persönlichen Ansicht zu tun. Wenn ich aber durch Gottes Gnade wieder zu euch komme, dann wollen wir über alles, was schon geschehen ist oder zu geschehen hat, gemeinsam verhandeln, wie die beiderseitige Stellung es erheischt."[22] Y. Congar bemerkt dazu, daß es jedenfalls im Stadium der Information und der Beratung notwendig war, die ganze Gemeinde zu interessieren[23], wenn auch die Mitwirkung nicht immer gleich intensiv war; insbesondere für die Wiederaufnahme der lapsi in die kirchliche Gemeinschaft ist nach Cyprian eine sententia, ein iudicium des Volkes am Platz: „acturi et apud nos et apud confessores ipsos et apud plebem universam causam suam", „examinabuntur singula praesentibus et judicantibus vobis", „conlatione consiliorum cum episcopis, presbyteris, diaconis, confessoribus pariter ac stantibus laicis facta"[24].

So beschloß in Nordafrika (und wohl auch in Kleinasien und Syrien) unter dem Einfluß der Ekklesiologie Cyprians die Gemeinschaft der Bischöfe in gemeinsamer Entscheidung in Gegenwart der Presbyter, der Diakone und der ganzen Gemeinde; alle Bischöfe unterzeichneten die (im Plural gehaltenen) Konzilsbriefe als Absender. In Rom aber

---

[21] *Eusebios,* Historia Ecclesiastica V, 16, 9; PG 20, 468. Dazu *H. Marot,* Conciles anténicéens et conciles oecuméniques, in: Le concile et les conciles (Paris 1960) 25: „Ce texte nous révèle que les laïcs, conjointement avec les évêques, prennent part à ces assemblées."

[22] *Cyprian,* Ep. ad presbyteros et diaconos 5, 4; PL 4, 240 (übers. von J. Baer, Ausg. Kösel).

[23] Vgl. *Cyprian,* Ep. ad presbyteros et diaconos 28, 3; PL 4, 309: „tractanda... non tantum cum collegis meis, sed cum plebe ipsa universa".

[24] Zit. nach *Y. Congar,* Jalons pour une théologie du laïcat (Paris 1953) 335 s; dort noch weitere Belege.

und auch in Ägypten beschloß – ebenfalls in Gegenwart der Gemeinde –
in erster Linie der Bischof von Rom bzw. von Alexandrien; die übrigen
Bischöfe (die man mehr als Ratskollegium des einen verstand) unterzeichneten im allgemeinen die (im Singular gehaltenen) Konzilsbriefe
nicht als Absender (außer etwa, um die Anhängerschaft des Bischofs
von Rom machtvoll zu demonstrieren). Im Umkreis des Origines
schließlich findet sich ein dritter Typus, bei dem – ebenfalls in Gegenwart der Gemeinde – nicht der Bischof, sondern der Fachtheologe im
Mittelpunkt steht[25]. Schon Eusebios berichtet von verschiedenen
Synoden in Arabien und wohl auch in Palästina und Griechenland, auf
denen der gelehrte Presbyter Origenes zu theologischen Streitfragen
Stellung nahm. Erst vor wenigen Jahren jedoch ist das Protokoll eines
derartigen Konzils gefunden worden: der Papyrus von Tura[26]. Dieses
Protokoll gibt einen außerordentlich lebendigen Eindruck von der
Diskussion vor der Gemeinde, in der um die rechte Auslegung der
Schrifttexte ernsthaft gerungen wird, in der nicht einfach versucht
wurde, den andern zu verurteilen und auszuschließen, sondern zu überzeugen und zu gewinnen. „In Gegenwart verschiedener Bischöfe und
der ganzen Gemeinde bemüht sich hier Origenes, theologische Un-
klarheiten auf seiten eines der Anwesenden, vermutlich des Ortsbischofs
dieser wohl auch in Arabien gelegenen Gemeinde, auszuräumen."[27]
Man versucht dabei, zu verbindlichen Entschlüssen zu kommen, wie
Origenes es anregt: „Oft schreibt man, es soll unterzeichnet werden,
der Bischof solle unterzeichnen mit den Verdächtigen, man solle in
Gegenwart der ganzen Gemeinde unterzeichnen, damit es hierüber
keinen Streit und keine Diskussion mehr gäbe. Im Auftrag Gottes, an
zweiter Stelle der Bischöfe, an dritter der Presbyter und der Gemeinde
will ich nun noch einmal meine Meinung zu dieser Sache vortragen..."[28]
Oft wurden die Beschlüsse an andere Kirchen weitergesandt. Von einer
ähnlichen Diskussion vor der Gemeinde unter dem Origenesschüler
und Bischof von Alexandrien, Dionysios dem Großen, berichtet
Eusebios[29]. Dies zur Lage der Synoden im dritten Jahrhundert.

---

[25] Für diese drei Typen von Konzilien und für das Folgende vgl. *G. Kretschmar,*
Die Konzile der alten Kirche, in: Die ökumenischen Konzile der Christenheit,
hrsg. von H.-J. Margull (Stuttgart 1961) 21–25.
[26] Entretien d'Origène avec Héraclide et les évêques ses collègues sur le
Père, le Fils et l'âme, éd. par J. Scherer (Le Caire 1949); engl.: Alexandrian
Christianity, ed. J. E. L. Oulton and H. Chadwick (LCC 2) 1954; *G. Kretschmar*
referiert darüber a. a. O. 25–27; zur Deutung des Textes vgl. *G. Kretschmar*
in: Zeitschrift für Theologie und Kirche 50 (1953) 258–279.
[27] *G. Kretschmar,* a. a. O. 25.
[28] Zit. nach *G. Kretschmar,* a. a. O. 26.
[29] Vgl. *G. Kretschmar,* a. a. O. 28.

b) In der *großen Konzilsära,* die mit dem *vierten Jahrhundert* beginnt, sind die Konzilien nun vor allem Bischofssynoden[30].

Doch sind deswegen andere Christen nicht einfach ausgeschlossen. Auf der Synode von Elvira (305) sind Priester gegenwärtig und unterzeichnen nach den Bischöfen; auch Diakone und Laien sind anwesend, unterzeichnen aber nicht. In Arles (314) nehmen Diakone und niedere Kleriker teil und unterzeichnen, wahrscheinlich anstelle von abwesenden Bischöfen. Auf dem ersten ökumenischen Konzil von Nikaia spielt der junge Diakon Athanasios in den Diskussionen eine entscheidende Rolle; die arianische Partei bedient sich der Hilfe heidnischer Philosophen, die auch in die Diskussionen eingreifen können; Laien ergreifen jedoch für die eigentliche Entscheidung nicht das Wort[31]. Hier ist (wie auf den späteren ökumenischen Konzilien) der Rolle des Kaisers große Aufmerksamkeit zu schenken: Man erinnere sich nochmals daran, was die Stellung des (noch immer heidnischen) Laien Konstantin für das erste ökumenische Konzil konkret bedeutete; er gebot dieses Konzil den Bischöfen in aller Form, er bestimmte Zahl und Person der Mitglieder, den Ort und den Gegenstand der Beratung, er bestellte den geschäftsführenden Ausschuß, er griff persönlich in die Verhandlungen ein, er drängte zur Annahme der nizänischen Formel, er erkannte sie als rechtsverbindlich an, er belegte mit Strafen diejenigen, die die Unterschrift verweigerten, er publizierte selbst den Beschluß über die Osterfeier; er machte dessen Beobachtung den Bischöfen zur Pflicht; er trug schließlich weitgehend die Kosten des Konzils.

Auch auf späteren ökumenischen Konzilien spielten die Kaiser eine bedeutungsvolle Rolle. Gewiß waren die christlichen Kaiser mit einem sakralen Charakter bekleidet und übten liturgische Funktionen aus; faktisch bildeten sie aber unter lauter Klerikern mit ihren Beamten den Rest des allgemeinen Priestertums des Kirchenvolkes, das auf dem Apostelkonzil und auf den früheren Synoden zugegen gewesen war. Auf dem sechsten ökumenischen Konzil (Konstantinopel 681) findet sich in der Hauptsubskriptionsliste die Unterschrift des Kaisers in bemerkenswerter Form: „Wir, Konstantin (Pogonatus), in Christus, unserem Gott, König und Herrscher der Römer, haben zur Kenntnis genommen und stimmen zu."[32] Auf dem achten ökumenischen Konzil (Konstantinopel 869) folgen die Unterschriften des Kaisers Basilius und seiner Söhne Konstantin und Leo unmittelbar den Unterschriften der päpst-

---

[30] *G. Tangl,* Die Teilnehmer an den allgemeinen Konzilien des Mittelalters (Weimar 1922) 2–12.

[31] Vgl. *D. Stone,* The Christian Church (London ³1915) 333–348 (zit. nach Y. Congar, a. a. O. 336).

[32] Mansi 11, 656.

lichen Legaten und der Vertreter der drei östlichen Patriarchate. „Neben den Vertretern des niedern Klerus sind auch die der weltlichen Macht oft von maßgebender Bedeutung für den Verlauf der Konzilien gewesen. Abgesehen von der Berufung der Konzilien durch den Kaiser, wie wir sie aus den verschiedenen Berufungsschreiben kennen, zeigt seinen Einfluß, speziell auf den Kreis der Teilnehmer, jener Brief Theodosius' II. betreffs des Barsumas; er hat hier einfach dem Konzil einen vollberechtigten Teilnehmer aus einem damals am Konzil noch gar nicht zu Bedeutung gelangten Stande aufgenötigt. Daß der Kaiser nicht nur teilnehmen konnte, sondern auch unter Umständen bedeutsam in die Verhandlung eingriff, beweisen vor allem die Akten des 6. und 8. Konzils, zu denen ja auch die Kaiserunterschriften in den Subskriptionen erhalten sind."[33]

Das ökumenische Konzil von Nikaia bildete das Modell für die folgenden ökumenischen Konzilien des christlichen Altertums. Weiterentwicklungen finden vor allem in zwei Punkten statt: der Kreis der Vertreter wird weiter gefaßt (Vertreter von Bischöfen sind nicht nur Bischöfe, sondern immer mehr Priester, Diakone, Subdiakone, Lektoren und auch einmal ein Notarius), und seit dem sechsten ökumenischen Konzil (Konstantinopel 681) tritt auch das Mönchtum stärker hervor; für das siebte ökumenische Konzil (Nikaia 787) gilt: „Sowohl bei der Abstimmung über die Wahrheit der Glaubenssätze des Briefes des Papstes Hadrian beteiligen sich auf Beschluß des Konzils auch Mönche, von deren Namen uns einige erhalten sind, wie auch bei der Unterschrift des Glaubensdekretes des Konzils finden sich 131 Unterschriften von Mönchen und einem Presbyter (der wahrscheinlich auch dem Mönchsstande angehörte). Dagegen fehlen die Mönche, mit Ausnahme derer, die als Vertreter fungieren, bei den Schlußunterschriften der Konzilsbeschlüsse."[34] Von *exklusiven* Bischofssynoden kann also auf den ökumenischen Konzilien des christlichen Altertums nicht die Rede sein. Es soll auch nicht verschwiegen sein, daß es ein ökumenisches Konzil gibt, auf dem eine Frau den Vorsitz führte: das siebte ökumenische Konzil (Nikaia 787) ist einberufen und zum Teil präsidiert worden von der Kaiserin Irene (was Karl der Große übel vermerkte).

c) Mit der Bildung der *mittelalterlichen* Gesellschaft nach der Völkerwanderung und der engen Verbindung der Kirche mit den weltlichen Gemeinschaften auf allen Stufen bekamen die Laien auch auf den Konzilien mehr Einfluß. Schon auf einer römischen Synode 444 unter Leo dem Großen ist uns die Anwesenheit von Laien bezeugt: „Residentibus

---

[33] *G. Tangl,* Die Teilnehmer an den allgemeinen Konzilien des Mittelalters (Weimar 1922) 11.
[34] *G. Tangl,* a. a. O. 6.

itaque mecum episcopis ac presbyteris ac in eundem consessum Christianis viris ac nobilibus congregatis . . ." [35] Auf einer römischen Synode von 495 werden zwei vornehme Laien in der Liste namentlich aufgeführt [36]. Besonders stark war die Stellung der Laien zu Beginn des sechsten Jahrhunderts auf den römischen Synoden zur Zeit Theoderichs des Großen, die dieser zum Teil einberufen und stark beeinflußt hat [37]. Laien sind auch vertreten auf spanischen und fränkischen Synoden des sechsten und siebten Jahrhunderts, ebenso auf angelsächsischen des achten und neunten Jahrhunderts. Die konkrete Gestaltung der einzelnen Synoden ist sehr verschieden. Aber bei allen diesen Konzilien kann man nicht von einer Gleichberechtigung der Laien mit den Bischöfen reden [38].

Der Einfluß der Könige des frühen Mittelalters auf die Synoden muß besonders herausgestellt werden. In ganz anderer Weise als früher Theoderich durchgreifend, berief Karl der Große 799 eine große römische Synode, die auch viele fränkische und römische Laien umfaßte – offenkundig schon hier eine Vertretung aller christlichen Stände. Er präsidierte und dirigierte sie und saß mit ihr über Papst Leo III. zu Gericht, der zu seiner Rechtfertigung einen Reinigungseid schwören mußte [39]. Ein ähnliches Ereignis fand 823 statt. Überhaupt blieb der fränkische Einfluß auf die römischen Synoden während der ganzen ersten Hälfte des neunten Jahrhunderts ohne Gegenbewegung bestehen. Insbesondere auf der römischen Synode 847–855 griff Kaiser Ludwig II. mehrmals befehlend in die Verhandlungen ein und ordnete auch die Fällung des Urteils an. Erst unter Papst Nikolaus I. ist – mit Berufung auf die nun auftauchenden pseudoisidorischen Fälschungen – eine päpstliche Reaktion festzustellen. Im saeculum obscurum des Papsttums gehen zur Zeit des Kaisers und Kirchenreformers Otto des Großen alle wichtigen Synoden unter Anwesenheit des Kaisers vor sich. Die Stellung der Laien ist auf diesen Synoden sehr viel stärker. Unter Mitbeteiligung von Klerus und Volk [40] hat Otto auf einer römischen Synode 963 in der Peterskirche den lasterhaften Johannes XII. absetzen und den trefflichen Laien (!) Leo als Leo VIII. zum Papst wählen lassen; auf einer späteren Synode 964 setzte er die Absetzung des Gegenpapstes Benedikt durch [41]. Die rö-

---

[35] *Leo M.* Sermo de ieiunio decimi mensis, PL 54, 178.

[36] Mansi 8, 179.

[37] *G. Tangl,* a. a. O. 43–51; zu beachten ist auch der Einfluß des römischen Senats.

[38] Vgl. *Y. Congar,* Jalons pour une théologie du laïcat (Paris 1953) 336 s.

[39] *E. Amann,* L'époque carolingienne (Fliche-Martin, Histoire de l'Église, vol. 6) (Paris 1947) 153–165.

[40] *G. Tangl,* a. a. O. 109 f.

[41] Vgl. *F. X. Seppelt,* Geschichte der Päpste (München ²1955) II, 368–371; *C. J. von Hefele,* Conciliengeschichte (Freiburg i. Br. ²1879) IV, 609–616.

mischen Synoden unter Otto I. haben zukunftsträchtige Bedeutung: „Die ungleich bedeutender gewordene Vertretung des niederen Klerus, des römischen Adels und der Bürgerschaft, der deutschen Großen und der Beginn der Teilnahme unteritalienischer Fürsten waren von nicht zu übersehender Bedeutung für die Umbildung der alten römischen Bischofssynode zum allgemeinen Konzil des Mittelalters. Otto I. stellte, nur nachdrücklicher und wirkungsvoller, eine ähnliche Synode, wie Karl der Große sie beabsichtigt hatte, her."[42] Wie die drei Ottonen, so hatten auch Heinrich II. und Konrad II. einen entscheidenden Einfluß auf die römischen (und öfters außerhalb Roms tagenden) Synoden.

Nach einem erneuten Niedergang des Papsttums unter Benedikt IX. machte 1046 Heinrich III. auf den epochemachenden Synoden von Sutri und Rom den Papstwirren ein Ende, indem er drei rivalisierende Päpste absetzte, einen deutschen Papst (Clemens II.) wählen ließ und damit den Aufstieg des Reform-Papsttums ermöglichte. „Die Tage von Sutri und Rom im Dezember 1046 zeigen das deutsche Königtum wieder auf dem Gipfel des kirchlichen Einflusses und der Machtstellung gegenüber Rom und dem Papsttum. Der deutsche König ist es, der diese Synoden beruft und leitet und der auf ihnen wie einst Karl der Große Päpste richtet und entsetzt. Damals fand er noch bei diesen tiefen Eingriffen im allgemeinen die Zustimmung und den Beifall auch in streng kirchlich gesinnten Kreisen, wenn es auch vereinzelt an Widerspruch, so seitens des Bischofs Wazo von Lüttich und des Verfassers des Traktates ‚De ordinando pontifice‘, nicht fehlte, der die Absetzung Gregors VI. für unrecht ansah. So hat Petrus Damiani, der anfangs den Pontifikat Gregors VI. mit geradezu überschwenglicher Freudenbezeichnung und froher Hoffnung begrüßt hatte, noch im Jahre 1052 in seinem ‚Liber gratissimus‘ Heinrich III. als den gepriesen, ‚der nächst Gott uns aus dem Rachen des unersättlichen Drachen entrissen hat und mit dem Schwert göttlicher Kraft alle Köpfe der vielköpfigen Hydra, das ist der simonistischen Häresie, abgeschlagen‘ habe."[43]

Unter den folgenden deutschen Päpsten (besonders Leo IX. und Viktor II.) wurde eine Menge von Reformsynoden außer- und innerhalb Italiens gehalten, bei denen eine starke weltliche Beteiligung zu beobachten ist. So ist uns z. B. von der römischen Synode 1050 auch von einer Zustimmung der Laien zur Kanonisation des Bischofs Gerhard von Toul berichtet: „Ad quod cuncti tam archiepiscopi quam episcopi, tam abbates quam clerici et laici, quorum utrorumque magna intererat multitudo, quasi uno ore clamaverunt."[44] Eine große Bedeutung haben

[42] G. Tangl, a. a. O. 114f.
[43] F. X. Seppelt, a. a. O. 418; vgl. C. J. von Hefele, a. a. O. IV, 706–715.
[44] Mansi 19, 770; vgl. C. J. von Hefele, a. a. O. IV, 747.

die Laien auch auf den Synoden der folgenden Päpste, Nikolaus' II. und Alexanders II. (besonders in Süditalien). Auch auf den bedeutungsvollen Synoden Gregors VII. sind die Laien beteiligt. Gregor VII. faßte 1083 als erster den Gedanken einer Synode, auf der die gesamte Christenheit geistlichen und weltlichen Standes vertreten sein sollte. Der Plan scheiterte aber wegen des ausgebrochenen welthistorischen Machtkampfes zwischen Papsttum und Kaisertum im Investiturstreit[45]. Zum ersten Male lassen sich bei Gregor auch Äbte als formell Geladene nachweisen[46].

Gregors Nachfolger Viktor III. wurde auf einer Synode in Capua 1087 gewählt, auf der sowohl der stadtrömische wie der normannische Einfluß (besonders der des Normannenherzogs Roger) stark war[47]. Eine neue Entwicklung findet unter Viktors Nachfolger, dem Franzosen Urban II., statt. Auf der Synode von Melfi 1089 war wieder eine starke normannische Beteiligung zu beobachten. Aber der Papst erweiterte nun den Teilnehmerkreis der Synoden nach allen Seiten hin, wie es sich auf der Synode von Piacenza 1095 zeigte; wenn allerdings der Chronist Bernold über 30000 Laien neben 4000 Klerikern zählt, so dürfte hier eine starke Übertreibung vorliegen; immerhin mußte das Konzil auf freiem Feld abgehalten werden; neben Mathilde von Toscana war auch die Kaiserin Praxedis auf dem Konzil erschienen, die sich und vor allem Heinrich IV. anklagte; auch eine Gesandtschaft des byzantinischen Kaisers Alexios fand sich ein[48]. Noch bedeutungsvoller ist aber das von Urban einberufene Konzil von Clermont 1095. Auf früheren Synoden wurden einzelne Fürsten eingeladen, die mit dem Papst ein gutes Verhältnis hatten oder sich zu verantworten hatten. „Hier zum ersten Male wird eine allgemeine Beteiligung der Laienwelt gefordert. Diese so breite Heranziehung der ganzen Christenheit hing mit Urbans Kreuzzugsplan zusammen. Die Organisation der Kreuzzüge war für die ganze Christenheit von allgemeiner Bedeutung, und daher veranlaßte gerade dieser Plan die Abhaltung von Konzilien großen Stils, die zum wenigsten die Hauptteile des Abendlandes repräsentierten."[49]

Bereits dieses Konzil von Clermont wird vom Papst auf dem Konzil selbst ein „concilium generale" genannt[50]. Doch ist dieses Konzil nie unter die ökumenischen Konzilien gezählt worden, und „concilium generale" wird hier, wie schon die vorausgehenden Synoden im Westen, einfach eine größere, weitere Gebiete umfassende Synode meinen. Zu-

[45] G. Tangl, a. a. O. 165–169.   [46] G. Tangl, a. a. O. 155f.
[47] C. J. von Hefele, Conciliengeschichte (Freiburg i. Br. ²1886) V, 189f; G. Tangl, a. a. O. 169.
[48] C. J. von Hefele, a. a. O. V, 215f; G. Tangl, a. a. O. 172f.
[49] G. Tangl, a. a. O. 177.   [50] C. J. von Hefele, a. a. O. V, 220.

gleich sehen wir, daß eine kontinuierliche Linie zu den großen päpstlichen Lateransynoden des zwölften Jahrhunderts führt, die heute vielfach als ökumenische Konzilien gezählt werden. Sowohl der (geistliche und laikale) Teilnehmerkreis wie die Aufgaben hatten sich stetig erweitert bei diesen im strengen Sinn päpstlichen Synoden, die wegen der politischen Verhältnisse sehr oft außerhalb Roms abgehalten wurden. Die spezifisch römische Diözesansynode trat immer mehr zurück zugunsten des Konsistoriums, das die laufenden päpstlichen Geschäfte erledigte. Wichtige Stationen auf dem Weg zu den großen Lateransynoden sind nach Clermont die drei Konzilien unter Pascalis II. von Guastalla 1106 (mit starker Laienbeteiligung), vom Lateran 1112 („cum abbatibus et innumerabili multitudine tam clericorum quam laicorum"[51]) und 1116 (wo zum ersten Male in einem Einladungsschreiben eine bewußte Anlehnung an die Vorbilder der alten Konzilien, wenn auch vielleicht nicht gerade der allgemeinen, hervortritt[52]); schließlich unter Kalixt II. das stark besuchte Konzil von Reims 1119, auf dem zum ersten Male der französische König Ludwig VI. teilnahm[53].

„Es war kaum ein Schritt weiter auf dieser Bahn, daß Kalixt II. die Lateransynode von 1123 als ‚allgemeine' Synode berief. Denn er wollte sie dadurch schwerlich den alten ökumenischen Synoden an die Seite stellen. Das ist später geschehen, wenn auch nur nach und nach. Noch die Konstanzer Synode stellte den acht alten Konzilien nur drei neue an die Seite, die Lateransynode von 1215, die Lugdunensische von 1274 und die von Vienne 1311."[54] Es ist also mit den von Kalixt II., Innozenz II. und Alexander III. einberufenen päpstlichen Generalsynoden von 1123, 1139 und 1179 kein anderer Typus von Konzilien erstrebt, als es die vergrößerten Synoden um die Jahrhundertwende waren. Sie treten nur deshalb besonders hervor, weil unterdessen die römischen Synoden ganz abgestorben sind (zugunsten der Konsistorien) und weil die außerrömischen Synoden wegen der politischen Verhältnisse allmählich aufhörten. Die Teilnehmerlisten der ersten beiden päpstlichen Generalsynoden von 1123 und 1139 fehlen uns (auf dem Ersten Laterankonzil war nach Gerhoh von Reichersberg, der anwesend war, eine Gesandtschaft Kaiser Heinrichs V. zugegen[55]). Auf dem Dritten Laterankonzil werden uns neben den geistlichen Konzilsteilnehmern „auch zahlreiche Vertreter der weltlichen Mächte genannt, darunter die noch halb geistlichen Abordnungen der Johanniter und des Tempelordens, die wegen ihrer

[51] G. Tangl, a. a. O. 189.   [52] G. Tangl, a. a. O. 191.
[53] C. J. von Hefele, a. a. O. V, 350.
[54] A. Hauck, Art. Synoden, in: Realencyklopädie für protestantische Theologie und Kirche (Leipzig ³1907) XIX, 271; vgl. H. Jedin, Kleine Konziliengeschichte (Basel-Freiburg-Wien ³1961) 39–42.
[55] G. Tangl, a. a. O. 205.

Streitigkeiten untereinander und mit den morgenländischen Bischöfen das Konzil beschickt hatten. Die Gesta Henrici II. berichten auch, daß ‚nuntii fere omnium imperatorum, regum, principum totius christianitatis‘ dagewesen seien, und wenn dies auch eine etwas allgemein gehaltene Angabe ist, so dürfen wir doch aus ihr auf eine starke Beteiligung auch der weltlichen Mächte am Konzil schließen. Ob nun diese Ritterorden und Fürsten so wie die geistlichen Teilnehmer geladen wurden oder nicht, läßt sich mit Sicherheit nicht sagen. Unter den weltlichen Teilnehmern findet sich auch eine Gesandtschaft der Waldenser, mit ihrem Stifter an der Spitze, die dem Konzil ihre Glaubenssätze vorlegte."[56]

Mit dem Vierten Laterankonzil von 1215 wollte Innozenz III. die Tradition der alten ökumenischen Konzilien bewußt und formell wieder aufnehmen. Die geistliche wie die weltliche Christenheit sollte auf dem Konzil repräsentiert sein. So finden sich denn auf dem Konzil die Gesandten Kaiser Friedrichs II., der Könige von Frankreich, England, Ungarn, Byzanz, Jerusalem, Zypern, Aragon, dazu Vertreter der Städte, insbesondere der oberitalienischen Stadtrepubliken, und eine große Zahl von weiteren weltlichen Großen[57]. „Diese geistlich-weltliche Zusammensetzung galt in erster Linie für die drei großen öffentlichen Sitzungen, die in der Hauptsache wohl nur feierliche Schausitzungen waren, während die eigentliche Konzilsarbeit, die Besprechung und Festsetzung der Konzilskanones und die Erledigung der Hunderte vor den Papst gebrachter Streitfälle, natürlich einen kleineren, aber völlig eingeweihten und leistungsfähigen Kreis beschäftigen mußte, in erster Linie die Kardinäle: über die Zusammensetzung dieser Zwischenverhandlungen ist uns nichts Genaueres überliefert. Es mußte dem Gutdünken des Papstes überlassen bleiben, wie weit er die Beteiligung daran, je nach den zu behandelnden Punkten, ausdehnen wollte. Doch wird hier jedenfalls das geistliche Element den Hauptbestandteil ausgemacht haben."[58]

Die drei folgenden ökumenischen Konzilien bleiben in der Linie des Vierten Laterankonzils. Das Erste Konzil von Lyon 1245 unter Innozenz IV.: Die Beteiligung blieb aus politischen Gründen – das Konzil wurde gegen Friedrich II. gehalten und führte zu dessen Absetzung – weit hin-

---

[56] *G. Tangl,* a. a. O. 218 f.

[57] Bezüglich der Diskussion um die Konzilssprache mag es auch heute von Interesse sein zu bemerken: Um auf dem Vierten Laterankonzil von den Laien verstanden zu werden, wiederholte der Erzbischof von Toledo, Ximenes, nach seiner lateinischen Rede die Hauptargumente in fünf Sprachen: auf französisch, deutsch, englisch, baskisch und spanisch. „Ein solches Sprachenwunder, meinte Garzias Loaisa, habe man seit den Zeiten der Apostel nicht mehr erlebt." (*C. J. von Hefele,* a. a. O. V, 875.)

[58] *G. Tangl,* a. a. O. 232.

ter dem letzten Laterankonzil zurück; doch erschienen auch hier viele Laien: „Fast aus der ganzen Christenheit, sagt Matthäus Paris, waren Prälaten oder ihre Stellvertreter anwesend, ebenso Prokuratoren des Kaisers und vieler Fürsten."[59] Das Zweite Konzil von Lyon 1274 unter Gregor X. (Kreuzzug, Griechenunion, Konklaveordnung): Neben König Jakob I. von Aragon waren anwesend „die Vertreter der beiden Ritterorden, der Templer und Johanniter, samt den Gesandten der Könige von Frankreich, Deutschland, England, Sizilien und den Prokuratoren vieler anderer Fürsten, Herren, Kapitel und Kirchen"[60]. Das ökumenische Konzil von Vienne 1311/12 unter Klemens V. (Aufhebung des Templerordens, franziskanischer Armutsstreit, Reformdekrete): Unter dem Druck Philipps des Schönen wurde zum ersten Male in der Geschichte der ökumenischen Konzilien eine Auswahl aus den berufenen Bischöfen getroffen; nur eine kleine Zahl vor allem französischer Bischöfe fand sich ein; unter den Laien waren anwesend die Gesandten der Könige von Frankreich, England und Aragon[61].

d) Durch das *abendländische Schisma* wurde das ökumenische Konzil in der Form einer mittelalterlichen päpstlichen Generalsynode in Frage gestellt. Da die Stellung des Papstes durch das päpstliche Schisma erschüttert worden war, wurde das Konzil als die rechtmäßige Repräsentation der Gesamtkirche in einer neuen Weise ernst genommen. Das führte von selbst zu einer Stärkung des Laientums auf dem Konzil. Zur Beseitigung des Schismas wurde von den Kardinälen 1409 ein ökumenisches Konzil nach Pisa einberufen. Neben den Kardinälen, Patriarchen, Bischöfen, Äbten und Ordensoberen waren anwesend: „der Großmeister von Rhodos mit 16 Kommenturen, der Generalprior der Ritter vom heiligen Grab, der Generalprokurator des Deutsch-Ordens, die Deputierten der Universitäten Paris, Toulouse, Orléans, Angres, Montpellier, Bologna, Florenz, Krakau, Wien, Prag, Köln, Oxford und Cambridge, Bevollmächtigte von mehr als 100 Domkapiteln, mehr als 300 Doktoren der Theologie und des kanonischen Rechts, und endlich Gesandte fast aller Könige, Fürsten und Republiken des Abendlandes."[62] Zu einer Beseitigung des Schismas kam es allerdings in Pisa nicht, vielmehr wollten nun statt zweier drei Päpste die Kirche leiten.

Erst das ökumenische *Konzil von Konstanz* brachte der Kirche die Einheit wieder. Dieses Konzil ist das einzige der Kirchengeschichte, dem es gelang, nicht nur episodenhaft (wie das zweite Konzil von Lyon und später das von Florenz), sondern dauerhaft der Kirche (wenigstens des

[59] *C. J. von Hefele,* a. a. O. V, 1106.   [60] *C. J. von Hefele,* a. a. O. VI, 133.
[61] *J. Leclercq,* Art. Concile de Vienne, in: Dictionnaire de Théologie catholique (Paris 1950) 15, 2974.
[62] *C. J. von Hefele,* a. a. O. VI, 994.

Westens) die Einheit wiederzuschenken. Um so mehr Aufmerksamkeit verdient dieses Konzil in unserem Zusammenhang. Sowohl die geistlichen wie die weltlichen Stände waren außerordentlich zahlreich erschienen: „Als das Konzil am vollzähligsten war, zählte es 3 Patriarchen, 29 Kardinäle, 33 Erzbischöfe, gegen 150 Bischöfe, über 100 Äbte, gegen 50 Pröpste und beinahe 300 Doktoren. Die gesamte Geistlichkeit samt ihrer teilweise sehr zahlreichen Dienerschaft (der Erzbischof von Mainz z. B. brachte gegen fünfhundert Personen mit) betrug etwa 18000 Personen ... Die angesehensten unter den Laien waren außer Sigismund der Kurfürst Ludwig von der Pfalz (später Protektor des Konzils), Kurfürst Rudolph von Sachsen, Markgraf Friedrich von Brandenburg, die Herzöge von Bayern, Österreich, Sachsen, Schleswig, Mecklenburg, Lothringen, Teck (der letzte Sprößling dieses Hauses, Ludwig, war damals Patriarch von Aquileia und auf der Synode durch einen Gesandten vertreten), ferner die Gesandten der Könige von Frankreich, England, Schottland, Polen, Schweden, Dänemark, Norwegen, Neapel, Sizilien, später auch der spanischen Könige und des Kaisers Manuel Paläologus von Konstantinopel. Dazu kam eine fast zahllose Menge von Grafen und Rittern, welche teils für sich, teils im Gefolge größerer Fürsten nach Konstanz gekommen waren."[63]

Von außerordentlicher Bedeutung aber ist: auf diesem ökumenischen Konzil, dem als einzigem die Wiederherstellung der Kircheneinheit gelang, hatten nicht nur die Theologen und Kirchenrechtler, sondern auch die bedeutsamsten Laien das volle Stimmrecht. Papst Johannes XXIII. aus der Pisanerlinie hatte eine große Zahl von Prälaten aus Italien mitgebracht und darüber hinaus noch sehr viele durch eine Art Pairsschub ernannt, so daß er die Majorität der Prälaten auf seiner Seite hatte. „Als darum die Frage, wer auf der Synode eine Stimme haben sollte, in Erörterung kam, wollten seine Anhänger solche nur den Bischöfen und Äbten zuerkennen, unter Berufung auf die Praxis der früheren Synoden. Aber ihr Antrag fand stürmischen Widerstand, und namentlich setzte d'Ailly in einer besonderen Abhandlung auseinander, schon die alten Konzilien seien verschiedentlich zusammengesetzt gewesen, und es wäre sehr unrecht, wenn ein Titularbischof, der nicht eine einzige Seele zu leiten habe, gleichberechtigt wäre z. B. mit dem Erzbischof von Mainz. Er verlangte, daß auch die Doktoren der Theologie und der beiden Rechte eine definitive Stimme haben sollten, namentlich die erstern, welche lehren und predigen und deren Urteil viel gewichtiger sei als das eines unwissenden Titularprälaten. Daß auf den alten Konzilien keine Doktoren gewesen, rühre einzig daher, daß es ehemals keine derartigen Grade gegeben habe, aber auf den Synoden zu Pisa und Rom (im Jahre

---

[63] *C. J. von Hefele,* a. a. O. VII, 91.

1412) hätten die Doktoren eine entscheidende Stimme gehabt. Endlich verlangte er auch für die christlichen Könige und Fürsten und ihre Gesandten ein Stimmrecht. Eine ähnliche Denkschrift in noch schärferer Sprache setzte Kardinal Fillastre in Umlauf, und diese Ansicht siegte."[64]

Die Abstimmungen geschahen – wie schon erwähnt[65] – zur Verhinderung der italienischen Majorisierung nicht nach Köpfen, sondern nach Nationen. Diese in Konstanz bewährte Verhandlungsordnung wurde auf dem ökumenischen Konzil zu Basel überspitzt. „In noch weit höherem Grad als das Konstanzer war das Basler Konzil eine Versammlung von Prokuratoren und Doktoren. Bei einer Abstimmung am 5. Dezember 1436 standen 3 Kardinäle, 19 Bischöfe und 29 Äbte 303 anderen Teilnehmern gegenüber; die Bischöfe machten also weit weniger als ein Zehntel der Teilnehmer aus. Wer dem Konzil inkorporiert war, besaß Stimmrecht und konnte in einen der vier Ausschüsse für allgemeine Fragen, Glaube, Reform und Friede gewählt werden."[66] Die wichtigste Bestimmung der Basler Verhandlungsordnung war: „Alle Mitglieder sollen ohne Rücksicht auf ihren Rang in vier *Deputationen* geteilt werden, den vier Hauptaufgaben des Konzils entsprechend, nämlich in die Deputatio fidei, pacis, reformationis und in die Deputatio communis. Aus jeder der vier Nationen (italienische, französische, deutsche und spanische) müssen gleich viele Personen in jeder Deputation sein, und Leute aller Stände, so daß jede Deputation Kardinäle, Bischöfe, Äbte, Magi-

---

[64] *C. J. von Hefele,* a. a. O. VII, 82 f; es ging also nicht nur um ein Konsultativvotum, sondern um ein Definitiv- oder Dezisivvotum der Theologen und führenden Laien. Vgl. den Vorschlag Kardinal d'Aillys: „... non sunt excludendi a voce diffinitiva sacrae Theologiae doctores, ac juris canonici, et civilis: quibus, et maxime theologicis, datur auctoritas praedicandi et docendi ubique terrarum: quae non est parva auctoritas in populo Christiano, sed multo maior quam unius episcopi, vel abbatis ignorantis, et solum titulati. Et quia antiquitus haec doctorum auctoritas non erat introducta per modum studiorum generalium, quae hodie auctoritate ecclesiae observatur, de eis non sit mentio in antiquis iuribus communibus: sed in Concilio Pisano, et Romano eorum auctoritas allegatur, et in diffinitiva sententia se subscribunt. Quare eos in simili excludere per praesens Concilium, quod est dictum Pisani continuativum, non solum esset absurdum, sed dicti Pisani Concilii quodam modo reprobativum. ... idem dicitur de regibus et principibus, aut eorum ambaxiatoribus, et de procuratoribus absentium praelatorum, et capitulorum, et etiam sicut patet ex bulla domini nostri Papae, qua mandat praesens Concilium, et maxime ex canonicis impedimentis causantibus ad hujusmodi locum, et tempus Concilii personaliter adesse nequiverint; tunc illi qui sic impediti fuerint, aliquos suo nomine Deum timentes scientia et rerum experientia praeditos, ac sufficienti mandato suffultos mittere non postponant, vices eorum qui miserant, in dicto Concilio impleturos" (Mansi 27, 561).

[65] Vgl. Kap. IV, 1.

[66] *H. Jedin,* Kleine Konziliengeschichte (Freiburg i. Br. 1959. ³1961) 73.

stri, Doktoren etc. zähle (dadurch bekommen die niedern Geistlichen wegen ihrer Majorität das Übergewicht)."[67]

Das Konzil wurde von Eugen IV. 1437 nach Ferrara verlegt, wo man darüber stritt, ob nach Nationen oder Deputationen (Kommissionen) verhandelt werden solle. Man kam überein, „alle Mitglieder in drei Status einzuteilen, a) in Kardinäle, Erzbischöfe und Bischöfe, b) Äbte und Prälaten, c) Doktoren etc., und daß zur Beschlußfassung eines Status die Übereinstimmung von zwei Dritteilen seiner Mitglieder nötig sei"[68]. Neben dem Thron des Papstes hatten der deutsche Kaiser (obwohl Sigismund einen Monat vor der Eröffnung verstarb) und der griechische Kaiser (der in der Person des Johannes VIII. Paläologus anwesend war) Ehrensitze, die höher waren als die Sitze aller Kardinäle, Bischöfe und Prälaten. Aus finanziellen Gründen mußte das Konzil 1439 nach Florenz verlegt werden.

e) Der Radikalismus der Basler besonders in der letzten Phase, die konziliaren und politischen Erfolge des Papstes und seiner Kardinäle und schließlich Kardinal Torquemadas „Summa de Ecclesia" führten zu einer restaurativen Epoche, deren Ausdruck das von Julius II. (in Abwehr des antipäpstlichen, vor allem von Franzosen besuchten Konzils von Pisa 1511) einberufene *Fünfte Laterankonzil* (1512-1517) war. Dieses Konzil knüpfte bewußt an die päpstlichen Konzilien des Hochmittelalters an. Es fand unter dem Vorsitz des Papstes statt und war fast ausschließlich von italienischen Bischöfen besucht. Es konnte die Reformation nicht aufhalten.

Auch auf dem *Konzil von Trient* spielten die Laien ihre Rolle, wenn auch nicht mehr wie zur Zeit des Konzils von Konstanz. Schon in der Berufungsbulle Pauls III. „Ad Dominici gregis curam" (1536) für ein Konzil nach Mantua wurden neben allen Bischöfen, Äbten und sonstigen Prälaten auch der Kaiser, die Könige und übrigen Fürsten geladen, persönlich zu erscheinen oder wenigstens Gesandte abzuordnen[69]. Dasselbe gilt von der ersten Berufung nach Trient „Initio nostri huius pontificatus" (1542)[70] sowie schließlich von der endgültigen Berufung „Laetare Jerusalem" (1544)[71]. „Noch auf dem Trienter Konzil wohnen die Gesandten der Fürsten den Konzilssitzungen bei und können auf die Verhandlungen in dogmatischen oder kirchenrechtlichen Fragen Einfluß nehmen. Sie taten dies auch sowohl durch den Eingriff eines einzelnen (nämlich Venedigs bei der Behandlung des Kanons über die Ehe), wie auch gemeinsam (nach der XXII. Sitzung) in ihrem Protestschrift

---

[67] *C. J. von Hefele,* a. a. O. VII, 494.   [68] *C. J. von Hefele,* a. a. O. VII, 664.
[69] Concilium Tridentinum. Diariorum, Actorum, Epistularum, Tractatuum nova Collectio. Ed. Goerresiana (Freiburg i. Br. 1901 ff; im Folgenden zitiert mit CT) IV, 2–6.
[70] CT IV, 226–231.   [71] CT IV, 385–388.

gegen die Verschleppung der Kirchenreform. Es kam sogar vor, daß ein Laie, der Graf L. de Nogarola, am Vorabend von Weihnachten den Konzilsvätern predigte. Der Sekretär des Konzils, Angelo Massarelli, Apostolischer Protonotar, war ein Laie. Während des Konzils wurde er zum Bischof geweiht. Einer der Vorsitzenden des Konzils, der Kardinal Reginald Pole, war kein Priester. Sein Kollege in der Präsidentschaft, Cervini, der spätere Papst Marcellus II., war auch kein Priester, als er zum Kardinal ernannt wurde."[72]

Das Stimmrecht aber wurde gegenüber den Konzilien des fünfzehnten Jahrhunderts radikal eingeschränkt: die Vertreter kirchlicher Körperschaften, der Universitäten und Domkapitel erhielten sowenig beschließendes Stimmrecht wie die Laien. „So fest man in Rom entschlossen war, eine Erweiterung des Stimmrechtes nach dem Vorbild der Reformkonzilien des 15. Jahrhunderts zu unterbinden, so dringend war der Wunsch der Kurie, die Generale der Bettelorden, der Garde des Papsttums, als vollberechtigte Mitglieder des Konzils zu sehen und die Äbte, die ja in der Berufungsbulle ausdrücklich genannt waren, nicht gänzlich auszuschließen."[73] Die anwesenden Äbte erhielten eine Kollektivstimme als Vertreter ihrer Kongregationen. Abgestimmt wurde nicht mehr nach Nationen, sondern nach Köpfen.

Auf dem *Ersten Vatikanischen Konzil* wurde der Teilnehmerkreis ähnlich abgesteckt: mit beschließender Stimme wurden alle Bischöfe eingeladen, nicht aber Doktoren der Theologie und des Kirchenrechts und Laien, dafür reine Titularbischöfe, die Generalobern der Orden und die Präsidenten der Mönchskongregationen[74]. Ursprünglich wollte man die Gesandten der christlichen Mächte einladen, ließ aber den Plan aus politischen Gründen bald fallen. Außer zu den liturgischen Feiern war den Laien der Zutritt zu den Verhandlungen direkt verboten. Ein rigoros eingeschärftes, aber faktisch nicht gehaltenes „Konzilsgeheimnis" sollte auch verhindern, daß Klerus und Volk den Verhandlungen wenigstens von ferne als Zuhörer folgten[75].

Welche Distanz zwischen dem Ersten Vatikanischen Konzil und dem ökumenischen Konzil von Konstanz! Welche Distanz erst zwischen dem Ersten Vatikanischen Konzil und den ersten Synoden vor und mit dem Volk! Welche Distanz zwischen dem Ersten Vatikanischen Konzil und dem „Apostelkonzil"! Was P. Fransen vom Vatikanum I sagt, stimmt: *„Nie in der ganzen Geschichte der Kirche war die Beteiligung der Laien so ge-*

---

[72] *P. Fransen,* Das Konzil und die Laien, in: Orientierung 25 (1961) 3.

[73] *H. Jedin,* Geschichte des Konzils von Trient (Freiburg i. Br. 1957) II, 14.

[74] *C. Butler – H. Lang,* Das Vatikanische Konzil (München ³1933) 78–79.

[75] Über die „maladroite tactique de silence", die dem Konzil sehr schadete und mit der Zeit faktisch aufgegeben wurde, vgl. *R. Aubert,* Le pontificat de Pie IX (Fliche-Martin, Histoire de l'Église. vol. 21) (Paris 1952) 346 s.

ring."[76] Und die Gründe, die Fransen für diese Tatsache angibt, sind sehr richtig: „Die alten religiösen und sozialen Strukturen, die ihre Mitarbeit in den Trägern der Laiengewalten ermöglicht hatten, bestanden nicht mehr. Und neue Institutionen, welche es erlaubt hätten, den Arbeiten des Konzils die Laien als eigenen Stand in der Kirche hinzuzugesellen, gab es noch nicht. Außerdem stellte sich die Frage in dieser Form hier zum ersten Male. Dazu kam, daß eine allzu klerikale Theologie von der Kirche alle Versuche in dieser Hinsicht lähmte. Sie war die unglückliche Folge der Kontroversen gegen die Protestanten und den Laizismus jener Zeit. Der Skandal, den ein Artikel J. H. Newmans in ‚The Rambler‘ 1859 über die Befragung der Gläubigen in Sachen des Glaubens (‚On Consulting the Faithful in Matters of Faith‘) völlig zu Unrecht erregte, läßt uns ahnen, vor welchen theologischen und praktischen Schwierigkeiten man damals stand. Die Zeit war noch nicht reif."[77]

3. Repräsentation der Laien heute

Die Variabilität des kirchengeschichtlichen Befundes ist offenkundig. Was ergibt sich aus diesen Fakten der kirchlichen Tradition?

a) Laien *können* an Konzilien teilnehmen. Oder anders ausgedrückt: Es gibt kein ius divinum, das eine Teilnahme von Laien auf ökumenischen Konzilien ausschlösse. Wie immer diese Teilnahme begründet und wie immer sie juridisch geregelt wird, sicher ist: die Konziliengeschichte zeugt eindrücklich von einer vielfältigen Teilnahme der Laien an Konzilien. Besonderes Gewicht kommt dabei – neben den Berichten von den ersten kirchlichen Konzilien im zweiten und dritten Jahrhundert – vor allem dem Zeugnis der Apostelgeschichte von der Funktion der ganzen Gemeinde auf dem „Apostelkonzil" zu, das eine organische Einheit von Amt und Gemeinde zeigt. Gerade das in der Apostelgeschichte vorgezeichnete Vorbild offenbart uns, daß es falsch wäre, das von diesem Vorbild eindeutig am weitesten entfernte Konzil, das Erste Vatikanische Konzil, zu dem am vollkommensten entwickelten Idealbild eines Konzils zu machen. Es zeigt sich an diesem Beispiel sehr deutlich, wie vereinfachend und im Grunde falsch es wäre, die geschichtliche Entwicklung in der Kirche als ein stetes Aufwärts zum Ideal, zu immer größerer Vollkommenheit zu verstehen – möge dieses Aufwärts (im aufklärerischen Sinn) als schnurgerade emporführende Vervollkommnungsbewegung oder (im hegelschen Sinn) als im fruchtbaren Zickzack der Gegensätze aufsteigender dialektischer Prozeß verstanden

---

[76] *P. Fransen,* Das Konzil und die Laien, in: Orientierung 25 (1961) 3.
[77] *P. Fransen,* a. a. O. 3f.

werden. Genug christlich ist weder die erste noch die zweite Entwicklungstheorie; beide nehmen Menschlichkeit und Sündhaftigkeit in der Kirche und in ihrer Geschichte nicht genügend ernst. Nachdem man sich vielfach gegen die Idee einer Entwicklung der Kirche gewehrt hat, ist man heute oft in der Gefahr, mit Hilfe des Entwicklungsgedankens *alles* Entwickelte in der Kirche zu rechtfertigen. Als ob es nur ein Blühen und nicht auch ein Verdorren, als ob es nur Bereicherung und nicht auch Verarmung, als ob es nur Vervollkommnung und nicht auch Entleerung, als ob es nur Entfaltung und nicht auch Fehlentwicklung, als ob es nur Fortschritt und nicht auch Rückschritt gäbe: kurz, wie bei jeder menschlichen Entwicklung Menschliches, Allzumenschliches, Sündhaftes. Bei jeder Entwicklung in der Kirche ist die διάκρισις πνευμάτων (1 Kor 12, 10) angebracht, die Unterscheidung der Geister durch den reifen Christen, der nicht nur Milch, sondern auch feste Speise erträgt und so geübte Sinne hat zur Unterscheidung von Gut und Bös (Hebr 5, 14). Denn nicht an allem ist festzuhalten, vielmehr ist alles zu prüfen und nur das Gute zu behalten (1 Thess 5, 21). Der Maßstab zur Prüfung ist nicht der (eben zu prüfende) status quo der Kirche, sondern das Evangelium Jesu Christi. Man wird sich also gerade in der Frage der Laienbeteiligung auf Konzilien davor hüten, einfach von einem (stillschweigend als optimaler Gipfelpunkt der bisherigen Entwicklung verstandenen) status quo auszugehen, um diesen status quo wenn möglich sogar noch als iuris divini zu demonstrieren, obwohl die ganze geschichtliche Entwicklung in ihrer Variabilität zeigt, daß wir hier offenkundig im Bereich des ius humanum sind. Nur wenn man es wagt (was wahrhaftig nicht zum Schaden der Kirche sein wird), die Variabilität in der Entwicklung zu sehen, wird man davor bewahrt sein, durch anachronistische formale Distinktionen und apriorische Postulate die Wahrheit der geschichtlichen Entwicklung zu vergewaltigen[77a].

[77a] Gegenüber der für viele dogmatische Handbücher bezeichnenden Auffassung Scheebens bezüglich des Verhältnisses Konzil – Laienschaft meldet *L. Scheffczyk,* Die Lehranschauungen Matthias Joseph Scheebens über das ökumenische Konzil, in: Tübinger Theologische Quartalschrift 141 (1961) 171f mit Recht folgende Kritik an: „Hier gelangte Scheeben zu einer betont ‚hierarchischen‘ Auffassung des Konzils, die sich allerdings auch schon in der Frühzeit andeutete und die in der Behauptung gipfelt, daß das Konzil nur die Repräsentation der lehrenden Kirche sei. Diese ohne jede Einschränkung formulierte Aussage läßt zum mindesten die nötige Ausgewogenheit vermissen; denn es ist nicht zu bestreiten, daß die Bischöfe auf dem Konzil auch den Glauben ihrer Kirche bezeugen und damit die Gläubigen vertreten, wenn diese Vertretung selbstverständlich auch nicht auf parlamentarische Weise zustande kommt, sondern in ihrem Amt begründet ist. Von einer Repräsentation nur der lehrenden Kirche zu sprechen ist besonders dann unbegründet, wenn der Episkopat zu seinem größeren Teil auf dem Konzil versammelt ist.

b) Die Grundlage eines Teilnehmenkönnens der Laien an einem Konzil ist das *allgemeine Priestertum* aller Gläubigen. Die Lehre vom allgemeinen Priestertum gehört zu den Grundwahrheiten katholischer Ekklesiologie. Unsere ganze bisherige Darstellung hat darauf aufgebaut: wir Katholiken glauben, daß *alle* Christen zum ökumenischen Konzil aus göttlicher Berufung berufen sind, daß sie berufen sind als das „auserwählte Geschlecht, die königliche Priesterschaft, das heilige Volk" (1 Petr 2, 9)[78]. Luther hat also damals bei seinem Vorstoß in der Konzilsfrage mit der Appellation an das allgemeine Priestertum der Gläubigen einen authentisch katholischen Punkt getroffen. Er hatte aber zugleich einen in der damaligen Kirche seit langem sehr wunden Punkt getroffen. Es kann ja nicht geleugnet werden, daß diese Grundwahrheit gerade im Mittelalter, in der Reformationszeit und auch nachher in einer oft erschreckenden Weise in Vergessenheit geraten war und die Ekklesiologie sehr oft zu einer Hierarchologie geworden war. Das begann schon damit, daß die ersten systematischen Traktate De Ecclesia (Jakob von Viterbo, „De regimine christiano"; Aegidius Romanus, „De ecclesiastica potestate"; Jean de Paris, „De potestate regia et papali") anläßlich des Streites zwischen Bonifaz VIII. und Philipp dem Schönen entstanden sind und fast ausschließlich kirchliche Autorität, kirchliches Recht und kirchliche Regierungsgewalt herausstellten. Diese Tendenzen wurden verschärft im säkularen Kampf gegen Gallikanismus und Konziliarismus, Protestantismus, Jansenismus und Liberalismus. „Es drohte sich eine Entwicklung anzubahnen, in welcher sich der Laie nicht mehr als ein zur Ganzheit der Kirche wesentlich gehörendes Glied betrachtete, in der vielmehr die Kirche mehr und mehr als eine Klerikerkirche verstanden und empfunden wurde. So hat sich der Laie vielfach nur in geringem Maße für die ganze Kirche verantwortlich gewußt.

Ein solches Konzil ist nicht mehr nur eine Repräsentation der lehrenden Kirche, sondern vielmehr die lehrende Kirche selbst. Das Wort von der ‚Repräsentation der ganzen Kirche' durch das Konzil kann also nicht ausschließlich auf die lehrende Kirche bezogen sein. Es hat den Anschein, daß Scheeben auf Grund der zeitgebundenen apologetischen Frontstellung gegen die extremen Verfechter einer demokratisch-kollegialen Verfassung der Kirche, die in den Bischöfen auf dem Konzil einzig die Repräsentanten und Zeugen des Glaubens ihrer Kirche sehen wollten, nur zu einem ‚nein' kam, ohne das Problem positiv zu erörtern. Ebenso mag es darin begründet sein, daß er sich mit der historisch erhärteten Tatsache der Teilnahme von Laien an den früheren Konzilien nicht auseinandersetzte und die darin liegende theologische Problematik nicht aufgriff. Auch hier begnügte er sich mit der kurzen Antithese, daß eine allenfallsige Berufung der Laien nicht die Bedeutung hatte, diese zu Mitgliedern des Konzils zu machen. So kam es zu keiner eigentlichen Einfügung des Konzilsgeschehens in den Organismus der Gesamtkirche, obgleich Scheeben einen solchen Versuch wenigstens angekündigt hatte."
[78] Vgl. vor allem Kap. II.

Es wäre jedoch eine Übertreibung, wenn man behaupten wollte, die Laien hätten in der neuzeitlichen Kirche keine Stimme mehr gehabt. Nachdem durch die Tübinger Theologische Schule die Kirche wieder als Leib Christi gedeutet wurde, hat Papst Pius X. durch die Förderung der eucharistischen Frömmigkeit, insbesondere durch seine Kommuniondekrete, eine Bewegung eingeleitet, durch welche die Laien wieder stärker in den sakralen Raum zurückgeführt wurden. Die Päpste Pius XI. und Pius XII. haben in mannigfacher Weise, letzterer vor allem durch die beiden Enzykliken ‚Mystici Corporis‘ und ‚Mediator Dei‘ sowie durch zahlreiche Ansprachen, die Teilnahme des Laien am Kult auf das kräftigste gefördert. Die theologische Wissenschaft, namentlich die Liturgik und die Dogmatik, haben die auftauchenden Probleme erfolgreich geklärt. Der Ort, an welchem der Laie in der Kirche steht, tritt immer deutlicher hervor, wenngleich noch keine letzte Klarheit geschaffen werden konnte."[79]

So sagte Pius XII. in seiner Ansprache an die neuernannten Kardinäle vom 20. Februar 1946: „Die Gläubigen, näherhin die Laien, stehen im Leben der Kirche in der vordersten Linie; durch sie bewährt sich die Kirche als Lebensprinzip der menschlichen Gesellschaft. Daher muß es gerade ihnen immer klarer zum Bewußtsein kommen: Wir gehören nicht nur zur Kirche, wir *sind die Kirche,* die Gemeinschaft der Gläubigen auf Erden unter dem gemeinsamen Oberhaupte, dem Papste, und den mit ihm vereinigten Bischöfen. Sie *sind die Kirche*."[80] Und noch deutlicher am 2. Laienweltkongreß 1957: „Es hieße die wahre Natur der Kirche und ihren sozialen Charakter verkennen, wenn man in ihr einerseits ein rein aktives Element, die kirchlichen Autoritäten, und andererseits ein rein passives Element, die Laien, unterscheiden wollte. Alle Glieder sind, wie Wir selber in der Enzyklika ‚Mystici corporis Christi‘ gesagt haben, dazu berufen, an der Erbauung und Vervollkommnung des mystischen Leibes Christi mitzuarbeiten. Alle sind freie Personen und müssen aktiv sein. . ."[81] Sowohl in der Praxis wie in der Theologie bleibt allerdings noch unendlich viel zu tun, um dem Priestertum der Laien das ihm zukommende Gewicht zu verleihen. Das umfassendste und wahrhaft bahnbrechende Werk zur Theologie des Laien sind Yves Congars „Jalons pour une théologie du laïcat", der die priesterliche, königliche und prophetische Sendung sowohl grundsätzlich wie in der praktischen Anwendung herausarbeitet[82].

---

[79] *M. Schmaus,* Katholische Dogmatik (München 1958) III/1, 732.
[80] Acta Apostolicae Sedis 38 (1946) 149.
[81] Acta Apostolicae Sedis 49 (1957) 925 s.
[82] *Y. Congar,* Jalons pour une théologie du laïcat (Paris 1953) (deutsch: Der Laie. Entwurf einer Theologie des Laientums [Stuttgart 1956]). – Zur Theologie des Laien vgl. weitere neue katholische Werke: *J. M. Alonso,* Santo Tomás

Das ökumenische Konzil aus menschlicher Berufung ist die Repräsentation des ökumenischen Konzils aus göttlicher Berufung, das die Kirche ist. Es ist die Repräsentation der *ganzen* Kirche, die Repräsentation des *gesamten* königlichen und priesterlichen Gottesvolkes. Von daher darf gesagt werden: Es können keine streng theologischen, dogmatischen Gründe angeführt werden, um auf dem ökumenischen Konzil aus menschlicher Berufung die Teilnahme der Laien a priori auszuschließen[83].

c) Wir begründeten das Teilnehmenkönnen von Laien an Konzilien – im Anschluß an die Apostelgeschichte und die ersten kirchlichen Konzilien – auf dem allgemeinen Priestertum der Gläubigen; damit sahen wir bewußt von anderen, früher üblichen (und zum Teil allerdings mit dem allgemeinen Priestertum zusammenhängenden) Begründungen ab. Vieles an früheren Begründungen, insbesondere bezüglich der Rechte christlicher Fürsten, war zeitgebunden. Dies gilt etwa vom sakralen Charakter, mit dem byzantinische Kaiser bekleidet waren, und dem damit verbundenen ius in sacra. Dies gilt auch von den mittelalterlichen Kaisern und Königen (besonders ausgeprägt bei Karl dem Großen),

y el llamado sacerdocio de los fieles, in: XIII Semana Espanola de Teología (Madrid 1954) 132–169; *F. X. Arnold,* Die Stellung des Laien in der Kirche, in: Una Sancta 9 (1954) 8–25; Kirche und Laientum, in: Theologische Quartalschrift 134 (1954) 263–289; *H. U. von Balthasar,* Der Laie und die Kirche, in: Viele Ämter, ein Geist, hrsg. von H. Nüsse (Einsiedeln 1954), ebenfalls in: Sponsa Verbi. Skizzen zur Theologie II (Einsiedeln 1961) 332–348; *G. Philips,* Le rôle du laïcat dans l'Église (Tournai 1954) (deutsch: Der Laie in der Kirche [Salzburg 1955]); *M. de la Bedoyère,* The Layman in the Church (London 1955) (deutsch: Die Würde des Laien [Freiburg i. Br. 1956]); *K. Rahner,* Über das Laienapostolat, in: Schriften zur Theologie (Einsiedeln 1955) II, 339–373; Weihe des Laien zur Seelsorge, in: Schriften zur Theologie (Einsiedeln 1956) III, 313–328; *O. Semmelroth – L. Hofmann,* Der Laie in der Kirche (Trier 1955); *R. Spiazzi,* Il laicato nella Chiesa. Problemi e orientamenti di teologia dommatica (Milano 1957); *A. Sustar,* Der Laie in der Kirche, in: Fragen der Theologie heute, hrsg. von *J. Feiner – J. Trütsch – F. Böckle* (Einsiedeln 1957) 519–548; *K. H. Schelkle,* Jüngerschaft und Apostelamt (Freiburg ²1961); *R. Tucci,* Recenti pubblicazioni sul „Laici nella Chiesa", in: Civiltà Cattolica 109 (1958) 179–190; Problemi di apostolato e di spiritualità dei laici, ebd. 398–406; *K. Juhász,* Laien im Dienst der Seelsorge (Münster 1960); *H. Heimerl,* Kirche, Klerus und Laien (Wien 1961); *Y. Congar,* Art. Laie, in: Lexikon für Theologie und Kirche (Freiburg i. Br. 1961) VI, 733–740.
[83] Zum Problemkreis Konzil – Laien vgl. die zum Beginn des ersten Kapitels angegebene Literatur (Kommentare zum CIC, Werke zur Konziliengeschichte und zur Stellung der Konzilien in der kirchlichen Rechts- und Verfassungsgeschichte). Dazu besonders: *G. Tangl,* Die Teilnehmer an den allgemeinen Konzilien des Mittelalters (Weimar 1922); *Y. Congar,* Jalons pour une théologie du laïcat (Paris 1953) 330–340; *P. Fransen,* Das Konzil und die Laien, in: Orientierung 25 (1961) 1–5; *H. Krüger,* Laien auf dem Konzil?, in: Frankfurter Hefte 15 (1960) 29–36.

deren Eingriffe in die kirchlichen Verhältnisse der Landeskirchen nur mit den späteren päpstlichen Eingriffen verglichen werden können. Das mittelalterliche Corpus Christianorum bildete eine religiös-politische Einheit mit zwei Armen, der geistlichen und der weltlichen Gewalt, die somit nicht einfach mit den modernen Begriffen („religiöse") Kirche – („politischer") Staat gleichgesetzt werden können. Geistliche und weltliche Macht – obwohl in den obersten irdischen Spitzen getrennt – hingen in ihren Wurzeln zusammen. In dieser Symbiose der Gewalten erhielten Papst und Bischöfe auch einen politischen Charakter – wie umgekehrt Kaiser, Könige und Fürsten auch einen sakralen erhielten (man denke an die fast priesterliche Stellung der Kaiser und Könige in der Liturgie). Zugleich war die Möglichkeit gegeben, daß im Notfall eine Gewalt die Funktionen der anderen übernahm (Eingriffe der Päpste in die politischen Verhältnisse beim Versagen der weltlichen Herrscher – und umgekehrt Eingriffe der weltlichen Herrscher in die religiösen Verhältnisse beim Versagen des Papstes und der Bischöfe, z. B. bezüglich der Kirchenreform: ius reformandi). Dabei ging es zum Teil durchaus um die Ausübung von damals gültigen (und von der Gegenseite anerkannten) Rechten, wenn natürlich auch widerrechtliche Übergriffe und Mißbräuche – von beiden Seiten! – öfters vorkamen (allerdings achteten die Fürsten im allgemeinen die Grenze der Dogmen und der iura divina). Es geht im Rahmen unserer Untersuchung nicht darum, uns ein Urteil über diese mittelalterlichen und zum Teil noch nachreformatorischen Zustände zu bilden. Was für uns wichtig ist: Es geht bei *diesen* Rechten von beiden Seiten um iura humana, die heute nach Auflösung der mittelalterlichen religiös-politischen Einheit von regnum und sacerdotium (heute wenigstens grundsätzlich: weltlicher Staat und geistliche Kirche) nicht mehr in der alten Weise urgiert werden können. Menschliches Recht und nicht göttliches Recht war es, wenn die Fürsten besondere Rechte auf den Konzilien beanspruchten; menschliches Recht und nicht göttliches Recht war es auch, wenn kirchliche Autoritäten in Abwehrstellung gegen Übergriffe der weltlichen Gewalt die Teilnahme von Laien einfachhin verboten[84].

d) Zeitgeschichtlich bedingt war auch die Stellungnahme Luthers, der seine Berufung auf das allgemeine Priestertum mit einer Appellation an die Fürsten verquickte: „Einer der führenden Lutherforscher und zugleich einer der besten Kenner des gesamten Mittelalters (Boehmer) sagt von dem landesherrlichen Kirchenregimente der Reformationszeit

---

[84] Vgl. zu dieser Frage *J. Hashagen*, Staat und Kirche vor der Reformation. Eine Untersuchung der vorreformatorischen Bedeutung des Laieneinflusses in der Kirche (Essen 1931), und *Y. Congar*, Jalons pour une théologie du laïcat (Paris 1953) 333–346, sowie die in diesen Werken angegebene Literatur.

treffend: ‚Es ist kein Erzeugnis des reformatorischen Denkens, sondern
... ein Produkt des von den Ideen des altgermanischen Eigenkirchentums befruchteten spätmittelalterlichen Staats(kirchen)rechtes.‘ Damit
sind zugleich die unverbrüchlichen Zusammenhänge auch mit dem
früheren Mittelalter einwandfrei festgestellt. Das landesherrliche Kirchenregiment der Lutheraner war wenigstens in seinen theoretischen
und praktischen Grundzügen durchaus mittelalterliches Erbe. ‚Das
Landeskirchentum ist eine Schöpfung schon des Mittelalters‘, kann man
unbedenklich behaupten. Als solches hat es mit den Neuerungen der
Reformation nichts zu tun. Es erscheint vielmehr mit seinen unverkennbar mittelalterlichen Eigentümlichkeiten innerhalb dieser Neuerungen
durchaus als ein Fremdkörper."[85]

Luther, der vom allgemeinen Priestertum der Gläubigen ausging, hat
sich in der Frage der äußeren Kirchenordnung immer mehr dem landesherrlichen Kirchenregiment zugewandt: „Es ist zwar anschaulich und
quellenmäßig einwandfrei gezeigt worden, daß Luther noch bis 1525
diese Zuständigkeit (der weltlichen Obrigkeit) wesentlich negativ
auffaßte, im Sinne einer Bekämpfung der Ordnungen der alten Kirche.
Man hat auch den Versuch gemacht, die genuine Anschauung Luthers
über kirchliche Betätigung der Obrigkeit ganz im allgemeinen durchaus
negativ zu bestimmen, die ‚unmittelbare‘ Betätigung restlos aus rein
profanen Wurzeln zu erklären und die ‚mittelbare‘ auf ein Minimum einzuschränken. Mögen nun aber Luthers eigentliche und innerste Über-
zeugungen auf diesem Gebiete so negativ wie möglich gewesen sein,
mag seine Abneigung insbesondere gegen Eingriffe der weltlichen
Gewalt ins Innerkirchliche in ihm noch so kräftig gearbeitet haben: er
hat jedenfalls die ihm sonst in so reichem Maße zur Verfügung stehende
überzeugungstreue Energie schließlich doch nicht aufgeboten, um ihnen
in der Praxis zur Verwirklichung zu verhelfen. Vielmehr bewirkte
schon ‚das Emporkommen evangelisch gesinnter Gemeinden‘ bei
Luther einen merklichen Rückzug von seinen genuinen Positionen. Es
dauerte nicht lange, bis nun auch er wieder dafür eintrat, ‚daß die christliche Obrigkeit für das Seelenheil ihrer Untertanen zu sorgen habe‘,
womit zunächst die städtischen, bald aber auch die territorialen Obrigkeiten gemeint sind."[86]

Zeitgeschichtlich bedingt ist ebenfalls die Stellungnahme der gegenreformatorischen Theologie, insofern sie – bei all ihren berechtigten
Argumenten einerseits gegen die Übergriffe der weltlichen Gewalten
auf die Konzilien und andererseits gegen eine völlig demokratische, parlamentarische Konzilsverfassung – nun doch allzusehr die Kirche auf-
teilte in aktiv Führende und Lehrende und passiv Geführte und Hörende.

---

[85] *J. Hashagen,* a. a. O. 558f.   [86] *J. Hashagen,* a. a. O. 562f.

Von daher ist es nicht verwunderlich, daß die gegenreformatorische Theologie einer aktiven Betätigung der Laien in Kirche und Konzil kein theologisches Verständnis entgegenbrachte[87]. Hier gilt das bereits zitierte Wort Pius' XII.: „Es hieße die wahre Natur der Kirche und ihren sozialen Charakter verkennen, wenn man in ihr einerseits ein rein aktives Element, die kirchlichen Autoritäten, und andererseits ein rein passives Element, die Laien, unterscheiden wollte. Alle Glieder sind, wie Wir selber in der Enzyklika ,Mystici corporis Christi' gesagt haben, dazu berufen, an der Erbauung und Vervollkommnung des mystischen Leibes Christi mitzuarbeiten. Alle sind freie Personen und müssen aktiv sein . . .''[88]

e) *Auf welche Weise* sollen Laien teilnehmen? Man wird auch hier nicht ungeschichtlich denken. Es gibt Konzilien, in denen die Laien *direkt* und *unmittelbar* repräsentiert waren, und andere, in denen sie *indirekt* und *mittelbar,* nämlich durch die kirchlichen Ämter, repräsentiert waren. Es geht nicht an, nur die erste Weise als legitim zu erklären. Bemerkenswert ist, daß auch die Reformatoren die ersten vier ökumenischen Konzilien, obwohl sie weitgehend Bischofssynoden ohne direkte Laienvertretung (vom Kaiser abgesehen) waren, als legitime Konzilien nicht nur angenommen, sondern auch hochgeschätzt haben. Auch dem Ersten Vatikanischen Konzil muß man die indirekte und mittelbare Repräsentation zugestehen.

Aber es braucht keine langen Erklärungen, warum man heute nicht nur eine indirekte, sondern eine direkte und unmittelbare Repräsentation der Laien in weiten Kreisen der Kirche erwartet. Die vielzitierte „Stunde der Laien" – das Erwachen der Laienschaft zum aktiven Mittun in Liturgie und Apostolat ist eines der hoffnungsvollsten Zeichen der Kirche unseres Jahrhunderts – darf auch im Hinblick auf das ökumenische Konzil kein bloßes Schlagwort bleiben, mit dem man bestenfalls neue Pflichten, aber keine entsprechenden neuen Rechte meint. So sagt ein kompetenter Laie: „. . . die ,sanfte Einladung' an von der Kirche getrennte Gemeinschaften wird schwerlich vernommen und geglaubt werden können, solange dem Laien *in* der Kirche nicht einmal eine Anzahl Sitze, wenn schon nicht Stimme, wenigstens in jenen *Konzilskommissionen* eingeräumt wird, die sich mit den wesentlich von

---

[87] Vgl. nach den ekklesiologischen Traktaten Torquemadas und Kajetans *M. Canus,* De locis theologicis. De auctoritate conciliorum (Patavii 1762) 133–135; *R. Bellarmin,* De conciliis, Opera omnia (Parisiis 1870) II, 217–222; *F. Suarez,* Disputatio XI. De conciliis, Opera Omnia (Parisiis 1858) XII, 323–327; *L. Thomassinus,* Dissertationum in concilia generalia et particularia tomus singularis (Coloniae 1784); *C. Passaglia,* De conciliis oecumenicis (ed. H. Schauf) (Romae 1961) 20–22 80–106.
[88] Acta Apostolicae Sedis 49 (1957) 925 f.

ihm zu vertretenden Angelegenheiten zu befassen haben. Der Protestant etwa zieht mit einigem Recht daraus die Folgerung, er werde es mit seinen berechtigten Anliegen in einer Kirche schwer haben, die schon den der Kirche zugehörigen Laien nicht einmal in den vorbereitenden Beratungen Wort gibt, sondern sie anhält, sich durch – geistliche – ‚Großlaien' vertreten zu lassen."[89] Und der Fachtheologe bestätigt: „Das Konzil muß frei sein, sagt in diesem Sinn: Es muß in erster Linie eine Versammlung von Christen sein, eine Zeichensetzung für die Heilstat Gottes in Jesus Christus. Es darf nicht mißbraucht werden zu einem Panoptikum menschlicher Macht und Pracht. Es muß im Heiligen Geiste zusammentreten und nach den Gesetzen des Geistes (nach dem Vorbild in Apg 15). Es muß eine brüderliche Versammlung sein, die niemand ausschließt, der zu Christus gehört. Menschliche Grenzwälle müssen geschleift werden. Priester *und* Volk gehören zum Konzil, Klerus *und* Laien, jeder mit seiner Vollexistenz in Christus." [90]

f) Welches sind die *konkreten Möglichkeiten* für eine Teilnahme der Laien? Wie P. Fransen richtig ausführt, sind anstelle der vergangenen religiösen und sozialen Institutionen und Strukturen, die eine Mitarbeit der Laien ermöglicht hatten, neue Institutionen notwendig, um eine Mitarbeit der Laien auch heute zu ermöglichen[91]. Mit Recht macht Fransen in diesem Zusammenhang zuerst auf die Mitarbeit der Laien im *Nachrichtenwesen* aufmerksam. Gerade hier ist aus den negativen Erfahrungen des Ersten Vatikanischen Konzils zu lernen: „Weitreichend in ihren Folgen war die Nachrichtensperre, welche über die Verhandlungen des Vatikanischen Konzils verhängt war. Sie goß Öl ins Feuer der Konzilsspekulanten und bestärkte sowohl die Gegner Roms als auch die interessierten Beobachter der Ereignisse im Verdacht, daß diese Geheimnistuerei die Ziele und Machenschaften einer bestimmten Richtung verschleiern sollte. Einer objektiven und besonnenen Konzilsberichterstattung war von vorneherein die Möglichkeit entzogen worden. Um so größeren Spielraum hingegen hatte man durch diese Maßnahme dem freischöpferischen Darstellungsvermögen der Journalisten eingeräumt."[92] So wird denn auch von führenden katholischen Publizisten heute im Interesse von Konzil und Kirche eine positive offene Zusammenarbeit des Konzils mit der Presse gefordert[93]. Als weitere

[89] *F. Messerschmid,* in: Wort und Wahrheit 16 (1961) 635.
[90] *W. Gruber,* in: Wort und Wahrheit 16 (1961) 596.
[91] *P. Fransen,* Das Konzil und die Laien, in: Orientierung 25 (1961) 3 f.
[92] *V. Conzemius,* „Römische Briefe vom Konzil" in: Tübinger Theologische Quartalschrift 140 (1960) 427.
[93] Vgl. *O. B. Roegele,* Die „Nachrichtenpolitik" des Konzils, in seinem Buch: Was erwarten wir vom Konzil? (Osnabrück 1961) 46–54. Roegele zitiert auch aus der Gesamtkonklusion des 6. Weltkongresses der katholischen Presse

Institutionen, die eine Mitarbeit der Laien ermöglichen können, führt P. Fransen an: das Weltsekretariat für das Laienapostolat, die Päpstliche Akademie der Wissenschaften, die großen internationalen und nationalen katholischen Organisationen und vor allem die katholischen Universitäten[94]. Während des Konzils ist – wie in der Vorbereitungsphase – eine Mitarbeit in den in besonderer Weise die Laien betreffenden Kommissionen möglich. Doch hier muß die Frage aufgeworfen werden, ob die Mitarbeit der Laien nicht auch noch in einem engeren Sinne möglich sei.

g) Kommt den Laien auf dem Konzil beschließende Stimme (ein Deliberativ-, Dezisiv-, Definitivvotum) oder nur beratende Stimme (ein Konsultativvotum) zu? Die Frage hängt zusammen mit der Frage nach der Stellung der kirchlichen Ämter auf dem Konzil, die uns bald beschäftigen soll. Im Rahmen dieser Arbeit würde es zweifellos zu weit führen, auf die hier mitspielende Frage der Jurisdiktionsgewalt (Verhältnis Weihegewalt – Hirtengewalt, bzw. Lehrgewalt) einzugehen und etwa die Problematik des Kanons 118, nach dem allein Kleriker Weihe- und Hirtengewalt erhalten können, aufzureißen (Unterscheidung Kleriker – Laien auf Grund der Tonsur usw.). Es darf aber in unserem Zusammenhang bemerkt werden: 1. Auch Kirchenrechtler geben zu, daß faktisch nicht nur das frühere, sondern auch das gegenwärtige Recht Laien (Männer und Frauen) Jurisdiktion zugesteht, ohne diese Laien in Kleriker zu verwandeln, und daß somit Kan. 118 bezüglich der Jurisdiktion unpräzis ist[95]. 2. Die Rechtsgeschichte lehrt uns, welche tiefgreifende Teilhabe der Laien an der Hirtengewalt möglich war: nicht nur auf den Konzilien und durch die Fürsten, sondern auch in der Ausübung kirchlicher Autorität durch Laien in administrativen und richterlichen Angelegenheiten und vor allem durch das Recht des Volkes auf

---

(Juli 1960 in Santander), auf dem 26 Nationen vertreten waren: „Die 400 Teilnehmer ... haben beschlossen, der Vorbereitung des Konzils ein sehr weites Echo zu geben. Sie drücken ihren Wunsch aus, über das Konzil informiert zu werden gemäß den praktischen Bedürfnissen der modernen Massenkommunikationsmittel, damit sie die öffentliche Meinung auf dieses große Ereignis der Kirche wirksam vorbereiten können" (S. 54).

[94] *P. Fransen*, Das Konzil und die Laien, in: Orientierung 25 (1961) 4: „Die Tatsache, daß verschiedene theologische Fakultäten in Deutschland und in Österreich zunächst jedenfalls keine Einladung erhielten, ihre Voten vorzulegen, hat alle, die vom Konzil eine offene, weltweite und damit katholische Einstellung erwarten, tief betrübt."

[95] *A. Szentirmai*, Jurisdiktion für Laien? in: Tübinger Theologische Quartalschrift 140 (1960) 423–426; zur Stellung des Laien im Kirchenrecht vgl. auch *K. Mörsdorf*, Die Stellung der Laien in der Kirche, in: Revue de droit canonique 10–11 (1960-61) 214–234; *B. Panzram*, Die Teilnahme der Laien am Priesteramt, Lehramt und Hirtenamt im Rahmen des geltenden Kirchenrechts, in: Oberrheinisches Pastoralblatt 62 (1961) 65–72.

die Bischofswahl (und die Papstwahl) im Sinne der Zustimmung und Approbation (das berühmte Prinzip Leos des Großen: „Qui praefuturus est omnibus ab omnibus eligatur!"), was sich in den Ostkirchen in beschränkter Form zum Teil bis in unser Jahrhundert hinein erhalten hat[96].

Bezüglich der Konzilsteilnehmer steht nach dem gegenwärtig geltenden Recht fest: Es sind keineswegs nur Bischöfe, die auf dem Konzil beschließende Stimme haben. Mit beschließender Stimme nehmen auch Nichtbischöfe teil: Kardinalpriester, Kardinaldiakone, verschiedene Ordensobere (Kan. 223). Es ist durchaus möglich, den Kreis der mit beschließender Stimme Geladenen noch weiter auch auf Laien auszudehnen (wie immer auch eine derartige Erweiterung kanonistisch begründet und formuliert wird)[97].

Wie immer aber die kanonistische Regelung sein wird, ein Dezisivvotum ist nach unseren bisherigen Darlegungen letztlich *theologisch* zu begründen auf der erwünschten Repräsentation des allgemeinen Priestertums im Konzil, auf dem Zeugnis der Apostelgeschichte von der Mitbestimmung des Volkes im „Apostelkonzil" und auf der Tradition der Kirche, die verschiedentlich eine Mitbestimmung der Laien in Konzilien aufweist. Daß Laien nicht nur auf Grund einer kirchlichen Rechtsregelung, sondern auf Grund *göttlichen* Rechtes keine (mit)beschließende Stimme zukommen könne, wurde bis jetzt von niemandem überzeugend bewiesen. Auch die praktischen Schwierigkeiten, die man gegen eine Laienrepräsentanz anmeldet, sind mit gutem Willen leicht zu lösen. Die Auswahl müßte gerecht die einzelnen territorialen Kirchen berücksichtigen und die Katholizität der Kirche widerspiegeln. Sie könnte einerseits auf markante Vertreter kirchlicher Laienverbände und andererseits auf (keinem Verband verpflichtete) hervorragende Persönlichkeiten des kirchlichen Lebens zurückgreifen, die für die katholische Laienschaft als Wissenschaftler, Schriftsteller, Pädagogen, Ärzte, Laientheologen usw. repräsentativ sein können (nach den Gesichtspunkten etwa, wie in gewissen Ländern vom Staatsoberhaupt bedeutende Persönlichkeiten des öffentlichen Lebens in die zweite Kammer als Senatoren, Lords usw. berufen werden)[98]. Eine Laienrepräsentanz ist in

---

[96] *Y. Congar,* Jalons pour une théologie du laïcat (Paris 1953) 327–366.

[97] Sogar Kardinal *I. de Torquemada* bemerkt: „Non negamus tamen quin papa vocans aliquas personas notabiles inferioris status ad concilium universale: utputa praelatos minores aut alias personas doctas: posset illas gratiose honorare dando eis auctoritatem ut etiam habeant vocem diffinitivam cum episcopis, sicut forte factum est cum abbatibus." Summa de Ecclesia (Venetiis 1561) 289 s.

[98] Es darf in diesem Zusammenhang vermerkt werden, daß *R. Lombardi* entsprechend dem Kardinalskollegium eine Laienrepräsentanz auf höchster Ebene vorgeschlagen hat: „un Senato laico dell'Umanità" (Per un mondo nuovo [Roma 1951] 305).

unserer Zeit leichter möglich geworden; denn die theologische Bildung vieler führender Laien ist heute nicht kleiner als die mancher Kleriker. Sie ist aber zugleich dringender geworden; es gibt kaum einen Bereich von Fragen in der Kirche – nicht zuletzt die Dogmen! –, der nicht auch für die Laien von Bedeutung wäre.[99].

h) Doch eine weitere Frage ist hier nicht mehr zu umgehen: Ist denn das ökumenische Konzil aus göttlicher Berufung, das die Kirche ist, in einem Konzil aus menschlicher Berufung allein auf Grund des allgemeinen Priestertums der Gläubigen wahrhaft repräsentiert? Unsere Antwort bezüglich der Stellung der Laien auf einem ökumenischen Konzil aus menschlicher Berufung ist wesentlich unvollständig und in etwa zweideutig, bis auch diese Frage beantwortet ist. So entschieden wir versucht haben, auf Luthers Anliegen einer Repräsentation der Kirche auf Grund des allgemeinen Priestertums verständnisvoll einzugehen und dessen grundlegende Bedeutung für das Strukturgefüge der Kirche aufzuzeigen, so entschieden muß nun diese Frage an Luther zurückgegeben werden: Repräsentation der Kirche Jesu Christi *allein* auf Grund des allgemeinen Priestertums? Es geht hier um die Frage, die wir bisher aufgeschoben hatten: die Frage nach der Repräsentation der Ecclesia *apostolica.* Zugleich kommen wir auf Schwierigkeiten zu sprechen, die, wie wir ausführten[100], etwas verdeckter, aber nicht weniger wirklich auch schon bei den Fragen nach der Repräsentation der Ecclesia una, sancta, catholica gegenwärtig waren.

---

[99] Es ist interessant, festzustellen, wie in der Rundfrage „Was erwarten Sie vom Konzil?" in: Wort und Wahrheit 16 (1961) 569–718 von Klerikern und Laien weitgehend parallele Desiderata erhoben werden. Bezüglich der Wünsche der Laien für das Zweite Vatikanische Konzil vgl. u. a.: Anregungen und Hoffnungen für das Zweite Vatikanische Konzil, in: Wort und Wahrheit 15 (1960) 245ff 325ff 405ff; *O. B. Roegele,* Was erwarten wir vom Konzil? Gedanken eines Laien (Osnabrück 1961); *V. Schurr, R. Baumann, M. Dirx, A. Lissner,* Konkrete Wünsche an das Konzil (Kevelaer 1961); *P. Bourgy,* Que pense-t-on, qu'attend-on du Concile? (une enquête), in: Qu'attendons-nous du Concile (Bruxelles-Paris 1960) 57–74.
[100] Vgl. Kap. IV,3.

VI

KONZIL UND KIRCHLICHE ÄMTER

1. *Wer ist die apostolische Kirche?*

Inwiefern ist das ökumenische Konzil aus menschlicher Berufung die Repräsentation der Ecclesia *apostolica*? Die Frage wird abhängen von der anderen: Inwiefern ist die Kirche selbst Ecclesia apostolica? Inwiefern ist die Kirche die alte, von den Aposteln herkommende Kirche? Wäre eine Kirche noch so imponierend einig, noch so umfassend katholisch, noch so ausgesondert heilig – wäre sie nicht die alte Kirche, die auf die Apostel zurückginge, so wäre sie gewiß eine fromme Gesellschaft, nicht aber die Kirche Jesu Christi.

a) Schon früh wurde gegen Luther der Vorwurf erhoben, er habe eine *neue* Kirche gegründet und sei deswegen von der heiligen apostolischen Kirche abgefallen. Leidenschaftlich verteidigt sich Luther in seinem (gegen den katholischen Herzog Heinrich von Braunschweig-Wolfenbüttel gerichteten) Werk „Wider Hans Worst" (1541)[1] gegen diesen ihn an der empfindlichsten Stelle treffenden Vorwurf: „Ja, sagen sie, Wir Papisten sind blieben in der alten, vorigen Kirchen, sint der Apostel zeiten her, darumb sind wir die Rechten aus der alten Kirchen komen, und bis daher blieben, jr aber seid von uns gefallen und eine newe Kirchen worden wider uns. Antwort: Wie aber, wenn ich beweiset, das wir bey der rechten alten Kirchen blieben, ja das wir die rechte alte Kirche sind, jr aber von uns, das ist, von der alten Kirchen abtrünnig worden, ein newe Kirchen angericht habt wider die alte Kirche? Das las uns hören."[2]

Diese Frage führt unmittelbar in die Mitte des katholisch-protestantischen Streites, der – das zeigt sich hier von neuem – ein Streit um das wahre theoretische wie praktische Kirchenverständnis ist. Doch gerade diese Verteidigungsschrift Luthers macht deutlich, daß die Frage nach der wahren apostolischen Kirche nicht einfach nur eine Frage abstrakter theologischer Beweisführung und geschickter Apologetik ist. Sie ist vielmehr auch eine Frage der konkreten Glaubwürdigkeit, die nicht losgetrennt werden kann von der konkreten Geschichte der Kirche. Nicht umsonst fügt Luther seinen theologischen Gründen eine genaue Schilderung des Ausbruchs der Reformation an. Auch der heutige katholische

---

[1] WA 51, 469–572.   [2] WA 51, 478f.

Leser wird nicht ohne Scham lesen können[3], wie damals im politischen und finanziellen Handel um Ablaß, Mainzer Bischofsstuhl und Peterskirche von allen Beteiligten die apostolische Kirche verraten wurde, weil – wie schon lange zuvor – in der Kirche der *Geist* der Apostel verraten wurde. Es kann auf dieses dunkle Problem hier nicht eingegangen werden; um ein Schuldbekenntnis wird man in der katholischen Kirche jedenfalls auch heute nicht herumkommen. Doch muß für unseren Zusammenhang festgehalten werden: auch die Apostolizität der Kirche muß *glaubwürdig*, d. h. „nicht in überredenden Weisheitsworten, sondern im Beweis des Geistes und der Kraft" (1 Kor 2, 4f) dargestellt werden.

Um die Frage, wer die wahre alte apostolische Kirche sei, theologisch zu klären, führt Luther einen doppelten Beweisgang durch. Im ersten geht er positiv vor und beweist, daß seine Kirche mit der alten, von Christus gegründeten apostolischen Kirche das Entscheidende gemeinsam habe. Es kann nach Luther niemand leugnen: 1. „das wir so wol als die Papisten herkomen aus der heiligen Tauffe, . . . die selbige alte Tauffe, die Christus eingesetzt, darin die Apostel und erste Kirche, und alle Christen hernach bis daher getaufft sind"[4]; 2. „das wir das Heilige Sacrament des Altars haben, gleich und eben, wie es Christus selbs eingesetzt, und die Apostel hernach und die gantze Christenheit gebraucht haben, Und essen und trincken also mit der alten und gantzen Christenheit von einerley Tissch, und empfahen mit jnen das selb einerley alte Sacrament, und haben darin nichts newes noch anders gemacht"[5]; 3. „das wir die rechten, alten Schlüssel haben und sie nicht anders brauchen, denn zu binden und zu lösen die Sünde, so wider Gottes gebot geschehen, wie sie Christus eingesetzt, die Apostel und gantze Christenheit gebraucht hat, bis daher"[6]; 4. „das wir das predigtampt und Gottes wort rein und reichlich haben, vleißig leren und treiben on allen zusatz newr, eigener, menschlicher lere, gleich wie es Christus befolhen, die Apostel und gantze Christenheit gethan"[7]; 5. „das wir der Apostel Symbolon, den alten Glauben der alten Kirchen, aller ding gleich mit jr halten, gleuben, singen bekennen, Nichts newes drinnen machen noch zusetzen"[8]; 6. „das wir mit der alten Kirchen ein gleich gebet, dasselb Vater unser haben, kein newes noch anders ertichten, die selben Psalmen singen, mit eintrechtigem munde und hertzen Gott loben und dancken, gleich wie es Christus geleret, die Apostel und alte Kirche selbs gebraucht, und uns dem Exempel nach zu thun befolhen"[9]; 7. „das wir mit der

---

[3] WA 51, 537–544; vgl. *J. Lortz,* Die Reformation in Deutschland (Freiburg i. Br. [3]1948) I, 193–263.
[4] WA 51, 479.   [5] WA 51, 480.   [6] WA 51, 480.   [7] WA 51, 481.
[8] WA 51, 482.   [9] WA 51, 482.

alten Kirchen leren und halten, Man solle die Weltlichen herrschafft ehren und nicht verfluchen noch zwingen dem Bapst die füße zu küssen"[10]; 8. „das wir den Ehestand loben und preisen, als ein Göttliche, gesegnet und wolgefellig geschepffe und ordnung, zur leibs frucht und wider die fleischliche unzucht, und haben den nicht auffs new von uns ertichtet"[11]; 9. „das wir eben dasselb leiden (wie Sanct Petrus sagt), das unsere Brüder in der Welt haben, da verfolget man uns an allen örten, da erwürget, ertrenckt, erhencket, und legt uns alle plag an, umb des Worts willen, und gehet uns gleich wie der alten Kirchen"[12]; 10. „das wir nicht widerumb auch blut vergießen, morden, hencken und uns rechen, wie wir offt wol hetten thun und noch kündten, Sondern wie Christus, die Apostel und alte Kirche gethan, dulden wir, vermanen und fur sie bitten, auch öffentlich in der Kirchen, in den Litanien und Predigen, aller dinge, wie Christus unser HERR gethan und geleret, die alte Kirche auch also, das wir hierin auch alle des alten wesens der alten Kirchen uns halten"[13].

Im zweiten Beweisgang geht Luther negativ vor und beweist, daß die katholische Kirche die neue, von der alten, von Christus gegründeten apostolischen Kirche abgefallen ist. Ungezählte Neuerungen wurden in der katholischen Kirche eingeführt: „. . . unzeliche Bücher vol, von eitel newen fündlin, da die alte Kirche nichts von gewust noch die Apostel"[14]. Luther nennt als Beispiele: Genugtuung durch Werklerei, Ablaß, Weihwasser, Wallfahrten, Bruderschaften, Neuerungen beim Sakrament des Altares (verstanden als Priesteropfer, als Werk des Gehorsams, Kommunion unter einer Gestalt), Schlüsselgewalt in weltlichen Dingen (Absetzung von Königen und Fürsten), Verfälschung der Predigt durch Menschengebote, Setzung eines leiblichen Hauptes in Christi geistlichem Reich, das sich Allerheiligster und Gott auf Erden nennen läßt, Abgötterei in der Heiligenverehrung (Heiligsprechungen, Fast- und Feiertage), Unreinerklärungen des Ehestandes für den besonderen Gottesdienst, weltliches Schwert und Krieg für kirchliche Zwecke, Fegefeuer, Reliquien . . .[15] Und immer neu wiederholt Luther: „Wer hat euch befolhen? oder wo stehts geschrieben? Wo findet jr in der alten Kirchen, das jr solche newe Tauffe und Heiligkeit ertichten müget? Wer ist hie Ketzer, Abtrünnig und newe Kirche?"[16]

Die Darlegungen Luthers – oft in höchster polemischer Erregung vorgebracht – sind zweifellos sehr ernst zu nehmen. Was soll da der katholische Theologe tun? Bezüglich des ersten Beweisganges: sich aufrichtig freuen über das, was uns – bei allen Differenzen – eint; es ist mehr, als was uns trennt. – Bezüglich des zweiten Beweisganges:

---

[10] WA 51, 482.   [11] WA 51, 483.   [12] WA 51, 484.   [13] WA 51, 485.
[14] WA 51, 498.   [15] WA 51, 487–497.   [16] WA 51, 488.

a) mutig alles prüfen, wie es der Apostel 1 Thess 5, 21 fordert; b) ehrlich bedauern, kritisieren und bekämpfen, was Abfall von der apostolischen Kirche ist (z. B. alle Art von Werklerei und Abgötterei); c) verständnisvoll erklären, was aus einer bestimmten Zeit heraus verstanden werden muß und so nicht zum Wesen der katholischen Kirche gerechnet werden darf (z. B. die direkte Gewalt der Kirche über die zeitlichen Dinge und Absetzung der Könige und Fürsten); d) differenziert verteidigen, was eine echte Interpretation, Ausführung und Entfaltung des von der apostolischen Kirche Überlieferten ist.

Dies alles gilt jedoch heute entsprechend auch für den evangelischen Theologen. Läßt es sich doch nicht leugnen, daß sich die Situation im katholischen wie im evangelischen Raum seit Luthers Reformation vielfältig verändert hat. Manches, was Luther lobte, ist heute nicht nur in der evangelischen Kirche zu loben; manches, was er tadelte, nicht nur in der katholischen Kirche zu tadeln. Weder die Katholiken noch die Evangelischen dürfen sich je davon dispensiert halten, sich je neu nach der apostolischen Kirche auszurichten. Weder die Berufung auf katholische Tradition noch die Berufung auf evangelische Reformation entbinden davon, das stets neu zu verwirklichen, was das Entscheidende ist, wenn man sich apostolisch nennen will: die *sachliche Übereinstimmung mit der apostolischen Botschaft.*

Das ökumenische Konzil aus menschlicher Berufung ist die Repräsentation der Ecclesia apostolica, wenn es mit der Ecclesia apostolica in *sachlicher Übereinstimmung* steht[17]. Die sachliche Übereinstimmung eines Konzils mit der Ecclesia apostolica ist zwar die Gabe des der Kirche gewiß und unverbrüchlich zugesagten Heiligen Geistes; sie ist aber zugleich die Aufgabe und Gegenstand der unermüdlichen Sorge der Kirche selbst. Die schwere Aufgabe des ökumenischen Konzils aus menschlicher Berufung ist es somit, diese nicht nur äußerlich-formale, sondern innerlich-inhaltliche Übereinstimmung *glaubwürdig* darzustellen. Die Einheit, Heiligkeit und Katholizität ist nur dann die Einheit, Heiligkeit und Katholizität der Kirche Jesu Christi, wenn sie aufruht auf dem Grund, auf dem Jesus Christus seine Kirche gründen wollte: auf dem Grund der Apostel (vgl. Mt 16, 18; Eph 2, 20; Apk 21, 14), die die Augenzeugen des auferstandenen Herrn sind und als solche die unmittelbar von ihm selbst gesandten und bevollmächtigten Verkünder seiner Botschaft und Leiter seiner Herde. Nur im apostolischen Zeugnis vernehmen wir den erhöhten Herrn. Deshalb hat das Zeugnis der Apostel eine einzigartige, bleibende und unwiederholbare normative Stellung

---

[17] Damit soll noch keine adäquate Beschreibung der Apostolizität eines ökumenischen Konzils gegeben, wohl aber eine notwendige Bedingung der Apostolizität eines ökumenischen Konzils herausgehoben werden.

in der Kirche und gegenüber der Kirche. Deshalb ist für eine Kirche, die sich apostolisch nennen will, und für ein Konzil, das die apostolische Kirche repräsentieren will, nicht nur eine historisch, sondern sachlich verstandene Nachfolge erfordert: im Geist der Apostel, im Glauben an ihr Evangelium und im Gehorsam gegenüber ihrem verbindlichen Vorbild.

b) Wann ist nun aber ein Konzil konkret in sachlicher Übereinstimmung mit den Aposteln? Luthers Antwort: wenn es in *Übereinstimmung mit der Heiligen Schrift* ist, die uns die apostolische Kirche überliefert hat und unter deren Autorität Kirche und Konzil stehen müssen.

Für Luther liegt alles Übel in der katholischen Kirche darin, daß man Menschenwort auf die Ebene des Gotteswortes stellt: „„.... das jnen gleich viel gilt, Gottes wort und menschen Lere"[18]. Bei allen Neuerungen in der katholischen Kirche gehe es nicht um Gottesworte, sondern um menschliche Erfindungen: „Nu laßt uns die newen stücke alle nach einander ansehen, die in der newen Kirchen des Bapsts auffkomen sind, So finden wir, das sie alle on Gottes wort, das ist, on weg, warheit und leben sind, allein aus menschlicher andacht oder gutdüncken, oder des Bapsts bosheit, ertichtet."[19]

Die Kirche unter dem Wort: das ist auch – neben dem allgemeinen Priestertum der Gläubigen – das zentrale Anliegen von Luthers Konzilstheologie[20]. Schon 1512 anläßlich einer Bezirkssynode des Bistums Brandenburg in Ziesár hatte Luther in einer Predigt für den Propst von Leitzkau[21] erklärt, die vornehmste Aufgabe des Konzils sei es, sich der Predigt des Evangeliums anzunehmen; täte das Konzil dies nicht, sei es vergebens zusammengekommen[22]. Die Bedeutung des Wortes Gottes für das Konzil wird dann beim Ausbruch der reformatorischen Krise scharf zum Ausdruck gebracht: sowohl in seinem Streit mit Prierias 1518[23] wie in seiner Disputation mit Eck 1519: die Heilige Schrift ist „verbum Dei infallibile, concilium vero creatura istius verbi"[24]. Nachher schreibt er dem Kurfürsten Friedrich, man solle „mehr einem Laien glauben, der Gschrift hat, dann dem Papst und Concilio ohne Gschrift"[25]. Mit dieser Aussage, daß das Konzil unter der Schrift steht, ist schon seit dem Streit mit Prierias die andere verbunden, daß Konzilien irren können[26], und seit der Leipziger Disputation die weitere Verschärfung, daß Konzilien auch faktisch geirrt haben[27]. Damit will Luther nicht sich, sondern Christus, wie er spricht durch die Heilige Schrift, über das

---

[18] WA 51, 509.   [19] WA 51, 515.
[20] Vgl. die Literatur, die angegeben ist V, 1 Anmerkung 1.
[21] WA 1, 10-17.   [22] WA 1, 13.   [23] WA 1, 656 658 665 685.
[24] WA 2, 288.   [25] WA (B) 2, 468 472.   [26] WA 1, 656 685.
[27] WA 2, 303 308.

Konzil stellen: „... ich erhebe mich nit ubir die doctores und Concilia, ich erhebe Christum ubir alle lerer und Concilia."[28]

Fast dreißig Jahre verstrichen nach dem Ausbruch der Reformation bis zur Eröffnung eines Konzils. In all diesen Jahren endloser Diskussionen blieb es für Luther fest, daß das Konzil nicht über, sondern unter der Schrift steht. Das meinte er im Grunde, wenn er immer wieder ein „freies, christliches Konzil" verlangte: frei vom Papst, allein der Schrift unterstellt. Das Konzil soll Streitfragen entscheiden – insofern bejahte Luther aufrichtig ein Konzil –, aber es soll sich in allen Dingen der Heiligen Schrift fügen – insofern bestritt Luther eine Absolutsetzung des Konzils. Dies ist auch der Grundtenor sowohl seiner Disputationsthesen „De potestate concilii" 1536[29] wie auch seiner Kampfschrift „Von den Konziliis und Kirchen"[30]. Hier hat Luther, wenn auch sehr polemisch, so doch am ausführlichsten zur Frage des Konzils Stellung genommen. Doch die ganze Schrift ist von einem tiefen Pessimismus durchdrungen. Nachdem Luther noch 1537, allerdings ohne ernsthafte Hoffnung auf Versöhnung, die Schmalkaldischen Artikel[31] zur Vorlage auf einem Konzil in Mantua verfaßt hatte, begräbt er nun in der Schrift „Von den Konziliis und Kirchen" 1539 seine Hoffnung auf das Konzil. Er ist zutiefst enttäuscht und verzweifelt darüber, daß der Papst nach der dreimaligen Verschiebung des Konzils und der andauernden Verhinderung der Kirchenreform ein ernsthaftes Konzil offenkundig nicht wünsche: „Wolan, müssen wir denn an einem Concilio verzweifeln, so sey es dem rechten Richter, unserm barmhertzigen Gotte, befolhen."[32]

Während Luther in seiner frühen Schrift „An den christlichen Adel", wie wir sahen, vom allgemeinen Priestertum der Gläubigen ausgeht, so hier von der grundlegenden Bedeutung der Heiligen Schrift. Eingehend hatte Luther die eben erschienene dreibändige Konziliensammlung von Peter Crabbe[33] studiert, und so ist seine Abhandlung ausgezeichnet durch lange geschichtliche Ausführungen. Im ganzen ersten Teil[34] versucht Luther die historische Bedingtheit der Konzilien und Widersprüche in der Tradition aufzuweisen und zu zeigen, wie viele konziliare Vorschriften – angefangen vom Apostelkonzil und der Enthaltsamkeit von Blut und ersticktem Fleisch – nicht eingehalten wurden. Allein die Schrift sei das bleibende Fundament: „Und summa, thu sie alle zusamen, beide, Veter und Concilia, so kanstu doch nicht die gantze Lere Christlichen glaubens aus jnen klauben, ob du ewig dran klaubst, Und wo

---

[28] WA 6, 581.   [29] WA 39, I, 181–197.   [30] WA 50, 509–653.
[31] WA 50, 192–254.   [32] WA 50, 623.
[33] P. Crabbe, Conciliorum omnium tam generalium quam particularium, quae iam inde ab apostolis in hunc usque diem celebrata, vol. I–III (Coloniae Agrippinae 1551).
[34] WA 50, 509–547.

die Heilige Schrifft nicht gethan und gehalten hette, were die Kirche der Concilij und Veter halben nicht lange blieben. Und zu warzeichen: Woher habens die Veter und Concilia, was sie leren oder handeln?"[35]

Im zweiten Teil[36] stellt Luther die vier alten „Heuptconcilia" als Musterbeispiele hin: Die wahren Konzilien erfinden und setzen nichts Neues, sondern sie verteidigen „als der höheste Richter und der größest Bisschoff unter Christo den alten glauben und alte, gute werck . . . nach der Heiligen schrifft, on das (= nur daß) sie auch daneben von zeitlichen, vergenglichen, wandelbarn sachen zu jrer zeit notturfft handeln, welchs doch auch mus geschehen, außer den Concilien in allen Pfarrhen und Schulen"[37]. Doch gerade unter dem Worte Gottes kommt dem Konzil in der Kirche die höchste richterliche *Lehrautorität* zu: „So ist nu ein Concilium nicht anders, denn ein Consistorium, Hofegericht, Camergericht oder desgleichen, Darinnen die Richter nach verhör der Part (= Parteien) das urteil sprechen, doch mit solcher demut: Von rechts wegen, das ist: unser Ampt ist Anathematisare, verdamnen, aber nicht nach unserm kopff, noch willen, oder neuem ertichten recht, sondern nach dem alten recht, das im gantzen reich gehalten wird fur recht. Also verdampt ein Concilium auch einen Ketzer nicht nach jrem dunckel (= Gutdünken), sondern nach des Reichs recht, das ist nach der heiligen Schrifft, wie sie bekennen, welchs der heiligen Kirchen recht ist. Solch recht, reich und Richter ist warlich zu fürchten bey ewigem verdamnis, Denn solch Recht ist Gottes Wort, Das Reich ist Gottes Kirche, der Richter ist beider amptman oder diener."[38] Ebenso vergleicht Luther das Konzil mit dem Reichstag, nur daß der Reichstag – als vergängliches Ding – vergängliches Recht habe. „Aber in diesem Reich der Kirchen heißts also: ,Gottes wort bleibet ewiglich', nach demselben mus man richten und nicht neue oder ander Gottes wort machen, neu oder ander Artickel des glaubens setzen."[39]

Der apostolische Charakter des ökumenischen Konzils aus menschlicher Berufung steht und fällt also mit der Bindung an die Heilige Schrift: „Und ich wolt dem Concilio selber auch nicht gleuben, sondern sagen, Es sind Menschen gewest. Aber der Evangelist S. Johannes und S. Paulus, Petrus sampt den andern Aposteln, diese halten fest und stehen uns fur guten grund und wehre, Als denen ist offenbart, durch den Heiligen Geist öffentlich vom Himmel gegeben, Von welchen es die Kirchen vor diesem Concilio, und das Concilium auch von denselben gehabt."[40] Diese Bindung des Konzils an die Heilige Schrift bestätigte Luther nochmals in seiner letzten Stellungnahme zum Konzil, in der leidenschaftlich polemischen Schrift „Wider das Papstthum zu Rom, vom Teufel ge-

---

[35] WA 50, 546f.   [36] WA 50, 547–624.   [37] WA 50, 606.
[38] WA 50, 615f.   [39] WA 50, 617.   [40] WA 50, 552.

stiftet" 1545[41], in der er noch einmal „ein Frey, Christlich, Deudsch Concilium" fordert: „Das heißt frey, da das Concilium frey, und die Schrifft, das ist, der heilige Geist frey sind."[42] Auch mit „christlich" ist gemeint: daß man „von Christlichen sachen und durch Christliche Leute nach der Schrifft handeln" solle[43]. Zu einem solchen freien, christlichen, „deutschen" (d. h. in deutschen Landen stattfindenden) Konzil ist es zu Lebzeiten Luthers nicht gekommen. Bevor Luther diese Schrift den gegen Ende des Jahres sich in Trient versammelnden Bischöfen zusenden konnte, ist er gestorben, ohne Hoffnung auf ein Konzil und die Wiederherstellung der Einheit.

Diese Auffassung von der Schrift als Norm der Konzilien teilen mit Luther auch die anderen Reformatoren. Für Luthers Schüler Melanchthon ist das selbstverständlich. Schon in seiner Disputation zur Erlangung des Grades eines Baccalaureus biblicus 1519 verteidigt er die These: „Conciliorum auctoritas est infra scripturae auctoritatem."[44] In den verschiedenen Gutachten, die Melanchthon in der Folge zur Frage der protestantischen Konzilsteilnahme für die Fürsten auszuarbeiten hatte, vertrat er konsequent dieselbe Auffassung. Auch die lutherische Orthodoxie liegt ganz in dieser Linie[45]. Doch ist bemerkenswert, daß die luthe-

---

[41] WA 54, 211.   [42] WA 54, 211.   [43] WA 54, 212.

[44] *Ph. Melanchthon,* Werke (Ausg. R. Stupperich [Gütersloh 1951]) I, 24.

[45] Zur Zeit von Melanchthons Tod schienen die Grundlinien der lutherischen Konzilstheologie klar zu sein; weder Martin Chemnitz' Loci theologici (Frankfurt a. M. 1591) noch die Matthias Hafenreffers (Tübingen 1609), weder Leonhard Hutters Compendium (Wittenberg 1610) bzw. Loci (Wittenberg 1619) noch die Loci Johann Gerhards (Jena 1610–25) brachten eine ausgebildete Lehre vom Konzil. Zwar zwangen die Ergebnisse von Trient zur Auseinandersetzung, aber erst der ausführliche Konzilstraktat in Bellarmins Disputationes (Ingolstadt 1586–93) weckte die Geister und führte zu einer zahlreichen Disputationen-Literatur: Johannes Lampadius 1616, Heinrich Hoepfner 1620, Paul Röber 1631, Johann Gerhards Confessio Catholica 1634–37 und im Zusammenhang mit dem Wunsch nach einem evangelischen Wiedervereinigungskonzil vor allem Georg Calixt. In der zweiten Hälfte des 17. Jahrhunderts führte die immer breitere Erörterung der Konzilsproblematik dazu, daß die nunmehr systematisch ausgebaute Lehre vom Konzil als Lehrstück in die lutherische Lehre von der Kirche eingefügt wird: so bei Friedrich König, Abraham Calov, Johann Andreas Quenstedt, Johann Wilhelm Baier. Hier überall wird der normative Charakter der Schrift stark herausgehoben. Mit dem Zerfall der Orthodoxie im 18. Jahrhundert zerfällt dann aber auch die Theologie des Konzils. Davon zeugen die Dogmatiken von Johann Franz Budde, Franz Volkmar Reinhard, Karl von Hase bis zu Julius August Ludwig Wegscheider. Im 19. Jahrhundert kam es auch zu keiner Erneuerung der Konzilstheologie; die unglücklich ausgesprochene Einladung an die Protestanten führte zu keinen tieferen theologischen Überlegungen über das Wesen des Konzils. Erst Werner Elert versuchte 1927 eine Brücke herzustellen zwischen dem Konzil und der Weltkonferenz für Glaube und Kirchenverfassung in Lausanne.

rischen Bekenntnisschriften zwar auf die altkirchlichen Konzilien Bezug nehmen, sich aber zur Theologie des Konzils nicht äußern (auch nicht die Vorreden zur Augsburgischen Konfession und zu den Schmalkaldischen Artikeln). Anders die Bekenntnisschriften der *reformierten* Kirche (Schottisches Bekenntnis 1560, Confessio helvetica posterior 1561, Irische Artikel 1615 usw.). Sie fassen praktisch die Auffassung *Calvins* über das Konzil zusammen. Für Calvin ist wie für Luther die unbedingte Autorität der Heiligen Schrift auf dem Konzil von grundlegender Bedeutung. In der Institutio sagt er schon in der Einleitung zum Abschnitt „De conciliis eorumque auctoritate": „Quod hic rigidior sum futurus, non ideo esse quod vetusta concilia minoris faciam quam decet. Veneror enim ea ex animo, suoque in honore apud omnes esse cupio. Sed hic est aliquis modus: ut nihil scilicet Christo derogetur. Porro hoc est Christi ius, ut conciliis omnibus praesideat, nec socium habeat hominem in ista dignitate. Tunc autem demum praesidere dico, ubi totum consessum verbo et spiritu suo moderatur."[46] Heißt das, daß die Konzilien keine Autorität haben? Nein, sagt Calvin: „Quid ergo? inquies, nullane erit in definiendo conciliorum autoritas? Imo vero: neque enim hic omnia concilia damnanda, aut omnium acta rescindenda, et (quod dicitur) una litura *esse* inducenda disputo. At cogis tamen, inquies, omnia in ordinem: ut cuilibet in medio positum sit recipere vel repudiare quod statuerint concilia. Minime vero; *sed enim* quoties concilii alicuius decretum profertur, expendi primum diligenter velim quo tempore habitum sit, qua de causa habitum et quo consilio, quales homines interfuerint; deinde illud ipsum de quo agitur ad scripturae amussim examinari; idque in eum modum ut concilii definitio pondus suum habeat, sitque instar praeiudicii, neque tamen examen, quod dixi, impediat."[47] Und für dieses Vorgehen beruft sich Calvin auf Augustin: „Utinam eum omnes servarent quem praescribit Augustinus libro adversus Maximinum tertio. Nam quum hunc haereticum de synodorum decretis litigantem breviter vult compescere: nec ego, inquit, nicaenam synodum tibi, nec tu mihi ariminensem debes tanquam praeiudicaturus obiicere; nec ego huius autoritate, nec tu illius detineris: scripturarum autoritatibus, non quorumque propriis, sed quae utrisque sunt communes, res cum re, causa cum causa, ratio cum ratione certet. Sic fieret ut conciliis sua esset quae esse debet maiestas; interim tamen superiore loco emineret scriptura, ne quid esset quod non illius regulae subiiceretur."[48] Die re-

Diese ganze Entwicklung wird dargestellt bei *M. Seils,* Das ökumenische Konzil in der lutherischen Theologie, in: Die ökumenischen Konzile der Christenheit, hrsg. von H.-J. Margull (Stuttgart 1961) 339–359.
[46] *J. Calvin,* Opera quae supersunt omnia. Corpus reformatorum (Brunsvigae 1834; im folgenden zitiert mit CR) 30, 858.
[47] CR 30, 861 s.   [48] CR 30, 862.

formierte Orthodoxie ist Calvin in seiner Lehre vom Konzil gefolgt; alle bedeutenden reformierten Dogmatiker (G. Bucanus, F. Burmannus, J. H. Heideggerus, A. Polanus, F. Turretinus, J. A. Turretinus, A. Walaeus, S. Werenfelsius, J. Wollebius usw.) handeln ausführlich vom Locus de Conciliis oder de Synodis[49]; für sie alle ist es selbstverständlich, daß die Heilige Schrift die einzige Norm für Konzilsverhandlungen ist[50].

Die gesamte reformatorische Theologie stimmt nach dem, was wir bisher gehört haben, darin überein, daß die Apostolizität der Kirche in der sachlichen Übereinstimmung mit den Aposteln besteht und daß diese sachliche Übereinstimmung mit den Aposteln konkret normiert ist durch die Heilige Schrift. Kann der katholische Theologe hier beistimmen? In einem früheren Abschnitt[51] haben wir bereits gesehen, daß auch nach katholischer Auffassung gilt: Das Konzil steht nicht über, sondern unter der Heiligen Schrift. Doch muß nun das kontroverstheologische Problem genau in den Blick gefaßt werden. Was bedeutet dieser Satz nach dem, was wir oben entwickelt haben? Er bedeutet: Im Gegensatz zu allen, auch den feierlichsten Lehräußerungen der Kirche ist entsprechend der

---

[49] Vgl. zur calvinistischen Tradition *J.-L. Leuba,* Das ökumenische Konzil in der reformierten Theologie, in: Die ökumenischen Konzile der Christenheit, hrsg. von H.-J. Margull (Stuttgart 1961) 376–386.
[50] Zur Schriftautorität in der *reformierten* Theologie stellt *Leuba* folgendes zusammenfassend fest: „Vom theologischen Standpunkt aus haben die Entscheidungen und Bestimmungen eines Konzils Autorität grundsätzlich nur insofern, als sie mit der Heiligen Schrift übereinstimmen. Autorität ist also mit Legitimität unzertrennbar verbunden. Eine Interpretation der Heiligen Schrift, die das Ergebnis gegenseitiger Gespräche zwischen Vertretern der größtmöglichen Zahl von Kirchen ist, hat aber mehr Gewicht als die Interpretation eines einzelnen Gläubigen oder einer einzigen Lokalkirche. Darum wird von allen Dogmatikern mehr oder weniger ausführlich behauptet, daß jeder Gläubige die Pflicht hat, den Urteilssprüchen des Konzils Folge zu leisten. Es werden dabei namentlich von den französischen Reformierten dreierlei Arten von konziliarischen Bestimmungen unterschieden.
a) In Glaubenssachen sind die Konzile eigentlich nicht als Richter, sondern als bloße Zeugen und Experten zu betrachten. Sie haben nicht die wahre Lehre aufzustellen, die ja in der Heiligen Schrift schon aufgestellt ist. An Hand der schon aufgestellten Lehre haben sie aber die Irrlehren zu entlarven.
b) Dagegen haben sie sich als Gesetzgeber in Sachen der Disziplin und der Kirchenordnung zu bestätigen. Ihre diesbezüglichen Bestimmungen sind daher von den Gläubigen zu befolgen, da es sich um Dinge handelt, die das Heil nicht in Frage stellen können.
c) Eigentliche Richter sind die Konzile hinsichtlich derjenigen, die offensichtlich gegen das Wort Gottes lehren und leben. Es gehört ihnen das Recht der Zensuren und der Exkommunizierung. Im Unterschied zu den Independenten wird angenommen, daß die Konzile in den zwei letztgenannten Funktionen ein juristisches Recht ausüben" (a. a. O. 381 f).
[51] Vgl. IV, 3.

Vatikanischen Definition *allein* die Heilige Schrift als geistgewirkter und geisterfüllter Niederschlag des apostolischen Kerygmas inspiriertes Gotteswort (dessen auctor Gott selbst ist). Auch Konzilsdefinitionen sind also nicht in diesem eigentlichen Sinn Wort Gottes. Konzilsdefinitionen sind *menschliches* Wort, das unter dem Beistand (assistentia, nicht inspiratio) des Heiligen Geistes als *menschliches* Wort die Offenbarung Gottes *bezeugt* (testatur, affirmat, confirmat, continet verbum Dei, *non est* verbum Dei). Konzilsdefinitionen können keine neuen Offenbarungen verkünden, sondern nur die alte neu auslegen. Deshalb stehen auch die ökumenischen Konzilien – gerade in ihrem Dienst der Erklärung und Deutung – nicht über, sondern unter der Heiligen Schrift. Von da her ergab sich, daß die Heilige Schrift die primäre Norm für das Konzil ist. Primäre Norm sowohl für die Lehrentscheidungen wie für den Geist der gesamten konziliaren Tätigkeit: Vorbereitungsarbeiten, Auswahl der Traktanden, Verhandlungsordnung und Verhandlungsleitung, Art und Weise der Diskussion, Erklärungen und Beschlüsse. Der äußere Rahmen des Konzils, die innere Grundhaltung, die konziliaren Entscheidungen, dies alles soll – entsprechend dem zitierten Wort des Athanasios – „die Heilige Schrift atmen". In all dem also kann Luther und den Reformatoren zugestimmt werden; ja, dies alles kann heute – nachdem sich manches in der theologischen Kontroverse geklärt hat und auch die Evangelischen die Bedeutung der kirchlichen Tradition besser sehen – deutlicher und schärfer gesagt werden als früher[52].

---

[52] Neben der in IV, 3 angegebenen Literatur der Schrift und Tradition vgl. die wachsende Zahl katholischer Arbeiten zur Theologie des Wortes. Von der Exegese her z. B. *K. H. Schelkle*, Das Wort Gottes in der Kirche, in: Tübinger Theol. Quartalschrift 133 (1953) 278–293; Jüngerschaft und Apostelamt (Freiburg i. Br. ²1961) 58–84; Heilige Schrift und Wort Gottes, in: Tübinger Theol. Quartalschrift 138 (1958) 257–274; *J. Levie*, La Bible, parole humaine et message de Dieu (Paris 1958); *H. Schlier*, Wort Gottes. Eine neutestamentliche Besinnung (Würzburg 1958). – Von der Patristik her verschiedene französische Arbeiten, vor allem *H. de Lubac*, Histoire et Esprit. L'intelligence de l'Écriture d'après Origène (Paris 1950); Der geistliche Sinn der Schrift (Einsiedeln 1952); *C. Mondésert*, Clément d'Alexandrie. Introduction à l'étude de sa pensée religieuse à partir de l'Écriture (Paris 1944); *M. Pontet*, l'Exégèse de S. Augustin prédicateur (Paris 1944); vgl. auch die verschiedenen patristischen Arbeiten *H. U. von Balthasars* über Origenes, Gregor von Nyssa, Maximus Confessor und die ausgezeichnete Textsammlung „Origenes: Geist und Feuer, ein Aufbau aus seinen Schriften" (Salzburg 1938. ²1953), sowie *R. Gögler*, Das Wesen des biblischen Wortes nach Origenes (Diss. München 1953). – Von der mittelalterlichen Theologie her: *Th. Soiron*, Heilige Theologie (Regensburg 1935; über Bonaventura); *E. Eilers*, Gottes Wort. Eine Theologie der Predigt nach Bonaventura (Freiburg 1941); *Z. Alszeghy*, Die Theologie des Wortes Gottes bei den mittelalterlichen Theologen, in: Gregorianum 39 (1958) 685–705. – Von der Pastoraltheologie her: *J. A. Jungmann*, Die Frohbotschaft und unsere Glaubensverkündigung (Regensburg 1936); *F. X. Ar-*

Aber dies alles ist nur eine Seite der Wahrheit. Nichts gegen die Autorität des Wortes Gottes auch über die Konzilien! Aber – so muß hier die Frage des katholischen Theologen an Luther lauten – wie steht es nun mit der Autorität unter der Autorität des Wortes Gottes? *Alle* Christen stehen unter dem Wort: heißt das, daß aller Christen Autorität unter dem Wort *gleich* ist? Die des Episkopos wie die des Einzelchristen, die des ökumenischen Konzils wie die der Gemeindeversammlung? Gibt es also keine *besondere* Autorität unter dem Worte Gottes? Und falls es sie gäbe, woher stammt sie gerade als besondere?

Oder die Frage anders gestellt: Gewiß, nur diejenige Kirche ist die wahre apostolische Kirche, die mit den Aposteln innerlich, sachlich übereinstimmt: durch die Nachfolge im apostolischen Geist. Gewiß, nur diejenige Kirche ist die wahre apostolische Kirche, die mit dem Zeugnis, das uns die Apostel überliefert haben, übereinstimmt: durch die Nachfolge im apostolischen Glauben und Bekenntnis. Doch – und das ist für uns das Entscheidende – reicht diese Nachfolge im apostolischen Geist, im apostolischen Glauben und Bekenntnis aus? Oder drängt sich hier – gerade vom apostolischen Zeugnis der Schrift her – zugleich etwas anderes auf: die Nachfolge im apostolischen *Amt*? Gewiß nicht ein kirchliches Amt zur Herrschaft und zur Selbstverherrlichung, sondern zum Dienst, zum Dienst gerade im apostolischen Geist zur Bewahrung, Verteidigung und Ausbreitung des apostolischen Glaubens und des apostolischen Bekenntnisses. Aber doch ein Amt, das nicht einfach menschlich delegiertes kirchliches Funktionärstum ist, sondern das aus geistspendender apostolischer Berufung, Segnung und Sendung als besondere Autorität eine von *oben* gesetzte und legitimierte Autorität innerhalb der königlichen und priesterlichen Gemeinde ist?

Angewandt auf das ökumenische Konzil: Genügt es, daß *irgendwelche* Glieder aus den verschiedenen Gliedkirchen in einem Concilium unter dem Worte Gottes zusammenkommen, damit die umfassende ökumenische Repräsentation der Kirche selbst gerade als der Ecclesia apostolica gegeben ist? Was für eine Autorität hätte solch ein concilium beliebiger Einzelglieder in der Kirche? Hätte es überhaupt besondere Autorität? Wie steht es also mit der Autorität des ökumenischen Konzils

---

nold, Dienst am Glauben (Freiburg 1948); Glaubensverkündigung und Glaubensgemeinschaft (Düsseldorf 1955). – Synthesen bieten: *D. Barsotti,* Christliches Mysterium und Wort Gottes (Einsiedeln 1957); das Sammelwerk La Parole de Dieu en Jésus-Christ (Cahiers de l'actualité religieuse 15 [Paris 1961]); *O. Semmelroth,* Wirkendes Wort. Zur Theologie der Verkündigung (Frankfurt a. M. 1962). Vgl. auch meinen Aufsatz: Karl Barths Lehre vom Wort Gottes als Frage an die katholische Theologie, in: Einsicht und Glaube, hrsg. von J. Ratzinger und H. Fries. Festschrift G. Söhngen (Freiburg i. Br. 1962) 75–97.

unter der Schrift in der lutherischen Theologie? Ist es eine besondere Autorität oder ist es nur die quantitative Summierung der Autorität der verschiedenen einzelnen Glieder?

Die Frage, um die es hier geht, ist also kurz die: Was hält Luther vom kirchlichen Amt und von der Nachfolge im kirchlichen Amt? Was hält er insbesondere von der Stellung des kirchlichen Amtes auf einem ökumenischen Konzil?

2. Bedeutung des Amtes

a) In der für die Konzilstheologie Luthers besonders wichtigen Schrift „An den christlichen Adel" geht Luther, wie wir sahen[1], vom allgemeinen Priestertum der Gläubigen aus. Dagegen hat der Katholik nichts einzuwenden. Was aber sagt Luther vom Amt? Alle Christusgläubigen haben nach ihm die von oben gegebene „*gleiche gewalt*"[2]. Die Weihe durch den Bischof bedeutet also: Es wird einer aus der Versammlung und für die Versammlung genommen und ihm aufgetragen, dieselbe Gewalt für die anderen auszuüben. Gleichwie zehn Brüder, die alle Königsprinzen und gleichberechtigte Erben sind, einen erwählen, der das Erbe für sie regieren soll; alle sind Könige und gleicher Gewalt, doch einem einzigen wird von den anderen zu regieren befohlen. Daraus folgt für Luther: Sollte ein Häuflein frommer Christenlaien in einer Wüste gefangengesetzt sein und hätten sie keinen von einem Bischof geweihten Priester unter sich, so könnten sie einen unter ihnen auswählen und ihm das Amt übertragen, zu taufen, Messe zu feiern, zu absolvieren und zu predigen: „... der wer warhafftig ein priester, als ob yhn alle Bischoffe unnd Bepste hetten geweyhet."[3] Auf diese Weise seien schließlich auch zur alten Zeit die Bischöfe (wie Augustinus, Ambrosius, Cyprian) und Priester vom Volk gewählt worden und nachher von anderen Bischöfen in schlichter Weise bestätigt worden.

Sofern nun auch die weltlichen Gewalten getauft sind, denselben Glauben und dasselbe Evangelium haben, so sind auch sie Priester und Bischöfe, und ihr Amt muß als ein Amt der christlichen Gemeinde ernst genommen werden. „Dan was ausz der tauff krochen ist, das mag sich rumen, das es schon priester, Bischoff und Bapst geweyhet sey, ob wol nit einem yglichen zympt, solch ampt zu uben. Dan weyl wir alle gleich priester sein, musz sich niemant selb erfur thun und sich unterwinden, an unszer bewilligen und erwelen das zuthun, des wir alle gleychen gewalt haben, Den was gemeyne ist, mag niemandt on der gemeyne willen und befehle an sich nehmen. Und wo es geschehe, das yemandt erwelet zu solchem ampt und durch seinen miszprauch wurd abgesetzt, szo were

---

[1] Vgl. V, 1.   [2] WA 6, 407.   [3] WA 6, 408.

ehr gleich wie vorhyn. Drumb solt ein priester stand nit anders sein in der Christenheit, dan als ein amptman: weil er am ampt ist, geht er vohr, wo ehr abgesetzt, ist ehr ein bawr odder burger wie die andern. Alszo warhafftig ist ein priester nymmer priester, wo er abgesetzt wirt. Aber nu haben sie ertichtet Caracteres indelebiles, und schwetzen, das ein abgesetzter priester dennocht etwas anders sey, dan ein schlechter leye."[4]

Was besteht also für ein Unterschied zwischen Geistlichen und Laien? Nicht ein Unterschied des Standes, sondern der Unterschied des Amtes, der Aufgabe, des Werkes, für das sie da sind. Wie die weltliche Obrigkeit, wie der Schuster, Schmied oder Bauer, die alle durch die Taufe geweihte Priester und Bischöfe sind, ihr Amt und Werk haben, um den Anderen zu dienen, so haben auch diejenigen, die man jetzt Geistliche, Priester, Bischöfe oder Päpste nennt, ein Werk und Amt: "sein von den andern Christen nit weytter noch wirdiger gescheyden, dan das sie das Wort gottis und die sacrament sollen handeln."[5]

Ähnliche Gedanken vertrat Luther in den Streitschriften "Von dem Papsttum zu Rom wider den hochberühmten Romanisten zu Leipzig"[6] und "Wider den falsch genannten geistlichen Stand des Papsts und der Bischöfe" 1522[7], wo er die Mißstände schonungslos aufdeckte und das ganze Verhalten des so ungeistlichen "geistlichen Standes" schärfster Kritik unterzog. Besonders aufschlußreich aber ist – neben "De instituendis ministris Ecclesiae" 1523[8] – aus demselben Jahr die Schrift "Daß ein christlich Versammlung oder Gemeine Recht und Macht habe, alle Lehre zu urteilen und Lehrer zu berufen, ein und abzusetzen, Grund und Ursach aus der Schrift"[9]. Hier zieht Luther die Folgerungen aus seiner Schrift "An den christlichen Adel", indem er versucht, für eine – im übrigen frei zu gestaltende – Gemeindeverfassung einige Grundsätze aufzustellen. Christliche Gemeinde ist nach Luther nur dort, wo das lautere Evangelium gepredigt wird; deshalb kann man bei den Bischöfen,

---

[4] WA 6, 408.   [5] WA 6, 409.   [6] WA 6, 285–324.   [7] WA 10, II, 105–158.
[8] WA 12, 169–196; besonders bezeichnend für Luthers Position ist folgende Stelle WA 12, 189: "Verum haec omnia de iure communi Christianorum diximus. Nam cum omnium Christianorum haec sint omnia (uti probavimus) communia, nulli licet in medium prodire autoritate propria et sibi arripere soli, quod omnium est. Arripe sane id iuris et exequere, ubi nullus est, qui simile ius habeat. Verum haec communio iuris cogit, ut unus, aut quotquot placuerint communitati, eligantur vel accepentur, qui vice et nomine omnium, qui idem iuris habent, exequantur officia ista publice, ne turpis sit confusio in populo dei, et Babylon quaedam fiat in Ecclesia, sed omnia secundum ordinem fiant, ut Apostolus docuit. Aliud enim est ius publice exequi, aliud iure in necessitate uti: publice exequi non licet, nisi consensu universitatis seu Ecclesiae. In necessitate utatur quicunque voluerit."
[9] WA 11, 408–416.

Stiften und Klöstern nicht von Christen und christlicher Gemeinde reden. Über die Beurteilung der Lehre, die Ein- und Absetzung von Lehrern und Seelsorgern hat man sich nicht nach menschlichen Satzungen, seien sie noch so alt, zu richten, sondern allein nach dem Worte Gottes. Daß nur Bischöfe, Gelehrte und Konzilien die Lehre beurteilen können, ist menschliche Setzung: „Menschen wortt und lere haben gesetzt und verordnet, man solle die lere zu urteylen nur den Bischoffen und gelerten und den Concilien lassen. Was dye selben beschlossen, solle alle wellt fur recht und artickel des glaubens hallten, wie des gnugsam yhr teglich rhumen uber des Bapsts geystlich recht beweyßet."[10] Dagegen aber steht Christi Wort: „Denn Christus setzt gleich das widderspiel, nympt den Bischoffen, gelerten und Concilien beyde recht und macht, tzu urteylen die lere und gibt sie yderman und allen Christen ynn gemeyn, Da er spricht Johan. 10 ‚Meyne schaff kennen meyne stym'. Item: ‚meyne schaff folgen den frembden nicht, sondern fliehen von yhn, denn sie kennen nicht der frembden stym'. Item: ‚Wie viel yhr komen sind, das sind diebe und morder. Aber die schaff horeten sie nicht'."[11] Bischöfe, Papst, Gelehrte und jedermann haben das Recht zu lehren, aber die Schafe sollen beurteilen, ob jene Christi oder eines Fremden Simme lehren. Gottes Wort aber darf auch vor Bischöfen und Konzilien nicht zurückgesetzt werden: „Darumb lassen wyr Bischoff und Concilia schließen und setzen, was sie wollen, aber wo wyr gottis wort fur uns haben, solls bey uns stehen und nicht bey yhn, obs recht odder unrecht sey, und sie sollen uns weychen und unßerm wort gehorchen."[12] Dies belegt Luther mit verschiedenen Schrifttexten.

Daraus folgen zwei Grundsätze: 1. Eine christliche Gemeinde, die das Evangelium hat, hat nicht nur Recht und Macht, sondern auch die Pflicht, Bischöfe usw., die gegen Gottes Wort lehren und regieren, zu meiden oder abzusetzen. 2. Da eine christliche Gemeinde nicht ohne Gottes Wort und folglich nicht ohne Lehrer und Prediger sein kann, müssen aus den Gemeindegliedern, die ja alle zum Priester gesalbt sind, Geeignete durch die Gemeinde berufen und eingesetzt werden.

Darf aber einer predigen, ohne dazu *berufen* zu sein? Vor Nichtchristen ist jeder Christ zur Predigt berufen und gesalbt (vgl. Apg 6, 7; 8, 5; 18, 25); dasselbe gilt, wo unter Christen Not ist. Bei Christen soll aber im Normalfall sich keiner vordrängen, sondern er soll sich von der Gemeinde berufen lassen, daß er das Amt übernehme und an Stelle und im Auftrag der anderen predige und lehre[13].

Doch nun aus der Schrift die große Schwierigkeit: Hat Paulus nicht Timotheus und Titus befohlen (vgl. auch Apg 14, 25), sie und nicht

---

[10] WA 11, 409.   [11] WA 11, 409.   [12] WA 11, 409f.
[13] WA 12, 189; vgl. Anmerkung 8.

die Gemeinde sollten Priester einsetzen, und also eine apostolische Amts-nachfolge gefordert? Gilt also nicht: „man mus der Bischoff, Epte odder anderen prelaten urlaub und befelh haben, die an der Apostel stat sitzen"?[14] Luthers Antwort: Das könnte geschehen, wenn die Bischöfe und Äbte wirkliche gute Nachfolger der Apostel wären, wobei aller-dings auch dann (außer im Notfall) Wahl und Berufung durch die Gemeinde erfordert wäre: „Wenn unßere Bischoffe und Epte etc. an der Apostel stat seßen, wie sie sich rhumen, were das wol eyn meynung, das man sie ließe thun, das Titus, Timotheus, Paulus und Barnabas thetten mit priester eynsetzen etc. Nu sie aber an des teuffels stat sitzen und wolffe sind, die das Euangelion nicht leren noch leyden wollen, so gehet sie das predigt ampt und seel sorgen unter den Christen tzu be-schicken eben ßo viel an als den turcken und die Juden."[15]

Es geht also um eine Notsituation, in der man sich auch ohne die Nach-folger der Apostel helfen muß: „Nu aber zu unsern zeytten die nott da ist und keyn Bischoff nicht ist, der Euangelisch prediger verschaffe, gillt hie das exempel von Tito und Timotheo nichts, sondern man mus be-ruffen aus der gemeyne, gott gebe er werde von Tito bestettiget odder nicht. Denn also hetten die auch than odder thun sollen, dye Titus ver-sorget, wo yhn Titus nicht hette bestettigen wollen odder sonst nie-mant gewessen were, der prediger eyngesetzt hette. Darumb ist diße zeyt gar ungleich den tzeytten Tito, da die Apostel regirten und recht prediger haben wollten, itzt aber wollen unser tyrannen eytel wolff und diebe haben."[16] So muß Luthers Notordnung von 1523 ohne Bischöfe auskommen; über die Bestellung von Predigern und Diakonen geht Luther nicht hinaus; er handelt nicht von der Gesamtkirche, sondern von der Einzelgemeinde. Auf diese setzt er sein ganzes Vertrauen.

Aber noch im selben Jahre hatte Luther gegen die Schwärmer (Karlstadt, Müntzer usw.) einzugreifen, die sich wie er auf den Heiligen Geist und die Heilige Schrift beriefen, aber dabei zu radikaleren kirchen-reformatorischen Folgerungen fortschritten; Luther appellierte zur Unterdrückung an die weltliche Macht; dazu kamen – ebenfalls mit Berufung auf die Freiheit des Christenmenschen – die schweren revolu-tionären Bauernwirren. Es war nicht zufällig, daß Luther 1528 in seiner Vorrede zu Melanchthons „Unterricht der Visitatoren an die Pfarrherrn im Kurfürstentum zu Sachsen"[17] eine schicksalsschwere neue Entwick-lung in der kirchlichen Organisation theologisch sanktionieren mußte, die politisch schon mit dem Speyrer Reichstagsabschied 1526 zum Durch-bruch kam. Diese Entwicklung ging nicht – wie es Luther vorher wünschte[18] – von unten, sondern von oben, nicht von der freigestalten-

[14] WA 11, 413.   [15] WA 11, 413.   [16] WA 11, 414.   [17] WA 26, 195–201.
[18] Vgl. z. B. WA Briefe 3, 373f; 4, 158.

den Gemeinde, sondern vom machtübenden Landesfürsten aus[19]. Einerseits vermochten die evangelisch gewordenen Gemeinden ihre Ordnungsfunktion nicht selbst wahrzunehmen; es drohte eine allgemeine Unordnung („zwitracht, rotten und auffruhr")[20]. Andererseits fühlte sich – aus politisch-religiösen Gründen – niemand zu diesem episkopalen Aufseheramt berufen: „Dem nach, so uns itzt das Euangelion durch unaussprechliche gnade Gottes barmhertziglich widder kommen odder wol auch zu erst auffgangen ist, dadurch wir gesehen, wie elend die Christenheit verwirret, zurstrewet und zu rissen ist, hetten auch dasselbige recht Bischoflich und besucheampt als auffs höchst von nöten gerne widder angericht gesehen, Aber weil unser keiner dazu beruffen odder gewissen befelh hatte, und S. Petrus nicht wil ynn der Christenheit etwas schaffen lassen, man sey denn gewis, das Gottes geschefft sey, hat sichs keiner für dem andern thüren unterwinden."[21] So blieb nichts anderes übrig, als den Landesfürsten anzurufen: „Was sollts denn werden, wo wir uneins und ungleich unternander sein wollten?"[22] Nach Luther hatte der Landesfürst diese kirchliche Ordnungsfunktion nicht als landesherrlich Recht und Zwangsgewalt, sondern als christliche Liebespflicht auszuüben: ein außerordentliches Not- und Liebeswerk. Aber wer könnte übersehen, daß bei allen Unterscheidungen die Grenzen fließend geworden waren und daß hier – obwohl es Luther von seinen theologischen Grundlagen her nicht wollte – dem landesherrlichen Kirchenregiment Tür und Tor geöffnet worden war? Wir müssen – ohne daß wir in unserem Rahmen das Problem in seiner ganzen historischen und systematischen Komplexität aufarbeiten können – den theologischen Ursachen dieser Entwicklung noch genauer nachgehen.

b) Diese Entwicklung *von der Gemeinde zum Landesfürsten* war nicht

---

[19] *S. Grundmann*: „Die ablehnende Haltung Karls V. gegenüber der Reformation, die Kette der mit dem Speyrer Reichsabschied von 1526 beginnenden Kompromißlösungen zur Überwindung der die verfassungsmäßigen Grundlagen des alten Reiches im tiefsten erschütternden und den Weg der Föderalisierung des deutschen Staatskirchenrechts einleitenden Religionsspaltung, die Warnzeichen des Schwärmer-, Bilderstürmer- und Täufertums, die die aus einer radikalen Spiritualisierung der Kirchenverfassung erwachsenden Gefahren aufs drohendste offenbarten, die Flammenzeichen des Bauernkriegs mit der Auflösung jeglicher Ordnung sowie der innerhalb der Kirche selbst bestehende Mangel an geeigneten Kräften für eine stabile organisatorische Neuordnung des Kirchenwesens zwangen im Hinblick auf den Wegfall der überkommenen kirchlichen Hierarchie mit der zentralen Spitze des Papsttums zu einer engen Anlehnung an die weltlichen Obrigkeiten, die in Deutschland als Reichsstände in den Territorien ohnehin machtpolitisch das Schicksal der Reformation in Händen hielten." Art. Kirchenverfassung (VI), in: Religion in Geschichte und Gegenwart (Tübingen ³1959) III, 1571.
[20] WA 26, 200.   [21] WA 26, 197.   [22] WA 26, 201.

zufällig. Die Verlagerung auf den Landesfürsten legte sich nahe durch den *Widerstand der Bischöfe* gegen die lutherische Reformation. Gewiß konnte man damals ernste Gründe haben, warum man die lutherische Reformation nicht mitmachte (sowohl die Leugnung der Irrtumslosigkeit der ökumenischen Konzilien wie die grundsätzliche Infragestellung des Petrusamtes waren für das Kirchenverständnis von grundlegender Bedeutung). Aber die Reformationsgeschichte lehrt uns: Die Bischöfe (und der Papst) wehrten sich in ihrer Großzahl nicht nur gegen die lutherische Reformation, sondern überhaupt gegen jede ernsthafte Reform der Kirche in Theorie und Praxis, an Haupt und Gliedern. Und sie – große Fürsten dieser Welt – wehrten sich dagegen primär nicht aus theologischen Motiven, sondern aus menschlich-allzumenschlichen Motiven. Die Bewahrung der politisch-religiösen persönlichen Macht und Pracht stand im Vordergrund; es fehlte einerseits die klare Sicht für die Mißstände, die aus falschen Strukturansätzen erwuchsen, und andererseits die selbstlose Demut, die sittliche Kraft und der tätige Wille zur Bekehrung, kurz: es fehlte den Bischöfen weithin das echte persönliche *apostolische Leben* in der Nachfolge Christi und von daher das ernsthafte *apostolische Wirken in der Kirche* durch Wortverkündigung und Sakramentenspendung, durch seelsorgliche und missionarische Tätigkeit[23].

Luther – von der Notwendigkeit der seit Jahrhunderten anstehenden und nun endlich durchzuführenden Kirchenreform im Lichte des Evangeliums zutiefst erfaßt – stand bei dieser Opposition der Bischöfe gegen eine solche Kirchenreform vor einer Wahl, die bei einer echten apostolischen Haltung der Bischöfe nicht in dieser Weise gegeben gewesen wäre: entweder Kirchenreform ohne die Bischöfe *oder* keine Kirchenreform. Anders gesagt: entweder Nachfolge der Apostel (bzw. Christi) im apostolischen Geist und im apostolischen Leben und Wirken und von daher ernste Kirchenreform im Lichte des Evangeliums *oder* Nachfolge im (damals zutiefst ungeistlich gelebten) apostolischen *Amt* und Verzicht auf apostolischen Geist und apostolisches Leben und Wirken in der Kirche und somit Verzicht auf ernsthafte Kirchenreform. So wenigstens stellten sich die Dinge – mit *seinen,* Luthers Augen gesehen – dar.

In diesem furchtbaren existentiellen Dilemma eines im Gewissen aufgeschreckten Christen schienen ihm keine theologischen Distinktionen und keine apologetischen Argumente zu helfen. Es war ein Notstand, Luther sagte es immer wieder: Not kennt kein Gebot. Und Luther entschied sich: für apostolischen Geist und apostolisches Leben und Wirken, gegen das apostolische Amt. Dabei hoffte er durchaus ernsthaft, daß diese Wahl nur eine faktische und keine grundsätzliche, nur eine

---

[23] *J. Lortz,* Die Reformation in Deutschland. Bd. I–II (Freiburg i. Br. ³1949).

vorläufige und keine endgültige sein würde und daß die Bischöfe sich mit der Zeit doch auch im apostolischen Geist und im apostolischen Leben und Wirken erneuerten und in der Herde Christi aus Wölfen wieder zu Hirten und in Evangeliumspredigt und Seelsorge zu echten Nachfolgern der Apostel würden. So hatte er es – nachdem schon die Schrift „An den christlichen Adel" voll war von Vorschlägen nicht für die Abschaffung, sondern für die Reform und Stärkung des Episkopats – 1523 in der Schrift „Daß eine christlich Versammlung oder Gemeine Recht und Macht habe . . ."[24] gesagt, so hat er es in der Vorrede zum Visitatorenunterricht 1528 wiederholt[25].

Dieser Gedanke ging kurz darauf in die Bekenntnisschriften ein, die eine Lösung des Episkopats vom Imperium, von der weltlichen Gewalt fordern, sich aber deutlich für die episkopale Verfassung der Kirche aussprechen. In der Augsburgischen Konfession 1530 wird von Melanchthon – der Luther auf seiner Seite hatte[26] gegen Widerstände bei verschiedenen Lutheranern[27] (besonders den Fürsten und Reichsstädten) – das „göttliche Recht" des Episkopats feierlich bejaht: „Cum igitur de iurisdictione episcoporum quaeritur, discerni debet imperium ab ecclesiastica iurisdictione. Proinde secundum evangelium seu, ut loquuntur, de iure divino haec iurisdictio competit episcopis ut episcopis, hoc est his, quibus est commissum ministerium verbi et sacramentorum, remittere

---

[24] WA 11, 413.   [25] WA 26, 197.

[26] Die theologisch schon in der Resolutio Lutheriana super propositione sua decima tertia de potestate papae 1519 (WA 2, 183–240) vorbereitete Unterscheidung von Amtsträger (bzw. Titelträger) und Amtsausübung greift Luther 1530 wieder auf in seiner „Vermahnung an die zu Augsburg versammelte Geistlichkeit" und gibt dabei zu, daß man unter der Bedingung, daß das Evangelium frei gepredigt werden dürfe, auch das bischöfliche Amt annehmen könne (WA 30 II, 341 f). Sein Briefwechsel während der Augsburger Verhandlungen bezeugt dies ebenfalls: „Wol ists war, Wo sie unser lere wolten leiden und nicht mehr verfolgen, So wolten wir yhn keinen abbruch thun an yhrer Jurisdition, dignitet odder wie sie es nennen. Denn wir begeren freylich nicht Bischoff noch Cardinal zu sein, Sondern allein gute Christen, die sollen arm sein, Matt 5, 27 u. Luce 4,28" (WA Briefe 5, 595). Diejenigen, die wie die Nürnberger gegen die von Melanchthon vorgeschlagene Rückgabe der bischöflichen Jurisdiktion opponieren, sind nach Luther die „Schwachen im Glauben": „Jurisdictionem epicopis redditam ipsi non satis intelligunt, nec attendunt circumstantias adiectas. Atque utinam episcopi eam accepissent sub istis conditionibus" (WA Briefe 5, 618). Auch in Ausgleichsverhandlungen im Jahre 1531 nimmt Luther in gleichem Sinne Stellung (WA Briefe 6, 113).

[27] *Ph. Melanchthon* an Luther am 29. 8. 1530 (WA Briefe 5, 598): „Valde reprehendimur a nostris, quod iurisdictionem reddimus episcopis. Nam vulgus assuefactum libertati, et semel excusso iugo episcoporum aegre patitur sibi rursus imponi illa vetera onera. Et maxime oderunt illam dominacionem civitates imperii. De doctrina religionis nihil laborant, tantum de regno et libertate sunt solliciti."

peccata, reiicere doctrinam ab evangelio dissentientem et impios, quorum nota est impietas, excludere a communione ecclesiae, sine vi humana, sed verbo. Hic necessario et de iure divino debent eis ecclesiae praestare oboedientiam, iuxta illud: Qui vos audit, me audit."[28] Auch die Apologie der Augsburgischen Konfession hält ausdrücklich an der episkopalen Kirchenverfassung (sogar mit den Gradus, die nur humana auctoritate gesetzt sind) fest: „Articulum XIV. in quo dicimus nemini nisi rite vocato concedendam esse administrationem sacramentorum et verbi in ecclesia, ita recipiunt, si tamen utamur ordinatione canonica. Hac de re in hoc conventu saepe testati sumus, nos summa voluntate cupere conservare politiam ecclesiasticam et gradus in ecclesia, factos etiam humana auctoritate. Scimus enim bono et utili consilio a patribus ecclesiasticam disciplinam hoc modo, ut veteres canones describunt, constitutam esse."[29] Später ist sogar die Rede von einem „gerne": „Porro hic iterum volumus testatum, nos libenter conservaturos esse ecclesiasticam et canonicam politiam, si modo episcopi desinant in nostras ecclesias saevire. Haec nostra voluntas et coram Deo et apud omnes gentes ad omnem posteritatem excusabit nos, ne nobis imputari possit, quod episcoporum auctoritas labefactatur, ubi legerint atque audierint homines, nos iniustam saevitiam episcoporum deprecantes nihil aequi impetrare potuisse."[30] Und diese Grundposition wird bei aller energischen Bestreitung eines päpstlichen Primates auch in den Schmalkaldischen Artikeln beibehalten: „Darumb kann die Kirche nimmermehr baß regiert und erhalten werden, denn daß wir alle unter einem Häupt Christo leben und die Bischofe alle gleich nach dem Ampt (ob sie wohl ungleich nach den Gaben) fleißig zusammenhalten in einträchtiger Lehre, Glauben (und), Sakramenten, Gebeten und Werken der Liebe etc."[31]

Die zahlreichen Äußerungen Luthers, Melanchthons und der übrigen Wittenberger über die Bischofsfrage nach den Schmalkaldischen Artikeln bis zu Luthers Tod bleiben in diesem Rahmen[32]. Wichtig sind besonders

---

[28] Confessio Augustana XXVIII, 20–22 (Die Bekenntnisschriften der evangelisch-lutherischen Kirche werden hier und im folgenden zitiert nach der Ausgabe des Deutschen Evangelischen Kirchenausschusses, Göttingen ⁴1959). – Vgl. zu der ganzen Frage *F. Haupt,* Der Episcopat der deutschen Reformation, oder: Artikel 28 der Augsburger Confession. Bd. I–II (Frankfurt a. M. 1863–66); *P. Brunner,* Vom Amt des Bischofs, in: Schriften des Theologischen Konvents Augsburgischen Bekenntnisses 9 (Berlin 1955) 5–77.
[29] Apologie XIV, 1.   [30] Apologie XIV, 5.
[31] Schmalkaldische Artikel 2. Teil, Art. 4; zum Verhältnis Augsburgische Konfession–Schmalkaldische Artikel in der Bischofsfrage vgl. *F. Haupt,* Der Episcopat der deutschen Reformation (Frankfurt a. M. 1866) II, 4–58.
[32] Vgl. *F. Haupt,* Der Episcopat der deutschen Reformation (Frankfurt a. M. 1863) I, 46–57.

die verschiedenen Gutachten für die Ausgleichsverhandlungen dieser Zeit[33], unter denen an Bedeutung und Ausführlichkeit die ein Jahr vor Luthers Tod für den Kurfürsten, bzw. den Reichstag, von Melanchthon ausgearbeitete und von Luther, Bugenhagen, Cruciger, Major und Melanchthon unterzeichnete *„Wittenbergische Reformation"* 1545[34] als letztes gemeinsames Vermächtnis in dieser Frage[35] weit hervorragt.

Das Bischofsamt wird gesehen auf dem Hintergrund des von Gott eingesetzten und immer wieder neu erweckten Predigtamtes (zu dem auch der Dienst der Sakramente gehört), das von Bischöfen, Pfarrern, Seelsorgern oder Pastoren ausgeübt wird: „Darum ist Unterschied zu merken zwischen dem Predigtampt, das Gott zu aller Zeit der Kirchen gegeben hat, und gnädiglich selb für und für erhält, und der Bischoflichen Hoheit, an große Ort und Personen und Succession gebunden."[36] Auf Grund praktischer Bedürfnisse wird vom allgemeinen Ministerium das Bischofsamt abgehoben: „Das ist in gemein geredt vom Predigampt, das ist, von allen Seelsorgern, so in der Lehr und Reichung der Sacrament ihren Beruf, jeder an seinem Ort, recht ausrichten. Darüber spricht man weiter: unter diesen Seelsorgern muß dennoch eine Ordnung seyn; sie haben nicht alle gleiche Gaben, können nicht alle Richter seyn in schweren Artikeln der Lehre; sie können nicht alle die Gericht ordnen und halten. Und dieweil in dieser elenden Natur für und für allerlei Gebrechen fürfallen, müssen etliche besondere Ort und Personen seyn, da man sich Raths zu erholen wisse, item, die auf andere ein Aufsehen haben; und die selbigen Ort müssen mit Personen und Unterhaltung also versorgt seyn, daß es, so viel menschliche Fürsichtigkeit bedenken kann, eine beständige Ordnung sey. Darum müssen Bischoffe, als ein Grad über andre Priester, seyn, und dieselbigen müssen bestellte Regiment haben, und bedürfen viel Personen zur Ordinatio, zu Unterwei-

---

[33] Für die Verhandlungen von Regensburg 1541 z. B. schrieb Melanchthon unter Zustimmung Luthers in seinem Gegenentwurf: „Ut autem omnia ordine fierent in Ecclesia iuxta Pauli regulam, et ut Pastores inter se magis divincti essent, et onus gubernationis plures inter se partirentur, ac alii aliorum curam susciperent et dissidia seu schismata vitarentur, accessit utilis ordinatio, ut ex multis presbyteris eligeretur Episcopus qui regeret Ecclesiam docendo Evangelio et retinenda disciplina, et praeesset ipsis presbyteris. Plures deinde gradus facti sunt, videlicet archiepiscopi, et supra hos Patriarchae, Romanus, Antiochenus, et Alexandrinus. Hae ordinatione, si hi, qui praesunt, faciant officium suum, utiles sunt ad retinendam unitatem Ecclesiae, hoc est, ad Synodos convocandos, ad constituenda legitima doctrinae iudicia, ad emendationem vitiorum late grassantium, usurarum, ac aliorum scandalorum, ad emendationem legum, ad puniendos autores scandalorum. Sed hi praesides serviant vocationi suae, doceant, inspiciant doctrinam et mores Ecclesiarum, quibus praesunt, corrigant errores et vitia, exerceant iudicia Ecclesiastica" (CR 4, 368 s).
[34] CR 5, 578–606.   [35] Vgl. bes. CR 5, 595–603.   [36] CR 5, 595.

sung der Ordinanden, zur Visitatio, zun Gerichten, zu rathen, zu schreiben, zu Bothschaften, zu den Synodis und Concilien; wie zu sehen, daß Athanasius, Basilius, Ambrosius, Augustinus viel zu thuen gehabt, ihre und frembde Kirchen bei rechter Lehr wider allerlei Ketzer zu behalten. Zu dieser ihrer Arbeit haben sie viel Personen brauchen und schicken müssen etc. So nu die jetzige Form der Episcopat zerrissen würde, wollte eine Barbarei folgen und eine Verwüstung, der niemand kein Ende sehen könnt; denn die weltliche Potestat und Fürsten sind beladen mit andern Sachen, und wenig sind, die der Kirche achten, oder der Lehr nachdenken."[37]

„Antwort: Wir sehen nicht gerne Unordnung, und wündschen von Herzen, daß die Bischofe und ihre mitregirende Personen ihr bischoflich Ampt thuen wollten, und erbiethen uns auf diesen Fall zu Gehorsam, nämlich, so sie Verfolgung christlicher Lehr nachlassen, und sind nicht Tyrannen oder Mörder unser armen Priester, sondern fahen an zu pflanzen reine Lehre des Evangelii, und christliche Reichung der Sacrament, und helfen solches handhaben."[38] Von daher ergibt sich der einzige Weg, der die Einheit der Kirche wieder herstellen läßt: „Und ist in Summa zu christlicher Concordia und Einigkeit kein ander Weg, denn allein dieser, daß die Bischofe rechte Lehr und christlichen Brauch der Sacrament pflanzen, und daß wir alsdann ihnen als Kirchenprälaten unterthan seien, welches wir uns zu thuen erbiethen."[39]

Was sind, von daher gesehen, die Aufgaben eines nach Gottes Wort erneuerten Bischofsamtes? Das Gutachten zählt folgende sechs Funktionen auf, die in etwa zusammenfassen, was in den Bekenntnisschriften wie in den privaten Schriften und Gutachten der Reformatoren verschiedentlich gesagt wurde: 1. Sorge für Predigt und Gottesdienst: „. . . das Predigampt durch sich selb oder andere recht zu bestellen, und rechte christliche Ceremonien zu halten. Darum sollen die Bischofe gottfürchtige gelahrte Männer in ihre Stift und Herrschaften verordnen, die recht lehren. Dazu können sie wohl Präbenden finden, so der Wille gut und christlich ist, und sollen die Mißbräuch in Ceremonien abschaffen."[40] – 2. Unterweisung, Prüfung und Ordination der Geistlichen: „daß sie die Ordination mit rechtem Ernst, nämlich mit gebührlichem Examen und Unterweisung halten sollen. Es wissen die Bischofe selb wohl, daß

[37] CR 5, 597f; gegen *C. G. Bretschneider* ist hier *F. Haupt,* Der Episcopat der deutschen Reformation (Frankfurt a. M. 1863) I, 52f, und *P. Brunner,* Vom Amt des Bischofs (Berlin 1955) 56f, zuzustimmen, daß es hier nicht um obiectiones adversariorum geht, sondern um den „weltlichen Potestaten und Fürsten" gegenüber vorsichtig und anonym formulierte Gedanken Melanchthons und der Reformatoren selbst, die sie anderweitig öfters zum Ausdruck brachten und auch in der unmittelbar anschließenden „Antwort" aufnahmen.
[38] CR 5, 598.   [39] CR 5, 598.   [40] CR 5, 601.

die Ordination vor Alters für das einige, besondre und eigene Werk der Bischof gehalten worden, ohne Zweifel nicht ohne Ursach, nicht allein zu Erhöhung des Stands, sondern viel mehr darum, daß größer Fleiß geschehe mit dem Examen und mit der Unterweisung, daß untüchtige Personen nicht zugelassen würden, sondern allein tüchtige, wie St. Paulus spricht 1 Timoth. 5: du sollt niemand bald die Hand auflegen etc."[41] – 3. Visitation der Pfarrer: „acht haben für und für auf die Pfarher und Prädicanten, daß sie recht lehren und regirn. Dazu fürnämlich die Visitatio vor Alters gehalten, und jetzund hoch von nöthen ist."[42] – 4. Kirchengericht und Exkommunikation: „daß die Kirchengericht gehalten werden, wie Christus Matth. 18. gelehret, und Paulus 1 Timoth. 5, nämlich, daß falsche Lehr und die Laster mit dem Bann gestraft, und rechte Lehr und gute Zucht erhalten werde."[43] – 5. Einberufung von Synoden: „so ist bei vielen hohe Nothdurft Synodos zu halten, und ist nicht eine geringe Weisheit, merken, wenn sie halten und wie sie zu guberniren seyn. Denn es ist auch nicht gut, daß man harte stolze Köpf, oder practicirische Leut, die factiones und Meuterei machen können, oft auf den Mark führe."[44] – 6. Aufsicht über den Unterricht: „sollen die Bischofe als Aufseher auf die Lehr besondern guten Fleiß thuen, daß die Universitäten und Particular-Schulen recht bestellet und versorget werden. Denn die Universitäten sind nu, wie vor Zeiten die ersten Kapitel und Collegia, custodes doctrinae, die christliche Lehr bewahren sollen, und sollen Zeugen seyn, woher die Lehr kommet, die sie den Kirchen austheilet."[45]

So weit als letztes gemeinsames reformatorisches Zeugnis die „Wittenbergische Reformation". Aber diese reformatorischen Zeugnisse für das Bischofsamt werden bestätigt durch die tatsächliche Kirchenordnung in den lutherischen Kirchen der Reformationszeit[46]. Die Reformation mit ausdrücklicher Beibehaltung der bischöflichen Verfassung wurde eingeführt in den beiden preußischen Bistümern Samland und Pomesanien 1525, in Schweden 1527, in Dänemark, Norwegen, Schleswig, Holstein und Island ab 1534, in Pommern 1535, in der Mark Brandenburg 1539/40, in Schwerin 1540, in Naumburg 1542, in Merseburg 1544, vorübergehend von 1542–1547 sogar in Köln (mit dem evangelischen Erzbischof Hermann von Wied). Luther selbst hatte 1525 den ersten evangelischen Bischof, Georg von Polentz (Samland), mit Jubel begrüßt, ebenso später 1540 den Bischof von Brandenburg, Matthias von Jagow (es waren große Ausnahmen: „Möchte Gott uns noch mehr

---

[41] CR 5, 601; vgl. 584–586.   [42] CR 5, 601.   [43] CR 5, 602; vgl. 603–605. [44] CR 5, 602.   [45] CR 5, 602.
[46] Zum Folgenden vgl. die Übersicht bei *F. Haupt,* Der Episcopat der deutschen Reformation (Frankfurt a. M. 1863) I, 57–117.

solche Bischöfe geben!"). Luther selbst hatte dann schließlich zwei Bischöfe geweiht: 1542 Nikolaus von Amsdorf zum Bischof von Naumburg und 1545 Fürst Georg von Anhalt zum Bischof von Merseburg, damit so das Bischofsamt in den Bistümern erhalten bliebe. Wo diese verschiedenen Möglichkeiten wegen des Widerstandes des Kaisers und der Bischöfe und der Schwierigkeiten in der Reichsverfassung nicht verwirklicht werden konnten (im mittleren und südwestlichen Deutschland), ließ man den *Namen* Bischof und Episcopat fallen, bzw. ersetzte den vom Griechischen herkommenden Namen durch das gleichbedeutende lateinische Wort Super-attendens (Super-intendens) und behielt so das *Amt* bei, insofern dem Superintendenten im allgemeinen die gleichen Vollmachten und Funktionen eingeräumt wurden wie den evangelischen Bischöfen in Norddeutschland. Episkopale Superintendenturverfassungen wurden eingeführt in Braunschweig-Wolfenbüttel und Lüneburg, in Pommern und in Hessen; allerdings wurde gerade in Wittenberg und Kursachsen – zum großen Leidwesen Luthers – schon früh die Superintendenturverfassung durch eine Konsistorialordnung, d. h. das evangelische Bischofsamt durch eine juristische Behörde (die Konsistorien waren ursprünglich nur Kirchengerichte) überspielt (kursächsische Konsistorialordnung 1542).

Zusammenfassend läßt sich sagen: Die lutherischen Reformatoren und ihre Kirchen waren dem apostolischen Amt und insbesondere dem Bischofsamt (nicht seinen unwürdigen Trägern) an sich freundlich gesinnt und traten grundsätzlich wie praktisch für seine Erhaltung und Erneuerung ein. Die Reformation wäre anders verlaufen, wenn die Bischöfe (und der Papst) sich wenigstens nach der Ausbreitung der lutherischen Reformation anders, *apostolisch* verhalten hätten und für eine ernste Kirchenreform eingetreten wären[47]. Das wird man sagen müssen,

---

[47] Zum Verhalten der deutschen Bischöfe in der Reformationszeit stellt *J. Lortz,* Die Reformation in Deutschland (Freiburg i. Br. ³1948) fest: „Unter den Domherren und den Bischöfen war der Begriff und erst recht das Ideal des Geistlichen, bei den Bischöfen die Vorstellung des Seelsorglichen in einem die Idee von innen her sprengenden Ausmaß verschwunden. Der Herr, der Macht besitzt und damit zwingt und durch sie das Leben genießt, war eigentlich *die* Vorstellung, aus der die hohe Geistlichkeit lebte. Bis zur bedauerlichen Ausnutzung des Kirchlich-Geistlichen für gewöhnlichste weltlich-finanzielle Dinge. Wiederum ist diese Grundauffassung unendlich wichtiger und gefährlicher als etwa ein besonders skandalöses Einzelleben. Diese Fürstbischöfe waren eben nicht nur Priester-Bischöfe und auch Fürst, Herzog, Graf: sie waren vorwiegend nur das letztere" (I, 82f). – „Sie sind keine Führer. Alles Wesentliche ergibt sich für diese ersten Jahre aus ihrem Schweigen und ihrer Apathie. Ihr Verhalten gegenüber der Bannbulle wird das offenbar machen. Wir kennen das allgemein gültige Bild der Adels- und Fürstensöhne, denen bischöfliche Macht anvertraut wurde. Die Signatur ist zum mindesten religiöse Kraftlosigkeit, wenn nicht auf schlimmere Zweideutigkeit zu erkennen ist.

auch wenn man den gleich zu Anfang aufbrechenden (aber gerade von den verweltlichten Kirchenfürsten nicht durchschauten) Lehrschwierigkeiten, die eine gründliche katholische Erneuerung der allzusehr vernachlässigten Kirchenlehre dringend erforderten, die gebührende Aufmerksamkeit schenkt. Das weithin unapostolische Verhalten der Bischöfe durch Jahrzehnte, ja Jahrhunderte hindurch war ein wesentlicher Grund dafür, daß es zur lutherischen Reformation kam. Das weithin unapostolische Verhalten der Bischöfe nach dem Ausbruch der lutherischen Reformation war ein wesentlicher Grund dafür, daß die Reformation nicht zu Gunsten (wie es die prinzipielle Absicht Luthers war), sondern – faktisch – zum Schaden des apostolischen Amtes durchgeführt wurde. Durch das weithin unapostolische Verhalten der Bischöfe vor und während der lutherischen Reformation hat das apostolische Amt einen ungeheuren Kreditverlust, einen ungeheuren Verlust an Glaubwürdigkeit erlitten. So sah sich Luther – als er bei seiner Reform der Kirche von der Gemeinde her durch die wild ausbrechenden Schwärmerbewegungen in ernste Schwierigkeiten geriet und nach Hilfe Ausschau hielt – nicht auf das apostolische Amt, das sich (aufs Ganze gesehen) jeder Kirchenreform versagte, verwiesen, sondern auf den Landesfürsten und seine weltliche Macht. Und wie wenig brauchte es bei der Abwesenheit des wahrhaft apostolischen Bischofs, daß aus dem „Notbischof" ein „Summepiskopus" wurde?

Aber ist diese Betrachtung nicht trotz allem einseitig? Liegt denn alles nur am Versagen der Bischöfe? Liegt es nicht zugleich auch am Ver-

---

Weder sehen sie die Gefahr, noch geben sie sich Mühe, sie zu erkennen, noch sind sie bereit, denen, die sich dem Sturm entgegenwerfen, ausgiebig und konsequent, sei es auch nur durch Bereitstellung materieller Hilfsmittel, ihre Unterstützung zu leihen. Wenn ein trefflicher Bischof (wir werden deren mehrere kennenlernen) wie Gabriel von Eichstätt das Luthertum als eine Gottesstrafe ernstlich erkennt, so als Strafe für die Untätigkeit der Bischöfe: ‚Ich habe zu Augsburg mit den und den Bischöfen darüber geredet, aber es haftet nichts, es geht nichts zu Herzen'" (I, 259). – „Ob es sich um die deutschen oder die skandinavischen Bischöfe handelte, im allgemeinen fühlten sie sich gegenüber der neuen Predigt religiös wie theologisch machtlos. Sie zeigen beinahe nur Interesse für die Erhaltung ihres weltlichen Besitzes, aber nicht für die Tausende der ihnen anvertrauten Seelen. Dem stand der Opfersinn der Neuerer schroff entgegen: ‚Der eine abgefallene Kölner Erzbischof von Wied hat in zwei Jahren mehr Geld und Mühe daran gewagt als in 25 Jahren alle deutschen Bischöfe zusammen. Und die Bischöfe werden ihr irdisch Gut doch verlieren' (Cochläus) . . . Des Cochläus lautes Bitten trifft auf der ganzen Linie auf ‚schlaftrunkene Hirten', ein Urteil, das wir gleichermaßen von Eck, Herzog Georg, von Carafa und vielen andern vernehmen. Der erste Kirchenmann Deutschlands, der Mainzer Kardinal, tat bis 1524 aus eigener Initiative nichts gegen den aufkommenden Brand. Als viel später die Reformierung Kurbrandenburgs seine Diözesen Magdeburg und Halberstadt trifft, überläßt er sie kampf- und interesselos der Neuerung" (I, 348 f).

sagen Luthers? Ist in Luthers Kirchenbegriff das Strukturelement gerade des kirchlichen Amtes genügend ernst genommen?

c) Die Verlagerung auf den Landesfürsten legte sich ebenfalls nahe durch *Luthers Abwertung des geistlichen Amtes.* Nochmals sei betont: Die katholische Theologie spricht sich mit Überzeugung für das allgemeine Priestertum der Gläubigen aus: Durch das Wort des Evangeliums, durch das Sakrament der Taufe und durch den vom Geist gewirkten Glauben wird jeder Mensch volles Glied am Leibe Christi, wird er des königlichen Priestertums Christi teilhaftig, wird er zum Priester geboren, auserwählt, geheiligt, geweiht: das auserwählte Geschlecht, die königliche Priesterschaft, das heilige Volk, früher nicht begnadigt, jetzt aber begnadigt (1 Petr 2, 9f). Dieses allgemeine Priestertum wird aktiv im Dienst am Wort Gottes, das in seinem Lebenskreis und in der Kirche zu verkünden jedes Christen Aufgabe ist (Jo 6, 45; Apg 2, 17f; 1 Petr 2, 9), dann in der Feier der Sakramente, unter denen die jedem Christen grundsätzlich zustehende Taufe (Mt 28, 19f; Mk 16, 15f) und die aktive Teilnahme an der eucharistischen Mahlfeier (1 Kor 11, 23-25; Mt 26, 26–29; Mk 14, 22–25; Lk 22, 19f) grundlegend sind. Innerhalb dieses allgemeinen Priestertums, das im Dienst am einen Leib der Kirche und an der Welt besteht, kann das besondere geistliche Amt wiederum nur als besonderer *Dienst* (ministerium) verstanden werden: als besonderer priesterlicher Dienst mit besonderer Vollmacht für die Öffentlichkeit der Kirche.

Luther war nach der Klerikalisierung der mittelalterlichen Kirche das allgemeine Priestertum der Gläubigen als große Intuition wieder neu aufgegangen. Hatte sie ihn aber mit all ihrem echten Glanz nicht vielleicht doch auch geblendet, so geblendet, daß er die *volle* Wirklichkeit des geistlichen Amtes innerhalb des Strukturgefüges der Kirche nicht mehr zu sehen vermochte? Man denke etwa an die zitierte Stelle in Luthers großer Programmschrift „An den christlichen Adel", wo die „gleiche Gewalt"[48] aller Christusgläubigen in einer Weise herausgestellt wird, daß man sich fragt, ob ein von Christus gesetztes Amt nicht überflüssig geworden sei. Tatsächlich wird hier das Amt von Luther im Grunde nicht theologisch, sondern soziologisch begründet: damit in der Gemeinde Ordnung sei. Und die Priesterweihe bedeutet denn auch nicht mehr als die Übertragung der Rechte der Vielen auf den Einen: um nämlich einen Konflikt der Vielen auszuschalten und ein geordnetes Gemeindeleben zu ermöglichen. Das Beispiel von den zehn gleichberechtigten Königssöhnen, die auf einen von ihnen ihre Rechte delegieren, beleuchtet grell dieses Amtsverständnis, von dem man sich fragen muß, ob es das Neue Testament hinter sich hat. Das kirchliche Amt erscheint

---

[48] WA 6, 407.

hier einfach als Delegat der Gemeinde. Bedeutet aber eine solche Demo-kratisierung nicht die Aushöhlung des kirchlichen Amtes?[49]

Nun wäre es zweifellos ungerecht, in diesen Aussagen den ganzen Luther zu sehen. Man würde dann übersehen, welche große Rolle – wir sahen es – bei Luther und in den lutherischen Bekenntnisschriften[50] das „*rite vocatus*" gespielt hat[51]. Diese Vokation zum Amt geht nach der Auf-fassung der lutherischen Bekenntnisschriften auf ein *ius divinum,* auf eine Setzung nicht nur der Kirche, sondern – wie die Evangeliumsverkün-digung und die Sakramentenspendung – auf eine Einsetzung *Christi* zurück[52]. Aber auch Luther selbst führt etwa in der für unseren Zusam-menhang besonders wichtigen Schrift „Von den Konziliis und Kir-chen" die Notwendigkeit einer besonderen Berufung und Sendung für die *öffentliche* Ausübung des besonderen priesterlichen Dienstes (im Dienst des Wortes und des Sakramentes) auf die Einsetzung *Christi* zurück: „Zum fünfften kennet man die Kirche eußerlich da bey, das sie Kirchen diener weihet oder berufft oder empter hat, die sie bestellen sol, Denn man mus Bisschove, Pfarrher oder Prediger haben, die öffentlich und sonderlich die obgenanten vier stück odder heilthum (Predigt, Taufe, Altarssakrament, Absolution) geben, reichen und uben, von wegen und im namen der Kirchen, viel mehr aber aus einsetzung Christi, wie S. Paulus Ephe. 4. sagt: ‚Dedit dona hominibus.' Er hat gegeben etlich zu Aposteln, Propheten, Evangelisten, Lerer, Regirer etc. Denn der hauffe gantz kan solchs nicht thun, sondern müssens einem befelhen oder lassen befolhen sein. Was wolt sonst werden, wenn ein jglicher reden oder reichen wolt, und keiner dem andern weichen. Es mus einem befolhen werden, und allein lassen predigen, Teuffen, Absolvirn und Sacrament reichen, die andern alle des zufrieden sein und drein willigen. Wo du nu solchs sihest, da sey gewis, das da Gottes Volck und das Christlich heilig Volck sey."[53]

Die Vokation bewirkt einen im ius divinum begründeten Unterschied zwischen dem allgemeinen Priestertum und den Vorstehern in der Kir-che: „Also gehets nu jnn der Christenheit auch zu, Da mus zuvor ein jglicher ein Christen und ein geborener Priester sein, ehe er ein Prediger

---

[49] Vgl. bei allen Unterschieden die Ähnlichkeit in der Amtsauffassung Luthers und des *Marsilius von Padua,* Defensor pacis (ed. Kusch. Darmstadt 1958) II, c. XV. 594–615.

[50] Besonders CA XIV; Apol. XIV, 1 5.

[51] Darauf legt mit Recht Gewicht *P. Brunner,* Vom Amt des Bischofs (Berlin 1955) 15–24.

[52] Dies hebt hervor *W. O. Münter,* Die Gestalt der Kirche „nach göttlichem Recht". Eine theologiegeschichtlich-dogmatische Untersuchung zu den re-formatorischen Bekenntnisschriften (Beiträge zur Evangelischen Theologie Bd. 5. München 1941) bes. 27–65.

[53] WA 50, 632f.

oder Bischoff wird, Und kan jn weder Bapst noch kein Mensch zum Priester machen, Wenn er aber ein Priester durch die Tauffe geborn ist, so kompt darnach das Ampt und machet einen unterscheid zwischen jm und andern Christen, Denn da mussen aus dem gantzen hauffen der Christen etliche genomen werden, so da sollen andern fürstehen, Welchen denn Gott sonderliche gaben und geschicklichkeit da zu gibt, das sie zum Ampt tügen ... Denn ob wir wol alle Priester sind, so konnen und sollen wir doch darumb nicht alle Predigen odder Leren und Regiren.''[54] Die Funktionen dieses besonderen Ministeriums faßt Peter Brunner nach den lutherischen Bekenntnisschriften[55] auf folgende Weise zusammen: 1. Das Evangelium verkündigen und Gottes Wort lehren nach außen und nach innen hin, missionarisch und innergemeindlich. 2. Taufen. 3. Die Sünden vergeben durch die Absolution. 4. In der Gemeinde das Abendmahl halten und austeilen. 5. Diejenigen, deren gottloses Wesen, etwa durch offenkundige Laster, offenbar ist, aus der Kirchengemeinschaft ausschließen (Exkommunikation) und die, die umkehren, durch Absolution wieder entbinden. 6. Lehren beurteilen und die Lehre, so dem Evangelium entgegensteht, verwerfen. 7. Mitwirkung bei der Vokation[56].

Von diesem ius divinum her dürfen die Vorsteher der Kirche Gehorsam verlangen und menschliche Ordnungen setzen. Das eine von Christus gesetzte Hirtenamt kann mit verschiedenen Namen bezeichnet werden: Bischof oder Pfarrer oder Pastor. Eine Ausgestaltung dieses einen von Christus gesetzten Amtes ist allerdings möglich, doch sind solche Ausgestaltungen für Luther – nach dem Zeugnis der Kirchengeschichte[57] – menschlichen Rechtes. Eine Ausgestaltung ist möglich durch eine Ausgliederung sowohl nach unten in bestimmten Hilfsdiensten wie nach oben in einem übergeordneten bischöflichen Amt. Bischöfe als Oberhirten können also in der Kirche sein, sind aber als kirchliche Einrichtung menschlichen Rechtes, so sehr sie ihr ministerium wie alle übrigen berufenen Hirten iure divino ausüben. Welches die besonderen Aufgaben eines bischöflichen Oberhirten sein können, haben wir bereits gesehen.[58]

---

[54] WA 41, 209 f.
[55] Confessio Augustana V; XIV; XXVIII, 5; 20 s; Apologie XXVIII, 13; Schmalkaldische Artikel 3. Teil, Art. 4; Tractatus de potestate papae 60; 65.
[56] *P. Brunner,* Vom Amt des Bischofs (Schriften des theologischen Konvents Augsburgischen Bekenntnisses. Berlin 1955) 26.
[57] Luther zitierte schon 1519 den Brief des Hieronymus an Euagrius, in dem die ursprüngliche und grundsätzliche Gleichheit von Priester und Bischof vertreten wird (WA 2, 228–230). Luther erachtete diesen Brief für so wichtig, daß er ihn 1538 selbst mit einem persönlichen Vorwort herausgab (WA 50, 339–343).
[58] Es kann kein Zweifel darüber sein, daß das ius divinum des kirchlichen Amtes in der lutherischen und in der katholischen Theologie nicht von vornherein dasselbe bedeutet. Luther spricht von einer „Einsetzung Christi" und

Kann man bei einer gerechten Würdigung der positiven Aussagen Luthers und der Bekenntnisschriften über göttliche Einsetzung und Funktionen des kirchlichen Amtes, über seine Autorität und den ihm geschuldeten Gehorsam einfachhin von einer Aushöhlung des Amtes sprechen? Und doch, worüber man sich wundert, das sind weniger diese positiven Aussagen; sie haben – soweit sie positiv sind – die neutestamentliche Amtsauffassung hinter sich. Man wundert sich vielmehr darüber, wie rasch man im Luthertum faktisch davon abgekommen ist. So viele dieser Aussagen sind nie zum Tragen gekommen. Wir wiesen bereits darauf hin, daß schon Luther selbst von ganz nahe mitansehen mußte, wie gerade im Zentrum der Reformation, in Wittenberg, die episkopale Superintendenturverfassung durch die juristische Konsistorialbehörde überspielt wurde. Manches Wort des Zornes ist uns deswegen von ihm überliefert, aber er war gegen diese Entwicklung machtlos. Daran war nicht nur der Einfluß der fürstlichen Räte schuld, sondern auch – wie F. Haupt[59] richtig bemerkt – die Tatsache, daß auch die (nach den Schwärmer- und Bauernwirren notgedrungen eingeführte) Visitationsordnung von 1527 es nicht fertigbrachte, der durch die Reformation aufgekommenen Unordnung und Zuchtlosigkeit in den Gemeinden zu steuern. In Reaktion darauf sollte nun die Kirchenordnung durch weltlich-juristische Behörden (im Wittenberger Konsistorium saßen sieben Juristen und zwei Theologen) und ihre Vorschriften und Strafen gerettet werden. War dies zufällig? War es zufällig, daß das Konsistorium, dem Luther anfänglich (1539) nur juristische Streit- und Finanzangelegenheiten zusprechen, jedoch jegliches Mitspracherecht in den pastoralen Aufgaben der Kirchenvisitation absprechen wollte, nach der Konsistorialordnung von 1542 bereits in aller Form die Predigt-, Lehr- und Sittenaufsicht über die Pfarrer sowie die allgemeine Kirchenzucht erhielt?

---

bezeichnet das Amt ausdrücklich als „donum Dei" (WA 50, 632f). Hier wäre zu fragen und eingehend zu untersuchen: was bedeutet diese Aussage im Rahmen der Gesamtstruktur lutherischer Ekklesiologie? – Das Konzil von Trient erklärt: „Si quis dixerit, in Ecclesia catholica non esse hierarchiam, divina ordinatione institutam, quae constat ex episcopis, presbyteris et ministris: A. S." (Denz. 966). Hier wäre zu fragen und eingehend zu untersuchen: Was bedeutet das „divina ordinatione institutam"? Bezieht sich die „ordinatio divina" – wie dies aus dem Wortlaut des Textes hervorzugehen scheint – einfachhin auf die „hierarchia" im allgemeinen oder auch – was aus dem Wortlaut nicht hervorzugehen scheint – auf die Einsetzung der einzelnen Ämter als solcher und ihre Abgrenzung voneinander? Wäre das zweite behauptet, wie wäre ein solcher Satz im Lichte der heutigen Exegese zu interpretieren? Und wie verhielten sich dann Denz. 966 und Denz. 962 und 965 zueinander? Haben alle diese Kanones einen strikt doktrinären Charakter oder haben sie zum Teil nur disziplinären Charakter?
[59] *F. Haupt,* Der Episcopat der deutschen Reformation (Frankfurt a. M. 1863) I, 105.

Oder offenbarte sich hier die innere Schwäche des – allzusehr als Beamtentum verstandenen und bestellten – lutherischen Kirchenamtes?

Gegen die Übergriffe der fürstlichen Behörden (aule) auf das kirchliche Amt schrieb Luther damals nach Dresden das bittere Wort, daß
Satan Satan bleibe, und wie unter dem Papst die Kirche sich in den Staat
einmischte, so jetzt – was schlimmer zu werden drohe – der Staat in die
Kirche: „Si enim futurum est, ut aule velint gubernare ecclesias pro sua
cupiditate, Nullam dabit deus benedictionem et fient nouissima peiora
prioribus, quia, quod fit absque fide, non est bonum, Quod autem absque
vocacione fit, haud Dubie absque fide fit et dissoluitur. Aut igitur ipsi
fiant pastores, praedicent, baptisent, visitent egrotos, communicent et
omnia ecclesiastica faciant, Aut desinant vocaciones confundere, suas
aulas curent, Ecclesia relinquant his, qui ad eas uocati sunt, qui racionem
deo reddent. Non est ferendum, ut alii faciant Et nos ratione reddenda
grauemur. Distincta volumus officia ecclesiae et aule, aut deserere
vtrunque. Sathan pergit esse Sathan. Sub Papa miscuit ecclesiam
politiae, sub nostro tempore uult miscere politiam ecclesiae.“[60] Heftige
Klagen über das Wittenberger Konsistorium enthält auch der Brief, den
Luther ein Jahr vor seinem Tod an den Kurfürsten Johann Friedrich
schrieb (18. Januar 1545)[61].

Nach dem Tode Luthers war die Entwicklung erst recht nicht mehr
aufzuhalten. Die schon durch den Speyrer Reichstagsbeschluß 1526 ein-
geleitete Regelung wurde durch den Augsburger Religionsfrieden 1555
endgültig: Die Bestimmung der Konfession der Territorien und das ius
reformandi kommt den Reichsständen zu. Es war kaum möglich, zu
verhindern, daß die Fürsten und Magistrate ihren Einfluß auf die Kirche
immer mehr ausdehnten. Während in den Gebieten mit damals noch
episkopaler Verfassung die evangelischen Bischöfe im allgemeinen nicht
allein von den Fürsten gewählt werden konnten, bestimmten diese in der
Regel frei die Superintendenten und die Juristen des Konsistoriums.
Die von Fürsten und Obrigkeiten ernannten kirchlichen Amtsträger ge-
rieten immer mehr in eine vollständige und geradezu unwürdige Abhängigkeit. Die erschütternde Prophezeiung Melanchthons aus dem Jahre
1530, der bei Nichtwiederherstellung des Episkopats eine Tyrannis vor-
aussah, die sehr viel unerträglicher sein würde als die unter dem Papst, ging
in Erfüllung: „Utinam utinam possim non quidem dominationem confirmare, sed administrationem restituere Episcoporum. Video enim, qualem
simus habituri Ecclesiam, dissoluta πολιτεία ecclesiastica. Video postea
multo intolerabiliorem futuram tyrannidem, quam antea unquam fuit.“[62]

---

[60] WA Briefe 10, 436.
[61] WA Briefe 11, 22–25; weitere Zeugnisse bei *F. Haupt*, a. a. O. I, 107ff.
[62] CR 2, 334.

Gegen Ende des sechzehnten Jahrhunderts gelangte das kollegiale Konsistorialsystem, in dem den Bischöfen und Superintendenten aufs Ganze gesehen keine persönliche Einwirkung auf die Kirchenleitung zukam, in den lutherischen Gebieten Deutschlands praktisch zur Alleinherrschaft. Auch an die Stelle der Bischöfe trat immer deutlicher der von Luther nur als Not-Bischof betrachtete, nun aber als praecipuum membrum Ecclesiae für vierhundert Jahre die Rechte des summus episcopus wahrnehmende Landesfürst. Was anfänglich noch episkopal begründet wurde (Übertragung der Bischofsrechte auf den Fürsten), wurde im Laufe des siebzehnten Jahrhunderts immer mehr einfachhin aus der allgemeinen Territorialgewalt des Fürsten abgeleitet. In Spätabsolutismus und Aufklärung erreichte der innerkirchliche Einfluß der Fürsten seinen Höhepunkt; die Kirche war weitgehend dem staatlichen Gefüge eingegliedert. Auch im neunzehnten Jahrhundert blieb – trotz gewisser Milderungen und der rein formalen Wiedereinführung des Bischofstitels durch Friedrich I. von Preußen und Friedrich Wilhelm III. – das landesherrliche Kirchenregiment bestehen.

Und wieder muß hier eindringlich gefragt werden: War dies alles zufällig? Woher kommt denn innnerhalb der lutherischen Kirche der oft beklagte „Verfassungsjammer?" Warum gibt es bei der Interpretation der Augsburger Konfession einen „ungeheuren, wahrhaft chaotischen Widerstreit in Bezug auf Sinn und Inhalt unseres Artikels 28" (Von der Bischöfe Gewalt)?[63] Für die einen handelt er nur von den Pastoren, für die anderen von den Bischöfen (im eigentlichen Sinn), für die dritten von den Landesfürsten, für die vierten vom Selbstbestimmungsrecht der Gemeinde . . .! Wie ist es möglich, daß sich sowohl die Vertreter einer Pastorenkirche wie die einer episkopalen Kirche, daß sich sowohl die Vertreter einer demokratisch organisierten Kirche wie die einer presbyterial verfaßten wie die eines landesfürstlichen Summepiskopats alle auf den *einen Luther* berufen können? Wer ist nun eigentlich der rechte Lutheraner: der Orthodoxe mit seinem Ministerialsystem oder Thomasius mit seinem Territorialsystem oder Pfaff mit seinem Kollegialsystem? Oder Rudolf Sohm, der behauptet, nach Luther müsse die Kirchenverfassung nicht durch die Kirche, sondern durch die Obrigkeit geschaffen werden, welcher, wenn auch nicht „Kirchengewalt" und „Kirchenregiment", so doch „Kirchenhoheit" zukomme? Oder Karl Holl, der behauptet, nach Luther sei die Eigenständigkeit der Kirche gegenüber dem Staat zu verteidigen und sei auch eine bestimmte Form der Kirchenverfassung gegeben? Woher also innerhalb der einen lutherischen Kirche die so unbegreiflichen Widersprüche gerade im Amtsverständnis: äußere Rechtsgestalt für die Kirche wesentlich – unwesentlich; kirchliches Amt

---

[63] *F. Haupt,* a. a. O. I, 32.

notwendig aus theologischen – aus soziologischen Gründen; Einsetzung des Amtes geht auf Christus – geht auf die Kirche zurück; Bischofsamt in der Kirche erfordert – nicht erfordert; Bischofsamt de iure divino – de iure humano; Bischofsamt meint wirklich Bischöfe – meint nur Pastoren; der Wunsch nach dem evangelischen Bischofsamt Ausdruck des reformatorischen Bewußtseins – nur Ausdruck politischer Zugeständnisse; kirchliches Amt entsteht eigentlich durch Wahl – entsteht durch Ordination; Ordination ist behördliche Legitimierung (Bestätigung der Berufung) – ist eine „Weihe" (wesentliches Moment der Berufung selbst); die Ordination ist erfordert iure divino – ist erfordert iure humano; der „Ritus" der Ordination ist zu verstehen als ceremonia Ecclesiae – ist zu verstehen als sacramentum Ecclesiae; der Amtsträger ist Beauftragter Gottes – ist Beauftragter der Gemeinde . . . Es wird dem katholischen Theologen ziemlich viel Geduld zugemutet, wenn er sich auch nur ein wenig durch den Wirrwarr der sich gegenseitig widerlegenden Meinungen durcharbeiten soll[64], besonders da mit diesen öfters eine oberflächliche Kritik der katholischen Amtslehre und Kirchenverfassung verbunden ist: als ob sich z. B. die lutherische Kirche faktisch als die Kirche des allgemeinen Priestertums darstelle[65] und die katholische Kirche als Klerikerkirche[66], sowie ähnliche simplifizierende Vorurteile.

Aber wir müssen im Blick auf die Geschichte des kirchlichen Amtes der lutherischen Kirche weiterfragen: Wäre dies alles – die Entleerung des Amtes zuerst durch die protestantischen Schwärmerbewegungen und dann durch die staatlich-kirchliche Bürokratie – in gleicher Weise geschehen, wenn Luther das kirchliche Amt, das er aufrichtig wollte, theologisch solide begründet hätte? Hatte Luther überhaupt einen theologischen Sinn für das, was *geistliches* Amt ist? Was soll für das kirchliche Amt an theologischer (und nicht nur praktisch-organisatorischer) Relevanz noch übrigbleiben, wenn – wir erinnern uns wieder der Schrift

---

[64] Daß es nicht die Aufgabe dieses Abschnittes sein kann, die lutherische (oder dann auch die katholische) Amtsauffassung historisch wie systematisch umfassend darzulegen, braucht nicht betont zu werden.

[65] Dagegen *E. Sommerlath*, Amt und Allgemeines Priestertum (Schriften des Theologischen Konvents Augsburgischen Bekenntnisses Heft 5. Berlin 1953) 40: „Man darf wohl den Satz wagen, daß das allgemeine Priestertum in keiner Kirche so wenig verwirklicht ist wie in der Kirche der lutherischen Reformation."

[66] Dagegen *H. Asmussen*, Warum noch lutherische Kirche? (Stuttgart 1949) 188: „Wie falsch wir im evangelischen Raume die Dinge meist sehen, wird daran deutlich, daß nach der bei uns wie ein Dogma geltenden Meinung die katholische Kirche die Priesterkirche ist, während wir dem Laien Raum gönnen. Die Tatsache ist, daß in der katholischen Kirche – wie die Geschichte beweist – sich ganz natürlich Raum bietet für eine weitgehende Laienarbeit, bei der die Laien sehr aktiv werden. Es gibt freilich auch Gegenden, in denen die Laien so wenig aktiv sind wie in vielen evangelischen Gegenden auch."

„An den christlichen Adel" – alle Christen „gleiche Gewalt" haben und „gleiche Priester" sind und wenn alle Christen schon durch die Taufe nicht nur zum „Priester", sondern auch gleich noch zum „Bischof und Papst geweiht" sind?[67] Gibt es so nicht Stellen beim jungen Luther, die eine einfache Ableitung des kirchlichen Amtes von der Gemeinde und das Verständnis des Amtsträgers als eines einfachen Gemeindefunktionärs (um der formalen Ordnung willen) nahelegen? War es denn ganz und gar unlogisch, wenn Luthers Kollege und ursprünglicher Gesinnungsgenosse Karlstadt den Talar als Zeichen des ihm übertragenen Amtes auszog und ihn mit einem Bauernkittel vertauschte und heiratete, um so als „Laie" am Weihnachtstag 1521 zum erstenmal in der Öffentlichkeit der Schloßkirche zu Wittenberg die Messe (ohne Meßkanon!) zu feiern? Konnten sich also die Schwärmer, die das Amt als göttliche Einsetzung verwarfen und den Offenbarungen des Geistes in der Kirche keine Grenzen gesetzt wissen wollten, bei all ihrer Abhängigkeit von mittelalterlichen Ideen[68] nicht mit Recht auf gewisse Aussprüche *Luthers* beziehen, und haben diesem nicht erst die Schwärmer- und Bauernwirren die Gefährlichkeit eines übersteigerten Gemeindeprinzips gezeigt (Thomas Müntzer will mit Luthers, des „Vaters Leisetritt" Ideen radikal ernst machen und fordert revolutionär: „Die Laien müssen Prälaten und Pfarrer werden!")?[69] Stehen die „demokratischen" Stellen Luthers gegenüber anderen nicht in einer auffälligen Unausgeglichenheit da?[70] Machten sie es später (etwa im neunzehnten Jahrhundert) den innerkirchlichen Demokratisierungstendenzen nicht leicht, sich auf Luther und seine ursprünglichen (!) reformatorischen Intuitionen (z. T. gegen die lutherischen Bekenntnisschriften) zu berufen? Ist es

---

[67] WA 6, 407 f.

[68] Vgl. *W. Maurer,* Luther und die Schwärmer (Schriften des Theologischen Konvents Augsburgischen Bekenntnisses Heft 6. Berlin 1952).

[69] *E. Wolf,* Art. Luther, in: Evangelisches Kirchenlexikon (Göttingen 1958) II, 1172: „Luther sah im biblizistischen Spiritualismus und Mystizismus der ‚Schwärmer', vor allem Müntzers, die z. T. wirklich nur Konsequenzen aus seinen eigenen Ansätzen zogen, denselben ‚Enthusiasmus' wie bei ‚Rom' (und bei der humanistischen Reform): den Einbau menschlicher Selbstmächtigkeit in Gottes Heilshandeln, den Ungehorsam gegen die Selbstbindung des Heiligen Geistes an das äußerliche Wort der Verkündigung (‚Wider die himmlischen Propheten von den Bildern und Sakrament', 1525). Man kommt freilich um den Eindruck nicht herum, daß Luther durch die radikalen Reformer und bald auch durch den Bauernkrieg (1525), in dem er nicht zu vermitteln vermochte und selbst ein tiefes Mißtrauen gegen den gemeinen Mann gewann, sich einem Ordnungsgedanken öffnete, der im Widerspruch zu der von ihm vertretenen Freiheit der Kinder Gottes steht."

[70] Eine Doppellinigkeit stellen von lutherischer Seite fest z. B. *W. Elert,* Morphologie des Luthertums (München 1931) I, 299; *M. Doerne,* Lutherisches Pfarramt (Leipzig 1937) 5 f; *E. Sommerlath,* a. a. O. 50.

nicht leicht, aus einer Nebenlinie bei Luther die Hauptlinie zu machen? Ist es übertrieben, zu behaupten, daß man von daher innerhalb der lutherischen Kirche auf weite Strecken überhaupt nicht mehr wußte, wie die echte Amtsauffassung gemäß den lutherischen Bekenntnisschriften aussieht, und daß man sich von schwärmerischen Auffassungen weitgehend überspielen ließ?[71]

Jedenfalls hat man vielfach Auffassungen, die die Reformatoren bezüglich des Amtes noch hatten, nicht vertieft, sondern möglichst minimal interpretiert. Um nur ein bekanntes Beispiel anzuführen: Nach Melanchthon müssen diejenigen Riten Sakramente genannt werden, denen nach dem Neuen Testament ein mandatum Dei und eine promissio gratiae zukommen[72]. Gilt dies aber nicht auch vom geistlichen Amt, das seinen Dienst der Wortverkündigung und Sakramentenverwaltung erfüllt? In der Tat hat Melanchthon keine Hemmungen, den Ordo in diesem Sinn (allerdings nicht im Sinne eines levitischen Opferpriestertums) Sakrament zu nennen: „... non gravatim vocaverimus ordinem sacramentum. Nam ministerium verbi habet mandatum Dei et habet magnificas promissiones ... Si ordo hoc modo intelligatur, neque inpositionem manuum vocare sacramentum gravemur."[73] Warum sind diese Aussagen der Apologie der Augsburgischen Konfession ohne Konsequenzen geblieben? Warum hat man so bald behauptet, der Ordination hafte nichts Sakramentales an? Und wie steht es mit der Autorität auf Grund dieser Ordination? Heißt es nicht in derselben Apologie, daß die kirchlichen Amtsträger, wenn sie predigen und die Sakramente

---

[71] Es ist bezeichnend, daß nach dem obengenannten Referat von W. Maurer, das die Abhängigkeit der reformatorischen Schwärmer vom mittelalterlichen Schwärmertum scharf herausstellte, die Diskussion auf dem Theologischen Konvent Augsburgischen Bekenntnisses doch deutlich ergab, daß „beim jungen Luther in der Tat Konzeptionen vorhanden sind, die Weg zum Schwärmertum hätten werden können (aber es hat etwas zu bedeuten, daß Luther gerade nicht dahin geraten ist!). Von Karlstadt bis zu den Antinomern beruft man sich auf Luther. Wären diese Ansätze beim jungen Luther nicht vorhanden, dann hätte er mit Latomus und den Antinomern, die ihn besser verstanden als Melanchthon, schneller fertig werden können" (Schriften des Theologischen Konvents Augsburgischen Bekenntnisses Heft 6. Berlin 1952) 89. Gewiß hat Luther diese Konzeptionen auf Grund der gemachten Erfahrungen in echten Entscheidungen überwunden. Ganz? Das ist die Frage des Katholiken. Was in jener Diskussion vom Schwärmertum gesagt wurde, zielt auf die eigentliche Schwäche Luthers selbst. „Wie kommt es aber, daß das Schwärmertum über Luther faktisch gesiegt hat? Vielleicht ist daran zu einem erheblichen Teil die Art und Weise schuld, wie man den Kampf gegen die römische Kirche geführt hat. Es sind im Kampf gegen Rom wesentliche Sachverhalte deshalb nicht ernst genommen worden, weil sie in der röm.- katholischen Kirche vorhanden sind. Dabei wird die Kirche anfällig für das Entgegengesetzte, und wir merken nicht, wie wir umzingelt sind" (a. a. O. 89).
[72] Apologie XIII, 3.   [73] Apologie XIII, 11–12.

verwalten, Christus selber repräsentieren? „... quia repraesentant Christi personam propter vocationem ecclesiae, non repraesentant proprias personas, ut testatur Christus: Qui vos audit, me audit. Cum verbum Christi, cum Sacramenta porrigunt, Christi vice et loco porrigunt. Id docet nos illa vox Christi, ne indignitate ministrorum offendamur."[74] Hier werden offenkundig Gedanken aufgenommen, wie sie in 2 Kor 5, 18–20 ausgesprochen werden. Warum hat man auch daraus sowenig Konsequenzen gezogen?

Aber nun die Frage, die allen anderen zugrunde zu liegen scheint: Hat Luthers Amtsauffassung wirklich das Neue Testament hinter sich? Gewiß trägt sie viele und wesentliche neutestamentliche Züge, aber hat sie das Neue Testament *voll* hinter sich? Luther bemerkt – wir sahen es – schon in seiner Schrift „Daß eine christliche Versammlung oder Gemeine Recht und Macht habe ... Lehrer zu berufen, ein- und abzusetzen" (1523)[75], daß Titus, Timotheus, Paulus und Barnabas Priester einsetzten, und öfters zitiert er gerade die klassischen Stellen der Pastoralbriefe über die Ordination. Aber vermag Luther in dieser neutestamentlichen Ordination mehr zu sehen als eine äußere Beauftragung zum Amt, eine öffentliche Bestätigung und Inkraftsetzung der (im kleinen Kreis bereits vollzogenen) Berufung?

Es ist schwerwiegend, daß Luther – wie es scheint[76] – erst 1542 die *Segnung* in die Bestätigung mithineingenommen hat[77]. Vollständig aber hat Luther übersehen, daß durch den Zuspruch des Wortes unter Handauflegung und Gebet auch ein Amtscharisma nicht nur geprüft, sondern *verliehen* wird und daß so der Amtsträger vor der Gemeinde legitimiert wird. 1 Tim 4, 14: „Vernachlässige nicht die Gnadengabe in dir, die dir durch Weissagung unter Handauflegung des Rates der Ältesten verliehen worden ist!" 2 Tim 1, 6: „Und aus diesem Grunde erinnere ich dich daran, die Gnadengabe Gottes anzufachen, die durch die Auflegung meiner Hände in dir ist."

Wird bei der Ordination nicht *Wesentliches* übersehen, wenn dieses Amtscharisma, diese besondere Geistmitteilung, übersehen wird? Kann man dann, wenn man dieses Amtscharisma ernst nimmt, die Ordination mit Bugenhagen – offenkundig mit Luthers Billigung – einfach als Introduktion verstehen und sie beim Antritt jeder neuen Amtsstelle wiederholen? Erst ab 1535[78] scheint Luther Ordination und Introduktion in einer Weise zu unterscheiden, daß die Ordination bei der Introduktion oder einem späteren Amtswechsel nicht mehr wiederholt zu werden

---

[74] Apologie VII, 28.   [75] WA 11, 413f.
[76] Vgl. *P. Brunner,* Vom Amt des Bischofs (Schriften des Theologischen Konvents Augsburgischen Bekenntnisses Heft 9. Berlin 1955) 15.
[77] WA 53, 257.   [78] Vgl. WA 38, 401–433.

braucht. Kann man dann, wenn man dieses Amtscharisma im Geweihten, der daran später noch paränetisch erinnert werden kann, ernst nimmt, so leichthin behaupten – wie es Luther in seiner Polemik gegen die „erdichteten characteres indelibiles"[79] getan hat –, einer, der vom Amt zurückgetreten, sei genauso wieder Laie wie irgendein Amtmann, der nicht mehr im Amt sei?[80] Wird nicht gerade durch dieses Charisma der Christ zum besonderen Werkzeug und Dienstmann Gottes? Besteht also der Unterschied zwischen allgemeinem Priestertum und besonderem Priestertum wirklich nur in der Funktion und Wirksamkeit des Amtsträgers? Besteht er nicht zugleich auch in diesem Unterschied zwar nicht des soziologischen Standes, wohl aber des besonderen von Gott in der Ordination geschenkten Charismas? Und hat dieses besondere Charisma nicht auch etwas mit einer besonderen Autorität zu tun? Geht es also zwar nicht um einen geistlichen *Stand,* wohl aber um ein geistliches *Amt,* um ein *geistliches* Amt? Wäre die Geschichte des lutherischen Amtes nicht eine andere gewesen, wenn man theoretisch und praktisch darauf mehr geachtet hätte? Hätte es dann nicht ganz anders seine Funktion wahrnehmen können – nicht nur zur Erhaltung der Apostolizität der Kirche, sondern gerade auch zur Erhaltung der *Einheit* der Kirche, die ohne das theologisch begründete Amt nicht aufrechterhalten werden kann? Doch wir wollen hier nicht stehenbleiben. Haben sich doch in den letzten Jahrzehnten hoffnungsvollere Entwicklungen angebahnt.

---

[79] WA 6, 408.

[80] Zu 1 Tim 4, 14 und 2 Tim 1, 6 bemerkt *E. Schweizer,* Gemeinde und Gemeindeordnung im Neuen Testament (Zürich 1959) 190f, daß es hier nicht nur um eine „Installation" (Einsetzung zu einem konkreten Dienst in der Ortsgemeinde) geht: „Denn an beiden Stellen wird an das Charisma erinnert, das dem Eingesetzten durch die Handauflegung verliehen worden ist. Da bei Timotheus und Titus vorausgesetzt wird, daß sie aus den Gemeinden, in denen sie jetzt gerade wirken, auch wieder zum Apostel zurückkehren, ist schwerlich daran zu denken, daß der Verfasser dieses Charisma nur gerade für die Dauer und die Eigenart dieses speziellen konkreten Dienstes begrenzt dächte. Historisch gesprochen mag es zu seiner Zeit nur Handauflegung des Presbyteriums zu einem Dienst in der Ortsgemeinde gegeben haben; aber der Verfasser der Pastoralbriefe meint jedenfalls mehr als dies... In der Einsetzung der Pastoralbriefe liegt der ganze Ton auf der Geistmitteilung, die bei der jüdischen Ordination, wenn sie überhaupt zur Zeit des NT eine Rolle spielte, jedenfalls nicht das zentrale Motiv war." Vgl. *E. Lohse,* Art. Ordination (II: im NT), in: Die Religion in Geschichte und Gegenwart (Tübingen [3]1960) IV, 1672f; Die Ordination im Spätjudentum und im Neuen Testament (Göttingen 1951).

3. Neuansätze

a) 1918 fiel durch die politischen Umwälzungen das Fürsten- und Magistratskirchentum weg. Für die evangelische Kirche Deutschlands wurde damit der Weg frei für eine kirchliche Gestaltung des Bischofsamtes. Doch erst mit der Zeit rang man sich zu einem klareren theologischen Bild des Bischofs durch. „Mit dem Fortfall des fürstlichen summus episcopus, der trotz seiner von den Reformatoren betonten Vorläufigkeit 400 Jahre als ‚Not-Bischof' fungiert hatte, kam 1918 die Wendung. Jedoch wurde keineswegs allgemein und sofort der Summepiskopat durch das Bischofsamt ersetzt. ‚Landesbischöfe' gab es vor 1933 nur in einigen lutherischen Kirchen (Mecklenburg-Schwerin, Freistaat Sachsen, Braunschweig, Hannover, Schlewig-Holstein) und in der unierten Kirche von Nassau, die schon einmal (1817-1876), damals als Ausnahme unter den deutschen Landeskirchen, einen Landesbischof gehabt hatte. Insbesondere lehnte die Synode der altpreußischen Union in mehreren dramatischen Abstimmungen die Einführung des Bischofsamtes wiederholt mit knapper Mehrheit ab. Der vom Gedanken des Landeskirchentums getragene Name ‚Landes-Bischof' ist im allgemeinen geblieben, jedoch kommt heute auch die Bezeichnung ‚Bischof' (Oldenburg) vor. Nach 1918 bekam auch der bayerische ‚Kirchenpräsident' in der Kirchenverfassung von 1920 eine stark ausgebaute oberhirtliche Stellung, zunächst ohne die ihm 1933 zuerkannte Bezeichnung als ‚Bischof'. Erst in diesem Jahr wurden überall Bischöfe eingesetzt. Dabei war, jedoch keineswegs allgemein und überall, das im Staate zur Herrschaft gelangte ‚Führerprinzip' von einer gewissen Bedeutung."[1]

---

[1] *H. Liermann,* Art. Bischof (III: im ev. Kirchenrecht), in: Religion in Geschichte und Gegenwart (Tübingen ³1957) I, 1306. – Zur Geschichte und Theologie des evangelischen Bischofsamtes in der nachreformatorischen Zeit vgl. *P. Schoen,* Der deutsche evangelische Bischof nach den evangelischen Kirchenverfassungen, in: Verw.-Arch. 30 (Berlin 1925) 403–431; *W. Elert,* Der bischöfliche Charakter der Superintendentur-Verfassung, in: Luthertum 46 (1935) 353–367; *H. Liermann,* Das evangelische Bischofsamt in Deutschland seit 1933, in: Zeitschrift für evangelisches Kirchenrecht 3 (1953/54) 1–29; *E. Benz,* Bischofsamt und apostolische Sukzession im deutschen Protantismus (Stuttgart 1953); *E. Sommerlath,* Amt und allgemeines Priestertum (Schriften des Theologischen Konvents Augsburgischen Bekenntnisses Heft 5. Berlin 1953); *P. Brunner,* Vom Amt des Bischofs (ebd. Heft 9. Berlin 1955); *W. Maurer,* Das synodale evangelische Bischofsamt (ebd. Heft 10. Berlin 1955); *J. Heubach,* Die Ordination zum Amt der Kirche (Berlin 1956); Erklärung des ökumenischen Ausschusses der VELKD zur Frage der apostolischen Sukzession vom 26. 11. 1957, in: Evangelisch-Lutherische Kirchenzeitung Nr. 5 (Berlin 1958); *E. Schlink,* Die apostolische Sukzession, in seinem Sammelband: Der kommende Christus und die kirchlichen Traditionen (Göttingen 1961) 160–195.

Wie das Versagen der Bischöfe in der Reformationszeit mitbestimmend war für die Abwertung und schließlich praktische Verwerfung des Bischofsamtes in der evangelischen Kirche, so war (trotz allem Versagen politischer Bischöfe) die Bewährung einzelner evangelischer Bischöfe in der Zeit des nationalsozialistischen Kirchenkampfes (Wurm, Meiser) wichtig für die Aufwertung des Bischofsamtes im kirchlichen Bewußtsein und für die Beibehaltung bzw. Einführung des Bischofsamtes nach 1945. So ist das Bischofsamt im heutigen Deutschland (mit Ausnahme von Rheinland-Westfalen und Hessen-Nassau, die stark von der reformierten Tradition beeinflußt sind) wieder allgemein eingeführt; sogar in den nicht hierarchisch organisierten Brüdergemeinden findet es sich. Nur die Reformierten lehnen das Bischofsamt grundsätzlich ab, obwohl es z. B. in Ungarn auch reformierte Bischöfe gibt. Das ist der Grund, weswegen das Bischofsamt nicht in der Verfassung der auch die Reformierten umfassenden evangelischen Kirche Deutschlands, wohl aber in der Verfassung der evangelisch-lutherischen Kirche Deutschlands verankert ist. Nach den gegenwärtigen Verfassungen gehören zu den bischöflichen Funktionen in der Regel: „Ordination, Einführung von Pröpsten und Dekanen, Wächteramt über die reine Lehre, Seelsorge für die Pfarrer, Visitationsrecht, Kanzelrecht in allen Gemeinden, Erlaß von ,Hirtenbriefen', Anordnung außerordentlicher Buß- und Festtage, Mitwirkung bei der Einführung von Bischöfen in Nachbarkirchen, Vorsitz in den obersten Kirchenbehörden."[2] Es ist kein Zweifel, daß das Bischofsamt ganz allgemein in den christlichen Konfessionen an Bedeutung zugenommen hat. Es ist heute Wirklichkeit – sei es in der historischen apostolischen Sukzession oder nicht – im katholischen, im altkatholischen, im orthodoxen, im anglikanischen und im methodistischen Bereich sowie in manchen unabhängigen Kirchen (Philippinen, Afrika). Aber auch bei den nichtbischöflichen Missionen wurde durch die Erfordernisse des kirchlichen Lebens in vielen Fällen ein dem Bischofsamt entsprechendes Amt mit anderem Namen herausgebildet. Die Tendenz der jungen Kirchen Asiens und Afrikas nach einer Form bischöflicher Kirchenverfassung ist unverkennbar (vgl. die Südindische Union, die Allafrikanische Lutherische Konferenz von Marangu 1955, die Lutherische Kirche von Neuguinea und die Einheitsbestrebungen in Nordindien, Ceylon und Nigeria)[3].

Es kann also – bei allen Unterschieden – als Neueinsatz und als Zeichen wachsender Übereinstimmung zwischen den getrennten Christen

---

[2] *P. Brunner,* Art. Bischof, in: Lexikon für Theologie und Kirche (Freiburg i. Br. ²1958) II, 506.
[3] Vgl. *S. C. Neill,* Art. Bischof (IV: in den jungen Kirchen), in: Religion in Geschichte und Gegenwart (Tübingen 1957) I, 1309–1311.

festgehalten werden: Die kirchengeschichtliche Entwicklung seit dem ersten Weltkrieg hat die Bedeutung des kirchlichen Amtes und gerade des Bischofsamtes auch außerhalb der katholischen Kirche in neuer Weise sichtbar gemacht. Für unser Thema dürfte sich von selbst die Folgerung ergeben: Was für die Kirche als ökumenisches Konzil aus göttlicher Berufung von besonderer Bedeutung ist, ist zweifellos auch für das ökumenische Konzil aus menschlicher Berufung, das die Kirche repräsentieren will, von besonderer Bedeutung. Das kirchliche Amt muß also auch auf dem ökumenischen Konzil aus menschlicher Berufung ernst genommen werden.

b) Entscheidende Impulse gehen heute für die Theologie des Amtes von der *neutestamentlichen Exegese* aus. Dabei zeichnet sich eine für das Verständnis der Apostolizität der Kirche außerordentlich wichtige Entwicklung ab. Wo beginnt nach der protestantischen Auffassung der Abfall von der apostolischen Kirche, wo beginnt die „katholische Dekadenz"? Es ist auffällig, wie dieser Zeitpunkt in der kirchengeschichtlichen Entwicklung – unter dem Druck der Ergebnisse der historischen Forschung – immer weiter zurückverschoben wurde. Luther fühlte sich noch eins mit der alten Kirche des ersten Jahrtausends: die „katholische Dekadenz" beginnt für ihn – entscheidend wenigstens – mit dem Mittelalter. Der spätere Protestantismus fühlt sich nur noch eins mit der Kirche der ersten Jahrhunderte: die „katholische Dekadenz" fängt schon an nach dem „consensus quinquesaecularis" oder, noch früher, nach der konstantinischen Wende. A. von Harnack zu Beginn unseres Jahrhunderts läßt die apostolische Kirche mit dem ersten Jahrhundert enden: die „katholische Dekadenz" ist im zweiten Jahrhundert mit dem Einströmen des griechischen Geistes in das ursprüngliche apostolische Christentum gegeben: „Das Einströmen des Griechentums, des griechischen Geistes, und die Verbindung des Evangeliums mit ihm ist die größte Tatsache in der Kirchengeschichte des zweiten Jahrhunderts, und sie setzt sich, grundlegend vollzogen, in den folgenden Jahrhunderten fort."[4] Im zweiten Jahrhundert also schon stellen wir fest: „die christliche Religion in ihrer Entwicklung zum Katholizismus"[5]. Von daher wird denn jetzt und in den folgenden Jahrzehnten viel geredet von diesem hellenistisch-katholischen Sündenfall, der nach der apostolischen Periode die Periode des „Frühkatholizismus" einleitet. In diese frühkatholische Periode fällt nun auch die Entstehung des typisch katholischen Amtsverständnisses: „Der Kampf mit dem Gnostizismus hat die Kirche genötigt, ihre Lehre, ihren Kultus und ihre Disziplin in feste Formen und Gesetze zu fassen und jeden auszuschließen, der ihnen nicht

[4] *A. von Harnack,* Das Wesen des Christentums (Leipzig 1900) 125.
[5] *A. von Harnack,* a. a. O. 112.

Gehorsam leistete . . . Bezeichnet man unter ‚katholisch‘ die Lehr- und Gesetzeskirche, so ist sie damals, im Kampfe mit dem Gnostizismus, entstanden."[6]

War man aber mit dieser weiteren Vorverschiebung der „katholischen Dekadenz" nicht faktisch bereits beim Neuen Testament angelangt? Waren nicht auch schon für Harnack die Grenzen zwischen den neutestamentlichen und den nach-neutestamentlichen Schriften fließend geworden? Es ist das Verdienst insbesondere der Bultmannschule, das hier vorliegende Problem in aller wünschenswerten Deutlichkeit ausgesprochen zu haben: die „katholische Dekadenz" beginnt schon früher: der „Frühkatholizismus" findet sich schon im Neuen Testament selbst! Um den Fortschritt zu ermessen, vergleiche man nur die Beurteilung der Kirchenordnung der Pastoralbriefe in der „Theologie des Neuen Testaments" von Paul Feine[7] und in der „Theologie des Neuen Testaments" von Rudolf Bultmann[8].

Eine für unsere Sicht hervorragende umfassende Darstellung der Problematik gibt uns Ernst Käsemann in seiner Abhandlung über Amt und Gemeinde im Neuen Testament[9]. Scharf antithetisch arbeitet er dabei die unterschiedliche Kirchenordnung in den paulinischen Briefen einerseits und in den Pastoralen und bei Lukas (Apostelgeschichte) andererseits heraus. Im Gegensatz zu den charismatisch bestimmten paulinischen Gemeinden ist die Gemeindeordnung sowohl in den Pastoralen wie bei Lukas frühkatholisch bestimmt.

In den *Pastoralen* ist nach Käsemann die Gemeinde besonders durch die gnostischen Häresien schwer in die Defensive gedrängt. Der Widerstand wird geleitet von einem einzigen Zentrum aus: vom apostolischen Delegaten und dem ihm verbundenen Presbyterium. Ein *Presbyterium* wird in den *paulinischen* Briefen nie angeredet, obwohl es zur Bekämpfung der Häresien das einzig Richtige gewesen wäre. Es gab eben in den paulinischen Gemeinden ein solches Presbyterium, wie es wahrscheinlich auch in den Gemeinden der Pastoralen eingerichtet worden war, gar

---

[6] *A. von Harnack,* a. a. O. 129.

[7] *P. Feine,* Theologie des Neuen Testaments (Leipzig ⁷1936) 319–325.

[8] *R. Bultmann,* Theologie des Neuen Testaments (Tübingen ³1958) 452–463; vgl. *W. Schmithals,* Art. Pastoralbriefe, in: Die Religion in Geschichte und Gegenwart (Tübingen ³1961) V, 144–148.

[9] *E. Käsemann,* Amt und Gemeinde im Neuen Testament, in: Exegetische Versuche und Besinnungen (Göttingen 1960) I, 109–134. – Vgl. aber auch *Ph. Vielhauer,* Der Paulinismus der Apostelgeschichte, in: Evangelische Theologie 10 (1950/51) 1–15; *G. Harbsmeier,* Unsere Predigt im Spiegel der Apostelgeschichte, in: Evangelische Theologie 10 (1950/51) 352–368; *W. Marxsen,* Der „Frühkatholizismus" im Neuen Testament (Neukirchen 1958); *H. Braun,* Hebt die heutige neutestamentlich-exegetische Forschung den Kanon auf? (Fuldaer Hefte 12. Berlin 1960).

nicht. Aus judenchristlicher Tradition ist vermutlich auch die *Ordination* (1 Tim 4, 14; 5, 22; 2 Tim 1, 6) in die paulinischen Gemeinden gekommen. „Sie hat denn auch den gleichen Sinn wie im Judentum, ist nämlich Geistmitteilung und bevollmächtigt zur Verwaltung des depositum fidei von 1 Tim 6, 20, worunter genauer die paulinische Lehrtradition verstanden werden darf. Das besagt jedoch, daß ein der übrigen Gemeinde gegenüberstehendes Amt zum eigentlichen Geistträger geworden ist und die urchristliche Anschauung, wonach jeder Christ in der Taufe den Geist empfängt, zurücktritt, ja faktisch verschwindet. Ebenso deutlich ist, daß sich das nicht mehr mit der paulinischen Charismenlehre verträgt. Jüdisches Erbe verdrängt das paulinische zum mindesten an einer zentralen Stelle der Verkündigung. So erscheint das Wort Charisma denn auch nur noch 1 Tim 4, 14 und 2 Tim 1, 6, also höchst aufschlußreich im Zusammenhang von Aussagen über die Ordination. Bezeichnet wird damit der Ordinationsauftrag und die Bevollmächtigung zur Verwaltung des depositum fidei. Unschön, aber völlig sachgemäß mag man vom Amtsgeist sprechen."[10]

Im apostolischen Legaten (Titus, Timotheus) ist somit nach Käsemann faktisch niemand anders als der *monarchische Bischof* angeredet. „Seine Aufgabe ist die Fortführung des apostolischen Amtes in nachapostolischer Zeit. Er steht mit andern Worten in der apostolischen Sukzession, genauso wie der Rabbi in der Sukzession des Moses und Josua die Lehrtradition und Rechtssprechung erhält und jure divino, nämlich durch die Geistmitteilung bei der Ordination bevollmächtigt, handhabt. Damit ist jener Amtsbegriff gebildet, der die Folgezeit bestimmen wird. Zum mindesten faktisch gibt es nun die Unterscheidung von Klerikern und Laien. Ein Traditions- und Legitimitätsprinzip sichert unausgesprochen, aber als unverkennbare Grundlage der gesamten Gemeindeordnung die Autorität des institutionellen Amtes, das sich in Presbyterium, Diakonat und Witwen-Institut mit ausführenden Organen umgibt."[11] Diese ganze Umwandlung war notwendig, weil nur so der ungeheuren Gefahr des gnostischen Schwärmertums die Stirne geboten werden konnte.

Ganz Ähnliches wie von den Pastoralen läßt sich von der Kirche der *Apostelgeschichte* sagen. Auch hier überall Bischöfe, Presbyterien, Ordination sowie das Traditions- und Legitimationsprinzip. „Lukas hat zum ersten Male, soweit wir zu sehen vermögen, die frühkatholische Traditions- und Legitimitätstheorie propagiert. Auch er hat es zweifellos nicht mutwillig, sondern in Abwehr der Kirche drohender Gefahren ge-

[10] *E. Käsemann,* a. a. O. I, 128 f.
[11] *E. Käsemann,* a. a. O. I, 129; vgl. auch zu 1 Tim 6, 11–16 Käsemanns Aufsatz: Das Formular einer neutestamentlichen Ordinationsparänese, a. a. O. I, 101–108.

tan. Der Historiker kann nicht anders als zugeben, daß sich die hier vorgetragene Theorie dem Enthusiamus gegenüber als wirksamstes Kampfmittel erwiesen und das junge Christentum davor beschützt hat, im Schwärmertum unterzugehen. Die Kanonisierung der Apostelgeschichte ist insofern als Dank der Kirche verständlich und verdient."[12] Von da her verwundert es denn nicht mehr, daß auch die vermutlich späteste Schrift des neutestamentlichen Kanons, der 2. Petrusbrief, nach Käsemann frühkatholisch geprägt ist: „der 2. Petrusbrief ist vom Anfang bis zum Ende ein Dokument frühkatholischer Anschauung und wohl die fragwürdigste Schrift des Kanons."[13] Als bezeichnendste Aussage des ganzen Briefes darf 1, 20 angesehen werden, die bedeutet: „Persönliche, vom einzelnen vorgenommene, vom kirchlichen Lehramt nicht autorisierte und vorgezeichnete Exegese ist nicht gestattet."[14]

Nun, dem katholischen Theologen sind alle diese Aussagen (in ihrem positiven Gehalt) nicht neu. Neu ist ihm, daß diese Aussagen von einem *evangelischen* Theologen gemacht, und mit solcher Deutlichkeit gemacht werden. Die hier in Frage stehenden Schrifttexte wurden in der Tat schon immer von der katholischen Exegese so verstanden (wenn hier von gewissen pointierten Formulierungen Käsemanns und von ihrem Verhältnis zu den großen Paulinen abgesehen wird). Und immer wieder hat die katholische Exegese darauf aufmerksam gemacht, daß diese frühkatholischen Texte in der Interpretation voll und ganz ernst genommen werden müssen. Tatsächlich wurden sie in der evangelischen Exegese vielfach als nichtexistent betrachtet[15] oder unterinterpretiert[16].

Käsemann jedoch sieht nüchtern und klar die volle Bedeutung dieser

---

[12] *E. Käsemann,* a. a. O. I, 132.

[13] *E. Käsemann,* Eine Apologie der urchristlichen Eschatologie, a. a. O. I, 135.

[14] *E. Käsemann,* a. a. O. I, 153 f.

[15] Ein bezeichnendes Beispiel liefert *P. Feine,* der die obengenannten drei klassischen Stellen für die Ordination in den Pastoralbriefen durch seine ganze Theologie des Neuen Testaments hindurch nicht nur nicht erklärt, sondern nicht einmal erwähnt. Und bezüglich 2 Pet sagt *E. Käsemann:* „So möchte man es fast symptomatisch nennen, daß, von der pflichtgemäßen Behandlung in den Kommentaren abgesehen, über unsern Brief zumeist geschwiegen wird" (a. a. O. I, 135).

[16] So bedeutet das Verbot der „eigenen Interpretation" in 1 Petr 1, 20 für *R. Knopf* nur: „Mit Ehrfurcht, mit Zurückhaltung und Bescheidenheit sollen also die Christen an die Prophetien des AT gehen", und für *G. Wohlenberg* und *A. Schlatter:* die Weissagung erfährt ihre Auslegung und Erfüllung aus der Geschichte heraus (nach *E. Käsemann* a. a. O. I, 152 f). Ein Beispiel liefert auch *W. Fürst,* Kirche oder Gnosis? Heinrich Schliers Absage an den Protestantismus (München 1961) 36: „So wird man etwa die Pastoralen nicht behaften bei ihrem zweifellos ,katholischen' Amts- und Traditionsbegriff, sondern wird in ihnen hören auf den Anspruch des Wortes, unter den eine in solchen Entwicklungen stehende und ruhende Christenheit gerufen wird."

Stellen, und er sieht zugleich mutig und scharfsinnig die erregende F
die damit gegeben ist. Am Ende seines Aufsatzes über den 2. Petrus
schreibt er: „Was ist es um den Kanon, in welchem der 2. Petr. als klar-
stes Zeugnis des Frühkatholizismus Platz hat?"[17] In der Abhandlung
„Begründet der neutestamentliche Kanon die Einheit der Kirche?" erwähnt er zuerst noch einmal die entscheidenden Fakten: „Hier (in 2 Petr)
wirkt der Geist ja nicht mehr auch durch die Überlieferung, sondern hier
geht er in der Tradition auf, ist deshalb wie bereits in den Pastoralen
und der Apostelgeschichte das kirchliche Lehramt Besitzer des ‚Amts-
geistes‘, kann wie geradezu klassisch in 2 Petr. 1, 20 jede nichtautorisier-
te Exegese und Interpretation der Schrift verboten werden. Hier gilt die
Ordination als Index eines Legitimitäts- und Sukzessionsprinzips, kurz:
ist die Grenze des Urchristentums überschritten und der Frühkatholizismus etabliert."[18] Und daraus nun prägnant die schwerwiegende Folgerung: „Die Zeit, in der man die Schrift als ganze dem Katholizismus entgegenhalten konnte, dürfte unwiederbringlich vorbei sein. Mit dem sogenannten Formalprinzip kann der Protestantismus heute nicht mehr
arbeiten, ohne sich historischer Analyse unglaubwürdig zu machen. Der
nt.liche Kanon steht nicht zwischen Judentum und Frühkatholizismus,
sondern gewährt in sich wie dem Judentum so auch dem Frühkatholizismus Raum und Basis."[19]
Das Dilemma für die evangelischen Theologen ist offenkundig: entweder
den Frühkatholizismus als Moment des Neuen Testaments akzeptieren
und sich damit grundsätzlich auf den Weg zum „Spätkatholizismus" be-
geben – oder den Frühkatholizismus als Moment des Neuen Testaments
nicht akzeptieren und den Kanon entsprechend korrigieren. Es ist lehr-
reich, Käsemanns Entscheidung mit der eines andern hervorragenden
Bultmannschülers zu vergleichen, mit dem sich Käsemanns exegetische
Arbeit in andauernder stillschweigender und z. T. offener Auseinandersetzung befindet.
    Heinrich Schlier wählte den ersten Weg. Seine Untersuchung über
die Ordnung der Kirche nach den Pastoralen führte ihn 1948 in der Festschrift Friedrich Gogarten zu folgendem, mit Käsemann bezüglich des
Amtes weithin übereinstimmenden Ergebnis: „1. Die Ordnung ‚der
Kirche des lebendigen Gottes, der Säule und des Pfeilers der Wahrheit‘
(I, 3, 16), ‚des Hauses‘ Gottes (II, 2, 20) beruht auf dem ‚Amt‘. Die ‚Gewalt‘, die geistliche Macht, liegt in den Händen bestimmter Amtsträger,
die berufen, mit Amtsgnade ausgestattet und in einen Dienst eingesetzt

[17] E. Käsemann, a. a. O. I, 157.
[18] E. Käsemann, Begründet der neutestamentliche Kanon die Einheit der
Kirche? a. a. O. I, 220 f.
[19] E. Käsemann, a. a. O. I, 221 f.

sind und so die Kirche lehren, regieren und durch Handauflegen (Weihe) das Amt fortpflanzen. Es herrscht das Prinzip des Amtes. – 2. Dieses ‚Amt‘ hat seinen Ursprung in der Berufung und Einsetzung des Apostels durch Christus Jesus zum Dienst am Evangelium. Es pflanzt sich fort und entfaltet sich durch die Weitergabe des Amtscharisma (und der apostolischen Paradosis) vom Apostel an den Apostelschüler und von diesem an die lokalen Presbyter-Episkopen. Es herrscht das Prinzip der Sukzession. – 3. Das Amt kennt gewisse Abstufungen. Es erscheint in dem Dienst des über einem Kirchengebiet stehenden Apostelschülers, der dort zugleich als apostolischer Delegat auftritt, und in dem Dienst mehrerer ‚vorstehender‘ Ältester oder Bischöfe in der lokalen Kirche. Dazu kommt noch der Dienst der Diakonen und ‚Witwen‘, die beide unterstützende Funktionen ausüben. In seiner Abstufung zeigt das Amt die Tendenz zur monarchischen Spitze. Das Prinzip des Primates schimmert durch."[20] 1955 nach seiner Konversion schreibt Schlier – und er bezieht sich dabei[21] nicht nur auf die Pastoralen, sondern auch auf den Epheserbrief und insbesondere die großen Paulinen (vor allem 1 Kor): „Das Neue Testament ließ mich allmählich fragen, ob das lutherische Bekenntnis und erst recht jener von ihm weit abgewichene neuere evangelische Glaube mit seinem Zeugnis übereinstimme, und es machte mich

---

[20] *H. Schlier,* Die Zeit der Kirche. Exegetische Aufsätze und Vorträge (Freiburg i. Br. 1955. ³1962) 146. Zur weiteren Erklärung schreibt H. Schlier später in seinem Nachwort: „Die Situation des Kirchenkampfes der ‚Bekennenden Kirche‘ hatte jeden beteiligten Theologen vor die Frage der Leitung der Kirche gestellt. Die in evangelischen Kreisen weitverbreitete synodale und presbyteriale Theorie und die oft mit ihr verquickte historische Theorie von der charismatischen Verfassung der Urkirche schienen zwar unumstößlich dem apostolischen Zeugnis des Neuen Testamentes zu entsprechen. Aber nicht nur die Praxis, sondern bei genauerem Hinsehen auch das Neue Testament erhoben merklichen Einspruch. Das Neue Testament kennt das Prinzip der formellen Delegation, das das Prinzip der Sukzession einschließt. Es kennt das Prinzip der kirchlichen Potestas und des Kirchenrechtes überhaupt. Und diese Prinzipien waren von Anfang an in der Kirche wirksam. An dem Punkte, wo sich diese Prinzipien zur bewußten Klärung drängten, weil der Apostel, der sie gleichsam insgesamt in seinem Amt versammelt hatte und vertrat, die Kirche seinen Nachfolgern hinterlassen mußte, in den sogenannten Pastoralbriefen, versuchte ich sie und im Zusammenhang damit das Prinzip der Tradition im Neuen Testament nachzuweisen und etwas zu erhellen. Es ist methodisch interessant, daß ich mich dabei auf Auslegungen der alten liberalen Schule stützen konnte, die dem Inhalt der Pastoralbriefe historisch unbefangen gegenüberstand, weil sie sie für Erzeugnisse der nachapostolischen Zeit hielt, während konservative evangelische Auslegung, wie z. B. die Schlatters, den neutestamentlichen Sätzen die Spitzen abbrach. Aber größere Bedeutung hatte in diesem Zusammenhang für mich der 1. Korintherbrief" (a. a. O. 312).
[21] Vgl. die übrigen Artikel in Schliers Sammelband und besonders das Nachwort, a. a. O. 308–314.

nach und nach gewiß, daß die Kirche, die es vor Augen hat, die römisch-katholische Kirche ist. Es war also, wenn ich so sagen darf, ein echt protestantischer Weg, auf dem ich zur Kirche kam, ein Weg, der geradezu in den lutherischen Bekenntnisschriften vorgesehen, wenn natürlich auch nicht erwartet ist. Dabei muß ich noch eines erwähnen: was mich zur Kirche wies, war das Neue Testament, so wie es sich unbefangener historischer Auslegung darbot."[22] Und die im gleichen Jahre herausgegebene Sammlung von exegetischen Aufsätzen, die fast alle aus seiner evangelischen Zeit stammen, soll den Leser „nur eines fragen: ob es nicht stimmt, was ich hier aus dem Neuen Testament gehört habe, und ob also das Neue Testament – kurz gesagt – nicht doch katholisch ist, ob die katholischen Prinzipien nicht doch die apostolischen sind"[23].

Ernst Käsemann wählte den zweiten Weg. Entschieden fordert er die „Unterscheidung der Geister"[24]. Die Unterscheidung der Geister innerhalb des Neuen Testaments! „Man wird die Zusammengehörigkeit und den Unterschied von Buchstaben und Geist zu beachten haben. Was Paulus in 2 Kor 3 dem AT gegenüber geltend macht, darf nicht auf das AT beschränkt werden, sondern gilt genauso auch für den nt.lichen Kanon."[25] Oder dasselbe anders ausgedrückt: „Man hat Gott auch nicht im nt.lichen Kanon dingfest. Weil die Juden das dem Gesetz gegenüber meinen, spricht Paulus vom alttestamentlichen Kanon als dem Buchstaben, der tötet. Sofern wir das NT nicht anders verstehen, verhält es sich bei ihm nicht anders. In seiner bloßen Vorfindlichkeit ist der Kanon eben nicht mehr Gotteswort."[26]

[22] *H. Schlier*, Kurze Rechenschaft, in: Bekenntnis zur katholischen Kirche, hrsg. von K. Hardt (Würzburg 1955. ⁴1956) 176f.
[23] *H. Schlier*, Die Zeit der Kirche. Exegetische Aufsätze und Vorträge (Freiburg i. Br. 1955. ³1962) 308. Dazu *W. Fürst*, Kirche oder Gnosis? Heinrich Schliers Absage an den Protestantismus (München 1961) 30: „In Verlegenheit geraten wir genauso dadurch, daß Schlier sein Amtsprinzip zu Recht aus den Pastoralen erheben kann, daß dort der Begriff des Kerygmas als formulierter und zu tradierender apostolischer Hinterlassenschaft tatsächlich dominiert. Schlier meint, die Pastoralen hätten nur ‚ins Bewußtsein erhoben‘, was er von hier aus im 1 Kor schon findet." Daß Fürst, der seltsamerweise auf Schliers „kleine Rechtfertigung" gar nicht zu sprechen kommt, gegenüber Schlier zur Unterinterpretation der betreffenden Texte Zuflucht nimmt, haben wir schon angedeutet. Die Frage Schliers bleibt grundsätzlich auch dann bestehen, wenn man z. B. Käsemann in der Kritik an verschiedenen exegetischen Interpretationen Schliers zustimmt (vgl. *E. Käsemann*, Das Interpretationsproblem des Epheserbriefes, in: Theologische Literaturzeitung 86 (1961) 1–8; vgl. ebenfalls die bei Fürst a. a. O. S. 6 zitierten Rezensionen von H. Conzelmann und U. Wilckens).
[24] *E. Käsemann*, Begründet der neutestamentliche Kanon die Einheit der Kirche? in: Exegetische Versuche und Besinnungen (Göttingen 1960) I, 221.
[25] *E. Käsemann*, a. a. O. I, 221.
[26] *E. Käsemann*, a. a. O. I, 222f.

Worauf will also Käseman hinaus? Er will im Kanon das „Evangelium" finden. Ist doch der Kanon nur insofern Gottes Wort, als er „Evangelium" ist und wird. Die Schrift muß von ihrer sachlichen Mitte her verstanden werden, von der Botschaft her, deren Niederschlag sie ist: vom „Evangelium" her. Und was ist „Evangelium"? Nur der Glaubende, vom Geist überführt und auf die Schrift hörend, vermag es zu entscheiden. „Die Bibel ist weder Gottes Wort im objektiven Sinn noch das System einer Glaubenslehre, sondern Niederschlag der Geschichte der Verkündigung der Urchristenheit. Die Kirche, welche sie kanonisierte, behauptet jedoch, daß sie eben auf diese Weise Trägerin des Evangeliums sei. Sie behauptet das, weil sie die hier festgehaltene und sich bekundende Geschichte unter den Aspekt der Rechtfertigung des Sünders gestellt sieht, und kann es nur insofern behaupten. Da ihre Behauptung jedoch Zeugnis und Bekenntnis ist, ruft sie zugleich damit auf, uns selber mit unserer eigenen Geschichte ebenfalls unter das Geschehen der Rechtfertigung des Sünders zu stellen. Damit werden wir in eine Entscheidung nicht nur darüber geführt, ob wir dies letzte annehmen wollen oder nicht, sondern ebenso darüber, ob mit solchem Bekenntnis die Mitte der Schrift richtig erfaßt sei."[27]

So geht Käsemann mit großem Ernst seinen Weg als einen Weg der Mitte, als den Weg des „Evangeliums", wie es vor allem Paulus, der es am tiefsten verstand, ihm kündet. Es ist der Weg der Mitte zwischen dem schwärmerischen Enthusiasmus links, der sich des Evangeliums über die Schrift hinweg zu bemächtigen versucht, und dem traditionalistischen Frühkatholizismus rechts, der das Evangelium einfach in der Schrift vorfindbar und verfügbar wähnt, ohne die Schrift immer wieder an der kritischen Instanz des Evangeliums messen zu lassen. Enthusiasmus und Frühkatholizismus werden so aus dem Kanon nicht eliminiert. Sie haben aber nur als zwar lehrreiches, aber dunkles und abzulehnendes Kontrastprogramm zum eigentlichen „Evangelium" im Kanon Platz, das die Rechtfertigung des Sünders als Geschehen ankündigt. Auf diese Weise wird ein „Kanon im Kanon" kritisch eruiert[28].

---

[27] *E. Käsemann,* Zum Thema der Nichtobjektivierbarkeit, ebd. I, 232.
[28] Vgl. auch *W. G. Kümmel,* Notwendigkeit und Grenze des neutestamentlichen Kanons, in: Zeitschrift für Theologie und Kirche 47 (1950) 311 f: „Die eigentliche Grenze des Kanons läuft also durch den Kanon mitten hindurch, und nur wo dieser Sachverhalt wirklich erkannt und anerkannt wird, kann die Berufung katholischer oder sektiererischer Lehren auf bestimmte *Einzel*stellen des Kanons mit wirklich begründeten Argumenten abgewehrt werden." *H. Braun,* Hebt die heutige neutestamentlich-exegetische Forschung den Kanon auf? (Fuldaer Hefte 12. Berlin 1960) 23: „Die Exegese, die auf die Botschaft merkt, paralysiert die Schlacken im Kanon und macht die Begrenzung des Kanons, was das Einzelne anlangt, fraglich. Sie sagt also nicht Ja zum Kanon als ganzen, nicht Ja, weil es der Kanon ist. Sie nimmt ihn kritisch,

Was ist zu diesem zweiten Weg zu sagen? Der exegetische Befund, auf den sich Käsemann sowohl grundsätzlich wie insbesondere bezüglich des Problemkreises Amt und Gemeinde stützt, kann – auch bei verschiedenen Reserven im Detail – nicht einfachhin bestritten werden[29]. Es gibt 1) eine große Variabilität des neutestamentlichen Kerygmas, die begründet ist einerseits in der Eigenart der neutestamentlichen Schriftstellen und der benutzten Tradition, andererseits in der verschiedenen theologischen Haltung dieser Schriftsteller selbst; 2) eine außerordentliche und das Neue Testament übergreifende Fülle theologischer Positionen in der Urchristenheit, die sich erahnen läßt einerseits auf Grund des durchaus fragmentarischen Charakters unseres Wissens von der Geschichte und Verkündigung der Urchristenheit und andererseits auf Grund des offenkundigen Gesprächscharakters der meisten neutestamentlichen Aussagen, die in konkrete Situationen hinein gesprochen sind; 3) eine zutage tretende Unterschiedlichkeit der verschiedenen Positionen, die nicht einfach positiv harmonisiert werden können. Aus all dem folgt, daß das Neue Testament keine systematische Summa theologica ist, kein einheitlich-systematisches Lehrsystem, das, abgesehen von seinem Verkündigungscharakter, einfachhin dozierend expliziert und andemonstriert werden kann. Die verschiedenen Texte stammen von verschiedenen Menschen aus verschiedenen Situationen mit verschiedenen theologischen Zielrichtungen. Sie müssen wieder für verschiedene Menschen mit verschiedenen Zielrichtungen in verschiedene Situationen hineingesprochen werden. Die Übertragung und Übersetzung des Kerygmas aus der damaligen Situation in die je neue ist die stets neue Aufgabe der Kirche.

Was erreicht nun Käsemann auf seinem Weg? Man wird zugeben müssen: eine imponierende Konzentration des Kerygmas, eine imponierende Konzentration auf ein in weiterem Sinne paulinisches Kerygma. Paulus ist für Käsemann der, der das Evangelium am tiefsten verstanden hat. Und Paulus ist gewiß in mancher Hinsicht konzentrierter und damit imponierender als das gesamte, eben recht vielfältige Neue Testament. Worin aber besteht diese Konzentration? Sie besteht in Reduktion. In Reduktion auf die Heilige Schrift, sofern sie „Evangelium" ist, sofern sie die Rechtfertigung des Sünders kündet. Damit meint Käsemann zweifellos nicht die Rechtfertigungs*lehre,* sondern das Rechtfertigungs-

---

aber unter Verwendung *jenes* Sachkriteriums, das dem Neuen Testament selber entstammt. Und darum hängt sie am Kanon, was seine Mitte, was das neutestamentliche Grundphänomen betrifft. Sie hat dies ja nur *im* Kanon, später doch schon gar nicht; wenn auch im Kanon nicht rein und nicht unvermischt."

[29] Vgl. vor allem den schon öfters zitierten Aufsatz: Begründet der neutestamentliche Kanon die Einheit der Kirche?

geschehen. Und das Rechtfertigungsgeschehen wird nicht nur in Röm und Gal verkündet, sondern auch in einem Logion Jesu, in einer Seligpreisung usw. Kurz, *überall* wo Rechtfertigung geschieht, geht es um „Evangelium".

Aber, das muß hier unsere Frage sein: Geht es denn nicht im *ganzen* Neuen Testament um Ankündigung der Rechtfertigung des Sünders, geht es nicht im *ganzen* Neuen Testament um „Evangelium"? Gerade das kann Käsemann auf seinem Weg keinesfalls zugeben. Es gibt für ihn eindeutig Texte, die die Rechtfertigung des Sünders nicht ankünden, die nicht „Evangelium" sind. Und deswegen bedeutet Käsemanns Konzentration zugleich Reduktion oder, – wie man auch sagen kann – Auswahl. Es wird ein formales Deutungsprinzip angewandt, das sich dann zugleich als materiales Selektionsprinzip, als Auswahlprinzip erweist. Auf diese Weise nur ist es Käsemann möglich, *innerhalb* des Neuen Testaments nicht nur den schwärmerischen Enthusiasmus links und den gesetzlichen Judaismus rechts, sondern auch den – nach katholischer Auffassung schon bei Paulus gegebenen – „Frühkatholizismus" für un-evangelisch zu erklären.

Was liegt hier tatsächlich vor? Nichts anderes als der grundsätzliche Verzicht auf ein umfassendes Verständnis und Ernstnehmen des *ganzen* Neuen Testaments zu Gunsten einer konzentrierenden *Auswahl*, d. h.: der grundsätzliche Verzicht auf *„Katholizität"* im Schriftverständnis zu Gunsten der *„Hairesis"*.

Das sind die hohen Kosten, mit denen der Protest gegen den Frühkatholizismus erkauft wird. Käsemanns Protest gegen das Frühkatholische ist Protest gegen das Katholische überhaupt; Käsemann selbst wäre der letzte, der dies bestritte. Dieser Protest richtet sich gegen die katholische *Kirche*. Nicht gegen das Unkatholische der katholischen Kirche, das wäre katholisch. Sondern gegen das Katholische der katholischen Kirche, das ist protestantisch. Das erste können wir Katholiken verstehen, annehmen, ja mitmachen. Das zweite nie. Wir können in einem solchen Weg nur einen Holzweg, jedenfalls keinen Ausweg sehen. Kurz: nur a-poria. Denn Käsemanns Protest gegen die Katholizität der Kirche wird (als protestantischer Protest) zwangsläufig zum Protest gegen die Katholizität der *Schrift,* auf die er sich in seinem Protest gegen die Katholizität der Kirche ausschließlich stützt! Der Protest wird so aus dem Korrektiv (so meinte es Luther ursprünglich) zum Konstitutiv (so meint es der Protestantismus verschiedenster Schattierung). Der Protest erstarrt in sich und hebt sich selber auf, indem er das Fundament, auf das er sich stellte, selbst auflöst.

Worauf begründet denn Käsemann, daß er gerade diese *seine* Auswahl aus dem Neuen Testament als „Evangelium" versteht? Jedenfalls doch nicht einfach auf dem Neuen Testament; denn das Neue Testament besagt auch nach Käsemann mehr als nur *sein* „Evangelium". Auch nicht einfach auf dem „exegetischen Befund", nach welchem sich die „paulinische Mittellinie" als „Evangelium" aufdrängt. Denn die Frage ist ja gerade die, warum Käsemann nur diese „paulinistische Mittellinie" als „Evangelium" zu sehen vermag. Kann sich da Käsemann auf mehr berufen als auf irgendein (vielleicht durch philosophische Prämissen oder durch wenig glaubwürdige Darstellung des Katholischen in Geschichte und Gegenwart unbewußt verursachtes) protestantisches Vorverständnis? Oder, tiefer, auf irgendeine letzte Option („Glauben"), in der man sich vielleicht mehr vorfindet (lutherische Tradition?), als daß man sich selbst in sie gestellt hätte? Also eine Entscheidung *vor* aller Exegese, letztlich – das ist ja auch der Vorwurf Schliers – eine Art korinthischen Enthusiasmus'? Ist das nicht eine Position, in der man auch kaum mehr Gründe angeben kann, die einen andern abhalten könnten, eine *andere* Option zu treffen und auf Grund eines *anderen* Vorverständnisses eine *andere* Mitte und ein *anderes* Evangelium exegetisch zu entdecken? Auf das Neue Testament als *Ganzes* kann man sich ja, nachdem man seine Katholizität dem Protest geopfert hat, nicht mehr berufen.

Was übrigbleibt, ist – gegen den Willen derer, die sie üben – mehr oder weniger große Willkür: „Für Luther war diese Mitte, von der her er alles beurteilte, wohl Paulus oder, noch enger, dessen Rechtfertigungslehre. Andererseits war für Luther das Johannesevangelium das ‚einzige zarte rechte Hauptevangelium'. Ebenso beurteilte und verteidigte F. Schleiermacher dieses gleiche Evangelium ob seines geistigen Gehaltes als das wesentliche Evangelium. In der historisch kritischen Theologie zu Beginn unseres Jahrhunderts waren die Herrnworte in der Synopse das Maß des Echten. Für R. Bultmann ist wohl das Johannesevangelium das Zeugnis des gültigen Evangeliums als Evangelium des Wortes allein und jetziger existentieller Entscheidung, wenn angebliche spätere kirchliche Zusätze über die Sakramente und die künftige Eschatologie ausgeschieden werden. Müßte man nicht viel mehr, als das NT von einer solchen Norm her zu messen, die kritische Norm am Reichtum des NT messen und ihr darnach allenfalls ein relatives Recht zuerkennen?"[30]

---

[30] *K. H. Schelkle,* Die Petrusbriefe (Herders Theologischer Kommentar zum Neuen Testament XIII, 2 [Freiburg-Basel-Wien 1961]) 245. – In seiner Kritik an Jakobus hat *Luther* sein hermeneutisches Kriterium auf folgende Weise formuliert: „Auch ist das der rechte Prüfestein, alle Bücher zu taddeln, wenn man sihet, ob sie Christum treiben oder nicht" (WA Deutsche Bibel 7, 385). – Liegt hier nicht bereits eine subjektive Auflösung des Kanons vor? Dazu sagt *W. Maurer,* Luthers Verständnis des neutestamentlichen Kanons (Fuldaer Hefte 12. Berlin 1960) 76f: „Die historisch-kritische Methode relativiert den Kanon und stellt das apostolische Zeugnis hinein in die Relativität

Wohin diese nun doch offenkundig subjektiv bestimmte auswählende Haltung der Hairesis führte, ist bekannt: jede Auswahl widerlegt die anderen und wird von ihnen widerlegt. Das falsch (!) verstandene sola scriptura führte zu einem sola pars scripturae, und dieses wiederum zu einem sola pars Ecclesiae (Partei), kurz: zu einem verheerenden Chaos in der Verkündigung und einer progressiven Aufsplitterung des Protestantismus. Auch W. Fürst gesteht in seinem Versuch einer protestantischen Antwort an Heinrich Schlier freimütig zu: „Unsere eigene Gespaltenheit dürfte der wunde Punkt sein, an dem uns Schliers Anfrage als Infragestellung am empfindlichsten trifft. Sind wir uns untereinander, wie wir es nach reformatorischem ‚Prinzip‘ doch sein müßten, wenigstens darin einig, worin wir mit Schlier, dem Anschein nach, einig sein können: daß das Neue Testament für die Entscheidungen maßgebend ist? Schlier glaubt uns nicht, daß das Hören auf die eine Schrift hinter den so verschiedenen Auskünften steht, die wir geben, und man kann ihm das kaum verübeln. Hätte uns seine Konversion, die bedrohlich an allen Grundlagen unserer Tradition rüttelt, nicht längst nötigen müssen, die unter uns immer wieder aufgeschobenen Bereinigungen schleunigst nachzuholen? Solange wir sie nicht angehen, werden wir kaum in der Lage sein, Schliers Herausforderung erfolgreich zu parieren. Der hier zu unternehmende Versuch steht unter der Last des Unerledigten und muß sich seiner Vorläufigkeit auch in dieser Hinsicht bewußt sein.“[31]

Das kühne Programm „Kanon im Kanon" fordert nichts anderes als: biblischer zu sein als die Bibel, neutestamentlicher als das Neue Testament, evangelischer als das Evangelium und sogar paulinischer als Paulus. Radikales Ernstmachen ist die Absicht, radikale Auflösung die Folge. Im Gegensatz zu aller Hairesis, die in ihrer Selbstverabsolutierung (ohne es zu wollen) zur Hybris wird, versucht *katholische* Haltung, sich

---

aller Geschichte. Die theologische Interpretation, die Luther dem Kanon zuteil werden läßt, setzt dessen Existenz voraus, ist ohne diese nicht denkbar. Sein Kanonsverständnis geht aus von der Christusbezogenheit des apostolischen Zeugnisses und führt es auf das Heilswalten Christi zurück. Sie begründet damit die Existenz des Kanons in Gottes Heilsveranstaltung selbst und bindet an sie unlösbar den christlichen Glauben." Kann aber andererseits *G. Ebeling* (Die Bedeutung der historisch-kritischen Methode für die protestantische Theologie und Kirche, in: Zeitschrift für Theologie und Kirche 47 [1950] 16) den Reformatoren in ihrer Kanonauffassung nicht mit Recht Mangel an Konsequenz vorwerfen? Die traditionelle Schriftauffassung ist „in der Reformation zutiefst erschüttert, aber praktisch nicht durchgreifend kritisch revidiert worden. Die Konzentration des Schriftzeugnisses auf Jesus Christus als *das* Wort Gottes und die Unterscheidung von Gesetz und Evangelium als Richtschnur der Schriftauslegung hat einen unerhört kritischen Kanon innerhalb des Kanons aufgerichtet."

[31] *W. Fürst,* Kirche oder Gnosis? Heinrich Schliers Absage an den Protestantismus (München 1961) 7.

die volle Offenheit und Freiheit für das *Ganze* des Neuen Testaments zu bewahren. Das scheint oft weniger konsequent und imponierend zu sein als das kraftvoll-einseitige Herausstellen *einer* Linie; wie angedeutet, kann Paulus *allein* unter Umständen konsequenter und imponierender wirken als das ganze Neue Testament – und der (von „Sakramentalismus" und „Mystizismus" purifizierte) paulinistische Paulus unter Umständen wiederum konsequenter und imponierender als der ganze Paulus. Aber der wahre Paulus ist der ganze Paulus – und das wahre Neue Testament das ganze Neue Testament.

Es ist allerdings sehr viel schwieriger, das *Ganze* statt nur einen Teil exegetisch ernstzunehmen. Nicht nur, weil *jeder* Theologe als Mensch in Gefahr ist, im Neuen Testament gerade das nicht zu vernehmen, was er vernehmen sollte, sondern weil auf diesem katholischen Weg die hohe exegetische Kunst der Differenzierung und Nuancierung im besonderen Maße erfordert ist. Also einerseits keine Harmonisierung und Nivellierung der unterschiedlichen ekklesiologischen Aussagen des Neuen Testaments aus systematischer Bequemlichkeit heraus, die zu träge ist, den verschiedenen relativen Gegensätzen auf den Grund zu gehen. Andererseits keine Dissoziierung und Reduzierung dieser Aussagen aus einer rein statistisch sammelnden und entgegensetzenden Hyperkritik heraus, die am Aufstöbern von Gegensätzlichkeiten mehr Gefallen hat als am Aufspüren einer tieferen Einheit im Gesamtkontext der Schriften, die doch schließlich *alle* in irgendeiner Form von Jesus Christus als der Mitte des Evangeliums reden wollen. Jedes Zeugnis des Neuen Testaments ist ein Niederschlag der Verkündigungsgeschichte, in der Verkündigung und Taten Jesu auf mannigfache Weise überliefert werden, damit Jesus als der Herr geglaubt werde[32]. Jedes ekklesiologische Zeugnis des Neuen Testaments muß deshalb auf dem Hintergrund der gesamten Verkündigungsgeschichte, muß aus einer bestimmten Verkündigungssituation heraus verstanden werden, in die es hineinsprechen will.

Besteht dann aber die Befürchtung Käsemanns nicht zu Recht, daß die *letzte* Schrift dieser Verkündigungsgeschichte die gesamte vorausgegangene Geschichte als letztes Zeugnis interpretiert und somit entscheidend bestimmt? In katholischer Sicht muß auch dieses neutestamentliche Zeugnis ernst genommen werden. Als frühkatholisches vermittelt es gerade die für die spätere Kirche notwendige Kontinuität zwischen der apostolischen Kirche des Neuen Testaments und der Kirche der „apostolischen Väter" und der alten Kirche überhaupt. Trotzdem kann dies nicht heißen, daß 2 Petr die Interpretation des ge-

---

[32] Die Bedeutung der Verkündigungssituation hat auf evangelischer Seite sehr gut herausgearbeitet *H. Diem*, Dogmatik. Ihr Weg zwischen Historismus und Existentialismus (München 1955. ²1957) 204–208.

samten Neuen Testaments als *die* entscheidende Schrift zu bestimmen hat. Ist doch sehr wohl zu beachten, daß es bei 2 Petr nicht einfach um ein ursprüngliches, sondern um ein *abgeleitetes* Zeugnis innerhalb des Neuen Testaments geht. Wie etwa Jud und Jak setzt auch 2 Pet andere neutestamentliche Schriften voraus, und diese setzen unter Umständen wieder andere, so dieses oder jenes Logion Jesu, voraus. Die je neue Verkündigungssituation zwang zu steter Neuaussage der ursprünglichen Botschaft, in der auch die menschliche und theologische Eigenart des je neuen Verkünders ihre große Rolle spielte. Eine Verschiedenheit war von daher innerhalb des Neuen Testaments selbstverständlich gegeben, wie uns ja auch bezeichnenderweise nicht nur *ein* Evangelium oder eine Evangelienharmonie oder gar ein Leben-Jesu, sondern verschiedene, oft recht gegensätzliche Evangelien überliefert wurden. Aber in dieser ganzen komplexen (und nicht nur einlinigen) Entwicklung versteht es sich, daß den ursprünglichen Zeugnissen vor den *abgeleiteten* ein Vorrang (sachlicher und interpretativer, nicht – hinsichtlich der Inspiration – formaler Art) zukommt. Geht es doch beim Neuen Testament nicht um einen festschriftartigen Sammelband gleichberechtigter (wenn auch nicht immer gleich wertvoller) Beiträge, geht es doch bei der Botschaft des Neuen Testaments nicht um die Botschaft eines Schriftstellerkollegiums, zu der ein jeder seinen selbständigen Forschungsbeitrag liefert, sondern um die Botschaft Jesu Christi, von der alle späteren Zeugnisse nur Interpretationen sein können und wollen. Sosehr also auch die abgeleiteten Zeugnisse des Neuen Testaments ernstzunehmen sind, sosehr sind sie zugleich als abgeleitete und nicht als ursprüngliche ernstzunehmen. Dabei hat nicht nur die äußere zeitliche Nähe zur Botschaft Jesu eine Bedeutung, sondern auch die innere sachliche Nähe. Über die zeitliche Nähe hinaus darf Röm im Vergleich zu Jak auch eine größere sachliche Nähe zugeschrieben werden. Je abgeleiteter ein Zeugnis ist, um so mehr werden Exegeten wie Dogmatiker darauf zu achten haben, auf welche Weise dieses Zeugnis vom Heilsgeschehen in Jesus Christus handelt: welche Faktoren bei je verschiedenen Verkündern in der je verschiedenen Verkündigungssituation mitspielen, fördernd oder hemmend, bekräftigend oder abschwächend, verschärfend oder verharmlosend. So muß jedes Zeugnis im Gesamt des Neuen Testaments von der Botschaft Jesu und den ursprünglichen Schwerpunkten her verstanden werden. Es darf also nicht sein, daß die späteren Zeugnisse die früheren, die Pastoralbriefe z. B. die Bergpredigt überspielen. Man kann nicht bestreiten, daß die katholische Ekklesiologie gerade die Pastoralbriefe zeitweilig stark überbewertet und so faktisch aus der Ekklesiologie weitgehend eine Hierarchologie gemacht hat. Doch rechtfertigt dieser schlechte Gebrauch der Pastoralbriefe nicht, sie als frühkatholische Produkte einfach links liegenzulassen.

Die *Kirche* ist es, die uns das Neue Testament in einer gewiß wechselvollen Kanongeschichte, aber eben doch das Neue Testament als *ganzes* überliefert hat[33]. Ohne die Kirche gäbe es kein Neues Testament. Dabei war die Kirche durchaus der Meinung, daß alle Teile des Neuen Testaments durchaus als positive Zeugnisse vom Christusgeschehen (und nicht nur als z. T. negative Kontrastprogramme) in den neutestamentlichen Kanon aufgenommen wurden. Das konkrete Verhältnis zur Kirche wird auch heute vielfach den Ausschlag geben, ob ein Theologe das von der *Kirche* überlieferte und verbürgte ganze Neue Testament vertrauensvoll und kritisch zugleich anzunehmen vermag oder nicht. Wir Katholiken sind der Überzeugung, mit der alten Kirche gut daran zu tun, das Ganze des Neuen Testaments als ein *zutreffendes* Zeugnis des Offenbarungsgeschehens in Jesus Christus anzusehen und dabei jedes einzelne Zeugnis wahrhaft, aber differenziert in seiner Ausrichtung auf dieses Heilsgeschehen in Christus gelten zu lassen und theologisch wie praktisch ernst zu nehmen.

Um das Gesagte mit den Worten des Tübinger Neutestamentlers K. H. Schelkle, der sich gerade mit der Problematik des „Frühkatholizismus" in besonderer Weise auseinandergesetzt hat, zusammenzufassen: „Katholische Theologie wird naturgemäß Zeugnisse des Frühkatholizismus im NT grundsätzlich anders werten als protestantische Theologie. Ist es möglich, die wahre ntl. Botschaft auf die eine Stunde, ja den mathematischen Punkt etwa des Römerbriefes oder des (entmythologisierten) Johannesevangeliums zu begrenzen? In seiner Ganzheit ist das NT Zeugnis der umfassenden, d. h. katholischen, Wahrheit in der Fülle. Nur einen Teil gelten zu lassen ist Wahl, d. h. Häresie. Und wenn dieses NT in seinen späteren Teilen zum Frühkatholizismus überleitet, dann wird katholische Exegese sich bemühen, zu zeigen, bei wahrhaft geschichtlichem Verstehen geschehe hier nicht Verkehrung des Ursprünglichen und Wahren, sondern echte und gültige Entwicklung. Das wird nicht hindern, das Spätere mit dem Früheren zu vergleichen und jenes an diesem zu messen, so wie dies alle echt kritische Theologie – auch katholische – unternimmt."[34]

Was folgt daraus für die Bedeutung des kirchlichen Amtes im Neuen Testament? Auf Grund der gegenwärtigen exegetischen Problemlage

---

[33] Gegen *H. Diem* (ebd. 179) macht *H. Braun* (Hebt die heutige neutestamentlich-exegetische Forschung den Kanon auf? Fuldaer Hefte 12 [Berlin 1960] 11) darauf aufmerksam, daß sich die Kanonsabgrenzung nicht einfach selbst in der Kirche durchgesetzt hat, sondern in den letzten Abgrenzungen (Heb, ein Teil der katholischen Briefe und Apk) von der Kirche *dekretiert* wurde: „Der definitive Charakter dieser Abgrenzung ist kirchliches Dekret."
[34] *K. H. Schelkle,* Die Petrusbriefe (Herders Theologischer Kommentar zum Neuen Testament XIII, 2 [Freiburg-Basel-Wien 1961]) 245.

läßt sich die katholische Auffassung in folgende drei Sätze zusammen-
fassen (bezeichnenderweise nicht für das Ganze, wohl aber für jeden
Einzelsatz lassen sich auch kompetente evangelische Zeugen anführen):
1. Das Neue Testament umfaßt auch den „Frühkatholizismus" und die
„frühkatholische" Auffassung des kirchlichen Amtes[35]. 2. Das *ganze*
Neue Testament muß, allerdings historisch differenziert und in die
Gegenwart übersetzt, ernst genommen werden[36]. 3. Die frühkatholischen
Zeugnisse vom kirchlichen Amt dürfen nicht in einen exklusiven
Gegensatz zu Paulus und seiner Rechtfertigungslehre gesetzt werden[37].

---

[35] Für *E. Käsemann* (Begründet der neutestamentliche Kanon die Einheit der Kirche? in: Exegetische Versuche und Besinnungen [Göttingen 1960] I, 220 f) ist –
wie ausführlich dargelegt – schon innerhalb des Neuen Testaments „die Grenze
des Urchristentums überschritten und der Frühkatholizismus etabliert".
[36] Zum Beispiel *H. Diem,* a. a. O. 204: „Das Faktum des Kanons bezeugt, daß
die Kirche tatsächlich in diesen Zeugnissen einhellig die Verkündigung von
Jesus Christus gehört hat und wir sie darum hier ebenfalls hören können und
hören sollen." 205: „. . . bei jeder solchen situationsbedingten Wertung der
einzelnen Zeugen ist die durch das Faktum des Kanons gesetzte *Grenze* zu
beachten. Diese verlangt die Anerkennung, daß auch jener von uns zurück-
gestellte Zeuge – in seiner historischen Bedingtheit, denn wie sollte er es
anders tun? – das Zeugnis von Christus ausgerichtet und darum bei der Kirche
Gehör gefunden hat, und d. h. daß er als ein vom Heiligen Geist Inspirierter
geredet hat." – *W. Andersen,* Die Verbindlichkeit des Kanons (Fuldaer Hefte
12 [Berlin 1960]) 44: „In der Feststellung des Kanons durch die Kirche trifft
diese eine Bekenntnisentscheidung des Inhaltes, daß sie ausspricht, in welchen
Schriften sie das apostolische Zeugnis zu hören glaubt und welchen deshalb
ihr Leben, ihre Verkündigung und Lehre unterworfen sein soll, m. a. W.
welche als kanonisch zu gelten haben. Auf diese Weise hat sie sich zur geschichtlichen Einmaligkeit und Endgültigkeit der Offenbarung Gottes bekannt und
die Normhaftigkeit des apostolischen Wortes anerkannt, das als das Wort des
Ursprunges in einem Gegenüber zum Sein der Kirche verbleibt."
[37] Zum Beispiel *H. von Campenhausen,* Das Problem der Ordnung im Ur-
christentum und in der alten Kirche, in seinem Sammelband Tradition und
Leben (Tübingen 1960) 162: „Die alte Kirche ist nicht nur in ihrer Lehre,
sondern auch im Verständnis der Ordnung praktisch viel stärker evangelisch
bestimmt, als man vielfach zuzugeben bereit ist. Ich betone das ausdrücklich
gegenüber einer unhistorischen, grundsätzlich mißtrauischen, ultraprotestan-
tischen Kritik, die überall dort, wo sie ihre reformatorischen Formeln nicht
wiederfindet, und überall dort, wo sie einem naiven unkritischen Bekenntnis
zur Ordnung begegnet, das eigentlich Christlich-Evangelische bereits verraten
sieht und mit dem danach gebildeten Begriff des ‚Frühkatholizismus' nicht nur
alle Väter einschließlich Augustins, sondern auch weite Partien des Neuen
Testaments, insbesondere die lukanischen Schriften brandmarkt und nicht einmal vor Paulus ganz haltmachen möchte. Die gefährlichste Wirkung solch
einer pseudoprotestantischen Rechthaberei gegenüber den eigenen Ursprün-
gen liegt vielleicht darin, daß sie durch die Maßlosigkeit ihrer angeblich reformatorischen Kritik einen Ekel und Überdruß weckt, der nun gegen die vermeintliche Einseitigkeit der ordnungsfremden Reformation überhaupt miß-
trauisch und unkritisch macht . . ."

So sehr wir die ganze Problematik nur umrißhaft und fragmentarisch darstellen konnten[37a] (auf einiges werden wir gleich noch zurückkommen), dürfte doch klargeworden sein: auch von der neutestamentlichen Problemstellung und den sie bestimmenden positiven wie negativen Faktoren her drängt sich auch auf evangelischer Seite eine Neuorientierung auf. Das Amt in der Kirche ist wie seit langem nicht mehr im Mittelpunkt des Interesses. Was aber für die Kirche als ökumenisches Konzil aus göttlicher Berufung von Wichtigkeit ist, ist ebenso für das ökumenische Konzil aus menschlicher Berufung, das die Kirche repräsentieren will, von hoher Bedeutung. Es drängt sich auch vom Neuen Testament her auf, daß das kirchliche Amt auf dem ökumenischen Konzil aus menschlicher Berufung ernst genommen werden muß, weil sonst, wie wir erkannten, das strukturelle Gefüge der Kirche nicht mehr wahrhaft zur Geltung käme.

c) Die Anstöße, die von der allgemeinen kirchengeschichtlichen Entwicklung der letzten fünfzig Jahre und von der neutestamentlichen Forschung ausgingen, haben auch die *systematische Theologie* vom kirchlichen Amt in Bewegung gebracht. Von verschiedenster Seite her wird heute im evangelischen Raum intensiv über die Strukturen der Kirche nachgedacht und an einer Vertiefung der Theologie des Amtes gearbeitet. Die Frage der apostolischen Sukzession im Amt steht dabei im Mittelpunkt. In positiver und konstruktiver Weise haben sich zur apostolischen Sukzession in den letzten Jahren geäußert: die Evangelische Michaelsbruderschaft (K. B. Ritter, W. Stählin, A. Köberle) und die Theologen der „Sammlung" (H. Asmussen, M. Lackmann, R. Baumann), aber auch die reformierten Theologen und die Neuenburger Zeitschrift „Verbum caro" (nicht zu vergessen die auch theologisch tätige reformierte Bruderschaft bzw. Communauté von Taizé-les-Cluny in Burgund) und die lutherischen Theologen um die Heidelberger Zeitschrift „Kerygma und Dogma" (beträchtlichen Einfluß hatten E. Schlinks „Theologie der lutherischen Bekenntnisschriften" und die veröffentlichungen P. Brunners, auf die wir öfters hinwiesen). Von da her haben sich denn auch die im Theologischen Konvent Augsburgischen Bekenntnisses zusammengeschlossenen führenden lutherischen Theologen besonders in den Jahren 1951–1956 eingehend mit den Fragen beschäftigt (vgl. die Referate von E. Kinder, O. Perels, E. Sommerlath, F. Hübner, H. Thimme, A. Kimme, W. Maurer, P. Brunner, H. Lier-

---

[37a] Dieselbe Problematik behandle ich gleichzeitig in einer allgemeineren Perspektive (in Auseindersetzung nicht nur mit E. Käsemann, sondern auch mit H. Diem) in dem Aufsatz: Der Frühkatholizismus im Neuen Testament als kontroverstheologisches Problem, in: Tübinger Theologische Quartalschrift 142 (1962) Heft 4.

mann, F. K. Schumann). Auf Grund dieser intensiven Vorarbeiten war es dem Konvent im Oktober 1956 möglich, eine von den Theologen P. Brunner, F. K. Schumann, H. Thimme, dem Kirchenpräsidenten D. Brunotte und dem Vizepräses D. Lücking erarbeitete Vorlage einmütig als „Grundlinien für die Ordnung des Amtes in der Kirche"[38] zu beschließen; diese hatten ein weites und gutes Echo bis hin in die Lehrverhandlungen über das Amt in Südindien.

Gleichzeitig hatte die Kirchenleitung der Vereinigten Evangelisch-Lutherischen Kirche Deutschlands dem Ökumenischen Ausschuß unter dem Vorsitz von Bischof D. H. Meyer (Lübeck) 1954 aufgetragen, die Frage der apostolischen Sukzession zu bearbeiten. Im November 1957 konnte der Ausschuß die „Erklärung zur apostolischen Sukzession" als Ergebnis einer mehrjährigen Arbeit vorlegen. Die Kirchenleitung hat dem Wortlaut zugestimmt. Dieses offizielle Dokument[39] ist ein eindrückliches Zeugnis dafür, welche Fortschritte in der kirchlichen und theologischen Entwicklung der letzten Jahre erzielt werden konnten. Es ist auch symptomatisch für die gegenwärtige Gesamtentwicklung in der Ökumene; in der Einleitung wird auf folgende wichtige kirchen- und theologiegeschichtliche Vorgänge hingewiesen: a) Das ökumenische Gespräch hat sich in den letzten Jahren auf das Christusthema konzentriert. Damit ist aber erneut von einer anderen Seite her auch die Frage nach der Katholizität und Kontinuität der Kirche gestellt. b) In den evangelischen Kirchen des Abendlandes sowie in den Kirchen Asiens und Afrikas sind in großer Breite die Fragen nach dem kirchlichen Amt, der Ordination, den Ämtern und Diensten und dem Verhältnis von Amt und Gemeinde aufgebrochen. c) Dabei fragen die Kirchen Asiens und Afrikas mit besonderer Dringlichkeit nach dem Bischofsamt und seiner Bedeutung für die Einheit der Kirche. Um der ökumenischen Verbundenheit willen haben darum auch die Kirchen des Abendlandes nach einer Antwort zu suchen. d) In dem notwendigen Gespräch mit der römisch-katholischen Kirche stellt sich uns unausweichlich die Frage, wodurch die Apostolizität und Autorität der Kirche gewährleistet ist. e) Wir haben als Kirche lutherischen Bekenntnisses allen Grund, uns darum zu mühen, die ökumenische Verbindung zu den orthodoxen Kirchen des Ostens zu vertiefen. Das Gespräch mit ihnen wird aber zwangsläufig ihre Aussagen über die Ganzheit und die Fülle der Kirche, die durch die Zeiten hindurch existiert, an hervorragender Stelle berücksichtigen müssen. Damit ist zu-

---

[38] Grundlinien für die Ordnung des Amtes in der Kirche (Fuldaer Hefte 11. Berlin 1960).
[39] Erklärung zur Apostolischen Sukzession, in: Informationsdienst der Vereinigten Evangelisch-Lutherischen Kirche Deutschlands (1958) 4–13.

gleich die Frage nach der Apostolischen Sukzession im engeren Sinn als ein wesentliches Teilproblem gestellt. f) Die Kirche von England ist in den letzten Jahrzehnten besonders stark in Kircheneinigungsbestrebungen hervorgetreten. Sie hat sich auch um Einigung mit lutherischen, vor allem skandinavischen lutherischen Kirchen bemüht. Dabei wird dem historischen Episkopat von den Anglikanern eine entscheidende Bedeutung beigemessen. g) Die Kirche von Südindien führt seit Jahren Lehrgespräche mit den ihr benachbarten lutherischen Kirchen. Sie hat zwar keine Theorie des historischen Episkopats, aber sie hält mit Entschlossenheit an diesem als einem der Kirche vom Heiligen Geiste verliehenen und unaufgebbaren Geschenk fest. h) Innerhalb der lutherischen Kirche Schwedens machen sich zunehmend Bestrebungen bemerkbar, der Apostolischen Sukzession ihrer Bischöfe, die man als ein gern festgehaltenes, aber theologisch irrelevantes historisches Faktum angesehen hatte, ein besonderes kirchliches und theologisches Gewicht beizumessen[40].

Es ist kein Zweifel, daß diese Erklärung und die ökumenischen Vorgänge, die dahinter stehen, die volle katholische Aufmerksamkeit verdienen. Verschiedene Fragen, die wir Katholiken an Luther zu stellen hatten, werden hier beantwortet. Zugleich werden aber auch Fragen gestellt, deren Beantwortung *uns* nicht ganz leichtfallen wird. Im Hinblick auf den Fragenkomplex kirchliches Amt – ökumenisches Konzil ist im folgenden die Erklärung der evangelisch-lutherischen Kirche näher zu betrachten.

4. Die apostolische Sukzession

a) Die „Erklärung" bemüht sich mit Erfolg darum, die Anliegen Luthers ernstzunehmen und sie zugleich von der Fülle des Neuen Testaments her zu interpretieren und zu ergänzen. Manche Zweideutigkeiten, die wir in Luthers Theologie des Amtes anzumerken hatten, werden geklärt und *verschiedene katholische Desiderata erfüllt*. Folgende Punkte scheinen uns dabei vom katholischen Gesichtspunkt aus besonders wichtig:

1. Demokratisches oder geistliches Amtsverständnis nach dem Neuen Testament?

Das beim frühen Luther (und im späteren Protestantismus) festgestellte demokratische Mißverständnis des geistlichen Amtes wird ausgeräumt[1]. Inmitten des Priestertums *aller* Gläubigen und ihrer verschiedenen Geistesgaben gibt es nach dem Neuen Testament auch „besondere und

---

[40] Erklärung zur Apostolischen Sukzession a. a. O. 5f.
[1] Erklärung zur Apostolischen Sukzession I, 2–4 6, a. a. O. 7f.

hervorgehobene Dienste, die dann ihren Trägern auch formell aufgetragen werden" (besondere Aufgaben der missionarischen Kirchengründung und Kirchenleitung). Diese „sind nicht Funktionen der Gemeinde, sondern Gabe und Setzung Gottes". Für die Berufung in diese
besonderen Dienste sind „nicht menschliche Zweckmäßigkeitserwägun-
gen bestimmend, sondern der Wille Gottes". „Durch die besondere
Berufung wird schon vorhandenes Charisma in Dienst genommen, aber
auch das für ihren konkreten Aufgabenbereich notwendige Charisma
verliehen." An dieser wichtigen Stelle beruft man sich ausdrücklich
auf Röm 1, 11 und 15, 24; 1 Tim 4, 14 und 2 Tim 1, 6. Beim Vollzug der
Berufung „ist in der Urgemeinde mehrfach – jedoch nicht allgemein – die
Handauflegung bezeugt". Allen besonderen Diensten in der Kirche geht
das Amt der Apostel als grundlegendes und unwiederholbares voraus.
2. Theologischer Begriff und Autorität des kirchlichen Amtes:
Eine einseitige Konzentration auf die Wortverkündigung und un-
genügendes Herausstellen der Hirtenautorität des kirchlichen Amtes
wird vermieden[2]. In der Vielfalt der besonderen Dienste ragt der Dienst
der Gemeindeleitung hervor. „Nach dem Tode der Apostel mußte die
Funktion des Sammelns und Einigens um der Kirche willen und um des
Dienstes an der Welt willen weiterhin geübt werden. Deshalb ist das
kirchliche Amt seinem Wesen nach zu bestimmen als Hirtenamt, sei es
in einer einzelnen Gemeinde, sei es in der Gemeinschaft von Gemeinden. Es vollzieht sich durch die Verkündigung des Evangeliums und
durch die Verwaltung der Sakramente. Dieser Aufgabe des Hirtenamtes sind alle anderen zugeordnet, wie z. B. Lehre, Leitung des öffentlichen Gottesdienstes, Unterscheidung der Geister, Abwehr von Irrlehre, Aufrechterhaltung der ökumenischen Verbundenheit der Gemeinden, Anregung und Leitung des missionarischen Wirkens der
Kirche in die Welt hinein." Soweit die Träger des kirchlichen Amtes
diese „Aufgaben des Apostelamtes übernommen haben, stehen sie wie
die Apostel als Vertreter und Boten Christi ihren Gemeinden in Autorität
gegenüber".
3. Die apostolische Sukzession der Kirche?
Man wagt es durchaus, den Blick auf den historischen und personalen
Aspekt der apostolischen Sukzession zu richten[3]. Im Sinne des „bleibenden Zusammenhangs der Christenheit mit dem grundlegenden Dienst der
Apostel und ihrer bleibenden Übereinstimmung mit dem maßgebenden
Zeugnis der Apostel . . . ist apostolische Sukzession als zum Wesen der
Kirche gehörend uneingeschränkt zu bejahen. So wird sie auch von uns
mit der ganzen Christenheit mit den Worten des Nicänums bekannt:

---

[2] Erklärung zur Apostolischen Sukzession I, 7–9, a. a. O. 8f.
[3] Erklärung zur Apostolischen Sukzession III, 13–14, a. a. O. 10f.

Ich glaube die Eine, heilige, allgemeine, apostolische Kirche." Der Zusammenhang der Gesamtkirche als apostolischer mit den Aposteln ist nicht nur ein pneumatischer, sondern „zugleich *ein historischer,* denn dieses Wirken des Geistes geschieht in, mit und unter einem Vorgang menschlicher Tradition, in dem der Kanon der Heiligen Schrift und deshalb bestimmte Verkündigungsinhalte und Handlungen von der apostolischen Urzeit an von Geschlecht zu Geschlecht weitergegeben werden." Diese Sukzession ist nicht nur Sukzession des Glaubens und des Bekenntnisses, sondern „zugleich auch Sukzession von *Personen,* denn es gibt keinen Glauben und kein Bekenntnis an sich, sondern den Glauben und das Bekenntnis bestimmter Menschen. Der Glaube der Späteren ist Nachfolge gegenüber dem Glauben und Glaubenszeugnis Früherer bis zurück auf die Apostel."

4. Die apostolische Sukzession des kirchlichen Amtes?

Inmitten der apostolischen Sukzession der Kirche in allen ihren Gliedern wird die besondere apostolische Sukzession des Amtes nicht vernachlässigt[4]. „Als Hirtenamt an den Gemeinden steht es in besonderer Weise in der Nachfolge und an der Stelle des Hirtenamtes der Apostel. Auch diese apostolische Sukzession des Amtes ist nicht nur funktional, sondern ebenso personal zu verstehen: sie besteht darin, daß Menschen, die dieses Amt ausüben, in den Gemeinden einander folgen."

b) Dieses positive Eingehen auf katholische Anliegen erleichtert es dem katholischen Theologen beträchtlich, auch seinerseits den katholischen Standpunkt in der Theologie des Amtes positiv zu präzisieren. Die heutige katholische Theologie des Amtes, die nicht mehr einfach in antiprotestantischer Frontstellung, sondern wieder mehr von der Schrift her spricht, kann viele Aussagen, die sich in der „Erklärung" finden, aus ihrer katholischen Sicht heraus ausdrücklich bestätigen[5]. Es seien hier

---

[4] Erklärung zur Apostolischen Sukzession III, 15, a. a. O. 11.
[5] Wir müssen es dem Leser selbst überlassen, sich über die Katholizität der folgenden Aussagen an Hand der neueren katholischen Literatur zur Theologie des Amtes Rechenschaft zu geben; wir geben im folgenden nur einige typische Zeugnisse wieder. Im übrigen vgl. *F. M. Braun,* Neues Licht auf die Kirche (Einsiedeln-Köln 1946); *F. X. Arnold,* Grundsätzliches und Geschichtliches zur Theologie der Seelsorge (Freiburg 1949); *J. Brosch,* Charismen und Ämter in der Urkirche (Bonn 1951); *J. Colson,* L'évêque dans les communautés primitives (Paris 1951); Les fonctions ecclésiales (Paris 1956); *Y. Congar,* Esquisses du mystère de l'Église (Le Saint-Esprit et le Corps apostolique, réalisateurs de l'œuvre du Christ [Paris 1953]); Jalons pour une théologie du laïcat (Paris 1953) deutsche Übers.: Der Laie. Entwurf einer Theologie des Laientums (Stuttgart 1957); L'apostolicité de l'Église selon S. Thomas d'Aquin, in: Revue des sciences philosophiques et théologiques 44 (1960) 209–224; *O. Karrer,* Um die Einheit der Christen (Frankfurt 1953); Apostoli-

im engen Anschluß an die „Erklärung" folgende Punkte hervorgehoben:

1. Der priesterliche Dienst aller in der Kirche:
Auch nach katholischer Auffassung gilt: Der Dienst Jesu Christi an der verlorenen Welt begründet, bestimmt und füllt das Sein und den Dienst seiner Kirche. Es sind also *alle* Christusgläubigen durch die Ausgießung des Heiligen Geistes und die Taufe in das königliche Priestertum berufen. Alle sind sie beauftragt und bevollmächtigt, den Dienst Christi an der Welt auszuführen und weiterzutragen. Dafür werden jedem Glied der Kirche Gaben, aber nicht allen dieselben, verliehen. Die Verleihung dieser Gaben geschieht aus der Freiheit des Geistes, ohne daß der Weg der Übermittlung von vorneherein formell und generell festgelegt wäre. Es gibt eine fließende Vielfalt besonderer Dienste in der Kirche[6].

sche Nachfolge und Primat, in: Fragen der Theologie heute, hrsg. von J. Feiner, J. Trütsch, F. Böckle (Einsiedeln-Zürich-Köln 1957) 175–206; Das kirchliche Amt in katholischer Sicht, in: Una Sancta 14 (1959) 39–48; *H. Schlier,* Die Zeit der Kirche (Die Ordnung der Kirche nach den Pastoralbriefen [Freiburg i. Br. 1955. ³1962]) 129–147; *M. Kaiser,* Die Einheit der Kirchengewalt nach dem Zeugnis des NT und der apostolischen Väter (München 1956); *K. Rahner,* Das Dynamische in der Kirche (Freiburg i. Br. 1958); *K. H. Schelkle,* Jüngerschaft und Apostelamt (Freiburg i. Br. ²1961); *O. Semmelroth,* Das geistliche Amt (Frankfurt a. M. 1958); *R. Schnackenburg,* Gottes Herrschaft und Reich (Freiburg i. Br. ²1961); *ders.,* Die Kirche im Neuen Testament (Freiburg-Basel-Wien 1961); *M. Löhrer,* Zur Theologie von geistlichem Amt und Gemeinde, in: Begegnung der Christen (Festschrift O. Karrer. Frankfurt a. M. – Stuttgart ²1960) 210–233; Die Kirche und ihre Ämter und Stände (Festschrift Kardinal Frings. Köln 1960); *H. U. von Balthasar,* Sponsa Verbi (Nachfolge und Amt [Einsiedeln 1961]) 80–147; *J. Ratzinger,* Primat, Episkopat und successio apostolica, in: Episkopat und Primat (Freiburg-Basel-Wien 1961) 37–59; *H. Volk,* Gott alles in allem (Das Wirken des Heiligen Geistes in den Gläubigen) (Mainz 1961) 86–112; *O. Knoch,* Die Ausführungen des 1. Clemensbriefes über die kirchliche Verfassung im Spiegel der neueren Deutungen seit R. Sohm und A. Harnack, in: Tübinger Theologische Quartalschrift 141 (1961) 385–407; Das apostolische Amt (franz.: Études sur le sacrement de l'ordre), hrsg. von J. Guyot (Mainz 1961).
[6] Zum allgemeinen Priestertum vgl. unsere Kapitel II und V. Die Bedeutung der verschiedenen Dienste und Gaben (Charismen) wurde von *Pius XII.* in der Enzyklika „Mystici corporis" (Acta Apostolicae Sedis 35 [1943] 200ff) kräftig hervorgehoben: „,Gleichwie wir an dem einen Leib viele Glieder haben, aber nicht alle Glieder den gleichen Dienst verrichten, so sind wir viele ein Leib in Christus, die einzelnen aber untereinander Glieder.' Man darf jedoch nicht glauben, dieser organische Aufbau des Leibes der Kirche beziehe und beschränke sich allein auf die Stufenfolge der kirchlichen Ämter, noch auch, wie eine entgegengesetzte Meinung behauptet, sie bestehe einzig aus Charismatikern, wenngleich solche mit wunderbaren Gaben ausgestattete Menschen niemals in der Kirche fehlen werden. . . Mit vollem Recht haben die Kirchenväter, wenn sie die Dienstleistungen, Stufen, Berufe, Stellungen, Ordnungen und Ämter dieses Leibes hervorheben, nicht nur jene vor Augen, die heilige

2. Das grundlegende Amt der Apostel:
Auch nach katholischer Auffassung gilt: Das Amt der Apostel geht
allem Dienst in der Kirche voran. Die Apostel sind diejenigen Glieder
der Urgemeinde, denen sich der auferstandene Herr selbst bezeugte und
die er mit dem besonderen Auftrage sandte, das die Kirche gründende
und sammelnde Evangelium zu verkündigen. Ihre Verkündigung ist
deshalb das grundlegende und für alle Zeiten maßgebende Zeugnis
von Jesus Christus. Ihr Amt als ganzes ist deshalb seinem Wesen nach
unwiederholbar, insofern es die immer grundlegende Augenzeugen-

---

Weihen empfangen haben, sondern auch alle jene, die nach der Übernahme der
evangelischen Räte ein tätiges Leben unter den Menschen oder ein in der Stille
verborgenes führen, oder auch beides je nach ihrer besonderen Verfassung zu
verwirklichen trachten; ferner jene, die, obgleich in der Welt lebend, doch sich
eifrig in Werken der Barmherzigkeit betätigen, um andern seelische oder leib-
liche Hilfe zu leisten; endlich auch jene, die in keuscher Ehe vermählt sind.
Ja es ist zu beachten, daß, zumal in den gegenwärtigen Zeitverhältnissen, die
Familienväter und -mütter, auch die Taufpaten und namentlich jene, die als
Laien zur Ausbreitung des Reiches Christi der kirchlichen Hierarchie hilfreiche
Hand bieten, einen ehrenvollen, wenn auch oft unansehnlichen Platz in der
christlichen Gemeinschaft einnehmen, ja daß auch sie mit Gottes Huld und Hilfe
zur höchsten Heiligkeit aufsteigen können, die gemäß den Verheißungen Jesu
Christi niemals in der Kirche fehlen wird ... Die mit besonderen Vorschriften,
Rechten und Pflichten ausgestattete Gewalt stellte er (Christus) als Grundgesetz
der ganzen Kirche auf. Aber unser göttlicher Erlöser lenkt und leitet auch
selbst unmittelbar die von ihm gegründete Gesellschaft. Er selber regiert nämlich im Geiste und Herzen der Menschen, beugt und spornt nach seinem Wohl-
gefallen sogar den widerspenstigen Willen ... Durch diese innere Leitung
sorgt er nicht nur als ‚Hirte und Bischof unserer Seelen‘ für die einzelnen, sondern trägt auch Fürsorge für die Gesamtkirche. Bald erleuchtet und stärkt er
ihre Vorsteher, damit jeder von ihnen getreu und erfolgreich sein Amt ausübe.
Bald – und dies zumal in schwierigen Zeitumständen – erweckt er im Schoße
der Mutter Kirche Männer und Frauen, die durch den Glanz ihrer Heiligkeit
hervorragen, um den übrigen Christgläubigen zum Beispiel zu dienen für das
Wachstum seines geheimnisvollen Leibes." (Übersetzt nach A. Rohrbasser.)
Dazu sagt *K. Rahner* in seinem Werk „Das Dynamische in der Kirche" (Freiburg 1958), das die charismatische Seite der Kirche eingehend behandelt,
S. 46: „Es gibt Charismatiker auch außerhalb des Amtes in der Kirche. Sie
sind nicht bloße Befehlsempfänger des Amtes, sondern können die sein, durch
die Christus seine Kirche ‚unmittelbar‘ leitet. Natürlich ist dadurch das Amt
nicht aufgehoben ... Wenn aber Christus auch unmittelbar außerhalb des
Amtes in seine Kirche einwirkt, wenn er also die Kirche auch durch außer-
amtliche und in diesem Sinne außer-ordentliche Charismen regiert und leitet,
und wenn es dennoch ein gültiges, unaufhebbares Amt in der Kirche gibt,
dann ist die Harmonie zwischen beiden ‚Strukturen‘ der Kirche, der institutionellen und der charismatischen, auf die Dauer nur garantiert durch den einen
Herrn beider Strukturen und durch ihn allein, also selbst wieder bloß charismatisch." Vgl. zum Verhältnis Charismen – Amt ebenfalls *M. Löhrer,* Zur Theologie von geistlichem Amt und Gemeinde, in: Begegnung der Christen (Festschrift O. Karrer [Stuttgart-Frankfurt a. M. ²1960]) 228–233.

schaft der Auferstehung und das Ereignis der Offenbarung, die vom späteren Amt nur noch bewahrt und ausgelegt werden kann, umfaßt. Auf Grund ihrer Berufung sind sie für die werdende Kirche Fundament und einigendes Band. Einerseits stehen die Apostel als Stellvertreter Christi der Welt und den Gemeinden in Autorität und in Freiheit gegenüber. Andererseits stehen aber auch sie zugleich als Glieder *in* der Kirche und *unter* Christus; sie müssen vor Christi Gericht erscheinen und sind auf seine Gnade angewiesen. Die Apostel handeln auch immer im Blick auf die Gemeinde und in Gemeinschaft mit den anderen Gliedern der Kirche und den diesen gegebenen Diensten. Sie sind in ihrem Zeugnis umgeben von dem Zeugnis aller, die den Geist empfingen. Wie die Gemeinden ihres Zeugnisses und ihrer Leitung bedürfen, so bedürfen auch sie ihrerseits des Trostes, der Fürbitte und der Mitarbeit der Gemeinden[7].

3. Der Dienst des kirchlichen Amtes in der Kirche:

Auch nach katholischer Auffassung gilt: Das kirchliche Amt muß vom unwiederholbaren Amt der Apostel unterschieden werden. Doch führt das kirchliche Amt nach dem Tod der Apostel die Funktion der apostolischen Kirchenleitung (sammeln und erhalten) als Hirtenamt weiter. Das kirchliche Hirtenamt muß vom Werk Christi her als die Mitte der vielfältigen Dienste verstanden werden. Es schließt also weder die Vielfalt besonderer Dienste noch das königliche Priestertum *aller* Glaubenden aus. Mit allen Gliedern der Kirche stehen auch die Amtsträger, wie die Apostel, unter Christus und bedürfen immer neu der Gnade des Heiligen Geistes und der von oben geschenkten Kraft und Vollmacht des Wortes. Mit allen Gliedern der späteren Kirche zusammen stehen die Amtsträger

---

[7] *O. Karrer,* Apostolische Nachfolge und Primat, in: Fragen der Theologie heute, hrsg. von J. Feiner, J. Trütsch und F. Böckle (Einsiedeln-Zürich-Köln 1957) 178: „Auch für katholische Betrachtungsweise ist Christus selbst und allein die absolute Autorität, sein Wort ist die Norm für die Kirche und den einzelnen. Die Offenbarung ist in der Schrift niedergelegt, und man kann ohne Bedenken sagen: die ganze Offenbarung ist in der Schrift enthalten. Die Kirche und der einzelne wissen sich an die Schrift gebunden. Es gibt keine neue Offenbarung, auf welche die Kirche verpflichtet wäre oder verpflichten könnte: die Schrift ist ‚letztes Fundament' aller späteren Tradition, und die Offenbarung ist mit den Aposteln abgeschlossen." *H. Bacht,* Artikel Apostel, in: Lexikon für Theologie und Kirche (Freiburg i. Br. 1957) I, 738: „Als Augenzeugen des Auferstandenen und als Fundament der Kirche haben die Apostel eine unvertretbare und unersetzliche Einmaligkeit; unter dieser Rücksicht können sie keine Nachfolger haben. Insofern ist die ‚Zeit der Apostel' wirklich wesenhaft von der ‚Zeit der Kirche' zu unterscheiden (O. Cullmann). Aber in diesen beiden Funktionen erschöpft sich ihr Amt nicht. Neben den außerordentlichen Vollmachten, die nicht weitergehen konnten bzw. sollten ... stehen die ordentlichen, übertragbaren: die Verwaltung des Wortes und die Sorge für seine Reinerhaltung, die Spendung der Sakramente, die Leitung der Kirche."

aber auch unter den Aposteln, sofern sie an die Autorität des grundlegenden apostolischen Zeugnisses gebunden sind. Mit allen Gliedern der Kirche und mit den übrigen Diensten zusammen sollen die kirchlichen Amtsträger ihren Dienst wirken. Auch sie sind, wie die Apostel, der Mitwirkung und Fürbitte ihrer Gemeinden zur Ausrichtung ihres eigenen Dienstes bedürftig. Auch die Übertragung des kirchlichen Amtes hat grundsätzlich im Zusammenwirken derer, die schon im besonderen Amt stehen, mit der Gemeinde zu geschehen. Da aber der lebendige Herr selbst zum Amt der Kirche beruft und bevollmächtigt, sind verschiedene Weisen dieses Zusammenwirkens möglich. So geschieht der Dienst Christi in seiner Fülle und in seinem vielfältigen Reichtum für die Kirche in der Welt: im Miteinander und Gegenüber von Apostelamt und kirchlichem Amt, von Amt und besonderen Diensten, von Amt und Diensten auf der einen und der Gemeinde auf der anderen Seite, von Gemeinde und Gemeinde[8].

---

[8] Zum Verhältnis kirchliches Amt – Apostelamt, und kirchliches Amt – allgemeines Priestertum vgl. die vorausgehenden Zeugnisse. Zum Dienstcharakter des kirchlichen Amtes vgl. *K. H. Schelkle,* Jüngerschaft und Apostelamt (Freiburg i. Br. ²1961) 36 f: „Διακονία ist im Neuen Testament das alles umfassende und tiefste Wort für ‚Amt'. Dem Neuen Testament scheint es unmöglich zu sein, im Griechischen als Bezeichnung eines Amtes sonst häufige Wörter (wie ἀρχή, τιμή, τέλος) für ein Amt in der Kirche zu gebrauchen. Das Neue Testament kennt diese Wörter, verwendet sie aber für den kirchlichen Bereich nicht, sondern schöpft das Wort διακονία. Ἀρχή ist im neutestamentlichen Griechisch beschränkt auf die synagogale und staatliche Obrigkeit oder die Engelsmächte, τιμή auf das Amtswürde des alttestamentlichen Hohenpriesters. Schon dieser lexikographische Befund sagt eindringlich, daß Amt in der Kirche wesentlich Ordnung des Dienstes ist. Der Befund macht auch offenbar, daß nach dem Selbstverständnis des Neuen Testaments Ordnung und Recht in der Kirche und in der Welt wesenhaft verschieden sind. Darum können sie nicht mit den gleichen Wörtern benannt werden." Diese biblischen Gedanken entfaltet *O. Semmelroth,* Das geistliche Amt (Frankfurt a. M. 1958) bes. 26–35 50–57. Gegen die Verkürzung des Pneumatischen im gegenreformatorischen Kirchenbegriff, den Primat des Amtes vor dem Pneuma und die Klerikalisierung des kirchlichen Wirkens spricht bes. deutlich der Tübinger Pastoraltheologe *F. X. Arnold,* Grundsätzliches und Geschichtliches zur Theologie der Seelsorge (Freiburg i. Br. 1949) 80–86. Über das Zusammenwirken von Amt und Gemeinde bei der Amtsübertragung sagt *O. Karrer* a. a. O. 183: „Nachdrücklich weist A. D. Wendland in ‚Credo Ecclesiam' darauf hin, daß nach Apg (6, 5 ff), Didache (15) und Klemens von Rom (44, 2) die Weihe unter Zustimmung der Gemeinde erfolgen soll – was grundsätzlich kaum zu bestreiten ist. Denn die alte Kirche sah Bischof und Volk als Einheit, das Volk das ‚Pleroma des Bischofs' (Chrysostomus), und Klemens von Rom schrieb zugleich namens der römischen Gemeinde, die mit ihm eine Einheit bildet. Das ist zweifellos überzeitlich gültig – nur wird man sich gegenwärtig halten sollen, daß das apostolische Vorbild selbst verschiedene Weisen des Zusammenwirkens von Amtsträgern und Gemeinde offenließ (nach jüdischem Vorbild) und daß die

4. Die apostolische Sukzession der Kirche:

Auch nach katholischer Auffassung gilt: Die Apostolizität der Kirche besteht im bleibenden Zusammenhang der Kirche mit dem Dienst der Apostel und in der bleibenden Übereinstimmung mit dem apostolischen Zeugnis. So ist die apostolische Sukzession zunächst eine solche der Gesamtkirche in allen ihren Gliedern. Sie vollzieht sich vielfältig: in dem durch die Zeiten und Länder sich fortsetzenden Vorgang des Getauftwerdens und des Taufens, im Glauben und Gehorsam gegenüber dem apostolischen Zeugnis, in der Gemeinschaft der Anbetung und des eucharistischen Mahles, im Weitergeben des apostolischen Zeugnisses in der Gemeinde, in der missionarischen Verkündigung an die Welt, in der Gemeinschaft und Einheit mit den Kirchen der ganzen Welt. Dieser Zusammenhang der apostolischen Sukzession ist nicht nur ein historischer, sondern ein pneumatischer: der Heilige Geist bewirkt immer neu, daß uns im apostolischen Christuszeugnis immer wieder das lebendige Evangelium und so Christus selbst begegnet. Dieser Zusammenhang der apostolischen Sukzession ist auch nicht nur Sukzession von Personen, sondern Sukzession des Glaubens und des Bekenntnisses: es geht ja darum, daß der Glaube, der durch das Urzeugnis der Apostel erweckt wurde, wieder und wieder erweckt und in der Kirche bekannt wird[9].

Übertragung der Vollmacht durch Wahl *und* Weihe erfolgte, wobei die *Weihe* stets durch apostolische Vollmachtsträger als Repräsentanten der Gesamtkirche vollzogen wurde, zur *Wahl* aber die Vollmachtsträger mit der Gemeinde als ‚ungleiches Kollegium‘ zusammenwirkten. Auch Calvin bemerkt in seiner Erklärung von Apg 6, 3: ‚Es geschieht nichts ohne Zustimmung und Genehmigung des Volkes, die Hirten aber behalten die Zügel in der Hand.‘ Es sind gerade protestantische Forscher wie Headlam und Linton, die darauf hinweisen, daß die Mitwirkung der Gemeinde nicht nach modernem Muster einer ‚demokratischen Mehrheitswahl‘ zu denken ist; und man kann im Hinblick auf die Untersuchungen Lintons sogar fragen, ob das heutige Scrutinium in der katholischen Kirche – mit der sorgfältigen Prüfung der Kandidaten nach ihren geistlichen Voraussetzungen – nicht ebensoviel an Mitsprache des Volkes enthalte wie die altchristliche Gemeindeversammlung." Reiches historisches Material über die Rolle der Laien bei der kirchlichen Amtsbestellung bringt *Y. Congar,* Jalons pour une théologie du laïcat (Paris 1953) 329–333.

[9] *O. Karrer,* a. a. O. 185: „Natürlich *gibt* es die ‚apostolische Bekenntnisnachfolge‘ als Gnade und Pflicht für alle – es fragt sich nur, ob damit alles über apostolische Nachfolge gesagt ist und ob die Kirche nur deshalb ‚apostolisch‘ ist. Kann es im Sinne der Schrift kein Amt in apostolischer Vollmacht geben von einer Generation zur andern? Es besteht sogar ein innerer Zusammenhang zwischen Bekenntnisnachfolge und Amtsnachfolge: diese ist um der Bekenntnisnachfolge willen gegeben und ist dafür notwendig." Die apostolische Sukzession der Gesamtkirche wird in der katholischen Ekklesiologie mehr selbstverständlich vorausgesetzt als breit entfaltet (vgl. dagegen die Darstellung der Apostolizität bei *K. Barth,* Kirchliche Dogmatik [Zollikon-Zürich

5. Die apostolische Sukzession des kirchlichen Amtes:
Auch nach katholischer Auffassung gilt: Die apostolische Sukzession des Amtes geschieht innerhalb der apostolischen Sukzession der Kirche. Dabei ist und bleibt aber das Amt der einmaligen Autorität des Apostolats bezüglich der maßgebenden Gestalt des Christuszeugnisses unbedingt untergeordnet. Andererseits stehen die Träger des Hirtenamtes auch in ihrer apostolischen Sukzession niemals ihren Gemeinden exklusiv gegenüber; sie sind vielmehr, indem sie den Gemeinden in der Nachfolge der Apostel als Hirten gegenüberstehen, zugleich der Fürbitte und der Mitwirkung des königlichen Priestertums aller Gläubigen und der freien Charismen bedürftig, welches alles Ausdruck der apostolischen Sukzession der Gesamtkirche und aller ihrer Glieder ist. Der Eintritt in die apostolische Sukzession geschieht normalerweise im – auf verschiedene Weise möglichen – Zusammenwirken von Amtsträgern und Gemeinde[10].

c) Es ist offenkundig, daß die Übereinstimmung zwischen der *heutigen* lutherischen und der *heutigen* katholischen Lehre vom Amt sehr weit geht. Sind also alle Kontroverspunkte auf diesem Gebiet der Theologie aus der Welt geschafft? Keineswegs. Auch das lutherische Dokument ist ja nicht ohne Polemik. Schon in der Einleitung heißt es sehr deutlich: „Die Loslösung von der papalistischen Formalisierung der Sukzession, die bei uns im Gefolge der Reformation um des Evangeliums willen statt hatte, war richtig und nötig."[11] Und im Schlußabschnitt über die apostolische Sukzession der Bischöfe durch die Kette der Handauflegungen wird deutlich ausgeführt, was durch die ganze „Erklärung" hindurch immer wieder anklingt und sie differenziert lesen läßt:
Kann eine solche *bischöfliche* Sukzession von der lutherischen Theologie angenommen werden? An sich ist dagegen nichts einzuwenden. Die

---

1953] IV/1, 795–809). In den Schulbüchern wird im allgemeinen die apostolicitas successionis (im Amt) in polemischer Frontstellung sehr eingehend behandelt. Doch wird die grundlegende apostolicitas originis und apostolicitas fidei immer wenigstens kurz erwähnt.
[10] *O. Karrer,* a. a. O. 178f: „Die Heilskraft des Wortes und Sakramentes kommt allein von Christus, von seinem Geist, mit dem er die Braut gesegnet hat. Er ‚wohnt' in der Gemeinschaft der Heiligen, die in der Gnade des Geistes leben – die Amtsträger als solche (soweit sie nicht selbst den Heiligen zugehören) sind nur ‚Handlanger' oder ‚Ammen', ‚Kanäle', ob golden, silbern oder tönern, wie Augustinus oft ausführt. Der erhöhte Herr durch seinen Geist nimmt auch sie in seinen Dienst; er tauft auch durch Sünder und Irrgläubige, er weiht durch Heilige und durch Sünder, und dasselbe gilt von der Predigt, Lossprechung, Krankenölung usf. – ohne daß von einem ‚mechanischen Automatismus' die Rede sein könnte, wie oft das ‚opus operatum' mißverstanden wird." Im übrigen vergleiche die vorausgehenden Zeugnisse.
[11] Erklärung zur Apostolischen Sukzession, in: Informationsdienst der Vereinigten Evangelisch-Lutherischen Kirche Deutschlands (1958) 6.

bischöfliche Sukzession kann „als ein Zeichen der . . . eigentlichen apostolischen Sukzession der Kirche und ihres Amtes geschätzt werden, das auch wir in solchen Kirchen für sinnvoll" halten werden. Aber sogleich wird beigefügt: „für sinnvoll, wenn auch keineswegs für sachnotwendig"[12]. Abgesehen davon, daß eine bischöfliche Sukzession erst verhältnismäßig spät in der frühkatholischen Kirche betont und der historische Nachweis einer bischöflichen Sukzessionskette bisher nicht erbracht worden sei, müsse die bischöfliche Sukzession unter zwei Umständen abgelehnt werden:

1. Wenn die bischöfliche Sukzession als *exklusiver* Weg zur Weitergabe von Amtsvollmacht betrachtet wird. Dagegen sei zu sagen, „daß die Sendung in ein Hirtenamt nicht auf einen einförmigen Weg der Übertragung und Personenabfolge festgelegt werden kann und daß reale Sendung und Vollmacht durch den Heiligen Geist auch auf außerordentlichem Wege bewirkt werden kann. Die Beschränkung der Vollmachtsübertragung auf in der historischen Sukzession stehende Amtsträger widerspricht der souveränen Freiheit des Heiligen Geistes in der Kirche und der Gebrochenheit ihrer irdischen Existenz. Sie akzentuiert überdies eine Scheidung von Klerus und Laien, die der Gegenseitigkeit des Dienstes zwischen der dem besonderen Amt und der allen Glaubenden gegebenen geistlichen Vollmacht nicht entspricht."[13] Die bischöfliche Sukzession könne also nicht als der einzige und notwendige Weg der Übermittlung und Verbürgung der Vollmacht aller Amtsträger verstanden werden.

2. Wenn die bischöfliche Sukzession als *Garantie* der Überlieferung reiner Lehre und der Erhaltung kirchlicher Einheit betrachtet wird. Dagegen sei zu sagen: „Keinem kirchlichen Amt ist als solchem die Verheißung gegeben, daß seine Träger nicht vom Glauben abfallen können. Es ist zwar richtig, daß die Erhaltung der Kirche in der Nachfolge des apostolischen Glaubens sich auch durch die Kette des Dienstes der zu besonderem Hirtendienst Gesendeten mit vollzieht. Aber diese Kette kann gegen den Irrtum bischöflicher Träger des Amtes auch durch nichtbischöfliche weitergehen. Ja, sie kann auch so erhalten werden, daß Gott in außerordentlichen Lagen außerhalb jeder institutionellen Amtsnachfolge der Kirche rechte Hirten erweckt, die die reine apostolische Verkündigung weitertragen, ohne daß solches freiheitliche Handeln des Geistes die Verpflichtung der Kirche zur geistlichen Ordnung aufhebt."[14] Die bischöfliche Sukzession könne also nicht als die *Verbürgung* der Reinheit apostolischer Überlieferung oder als *ausschließliches* Mittel zur Erreichung und Bewahrung kirchlicher Einheit verstanden werden.

---

[12] Erklärung zur Apostolischen Sukzession IV, 21, a. a. O. 12.
[13] Erklärung zur Apostolischen Sukzession IV, 19, a. a. O. 12.
[14] Erklärung zur Apostolischen Sukzession IV, 20, a. a. O. 12.

Das sind die Gründe, weswegen das lutherische Dokument eine bischöfliche Sukzession zwar für sinnvoll, aber keineswegs für notwendig halten kann. Und daraus wird abschließend die Folgerung gezogen: „Wir halten ... die Weitergabe einer solchen bischöflichen Sukzession an Kirchen, die sie nicht haben, nicht für nötig. Sie ist sogar gefährlich, weil das Mißverständnis entstehen könnte, als wäre die Ordination in Kirchen ohne bischöfliche Sukzession unvollständig. Auf jeden Fall müßte vorher die Frage der Kirchengemeinschaft in ganzer Breite und insbesondere die Frage der Berufung und Ordination zum Amt *der* Kirche grundlegend geklärt werden."[15]

d) Was ist in katholischer Sicht auf diesen Vorwurf der Formalisierung der Sukzession zu antworten? Wir haben bereits eindringlich darauf aufmerksam gemacht, daß die Reformatoren durch die Schuld der Amtsträger, die jeder ernsten Reform der Kirche in capite et membris Widerstand entgegensetzten, in einen tragischen Konflikt hineingerieten; sie kamen zur Überzeugung, wählen zu müssen zwischen der Nachfolge im apostolischen Geist, Leben und Wirken und der Nachfolge im apostolischen Amt. Es läßt sich nicht leugnen, daß die Amtsnachfolge jener Bischöfe, die sich um apostolischen Geist, apostolisches Leben und Wirken wenig kümmerten, faktisch weitgehend entleert und formalisiert worden war. Nur notgedrungen lösten sich die Reformatoren von der bischöflichen Sukzession, und diese Loslösung wurde von den Reformatoren zeitlebens als Notlösung betrachtet.

Ist jedoch die katholische Lehre von der bischöflichen Sukzession im lutherischen Dokument richtig verstanden worden? Über die bischöfliche Sukzession als exklusiven Weg zur Weitergabe von Amtsvollmacht soll nachher gesprochen werden. Wie verhält es sich aber mit der bischöflichen Sukzession als *Garantie* der Überlieferung reiner Lehre und der Erhaltung kirchlicher Einheit? Wir Katholiken sind in der Tat davon überzeugt, daß – wie auch die lutherische „Erklärung" zugibt – „die Erhaltung der Kirche in der Nachfolge des apostolischen Glaubens sich auch durch die Kette des Dienstes der zu besonderem Hirtendienst Gesendeten mit vollzieht"[16]. Daß die bischöfliche Amtsnachfolge das *einzige* Mittel zur Erhaltung der Kirche in der Nachfolge des apostolischen Glaubens wäre, dessen sich der Geist Gottes bedient, meint in der Tat auch der Katholik nicht. Ein Mißverständnis der katholischen Lehre ist es aber, wenn man meint, uns entgegenhalten zu müssen: „Keinem kirchlichen Amt ist als solchem die Verheißung gegeben, daß seine Träger nicht vom Glauben abfallen können."[17] Da muß deutlich ge-

---

[15] Erklärung zur Apostolischen Sukzession IV, 21, a. a. O. 12f.
[16] Erklärung zur Apostolischen Sukzession IV, 20, a. a. O. 12.   [17] Ebd. ein

antwortet werden: Es ist allgemeine katholische Lehre, daß ein „Irrtum bischöflicher Träger des Amtes" durchaus möglich ist, ja daß die in der apostolischen Sukzession Stehenden „vom Glauben abfallen können". Nicht nur ein episcopus haereticus, sondern – wie wir dies noch genauer sehen werden – auch ein papa haereticus ist möglich. Dagegen gibt auch die apostolische Sukzession keine Garantie. „Wem gilt die Verheißung? Zweifellos in der Intention des Herrn und deshalb primär der Kirche als Werkzeug des Reiches Gottes in der Welt, und darum sekundär dem kirchlichen Amt, seinen Trägern nicht so sehr in sich selbst und für sich genommen, sondern um der Kirche willen, damit sie ihre Sendung erfülle. Ein jeder kann versagen, und weil er versagen kann, bedarf er des Gebetes Christi und seiner Heiligen, der ‚Gemeinschaft der Heiligen', wie Augustinus gegen die Donatisten ausführt. Die Gemeinschaft der Heiligen, in ihrer Mitte der eine Mittler nach 1 Tim 2, der große Fürbitter und Hohepriester nach dem Hebräerbrief, sie tragen zusammen durch ihre Fürbitte die Werkleute des Gottesreiches, und sie ertragen auch die menschlichen Mängel: letztlich sind alle auf die Barmherzigkeit Gottes angewiesen. Wie sprach uns Pius' XII. Testament zu Herzen, da er mit dem Gebet um Gottes Barmherzigkeit von uns ging!"[18]

Die apostolische Sukzession ist auch in katholischer Sicht alles andere als ein gleichsam mechanischer Formalismus. Denn:

1. Die apostolische Sukzession ist in erster Linie nicht ein Werk eigenmächtig verfügender Menschenhände, sondern ein Werk des in der Kirche souverän herrschenden Heiligen Geistes Jesu Christi. Nicht die menschliche Handauflegung selbst ist die Hauptursache, die Bürgschaft und Garantie der geistlichen Vollmachtsübertragung, sondern der freie Geist des erhöhten Herrn, der bei der Handauflegung angerufen wird und für den die Handauflegung nur das Werkzeug, das sakramentale Zeichen ist. Wie Gott im Heiligen Geist auch durch Unwürdige, durch Sünder und Irrgläubige taufen kann, so auch weihen; auch die Weihe geschieht nicht im Namen des weihenden Dieners, nicht kraft seiner eigenen Tugend, sondern im Namen und in der Kraft Christi, der uns seinen Geist verheißen und gesandt hat; das opus operatum ist nicht ein opus operatum ministri, sondern ein opus operatum Jesu Christi! „Es ist nicht alles gutzuheißen, was in der Kirchengeschichte, in unserer Frage be-

---

ähnliches Mißverständnis bei *W. Joest,* Das Amt und die Einheit der Kirche, in: Una Sancta 16 (1961) 248: „Die Einrichtung dieser Sukzession ist ... dadurch belastet, daß sie von Haus aus mit der Vorstellung verbunden ist, der Anschluß an den in apostolischer Sukzession stehenden Bischof würde das Bleiben in der Einheit der wahren Kirche garantieren kraft eines mit dieser Sukzession verbundenen Charisma der Unfehlbarkeit rechter Lehre."
[18] *O. Karrer,* Das kirchliche Amt in katholischer Sicht, in: Una Sancta 14 (1959) 46; zur Frage der Unfehlbarkeit vgl. Kap. VIII.

sonders in mittelalterlichen ‚Rechts'-Zuständen der Weihe von feudalen ‚geistlichen Herren', geschehen ist. Wenn aber bei rechtmäßigem Zusammenwirken von Bischof und Kirchenvolk der Geist angerufen wird, so ist die Weihe kein äußerlich tradierter Formalismus, sondern ist (analog der Menschwerdung Gottes) der Ausdruck des Mysteriums der Kirche selbst, daß nämlich die Gaben und Vollmachten des Geistes – hier wie in den vorausgehenden Weihesakramenten der Taufe und Firmung – ein äußeres Zeichen haben. Dabei ist der *eigentlich* Taufende, Weihende, Konsekrierende nicht der Mensch; sondern der vom erhöhten Herrn verheißene und von der Kirche erflehte Geist wirkt durch Menschen. Die Weihekraft kommt nicht aus der Vergangenheit auf der horizontalen Ebene, obschon in der zeitlich sichtbaren Dimension der Mensch, der von früheren die Weihe empfing, seinerseits der Weihende ist – sondern die Kraft kommt aus der vertikalen Dimension von dem über Raum und Zeit hinweg gegenwärtigen Geist.“[19] Und bezüglich des historischen Nachweises einer bischöflichen Sukzessionskette ist zu beachten: „Und was gar ‚Bischofslisten' betrifft, von denen wir nach Meinung Barths die Weihe abhängig machen, so bedeuten sie für das kirchliche Leben und Bewußtsein nicht mehr als die Ahnentafel für das Leben einer jahrhundertealten Familie: am Verzeichnis der Ahnen hängt nicht ihr Leben, als Symbol der Verpflichtung für die geistige Haltung aber hat es Bedeutung – im kirchlichen Raum: als Mahnung zur Jüngerschaft gegenüber den vorausgegangenen Zeugen, darunter manchen ehrwürdigen Blutzeugen, bis zu der ‚glorreichen Schar der Apostel'.“[20]

2. Die apostolische Sukzession ist in erster Linie nicht das individualistische mechanische Folgen eines Einzelnen auf seinen Vorgänger, sondern das Eintreten des Einzelnen in eine Gemeinschaft. Dem Apostelkollegium als Körperschaft folgt ebenfalls als Körperschaft das Episkopenkollegium nach: „Nicht der einzelne Bischof ist ein Nachfolger eines einzelnen Apostels. Er ist nur insofern in der rechtlichen Nachfolge eines Apostels, als er dem Gesamtepiskopat der Kirche angehört, der wiederum als ganzer dem Apostelkollegium als einer Körperschaft nachfolgt.“[21]

3. Die apostolische Sukzession steht nicht im Gegensatz zum Wort, sondern im Dienst am Wort. Die neutestamentliche Schrift ist ein Nieder-

---

[19] *O. Karrer,* Apostolische Nachfolge und Primat, in: Fragen der Theologie heute, hrsg. von J. Feiner, J. Trütsch und F. Böckle (Einsiedeln-Zürich-Köln 1957) 188.

[20] *O. Karrer,* Das kirchliche Amt in katholischer Sicht, in: Una Sancta 14 (1959) 44f.

[21] *K. Rahner,* Episkopat und Primat (Über das ius divinum des Episkopats) (Freiburg-Basel-Wien 1961) 70; Rahner hat ausführlich auf die theoretischen wie praktischen Konsequenzen dieses Satzes aufmerksam gemacht.

schlag der lebendigen apostolischen Verkündigung. Sie will auch in der nachapostolischen Zeit, die unter (!) der Autorität der Schrift steht, nicht nur als gelesenes, sondern als verkündigtes Wort vernommen werden: „Gerade wenn die wahre successio apostolica beim Wort liegt, kann sie nicht einfach bei einem Buch liegen, sondern muß als successio verbi successio praedicantium sein, die wiederum nicht ohne ‚Sendung‘, also ohne persönliche Kontinuität von den Aposteln her, bestehen kann. Gerade um des Wortes willen, das im Neuen Bund nicht toter Buchstabe, sondern viva vox sein soll, ist eine viva successio erfordert. Insofern liefert die neutestamentliche Theologie des Wortes und der Schrift letztlich eine noch tiefere Bestätigung des von der frühen antignostischen Theologie formulierten Sukzessionsbegriffs als die immer mehr sich durchsetzende Erkenntnis, daß der aus dem Judentum übernommene Ritus der Amtsbestellung durch Handauflegung bis in die jüdischen Anfänge der Christenheit zurückreichen muß."[22]

4. Die apostolische Sukzession tritt nicht „automatisch" ein, sondern unter der Voraussetzung der Glaubenshingabe an die göttliche Berufung und Sendung. Der Glaube ist nach dem Konzil von Trient die Grundlage christlicher Existenz: „ ‚fides est humanae salutis initium‘, fundamentum et radix omnis iustificationis, ‚sine qua impossibile est placere Deo‘ (Hebr 11, 6) et ad filiorum eius consortium pervenire."[23] Der Glaube, geweckt von Gottes Gnade, ist beim Empfänger der Ordination als Disposition vorausgesetzt, damit die Weihe wirksam wird: Das heißt: Wo der Glaube nicht einmal im Sinn der „Intention" des Empfängers (nämlich des ernsthaften Willens, ein Sakrament der Kirche zu empfangen) vorhanden ist, geschieht nichts als ein Sakrileg; nur dann bedeutet das Sakrament erfüllten Gnadenzuspruch Gottes, wo es in echtem Glauben empfangen wird; so fehlt auch jede Hirtenvollmacht in der Kirche, wo öffentliche Häresie vorliegt[24].

5. Die apostolische Sukzession verleiht nicht ein Amt, in dem der Träger nach seinem Gutdünken über den Herrn und die Kirche verfügen könnte, sondern ein Amt, das sich als opferbereiten Dienst der Liebe zu erweisen hat. Nicht eine Vollmacht, die den Träger verherrlicht und ihn zu nichts verpflichtet, sondern eine Vollmacht, die von ihm apostolischen Geist, apostolisches Leben und Wirken fordert: „Die Vollmacht ... ist verheißen, von Gott gegeben, aber das heißt nun nicht, man könne über das göttlich Gegebene nach Gutdünken verfügen. Man

---

[22] *J. Ratzinger*, Episkopat und Primat (Primat, Episkopat und successio apostolica) (Freiburg-Basel-Wien 1961) 51; Ratzinger verweist dabei auf das bekannte Buch von *E. Lohse*, Die Ordination im Spätjudentum und im Neuen Testament (Göttingen 1951).
[23] Denz. 801.
[24] Vgl. dazu *O. Karrer*, Das kirchliche Amt in katholischer Sicht, a. a. O. 44.

ist gebunden, das Amt im Geiste Christi zu verstehen. Und wenn man selbstherrlich dächte oder handelte, wäre es Schuld – bei Menschen möglich, aber Unrecht, und dagegen Stellung zu nehmen durch offenes Zeugnis für die Wahrheit ist jeder Christ an seinem Ort berechtigt und vom Geist gerufen, wenn er selbst nicht egoistisch, sondern in Wahrheit und Liebe handelt.“[25]

Kann man nach diesen Präzisierungen, die wir mit Zitaten kompetenter katholischer Theologen belegt haben, noch so leichthin von „Formalisierung“ (Mechanisierung usw.) der apostolischen Sukzession sprechen? Kann man – wie das lutherische Dokument – die Weitergabe einer so verstandenen apostolischen Sukzession an Kirchen, die sie nicht haben, einfachhin für unnötig, ja sogar für „gefährlich“ erklären?

e) „Wohl aber ist die Folge der bischöflichen ordinierenden Handauflegungen zu achten als ein *Zeichen* für die apostolische Sukzession der Ämter und der Kirche. Sie ist ein Zeichen, durch das zur Darstellung gebracht wird, daß die Kirche nur dann die Kirche Christi ist, wenn sie sich auf die Apostel gegründet weiß. Die Folge bischöflicher Handauflegung ist damit zugleich ein Zeichen für die Einheit und Katholizität der Kirche. Denn nur die ecclesia apostolica ist die una sancta catholica. Als *Zeichen* der apostolischen Sukzession ist die Ordination in der durch die Kirchengeschichte hindurch sich fortsetzenden Folge der bischöflichen Handauflegungen zu begrüßen und, wo sie fehlt, anzustreben.“[26] So in bewußtem Gegensatz zur „Erklärung“ des Ökumenischen Ausschusses der VELKD der evangelische Heidelberger Systematiker und führende Theologe des Weltrates der Kirchen E. Schlink. Aber gerade so zwingt Schlink auch den katholischen Theologen zum Nachdenken. Schlinks auf der Frühjahrstagung 1957 dieses Ausschusses gehaltenes Referat gibt eine ebenso umfassende wie präzise theologische Begründung für die im Herbst desselben Jahres vom selben Ausschuß beschlossene „Erklärung zur apostolischen Sukzession“. Schlinks Referat, das Treue zu den lutherischen Grundanliegen mit echter ökumenischer Aufgeschlossenheit zu verbinden weiß, behandelt eingehend die auch in der „Erklärung“ im Vordergrund stehenden Problemkreise: 1. Charisma und Amt: die Kirche als Gemeinschaft der verschiedenen Gaben und Dienste (wichtige Feststellungen für die apostolische Sukzession auf Grund der paulinischen Charismentafeln), die allgemeine und die besondere Berufung und Sendung in den Dienst (die Bedeutung der Handauflegung), den dogmatischen Begriff des kirchlichen Amtes (Unterschiede und Ge-

[25] Ebd. 45.
[26] *E. Schlink,* Die apostolische Sukzession, in seinem Sammelband: Der kommende Christus und die kirchlichen Traditionen (Göttingen 1961) 194.

meinsamkeiten von paulinischer und lukanisch-frühkatholischer Auffassung des Dienstes), den charismatischen Dienst auf Grund einer besonderen Sendung als Hirtenamt (Funktionen und Gestalten des Hirtenamtes). 2. Apostolat und Kirche: der Begriff des Apostolates (Augen-
zeugenschaft und Sendung als konstitutive Momente, der Auftrag der
Apostel), die Apostel als Grund der Kirche (ihre einmalige, grundlegende
Funktion) und als Glieder der Kirche (als gerechtfertigte Sünder unter
dem Herrn der Gemeinde gegenüber), ihr Dienst in der Gemeinschaft
mit den anderen Gliedern der Kirche. 3. Kirche und Amt: das Hirtenamt
im Unterschied zum Apostelamt und in seiner Fortsetzung (die Hirten
im Gegenüber zur Kirche, als Glieder der Kirche, ihr Dienst in der Gemeinschaft der Kirche), schließlich die apostolische Sukzession.

Schlinks imponierende Darstellung ist über die „Erklärung" des Ökumenischen Ausschusses hinaus in zweifacher Hinsicht von großer Bedeutung: 1. schärfer als in der „Erklärung" wird hier – wie angedeutet –
die positive Bedeutung der Handauflegung gesehen; 2. schärfer als in
der „Erklärung" wird zugleich die Möglichkeit anderer Wege in das
Hirtenamt herausgearbeitet. Im ersten Punkt kommt Schlink der katholischen Position weitgehend entgegen; um so wirkungsvoller kann er
im zweiten Punkt ernste kritische Fragen an die katholische Lehre stellen.
1. Positive Bedeutung der Handauflegung durch Amtsträger:
Schlink nimmt Bezug auf die konkreten Berufungen, Einsetzungen,
Bevollmächtigungen, kurz: die besondere Sendung in der Apostelgeschichte und in den Pastoralbriefen, und stellt dazu fest: „Die Sendung bestimmter Glieder der Kirche in einen bestimmten Dienst ist im
Neuen Testament mehrfach überliefert als geschehen unter Handauflegung. Es handelt sich hier bekanntlich um die Übernahme eines bereits
im Alten Testament bezeugten Brauches der Amtseinsetzung, der dann
in der Ordination der jüdischen Gelehrten seine Fortsetzung fand. Darum
muß damit gerechnet werden, daß Berufungen und Handauflegung von
Anfang an in der palästinischen urchristlichen Gemeinde vollzogen worden sind und daß die Handauflegung auch bei solchen Berufungen geschah, bei denen sie nicht ausdrücklich erwähnt ist (z. B. Apg 14, 23)."[27]
Diese besonderen Sendungen beziehen sich nicht auf beliebige Dienste,
sondern konzentrieren sich auf den Dienst der missionarischen Kirchengründung und der Kirchenleitung sowie auf Helferdienste bei Kirchengründung und Kirchenleitung. Dieser Dienst entspricht dem Dienst,
in den die Apostel selbst berufen wurden. Waren aber die Apostel durch
Christus selbst berufen, so ihre Nachfolger im Dienst durch Menschen.
An dieser besonderen Sendung sind folgende Momente hervorzuhe-
ben: 1. Sie geschieht durch Menschen, ist aber nicht der Willkür der

---

[27] Ebd. 166.

Menschen überlassen, sondern geschieht unter Leitung des Geistes (deshalb Fasten und Herabflehen des Geistes auch auf die Berufenden). 2. In ihr dienen Menschenwort und Menschenhände nur als Werkzeug des berufenden Gottes. 3. Durch die Berufung bevollmächtigt Gott: diese Bevollmächtigung bedeutet nicht nur die ausdrückliche Indienstnahme eines bereits vorhandenen Charismas, sondern darüber hinaus die Mitteilung eines Charismas, das für den Dienst des Hirten befähigt: „Die Sendung in den konkreten Dienst schenkt dem Glaubenden, der als solcher von Gottes Geist getrieben ist, auch das konkrete Charisma für den konkreten Dienst, in den Gott ihn ruft. Die Berufung ist kein Gebot des Gesetzes, sondern des Evangeliums. Das Evangelium aber ist Kraft Gottes, ist Tat-Wort Gottes. So ist auch die Sendung Kraft Gottes. Sie hat Teil an dem Wesen des neutestamentlichen Imperativs überhaupt, der auf dem Indikativ gründend zugleich die Gnade enthält, die zur Erfüllung des Befohlenen nötig ist. So ist die Handauflegung kein leeres Zeichen, sondern unter der Handauflegung wird das von Gott Befohlene und von Gott Erbetene wirksam zugeeignet. Die Handauflegung bei der Sendung ist zwar zu unterscheiden von sonstigen Handauflegungen, von denen im Neuen Testament die Rede ist, etwa zur Heilung oder zum Segen oder zur Geistmitteilung nach der Taufe. Aber wie bei allen diesen Handlungen nach dem Zeugnis des Neuen Testaments das Erbetene unter der Handauflegung zuteil wird, so auch das Charisma für den konkreten Dienst, in den ein Glied der Gemeinde unter Gebet und Handauflegung gesandt wird. ‚Die Ordination galt nicht als bloße Form oder als sinnbildliche Handlung, sondern als Akt der Geistmitteilung‘ (J. Jeremias). Von hier aus ist ein Vertrauen auf die Ordination möglich, und zwar im Rückblick auf die einst empfangene Ordination. Von hier aus ist die tröstliche Gewißheit möglich: ich bin berufen, ich bin gesandt, und zwar gerade durch das äußere Wort gesandt; denn ich darf wissen, daß dies äußere Wort nicht ein Wort des Gesetzes, aber auch nicht nur ein leeres Wort der Verheißung, sondern ein pneumatisch wirksames Wort ist. Der Ordinierte darf wissen, daß das Amtscharisma ihm die Kraft geben wird, das Evangelium recht zu verkündigen, und soll in dieser Gewißheit ‚die Gnadengabe Gottes, die dir durch Handauflegung gegeben ist, zur hellen Flamme entfachen‘ (2 Tim 1, 6)."[28]

Von daher kommt Schlink zur Auffassung, daß die Ordination in der durch die Kirchengeschichte hindurch sich fortsetzenden Folge der bischöflichen Handauflegungen als Zeichen für die apostolische Sukzession der Ämter und der Kirche und als Zeichen ihrer Einheit und Katholizität „zu begrüßen und, wo sie fehlt, anzustreben" ist[29]. Die ganze Entwicklung in der Ökumene führt nach Schlink in diese Richtung und

[28] Ebd. 167.   [29] Ebd. 194.

wird in diesem Punkt eine Revision der „Erklärung" nötig machen: „Der zurückhaltenderen ‚Erklärung des Ökumenischen Ausschusses der Vereinigten Evangelisch-Lutherischen Kirche Deutschlands zur Frage der apostolischen Sukzession vom 26. Nov. 1957' dürfte im Hinblick auf die ökumenische Gesamtentwicklung keine endgültige Bedeutung zukommen."[30]

Man kann nicht übersehen, daß Schlink die lutherische Position im Lichte des Neuen Testaments verdeutlicht und bereichert und ihre schwachen Punkte abgesichert hat. Dies führte im Lichte des Neuen Testaments faktisch zu einem weitgehenden Entgegenkommen gegenüber den katholischen Anliegen[31]. Aber gerade so sieht sich die katholische Theologie vor Fragen gestellt, die bei einer einseitigeren Position leichter (nämlich durch kritische Gegenfragen) beantwortet werden könnten. Diese Fragen kreisen um das Problem, das schon durch die lutherische Erklärung zur Diskussion gestellt wird und das wir oben zurückgestellt hatten: das Problem der bischöflichen Sukzession als *exklusiven* Weg zur Weitergabe von Amtsvollmacht.

2. Andere Wege in das Amt?

Es muß von vornherein bemerkt werden, daß wir diese Fragen Schlinks (und, wenn auch weniger deutlich, die der lutherischen „Erklärung") nicht beantworten werden; denn die Antwort liegt in der katholischen Theologie nicht einfach fixfertig bereit. Es geht hier für uns zuerst darum, zu hören und die Schwierigkeiten zu verstehen.

Welche Menschen berufen? Schlink gibt ohne weiteres zu, daß das Neue Testament vom Vollzug der besonderen Sendung durch solche berichtet, die zuvor selbst durch besondere Berufung in den Dienst gesandt worden sind: Berufung von Amtsträgern durch Amtsträger (Apg 14, 23; Tit 1, 5; 1 Tim 5, 22; wohl auch Apg 6, 6). Aber zugleich gibt er zu bedenken: die neutestamentlichen Schriften berichten andererseits von besonderen Sendungen durch solche, die selbst keine besondere Sendung empfangen haben: „So Apg 13, 1 ff die Sendung des Paulus und Barnabas durch Propheten und Lehrer in Antiochien. Denn nirgends im Neuen Testament ist von einer unter Handauflegung vollzogenen Einsetzung zum Propheten die Rede. Auch eine derartige Einsetzung der hier beteiligten Lehrer ist kaum vorauszusetzen. Nach 2 Kor 8, 19

---

[30] Ebd. 194; Kritik an der „Erklärung" übt in diesem Punkt auch der evangelische Pfarrer *W. Richter*, Apostolische Sukzession und die Vereinigte Evangelisch-Lutherische Kirche Deutschlands, in: Una Sancta 14 (1959) 48–54.

[31] Schlink sieht aber auch die Wichtigkeit dieser Frage für ein ökumenisches Verstehen mit der anglikanischen Theologie. Er macht ausdrücklich auf die weitgehende Übereinstimmung mit verschiedenen Theologen aufmerksam, wie sie sich in dem von K. Carey 1954 herausgegebenen Sammelband „The historic Episcopate" geäußert haben.

wurde Titus von den Gemeinden zum Mitarbeiter des Paulus berufen, ohne daß hier berufene Amtsträger erwähnt sind. Timotheus ist nach 1 Tim 4, 14 durch Handauflegung der Ältesten und nach 2 Tim 1, 6 durch Handauflegung des Paulus gesandt worden in seinen besonderen Dienst, wobei von den Ältesten nicht ohne weiteres vorausgesetzt werden kann, daß sie selbst zuvor unter Handauflegung in ihren Dienst eingesetzt worden wären. Es spricht manches dafür, daß die Ältesten der Pastoralbriefe diejenigen Gemeindeglieder waren, welche schon längere Zeit oder gar als Erstlinge der Gemeinde angehörten, ihren christlichen Glauben durch Reinheit und Tadellosigkeit der Lebensführung, durch Werke der Liebe usw. bewährt hatten und darum in der Gemeinde in besonderem Ansehen standen, ohne daß hierbei eine besondere Einsetzung in ein Presbyteramt vorausgegangen wäre. Die Einsetzung von Presbytern, von der in den Pastoralbriefen die Rede ist, wäre dann vielmehr die Einsetzung von Presbytern als Bischöfe.''[32]

Wohl dürfe man voraussetzen, daß die Sendung durch Amtsträger unter Mitwirkung (mindestens Zustimmung) der Gemeinde und die Sendung durch Gemeinden oder Gemeindeglieder unter Mitwirkung (mindestens Anerkennung) der Amtsträger (falls sie anwesend waren) sich vollzog; aber eine strenge Ordnung – etwa Wahl durch die Gemeinde und Handauflegung durch die Amtsträger – lasse sich historisch nicht erweisen. ,,Aus dem Gesagten folgt, daß in den neutestamentlichen Schriften kein Interesse an der Kette der Handauflegungen von Aposteln über ihre Mitarbeiter und Schüler zu den späteren lokalen Hirten der Gemeinde vorliegt. Selbst da, wo solche Kette als faktisch vorhanden vorausgesetzt ist, ruht das Interesse offensichtlich nicht auf der Folge der Handauflegungen, sondern auf der Überlieferung der reinen Lehre (vgl. z. B. 2 Tim 2, 2).''[33]

Es wäre nun zweifellos zu einfach, dieses Problem durch apriorische Interpretationen zu eliminieren (z. B. es ginge bei den handauflegenden Presbytern eindeutig um Amtspriester, oder falls es nur um ,,Älteste'' der Gemeinde ginge, sei ihre Ordination keine echte Ordination; oder weiter, mit ,,Gemeinde'' seien die Amtsträger gemeint usw.). Im Hintergrund steht ja der ganze Problemkomplex, der in der gegenwärtigen Forschungslage der neutestamentlichen Exegese eine so große Rolle spielt und auf den wir bereits – im Zusammenhang besonders mit E. Käsemann – einzugehen hatten: nämlich der Unterschied zwischen den unumstrittenen großen paulinischen Briefen einerseits und der Apostelgeschichte und den Pastoralbriefen andererseits. Die Stärke der Schlinkschen Position ist es, daß er diesen neutestamentlichen Befund

[32] *E. Schlink,* Die apostolische Sukzession, a. a. O. 169.
[33] Ebd. 170.

nicht einfach umgeht oder dogmatisch weginterpretiert, sondern ihn geschickt zur Beweisführung für seine Auffassung heranzieht. Er geht davon aus, daß in der Apostelgeschichte und in den Pastoralen die besondere Sendung eine große Rolle spielt, währenddem die Mannigfaltigkeit der einem jeden Gemeindeglied gegebenen Geistesgaben und Dienste nicht hervortritt. Umgekehrt wird nach den großen Paulinen nicht nur (wie nach Apostelgeschichte und Pastoralen) einem jeden Christen der Geist gegeben (was sich im Zeugnis vor der Welt auswirken soll), sondern die Gemeinde wird als Gemeinschaft mannigfacher charismatischer Dienste, als Kosmos verschiedener Geistgaben und Dienste vorausgesetzt und angeredet. Von einer besonderen Berufung in diese Dienste wird (abgesehen vom Apostel selbst und von der 2 Kor 8, 19 erwähnten Berufung des Titus) nicht geredet. Es fällt besonders auf, daß in den Paulinen der Dienst der Leitung (1 Kor 12, 28) und des Vorstehens (Röm 12, 8) inmitten der Gaben erwähnt wird, die ohne besondere Sendung aus der Freiheit des Geistes in der Gemeinde aufbrechen. Nicht die Sendung, sondern der faktisch geschehende Dienst erscheint als Grund für den Gehorsam, den die Gemeinde ihren Dienern schuldet. Weil nach 1 Kor 16, 15 die aus dem Haus des Stephanas als Erstlinge zu arbeiten begonnen, eine Gemeinde gesammelt und ihr gedient haben, soll man ihnen nach Paulus gehorchen. Ist dies nicht ein Beispiel dafür, wie sich die urchristliche Kirche durch eine spontane Missionsarbeit ausgedehnt hat?

Schlinks Bemühen geht nun dahin, sowohl den Gemeinsamkeiten wie den Verschiedenheiten der beiden Gestalten von Diensten (besonders Berufene und nicht besonders Berufene) gerecht zu werden. Zuerst (gegen R. Sohm und E. Brunner und verschiedene Neutestamentler) die *Gemeinsamkeiten* :

1. Grundlegend für jeden Dienst in der Kirche ist das apostolische Amt und damit die unmittelbare Berufung und Bevollmächtigung der Augenzeugen des Auferstandenen. 2. Voraussetzung für jeden Dienst ist die Selbstpreisgabe an Christus in Glaube und Taufe. 3. Der Ursprung jedes Dienstes ist in der Freiheit des Heiligen Geistes gelegen. 4. Auch der Dienst auf Grund besonderer Sendung ist ebenfalls charismatischer Dienst. 5. Auch die frei aufbrechenden Charismen sind nicht einfach Äußerungen enthusiastischen Wirrwarrs im Gegensatz zur Ordnung oder von Person zu Person springende Impulse im Gegensatz zu einer personalen Stabilität, sondern sie gleichen in ihrer Wirkung äußerlich fest übertragenen Ämtern. 6. Auch das Tun der berufenen Diener bleibt in seinem Vollzug der Prüfung und dem Urteil der Gemeinde ausgesetzt. 7. Auch dem ohne besondere Sendung erfolgenden Dienst ist konkretes Wort zugeordnet in der Prüfung und dem Urteil der Gemeinde und in dem anerkennenden oder Anerkennung fordernden Wort des Apostels.

Aber gerade innerhalb dieser Gemeinsamkeiten sind die *Verschieden-heiten* ernst zu nehmen: 1. Die „frühkatholische" Form des Dienstes (die von den von Jerusalem her bestimmten Gemeinden herkommt) ist in den neutestamentlichen Schriften Tatsache, darf aber nicht als einzige Form der Kirchenordnung betrachtet werden: „Es spricht nichts dafür, daß eine auf besondere Berufung gründende Ordnung von Ältesten oder Bischöfen in den Gemeinden in Korinth oder Rom damals, als Paulus an sie schrieb, bestand. Die Verallgemeinerung des Prinzips der Sendung beginnt mit dem 1. Clem.-Brief und findet dann ihre Fortsetzung in der altkirchlichen westlichen und östlichen Ämterlehre und auch bei den Reformatoren, zumal bei Calvin."[34] 2. Die paulinische Form des Dienstes (die in den paulinischen Gemeinden der Gründungszeit üblich war) ist in den neutestamentlichen Schriften Tatsache, darf aber ebenfalls nicht als einzige Form der Kirchenordnung betrachtet werden: „Ebensowenig aber ist es möglich, die paulinische Konzeption kirchlichen Dienstes als Mannigfaltigkeit von frei aufbrechenden Charismen zu verallgemeinern und von hier aus die Sendung als bloße Bestätigung des vorhandenen Charismas umzudeuten oder als Zeichen des beginnenden Katholizismus zu erklären."[35]

Daraus folgt: „Vielmehr ist in der urchristlichen Kirche von vornherein mit dem Nebeneinander und Miteinander dieser verschiedenen Begründungen und Formen des Dienstes zu rechnen. Der Dienst der Kirchengründung und -leitung wurde ausgeübt teils auf Grund besonderer Sendung durch die Apostel oder durch andere zum Dienst der Gemeindegründung und -leitung Berufene, teils auf Grund der Sendung durch die Gemeinde oder durch hervorragende, aber nicht durch besondere Sendung eingesetzte Glieder der Gemeinde, und schließlich wurde der Dienst der Kirchengründung und -leitung auch charismatisch ausgeübt ohne besondere Sendung."[36] Dieser Befund wird bestätigt dadurch, daß die neutestamentlichen Schriften keinen konstanten Begriff für kirchliches Amt, sondern eine große Mannigfaltigkeit verschiedener und wechselnder Bezeichnungen aufweisen. Der dogmatische Begriff des kirchlichen Amtes muß verschiedene neutestamentliche Sachverhalte in systematischer Konzentration umfassen.

Nun würde man Schlink allerdings ganz falsch verstehen, wenn man meinte, er vertrete auch für die heutige Kirche einfachhin diese drei nebeneinander bestehenden Ordnungen. Eine solche Auffassung wäre ungeschichtlich. Sein Bestreben ist vielmehr, offen zu bleiben für das paulinische Verständnis der Kirche, zugleich aber für den dogmatischen Begriff des kirchlichen Amtes nicht bei den frei aufbrechenden charismatischen Diensten, sondern bei der besonderen Sendung in den Dienst

---

[34] Ebd. 173.   [35] Ebd.   [36] Ebd.

einzusetzen. Warum? Nicht weil faktisch in der kirchengeschichtlichen Entwicklung die Ausübung kirchlichen Dienstes immer mehr von einer vorausgehenden Berufung abhängig gemacht wurde; die zunehmende Verdrängung der freien charismatischen Äußerungen könnte ja auch Zeichen der Verengung und Erstarrung des kirchlichen Dienstes sein. Auch nicht, weil schon früh eine Entartung der freien charismatischen Äußerungen einsetzte (beginnend mit der einbrechenden Gnosis und dem Montanismus, fortgesetzt durch die vielen mittelalterlichen Bewegungen bis zu den Schwarmgeistern der Reformationszeit); die berufenen Amtsträger können ebenso entarten durch Herrschsucht, Irrlehre usw. Sondern der Grund ist: die *Sendung* muß grundsätzlich und notwendig eine *zunehmende Bedeutung* erlangen *mit dem zunehmenden zeitlichen Abstand vom kirchengründenden Dienst der Apostel*: „Die Kirche kann nur leben, indem sie bei dem geschichtlichen Christus, dem Gekreuzigten und Auferstandenen, als ihrem gegenwärtigen Herrn bleibt, und das heißt zugleich, daß sie beim Zeugnis der Apostel, der berufenen Augenzeugen dieses Herrn, bleibt. Mit dem wachsenden zeitlichen Abstand mußte die Überlieferung der apostolischen Botschaft, Lehre und Anordnungen und im Zusammenhang hiermit die der Überlieferung dienende Sendung in den Dienst an Bedeutung gewinnen. Denn schlechterdings alles hängt davon ab, daß das apostolische Wort unverfälscht weiter in der Kirche laut wird und daß alle sonstigen in der Kirche laut werdenden Stimmen sich ihm unterwerfen. Von der Bedeutung der apostolischen Überlieferung her ist es zu verstehen, daß die Kirchenordnung der Pastoralbriefe unter die Autorität des Paulus gestellt wurde."[37]

Gerade bezüglich der späteren Entwicklung der paulinischen Gemeinden wird man vorsichtig sein: „Man wird angesichts der Bedeutung, die Paulus in seinen unumstrittenen Briefen der Überlieferung zumaß, die Möglichkeit nicht ausschließen können, daß er im Alter angesichts der weiteren Ausbreitung der Kirche eine Ordnung der Ordination und des Amtes in Sinne der Pastoralbriefe durch seine Autorität gedeckt und gefördert hat. In der Betonung der besonderen Sendung findet das dem Leben der Kirche zugrundeliegende Verhältnis von Wort und Geist und von geschichtlicher Einmaligkeit der göttlichen Heilstat und ständigem Heilswirken des Geistes seinen angemessenen Ausdruck. Denn das Wirken des Geistes ist ein erinnerndes, d. h. ein auf die einmalige geschichtliche Heilstat Jesu Christi und damit auf das apostolische Wort rückbezogenes und in diesem Sinne ein die Heilstat vergegenwärtigendes. Geist und Tradition stehen daher nicht im Gegensatz zueinander, sondern gehören zusammen. Zugleich darf nicht vergessen werden, daß die Mannigfaltigkeit der in den paulinischen Gemeinden

---

[37] Ebd. 176.

frei aufgebrochenen charismatischen Äußerungen und Dienste ja faktisch nicht ohne Leitung eines durch besondere Sendung Bevollmächtigten geblieben war, nämlich nicht ohne die Leitung des Apostels. Die paulinischen Berichte sind ja Dokumente dafür, wie konkret der Apostel ermutigend und ermahnend, anerkennend, aber auch warnend, und in alledem lenkend auf Grund seiner besonderen Vollmacht auf die Gemeinden einwirkte. Mit dem Fortfall dieses höchst konkreten und trotz räumlichen Abstandes doch gegenwärtigen Leitens und Dienens des Apostels mußte der in einer besonderen Berufung gründende Dienst an Bedeutung gewinnen, also der Dienst des Charismatikers, der auf Grund dieser Berufung mit einer vorgegebenen Autorität der Gemeinde begegnete und nicht nur wie die anderen Charismatiker auf eine nachträgliche Anerkennung durch die Gemeinde angewiesen war."[38]

Das *kirchliche Amt* muß von daher nach Schlink unter einer *doppelten* Bestimmung gesehen werden:

1. Das kirchliche Amt muß verstanden werden als ein charismatischer Dienst, der inmitten der Vielfalt der Charismen und Dienste auf einer *besonderen Sendung* gründet: auf einer besonderen Sendung nämlich für den Dienst der Kirchengründung und Kirchenleitung (und dessen Helferdienste), kurz, zum *Hirtenamt*. Zu beachten ist die große Mannigfaltigkeit der Funktionen des Hirtenamtes (konzentriert auf die beiden Grundfunktionen: Leitung der gottesdienstlichen Versammlung und Leitung des missionarischen Vorstoßes in die Welt) und seiner Gestalten: die Ausdrücke Bischof, Presbyter, Ältester, Diakon usw. werden vieldeutig und den verschiedenen Situationen angepaßt gebraucht und überschneiden sich vielfach. „Die in der Alten Kirche sich durchsetzende Dreigliederung der kirchlichen Ämter: Bischöfe, Presbyter und Diakone, kann auf Grund der neutestamentlichen Texte nicht als allgemeine Grundordnung der urchristlichen Gemeinde vorausgesetzt werden."[39] Doch sind durchaus die Ansätze vorhanden, um aus dem Wesen der Kirche die wichtigsten möglichen Gestalten des Hirtenamtes, die Gliederung des Amtes in Über- und Unterordnung systematisch ableiten zu können. Grundlegend ist das Hirtenamt der Ortskirche, dem nichts an Vollmacht fehlt, das aber mit den anderen Hirten in Gemeinschaft stehen muß. Als Differenzierungen des kirchlichen Amtes gibt es die Oberhirten, die diakonischen Ämter und befristete Aufträge (Visitationen usw.). Was dogmatisch an sich unbestimmt ist, mußte jedoch später vielfach kirchenrechtlich als eine bestimmte Gestaltung der Kirchenordnung festgelegt werden; dagegen ist nichts einzuwenden.

2. Dieser Begriff des Hirtenamtes muß zugleich offen bleiben für das

---

[38] Ebd.   [39] Ebd. 179.

paulinische Verständnis der Kirche als Gemeinschaft der Charismen und darf die *Möglichkeit frei aufbrechender Charismen der Gemeindegründung und -leitung* nicht ausschließen: „Wenn Paulus die Geistesgaben der Lenkung, des Vorstehens und des Sich-Einsetzens der Erstlinge ohne besondere Berufung anerkannte und die Gemeinde zum Gehorsam gegen solchen Dienst ermahnt hat, so geschah dies in der missionarischen Situation. Die Lehre vom Hirtenamt muß für diese an der Grenze der geordneten Kirche immer gegenwärtige missionarische Situation offen bleiben. Ein in eine rein heidnische Umgebung verschlagener Christ, der durch sein Christuszeugnis Heiden zum Glauben erweckt, sie tauft und mit ihnen das Herrenmahl feiert, handelt, wenn er dies alles der apostolischen Lehre und Anordnung gemäß tut, im Hirtenamt, auch wenn er vor seiner Verschleppung in die heidnische Ferne nicht zu diesem Dienst durch besonderen Auftrag bevollmächtigt war. Er handelt in der Abgeschlossenheit des Gefangenenlagers oder der Zwangsarbeit faktisch in der Gemeinschaft mit der Kirche und ihren Hirten, und sie werden, wenn sie ihm und seiner Gemeinde begegnen, seinem Hirtenamt und seiner Gemeinde die Anerkennung nicht versagen dürfen. Der charismatische Dienst des Christen gründet nicht allein auf der besonderen Sendung, wohl aber in jedem Fall auf dem apostolischen Evangelium, das der Herr aller Welt verkündigt haben will. Die dogmatische Lehre vom Amt darf keine Möglichkeit des Wachstums der Kirche ausschließen, die in der Ausbreitung der urchristlichen Gemeinde missionarische Wirklichkeit gewesen ist. Dabei bleiben solche frei aufbrechenden Dienste angewiesen auf das Amen der Kirche und damit zugleich auf die Anerkennung durch die berufenen Hirten."[40]

Aus dieser Bestimmung des kirchlichen Amtes folgt für die *apostolische Sukzession,* die als Nachfolge im Gehorsam gegenüber den Aposteln als den berufenen Augenzeugen der Auferstehung Jesu Christi bestimmt wird: Innerhalb der apostolischen Sukzession der Kirche und jedes ihrer Glieder ist die apostolische Sukzession des *Hirtenamtes* ernst zu nehmen. Sie bedeutet, daß jeder Hirte 1. in seinem Predigen, Lehren, Lenken, Verwalten dem apostolischen Vorbild unterstellt ist, 2. wie der Apostel als Mund und Stellvertreter Christi der Kirche gegenübersteht, 3. wie jedes Glied der Gemeinde unter Christus täglich neu auf seine Gnade angewiesen ist, 4. die Kirche in Gemeinschaft mit den anderen Hirten wie mit den charismatischen Diensten weidet.

Doch nur wenn das Verhältnis von Apostel und Kirche in der Gemeinschaft des wechselseitigen Dienens und des gemeinsamen Dienstes an der Welt seine Nachfolge findet, wird die apostolische Sukzession sowohl der Kirche wie des Amtes ernst genommen. Daraus folgt für

---

[40] Ebd. 177.

Schlink, daß im Gehorsam gegenüber dem apostolischen Wirken grund-sätzlich *drei Wege in das Hirtenamt* zu erkennen sind:

1. „Die Sendung zum Hirtendienst durch solche, die zuvor selbst als Hirten gesandt worden sind – unter Anerkennung oder darüber hinaus-gehender Mitwirkung der Kirche, und zwar solcher Kirchenglieder, die selbst keine Ordination empfangen haben."[41] Von diesem ersten Weg sagt Schlink ganz deutlich (und darin geht er, wie wir sahen, sehr viel weiter als die lutherische „Erklärung"), daß er heute „den Vorzug ver-dient und als Regel zu gelten hat. Denn mit dem zunehmenden zeitlichen Abstand von den Aposteln mußte das Amt und auch eine besondere Ausbildung für das Amt mehr und mehr an Bedeutung gewinnen, wenn die Kirche die apostolische Überlieferung bewahren wollte. Mit Recht hat sich die Ordination durch Ordinierte in der Kirche durchgesetzt."[42] Von daher begrüßt Schlink, wie wir ebenfalls sahen, die sich durch die Kirchengeschichte fortsetzende Folge der bischöflichen Handauflegun-gen als Zeichen für die apostolische Sukzession der Ämter und der Einheit und Katholizität der Kirche; sie soll, wo sie fehlt, angestrebt werden. Aber entsprechend der doppelten Bestimmung, unter der Schlink das kirchliche Amt grundsätzlich sieht, kommt es ihm zugleich darauf an, neben der Regel der apostolischen Sukzession der Ämter durch Handauflegung die gleichsam außerordentlichen Wege, die ebenfalls dem Verhältnis von Apostel und Kirche entsprechen und auf denen die apostolische Kirche ebenfalls gewachsen ist, nicht grundsätzlich aus-zuschließen; die bischöflich ordinierende Handauflegung ist zwar Zeichen, nicht aber einfachhin *Bedingung* für die apostolische Sukzession. Es gibt zwei weitere Wege ins kirchliche Hirtenamt:

2. „Die Sendung zum Hirtendienst durch die Kirche, und zwar durch solche Glieder der Kirche, die nicht selbst als Hirten gesandt worden sind; dies unter Anerkennung oder darüber hinausgehender Mitwir-kung berufener Hirten."[43]

3. „Die Anerkennung eines faktisch geschehenden, in pneumatischer Freiheit aufgebrochenen Hirtendienstes durch die Kirche und die be-rufenen Hirten."[44]

Die Offenheit gegenüber diesen weiteren Wegen ins Amt ist für Schlink „von erheblicher ökumenischer Bedeutung. Ohne sie bleiben manche pneumatischen Durchbrüche der Kirchengeschichte – seien es missionarische Vorstöße in die heidnische Umwelt, seien es Erneuerungs-bewegungen innerhalb einer müde und selbstgerecht gewordenen Kirche – unverständlich, und die so in der Christenheit entstandenen Spaltungen bleiben ohne diese Offenheit unheilbar."[45]

---

[41] Ebd. 193.   [42] Ebd.   [43] Ebd.
[44] Ebd.   [45] Ebd. 194.

f) Man kann nicht leugnen, daß Schlink die kritischen Fragen an die katholische Lehre mit großer Präzision und Eindringlichkeit stellt. Dadurch, daß er die apostolische Sukzession der Ämter durch Handauflegung als den heute wünschenswerten Normalfall annimmt, nimmt er vielen katholischen Objektionen gegen seine Auffassung den Wind aus den Segeln. Dadurch, daß er sich daneben zwei andere Wege ins Amt auf Grund des Schriftbefundes freihält, bringt er wesentliche Anliegen der Reformation zur Geltung. Wir bemerkten nun schon am Anfang dieses Abschnitts über die anderen Wege in das Amt, daß wir auf die hier gestellten Fragen keine Antwort geben werden. Nicht nur weil diese Antwort, sollte sie gründlich sein, ein eigenes dickes Buch erforderte. Sondern auch und vor allem weil diese Antwort in der katholischen Theologie nicht fixfertig bereitliegt; dies zuzugeben ist keine Schande, kann vielmehr Anlaß zur Hoffnung sein. Was notwendig ist, sind nicht nur einige apriorische Distinktionen, mit denen das Problem geleugnet anstatt gelöst wird, sondern ist eine gründliche exegetische, historische und dogmatische *Diskussion* dieser Fragen. Vielleicht, daß dann die Schwierigkeiten, die jetzt noch unüberwindlich scheinen, sich doch wenigstens zum Teil (und von beiden Seiten her) abtragen lassen.

Die Notwendigkeit der gründlichen theologischen Diskussion ergibt sich gerade von den entsprechenden Dekreten des Konzils von Trient über die Sakramente im allgemeinen, über Eucharistie, Buße, Ordo usw., her. Es ist offenkundig, daß diese Dekrete vielfach zu den Aussagen Schlinks in Gegensatz stehen; dies betrifft Wortverkündigung und Sakramentenspendung im allgemeinen[46] und insbesondere Buße[47], Firmung[48], Krankensalbung[49], Ordination[50], Eucharistie[51]. Es ist für den Katholiken selbstverständlich, daß es nicht darum gehen kann, diese Konzilsaussagen zu leugnen. Es geht darum, sie richtig zu verstehen. Richtig verstehen aber – das dürfte heute allgemeine Auffassung der katholischen Theologen sein – kann man Konzilsdekrete nur aus ihrer Zeit heraus. Nur so erkennt man den positiven Sinn ihrer Aussagen. Nur so erkennt man auch ihre negative Beschränkung. Denn keine Definition will und kann alles sagen. Als beschränktes Menschenwort kann das Konzilswort – obwohl es unter dem der Kirche verheißenen Beistand des Geistes die Wahrheit und keinen Irrtum lehrt – auch nach der Enzyklika „Humani Generis"[52] verdeutlicht, ergänzt, vervollkommnet werden. Ja, Augustinus scheut sich nicht, in diesem Zusammenhang das

---

[46] Denz. 853; vgl. 1958.   [47] Denz. 902 920; vgl. 670 753.
[48] Denz. 960; vgl. 608 697 1458 2147a.
[49] Denz. 910 929; vgl. 99 700.
[50] Denz. 958 960 966 967; vgl. 305 356 548 701.
[51] Vgl. Denz. 424 430 574a.
[52] Acta Apostolicae Sedis 42 (1950) 566.

Wort emendare, verbessern, zu gebrauchen: „Quis nesciat, ipsa Concilia, quae per singulas regiones vel provincias fiunt, plenariorum Conciliorum auctoritati, quae fiunt ex universo orbe christiano, sine ullis ambagibus cedere; ipsaque plenaria saepe priora posterioribus emendari, cum aliquo experimento rerum aperitur, quod clausum erat, et cognoscitur, quod latebat?"[53]

Es käme also darauf an, die Trienter Definitionen aus der damaligen Zeit heraus zu verstehen und sie heute besser zu verstehen. Sollte es nicht auch für den evangelischen Theologen möglich sein, in den Trienter Definitionen aus der damaligen Zeit heraus die großen positiven Anliegen zu hören? Bestand damals nicht die große Gefahr, daß in der Kirche alles drunter und drüber ginge, daß jede Kirchenordnung sich auflöste und auch die Kontinuität mit der alten, mit der apostolischen Kirche zerstört würde? Hatten nicht die Reformatoren mit dem die kirchliche Ordnung stürzenden Schwärmertum ebenso viele Sorgen wie mit der katholischen Kirche? Und haben wir nicht gesehen, inwiefern zum mindesten der junge Luther dem Schwärmertum Vorschub leistete? Hatte dann Luther nicht sogar die weltliche Macht gerufen, um mit dem Schwärmertum fertig zu werden? Muß man von daher nicht verstehen, daß auch das Konzil von Trient zu energischer Abwehr gezwungen war und so die besondere Stellung des Amtes defensivpolemisch ins Licht rückte? Die Sorge um die Erhaltung der Kirchenordnung, wie sie im vierten Kapitel des Ordo-Dekrets unter dem Titel „De ecclesiastica hierarchia et ordinatione" zum Ausdruck gebracht wird, stand im Hintergrund so mancher heute einseitig erscheinender Aussagen: „Quod si quis omnes Christianos promiscue Novi Testamenti sacerdotes esse, aut omnes pari inter se potestate spirituali praeditos affirmet: nihil aliud facere videtur quam ecclesiasticam hierarchiam, quae est ,ut castrorum acies ordinata' (cf. Cant 6, 3), confundere (can. 6), perinde ac si, contra beati Pauli doctrinam, omnes Apostoli, omnes Prophetae, omnes Evangelistae, omnes Pastores, omnes sint Doctores (cf. 1 Cor 12, 29; Eph 4, 11)."[54] Gewiß, die negative Folge dieser Bestimmungen und der ihr entsprechenden Kirchenordnung war oft eine erschreckende formalistische und legalistische Erstarrung; die evangelische Theologie und Kirche hat ihr gegenüber mit Kritik nicht gespart. Aber die Frage wird man sich als Katholik auch gestatten dürfen: Wie hätte es in derselben evangelischen Theologie und Kirche oft ausgesehen (in der Aufklärung, im Liberalismus des neunzehnten Jahrhunderts), wenn nicht das Gegengewicht der (oft allzu) straff geordneten katholischen Kirche sich stillschweigend ausgewirkt hätte?

[53] *Augustinus,* De baptismo 2, 3, 4; PL 43, 128.
[54] Denz. 960.

Die Sorge um die Erhaltung des kirchlichen Ordnungsgefüges war das Anliegen so vieler Kanones zum Schutz des kirchlichen Amtes. Die Sorge um seinen geistlichen Charakter war das andere. Bestand damals nicht die große Gefahr, daß das geistliche Amt zu einem bloßen kirchlichen Beamtentum und einem demokratischen Funktionärstum entleert wurde? Hat die Geschichte des kirchlichen Amtes in der evangelischen Kirche nicht gezeigt, daß diese Gefahr nicht illusorisch war? Wird in weiten Kreisen, vielleicht weniger des evangelischen Volkes als evangelischer Theologen, nicht bis auf den heutigen Tag das eigentlich Geistliche des kirchlichen Amtes in wenig schriftgemäßer Weise übersehen? Hat aber nicht auch Luther gerade das Tiefste der Ordination einfachhin vernachlässigt: die Mitteilung des Charismas? Muß man von daher nicht verstehen, daß das Konzil von Trient zu energischer Abwehr gezwungen war und so die geistliche Stellung des Amtes defensiv-polemisch ins Licht rückte? Die Sorge um den geistlichen Charakter des Amtes stand im Hintergrund so mancher einseitig erscheinender Kanones: „Si quis dixerit, per sacram ordinationem non dari Spiritum Sanctum, ac proinde frustra episcopos dicere: Accipe Spiritum Sanctum; aut per eam non imprimi characterem; vel eum, qui sacerdos semel fuit, laicum rursus fieri posse. A. S."[55]

So ließen sich zu jedem Kanon der Trienter Dekrete die entsprechenden Fragen stellen. Wie es Aufgabe der katholischen Theologie ist, sich um das Verständnis der berechtigten Anliegen der Reformatoren zu bemühen, so die Aufgabe der evangelischen Theologie, sich um das Verständnis der berechtigten Anliegen der Trienter Dekrete zu bemühen. Beides ist keine leichte Arbeit. Dabei ist eine gute Kenntnis der bedeutenden Fortschritte, die seit Luther und Trient in der katholischen wie in der evangelischen Theologie gemacht wurden, notwendig. So viele Wege, die gerade durch die Trienter Dekrete verschlossen *schienen,* haben sich in unserem Jahrhundert als gangbar erwiesen.

Man vergleiche die negative Haltung der Trienter Dekrete gegenüber dem allgemeinen Priestertum und der Bedeutung der Charismen und Dienste in der Kirche mit den positiven Aussagen der Enzyklika „Mystici corporis"[56]. Man vergleiche die negativen Äußerungen bezüglich der aktiven Mitfeier aller Gläubigen im eucharistischen Gottesdienst mit den positiven Aussagen der Enzyklika „Mediator Dei"[57]. Man vergleiche die Trienter Bestimmungen bezüglich der Vulgata mit den Äußerungen der Enzyklika „Divino afflante Spiritu"[58] und dem Abgehen von der Vulgata in der offiziellen Psalmenübersetzung. Man

[55] Denz. 964.
[56] Acta Apostolicae Sedis 35 (1943) 200ff.
[57] Denz. 2300.   [58] Denz. 2292.

vergleiche die Trienter Bestimmungen bezüglich der Volkssprache in der Messe mit der heutigen Praxis der Gemeinschaftsmesse (und Sakramentenspendung) und der in Bälde erwarteten weiteren Meßreform. Wer hätte unmittelbar nach dem Konzil von Trient gedacht, daß man vor einem weiteren Konzil so positiv über den Laienkelch, über die Neuordnung der kirchlichen Weihen, verheiratete Diakone und anderes mehr diskutieren würde? So manches, was endgültig definiert *schien,* war es in Wirklichkeit nicht. Das allgemeine Konzil von Florenz bestimmte (mit Thomas von Aquin) im verpflichtenden Lehrdekret für die Armenierunion, die Materie der Ordination sei die Übergabe der entsprechenden Instrumente, also für den Priester die Übergabe des Kelches mit dem Wein und der Patene mit dem Brot[59]; Pius XII. bestimmte, die Materie des Ordo (Diakon, Priester, Bischof) sei allein die Handauflegung[60].

Um solche Lehrentwicklungen zu verstehen, wird man beachten: Die Sinn*grenze* einer Aussage, die objektiv, und zwar von Anfang an, vorhanden ist, wird doch meist erst dann deutlich sichtbar, wenn eine neue positive Einsicht zusätzlich gegeben ist, von der aus dann die Begrenzung der alten Aussage gesehen werden kann. Man kann also nicht einfach sagen, daß die genauen Abgrenzungen der Tragweite der Trienter Erklärungen hinsichtlich des kirchlichen Amtes in *jeder* Hinsicht schon aus den Texten des Konzils allein zu erkennen seien. Die Väter des Konzils haben z. B. nicht an die Möglichkeit gedacht, daß unter bestimmten Voraussetzungen ein Priester einen anderen gültig ordinieren kann. Sie haben dies gewiß nicht geleugnet. Aber daß sie das nicht getan haben und daß dieses Schweigen durchaus auch eine positive Bedeutung, eben des Offenhaltens für eine umfassendere positive Antwort, hatte, das sieht man wirklich reflex erst später.

Wird sich auch einmal ein Tor öffnen für außerordentliche Wege in das kirchliche Amt? Das läßt sich gegenwärtig nicht voraussagen. Sicher ist, daß die Bestimmungen der Trienter Dekrete für den Normalfall volle Gültigkeit haben; das normale Eintreten ins Amt geschieht, wie es in Trient dargelegt wurde: durch Ordination des Amtsträgers; dies betrachtet auch Schlink für den ordentlichen Weg. Bezüglich eventueller außerordentlicher Wege kann gegenwärtig auf katholischer Seite nicht mehr gesagt werden als: die Frage muß in der heutigen Problemlage neu untersucht werden. Der Empfang und die Spendung der Sakramente „in voto" ist nur für die Taufe gründlich theologisch untersucht worden. Es brauchte die neue Situation der existentiellen (und nicht nur hypothetischen) Begegnung mit Menschen anderer Kontinente im Zeitalter der großen Entdeckungen, um den (in Trient

---

[59] Denz. 701.   [60] Denz. 2301.

schließlich definierten[61]) außerordentlichen Weg in den Christenstand (baptismus in voto, Begierdetaufe) in seiner ganzen Tragweite zu erfassen, wenn es diese Lehre auch schon früher, seit ungefähr dem zwölften Jahrhundert, ausdrücklich gab. Braucht es vielleicht die neue Situation der existentiellen (und nicht nur hypothetischen) Begegnung mit Menschen anderer christlicher Konfessionen im Zeitalter der ökumenischen Bewegung, um den außerordentlichen Weg in das Amt (ordo in voto, wie man ihn etwas mißverständlich bezeichnen könnte) in den Blickwinkel zu bekommen?[62] Gegenwärtig läßt sich kaum eine Entscheidung fällen. Sicher ist, daß uns Exegese wie Historie heute manches lehren, was man zur Zeit von Trient in dieser Weise einfach nicht wissen konnte: so bezüglich des verschiedenen und vermischten Gebrauches der Worte episcopos und presbyteros und der historischen Entwicklung des Episkopats sowie bezüglich der Vielfalt der apostolischen Kirchenordnung und der ursprünglichen Bedeutung des allgemeinen Priestertums der Gläubigen. Nur einige wenige Fragen seien zur Diskussion gestellt.

1. Episkopoi – Presbyteroi – Diakonoi:
Die heutige Dreiteilung der Ämter hat sich langsam entwickelt und findet sich als solche noch nicht eindeutig in der apostolischen Kirche des Neuen Testaments. Neben und unter den Aposteln sehen wir im Neuen Testament „weitere Personengruppen mit zahlreichen Dienstleistungen (Charisma), aber auch solche mit festen Ämtern im Dienst der Gesamt-

----

[61] Denz. 796.

[62] Beim baptismus in voto liegen die Verhältnisse zweifellos anders: Hier ist die Frage, ob die Wirkung des Sakramentes unter bestimmten Umständen ohne das gesetzte Zeichen des Sakramentes gegeben sein kann. Beim außerordentlichen Weg ins Amt (ordo „in voto") ist die Frage, ob bei gesetztem Zeichen unter Umständen ohne iuridische Vollmacht des Ordinanden die Wirkung des Sakramentes gegeben sein kann; die Taufe ist heilsnotwendig, der Ordo nicht. Trotz den Unterschieden kann nicht jede Parallele von vorneherein von der Hand gewiesen werden. Gerade in der Perspektive der Schultheologie und ihrem Verständnis von Sakrament und apostolischer Sukzession muß die Frage gestellt werden: Was geschieht z. B., wenn die Ordination eines Bischofs in einem bestimmten Fall nicht gültig gespendet wird (etwa wegen Fehlens der Intention, wegen eines Formfehlers), ohne daß dies bemerkt wird, ja bemerkt werden kann? Ist die ganze „Ordinationskette" bzw. das ganze Gefüge daraus hervorgehender „Ordinationsketten" dann unheilbar und unbemerkt abgerissen? Kann der Katholik sich bei einem solchen Fall nur mit dem Postulat helfen, so etwas werde, wenigstens in einem erheblichen Umfang, durch die Providenz Gottes verhindert? Oder darf er für einen solchen Fall auch annehmen, eine *solche* Weihe sei eben doch gültig und werde von Gott selbst „ergänzt" und rechtlich „geheilt", sei doch richtig vom Ganzen und Einen der Kirche her? Was ergibt sich grundsätzlich, wenn man diese zweite Annahme als möglich denken darf, da sie gewiß durch keine kirchliche Erklärung verworfen ist?

kirche (Apostel, Propheten, Evangelisten) oder der Einzelgemeinden (Bischöfe, Presbyter, Diakone, Lehrer, Hirten) hervortreten, und zwar so, daß bei den Ämtern und ihren Trägern eine Zu- und Über- und Unterordnung (1 Kor 12, 28: erstens Apostel, zweitens Propheten, drittens Lehrer; Phil 1, 1: Bischöfe und Diakone; vgl. 1 Tim 3, 2.8) erkennbar ist. Mehr und mehr konzentriert sich allmählich die Leitung einer Gemeinde auf die Presbyter bzw. Bischöfe und Diakone (Apg 14, 23; 20, 17.28; 1 Tim 3). Schon in den Pastoralbriefen scheint sich die monarchische Stellung des Bischofs anzubahnen. Ausgebildet in der hierarchischen Ordnung: der Bischof – die Presbyter – die Diakone, begegnet sie erstmals bei Ignatios von Antiocheia."[63] So zeigt sich die neutestamentliche Gemeinde in großer Vielfalt; verschiedene Ämter sind noch nicht wie heute eindeutig und fest unterschieden, sondern wurden erst später ausgegliedert. Insbesondere können Episkopen und Presbyter nicht in der heutigen Weise unterschieden werden: „Ἐπίσκοπος und πρεσβύτερος werden ziemlich wahllos verwendet, wie aus Apg 20, 17–28, Tit 1, 5–7 hervorgeht; beide Funktionen können in einer Gemeinde von mehreren Personen versehen werden (Phil 1, 1; Tit 1, 5); naturgemäß deutet ἐπίσκοπος mehr auf das Amt, πρεσβύτερος mehr auf die Würde der kirchlichen Obrigkeit hin. Die meisten, wenn nicht alle Personen, die im apostolischen Zeitalter als ἐπίσκοπος oder πρεσβύτερος bezeichnet werden, sind daher Priester im heutigen Sinne; die höchste Autorität in der Gemeinde behielten sich die Apostel vor, oder sie übertrugen diese an vertraute Mitarbeiter, wie Timotheus oder Titus (1 Tim 3, 1–15; 5, 22; Tit 1, 5), und andere Personen, die als Gründer von Gemeinden und apostolische Gesandte auftraten."[64] Die zu diskutierenden Fragen sind: Das Amt in der Kirche ist zweifellos iuris divini; inwieweit ist aber die Aufteilung der Funktionen dieses Amtes iuris divini? War nicht vielfach der Gemeindevorsteher in der Urkirche zugleich Episcopos und Presbyteros? Kann vom Neuen Testament her die Funktion des Oberhirten (der über größere Gebiete und mehrere Gemeinden gesetzt ist) nicht als Ausgliederung nach oben aus dem einen Hirtenamt verstanden werden oder umgekehrt das einfache Presbyteramt als Ausgliederung aus der Fülle des bischöflichen Hirtenamtes nach unten?[65] Ist die *Beschränkung* gewisser Funktionen auf den Oberhirten göttlichen oder menschlichen Rechtes? Gab es nicht sehr oft auch einfache Priester, die die später spezifisch oberhirtlichen Handlungen

[63] *J. Gewiess,* Art. Hierarchie, in: Lexikon für Theologie und Kirche (Freiburg i. Br. 1960) V, 322.
[64] *H. Haag,* Art. Bischof, in: Bibel-Lexikon (Einsiedeln-Zürich-Köln 1951) 246f; vgl. Art. Hierarchie, ebd. 709f; vgl. *L. Marchal,* Art. Évêques, in: Dictionnaire de la Bible, Supplément (Paris 1934) II, 1297–1333.
[65] Vgl. *M. Schmaus,* Katholische Dogmatik (München 1952) IV/1, 573f.

selbst ausübten und ausüben durften: Firmung[66] und Priesterweihe?[67]
Weist nicht dies alles auf die Einheit des Hirtenamtes hin?

2. Amtsträger – allgemeines Priestertum:

Dieses Problem ist sehr viel schwieriger und komplexer als das eben
angeführte: und doch sollten auch diese noch viel zuwenig überlegten
Fragen gründlich nach allen Seiten hin durchdacht werden. Es geht –
und wann war die Frage so aktuell wie heute, wo ungezählte Christen
in Gefängnissen und Konzentrationslagern abgekapselt sind? – um die
Frage, was der Christ nicht im Normalfall (wo das Amt seinen ordent-

---

[66] In den orientalischen Kirchen erscheinen seit dem vierten Jahrhundert die
Priester als die regelmäßigen Spender der Firmung (selbstverständlich ohne
daß eine päpstliche Vollmacht erteilt worden wäre). Auch in der abendländischen Kirche wurde die Firmung gelegentlich durch einfache Priester gespendet. Heute ist durch allgemeines Recht einem großen Teil der Priester die
Firmspendung gestattet. „Ein päpstliches Dekret vom 14. September 1946 erteilt allen Pfarrern und allen jenen Pfarrvikaren und Pfarrverwaltern, denen volle pfarrliche Rechte zukommen, die Vollmacht, den auf den Tod erkrankten
Gläubigen innerhalb ihrer Pfarrei die Notfirmung zu spenden, wenn der Bischof oder ein Weihbischof nicht erreichbar sind. Die Verfügung knüpft an
die altchristliche bzw. ostkirchliche Tradition an, nach welcher auch Priester,
die nicht Bischöfe sind, firmten. Die Verfügung blieb daher im Rahmen der
Überlieferung, dies um so mehr, als man in der Scholastik als Grund des bischöflichen Vorbehaltes der Firmung den Recht setzenden Willen der kirchlichen Autorität angegeben hat. Sie steht auch in vollem Einklang mit den bisherigen kirchlichen Lehrentscheidungen" (a. a. O. IV/1, 182). Um alle diese
schwerwiegenden Tatsachen zu erklären, wird heute von den Theologen
im allgemeinen angeführt: die Firmgewalt wird *jedem* Priester in der Priesterweihe verliehen; allerdings ist diese Gewalt zunächst (iure humano) gebunden.
[67] *L. Ott,* Grundriß der katholischen Dogmatik (Freiburg-Basel-Wien
⁵1961) 547, hat die historische wie systematische Problematik sehr gut dargestellt: „Dieser Ansicht stehen aber ernste geschichtliche Schwierigkeiten
entgegen: Papst Bonifaz IX. verlieh im Einklang mit der Lehre zahlreicher
mittelalterlicher Kanonisten (z. B. Huguccio † 1210) durch die Bulle ‚Sacrae
religionis' vom 1. Februar 1400 dem Abt des Augustinerklosters St. Osytha zu
Essex (Diöz. London) und seinen Nachfolgern das Privileg, ihren Untergebenen
sowohl die niederen Weihen als auch die Subdiakonats-, Diakonats- und Priesterweihe zu spenden. Das Privileg wurde am 6. Februar 1403 auf den Einspruch des
Bischofs von London zurückgenommen. Die auf Grund des Privilegs erteilten
Weihen wurden aber nicht für ungültig erklärt. Papst Martin V. verlieh durch
die Bulle ‚Gerentes ad vos' vom 16. November 1427 dem Abt des Zisterzi-
enserklosters Altzelle (Diözese Meißen) das Privileg, seinen Mönchen und Untergebenen auf die Dauer von fünf Jahren alle Weihen, auch die höheren Weihen
(Subdiakonats-, Diakonats- und Priesterweihe), zu erteilen. Papst Innozenz
VIII. verlieh durch die Bulle ‚Exposcit tuae devotionis' vom 9. April 1489 dem
Generalabt und den vier Protoäbten des Zisterzienserordens und ihren Nachfolgern das Privileg, ihren Untergebenen die Subdiakonats- und Diakonats-
weihe zu erteilen. Die Zisterzienseräbte machten noch im 17. Jh. ungehindert
davon Gebrauch. Wenn man nicht annehmen will, daß die betreffenden Päpste
einer irrigen theologischen Anschauung ihrer Zeit zum Opfer fielen . . . so muß

lichen Dienst wahrnehmen kann), wohl aber im *Notfall* tun kann, bzw. (abgesehen von der gegenwärtigen kirchlichen Rechtslage) iure divino an sich tun könnte. Es muß auch hier von den Ergebnissen der neutestamentlichen Exegese her die Frage neu durchdacht werden. Bezüglich der Nottaufe besteht keine Schwierigkeit. Jeder Christ (ja, da es um das Zeichen des *Eintritts* in die kirchliche Gemeinschaft, das diese Gemeinschaft nicht schon voraussetzt, geht, jeder Mensch) kann taufen. Auch das Ehesakrament spenden sich nach katholischer Auffassung die Ehepartner selbst. Wie steht es aber mit einer „Noteucharistie"[68] und mit einer „Notlossprechung"?[69] Diese Frage ist neu zu überlegen, nachdem uns heute die Exegese deutlicher als früher zeigt, daß die in diesem Zusammenhang viel zitierten Texte Mt 18, 18 und Lk 22, 19 nicht ausschließlich an das Amt, sondern an das Ganze der Kirche ge-

---

man annehmen, daß der einfache Priester in analoger Weise außerordentlicher Spender der Diakonats- und Priesterweihe ist, wie er außerordentlicher Spender der Firmung ist. Nach der letzteren Erklärung ist die erforderliche Weihegewalt in der priesterlichen Weihegewalt als potestas ligata enthalten. Zur gültigen Ausübung derselben ist, sei es kraft göttlicher oder kirchlicher Anordnung, eine besondere päpstliche Bevollmächtigung notwendig." Vgl. auch *K. A. Fink,* Zur Spendung der höheren Weihen durch den Priester, in: Zeitschrift für Schweizer Kirchengeschichte 32 (1943) 506–508.

[68] Vgl. zur sogenannten „geistlichen Kommunion" Denz. 881.

[69] Wichtig ist, daß man in der katholischen Kirche vom elften Jahrhundert an bis zu Duns Scotus ausschließlich fast allgemein eine Verpflichtung zur Laienbeichte im Notfall als realistischen Vollzug des votum sacramenti lehrte (Albertus Magnus schrieb der Laienbeichte sogar einen eigentlichen sakramentalen Charakter zu). Vgl. dazu *K. Rahner,* Art. Laienbeichte, in: Lexikon für Theologie und Kirche (Freiburg i. Br. 1961) VI, 741 und die dort angegebene Literatur. *Y. Congar,* Jalons pour une théologie du laïcat (Paris 1953) 301 s bemerkt zur Frage der Laienbeichte: „Une tradition alors communément reçue a, pendant cinq siècles – de 800 à 1300 environ, en Orient; de 1000 à 1500 environ en Occident –, admis une pratique qui, si elle existe encore aujourd'hui, doit être bien exceptionnelle, celle de la confession à des membres laïcs de l'Église. S. Thomas, qui, parmis les théologiens, a tenu une position exceptionnellement favorable à la confession aux laïcs, rapproche expressément ce point et celui de l'administration du baptême: dans les deux cas, la nécessité pour le salut lui paraissait justifier les facilités maxima. S. Thomas a plus fait que quiconque pour valoriser l'action sacramentelle et le rôle (instrumental) du pouvoir sacerdotal; pourtant, allant beaucoup plus loin que nombre de ses contemporains, il reconnaît à la confession faite, en cas de nécessité, à son prochain quel qu'il soit, une valeur de quelque manière sacramentelle. C'est que, pour lui, les actes du pénitent (contrition et accusation) entrent dans la constitution même et dans l'essence du sacrement. Que l'absence de prêtre prive le fidèle pénitent de l'absolution et de l'injonction d'une satisfaction proprement sacramentelles, n'empêche pas que, du côté du sujet, la confession ne soit ce qu'elle peut être dans la ligne d'une confession sacramentelle, le ministre étant suppléé par un laïc, et qu'elle ne mérite, *à ce titre,* la qualification de ‚quodammodo sacramentalis'."

richtet sind. Damit sind sie dann nach der katholischen Theologie entsprechend der eigenartigen Stellung des Amtes auch an das Amt gerichtet, so daß man diese Worte nicht „indifferenter et promiscue" gleichermaßen allen Gemeindegliedern als einzeln gesagt betrachten darf[70].

Bezüglich der *Absolution* ist zu beachten: Mt 18, 18 steht im Zusammenhang einer allgemeinen Jüngerunterweisung. Mt 18 ist eine älteste Gemeindeordnung. Der Jüngerschaft, der ganzen Kirche, ist die Aufgabe zugesprochen, zu „binden und zu lösen", wobei Wesen und Grad dieses „Bindens und Lösens" entsprechend der Funktion des Einzelnen in der Gemeinde zu denken ist (wie schon in der Synagoge)[71]. Die Jüngerschaft wird im einzelnen Fall durch die Gemeindeversammlung dargestellt, die strukturiert zu denken ist, vielleicht durch Apostel oder Bischöfe geleitet wird. Auch so hat die Kirche als ganze den Auftrag der Seelsorge. Sie soll ihn erfüllen nach Hebr 13, 15f durch Bekenntnis, Gemeinschaft, Liebesdienst, nach Röm 1, 9 durch Fürbitte, nach Röm 12, 1 durch Selbstopfer. Allen ist für alle gesagt: „Erbauet einer den andern!"[72]

Bezüglich der *Eucharistiefeier* ist zu beachten: „Die Feier des Abendmahls sodann vollzog sich wohl im Kreis der Zwölf, und sie empfingen zuerst den Auftrag: ‚Tut dies zu meinem Andenken' (Lk 22, 29). Die Apostel nahmen auch diesen Auftrag wahr. Aber auch dies ist doch sicherlich ein Auftrag an die ganze Kirche. Darum darf ja bis heute (nach Codex Iuris Canonici canon 813 § 1) kein Priester die Messe feiern, ohne daß wenigstens ein Meßdiener die Gemeinschaft der mitfeiernden Kirche darstellt. Und die Feier des sonntäglichen Gottesdienstes nennen wir das Amt, das Hohe Amt, sicher nicht als Amt des Zelebrans, sondern der ganzen Gemeinde. Auch das lehrende und verkündende Wort beim Gottesdienst ist allen aufgetragen. Der Kirche von Korinth, die zum Gottesdienst versammelt ist, sagt Paulus: ‚Wenn *alle* prophetisch reden, und es kommt dann ein Ungläubiger oder Uneingeweihter herein, dann wird er von allen überführt, von allen gerichtet. Die Geheimnisse seines Herzens werden offenbar. Er fällt auf sein Antlitz und betet Gott an und bekennt, daß in Wahrheit Gott in eurer Mitte ist' (1 Kor 14, 24). Auch der Taufbefehl ist nach Mt 28, 19 ausgesprochen im engsten Kreis der Apostel. Aber er ist in der Kirche immer verstanden worden als Auftrag, den nicht nur die Apostel zu vollziehen ermächtigt sind, sondern sogar ein jeder Mensch. Dann gilt aber doch auch der mit dem Tauf-

---

[70] Vgl. Denz. 902.
[71] Vgl. *A. Vögtle*, Art. Binden und Lösen, in: Lexikon für Theologie und Kirche (Freiburg i. Br. ²1958) II, 480–482.
[72] Vgl. *K. H. Schelkle*, Jüngerschaft und Apostelamt (Freiburg i. Br. ²1961) 119f.

befehl verbundene Auftrag der Verkündigung ebenso nicht nur dem engsten Kreis der Apostel, sondern der Kirche."[73]

Dies sind Aussagen über das allgemeine Priestertum der Gläubigen, die selbstverständlich das Amt in der Kirche nicht in Frage stellen wollen[74]. Die Frage ist, ob diese und andere neutestamentliche Aussagen für Theologie und Leben der Kirche schon genügend ausgeschöpft sind und was sie für unsern Problemkreis konkret bedeuten. Es könnten unter Umständen auf diesem Wege entscheidende Fortschritte in der ökumenischen Begegnung zustande kommen. Könnte man aus einer vertieften exegetischen und dogmatischen Schau der Strukturen der Kirche heraus in der traditionellen Lehre von den „vestigia ecclesiae" den Akzent nicht mehr auf „ecclesia" denn auf „vestigia" setzen?

5. Repräsentation der Ämter und Gemeinden

Nach diesen langen Ausführungen über Kirche und Amt können wir verhältnismäßig kurz die Anwendungen auf das ökumenische Konzil aus menschlicher Berufung machen.

a) Amt: Wir sahen: Diese ökumenische Versammlung aller Glaubenden, die die Kirche bilden, ist nicht eine amorphe Masse demokratisch sich zusammenschließender gläubiger Individuen, sondern eine in bestimmter Weise strukturierte Gemeinschaft mannigfaltiger Geistesgaben, Stände, Dienste und Ämter. Es ist deutlich geworden, daß innerhalb des allgemeinen Priestertums der Gläubigen den Ämtern in der

---

[73] Vgl. *K.H. Schelkle,* a. a. O. 120 f. Wichtig wäre in diesem Zusammenhang die Klärung der Frage, wer bei der sich spontan ausbreitenden urchristlichen Mission jeweils die Eucharistie feierte (wer feierte diese in Abwesenheit des Paulus in Korinth, nachdem in 1 Kor seltsamerweise kein Presbyterium angesprochen wird?). Mit anderen hat schon *O. Casel,* Prophetie und Eucharistie, in: Jahrbuch für Liturgiewissenschaft (1929) 1–19, auf die in der Urchristenheit gegebene Feier der Eucharistie durch *Propheten* hingewiesen: „Die *Liturgie,* in der das Pneuma der Christusgemeinde sich zu feierlichem Kulte entfaltet, sehen wir zunächst gehalten und geführt vorzüglich von Geistträgern, vor allem den Aposteln und Propheten. In Antiocheia halten, wie die Apostelgeschichte uns berichtet, Propheten und Doktoren die Liturgie. ‚Die Propheten lassen die Eucharistia halten, wie sie es wollen', heißt es in der Didache (10, 7); ‚sie sind eure Hohenpriester' (13, 3). Aber sobald sich die Scheidung von Amt und Pneuma schärfer herausstellt, ergreifen die Amtsträger mehr ausschließlich die Leitung des Gottesdienstes. In der Didache (15) lesen wir noch: ‚Ordiniert euch Bischöfe und Diakone ... denn *auch* sie halten euch die Liturgie der Propheten und Lehrer. Verachtet sie also nicht. Sie haben die Ehrenstellung unter euch *mit* den Propheten und Lehrern'" (S. 1 f). Ob diese Propheten, wie Casel meint, zur „urchristlichen Hierarchie" gehören, ist allerdings mehr als fraglich.
[74] *K. H. Schelkle,* a. a. O. 121 130–134.

Leitung der Kirche eine entscheidende Rolle zukommt. Keine Kirche ohne Hirten; Hirten aber können nicht alle sein. Hirten stehen, obwohl nicht unabhängig von der Gemeinde, als Autorität der Gemeinde gegenüber und dürfen Gehorsam verlangen. Bei aller Gemeinschaft mit ihren Gemeinden und bei aller möglichen (und zum Teil auch notwendigen) Mitwirkung der Gemeinde bei ihrer Wahl und Amtsausübung sind die Hirten nicht nur Gemeindedelegierte, Gemeindefunktionäre; sie haben ihre Dienstbefähigung und Dienstvollmacht nicht demokratisch vom Volk delegiert erhalten. Sondern in der Nachfolge der Apostel sind sie vom Heiligen Geist Jesu Christi selbst als Hirten gesetzt; von ihm haben sie ihre Autorität als Vorsteher über die ganze Herde: ,,Habet acht auf euch selbst und auf die Herde, in der euch der Heilige Geist zu Episkopen (Aufsehern, Vorstehern) gesetzt hat, die Gemeinde des Herrn zu weiden, die er sich erworben hat durch sein eignes Blut. Ich weiß, daß nach meinem Weggang reißende Wölfe zu euch kommen werden, die die Herde nicht schonen; auch aus eurer eignen Mitte werden Männer auftreten, die verkehrte Dinge reden, um die Jünger in ihre Gefolgschaft zu ziehen. Darum wachet, dessen eingedenk, daß ich drei Jahre lang Tag und Nacht nicht aufgehört habe, einen jeden unter Tränen zu ermahnen" (Apg 20, 28–31).

Wie nun die Kirche aus göttlicher Berufung nicht ein amorphes, sondern ein gegliedertes und geordnetes Konzil ist, so muß auch das ökumenische Konzil aus menschlicher Berufung, wenn es die Kirche wirklich repräsentieren will, nicht eine amorphe Vereinigung von beliebigen Einzelgliedern sein, sondern die gesetzte Struktur der Kirche reflektieren. Wie das ökumenische Konzil aus göttlicher Berufung, das die Kirche ist, unter der Leitung der Hirten steht, so muß auch das ökumenische Konzil aus menschlicher Berufung, das die Kirche wahrhaft repräsentieren will, unter der Leitung der Hirten stehen. Ein ökumenisches Konzil ist keine Versammlung enthusiastischer Schwärmer, sondern eine im Heiligen Geist zusammentretende Versammlung der Repräsentanten der Gesamtkirche. Wir sahen (und die ersten christlichen Synoden, die gehalten wurden, belehren uns sehr eindrücklich darüber), daß diese Repräsentanten nicht nur Amtsträger zu sein brauchen; es können – auf Grund des allgemeinen Priestertums der Gläubigen – auch Laien sein. Aber es können nicht *nur* Laien sein. Sowenig die Kirche eine demokratisch (charismatisch) zusammengeschlossene Gesellschaft mit von ihr selbst bevollmächtigten (delegierten) legislativen, exekutiven und judikativen Organen ist, sowenig ist das ökumenische Konzil aus menschlicher Berufung, das die Kirche repräsentiert, ein Kirchenparlament der Gemeindedelegierten. Als Gemeindedelegierte könnten (falls irgendeine Delegation vorliegt) die ihre Gemeinde (bzw. Bistum, Land, Kontinent) repräsentierenden Laien verstanden werden, nicht aber ohne weiteres die Amtsträger. Diese leiten ihre Dienstvollmacht nicht von der Gemeinde, sondern von Christus und seinem Geist her. Sie repräsentieren also ihre Gemeinde auf dem ökumenischen Konzil aus menschlicher Berufung nicht in *Vertretung* (Delegation) ihrer Gemeinde (durch Vollmachtübertragung von seiten der Gemeinde), sondern in *Darstellung* („Personifikation") ihrer Gemeinde: als die vom Geist zum Dienst gesetzten, beauftragten und bevollmächtigten Hirten, die aus der Kraft des Geistes in ihrer Person ihre Gemeinde dienend zur Darstellung bringen. Cyprian hat in Weiterführung der Amtstheologie der Apostelgeschichte und der Pastoralbriefe in klassischer Formulierung festgestellt, daß der Amtsträger in der Gemeinde gründet und umgekehrt die Gemeinde im Amtsträger dargestellt wird: „Scire debes episcopum in ecclesia esse et ecclesiam in episcopo."[1]

In ausgezeichneter Weise repräsentieren so gerade die ihre Kirchen repräsentierenden Amtsträger auf dem ökumenischen Konzil aus menschlicher Berufung die Ecclesia una sancta catholica et apostolica: Insofern die Amtsträger als Repräsentanten ihrer Kirchen innerhalb der apostolischen Nachfolge der Kirche in der besonderen apostolischen Nachfolge stehen, in der Nachfolge nicht nur des apostolischen Glaubens und Bekenntnisses, sondern auch des apostolischen Amtes, repräsentieren sie auf dem ökumenischen Konzil aus menschlicher Berufung in ausgezeichneter Weise die *Apostolizität* der Kirche. Insofern die Amtsträger als Repräsentanten aller Kirchen (Gemeinden, Bistümer, Länder, Kontinente) aus der ganzen Oikumene an *einem* Ort sich einfinden, um in der Einmütigkeit des Geistes ihre Beschlüsse für die ganze Kirche zu fassen, repräsentieren sie auf dem ökumenischen Konzil aus menschlicher Berufung in ausgezeichneter Weise die *Einheit* der Kirche. Insofern die Amtsträger als die Repräsentanten all der verschiedenen und verschiedenartigen Kirchen des Erdkreises, als Repräsentanten der mannigfaltigen Länder und Kontinente, der mannigfaltigen Riten und Sprachen, Theologien und Frömmigkeitsformen der Oikumene zusammenkommen, repräsentieren sie auf dem ökumenischen Konzil aus menschlicher Berufung in ausgezeichneter Weise die *Katholizität* der Kirche. Insofern die Amtsträger als die in besonderer Weise mit dem Charisma des Heiligen Geistes beschenkten Repräsentanten ihrer geisterfüllten Kirchen sich im Heiligen Geist versammeln, repräsentieren sie auf dem ökumenischen Konzil aus menschlicher Berufung in ausgezeichneter Weise die *Heiligkeit* der Kirche.

---

[1] *Cyprian,* ep. 66, 8; CSCL 3, 2, 732; so interpretierten verschiedene Interpreten die „Engel" der sieben Kirchen in der Apokalypse als die „Bischöfe", die diese Gemeinden als Personen darstellen: die Bischöfe als Repräsentanten ihrer Gemeinden; vgl. dazu *A. Wikenhauser,* Offenbarung des Johannes (Regensburg 1949) 32f.

Von neuem erhellt hier, wie die verschiedenen Eigenschaften der Kirche sich gegenseitig fordern und einschließen und wie die Problematik der Repräsentation der Ecclesia apostolica auch schon die Problematik der Repräsentation der Ecclesia una sancta catholica ist. Wenn die Amtsträger die Ecclesia apostolica glaubwürdig repräsentieren, repräsentieren sie auch die Ecclesia una sancta catholica. Und die Ecclesia apostolica repräsentieren sie nur dann glaubwürdig, wenn sie zugleich die Ecclesia una sancta catholica repräsentieren.

Die Repräsentation der Ecclesia una sancta catholica et apostolica auf dem ökumenischen Konzil aus menschlicher Berufung hängt also – nicht ausschließlich, aber entscheidend – an den Amtsträgern. So schwierig das Verhältnis Amtsträger – Gemeinde (Laien) für das ökumenische Konzil aus menschlicher Berufung in den konkreten Einzelheiten zu bestimmen ist, muß doch auf Grund unserer Darlegungen als Grundsatz festgehalten werden: Ein ökumenisches Konzil, das *gegen* die Amtsträger stattfinden würde, wäre kein ökumenisches Konzil; ein Überspielen oder Ausschalten der Amtsträger durch die Laienvertreter (etwa mit Hilfe einer größeren Stimmenzahl) wäre gegen das Wesen des ökumenischen Konzils aus menschlicher Berufung, das die Kirche, zu der wesentlich die Amtsträger als die leitenden Hirten gehören, wahrhaft repräsentieren will.

b) Amt und Gemeinde: Die Hirten repräsentieren die Kirche auf dem ökumenischen Konzil aus menschlicher Berufung also in besonders qualifizierter Weise. Sie repräsentieren die Laien mit (indirekte Repräsentation der Laien durch die Hirten), währenddem die Laien allein die Hirten als solche nicht mitrepräsentieren. Doch sind wir in der heutigen Stunde der Laien wieder entschieden hellhörig geworden für die Tatsache: das ökumenische Konzil aus menschlicher Berufung ist Repräsentation der *Kirche*, die ebenso wesentlich (wenn auch nicht auf gleiche Weise) aus *Laien* wie aus Amtsträgern besteht; deshalb ruft eine *vollkommene* Repräsentation der Kirche auch nach einer direkten und nicht nur indirekten Repräsentation der Laien. Ein solcher Ruf hat – wir sahen es – nicht nur die Stellung der Gemeinde im Neuen Testament und insbesondere den Bericht vom „Apostelkonzil" hinter sich, er hat auch die Geschichte gerade der ersten christlichen Synoden wie (wenn auch in wechselndem Ausmaße) die der späteren Konzilien hinter sich[2].

---

[2] *J. Ratzinger*, Zur Theologie des Konzils, in: Militärseelsorge 3 (1961) 8–23, wird dem aufgezeigten sehr komplexen Befund sowohl des Neuen Testaments wie der Konziliengeschichte nicht gerecht und fällt ungewollt einer Verengung zum Opfer, wenn er die Kollegialität der *Kirche* auf die Kollegialität der *Bischöfe* beschränkt und von dorther in meinem Aufriß einer Theologie des ökumenischen Konzils (vgl. Tübinger Theologische Quartalschrift 141 [1961] 50–77) die Einfügung eines „Zwischengliedes" *zwischen* Kirche und

Gemeinde und Ämter sind aufeinander angewiesen. Weder die Gemeinde ohne Ämter noch die Ämter ohne Gemeinde bilden die Kirche. Weder darf das Amt selbstherrlich autonom über die Gemeinde erhoben werden – das wäre kirchenamtlicher Absolutismus und Auflösung der einen Ekklesia – noch darf das Amt in der Gemeinde untergehen; das wäre schwärmerischer Demokratismus und ebenso Auflösung der einen Ekklesia. Sondern das Amt hat unter dem Herrn in der Gemeinde der Gemeinde zu dienen in Wortverkündigung, Sakramentenverwaltung und Kirchenleitung. So bilden Gemeinde und in ihr die ihr dienenden Ämter *zusammen* das große ökumenische Konzil der Ekklesia. Immer wieder neu wird die Kirche zugleich (wenn auch nicht auf selbe Weise)

ökumenischem Konzil aus menschlicher Berufung fordert. Ratzinger gibt zu: „Die Wesensgesetzlichkeit der Kirche als solcher bietet zugleich die Wesensgesetzlichkeit des Konzils dar. Damit ist in der Tat Wesentliches und Richtiges gesehen. Die Kirche ist als ganze Gottes heilige Versammlung in der Welt, und das Konzil steht unter dem Grundgesetz, unter das Gott sein Volk als ganzes gestellt hat" (S. 13). Auch darin stimmen wir überein, daß die Kirche „hierarchisch" strukturiert ist und daß die Kollegialität der Bischöfe zum Wesen der Kirche als der apostolischen Kirche gehört und folglich auf dem ökumenischen Konzil aus menschlicher Berufung unbedingt zur Geltung kommen muß (dies wurde schon im genannten Aufriß deutlich herausgearbeitet, vgl. a. a. O. 70–77). Aber es geht nicht an, nur mit der Kollegialität der Bischöfe Ernst zu machen und die Kollegialität sowohl der Gemeinden wie der Gesamtkirche zu übersehen. Ratzinger sagt richtig: „Die apostolische Kirche ist ihrem Wesen nach kollegial strukturiert"; nicht richtig ist, daß er damit *nur* die Kollegialität der Bischöfe meint. Es stimmt nicht, daß die Kirche „nur durch diese Kollegialität (der Bischöfe) apostolische Kirche ist und bleibt" (S. 15). Sie ist und bleibt ebenso apostolische Kirche durch die Kollegialität des ganzen christlichen Volkes. Bezüglich der Realisierung der Kollegialität sagt Ratzinger: „Faktisch ist es seit frühester Zeit dadurch geschehen, daß die Bischöfe zusammengekommen sind, als Collegium sich getroffen und so konkret ihre Gemeinsamkeit praktiziert haben. *Dieses Zusammenkommen aber heißen wir Konzil*" (S. 15). Darauf ist zu antworten: gerade „seit frühester Zeit" sind nicht nur die Bischöfe zusammengekommen, sondern mit den Bischöfen waren auch andere Gemeindeglieder (oft die ganze Gemeinde) beteiligt, die so mit den Bischöfen sich als Collegium zum Konzil getroffen und damit die (gestufte, aber wirkliche) Gemeinsamkeit *aller* Christen praktiziert haben; auch hier geben die Apostelgeschichte wie die Geschichte der ersten christlichen Synoden ein eindrucksvolles Bild und warnen davor, spätere Vorstellungen von der (oft sehr weithin klerikalisierten) Kirche absolut zu setzen. Zum Wesen gerade des Apostelkollegiums gehört, daß es in organischem Zusammenhang mit der Gemeinde steht, sowohl in der Berufung wie in der Nachfolge des Herrn. Auch hier ist es eine Verengung, vom Apostelkollegium exklusiv zu sagen: „Als solches (Collegium) bilden sie (die Zwölfe) nach Pfingsten auch die erste ‚Struktur' der Kirche" (S. 14). Die erste Struktur gerade der Urkirche bilden Apostelkollegium *und* Gemeinde. Die Stärke des Zwölferkollegiums war es, daß es sich auf dem „Apostelkonzil" nicht als „Zwischenglied" autonom von der Gemeinde abhob, sondern daß es in und von oben und von unten erbaut. Von oben durch den Heiligen Geist Jesu Christi und seine Gaben (zu denen mit Wort und Sakrament auch das Amt gehört), von unten durch das tätig liebende Ja der glaubenden Menschen (zu denen auch die Amtsträger gehören). Die Kirche Jesu Christi als die große Versammlung aller derer, die an ihn glauben, existiert in der personalen Polarität von Gemeinde und Amtsträgern. *Beide* machen der Kirche *wesenhafte Struktur* aus, in der – mehr oder weniger mangelhaft – das kirchliche Leben geführt wird.

Zwei Mißverständnisse sind also auszuschalten: 1. Als ob die Gemeinde vor dem Amt da wäre: wir sahen eingehend, daß das Amt nicht die freie demokratische Einrichtung seitens der Gemeinde ist. 2. Als ob das

---

mit der Gemeinde seine besonderen *dienenden* Funktionen wahrnahm. Zur weiteren Erklärung dieser Antwort vergleiche man den Abschnitt über die apostolische Sukzession und die in diesem Abschnitt folgenden Ausführungen über Amt und Gemeinde. – Nur kurz angemerkt sei indessen zur Stellungnahme Ratzingers: a) Die Beschreibung der Kirche als „die lebendige Gegenwart des Wortes Gottes in der Welt" (S. 9) ist in ihrer Mißachtung des wesentlichen Gegenüber von Wort *Gottes* und Kirche aus *Menschen* zum mindesten undifferenziert; ähnliches gilt von der Beschreibung der Kirche als der „schlichten Gegenwart des göttlichen Wortes und des Fleisches Jesu Christi" (S. 13). Solche Formulierungen leisten dem Einwand unnötige Vorwände, die katholische Theologie identifiziere schlechthin die Kirche mit ihrem erhöhten Herrn und übersehe der Kirche menschlich-allzumenschliche Erbärmlichkeit. – b) Von daher wird man auch die selbstverständliche Deduktion der Unfehlbarkeit der Kirche aus der Unfehlbarkeit des Gotteswortes zu einfach und zu undifferenziert finden: „Denn aus der Tatsache, daß Kirche Gegenwart des göttlichen Wortes und mit ihm der göttlichen Wahrheit in dieser Welt ist, ergibt sich ihre grundsätzliche Unfehlbarkeit ganz von selbst" (S. 9). Damit wird das eigentliche Problem übersprungen, wie nämlich das *Menschen*wort der Kirche, das als solches Gotteswort nur zu bezeugen vermag, die Unfehlbarkeit des im Menschenwort sich kundtuenden *Gottes*wortes beanspruchen kann. Es müßte gezeigt werden: daß das Gotteswort selbst kundtut, das eschatologisch siegreiche zu sein und zu bleiben, und daß es darum das rechte Hören selber schafft und bewahrt; daß Christi Botschaft Unglauben und Falschglauben wirklich überwindet und so Kirche, und zwar greifbare Kirche, der wahrhaft Glaubenden schafft. Von dieser Verheißung der Kirche als der greifbaren Gemeinde der wahrhaft Glaubenden wird dann *für uns* erst die „Unfehlbarkeit" ihres verpflichtend lehrenden Amtes verständlich, wenn natürlich auch der Geist die Bleibendheit des rechten Hörens gerade dadurch bewirkt, daß er Sendung und Beistand zur rechten Lehre verleiht. – c) Das ökumenische Konzil aus menschlicher Berufung ist mehr als eine „Ratsversammlung" (S. 13); unter der Versammlung im Heiligen Geist darf man nicht nur einen organisatorischen Akt sehen. – d) Für den in meinem Artikel in der Tübinger Theologischen Quartalschrift ausführlich herausgearbeiteten Satz: „Die ganze Kirche erscheint als das eine große Konzil Gottes in der Welt", beruft sich Ratzinger auf seinen eigenen Artikel: Offenbarung–Schrift–Überlieferung, in: Trierer Theologische Zeitschrift 67 (1958) 13–27. Von *Kirche* als „Konzil" ist in diesem aber nicht die Rede.

Amt vor der Gemeinde da wäre: Schon die Urgemeinde ist nach den Evangelien und der Apostelgeschichte nicht einfach von den Aposteln ins Leben gerufen worden; sondern Apostelkollegium und Gemeinde wurden beide von Christus ins Leben gerufen. Und so wird auch in der nachapostolischen Zeit die Gemeinde nicht einfach von den Amtsträgern ins Leben gerufen. Auch die Amtsträger müssen ja Glaubende und als solche mit allen übrigen Christen *Glieder* der Gemeinde sein, um Amtsträger sein zu können. Auch sie müssen *vor* allem Lehren im Glauben *Hörende* des Wortes des Evangeliums sein, in dem der Heilige Geist Jesu Christi das Werk der Erlösung wirkt und die Kirche als neues Gottesvolk schafft. Auch sie müssen *vor* aller amtlichen Sakramentenspendung im Glauben *Getaufte* sein und, in diesem sichtbaren Zeichen der Gnade wiedergeboren, in das Gottesvolk aufgenommen worden sein. Kein Amtsträger kann also *Spender* des Evangeliums und der Sakramente sein, ohne vorher ihr *Empfänger* gewesen zu sein. Richtig sagt Karl Rahner: „Es ist ja nicht so, daß die Kirche als das Volk der Erlösten und Christgläubigen erst durch das Amt zu bestehen anfange, gleichsam als die bloß von den amtlich Beauftragten angeworbene Anhängerschaft einer Ideologie oder eines Vereins, der von dem freien Werbeentschluß seiner Gründungsmitglieder aus zusammengeschart wird. Dem Amt und den einzelnen Gläubigen geht in gleicher Weise der absolute, prädefinierende Entschluß Gottes zur Schaffung der Kirche als Gemeinschaft der Glaubenden voraus, geht die Erlösung und so die objektive Heiligung der Menschheit in Jesus Christus und seiner Erlösertat voraus, geht die Menschheit als konsekriertes Volk Gottes voraus. Diese Heilstat Gottes, die der eigentliche und dem Vergesellschaftungswillen der Menschen und dem Bestehen eines Amtes vorausgehende Grund der Kirche ist, schafft sowohl Glaube (zumindestens in den Amtsträgern einmal selbst) und Amt gleich ursprünglich und ordnet beide Größen zu einer letztlich untrennbaren Einheit einander zu. Das zeigt sich sowohl darin, daß Glaube auf das gemeinsame und geordnete Bekenntnis dieses Glaubens hingeordnet ist und vom Hören der legitimierten Botschaft im Munde der autorisierten Künder des Evangeliums herkommt, als auch darin, daß dieses kirchliche Amt nur in einem sein kann (und wäre er selbst der Papst), der mindestens einmal in der öffentlich rechtlichen Dimension auch ein Bekenner des wahren Glaubens ist, und so Glaube und Amt nie restlos auseinanderfallen können (wenn auch aus begreiflichen Gründen der Rechtsstabilität die Vollmacht des einzelnen Amtsträgers in der Kirche nicht von seiner *inneren* Gläubigkeit abhängig ist). Damit aber sind die Amtsträger notwendig selbst Glaubende, wenigstens in der gesellschaftlichen Dimension des äußeren Bekenntnisses; sie gehören selbst, um Amtsträger sein zu können, zu denjenigen, die Glaubende sein müssen, die hören und gehorchen; sie und das Kirchenvolk stehen sich nicht einfach gegenüber wie Obrigkeit und Untertan, wie Befehlsgeber und Befehlsempfänger. Beide stehn vor Gott als die Glaubenden *und* Gehorsamen, als die auf dem einen Grund, Jesus Christus und seiner Erlösungstat, Stehenden, sie sind miteinander schon Brüder und Schwestern und in seiner Gnade, bevor diese Einheit der Erlösung und des Glaubens nach dem Willen Christi in die einzelnen Funktionen des einen Leibes Christi aufgegliedert wird und es darum auch die Amtscharismen der Lehre und der Leitung gibt, die nicht jedem im gleichen Maß zukommen."[3]

Man muß sich also bezüglich des kirchlichen Amtes (und überhaupt des Institutionellen in der Kirche) vor abstrakten Hypostasierungen hüten. Gerade der wichtige Begriff der „Struktur" („Wesen", „Institution" usw.) und die fruchtbare Unterscheidung „Struktur" – „Leben", die auf die Ekklesiologie angewendet zu haben Y. Congar das große Verdienst hat[4], darf nicht mißverstanden werden. Zur Struktur, zum Wesensgefüge der Kirche darf nicht nur das Institutionelle, neben dem depositum fidei und den Sakramenten nur die Hierarchie, das Amt gerechnet werden, währenddem die Aktivität der Laien auf die Ebene des „Lebens" beschränkt wird[5]. Zur Struktur und zum Wesen der Kirche gehören Amt *und* Gemeinde. Die Institution darf also nicht der Gemeinschaft in der Weise vor- und entgegengesetzt werden, daß die Gefahr besteht, daß die Einheit der Kirche in Frage gestellt wird. Das ist es, was K. Mörsdorf fürchtet: „Congar unterscheidet zwischen der Kirche als *Institution* und als *Gemeinschaft*. Er kennzeichnet die Institution als etwas, das ‚vor und über den Gläubigen steht, vor und über der Gemeinschaft, die sie bilden'. ‚So etwa, wie die Kerntruppen, die Dienstvorschriften und das Material das Wesentliche einer Armee bilden', sieht Congar in der Institution das Wesentliche der Kirche. Mit dem doppelten Aspekt der Kirche als Institution und als Gemeinschaft verbindet Congar zwei verschiedene Organisationsprinzipien, das *hierarchische Prinzip* und das *Gemeinschaftsprinzip*. Daß man zu derart gegensätzlichen Prinzipien greifen muß, um den Standort des Laien in der Kirche zu bestimmen, erscheint mir bedenklich, zumal dabei nicht gezeigt wird, wie die *Einheit* der Kirche gewahrt werden soll. Das der Kirche eigene Strukturprinzip ist das der *Haupt-Leibes-Einheit*. Nach diesem Strukturgesetz sind die Kirche als Ganzes wie die Teilgemeinschaften der Kirche gebaut. Es ist dabei nicht ein Prinzip, das als eigenes institutionelles Gegenüber der

---

[3] *K. Rahner,* Zur Theologie des Konzils, in: Stimmen der Zeit 87 (1961/62) 331.
[4] Besonders in seinem Werk: Jalons pour une théologie du laïcat (Paris 1953), aber auch schon in: Vraie et fausse réforme dans l'Église (Paris 1950).
[5] Vgl. besonders *Y. Congar,* Jalons pour une théologie du laïcat (Paris 1953) 355–359.

Kirche als Gemeinschaft vorgegeben ist, sondern ein von der göttlichen Stiftung her in der Kirche wesendes Gestaltgesetz. Die Kirche ist nicht teils ein ‚Es‘ und teils ein ‚Wir‘, sondern ein auf göttlicher Stiftung beruhendes Wir, das in hierarchischer Ordnung lebende neue Gottesvolk zur Verwirklichung des Reiches Gottes auf Erden."[6]

c) Die ökumenische Aufgabe : Dieses ganze Kapitel über Kirche, Konzil und kirchliche Ämter hat gezeigt, daß in diesem Bereich sowohl die katholische Kirche wie die im ökumenischen Weltrat zusammengefaßten Kirchen im Hinblick auf die Wiedervereinigung der getrennten Christen ihre spezifische ökumenische Aufgabe haben. Es ist die Aufgabe, im Lichte des Neuen Testaments und in der Nachfolge der apostolischen Kirche die Kirchenordnung zu erneuern, die eine Ordnung der Einheit in der Vielfalt zu sein hat.

Die spezifische Aufgabe der *Kirchen des Weltrates* betrifft vor allem die Funktion des Amtes und so die Einheit der Kirche: die Versammlungen der Kirchen des Weltrates zeugen insofern von der Ordnung der apostolischen Kirche, insofern in ihnen nicht nur die Hirten, sondern auch die freien Charismen und Dienste reichlich zu Worte kommen: „Es bedeutet einen großen Reichtum, daß hier die geistlichen Erfahrungen und Impulse nicht nur aus den verschiedensten Kirchen und Ländern, sondern auch aus den verschiedensten Verantwortungsbereichen der Evangelisation, der Erziehung, der sozialen Arbeit, des politischen Handelns und so fort zum Austausch, zur Klärung und zum gemeinsamen Einsatz im Christuszeugnis vor der Welt zusammenkommen. So sind diese Versammlungen eine Darstellung der Gemeinschaft der Ämter und freien Charismen, durch die Christus sich vor der Welt manifestiert."[7] Bezüglich der Stellung des kirchlichen Amtes in der Kirche jedoch sind die Versammlungen des Weltrates der Kirchen weit entfernt von der Ordnung der apostolischen Kirche: „Schon an der fehlenden Abendmahlsgemeinschaft wird deutlich, daß der Ökumenische Rat der Kirchen keine Kirchengemeinschaft im neutestamentlichen Sinne ist. Denn die Kirche wird als der Leib Christi auferbaut durch den gemeinsamen Empfang des sakramentalen Leibes Christi. In den Versammlungen des Weltrates beten, beraten und beschließen getrennte Kirchen miteinander, die sich zum Teil gegenseitig nicht als Kirchen im wahren Sinne anerkennen. Dies schließt ein, daß sie zum Teil auch die kirchlichen Ämter gegenseitig nicht anerkennen. Zwar wird man nicht unterschätzen, was an Gemeinschaft in Christo da ist und ständig wächst, aber noch sind die Spaltungen nicht

---

[6] *K. Mörsdorf,* Die Stellung der Laien in der Kirche, in: Revue de Droit Canonique 10/11 (1960/61) 215f.
[7] *E. Schlink,* Ökumenische Konzilien einst und heute, in seinem Sammelband: Der kommende Christus und die kirchlichen Traditionen (Göttingen 1961) 245.

überwunden, und dies bedeutet in jedem Falle eine Infragestellung der Beteiligten und ihres gemeinsamen Handelns."[8] Von daher dann auch die Blässe vieler theologischer Verlautbarungen des Weltrates und die schwache Autorität seiner Beschlüsse. Hier also zeigt sich die Aufgabe hinsichtlich der Funktion des Amtes und der Einheit der Kirche: „Der Ökumenische Rat . . . hätte voranzuschreiten von der unvollständigen und losen Kooperation der kirchlichen Ämter der verschiedenen Kirchen zur wechselseitigen Anerkennung und Zuordnung derselben, wobei ebenfalls das Verhältnis der Ämter zu dem im Vergleich mit der römischen Kirche bereits sehr viel stärker erkannten und zur Auswirkung gebrachten Auftrag der Laien näher bestimmt werden müßte."[9] Von da aus ließen sich auch Fortschritte machen auf dem Weg zur notwendigen Einheit des Gottesdienstes, der Kirchenordnung und der Lehre.

Die spezifische ökumenische Aufgabe der *katholischen Kirche* betrifft vor allem die Funktion der Einzelgemeinden und so die Vielfalt der Kirche: Die katholische Kirche zeugt insofern von der Ordnung der apostolischen Kirche, insofern in ihr die Hirten ihren bevollmächtigten Dienst wirklich wahrnehmen können und so für die notwendige Einheit der Kirche im Glauben, in der Eucharistiefeier, in der Kirchenordnung und Kirchenleitung wirkkräftig sorgen können. Gerade das ökumenische Konzil aus menschlicher Berufung manifestiert diese Einheit der katholischen Kirche bzw. der einzelnen Gliedkirchen höchst eindrücklich. Seine theologischen Verlautbarungen zeichnen sich deshalb durch Bestimmtheit und seine Beschlüsse durch starke Autorität aus. Doch zeigt sich dabei auf allen Gebieten eine sehr weitgehende und innerhalb wie außerhalb der katholischen Kirche oft als bedrückend totalitär empfundene Uniformierung und Erstarrung von Lehre, Liturgie und Kirchenordnung, die sich nicht auf die apostolische Kirche berufen kann. Insbesondere waren in den neuesten Konzilien der katholischen Kirche die vielfältigen Dienste und Charismen, die Laien und der niedere Klerus, wenn ihre Funktionen auch nicht grundsätzlich bestritten wurden, weitgehend ausgeschaltet. Hier also zeigt sich die Aufgabe hinsichtlich der Funktion der verschiedenen Dienste und Geistesgaben und des allgemeinen Priestertums der Gläubigen und so der ganzen katholischen Vielfalt der Kirche. Gerade für das Konzil wäre zu überlegen, „ob, in welchem Sinn und auf welche Weise die Hirten der Kirche, die sich auf einem Konzil versammeln, eine solche (gewissermaßen material demokratische) Pflicht auch auf dem Konzil haben, so zu handeln, daß sie durch ihr Handeln die Sache aller Glieder der einen Kirche vertreten und in einem wahren Sinn im Namen des Kirchenvolkes handeln können, ob sie die Pflicht haben, gewissermaßen auf das Gemeinwohl der Kirche und somit

[8] Ebd. 250.   [9] Ebd. 263.

auf die legitimen Wünsche und Tendenzen des Kirchenvolkes zu achten"[10]. Und vor allem ist eine direkte Repräsentation des Kirchenvolkes auf dem Konzil zu überlegen: „Wenn diese wesensmäßige Repräsentanz des ganzen Kirchenvolkes durch die Hierarchie behauptet wird, so ist damit natürlich noch nicht gesagt, daß diese Grundrepräsentanz nicht in der verschiedensten Art in Erscheinung treten und in der mannigfaltigsten Weise durchgeführt werden könne, besser *und* auch schlechter. Und ist noch weniger geleugnet, daß man auch heute darüber mit Recht nachdenken könnte, wie und in welcher Weise, durchaus vereinbar mit der göttlichen Verfassung der Kirche und der dem Episkopat allein vorbehaltenen Leitungsgewalt, sich der Einfluß auch des Kirchenvolkes auf einem Konzil geltend machen könnte und sollte. In dieser Hinsicht braucht nicht jede faktische Praxis der Kirche in ihrer Hierarchie gleich ideal und den Zeitumständen gleich angepaßt zu sein."[11] Von da aus ließen sich auch Fortschritte machen auf dem Weg zur notwendigen Vielfalt des Gottesdientes, der Kirchenordnung und der Lehre.

Dies wären von beiden Seiten wesentliche Schritte im Lichte des Evangeliums Jesu Christi in der Nachfolge der apostolischen Kirche der Wiedervereinigung entgegen. Aber gerade auf diesem Weg der Bemühungen um eine glaubwürdige Repräsentation der apostolischen Kirche durch Amt und Gemeinde zugleich wird sich immer wieder eine ungeheure Schwierigkeit bemerkbar machen. Ihr haben wir uns nun zuzuwenden.

---

[10] *K. Rahner,* Zur Theologie des Konzils, in: Stimmen der Zeit 87 (1961/62) 330 f.
[11] Ebd. 332.

DAS PETRUSAMT IN KIRCHE UND KONZIL

1. *Die Repräsentation des Petrusamtes*

Im Petrusamt münden und gründen alle theologisch-dogmatischen und praktisch-existentiellen Schwierigkeiten gegen eine Wiedervereinigung der getrennten Christen *und* gegen ein allgemeines Konzil der *gesamten* Christenheit. Hier liegt auch das Kardinalproblem für eine *Theologie* des ökumenischen Konzils. Oft scheint es – im Hinblick auf die ökumenische Lage – ein hoffnungsloses Problem zu sein. „Ob man will oder nicht, der Primat des Papstes ragt wie ein Stein des Anstoßes auf dem Wege auf, der die Christen, die sich ehrlich nach Einheit sehnen, nach Rom führen sollte. Ironie des Schicksals: Der das Fundament der Kirche ist, sieht sich unter die Anklage gestellt, in erster Linie für die Fortdauer der Spaltung unter den Christen verantwortlich zu sein! Man darf sich nicht zu schnell mit dieser paradoxen Situation abfinden."[1]

Alle Christen außerhalb der katholischen Kirche, auch wenn sie guten und besten Willens sind, lehnen ein Petrusamt entschieden ab. Auch wer noch für den Primat des *Petrus* ist, ist trotzdem entschieden gegen den Primat des *Papstes*. Die Problematik des Petrusamtes kann hier nicht in ihrer ganzen Breite aufgerollt werden. Die Schwierigkeiten reichen von der Exegese über die Kirchen-, Verfassungs- und Dogmengeschichte bis zur heutigen konkreten Darstellung und Ausübung des Petrusamtes. Die ganze Diskussion ist belastet: durch historische Erfahrungen und Leiden, durch antiprotestantische und antirömische Affekte, durch eine Menge außertheologischer Faktoren. Solange dies alles nicht wenigstens einigermaßen bereinigt ist, wird die exegetische und dogmatische Diskussion nur sehr beschränkt vorankommen. Was wir von unseren evangelischen, orthodoxen, anglikanischen, altkatholischen Gesprächspartnern erwarten, ist vorläufig vor allem das eine: Vorsicht und Zurückhaltung im Urteilen. Was der reformierte Theologe J.-L. Leuba sagt, ist richtig: „Die evangelischen Christen werden nicht die Abschaffung des Lehramtes des *Papstes* erwarten, das heißt der kirchlichen Struktur, nach der das Lehramt ein entscheidendes Zentrum hat. Und dies wiederum nicht einmal, weil eine solche Abschaffung nur durch ein Wunder geschehen

---

[1] *G. Dejaifve,* Der Erste unter den Bischöfen. Über den Zusammenhang von Primat und Bischofskollegium, in: Theologie und Glaube 51 (1961) 2.

könnte, durch das die römische Kirche aufhören würde, die zu sein, die sie ist, sondern weil das evangelische Bewußtsein noch gar nicht in der Lage ist, ein gültiges Urteil darüber zu fällen, ob ein sichtbares Haupt der Kirche zur gottgewollten Struktur der Kirche gehört oder nicht. Es gibt ja bekanntlich gewisse evangelische Christen, die sich bewußt sind, daß die Frage, ob die Kirche ein sichtbares Zentrum zu haben hat, noch unerledigt ist. Die Schwierigkeit besteht aber darin, daß die Frage, ob die Existenz dieses Zentrums als solchen gottgewollt ist, eng verbunden ist mit der Frage, *wie* sich das Zentrum betätigt hat, das bis jetzt behauptet hat, das Zentrum zu sein. In dieser Beziehung hat es die Erstarrung der römischen Kirche seit der Reformation den evangelischen Christen schwergemacht, die Berechtigung des Papsttums als solchen einzusehen. Andererseits können die evangelischen Christen sich keinen Begriff machen, was die Christenheit wäre, was sie selbst wären, wenn die Papstkirche nicht existierte, haben sie doch in ständiger Auseinandersetzung mit der Papstkirche gelebt. Und jede Auseinandersetzung bedeutet, daß man von dem, womit man sich auseinandersetzt, Entscheidendes bekommt."[2]

Von besonderem Interesse ist in diesem Zusammenhang die Erklärung, mit der Melanchthon die Schmalkaldischen Artikel unterschrieben hat: „Ich Philippus Melanchthon halt diese obgestallte Artikel auch fur recht und christlich, vom Bapst aber halt ich, so er das Evangelium wollte zulassen, daß ihm umb Friedens und gemeiner Einigkeit willen derjenigen Christen, so auch unter ihm sind und kunftig sein möchten, sein Superiorität uber die Bischofe, die er hat jure humano, auch von uns zuzulassen (und zu geben) sei."[3] Geht daraus nicht hervor, wie es auch Texte des jungen Luther nahezulegen scheinen, daß sich die ursprüngliche Opposition der Reformatoren weniger gegen ein Petrusamt als kirchenrechtliche Institution, denn gegen den „Machtanspruch" und die „Irrlehre" des Papsttums richtete? Eine solche Position wäre von der der Ostkirche nicht so weit entfernt, wie dies angesichts von Luthers Aussagen über den Papst als Antichrist scheint.

Unsere katholische Aufgabe ist demnach – unbekümmert um den Ausgang der Debatte –, das Petrusamt wieder neu glaubwürdig darzustellen, um ein sinnvolles exegetisches und dogmatisches Gespräch zu ermöglichen oder jedenfalls zu erleichtern. Es nützt wenig, den Christen außerhalb der katholischen Kirche gegenüber auf Titel wie „successor Petri" und gar „vicarius Christi" zu pochen. Evangelische Christen können in

---

[2] *J.-L. Leuba,* Was erwarten evangelische Christen vom ökumenischen Konzil?, in: Ökumenische Rundschau 9 (1960) 80f.
[3] Die Bekenntnisschriften der evangelisch-lutherischen Kirche (Göttingen ⁴1959) 463f.

diesen Titeln nur hohe Ansprüche ohne entsprechenden glaubwürdigen „Beweis des Geistes und der Kraft" sehen. „Römischer Apparat" und „römisches System", äußere unevangelische Pracht und Macht, byzantinisches Hofzeremoniell, barocke Ausdrucksformen und absolutistische Regierungsweisen machen es den von uns getrennten Christen sehr schwer, im Papst den Fischer von Galiläa wiederzuerkennen, dessen Nachfolger zu sein er beansprucht. Große Aufgaben der kirchlichen Erneuerung stellen sich auch hier. Es käme darauf an, daß das Petrusamt wieder in einer neuen Weise *glaubwürdig* vorgelebt wird: glaubwürdig nämlich gemäß dem verpflichtenden Vorbild des Herrn, dessen Schafe es weiden soll, und des Petrus, in dessen demütiger geistlicher Nachfolge es stehen will, glaubwürdig so für solche Menschen, die nicht von einem weltlichen Gesichtspunkt her, sondern vom Evangelium Jesu Christi her an ein Petrusamt in der Kirche herankommen.[4]

Solche Beunruhigung um diese Glaubwürdigkeit ist immer wieder eine *neue* Aufgabe. Der Begriff der Glaubwürdigkeit umschließt ja die Beziehung zu je neuen Menschen in je neuen geschichtlichen Situationen mit immer sich verändernder Mentalität. Glaubwürdigkeit, die mehr besagt als eine theoretisch-abstrakte Erkennbarkeit der Legitimität der päpstlichen Ansprüche ist somit eine je neu zu erfüllende, je anders zu erfüllende Aufgabe. Ein Alexander VI. wäre heute für die Menschen hinsichtlich seines Primatanspruches gewiß nicht „glaubwürdig". Er würde trotz des Bestehenbleibens einer *grundsätzlichen* Erkennbarkeit seines Primatanspruches so viele Hindernisse in den Menschen für die *faktische* Erkenntnis dieses Anspruches hervorrufen, daß man mit moralischer Sicherheit sagen könnte, die Mehrzahl der Nichtkatholiken (und vielleicht sogar manche Katholiken) würden faktisch und ohne eigene moralische Schuld die Berechtigung seines Anspruches nicht erfassen. Dabei

---

[4] Neuere katholische Literatur zur Frage des Petrusamtes: *O. Karrer,* Um die Einheit der Christen. Die Petrusfrage (Frankfurt 1953); Apostolische Nachfolge und Primat, in: Fragen der Theologie heute (Einsiedeln 1957) 175–190; Das Petrusamt in der Frühkirche, in: Festgabe für J. Lortz (Baden-Baden 1957) I, 507–525; *R. Grosche* und *H. Asmussen,* Brauchen wir einen Papst? Ein Gespräch zwischen den Konfessionen (Köln-Olten 1957); *K. Rahner* und *J. Ratzinger,* Episkopat und Primat (Freiburg-Basel-Wien 1961). – Vom Exegetischen her: *J. Ludwig,* Die Primatsworte Mt 16 in der altkirchlichen Exegese (Münster 1952); *P. Gaechter,* Petrus und seine Zeit (Innsbruck 1958); *J. Schmid,* Petrus „der Fels" und die Petrusgestalt der Urgemeinde, in: Begegnung der Christen. Festschrift O. Karrer (Stuttgart-Frankfurt a. M. ²1960) 347–359; *K. Hofstetter,* Das Petrusamt in der Kirche des 1.–2. Jahrhunderts: Jerusalem-Rom, ebd. 373–389; *J. Betz,* Christus-Petra-Petrus, in: Kirche und Überlieferung. Festschrift R. Geiselmann (Freiburg i. Br. 1960) 1–21; *F. Obrist,* Echtheitsfragen und Deutung der Primatstelle Mt 16, 18f. in der deutschen protestantischen Theologie der letzten 30 Jahre (Münster 1961).

ist nicht zu übersehen, daß ein Papst auch ohne eigentlich persönliche Schuld diese Glaubwürdigkeit verdunkeln kann.

Man wird bei der Verdeutlichung des Petrusamtes nicht alles auf einmal erwarten; immense Schritte der evangelischen Erneuerung des Petrusamtes wurden gemacht seit den Renaissance-Päpsten zur Zeit Luthers bis zu den Herren des Kirchenstaates zur Zeit des Ersten Vatikanischen Konzils, bis schließlich zu den Seelsorger-Päpsten des zwanzigsten Jahrhunderts. Aber es wäre vermessen zu meinen, wir seien mit der Erneuerung bereits am Ende. Große Aufgaben warten noch, zu denen die Theologie ihren Teil beizutragen hat. Ihre Aufgabe ist es, die Stellung des Petrusamtes in der Struktur der Kirche vom Neuen Testament und der alten Tradition her theologisch exakt uud behutsam zu umschreiben.

Bei aller objektiven Richtigkeit ist es der empfindliche Mangel der Vatikanischen Definitionen bezüglich der Stellung des Papstes in der Kirche, daß sie mehr juridisch als biblisch reden, daß sie mehr am Rande von dem sprechen, was nach der neutestamentlichen Botschaft in der Mitte steht: daß nämlich das Petrusamt in erster Linie *Dienst* an der Kirche ist und erst von daher „Vollmacht" in der Kirche (nicht *über* die Kirche). Es darf dem Petrusamt letztlich nicht um sein Recht, seine Gewalt und seine Macht gehen, sondern um seinen Dienst an den Brüdern: „Einer ist euer Meister, ihr *alle* aber seid Brüder" (Mt 23, 8). Der besondere Dienst des Petrusamtes ist der Dienst der Glaubensstärkung, der Liebe und Hirtensorge für die Einheit der Kirche[5].

Man wird der Meinung sein dürfen, daß wir uns mit der ökumenischen Neubesinnung auf die wahre Bedeutung des Petrusamtes in der Kirche noch weithin am Anfang befinden: im außerkatholischen Raum und im katholischen, und hier sowohl im theoretischen wie vor allem im praktischen Bereich. Kein Amt in der Kirche trägt so schwer an seiner Tradition wie gerade dieses. Es ist sehr schwierig, bei ihm zu unterscheiden, was wirklich zu seinem Wesen gehört und was nicht. Nicht alles, was man heute zum „Papsttum" rechnet, gehört wesensnotwendig zum „Petrusamt". Je mehr im „Papsttum" wieder das „Petrusamt" zum Ausdruck gebracht wird, um so mehr gewinnt es, um so mehr wird es glaubwürdig.

In diesem Kapitel geht es nur um einen Ausschnitt aus der Gesamtproblematik des Petrusamtes: nämlich um das Verhältnis Papst – Konzil bzw. Papst – Kirche.

Diese Fragestellung setzt schon voraus, daß das Konzil mit dem Petrusamt etwas zu tun hat. Das ergibt sich unmittelbar aus der von uns Katholiken geglaubten Tatsache, daß die *Kirche* – nach Mt 16, 18f, Lk 22,

[5] Vgl. *H. Küng,* Konzil und Wiedervereinigung. Erneuerung als Ruf in die Einheit (Wien-Freiburg-Basel 1960 ⁵1962) 161–182.

32, Jo 21, 15–19, nach den Zeugnissen der Apostelgeschichte und den Gegebenheiten der Kirchengeschichte – etwas mit dem Petrusamt zu tun und auch noch heute zu tun hat. Auf den Felsen des Petrusamtes (und zugleich des Apostelamtes) hat nach katholischem Glaubensverständnis Christus die Kirche gegründet: das ökumenische Konzil aus göttlicher Berufung. Will nun das ökumenische Konzil aus menschlicher Berufung das ökumenische Konzil aus göttlicher Berufung wahrhaft repräsentieren, so muß es die Grundstruktur der Kirche reflektieren und so – in welcher Form auch immer – das Petrusamt präsent machen.

Nach katholischem Glaubensverständnis also gilt: Im ökumenischen Konzil aus göttlicher Berufung, das die Kirche ist, hat das Petrusamt die besondere Aufgabe, die Einheit der Kirche im Dienst der Liebe, der Glaubensstärkung und der Hirtensorge zu repräsentieren und zu garantieren. In diesem Sinne muß dem Petrusamt auch auf dem ökumenischen Konzil aus menschlicher Berufung eine besondere Stellung grundsätzlich zuerkannt werden.

Aber gerade hier stehen wir vor großen Schwierigkeiten: was bedeutet dies denn konkret? Die Konzilien von Nikaia, von Konstanz und vom Vatikan waren alle echte ökumenische Konzilien. Folglich muß nach dem katholischen Selbstverständnis überall auch eine echte Repräsentation des Petrusamtes gegeben gewesen sein. Wie sehr verschieden aber war auf diesen drei ökumenischen Konzilien diese Repräsentation! Man sieht daraus: es ist nicht mit wenigen Worten auszumachen, was Repräsentation des Petrusamtes auf dem ökumenischen Konzil aus menschlicher Berufung besagt. Und gerade im Hinblick auf eine Wiedervereinigung der getrennten Christen ist es heute dringend, theologisch zu untersuchen, was bei der Repräsentation des Petrusamtes wesensnotwendig und was zeitbedingt ist. Schon im Einleitungskapitel ergab sich: Eine *verbindliche Theologie* des ökumenischen Konzils kann nicht einfachhin von den gegenwärtigen Regelungen des Codex Iuris Canonici deduziert werden. Trotzdem ist es *möglich*, daß diese Regelungen faktisch verbindliche Theologie des ökumenischen Konzils enthalten. Wir möchten es uns also nicht zu leicht machen, sondern gerade hier mit unseren Überlegungen einsetzen.

2. Der Primat und seine Grenzen auf dem Ersten Vatikanischen Konzil

Die überragende Bedeutung des ökumenischen Konzils aus menschlicher Berufung, das die Kirche repräsentiert, stellt Kanon 228 § 1 heraus: „Concilium Oecumenicum suprema pollet in universam ecclesiam potestate." Aber mit diesem Kanon konkurriert offenkundig ein anderer,

Kanon 218: „§ 1. Romanus Pontifex, Beati Petri in primatu Successor, habet non solum primatum honoris, sed supremam et plenam potestatem iurisdictionis in universam Ecclesiam tum in rebus quae ad fidem et mores, tum in iis quae ad disciplinam et regimen Ecclesiae per totum orbem diffusae pertinent. § 2. Haec potestas est vere episcopalis, ordinaria et immediata tum in omnes et singulas ecclesias, tum in omnes et singulos pastores et fideles, a quavis humana auctoritate independens."

Bei diesem Kanon geht es nach dem Verständnis der katholischen Kirche zweifellos nicht nur – wie etwa beim Recht der Einberufung, der Bestimmung der Traktanden usw. – um einen faktischen und praktischen Rechtssatz. Denn hinter ihm steht das Dogma des Ersten Vatikanischen Konzils vom Primat des Papstes. Dieses Dogma (zugleich mit dem der päpstlichen Unfehlbarkeit) wird von allen nichtkatholischen Christen heftig abgelehnt; es war für manche von ihnen der Grund, weswegen sie an kein neues Konzil in der katholischen Kirche glaubten. Es ist notwendig, sich den genauen Wortlaut der Primatsdefinition vor Augen zu halten (wir heben die wichtigen Ausdrücke hervor). „Docemus proinde et declaramus Ecclesiam Romanam, disponente Domino, super omnes alias *ordinariae* potestatis obtinere principatum, et hanc Romani pontificis *jurisdictionis* potestatem, quae vere *episcopalis* est, *immediatam* esse; erga quam cuiuscumque ritus et dignitatis pastores atque fideles, tam seorsum singuli quam simul omnes, officio hierarchicae subordinationis veraeque oboedientiae obstringuntur, non solum in rebus, quae ad fidem et mores, sed etiam in iis, quae ad disciplinam et regimen Ecclesiae per totum orbem diffusae pertinent; ita ut, custodita cum Romano Pontifice tam communionis quam eiusdem fidei professionis unitate, Ecclesia Christi sit unus grex sub uno summo pastore. Haec est catholicae veritatis doctrina, a qua deviare salva fide atque salute nemo potest."[6] – Und der vom Konzil beigefügte Kanon lautet: „Si quis itaque dixerit, Romanum Pontificem habere tantummodo officium inspectionis vel directionis, non autem *plenam* et *supremam* potestatem *jurisdictionis* in *universam* Ecclesiam, non solum in rebus, quae ad fidem et mores, sed etiam in iis, quae ad disciplinam et regimen Ecclesiae per totum orbem diffusae pertinent; aut eum habere tantum potiores partes, non vero totam *plenitudinem* huius supremae potestatis; aut hanc eius potestatem non esse *ordinariam* et *immediatam* sive in omnes ac singulas ecclesias sive in omnes et singulos pastores et fideles: A. S."[7]

Ist hier noch theologisch Raum gelassen für ein ökumenisches Konzil? Für ein ökumenisches Konzil, das mehr ist als ein beratendes oder applaudierendes Organ des Papstes? Gibt es überhaupt noch Grenzen

---

[6] Denz. 1827.   [7] Denz. 1831.

für die potestas iurisdictionis episcopalis suprema plena, ordinaria, immediata, universalis des Papstes?

Die Definition der päpstlichen Lehrunfehlbarkeit hat die Bedingungen der Ausübung des unfehlbaren Lehramtes sehr genau umschrieben und es dadurch auf klar feststellbare Fälle beschränkt. Bei der Definition der Iurisdiktion des *Primates* sind die Bedingungen seiner Ausübung nicht näher umschrieben worden, was zweifellos negative Auswirkungen hatte. Mit Recht schrieb E. Amann noch vor der Ankündigung des Zweiten Vatikanischen Konzils am Ende seines großen Artikels über das Erste Vatikanische Konzil im Dictionnaire de Théologie Catholique: „S'il est un point où se soit produit, par le fait du concile, dans la position du souverain pontife par rapport à l'Église un certain changement, c'est bien plutôt dans la domaine de la primauté pontificale. La concentration de la lutte autour de l'infaillibilité a masqué l'importance du fameux chapitre III de la constitution *Pastor aeternus*. En déclarant la juridiction du Pape sur chacune des Églises ‚ordinaire, immédiate, épiscopale', le concile du Vatican n'innovait certes pas. Depuis le temps de Grégoire VII, les papes avaient revendiqué, parfois avec une énergie extraordinaire, ce pouvoir quasi-absolu et quasi-discrétionnaire sur l'épiscopat. Les grands débats des XVe et XVIe siècles avaient amené le recul de ces idées. Pour s'être quelque peu renforcées au début du XIXe siècle, elles n'avaient pas repris toute force qu'elles avaient eue aux temps de la ‚monarchie pontificale'. On y revenait maintenant. Les années qui suivirent le concile allaient amener un renforcement de l'action directe du pape dans les diocèses et, tranchons le mot, de la centralisation pontificale. Le problème de la conciliation des droits divins de l'épiscopat avec les droits divins du pape n'a malheureusement pu venir en discussion. Une théologie bien équilibrée de l'Église réclame néanmoins que cette question soit posée, tout comme la vie pratique demande qu'en soient réglées les applications. Sera-ce l'œuvre d'un IIe concile du Vatican? C'est le secret de l'avenir."[8]

Insbesondere hat man es unterlassen, darzustellen, wie die potestas episcopalis ordinaria et immediata des *Papstes* mit der potestas episcopalis ordinaria et immediata der *Bischöfe* vereint werden kann. Es wurde ja nur die Constitutio dogmatica *prima* de Ecclesia Christi verabschiedet. Die Stellung, Rechte und Pflichten der Bischöfe hätten den Gegenstand einer weiteren Constitutio gebildet. Wegen des erzwungenen plötzlichen Unterbruches bzw. Abbruches des Konzils ist sie bekanntlich nie erfolgt. Doch liefern für unseren Gegenstand sowohl die Diskussionen wie die

---

[8] *E. Amann,* Art. Concile du Vatican, in: Dictionnaire de Théologie Catholique (Paris 1950) XV, 2583.

Definitionen der Constitutio prima wertvolle Hinweise, die wir im folgenden benützen[9].

In der Deputatio Fidei war man gegen die Formulierung irgendwelcher „limites" der Gewaltenfülle des Papstes. Ging es doch darum, jede Form des Gallikanismus aufs gründlichste auszurotten. Trotzdem kam man nicht darum herum, eine Begrenzung der potestas plena faktisch zuzugeben. Denn nach der Auffassung des Konzils besitzt der Papst zwar die plenitudo, und nicht nur einen Teil, der kirchlichen Hirtengewalt. Aber diese Gewalt ist nicht absolut und ist nicht willkürlich.

Die Gewalt des Papstes ist *nicht absolut* : Auch der Referent der – einseitig zusammengesetzten – Glaubensdeputation, Bischof Zinelli, gibt auf einem Einwand des melchitischen Patriarchen von Antiochien G. Jussef zu: „Si (patriarcha) intelligit non esse absolute monarchicam, quia formam regiminis ecclesiastici ipse divinitus fundator instituit, et hanc formam nec concilia oecumenica possunt destruere, certe hoc verum est; et nemo sanus dicere potest, aut papam aut concilium oecumenicum posse destruere episcopatum caeteraque iura divina in ecclesia determinata."[10]

---

[9] Zu den Primatsdiskussionen auf dem Vatikanum vgl.: *U. Betti,* Natura e portata del Primato del Romano Pontefice secondo il Concilio Vaticano, in: Antonianum 34 (1959) 161–244 369–408; La perpetuità del primato di Pietro nei Romani Pontefici secondo il Concilio Vaticano, in: Divinitas 3 (1959) 95–145; La Costituzione Dommatica „Pastor aeternus" del Concilio Vaticano I (Roma 1961); *R. Aubert,* L'ecclésiologie au Concile du Vatican, in: Le concile et les conciles (Paris 1960) 245–284; *G. Dejaifve,* Le premier des évêques, in: Nouvelle Revue théologique 82 (1960) 561–579 (deutsch: Der Erste unter den Bischöfen, in: Theologie und Glaube 51 [1961] 1–22); Conciliarité au concile du Vatican, in: Nouvelle Revue théologique 82 (1960) 785–802; Pape et évêques au premier Concile du Vatican (Paris 1961); *J. Lecler,* L'œuvre ecclésiologique du Concile du Vatican, in: Études t. 302 (1960) 289–306. *A. Chavasse,* L'ecclésiologie au Concile du Vatican. L' infaillibilité de l'Église, in: L'ecclésiologie au XIX siècle (Paris 1960) 233–245; *W. F. Dewan,* Preparation of the Vatican Council's Schema on the Power und Nature of the Primacy, in: Ephemerides theologicae Lovanienses 36 (1960) 23–56; *J. Hamer,* Note sur la collégialité épiscopale, in: Revue des sciences philosophiques et théologiques 44 (1960) 40–50; Le corps épiscopale uni au Pape, son autorité dans l'Église d'après les documents du premier concile du Vatican, in: Revue des sciences philosophiques et théologiques 45 (1961) 21–31; *G. Thils,* Primauté pontificale et prérogatives épiscopales. „Potestas ordinaria" au concile du Vatican (Louvain 1961); Parlera-t-on des évêques au concile, in: Nouvelle Revue théologique 93 (1961) 785–804; *J. P. Torrel,* La théologie de l'épiscopat au premier Concile du Vatican (Paris 1961); *W. Kasper,* Primat und Episkopat nach dem Vatikanum I, in: Tübinger Theologische Quartalschrift 142 (1962) 47–83.

[10] Mansi 52, 1114. Vgl. *M. Schmaus,* Katholische Dogmatik (München ⁵1958) III/1, 490: „Der Papst ist seinerseits durch die Verfügung Christi und auch durch das von ihm publizierte Kirchenrecht gebunden."

Die Gewalt des Papstes ist *nicht willkürlich :* Schon in der theologisch-dogmatischen Vorbereitungskommission wurde darauf aufmerksam gemacht, es sei bei der Formulierung der Primatsdefinition zu verhüten, daß verleumderisch daraus abgeleitet werden könne: „ . . . nos, dum liberam et independentem Romani pontificis auctoritatem asserimus, arbitrariam hoc ipso facere[11]". Es war eine katholische Selbstverständlichkeit, die der besonderen Bekräftigung durch ein „Anathema sit" nicht bedurfte, was Bischof Vérot durch eine Verurteilung bekräftigen lassen wollte: „Si quis dixerit tam plenam esse Romani pontificis auctoritatem in ecclesia, ut omnia pro nutu suo disponere valeat, anathema sit."[12]

So gibt es also auch für die päpstliche Gewalt „Grenzen". Auch der Referent der Glaubensdeputation, Bischof Bartholomaeus d'Avanzo, spricht im Zusammenhang des petrinischen Primates von einer doppelten *„limitatio" :* „Ergo ne, dicet aliquis, et dictum est, omnimoda et plena potestas erit absque ulla limitatione in Petro? Utique, duplicem habet limitationem, activam unam, ut ita dicam, et alteram passivam."[13] Die „aktive" Begrenzung hat der Primat von Christus her: „Itaque tantam potestatem habet Petrus, quantam illi dedit Christus Dominus, non in destructionem, sed in aedificationem corporis Christi, quod est ecclesia."[14] Die „passive" Begrenzung kommt durch Christus von den Aposteln her: „ . . . ipse idem Christus designavit aedificatores, quibus Petrus ad aedificandam ecclesiam uteretur, hoc est, apostolos ibi praesentes. Petrus constitutus est magister in secundo textu ad confirmandum alios; sed isti alii non debent esse nisi illi, quos ipse Christus dedit Petro fratres in apostolatu: Confirma fratres; atque adeo sibimet in fratres elegerat: Vade ad fratres meos" (wobei diese Begrenzung jedoch für den Papst weniger eine Begrenzung als eine Unterstützung bedeutet)[15]. Auch in seiner entscheidenden Darlegung unmittelbar vor der Schlußabstimmung sprach der Referent der Glaubensdeputation, Bischof Zinelli, von einer *„coarctatio"* der päpstlichen Gewaltenfülle: „ . . . ex omnibus his fontibus revelationis apparet, Petro et eius successoribus datam fuisse vere plenam eamque supremam in ecclesia potestatem, scilicet plenam ita ut *coarctari* non possit ab ulla potestate humana ipsa superiore, sed a iure tantum naturali et divino."[16]

---

[11] Mansi 49, 666 s.
[12] Mansi 52, 591; vgl. *M. Schmaus,* a. a. O. III/1,492: Der Papst „ist an den Willen Christi gebunden. Er kann nicht tun, was er will. Er muß tun, was Christus will. Der Wille Christi zielt auf die Förderung der Herrschaft Gottes und das damit verbundene Heil der Menschen. Indem der Papst sich im Vollzug seiner Gewalt an den Willen Christi bindet und diesen realisiert, dient er der Förderung der Gottesherrschaft und damit dem Heile der Menschen."
[13] Mansi 52, 715.   [14] Mansi 52, 715.   [15] Mansi 52, 715.
[16] Mansi 52, 1108 s.

Welches sind die konkreten Grenzen, die der päpstlichen Gewaltenfülle – neben allen Grenzen des „ius naturale"! – durch das „ius divinum" gezogen sind?

a) Die Existenz des Episkopates, den der Papst weder aufheben noch in seiner Stellung und in seinen Rechten entleeren und auflösen darf: „nemo sanus dicere potest, aut papam aut concilium oecumenicum posse destruere episcopatum caeteraque iura divina in ecclesia determinata."[17] Deshalb hat denn auch das Konzil unmittelbar im Anschluß an die Definition der potestas epicopalis ordinata et immediata des Papstes ebenso feierlich die potestas episcopalis ordinata et immediata der Bischöfe definiert: „Tantum autem abest, ut haec Summi Pontificis potestas officiat *ordinariae* ac *immediatae* illi *episcopalis iurisdictionis* potestati, qua episcopi, qui *positi a Spiritu Sancto in Apostolorum locum successerunt,* tanquam *veri pastores* assignatos sibi greges singuli singulos pascunt et regunt, ut eadem a supremo et universali pastore asseratur, roboretur ac vindicetur, secundum illud sancti Gregorii Magni: ,Meus honor est honor universalis Ecclesiae. Meus honor est fratrum meorum solidus vigor. Tum ego vere honoratus sum, cum singulis quibusque honor debitus non negatur.'"[18] Diese Definition sollte die Antwort sein auf gewisse Befürchtungen der Bischöfe, wie der Referent Zinelli ausführte: „...ad satisfaciendum centies repetitis obiectionibus illorum, qui timebant ne per assertam Romano pontifici auctoritatem vere episcopalem, ordinariam et immediatam in singulis dioecesibus, ad nihilum redigeretur et negaretur potestas singulorum episcoporum. Asserendum igitur erat a concilio Vaticano clare contrarium, ut omnis falsa interpretatio tolleretur."[19]

Die Jurisdictionsgewalt des Papstes wird vom Konzil als *„vere episcopalis"* beschrieben[20]. Dieser Ausdruck wurde auf Vorschlag von Bischof Senestrey später ins Schema eingefügt, um gegenüber gewissen Lehren auszudrücken, daß sich die Gewalt des Papstes nicht – wie auch im Kanon verurteilt – auf ein officium inspectionis vel directionis beschränke, sondern eine echte Jurisdiktionsgewalt sei. Doch ist der Papst der „pastor supremus", während auch die Bischöfe „veri pastores" sind[21]. Die „potestas episcopalis" bedeutet somit keineswegs, daß der Papst Bischof jedes Ortes und jedes Gläubigen ist, sondern daß er die potestas pascendi agnos et oves besitzt. Potestas episcopalis bedeutet somit nicht einfachhin „bischöfliche Gewalt", sondern allgemeiner „Hirtengewalt"[22]. Doch betrifft diese Hirtengewalt alle wie jeden Einzelnen direkt, und nicht nur indirekt über die Bischöfe; deshalb wird die von Passaglia in einem anonym erschienenen Werk „La causa di Sua Em. il Cardinale Girolamo

---

[17] Mansi 52, 1114.   [18] Denz. 1828.   [19] Mansi 52, 1311.
[20] Denz. 1827.   [21] Denz. 1828.   [22] Mansi 52, 10.

d'Andrea" (Torino 1867) vorgeschlagene Ersetzung von „episcopalis"
durch „primatialis" abgelehnt. Doch hält der Referent der Glaubensdeputation, Bischof Pie, daran fest, daß „episcopalis" soviel wie „pastoralis" bedeute[23]. Das Zusammenwirken von Papst und Bischöfen erklärt er mit einem Text des Thomas von Aquin: unangemessen sei, daß
zwei Hirten auf dieselbe Weise über dieselbe Herde gesetzt seien, es also
zwei Bischöfe in einer Diözese gebe; nicht unangemessen aber sei, daß
zwei Hirten auf verschiedene Weise (inaequaliter) gesetzt seien, wie dies
bei Papst, Bischof und Pfarrer der Fall sei; zwei Ursachen eiusdem ordinis schlössen sich aus, nicht aber zwei einander untergeordnete Ursachen, wie dies von Papst und Bischöfen gelte[24]. Auch der spätere Referent der Glaubensdeputation, Bischof Zinelli, bekräftigte, „episcopalis"
bedeute soviel wie „pastoralis"[25]. Doch fand er es unnötig, das mißverständliche Wort „episcopalis" zu ersetzen durch „pontificiae"[26] oder
durch „suprema"[27], weil dies schon hinlänglich zum Ausdruck gebracht sei.

Doch werden aus der heutigen Perspektive die Erklärungen Zinellis
nicht als besonders klärend empfunden[28]. Und daß die Constitutio auf die
Schwierigkeiten nicht genügend Rücksicht nahm, zeigte sich in den Mißverständnissen, die ihre Publikation vielfach hervorrief. Diese Mißverständnisse veranlaßten den deutschen Episkopat zu der bekannten
Kollektiverklärung, die von Pius IX. in feierlicher Form als die authen-
tische Darlegung der katholischen Lehre und der Lehre des Vatikanischen Konzils approbiert wurde[29]. Aus ihr geht mit aller Deutlichkeit
hervor, daß der Primat des Papstes durch die Existenz des Episkopats
beschränkt ist. Es ist darin unter anderem ausgeführt: Der Papst kann
nicht die bischöflichen Rechte für sich beanspruchen oder seine Gewalt
derjenigen der Bischöfe substituieren; die bischöfliche Jurisdiktion ist
nicht in der päpstlichen aufgegangen; dem Papst wurde durch die Bestimmungen des Vatikanischen Konzils nicht die ganze Fülle der bischöflichen Gewalt in die Hand gegeben; er ist nicht im Prinzip an die
Stelle jedes einzelnen Bischofs getreten und kann nicht in jedem einzelnen Augenblick gegenüber den Regierungen sich an die Stelle des Bischofs setzen; die Bischöfe wurden nicht zu Werkzeugen des Papstes
und sie sind auch gegenüber den Regierungen nicht die Beamten eines

---

[23] Mansi 52, 32.   [24] Mansi 52, 33.   [25] Mansi 52, 1104.
[26] Mansi 52, 584 1106.   [27] Mansi 52, 589 1106.
[28] Vgl. R. Aubert, L'ecclésiologie au concile du Vatican, in: Le concile et les
conciles (Paris 1960) 283; G. Thils, Primauté pontificale et prérogatives
épiscopales (Louvain 1961) 7–78.
[29] Text in: Der Katholik N. F. 33 (1875) 209–213; vgl. Neuner-Roos, Der Glaube der Kirche in den Urkunden der Lehrverkündigung (Regensburg ⁵1958)
245–248.

fremden Souveräns. Auch Leo XIII. sagt von den Bischöfen: „. . . nec tamen Vicarii Romanorum Pontificum putandi, quia potestatem gerunt sibi propriam . . .“[30]

Hierher gehört die Frage nach der Übertragung der bischöflichen Jurisdiktion: geschieht sie unmittelbar durch Gott oder geschieht sie unmittelbar durch den Papst? Das Erste Vatikanische Konzil hat diese Frage bewußt offengelassen: „. . . ne putetis nos definire quaestionem tam in concilio Tridentino agitatam de derivatione iurisdictionis in episcopos, quam alii immediate a summo pontifice, alii immediate ab ipso Christo derivant“[31]. So ist es denn nicht verwunderlich, daß diese Frage in der katholischen Theologie bis auf den heutigen Tag umstritten ist. Es muß hier eine Lösung gefunden werden, die, ohne die (von keinem katholischen Theologen in Frage gestellten) Primatsrechte zu verletzen, doch andererseits auch die Fakten der Geschichte nicht „dogmatisch“, d. h. durch unbewiesene Postulate bzw. Deduktionen aus der Primatials-gewalt, vergewaltigt[32]. Manches, was heute zum mindesten in der lateini-schen Kirche so ist (die Übertragung der Jurisdiktion durch den Papst), darf nicht ohne sichere Beweise als iuris divini postuliert werden[33].

---

[30] *Leo XIII.*, Enzyklika „Satis cognitum“, in: Acta Apostolicae Sedis 28 (1895/96) 723.

[31] Mansi 52, 1109; vgl. 52, 1110.

[32] *G. Thils* sagt dazu grundsätzlich: „. . . ce qui ne peut être accepté, en tout cas, c'est de réduire la dualité des sujets en supprimant l'un des deux éléments, soit au profit des évêques seuls (episcopalisme, conciliarisme), soit au profit du pape seul (papalisme), que ces théories s'affirment avec netteté, ou d'une manière larvée, en vidant les prérogatives des uns ou des autres de toute con-sistance authentique. C'est le cas, semble-t-il, lorsqu'on dit qu'il n'y a de prérogative juridictionnelle pontificale que ‚communiquée‘ par un concile, ou qu'il n'y a de prérogative juridictionnelle du corps épiscopal que ‚com-muniquée‘ par le pape.“ Parlera-t-on des évêques au concile? in: Nouvelle Revue Théologique 93 (1961) 800.

[33] *G. Dejaifve* macht richtig auf die ernsten Schwierigkeiten aufmerksam, die hier im Lichte der alten Kirchengeschichte, besonders der des Ostens, auf-tauchen: „Trotzdem kann man sich fragen, ob diese Lehre, die wir die rö-mische nennen können, dieses Privileg des Papstes ansehen will als wesent-lich zu seinem Primat gehörig oder als an einen Tatbestand gebunden, der in den konkreten Verhältnissen, in denen der Primat in der lateinischen Kirche ausgeübt wird, begründet liegt. Es unterliegt in der Tat keinem Zweifel, daß im Orient seit undenklichen Zeiten die geweihten Bischöfe die ihrem Amt eigene Jurisdiktion durch die Weihe selbst erhielten, ein Umstand, der soeben wieder in das neue orientalische kirchliche Rechtsbuch aufgenommen worden ist. Für die orientalischen Bischöfe genügte es, wenn sie den Mitbrüdern im Episkopat, mit denen ihre Kirche laufend in Beziehung stand, brieflich ihre Wahl und den kanonischen Vollzug ihrer Weihe anzeigten, um als legitime Bischöfe in der Kirche anerkannt zu werden. Nach orientalischer Auffassung scheinen die konsekrierenden Bischöfe als stillschweigend von der Kirche, das heißt von der gesamten ‚Gemeinde‘ Beauftragte, zu handeln. Wenngleich es

Dieser erste Punkt führt unmittelbar zum zweiten:

b) Die ordentliche Amtsausübung der Bischöfe, die der Papst nicht – gleichsam als ein anderer Bischof – durch tägliche Eingriffe stören darf (Subsidiaritätsprinzip): Zwar hat der Papst die potestas *immediata* über alle Gläubigen, die es ihm erlaubt, ohne Erlaubnis und Dazwischentreten des zuständigen Bischofs über jeden Gläubigen seine Jurisdiktion auszuüben[34]. Aber zugleich gilt: „Certe, si summus pontifex, sicut habet ius peragendi quemcumque actum proprie episcopalem in quacumque dioecesi, se ut ita dicam multiplicaret, et quotidie, nulla habita ratione episcopi, ea quae ab hoc sapienter determinarentur, destrueret; uteretur non in aedificationem, sed in destructionem sua potestate."[35]

Die langen Diskussionen um die *„potestas ordinaria"* des Papstes haben deutlich gemacht, wie das vieldeutige Wort nach der allgemeinen Auffassung der Konzilsväter zu verstehen und wie es nicht zu verstehen ist[36]. Die päpstliche Amtsausübung in den Diözesen geschieht nicht nur *extraordinarie*, d. h. – im Sinne der vom Konzil visierten Joseph Valentin Eybel (†1805) und Pietro Tamburini (†1827) – nur in außerordentlichen, seltenen Fällen. Sie geschieht aber andererseits – vgl. das obige Zitat – auch nicht *quotidie*, d. h. alltäglich, gewöhnlich, habituell. Sie geschieht – so versucht Thils die Mitte zwischen extraordinarie und quotidie in traditioneller Terminologie gut zu umschreiben[37] – *in peculiaribus adiunctis*: in einer besonderen Situation, bei einer besonderen Schwierigkeit, unter Umständen, die den Charakter des *Speziellen, Ungewöhnlichen, Besonderen* tragen (was nicht von vorneherein ein „selten" besagt).

Es besteht somit nach dem Konzil ein entscheidender Unterschied zwischen der „ordentlichen" Amtsausübung der Bischöfe und der „ordentlichen" Amtsausübung des Papstes. Bei den *Bischöfen* heißt

---

im Anfang keine sehr saubere Unterscheidung zwischen der Weihe- und Jurisdiktionsgewalt gab, kann man annehmen, daß die konsekrierenden Bischöfe, die in Gemeinschaft mit den großen apostolischen Stühlen standen, sich rechtlich befähigt glaubten, alle kanonischen Gewalten, die dem bischöflichen Amt innewohnen, zu übertragen auf Grund einer Teilhabe *in solidum* an der apostolischen Gewalt, deren Erben sie durch ihre Weihe waren. In diesem ganzen Verfahren wurde bekanntlich niemals vorher eine Approbation von Rom erbeten. Diese Tatsache ist bewiesen, und die römische Kirche hat sich durch lange Jahrhunderte hindurch darein geschickt, selbst als sie in der Person des Papstes als verbindliches Zentrum der kirchlichen Einheit deutlich in Erscheinung trat" (Der Erste unter den Bischöfen, in: Theologie und Glaube 51 [1961] 17 f).

[34] Mansi 52, 1105. [35] Mansi 52, 1105.
[36] Vgl. zu dieser wichtigen Frage die ausgezeichnet klärende historische Untersuchung von *G. Thils,* Primauté pontificale et prérogatives épiscopales (Louvain 1961).
[37] Vgl. *G. Thils,* a. a. O. 98 s.

„ordinarie" nach der allgemeinen Überzeugung der Konzilsväter: die alltägliche, laufende, gewöhnliche, habituelle Hirtentätigkeit der „veri pastores". Beim *Papst* heißt „ordinarie" nur ein „adnexum officio", „ratione muneris" des „pastor supremus" im Gegensatz zu einer bloß „delegierten" außerordentlichen Vollmacht. So erklärt Bischof Zinelli im Namen der Glaubensdeputation unmittelbar vor der Schlußabstimmung: „Apud omnes iurisconsultos aut iuris canonici doctores, apud omnia acta ecclesiastica dividitur potestas in ordinariam et delegatam. Omnes dicunt potestatem ordinariam, quae alicui competit ratione muneris, delegatam, quae non competit alicui ratione muneris, sed nomine alterius exercetur, in quo est ordinaria. Explicato sensu vocabulorum, lis ut videtur Deputationi, finita est; nam potestas quae summo pontifici tribuitur, nonne est in illo ratione muneris? Si est ratione muneris, est ordinaria."[38] Währenddem also die potestas non delegata oder ordinaria der *Bischöfe* in ihren Diözesen (und des römischen Bischofs in seiner eigenen römischen Diözese!) *ordinarie* (habituell, alltäglich, in den gewöhnlichen Umständen) ausgeübt werden soll, so die potestas non delegata oder ordinaria des *Papstes* nur *„in peculiaribus adiunctis"* (in speziellen, besonderen, ungewöhnlichen Umständen, also non-ordinarie).

Die Glaubensdeputation bemerkte zum verbesserten Schema „De ecclesia Christi": „Pastor supremus itemque universalis, et pastores inferiores itemque particulares, nullatenus semet excludunt; contra, tantum abest, ut per priorem illam summi pastoris potestatem haec altera obnoxiorum pastorum impediatur, ut per eam stabiliatur, firmetur, vindicetur; uti vice versa per hanc alteram inferiorum pastorum potestatem supremi pastoris potestas non impedienda, sed iuvanda, asserendaque est."[39] Des Papstes Pflicht ist es, die ordentliche Amtsausübung der Bischöfe nicht nur nicht zu behindern, zu verdrängen oder zu überspielen, sondern sie zu bewahren und zu fördern.

Gibt es ein *Kriterium* für die Ausübung des päpstlichen Hirtenamtes in den einzelnen Diözesen? Das Erste Vatikanische Konzil in seiner antigallikanischen Frontstellung war daran – über das bereits Gesagte hinaus – begreiflicherweise nicht sehr interessiert. Doch hat die nachvatikanische Theologie ein Kriterium ausgebildet. Es ist das *Subsidiaritätsprinzip,* das nach Pius XII. „für das soziale Leben in allen seinen Ordnungen, auch für das Leben der *Kirche* ohne Beeinträchtigung ihrer hierarchischen Struktur" Geltung hat[40]: Was der Einzelmensch aus

---

[38] Mansi 52, 1105.
[39] Mansi 52, 11 s; vgl. auch Denz. 1962.
[40] *Pius XII.*, Ansprache an die neuernannten Kardinäle, in: Acta Apostolicae Sedis 38 (1946) 14 s.

eigener Kraft leisten kann, soll nicht die Gemeinschaft, was die untergeordnete Gemeinschaft, nicht die übergeordnete Gemeinschaft leisten! Die Gemeinschaft verhalte sich gegenüber dem Einzelmenschen, die übergeordnete Gemeinschaft gegenüber der untergeordneten subsidiär! Man kann es nicht deutlicher formulieren, als es Pius XI. in der Enzyklika „Quadragesimo anno" getan hat: „Es ist allerdings wahr, und die Geschichte beweist es ja zur Genüge, daß heute infolge der veränderten Verhältnisse vieles nur von großen Verbänden geleistet werden kann, was in früheren Zeiten auch von kleineren bewältigt wurde. Trotzdem ist an jenem hochbedeutsamen Grundsatz der Sozialphilosophie nicht zu rütteln, der keine Verschiebung und keine Abänderung duldet: Was von den einzelnen Menschen mit eigener Kraft und durch eigene Tätigkeit geleistet werden kann, darf ihnen nicht entrissen und der Gemeinschaft übertragen werden. Ebenso ist es eine Ungerechtigkeit und zugleich eine schwere Verletzung und Störung der rechten Ordnung, wenn Aufgaben, die von den kleineren und untergeordneten Gemeinschaften bewältigt und ausgeführt werden können, der höheren und übergeordneten Gesellschaft zugeschoben werden. Denn jede soziale Leistung soll ihrem Sinn und Wesen nach ein Dienst an den Gliedern des sozialen Körpers sein, niemals aber sie vernichten oder ganz aufsaugen."[41]

Was nach Pius XI. im weltlichen Raum für das Verhältnis oberster Ordnungsträger (Staat) – niedere Ordnungsträger gilt, kann im kirchlichen Raum analog auf das Verhältnis Petrusamt–Bischofsamt angewendet werden: „Geschäfte und Angelegenheiten von untergeordneter Bedeutung also, durch die der Staat sonst größtenteils von seiner eigentlichen Aufgabe abgelenkt würde, muß die oberste Staatsgewalt den kleineren Gemeinwesen zur Erledigung überlassen. So wird sie selbst dann freier, energischer und erfolgreicher all das ausführen können, was sie allein angeht, weil einzig sie es zu leisten imstande ist: durch Leitung, Überwachung, Antrieb und Zügelung, wie es jeder einzelne Fall mit sich bringt und die Notwendigkeit es erfordert. Daher mögen die Machthaber davon wohl überzeugt sein: Je vollkommener gemäß diesem ‚subsidiären' Amtsprinzip die hierarchische Ordnung unter den verschiedenen Gesellschaften herrscht, um so besser wird es um die soziale Autorität und Wirksamkeit bestellt und um so glücklicher und blühender wird der Zustand des Staates sein."[42]

---

[41] *Pius XI.*, Enzyklika „Quadragesimo Anno" (Übersetzung von E. Marmy), in: Acta Apostolicae Sedis 23 (1931) 203.
[42] *Pius XI.*, a. a. O., in: Acta Apostolicae Sedis 23 (1931) 203; vgl. auch *O. v. Nell-Breuning* und *H. Sacher,* Zur christlichen Staatslehre (Freiburg i. Br. 1948) 4 53 74 96 104; *J. Messner,* Das Naturrecht. Handbuch der Gesellschaftsethik, Staatsethik und Wirtschaftsethik (Innsbruck-Wien 1950) 199–202.

Das Subsidiaritätsprinzip ist als formuliertes rechtliches Prinzip neueren Datums[43]. Die damit formulierte Forderung aber hat hinter sich nicht nur die katholische Tradition besonders des ersten Jahrtausends, sondern auch vor allem das noch heute verpflichtende Leitbild der apostolischen Kirche. Dieses Leitbild schließt eine – auch bei grundsätzlicher Beibehaltung des Episkopates mögliche – faktische Entleerung des apostolischen Bischofsamtes und der Stellung des gläubigen Volkes eindeutig aus. Eine monarchisch-absolutistische oder gar eine diktatorial-totalitaristische Kirchenleitung ist nach dem Neuen Testament unmöglich[44]. Nach dem neutestamentlichen Leitbild ist es offenkundig nicht der Sinn der petrinischen Leitung, alle Aufgaben der Kirche soweit als möglich durch seine Eigentätigkeit (bzw. durch die Tätigkeit eines bürokratischen Apparates) zu verwirklichen. Sondern ihr Sinn ist es, die volle Wirksamkeit aller Glieder der Kirche, der Bischöfe, Priester und Laien, dienend zu ermöglichen und zu sichern. Das Petrusamt darf also nie wie ein totalitärer Staat beanspruchen, alles zu besorgen oder wenigstens alles zu besorgen rechtlich befugt zu sein; das wäre ein schwerwiegendes Mißverständnis der Vatikanischen Definitionen. Vielmehr fordert das Subsidiaritätsprinzip, daß das Petrusamt den Bischöfen, Priestern und dem Volk alles das zur selbstverantwortlichen Erledigung überläßt, wozu Bischöfe, Priester und Volk der direkten Mitwirkung des Petrusamtes als solchen nicht bedürfen; und es fordert zugleich, daß das Petrusamt Bischöfe, Priester und Volk möglichst viel an der Leitung der Kirche beteiligt sein läßt[45].

---

[43] Zur Anwendung des Subsidiaritätsprinzips auf die Kirche vgl. *W. Bertrams,* De principio subsidiaritatis in iure canonico, in: Periodica de re morali, canonica, liturgica 46 (1957) 3–65; Vom Sinn des Subsidiaritätsgesetzes, in: Orientierung 21 (1957) 76–79; Das Subsidiaritätsprinzip in der Kirche, in: Stimmen der Zeit 160 (1957) 252–267.

[44] Vgl. auch das in Kap. IV, 1–2 Gesagte.

[45] Es muß hier auch unterschieden werden, welcher Einfluß dem römischen Bischof als Bischof in der Diözese Rom, als Metropolit in der römischen Kirchenprovinz, als Patriarch in der lateinischen Westkirche und als Papst in der Gesamtkirche zukommt. Was *F. Heiler* zu dieser Frage kritisch bemerkt, darf nicht übersehen werden: „Verschiedenartige Elemente sind in der Dreiteilung der päpstlichen Tiara symbolisiert: das Amt des *Bischofs von Rom,* der zugleich Metropolit der römischen Kirchenprovinz ist, des *Patriarchen* der abendländisch-lateinischen Kirche – und des *Primas* aller Bischöfe. In der Vermischung dieser drei Ämter, in der Ausdehnung der Befugnisse der ersten Amtssphäre auf die zweite und der beiden ersten auf die dritte ist ein guter Teil der Anstöße begründet, welche der Einigung der Christen im Wege stehen. Wird aber der Primat des Papstes rein als solcher gefaßt in seiner providentiellen ökumenischen Einheitsfunktion und geschieden von den wandelbaren Funktionen des römischen Metropoliten und des abendländischen Patriar-

Man braucht keine Angst zu haben, daß die Anwendung des Subsidiaritätsprinzips dem Petrusamte schaden würde, im Gegenteil, hier kann man entsprechend dem oben zitierten Wort Pius' XI. sagen: Je vollkommener gemäß dem Subsidiaritätsprinzip die hierarchische Ordnung unter den verschiedenen Lebenskreisen der Kirche herrscht, um so besser wird es um die Autorität und Wirksamkeit des Petrusamtes bestellt sein und um so glücklicher und blühender wird der Zustand der Kirche sein. Das Petrusamt wird so nicht von seinen eigentlichen großen Aufgaben abgelenkt, sondern es wird freier, energischer und erfolgreicher alles das ausführen können, was es allein angeht, weil es allein es zu leisten imstande ist: Leitung, Überwachung, Antrieb, Zügelung in *dem* Bereich der Gesamtkirche, der die Möglichkeiten der Bischöfe und ihrer Ortskirchen übersteigt.

Selbstverständlich ist das Subsidiaritätsprinzip in der Kirche kein Prinzip, das eine ein für allemal geltende *materiale* Abgrenzung zwischen den Rechten des Papstes und denen der Bischöfe durchführen läßt, da „der Papst *Vollgewalt* hat und man im einzelnen keine einzelne Vollmacht als einzelne im Bereich der Jurisdiktion eines einzelnen Bischofs als solchen angeben kann, die ihm der Papst nicht (aus gerechten Gründen) entziehen könnte (oder deren Ausübung er nicht untersagen könnte)...“[46] Doch schließt das vom Neuen Testament und der apostolischen Kirche (und schließlich auch vom Vatikanum I) gestützte Subsidiaritätsprinzip aus, daß der Episkopat nur noch rein formal und äußerlich beibehalten wird. Ein Papst, der – bei äußerer formaler Beibehaltung des Bischofsamtes – *faktisch* den Episkopat als solchen (nicht nur aus gerechten Gründen das Bischofsamt eines *einzelnen* Bischofs[47]) so entleerte, daß er alle Gewalt praktisch an sich zöge und die Bischöfe praktisch zu Apostolischen Vikaren erniedrigte, würde gerade das tun, was vom Vatikanischen Konzil scharf abgelehnt wurde: „officere ordinariae ac immediatae

chen, dann wird der geschichtliche Sinn und das göttliche Recht des Papsttums auch seinen Bestreitern verständlich.“ Eine Heilige Kirche (Okt. 1955), zit. bei O. Karrer, Apostolische Nachfolge und Primat, in: Fragen der Theologie heute, hrsg. von J. Feiner, J. Trütsch und F. Böckle (Einsiedeln 1957) 205.

[46] *K. Rahner,* Episkopat und Primat (Freiburg-Basel-Wien 1961) 34f 74–78.

[47] *K. Rahner* betont richtig, „daß die bis zur praktischen Aufhebung gehen könnende Beschränkung der Gewalten eines einzelnen Bischofs durch den Papst sich nicht durch Summation in gleicher Weise auf den Gesamtepiskopat ausdehnen kann und darf, daß also das Recht des Papstes gegenüber dem Gesamtepiskopat nicht einfach die Summation seiner Rechte gegenüber den einzelnen Bischöfen ist, daß aber darum auch umgekehrt die faktische Handhabung der päpstlichen Rechte gegenüber dem einzelnen Bischof iure divino darauf zu achten hat, daß das Recht iuris divini des Gesamtepiskopats, das dieser als Kollegium hat, nicht praktisch aufgehoben oder in seinem Wesen bedroht wird“ (a. a. O. 68).

illi episcopalis iurisdictionis potestati, qua episcopi, qui positi a Spiritu Sancto in Apostolorum locum successerunt, tanquam veri pastores assignatos sibi greges singuli singulos pascunt et regunt"[48]. Hier ginge es ja in der Tat um ein „destruere episcopatum"[49], um ein „ad nihilum redigere et negare potestatem singulorum episcoporum"[50]. „At quis nec per somnium quidem excogitare posset tam absurdam hypothesim?" rief der Kommissionsberichterstatter Zinelli in diesem Zusammenhang aus[51]. Ein Papst, der die Stellung des Gesamtepiskopates praktisch so entleerte, daß vom Episkopat nur der Name übrigbliebe, verginge sich gegen die von Christus gewollte Verfassung der Kirche, die wesenhaft und wirklich (nicht nur scheinbar) episkopal ist. Ein solcher Papst, der sich gegen diese von Christus gewollte Wesensstruktur der Kirche stellte, wäre ein Papa haereticus oder schismaticus. Daß die Kirche einem solchem (schon die Theologen und Kirchenrechtler des Mittelalters rechneten durchaus ernsthaft mit dieser Möglichkeit) nicht einfach wehrlos ausgeliefert ist und nur auf ein Wunder des Heiligen Geistes hoffen könnte[52], wird noch eingehend zu zeigen sein.

---

[48] Denz. 1828.   [49] Mansi 52, 1114.   [50] Mansi 52, 1311.

[51] Mansi 52, 1105.; vgl. auch in derselben Relatio Mansi 52, 1108s: „Nam ex omnibus his fontibus revelationis apparet, Petro et eius successoribus datam fuisse vere plenam eamque supremam in ecclesia potestatem, scilicet plenam ita ut coarctari non possit ab ulla potestate humana ipsa superiore, sed a iure tantum naturali et divino. Hinc vani et futiles (parcant verbo) illi clamores, qui difficillime ut serii considerari possunt, ne si papae tribuatur perplena et suprema potestas, ipse possit destruere episcopatum, qui iure divino est in ecclesia, possit omnes canonicas sanctiones sapienter et sancte ab apostolis et ecclesia emanatas susque deque evertere, quasi omnis theologia moralis non clamitet legislatorem ipsum subiici quoad vim directivam, non quoad coactivam, suis legibus, quasi praecepta evidenter iniusta, nulla damnosa possent inducere obligationem, nisi ad scandalum vitandum."

[52] Dies muß – bei aller Bejahung von Rahners Grundanliegen – bezüglich seiner Lösung überlegt werden. Die Fragen, die O. Karrer dazu stellt, sind berechtigt: „Wirkt der Geist gegenüber an sich denkbaren (und in gewissen geschichtlichen Situationen wie im Falle Bonifaz' VIII. auch unbestrittenen) Überschreitungen der geistlichen Vollmacht als eine Art Deus ex machina, oder will sich Gott in solchem Falle der pneumatischen Kräfte im Schoß der Kirche als Korrektiv gegenüber einem drohenden Absolutismus bedienen? Bedarf das Bischofsamt, da es nicht weniger als das Petrusamt auf göttlich apostolischer Setzung gründet, noch irgendwelcher kirchenrechtlicher Paragraphen, um seine Sendung gerade in ernster Entscheidung zu erfüllen? Gibt es im inspirierten Neuen Testament nicht eine de-facto-Gutheißung des Widerstandes des ,Letztapostels' gegen eine gefährliche Maßnahme des ,Erstapostels'? Vertreten die Bischöfe den Papst und nicht vielmehr das Apostelkollegium? Hat dieses (bzw. das Bischofskollegium) seine Vollmacht von Petrus und nicht vielmehr von Christus? Und steht die Kirche kraft göttlichen Rechtes, also vor allem Kirchenrecht, bloß auf ,Aposteln' oder auch auf ,Propheten'? Jesus betete für Petrus, daß er die Brüder stärke – und wenn er in

c) Das Ziel der Amtsführung des Papstes: Der Referent der Glaubensdeputation nannte als Ziel der päpstlichen Amtsführung: nicht in destructionem, sondern in aedificationem ecclesiae[53]. So formulierten auch Konzilsväter. Statt von der aedificatio ecclesiae sprachen sie auch von der salus und unitas ecclesiae. So wird denn ausdrücklich in der Einleitung zum Konzilsdekret gesagt, daß der Primat um der Einheit der Kirche willen da sei[54]. Der Kirche und ihrer Einheit also soll der Primat dienen und nicht seiner eigenen Größe und Herrlichkeit. Alle konkreten Aktionen finden von daher ihren Sinn und zugleich ihre Grenze[55]. Das Petrusamt hat für die Einheit der Kirche die Funktion einer die Kirche auch äußerlich zusammenhaltenden Klammer: die Klammer ist um des Ganzen willen da, nicht das Ganze um der Verklammerung willen.

Es geht hier um nichts anderes als um den *Dienstcharakter* jedes kirchlichen Amtes, den aber das Petrusamt in *hervorragender* Weise konkret sichtbar zu machen hat; denn „wer unter euch groß sein will, sei euer Diener, und wer unter euch der Erste sein will, sei der Knecht aller" (Mk 10, 43 f). Leider wurde dieser fundamentale biblische Aspekt – im Neuen Testament ist das umfassende Wort für „Amt" nicht irgendein in der weltlichen Rechtsordnung gebräuchliches Wort (ἀρχή, τιμή, τέλος), sondern διακονία, Dienst – allzu sehr vernachlässigt in den damaligen Diskussionen und Definitionen. Allzu sehr war man im juristischen Denken befangen und allzu wenig vom Wort der Heiligen Schrift bis in die Ausdrucksweise hinein unmittelbar bewegt[56]. Das

Antiochien versagte, wußte sich Bruder Paulus vom Geist aufgerufen, seine Mahnung in apostolischer Vollmacht geltend zu machen. Wenn in dem von K. Rahner angenommenen Falle die Bischöfe das Analoge pflichtmäßig tun – würde dann ein Papst, der sich gegen Episkopat und Volk versteifen wollte, auch in dieser Haltung nichts anderes als Träger des Heiligen Geistes gelten können, so daß die Kirche nichts anderes übrigbliebe, als auf ein Wunder zu warten?" (Ökumenische Katholizität, in: Hochland 51 [1959] 306 f.)
[53] Mansi 52, 715 1105 1115 s; vgl. schon in der dogmatischen Vorbereitungskommission Mansi 49, 707.   [54] Denz. 1821.
[55] *M. Schmaus*, Katholische Dogmatik (München ⁵1958) III/1, 492: „Es wäre ein tiefgehendes und verhängnisvolles Mißverständnis, wenn man die päpstliche Vollgewalt nur nach der formal-juristischen, nicht aber nach der inhaltlich-sinngetragenen Seite verstünde. Eine solche Auslegung müßte zu der Ansicht führen, daß der Papst Willkürliches und Beliebiges vorschreiben kann. In Wahrheit gehört es zum Wesen der päpstlichen Vollgewalt, daß sie nur zur Förderung der Gottesherrschaft und zum Heile der Menschheit eingesetzt wird. Sie ist also an Christus und sein Gesetz gebunden. Nur diese Inhaltlichkeit rechtfertigt ihren Vollzug. Eine solche Feststellung enthält nicht nur eine sittliche Verpflichtung, sondern eine rechtliche Bindung."
[56] Vgl. *P. Parente,* Theologia Fundamentalis. De Ecclesia (Romae 1954) 208: „Quod quidem periculum non semper caverunt post Concilium Tridentinum theologi, qui, doctrinam de Corpore Mystico fere obliti, stilo iuridico potius quam theologico in hoc tractatu digerendo indulserunt."

Konzil war darin abhängig von der Theologie seiner Zeit[57]. Zudem sprach man in der damaligen antigallikanischen Frontstellung viel von den Pflichten der Bischöfe und wenig von ihren Rechten, umgekehrt aber viel von den Rechten des Papstes und wenig von seinen Pflichten. Vom Petrusamt hat jedoch zweifellos in hervorragender Weise zu gelten, was K. H. Schelkle vom neutestamentlichen Amt schreibt, das seinem Wesen nach Dienst ist: „Das Neue Testament hebt dies noch hervor, indem es das Gegenteil zeichnet, wie es in der Welt geschieht: ,Die Könige der Völker sind Herren, und ihre Mächtigen lassen sich Wohltäter nennen. Bei euch sei es nicht so' (Lk 22, 15). Demgegenüber soll vom Amt in der Kirche gelten: ,Wir sind nicht Herren eures Glaubens, sondern Diener eurer Freude. Denn ihr steht ja im Glauben' (2 Kor 1, 24). Auch für das Verhältnis des Apostels und der Gläubigen muß gelten: ,Brüder, ihr seid zur Freiheit berufen' (Gal 5, 13). Und: ,Werdet nicht der Menschen Knechte!' (1 Kor 7, 23). Und: ,Was ist Apollos? Und was ist Paulus? Diener sind sie, durch die ihr zum Glauben gekommen seid' (1 Kor 3, 5). Eine Gemeinde ist also nicht ihren jeweiligen Aposteln und Lehrern, sondern immer unmittelbar Christus als dem Herrn unterstellt. Der Apostel darf nicht die Freiheit der Kirche einengen, indem er den Seinen durch eigene Vorschriften ,eine Schlinge um den Hals würfe' (1 Kor 7, 35). Wohl kämpft Paulus um die Gemeinden in Korinth, Philippi und Galatien. Denn was besitzt dieser heimatlose Wanderer in den weiten Ländern des Mittelmeeres, dieser bettelarme Mann, außer den Brüderschaften, die er gegründet hat? Aber er bindet die Gemeinden nicht an sich. Er kann beteuern (2 Kor 11, 2): ,Ich eifere um euch mit Gottes Eifer. Ich habe euch einem Manne verlobt, um euch Christus als reine Jungfrau zuzuführen. Ich fürchte, wie die Schlange Eva betrog, so könnten auch eure Gedanken verdorben und von der Lauterkeit gegen Christus abgezogen werden.' Paulus verlangt darum, daß der seelsorgliche Dienst wirklich sei, was das Wort sagt: ,Dienst im wahren Geist des Dienens' (Röm 12, 7)."[58]

d) Die Art und Weise der Amtsführung des Papstes: Mit dem Ziel der aedificatio ecclesiae hangen die Prädikate zusammen, mit denen verschiedene Konzilsväter in Diskussionen die Art und Weise der päpstlichen Amtsführung umschrieben: nicht arbitrarie, nicht inopportune, nicht ultra modum, nicht regulariter. Oder positiv gewendet: Motive für päpstliche Eingriffe müssen sein: evidens utilitas, Ecclesiae necessitas[59].

---

[57] Vgl. *R. Aubert,* L'ecclésiologie au concile du Vatican, in: Le concile et les conciles (Paris 1960) 260–262.

[58] *K. H. Schelkle,* Jüngerschaft und Apostelamt. Eine biblische Auslegung des priesterlichen Dienstes (Freiburg i. Br. ²1961) 36.

[59] Vgl. *G. Thils,* Primauté pontificale et prérogatives épiscopales (Louvain 1961) 96.

Es geht von neuem um die Anwendung des Subsidiaritätsprinzips. Eine andere Formulierung dieses Prinzips, wie sie im katholischen Raum oft gegeben wird, lautet: So viel Freiheit als möglich, so viel Bindung als notwendig! Das Subsidiaritätsprinzip ist also in der Kirche umso besser verwirklicht, je mehr innerhalb der wesentlichen und notwendigen katholischen Einheit das Petrusamt mittels der *Bischöfe* die Kirche leitet, je mehr also die Dezentralisierung und die Selbstverwaltung der Einzelkirchen (einer Diözese eines Landes, Sprachkreises oder Kontinents) ausgestaltet sind und je sparsamer die unmittelbaren Eingriffe des Petrusamtes sind[60].

Auch hier wäre eine Besinnung auf die biblischen Grundlagen für die Art und Weise der Amtsführung – gerade im Hinblick auf die Glaubwürdigkeit des Amtes – von hohem Wert. Demut, Bescheidenheit, Milde, Langmut, Glaube, Liebe werden da gefordert. So heißt es 1 Tim 4, 12: „Werde Vorbild der Gläubigen im Worte, im Wandel, in Liebe, in Glaube, in Reinheit." Von da her sind auch dem Petrusamt manche Grenzen gesetzt, die juristisch nur schwer formulierbar sind. Nicht alles, was „legal" oder „legitim" ist, ist schon deswegen nach dem Geiste des Evangeliums. Es können auch hier noch einmal die Worte von K. H. Schelkle auf das Petrusamt angewendet werden: „Die Presbyter dürfen nicht ‚herrschen wollen durch Unterdrückung' (1 Petr 5, 3). Dieses Wort gemahnt an das Bild, das Mk 10,42 von der Gewaltherrschaft in der Welt gegeben wird. Auch die Amtsträger der Kirche sind also

---

[60] Vgl. *G. Thils,* a. a. O. 100 s: „Même les motifs d'intervention pontificale – *salus, bonum, universitas, necessitas, evidens utilitas* – pourraient être présentés dans une perspective ‚épiscopale'. En effet, à lire les auteurs, il semblerait que l'utilité de l'Église, son bien, son salut, ses nécessités appellent toujours un exercice plus étendu de la juridiction papale et donc une centralisation croissante. Or, de soi, et en principe, il pourrait en être autrement. L'utilité, le bien, les nécessités de l'Église peuvent tout aussi bien appeler une diminution des interventions pontificales et donc un mouvement de décentralisation. Une ecclésiologie centrée sur l'épiscopat pourrait faire valoir les mêmes principes qui justifient les interventions pontificales, mais dans un tout autre sens. Ainsi, l'on pourrait se demander, étant donné la situation historique de L'Église au XXᵉ siècle, si le *salut* de l'Église n'appellerait pas, de fait, une autonomie plus grande de tout l'épiscopat? si le *bien* actuel de l'Église universelle ne s'accommoderait pas d'un certain mouvement de décentralisation administrative? si les *nécessités* présentes de l'Église n'appellent pas un renforcement des prérogatives épiscopales? si *l'utilité* même de l'Église d'aujourd'hui ne demanderait pas certaines déclarations en faveur de la variété et de la pluralité des rites, des coutumes, des constitutions canoniques? Une nouvelle fois, il ne faut pas reviser les principes, mais veiller à les appliquer *aussi* à une ecclésiologie élaborée dans les perspectives épiscopales. Les principes restent les mêmes, ils sont immuables; leur application peut être différente selon les circonstances qui se présentent de fait."

versucht, nach dem Beispiel der in der Welt geübten Gewalttätig-keit zu handeln. Die Vorsteher der Kirche aber dürfen ihren ersten Platz nicht so einnehmen, sondern nur durch ihr verpflichtendes, gutes Beispiel, indem sie ,Vorbilder und Gestalt der Herde' (1 Petr 5, 3) sind."[61]

Das sind nach den Diskussionen und Definitionen des Ersten Vatika-nischen Konzils vier Grenzlinien, die der päpstlichen Amtsausübung gesetzt sind: vom Wesen des Petrusamtes selbst her, vom Bischofsamt her und geradeso auch vom versammelten Volke Gottes her, das als königliches Geschlecht die Kirche ist und dem das Petrusamt im Dienste der Liebe und der Glaubensstärkung zur Erhaltung der Einheit zu dienen hat.

Wie ist auf diesem Hintergrund das *Verhältnis Papst – ökumenisches Konzil* zu sehen?

Das Vatikanum I hat zu dieser Frage in seiner Konstitution nicht aus-drücklich Stellung genommen. Was wir nach dem Vatikanischen Konzil vom Verhältnis Primat – Gesamtepiskopat entwickelt haben, wäre auch auf das ökumenische Konzil anzuwenden. Immerhin hatte der Kommis-sionsreferent Zinelli die Frage zu beantworten, ob denn die wahrhaft höchste Vollgewalt nicht auch beim ökumenischen Konzil sei: „Nonne suprema et vere plena potestas est etiam in concilio oecumenico? Nonne Christus omnibus apostolis promisit se futurum cum ipsis? Nonne apostolis dixit: Quaecumque ligaveritis super terram, erunt ligata et in caelis; quaecumque solveritis super terram, erunt soluta et in caelis? Nonne alia dixit quibus clare apparet, ecclesiae suae supremam et plenam potestatem tribuere voluisse?"[62] Zinelli gibt – unter gleichzeitiger Bejahung der Vollgewalt des Papstes – dies alles zu: „. . . concedimus lu-benter et nos in concilio oecumenico sive in episcopis coniunctim cum suo capite supremam inesse et plenam ecclesiasticam potestatem in fideles omnes: utique ecclesiae cum suo capite coniunctae optime haec congruit. Igitur episcopi congregati cum capite in concilio oecumenico, quo in casu totam ecclesiam repraesentant, aut dispersi, sed cum suo capite, quo casu sunt ipsa ecclesia, vere plenam potestatem habent."[63] Und etwas später wiederholt er noch deutlicher, wie dieselbe Vollgewalt sich sowohl beim Papst wie beim ökumenischen Konzil findet: „. . . nos admittimus vere plenam et supremam potestatem existere in summo pontifice veluti capite, et eamdem vere plenam et supremam potestatem esse etiam in capite cum membris coniuncto, scilicet in pontifice cum epi-scopis, salvo semper et inconcusso quod prius admonuimus."[64] Aber

[61] *K. H. Schelkle*, a. a. O. 40.
[62] Mansi 52, 1109.   [63] Mansi 52, 1109.
[64] Mansi 52, 1110; vgl. 53, 310.

über die Art und Weise, wie diese beiden obersten Autoritäten koexistieren, ohne daß die eine der beiden an Autorität verliert, hat sich auch der Kommissionsreferent nicht näher ausgesprochen. Jedenfalls geht er in diesem Zusammenhang auf die hier theoretisch gegebenen und aus der Kirchengeschichte faktisch feststehenden Konfliktsmöglichkeiten nicht ernsthaft ein.

3. Der Konfliktsfall zwischen Papst und Kirche

Alles, was wir bis jetzt zur Erklärung der vatikanischen Primatsdefinitionen gesagt haben, wird die Zweifel und Schwierigkeiten der Christen außerhalb unserer Kirche (auch die der orthodoxen Kirchen des Ostens) nicht zerstreuen können. Denn, so sagen sie, *letztlich* ist der Papst doch der absolutistische Herr der Kirche. Und auf die Antwort, die vatikanische Definition der plenitudo potestatis dürfe nicht absolutistisch mißverstanden werden, wenden sie ein: *Letztlich* sei unsere Kirche doch auf Gedeih und Verderb den Päpsten ausgeliefert, auch wenn diese Päpste gegen das Evangelium lebten und lehrten. Zwar habe die katholische Kirche gegenwärtig gute Päpste, aber sie habe auch schon viele schlechte Päpste gehabt, und es bestehe nicht die geringste Garantie, daß sie sie früher oder später nicht wieder haben könne. Schließlich habe man zur Zeit Leos d. Gr. oder Gregors d. Gr. auch nicht gedacht, daß nachher ein zehntes Jahrhundert, allgemein als das schreckliche saeculum obscurum des Papsttums bezeichnet, folgen könnte. Und zur Zeit der großen Päpste des hohen Mittelalters habe man auch nicht gedacht, daß nachher die Zeit der Renaissancepäpste folgen könnte. In einem Konflikt Papst – Kirche werde die Kirche bei der übermächtigen Macht des Papstes, auch wenn sie das Evangelium hinter sich hätte, auf jeden Fall den kürzeren ziehen und, wie es vorkam, unter Umständen durch Jahrzehnte hindurch schlechten und in jeder Beziehung unwürdigen Päpsten ausgeliefert sein. Da bleibe den Katholiken nichts anderes übrig, als auf Wunder des Heiligen Geistes zu hoffen, die nach dem Zeugnis der Kirchengeschichte gerade in den saecula obscura des Papsttums nicht einträfen. Legale Mittel besäße die katholische Kirche selbst keine, um sich in ihrer Not eines schlechten Papstes zu erwehren.

Es ist für den Katholiken nicht leicht, auf diese Zweifel und Fragen eine gute Antwort zu geben. Natürlich kann er nicht bestreiten, daß, wo Menschen sind, auch Konfliktsmöglichkeiten bestehen: auch in der Kirche, auch zwischen Papst und Bischöfen, Papst und ökumenischem Konzil, Papst und Kirche. Hier überall gab es nach dem Zeugnis der Kirchengeschichte schon ernste und folgenschwere Konflikte und kann es sie wieder geben; kleine Konflikte zwischen dem Papst (bzw. seinen Organen) und einem Bischof sind erst recht möglich. Dies alles gehört zum Menschlichen und Allzumenschlichen der Kirche und kann den Katholiken in seinem katholischen Glauben nicht irremachen. Aber die Frage besteht natürlich doch: wie sind solche Konfliktsituationen theologisch zu beurteilen?

Wir können nur dann eine befriedigende Antwort auf diese Frage geben, wenn wir es wagen, die Fakten der Kirchengeschichte ohne alle Schönfärberei mit nüchternen Augen zu sehen. Abstrakte Theologumena, die von der geschichtlichen Wirklichkeit absehen, können heute weniger denn je überzeugen. Und Verschweigen unbequemer geschichtlicher Tatsachen ist ein Zeichen schwachen Glaubens. Allerdings wäre es in unserem Zusammenhang nicht interessant, irgendwelchen kirchengeschichtlichen oder kanonistischen Kuriositäten, an denen gerade die Papstgeschichte nicht arm ist, nachzusteigen; es kann in dieser systematischen Sichtung der Probleme überhaupt nicht darum gehen, kirchengeschichtliche oder kirchenrechtsgeschichtliche Forschung zu treiben. Doch bilden typische Konfliktsituationen in der Kirchengeschichte und in der Kanonistik bezeichnende Grenzfälle, die als solche die eigentliche Struktur der Kirche bzw. vergessene Linien dieser Struktur in sehr eindrücklicher Weise zu erhellen und klären vermögen. In diese nicht ganz leichte und leider allzu selten bedachte Problematik wollen wir nun nüchtern und vorsichtig weiter eindringen, um gerade so den Dienstcharakter des Petrusamtes in der Kirche glaubwürdiger nach innen und außen darzustellen.

Kanon 1556 sagt deutlich: „Prima sedes a nemine iudicatur." Darnach ist keine irdische, keine staatliche und keine kirchliche Macht oder Institution als zuständig anerkannt, um über das Papsttum zu richten. Die Kompetenz anderer Richter wird in Kanon 1558 sogar als eine incompetentia absoluta bezeichnet. Und so wird denn auch dem Papst heute allgemein die Kompetenz der Kompetenz zugeschrieben.

Die geschichtliche Problematik des Satzes „prima sedes a nemine iudicatur" ist aber äußerst schwierig zu durchschauen. Denn es läßt sich nicht leugnen, daß zwischen den päpstlichen Forderungen und den historischen Tatsachen eine sehr weite Kluft besteht. Am drastischsten zeigt sich diese Kluft in dem Faktum der zahlreichen Papstabsetzungen, die im Laufe der Kirchengeschichte stattgefunden haben. Theologisch relevant sind in unserem Zusammenhang nicht die von heidnischen oder späteren arianischen Gerichten durchgeführten Gewaltakte, in denen eine der Kirche fremde Macht den Bischof von Rom absetzte, verbannte oder zum Tod verurteilte. Wichtig sind vor allem die Papstabsetzungen des Mittelalters. Diese wurden – nachdem sie bisher von historischer Seite wenig im Zusammenhang behandelt wurden – vor kurzem von

H. Zimmermann einer eingehenden historischen Untersuchung unterzogen, an die wir uns im folgenden halten werden[1].

In Übereinstimmung mit Maassen, L. Duchesne, E. Caspar, A. Fliche – V. Martin, J. Haller, F. X. Seppelt stellt Zimmermann zuerst fest, daß der Satz von der prima sedes, der aus dem Decretum Gratiani auch in den heutigen Kodex übernommen wurde, eindeutig auf eine Fälschung des sechsten Jahrhunderts (zur Zeit des Papstes Symmachus mit Bezugnahme auf apokryphe Synodalakten von Sinuessa 303) zurückgeht. Noch in der zweiten Hälfte des vierten Jahrhunderts, als gegen Papst Damasus I. Klage erhoben wurde, stellte eine römische Synode an die Kaiser Gratian und Valentinian lediglich den Antrag, daß der Papst in Zukunft in Kriminalsachen nicht mehr der Jurisdiktion kaiserlicher Beamter, sondern allein dem höchsten weltlichen Richter, nämlich dem Kaiser, unterstellt sein möge; dieser Antrag wurde allem Anschein nach abgelehnt. Erst hundert Jahre später, als der Kaiser zu weit weg war, um in Verhandlungen eingreifen zu können, erklärten sich die Synodalen (ebenso wie der Gotenherrscher Theoderich) für nicht zuständig, um einen Prozeß gegen Papst Symmachus durchzuführen. „Die damals entstandenen Fälschungen suchten das Vorgehen des Konzils historisch zu rechtfertigen und den Inhaber der Papstwürde für immer von jedem weltlichen und geistlichen Gericht zu befreien. Damit war der Abschluß einer längeren Entwicklung erreicht; ob die Rechtsbehauptung ‚Prima sedes a nemine iudicatur' freilich die Möglichkeit hatte, sich durchzusetzen und allgemeine Anerkennung zu erlangen, mußte die Zukunft erweisen."[2]

Jedenfalls verzeichnet die Papstgeschichte trotz dieser Rechtsbestimmungen und der stets wachsenden Ansprüche des Jurisdiktionsprimates „von den ältesten Zeiten bis ins 15. Jahrhundert eine ganze Reihe von ‚Papstprozessen', zu denen Inhaber der prima sedes als Angeklagte geladen waren und oft sogar abgesetzt wurden"[3]. Die Papstprozesse des sechsten und siebten Jahrhunderts verraten noch nichts von einer allgemeinen Anerkennung des Rechtssatzes „Prima sedes a nemine iudicatur", obwohl der Satz nun bekannt war. Und obwohl dieser aus den symmachianischen Fälschungen stammende Rechtssatz sich im neunten Jahrhundert bereits in den Rechtssammlungen findet und man öfters mit ihm argumentiert, waren auch die Papst-

[1] *H. Zimmermann,* Papstabsetzungen des Mittelalters, in: Mitteilungen des Instituts für Österreichische Geschichtsforschung 69 (1961) 1–84 241–291; das neueste einschlägige Werk von *S. W. Findlay,* Canonical Norms Governing the Deposition and Degradation of Clerics (Washington 1941) enthält nichts über das Problem der Absetzbarkeit des Papstes

[2] *H. Zimmermann,* a. a. O. 5f.

[3] Ebd. 6.

prozesse von der Mitte des achten Jahrhunderts bis zum Investiturstreit durchaus wirksam. Die bei der Papstwahl Beteiligten, Klerus und Volk von Rom sowie der Kaiser, sprachen auch die Depositionssentenzen aus.

Unter zwei Umständen hielt man eine Absetzung des Papstes für möglich und fühlte man sich von einer Berücksichtigung des Rechtssatzes von der prima sedes dispensiert: 1. bei offensichtlichem Abfall vom Glauben; so hatte schon 869 Papst Hadrian II. den Satz auf einer römischen Synode gegen den byzantinischen Patriarchen Photios erklären lassen; im Fall der Häresie wird mit Hinweis auf die Verwerfung des Papstes Honorius I. ein gewisses Widerstandsrecht gegen den Papst eingeräumt;[4] 2) bei einem durch Invasio erlangten und folglich illegitimen Pontifikat: „Wenn die Legitimität eines Pontifikates von seinem Anfang an wegen irgendwelcher den kanonischen Vorschriften widersprechender Vorkommnisse bei der Wahl und Erhebung des neuen Papstes ernstlich zweifelhaft war, konnten sich die Richter eines solchen Pseudopapstes auf den Standpunkt stellen, daß sie es gar nicht mit einem wirklichen Inhaber der Prima sedes zu tun hätten, für den der oft zitierte Grundsatz Gültigkeit habe, sondern vielmehr mit einem Invasor der Cathedra Petri, den es zu bestrafen gelte. Dieser mußte dann als Frevler gegen die Immunität des Papsttums erscheinen, nicht aber wer ihn zur Rechenschaft zog. Das Wort Invasio begegnet daher in den Quellen immer wieder als Terminus technicus für ein als illegitim zu beurteilendes Pontifikat, ganz abgesehen davon, wie lange dieses schon gedauert hatte ... Die Anklage auf Invasio verweist jedenfalls immer auf den Beginn des betreffenden Pontifikates und gibt diesem das Vorzeichen der Illegitimität, das von einer Berücksichtigung des Rechtssatzes ‚Prima sedes a nemine iudicatur' entbindet, mochten die als Invasoren Verklagten noch so sehr von der Berechtigung ihrer Ansprüche überzeugt sein."[5]

Bei einer Papstdeposition mußte die Schuld des angeklagten Papstes durch ein ordnungsgemäßes Verfahren ausdrücklich festgestellt sein. Damit sich die Papstdeposition durchsetzen konnte, mußte einerseits die Autorität des kaiserlichen Schutzherrn, des Patricius Romanorum, dahinterstehen, dessen Konsens ja auch für die Wahl erfordert war. Andererseits war die Autorität eines Synodalbeschlusses erforderlich: „Das Forum, vor dem sich seit Jahrhunderten und auch im fränkischen Reich ein Angehöriger des Klerus und vor allem ein Bischof zu verantworten hatte, war aber die Synode, und so berichten die Quellen auch immer etwas von konziliaren Beratungen, wenn es galt, über einen Papst das Urteil zu sprechen. Man war dabei anscheinend aus guten Gründen auf

[4] Mansi 16, 126.
[5] *H. Zimmermann,* a. a. O. 78f.

den römischen als auch universalen Charakter der Versammlung bedacht. Es erschien wichtig, daß die Römer, das heißt also die Wähler des Papstes, selbst ihren Bischof schuldig sprachen, aber da dieser zugleich als das irdische Oberhaupt der ganzen katholischen Kirche angesehen wurde, mußte auch die außerrömische Christenheit, oder doch zumindest ein ausschlaggebender Teil von ihr, das römische Urteil gutheißen."[6]

Dabei darf auch hier die Synode nicht nur als eine administrative oder judikative Ratsversammlung verstanden werden: „Die aus solchem Anlaß zusammenberufene Synode erscheint aber niemals nur als Repräsentanz eines gewissen Kreises des Kirchenvolkes, sie erhält ihre besondere Autorität dadurch, daß man sich unter der Leitung des göttlichen Geistes und damit bloß menschlicher Zufälligkeiten entrückt fühlte. Gott selbst wird als Urteiler angesehen, in seinem Namen die Sentenz ausgesprochen und dadurch das verletzte göttliche Recht wiederhergestellt. Man tagt an geheiligtem Ort, in der Kirche und vor dem Altar, man eröffnet die Sitzung in gottesdienstlicher Art mit der feierlichen Einholung der Heiligen Schrift und mit der Verlesung der Canones, man beruft sich bei den Beratungen auf Bibel und altes Kirchenrecht, man setzt endlich an die Spitze des Synodalprotokolls eine Invocatio, die auch späteren Geschlechtern davon Zeugnis geben soll, daß nicht menschliche Weisheit, sondern göttliche Inspiration bei der Urteilsfindung erbeten wurde und maßgebend war. Wenn das auch alles Gepflogenheiten sind, die bei jedem Konzil zur Anwendung kamen und nicht bloß im Falle eines Papstprozesses, so erscheint ihre Beachtung doch gerade dann als besonders wichtig, wenn so heikle Probleme wie die Deposition eines Papstes verhandelt werden mußten. Selbst die Verschwörer gegen Leo III. hielten es im April 799 für nötig, den von ihnen abgelehnten Papst vor dem Altar einer römischen Kirche, also gleichsam vor Gottes Angesicht, seiner Würde zu entsetzen."[7] Man vermied es soweit wie möglich, gegen die Abgesetzten mit Gewalt vorzugehen, sondern versuchte – um die Gültigkeit der gefällten Depositionssentenz als unzweifelhaft hinzustellen –, den Angeklagten zum freiwilligen Verzicht auf seine Würde und damit zur Anerkennung seiner Schuld zu bewegen. Kam es zu einer Papstdeposition, so wurde diese nicht nur durch einen entsprechend formulierten Rechtsspruch, sondern zugleich durch bestimmte Absetzungsriten vollzogen und publiziert, die die seinerzeit erfolgte Erhebung durch Entkleidung und Spottprozession gleichsam rückgängig machen sollten. Bei solchen Papstprozessen und Papstdepositionen spielten häufig auch sehr menschliche Motive der Beteiligten mit, die in den unbeschreiblichen Papstwirren dieser Zeit oft zu wenig wählerischen Praktiken Zuflucht nehmen ließen.

---

[6] Ebd. 81.   [7] Ebd. 81 f.

So kennt die Papstgeschichte jener Zeit eine beträchtliche Zahl von Papstdepositionen: „Aus der Karolingerzeit, die man mit der durch päpstliche Hilfe bewerkstelligten Thronbesteigung des Hausmeiers Pippin einerseits und etwa dem Tode des unglücklichen Kaisers Ludwig des Blinden andererseits begrenzen mag, lassen sich mehr als ein Dutzend Pontifikate nennen, die in irgendeiner Weise als illegitim angefochten wurden, durch gewaltsame Entfernung des Papstes von seinem Sitz unterbrochen waren oder durch dessen Absetzung und Ermordung endeten. Daß nicht alle diese Päpste heute als legitime Inhaber der Prima sedes gelten, die Anspruch auf Berücksichtigung ihrer Immunität gehabt hätten, ist bei jener Zählung nicht von Bedeutung, kann man doch annehmen, daß jeder dieser Bischöfe oder Gegenbischöfe Roms von der Berechtigung seiner Ansprüche subjektiv überzeugt war und die ihm widerfahrene Ablehnung zunächst als Unrecht empfinden mußte."[8] Noch schlimmer war es in der Zeit der Ottonen: „Kein einziger Pontifikat blieb unangefochten, und die Zahl der Papstwahlen hält beinahe denen der Papstdepositionen die Waage."[9] Auch in der Ottonischen Zeit war der Rechtsanspruch der päpstlichen Immunität bekannt. Doch auch in dieser Zeit gab es Gründe, die die Nichtbeachtung des Satzes „Prima sedes a nemine iudicatur" erlaubten. Die Hauptgründe waren invasio, Simonie, Häresie; daneben, oft einfach zur Bekräftigung, periurium, ambitio, sacrilegium, adulterium des matrimonium mysticum zwischen legitimem Papst und römischer Kirche. „Nur im Gericht gegen einen Papst, dessen Erhebung man als illegitim oder dessen Amtsführung und Leben man als unvereinbar mit christlichen Glaubensgrundsätzen zu charakterisieren vermochte, konnte man von einer Berücksichtigung der päpstlichen Immunität absehen und sich berechtigt dünken, für den als vakant beurteilten Papstthron eine neue Wahl zu veranstalten."[10] Auch für die Zeit der Ottonen gilt, „daß für ein ordentliches Verfahren der Zusammentritt einer Synode als nötig empfunden wurde, die durch ihre Teilnehmer zugleich als römisch und doch auch als universal charakterisiert ist, die sich unter der Leitung des Geistes Gottes weiß und ihre Beschlüsse auf Grund des alten Kirchenrechtes faßt, das als Prozeßnorm angesehen wird. Nur so erschien es wohl möglich, so wichtige und die ganze Christenheit betreffende Entscheidungen zu treffen, wie es die Deposition eines angeklagten Papstes oder die Verdammung eines Gegenpapstes war."[11] Die Deposition ging auch hier im allgemeinen nach symbolischen Absetzungsriten vor sich.

Für unseren Zusammenhang ist eines wichtig: Trotz Anerkennung des Rechtssatzes „Prima sedes a nemine iudicatur" hielt die damalige Kirche eine Papstdeposition unter bestimmten außerordentlichen Um-

---

[8] Ebd. 241.　　[9] Ebd. 243.　　[10] Ebd. 287 f.　　[11] Ebd. 288 f.

ständen für gerechtfertigt. Klerus und Volk von Rom sowie die Kaiser sprachen die Depositionssentenzen aus.

Erst in der Zeit des Investiturstreites, am Ende des elften Jahrhunderts, tritt eine Änderung ein: „Die gegen römische Päpste verhängten Sentenzen blieben zum Teil deswegen unwirksam, weil die Angeklagten Hilfe und Unterstützung bei auswärtigen Mächten, insbesondere bei den Normannen und in Frankreich, fanden. Nun war es nicht mehr entscheidend, in Rom Anerkennung zu finden, sondern die gesamte Christenheit entschied über die Legitimität eines Inhabers der Cathedra Petri. Es ist schon bezeichnend, daß das Schisma des Wibert von Ravenna bis zu dessen Tod fortdauerte und daß Papst Gregor VII. und seine Nachfolger weder durch den Kaiser noch durch den Gegenpapst überwunden werden konnten."[12] In der Folge haben sich die feindlichen Päpste zwar gegenseitig verdammt und exkommuniziert, doch kam es weder zu einer Synodalverhandlung mit dem Ergebnis einer Absetzungssentenz noch, erst recht nicht, zu deren Durchführung. Im zwölften und dreizehnten Jahrhundert war die übliche Art, wie ein Papst oder Gegenpapst zu Lebzeiten sein Amt und seine Würde verlor, die der Verzichtleistung.

Die Depositionen der konziliaren Ära des fünfzehnten Jahrhunderts wurden in aller Form damit begründet, daß das Konzil über dem Papst stehe und ihn folglich unter bestimmten Bedingungen auch absetzen könne[13]; es soll auf die konziliare Theorie später ausführlich eingegangen werden. Hier sei nur vermerkt, daß einerseits diese Papstabsetzungen die bisher letzten der Papstgeschichte sind und daß andererseits die Möglichkeit weiterer Papstabsetzungen[14] rechtlich stets offengehalten wurde. Dies gilt selbst für die Zeit nach dem Ersten Vatikanischen Konzil.

Durch die Definitionen des Ersten Vatikanischen Konzils wurde in dieser Hinsicht die Rechtslage nicht verändert. Dies bezeugen die Handbücher des katholischen Kirchenrechts, die auch nach dem Vatikanum mit mehr oder weniger Gründlichkeit de cessatione potestatis Romani Pontificis handeln. Wir halten uns hier an das klassische Lehrbuch des berühmten römischen Kanonisten, Konsultor bei den römischen Kongregationen und Mitglied der Kodifikationskommission für den CIC, F. X. Wernz, der als Rektor der päpstlichen Universität Gregoriana zum Jesuitengeneral (1906 bis 1914) gewählt wurde. Sein sechsbändiges Hauptwerk wurde von P. Vidal neu bearbeitet herausgegeben und be-

---

[12] Ebd. 10f.
[13] Zu den verschiedenen Notstandstheorien in der Zeit des Abendländischen Schismas vgl. *B. Hübler,* Die Constanzer Reformation und die Concordate von 1418 (Leipzig 1867) 360–388.
[14] Was unter einer Papstabsetzung *kanonistisch* verstanden werden kann (wer die rechtlich wirksame Ursache ist usw.), wird im folgenden deutlich werden.

handelt die Frage der cessatio potestatis Romani Pontificis, fußend auf den klassischen Lehren vor allem Bellarmins und Suarez', verhältnismäßig eingehend[15].

Wann verliert nun der Papst sein Amt bzw. seine Leitungsvollmacht? Es sind fünf Fälle zu unterscheiden:

1. *Tod:* „Per *mortem* cessat in Romano Pontifice potestas spiritualis et civilis. Quamvis nihil obstet quominus ipsius potestas *civilis* tempore Sedis Apostolicae vacantis ab alio subiecto exerceatur, tamen ordinaria potestas *spiritualis* R. Pontificis, ad instar potestatis ordinariae Episcopi, *non* transit in aliquod Capitulum vel Collegium Cardinalium ut nonnulli Glossatores falso opinati sunt . . . Hinc primatus iurisdictionis spiritualis R. Pontificis cum *continuatione* tantum *morali, non* physica, perpetua existit in Ecclesia."[16]

2. *Verzicht:* „Per resignationem R. Pontifex suam iurisdictionem evidenter amittit."[17] Wie der Papst durch freie Annahme der Wahl sein Amt erlangt, so verliert er es auch durch freie und öffentlich erklärte Demission. Wenn die Demission den Bischöfen – ob salutem animae suae et necessitatem vel utilitatem suarum ecclesiarum – erlaubt ist, dann um so mehr dem Papst: „propter necessitatem vel utilitatem Ecclesiae *universalis*[18]". Das vinculum spirituale zwischen Papst und Kirche darf nicht „degenerare in vinculum iniquitatis, a quo Romanus Pontifex et Ecclesia nonnisi per mortem solvantur[19]". Wernz-Vidal berufen sich dabei auf den von Coelestin V. verfochtenen und von Bonifaz VIII. in seine Gesetzessammlung aufgenommenen Rechtssatz „Romanum Pontificem posse libere resignare" und auf die faktischen Demissionen Coelestins V. und Gregors XII. Mit anderen bemerken Wernz-Vidal zur Abdankung Gregors XII.: „Gregorium XII. nonnisi sua legitima et generosa *resignatione* pacem et concordiam in Ecclesia restaurasse"[20].

Aus dieser Darlegung Wernz-Vidals dürfte sich für uns ergeben: Es gibt außerordentliche Situationen in der Kirchengeschichte, in denen ein Papst nicht nur resignieren darf, sondern auch – propter necessitatem vel utilitatem Ecclesiae universalis, propter pacem et concordiam in Ecclesia – resignieren muß. Die moralische Verpflichtung ergibt sich aus der grundlegenden Struktur des Petrusamtes: Das Petrusamt ist nicht da, um über die Kirche absolutistisch zu herrschen, sondern um der Kirche und ihrer Einheit zu *dienen*. Sieht ein Papst, daß seine Person – verschul-

---

[15] *F. X. Wernz – P. Vidal,* Ius Canonicum (3. ed. P. Aguirre, Romae 1943) II, 513–521.

[16] Ebd. 513s.

[17] *F. X. Wernz – P. Vidal,* a. a. O. 515; cf. can. 221: „Si contingat ut Romanus Pontifex renuntiet, ad eiusdem renuntiationis validitatem non est necessaria Cardinalium aliorumve acceptatio."

[18] Ebd. 515.   [19] Ebd.   [20] Ebd. 516.

det oder unverschuldet – in einer bestimmten Notsituation diese grundlegende Funktion des Petrusamtes nicht mehr zu erfüllen vermag, so ist er moralisch verpflichtet, um der Kirche, ihrer Einheit und ihres Friedens willen und auch um der glaubwürdigen Darstellung des Petrusamtes selbst willen, auf sein Amt zu verzichten und einem anderen Papst freiwillig Platz zu machen, der die grundlegende Funktion des Petrusamtes wahrnehmen kann.

3. *Geisteskrankheit*: „*Per amentiam* quoque, in quam R. Pontifex *certo* et in *perpetuum* incidat, *ipso facto,* iurisdictio pontificia amittitur, ut teste *Tanner* etiam theologi communiter tenent."[21] Einmal ist sicheres und bleibendes Irresein iuridisch dem geistigen Tod gleichzustellen. Ferner

---

[21] *F. X. Wernz – P. Vidal,* a. a. O. 516. – Gegen die Möglichkeit einer Geisteskrankheit des Papstes kann nicht von vorneherein an die göttliche Vorsehung appelliert werden. Im Laufe der Kirchengeschichte tauchte verschiedentlich die Vermutung auf, daß ein Papst geistig nicht gesund sei. Selbst von einer kirchengeschichtlich so bedeutenden Persönlichkeit wie *Bonifaz VIII.* schreiben *K. Bihlmeyer – H. Tüchle,* Kirchengeschichte (Paderborn [13]1952) II, 354: „Man darf vielleicht an krankhaften Geisteszustand bei ihm denken." Und *F. X. Seppelt – G. Schwaiger,* Geschichte der Päpste (München [2]1957) IV, 53 f.: „Ist so die Frage, ob Bonifaz ein Ketzer war, zu verneinen, so kann man sich dem Eindruck nicht verschließen, daß sein Selbstbewußtsein und sein Machtgefühl sich gelegentlich in Formen geäußert haben, die pathologischen Charakter tragen und die man nur als Anzeichen von Cäsarenwahnsinn deuten kann. Man denke an jene theatralische Szene, die uns durch einen durchaus glaubwürdigen aragonesischen Gesandtschaftsbericht überliefert ist, da Bonifaz vor Bischöfen und Kardinälen in wechselnder Gewandung als Papst und Kaiser auftrat und ausrief: ‚Ich bin Papst, ich bin Kaiser.'" – Auch *Urban VI.* wurde für geistesgestört gehalten: „Da der Papst alle Versöhnungsversuche ablehnte, ließ ihn der König in Nocera belagern. Während der mehrmonatigen Belagerung machte sich Urban VI. dadurch lächerlich, daß er Tag für Tag mehrmals die Glocken läuten ließ und bei brennenden Kerzen den Bannfluch auf die Belagerer schleuderte – ein deutliches Zeichen seiner Geistesgestörtheit" (*F. X. Seppelt – G. Schwaiger,* a. a. O. IV, 205). Auf Geistesgestörtheit hin wurde Urban VI. denn auch untersucht; sie war mit ein Grund, weswegen ein Großteil der Kardinäle von ihm abfiel und einen neuen Papst wählte. Zum Faktum der incapacitas dieses Papstes und der daraus sich ergebenden kanonistischen Problematik vgl. *O. Přerovský,* L'elezione di Urbano VI e l'insorgere dello scisma d'occidente (Miscellanea della società Romana di storia patria vol. XX [Roma 1960]). – Bezüglich *Pauls IV.* sagen dieselben Autoren: „Die sich steigernde Ängstlichkeit und das ins Krankhafte ausartende Mißtrauen des Papstes führte schließlich auch gegen hochverdiente, untadelige Männer zu Maßnahmen, die man als die dunkelsten Blätter im Pontifikate Pauls IV. werten muß" (a. a. O. V, 86). Es steht fest, daß Paul IV. „von geradezu pathologischer Angst beherrscht war, daß ihm so verdächtige Kardinäle einmal den Stuhl Petri einnehmen könnten" (ebd.). „Durch den Pontifikat Pauls IV. zieht sich eine Kette von unerfreulichen Ereignissen, von Mißgriffen, Fehlern und Maßlosigkeiten. Von der außerordentlich schwierigen Zeitlage abgesehen, hat sicher der unausgeglichene, pathologische Charakter des Papstes den Großteil davon selbst verschuldet" (a. a. O. V, 88).

ist ohne Vernunftsgebrauch keine Kirchenleitung möglich: „Haec est enim ratio, ob quam electio *infantis* ad dignitatem pontificiam est ipso iure irrita, ergo a pari si Papa in perpetuum ad conditionem infantis redigatur, ipso facto eius iurisdictio cessat."[22] Schließlich wird ein Mensch nicht auf Grund einer Erbfolge Papst, sondern auf Grund seiner persönlichen Qualitäten; dabei kann er in der Ausübung seiner Vollmacht durch keinen Stellvertreter voll und ganz ersetzt werden: „Ergo cum omnes illae qualitates in casu certae et perpetuae amentiae non amplius futuro tempore sint ullius momenti, propter *pacem* et *necessitatem Ecclesiae,* destructo fundamento habitualis usus rationis in Romano Pontifice, omnis iurisdictio est sublata."[23]

4. *Häresie :* „Per *haeresim notoriam* et *palam* divulgatam R. Pontifex, si in illam incidat, ipso facto etiam *ante* omnem sententiam declaratoriam Ecclesiae sua potestate iurisdictionis privatus existit."[24] Die Auffassung, daß ein Papst nicht nur wenn er ex cathedra spreche, sondern auch sonst (als doctor privatus) nicht in die Häresie fallen könne, bezeichnen Wernz-Vidal als pia et probabilis, aber als nicht certa et communis[25]. Sie schlie-

---

[22] *F. X. Wernz – P. Vidal,* a. a. O. 516.
[23] Ebd.   [24] Ebd. 517.
[25] Ebd. – *E. F. Regatillo,* Institutiones Iuris Canonici (Santander 4 1951) I, 279 bezeichnet diese Auffassung als „pia, sed parum fundata". Auch hier warnt die Kirchengeschichte vor einem vermessenen Vertrauen auf Gottes Vorsehung. Die Kirchengeschichte zeigt allerdings auch, daß die Kirche einem häretischen Papst keineswegs hilflos ausgeliefert ist und unter Umständen äußerst energisch Widerstand leistet. Der klassische Fall des papa haereticus ist *Honorius I.* und seine lehramtlichen Äußerungen im Monotheletenstreit: „Diese unglücklichen Formulierungen wurden Anlaß zur Verurteilung des Honorius durch das sechste allgemeine Konzil von Konstantinopel 681. In der dreizehnten Sitzung sprach es über die Urheber der neuen Irrlehre das Anathem aus und schloß ausdrücklich Honorius, den Bischof von Altrom, ein, ‚weil wir in einem Brief an Sergios gefunden haben, daß er in allem dessen Ansichten folgte und seine gottlosen Lehren bestätigte'. In der Folgezeit wurde diese Verurteilung durch die Trullanische Synode 692 (Mansi 11, 938), das siebte (Mansi 13, 377) und achte (Mansi 16, 181) allgemeine Konzil wiederholt. Leo II., der die Entscheidung des sechsten allgemeinen Konzils akzeptierte, modifizierte die Schuld des Honorius dahingehend, daß er nicht bemüht war, ‚diese apostolische Kirche mit der Lehre der apostolischen Tradition rein zu erhalten, sondern es geschehen ließ, daß die unversehrte (römische Kirche) befleckt' wurde. Die Nachricht von der Verurteilung des Honorius fand sogar Aufnahme in den ‚Liber Diurnus'. Jeder neugewählte Papst mußte die Urheber der neuen Häresie ‚una cum Honorio, qui pravis eorum adsertionibus fomentum impendit', verurteilen. Auch das Papstbuch und das Römische Brevier in der zweiten Nokturn am Fest des hl. Papstes Leo II. berichteten über die Verurteilung, ohne zu betonen, daß es sich bei Honorius um Papst Honorius handle. So scheint man im hohen und späten Mittelalter das Ereignis der Verurteilung vergessen zu haben. Erst durch die Übersetzung des Werkes von Manuel Kalekas gegen die Irrtümer der Griechen durch Ambrosius Traversari erfuhr man im Abendland

ßen sich der Auffassung des Kardinals Bellarmin an, nach welchem der öffentliche Häretiker nicht mehr membrum und folglich auch nicht mehr caput der Gesamtkirche sein könne. Als öffentlicher Häretiker sei er zu meiden: „Porro Papa publice haereticus, qui ex mandato Christi et Apostoli et ob periculum Ecclesiae est vitandus, potestate sua privari debet, ut omnes fere admittunt."[26] So scheidet der Papst durch die Häresie ipso facto als Papst aus. Das Konzil stellt durch seine Verurteilung nur fest, daß der Papst ein Häretiker sei, sich somit selbst von der Kirche getrennt und seine Vollmacht verloren habe: „Sententia vero declaratoria criminis, quae tanquam *mere* declaratoria non est reicienda, illud efficit ut Papa haereticus non iudicetur, sed potius *iudicatus ostendatur,* i. e. Concilium generale declarat *factum* criminis, quo ipse Papa haereticus sese ab Ecclesia separavit suaque dignitate privavit."[27] Suarez hingegen

---

wieder bewußt von der Verurteilung des Honorius. Johannes de Turrecremata suchte die Frage durch die Behauptung zu lösen, die Verurteilung sei ein Irrtum der Orientalen gewesen und auf Grund falscher Informationen erfolgt (Summa de ecclesia, lib. II. cap. 93). In der Reformationszeit versuchte A. Pigge den sich aus der Verurteilung ergebenden Schwierigkeiten durch die These zu begegnen, die Verurteilung des Honorius sei nie erfolgt, sondern fälschlicherweise von den Griechen in die Konzilsakten eingefügt worden. Seine These fand dankbare Aufnahme bzw. Erweiterung bei Bellarmin und Baronius und noch im neunzehnten Jahrhundert Verteidiger, obschon sich bereits M. Cano scharf gegen die Fälschungshypothese gewandt hatte. Auf dem Vaticanum spielte die Honoriusfrage eine wichtige Rolle (vgl. *C. J. von Hefele,* Causa Honorii papae [Neapel 1870]). Die Frage, ob die beiden Honoriusbriefe sogenannte Ex-cathedra-Entscheidungen sind, die Hefele noch 1877 bejahte (vgl. *C. J. von Hefele,* Conciliengeschichte III², 177), wird heute verneint." *R. Bäumer,* Art. Honorius I., in: Lexikon für Theologie und Kirche (Freiburg i. Br. ²1961) V, 475. Verneint man sie und nimmt man die Erklärungen der gemeinten Konzilien und Päpste gebührend ernst, dann haben wir einen im Sinne der vatikanischen Theologie „klassischen Fall" eines Papstes, der Häretiker war: er hat, ohne wirklich ex cathedra zu sprechen, nicht nur häretisch gedacht, sondern auch gelehrt. Selbst wenn man Honorius sachlich milder beurteilen wollte (Unklarheit des Streitpunktes usw.), bleibt doch das Entscheidende bestehen: Konzilien und Päpste rechnen unbefangen mit der Möglichkeit, daß ein Papst häretisch lehrt. – Wichtig ist auch der Fall *Johannes' XXII.,* dessen Ansicht von seinem Nachfolger Benedikt XII. in feierlicher Definition verurteilt wurde: Johannes XXII. „verteidigte in mehreren Predigten seit Allerheiligen 1331 die Meinung, die Seelen der Gerechten, selbst Marias und der Apostel, gelangten erst nach dem Weltgericht zur Anschauung Gottes (visio beatifica). Diese Behauptung rief weithin scharfen Widerspruch hervor; auch die Universität Paris und ein Teil der Kardinäle wandten sich gegen den Papst, so daß er sich genötigt sah, jene Ansicht auf dem Sterbebette zu widerrufen." *K. Bihlmeyer – H. Tüchle,* Kirchengeschichte (Paderborn ¹³¹952) II, 366. Neuere Literatur bei *F. Wetter,* Die Lehre Benedikts XII. vom intensiven Wachstum der Gottesschau (Diss. Romae 1959).
[26] *F. X. Wernz – P. Vidal,* a. a. O. 518.
[27] Ebd. 518.

vertritt die Ansicht, daß ein häretischer Papst nicht von Gott selbst unmittelbar abgesetzt wird (gegen Torquemada, Augustinus von Ancona, Paludanus, Driedo, Salmeron u. a.), sondern daß er erst durch menschliche Sentenz, die seine Schuld feststellt, aufhört, Papst zu sein (mit Cajetan, Melchior Cano, Dominicus Soto u. a.): „si Papa sit haereticus et incorrigibilis, cum primum per legitimam Ecclesiae jurisdictionem sententia declaratoria criminis in eum profertur, desinit esse Papa. Est communis Doctorum; colligitur ex Clemente I, epistola prima, ubi ait Petrum docuisse haereticum Papam esse deponendum. Fundamentum autem hoc est, quia gravissimum foret nocumentum Ecclesiae talem habere pastorem, nec posse sibi subvenire in tam gravi periculo; praeterea contra dignitatem Ecclesiae facit subditam manere haeretico Pontifici, neque posse illum a se depellere."[28]

5. *Schisma:* „Crimini haereseos merito aequiparatur schisma."[29] Ein schismatischer Papst ist also gleich zu beurteilen und zu behandeln wie ein häretischer. Weiter gehen Wernz-Vidal auf diesen Fall nicht ein. Genauere Ausführungen gibt auch hier Suarez, der wichtige Aussagen zum Begriff des Schismas macht[30]. Aus seinen Ausführungen geht klar hervor, daß es beim papa schismaticus nicht einfach um einen Gegenpapst geht; dieser ist als solcher gar kein Papst und stellt somit in unserem Zusammenhang kein Problem dar.

Schisma im spezifisch theologischen Sinn ist für Suarez Spaltung der einen Kirche. Schisma kann auch ohne Häresie Ereignis werden, wenn nämlich einer zwar den Glauben beibehält, jedoch in seinen Handlungen und in der Art des Wandels die Einheit der Kirche nicht wahren will. Ein Schisma ist auf zwei Arten[31] möglich: 1. Indem man sich vom Papst trennt: Man leugnet dann nicht, daß der Papst das Haupt der Kirche ist (das wäre ein Schisma, das zugleich Häresie ist), sondern man verleugnet ihn unbesonnen in einem Einzelfall oder verfährt mit ihm so, als ob er das Haupt nicht sei (Wahl eines Gegenpapstes, Einberufung eines Konzils ohne seine Autorität). – 2. Indem man sich vom übrigen Leib der Kirche trennt und mit ihm keine Gemeinschaft der Sakramente haben will (wie sich Epiphanius im Gottesdienst absonderte von seinem alexandrinischen Patriarchen Petrus, mit dem er Meinungsverschiedenheiten, aber keine Glaubensverschiedenheit hatte); auf diese Weise kann auch der *Papst Schismatiker* sein: wenn er nämlich nicht mit dem

---

[28] *F. Suarez,* De fide theologica, Disputatio X de Summo Pontifice; sectio VI (Opera omnia, Parisiis 1858) 12, 317.
[29] *F. X. Wernz – P. Vidal,* a. a. O. 518.
[30] *F. Suarez,* a. a. O. 12, 733–736.
[31] Die gegenreformatorische Theologie handelte oft nur von der ersten Art, was zu einer ungebührlichen und ungeschichtlichen Verengung des Schismabegriffes führen mußte.

ganzen Leib der Kirche die notwendige Gemeinschaft und Verbindung hielte, oder wenn er versuchte, die ganze Kirche zu exkommunizieren, oder wenn er alle durch apostolische Tradition geschützten Kirchenbräuche umstürzen wollte: „Et hoc secundo modo posset Papa esse schismaticus, si nollet tenere cum toto Ecclesiae corpore unionem et conjunctionem quam debet, ut si tentaret totam Ecclesiam excommunicare, aut si vellet omnes ecclesiasticas caeremonias apostolica traditione firmatas evertere, quod notavit Cajetanus, 2. 2, q. 39; et Turrecrem. latius, 1. 4, c. 11."[32] Wie es die Aufgabe der Kirche ist, mit dem Papst Gemeinschaft zu halten, so die Aufgabe des Papstes, mit der Kirche Gemeinschaft zu halten. Ein Papst, der sich schismatisch von der Gesamtkirche absonderte, verliert sein Amt. Ein Papst, der die ganze Kirche exkommunizierte, würde sich selbst aus der Kirche exkommunizieren; er würde nicht die Kirche, sondern sich selbst ins Unrecht setzen, sich selbst mit der Schuld des Schismas beladen.

Alle von den Kirchenrechtlern behandelten Fälle zeigen, wie irrig der Vorwurf gegen die katholische Kirche ist, als ob die Kirche Päpsten, die gegen das Evangelium lehren und leben, einfachhin ausgeliefert wäre. In einem Konflikt der Gesamtkirche mit einem häretischen, schismatischen oder geisteskranken Papst hat die Kirche durchaus die Möglichkeit und auch die Pflicht, sich gegen den Papst durchzusetzen. Es ist völlig undenkbar, daß der wahre Glaube, daß die Kirche je einmal nur noch in einem einzigen Glied, nämlich im Papst, verwirklicht sein könnte, wäh-

---

[32] *F. Suarez,* De charitate, Disputatio XII de schismate, sectio I (Opera omnia, Parisiis 1858) 12, 733f. – Ein aufschlußreicher Fall ist Papst *Viktor I.,* der wegen der Verschiedenheit des Osterdatums die ganze Kirchenprovinz Asia, zu der wahrscheinlich mehr als ein Viertel aller Gläubigen gehörte, exkommunizierte: „Dieses schroffe Vorgehen Viktors rief bei zahlreichen Bischöfen heftigen Widerspruch hervor, vor allem auch bei Irenäus, dem Bischof von Lyon, der sich dieserhalb mit zahlreichen anderen Bischöfen in Verbindung setzte. Irenäus, der selbst aus Asia stammte, aber Anhänger der römischen Osterpraxis war, richtete ein Schreiben an den römischen Bischof, in dem er ihn darauf hinwies, daß seine Vorgänger, vor allem Anicet, die Kirchengemeinschaft mit den Anhängern der von der römischen Sitte abweichenden Praxis der Osterfeier aufrechterhalten hätten, wenn sie selber auch die Feier am 14. Nisan für sich und ihre Gemeinde ablehnten. Irenäus mahnte Viktor, er möge nicht ganze Gemeinden Gottes, die an einer altüberlieferten Sitte festhalten wollten, ausschließen. Der Erfolg der Bemühungen des Irenäus, von dem Eusebius in diesem Zusammenhang sagte, er sei dem Namen und dem Verhalten nach ein Friedensstifter, ist nicht klar ersichtlich. Wenn nicht schon unter Viktor, so ist doch unter seinen Nachfolgern die Kirchengemeinschaft mit den Gemeinden Asiens wiederhergestellt worden, und im Laufe des dritten Jahrhunderts haben die Gemeinden Asiens von ihrem Sonderbrauch bezüglich der Osterfeier gelassen." *F. X. Seppelt,* Geschichte der Päpste (München ²1954) I, 29f.

renddem die Gesamtkirche, der in erster Linie alle Verheißungen des Herrn gegeben sind, sich im Schisma oder in der Häresie vorfände.

In einem solchen Konflikt hätte der Papst nach dem Gesagten die moralische Pflicht, von sich aus freiwillig zu resignieren, wie dies in der Kirchengeschichte vorkam. Die Kirche hätte die moralische Pflicht, einen solchen Papst zu einer freiwilligen Resignation zu bewegen, wie dies in der Kirchengeschichte geschehen ist. Würde sich ein solcher Papst gegen die Resignation sträuben, so müßte die Kirche anderswie für Abhilfe sorgen. Die schwierige Frage aber ist: quis iudicat? Wir hörten die Antworten, die die Kirchenrechtler im allgemeinen geben: Das ökumenische Konzil, die Bischöfe (früher nannte man auch das Kardinalskollegium), jedenfalls immer eine Repräsentation der Gesamtkirche muß Abhilfe schaffen. Suarez antwortete auf die Frage, wer den Urteilsspruch über einen solchen Papst zu fällen hätte, auf folgende Weise: „Quidam enim dicunt a Cardinalibus ferendam; et potuisset quidem Ecclesia hanc causam illis committere, praecipue si ex consensu vel ordinatione summorum Pontificum ita esset statutum, sicut de electione factum est; sed non legimus hactenus judicium hoc illis esse commissum; ideoque dicendum per se pertinere ad omnes Ecclesiae Episcopos; nam cum illi sint ordinarii pastores et columnae Ecclesiae, ad illos credendum hujusmodi causam interesse, et cum ex jure divino non sit major ratio de his quam de illis, atque jure humano nihil de hoc sit statutum, necessario dicendum spectare ad omnes, atque adeo ad generale Concilium, et ita communis sententia Doctorum habet."[33]

Wie aber, wenn sich der häretische, schismatische oder geisteskranke Papst weigert, ein Konzil einzuberufen? Suarez antwortet: Vielleicht sei es nicht notwendig, ein *ökumenisches* Konzil einzuberufen; es könnte genügen, daß in den einzelnen Gegenden die Erzbischöfe oder Primaten Provinzial- oder Nationalkonzilien einberufen und daß alle diese Konzilien im gleichen Urteilsprozeß übereinstimmen. Was aber, wenn partikulare Konzilien nicht ausreichen und ein ökumenisches Konzil gegen den Willen des Papstes erfordert ist? Suarez antwortet: Wenn ein ökumenisches Konzil zusammenkommt, um in Glaubensfragen zu entscheiden oder allgemeine Kirchengesetze zu erlassen, müsse es legitimerweise vom Papst einberufen werden. Wenn aber das Konzil für eine Angelegenheit zusammenkommen muß, die in besonderer Weise den Papst selbst betreffe und ihm irgendwie widerstrebe, so könne das Konzil entweder vom Kardinalskollegium oder aus der Übereinstimmung des Episkopats berufen werden; falls der Papst ein solches Konzil zu verhindern trachte, sei ihm nicht zu gehorchen, weil er in einem sol-

[33] F. *Suarez,* De fide theologica, Disputatio X de Summo Pontifice, sectio VI (Opera omnia, Parisiis 1858) 12, 317 s.

chen Fall seine oberste Hirtenvollmacht gegen die Gerechtigkeit und das gemeinsame Wohl mißbrauche: „ad hoc vero negotium quod peculiariter Pontificem ipsum concernit, eique quodammodo contrarium est, (concilium generale) legitime congregari posse vel a Collegio Cardinalium, vel ex consensu Episcoporum; atque si Pontifex tentaret hujusmodi congregationem impedire, non fore illi parendum, quia contra justitiam et commune bonum abuteretur summa potestate."[34]

Aus den historischen Tatsachen wie aus der kirchenrechtlichen Lehre ist offenbar geworden, daß der Satz „Prima sedes a nemine iudicatur" faktisch seine innere Grenze hat. Wenn auch der apokryphe Ursprung dieses Satzes in den Handbüchern des Kirchenrechts recht oft verschwiegen wird[35], so wird doch für die genannten Grenzfälle offen zugegeben, daß das Konzil eine sententia (welcher Art, werden wir gleich zu bestimmen haben) über den Papst fällen darf und unter Umständen sogar muß. Wenn dieser Rechtssatz heute vom CIC zur Interpretation der primatialen Stellung des Papstes herangezogen wird und nicht geleugnet werden soll, muß doch in jedem Fall genau überlegt werden, in welchem Sinn und Maß dies geschieht. Dieser Satz muß von der Stellung des Petrusamtes in der Schrift her interpretiert werden und nicht die Stellung des Petrusamtes in der Schrift von diesem – dann rein abstrakt und formal verstandenen – Rechtssatz her. Nur auf diese Weise wird der *Dienstcharakter* des Petrusamtes in der Kirche theologisch und kirchenrechtlich glaubwürdig zum Ausdruck gebracht.

Doch muß nun der Charakter dieser konziliaren Sentenz im Lichte der vatikanischen Primatsdefinition näher bestimmt werden: Ausdrücklich sprachen wir von der *inneren* Grenze dieses Satzes. Vom Vatikanum I her ist ein radikaler Gallikanismus und Konziliarismus unmöglich, der dem Papst als dem legitimen Hirten der Gesamtkirche eine höhere iuridische Instanz von der kirchlichen Verfassung her grundsätzlich überordnete, die die päpstliche Vollmacht als konkurrierende Größe von außen her nach ihrem Entscheid und Gutdünken von Fall zu Fall begrenzte. Doch

---

[34] Ebd. 12, 318.

[35] Das ganze Mittelalter hatte vom apokryphen Charakter der Quellen dieses Rechtssatzes keine Kenntnis; nur Hinkmar von Reims hatte im neunten Jahrhundert Kritik angemeldet, die sich aber wieder verlor. Daß die Akten des Konzils von Sinuessa bedenklich sind, wußte aber neben Matthias Flaccius Illyricus und den Magdeburger Zenturiatoren immerhin schon Caesar Baronius, der sie als donatistisches Machwerk ablehnte. Die Unechtheit wurde endgültig bewiesen 1721 vom Mauriner Pierre Coustant, der auch das Schisma zwischen Symmachus und Laurentius als mögliche Entstehungszeit angab. Daß jene Akten damals entstandene Fälschungen sind, darüber besteht heute kein Zweifel mehr. Vgl. *H. Zimmermann*, Papstabsetzungen des Mittelalters, in: Mitteilungen des Instituts für Österreichische Geschichtsforschung 69 (1961) 4.

muß vom Vatikanum I her ebenso deutlich gesagt werden: Der päpstliche Primat besitzt eine *innere* Grenze, die der päpstlichen Gewalt als endlich-menschlicher und von ihrem Herrn gestifteter von ihr selbst her innewohnt. Damit ist zugleich in der Kirche die legitime Möglichkeit gegeben, daß jemand, der vom Papst unterschieden ist, diese Grenze zu erkennen und dieser Erkenntnis entsprechend zu handeln vermag.

Natürlich kann es in einer konkreten geschichtlichen Situation außerordentlich schwierig werden, zu erkennen, ob die Grenze überschritten ist oder nicht. Diese Schwierigkeit ist der ganzen Problematik immanent, insofern es in dieser Problemstellung um einen Konflikt gerade zwischen Papst und Gesamtkirche geht und insofern ein häretischer, schismatischer oder geisteskranker Papst (wenn er dies wirklich und, was von den Kanonisten vorausgesetzt wird, auch pertinaciter ist) in dieser Situation gerade nicht zugeben *kann,* daß er häretisch, schismatisch oder geisteskrank ist und somit seine Grenzen überschritten hat. Es kann die Lösung des Konflikts nach der kanonistischen Problemstellung gerade nicht von der Einsicht des Papstes erwartet werden. Natürlich darf in einer derart schwerwiegenden Krise ein außerordentliches Eingreifen der göttlichen Providenz nicht von vorneherein ausgeschlossen werden. Es darf aber noch weniger – gleichsam als juridische Lösung – von vorneherein postuliert werden. Kann es doch gerade im Sinne des Herrn der Kirche selbst liegen, daß die Kirche unter dem Beistand des ihr verheißenenen Heiligen Geistes diese Situation durch *eigene* Entscheidung bewältigt, wie sie dies in der Kirchengeschichte oft tun mußte und getan hat. Vom Wesen der Kirche her ist freilich nicht der Einzelne als Einzelner befugt, in einem solchen Fall ein definitives Urteil zu fällen. Vielmehr ist ein solches Urteil Sorge und Last der Gesamtkirche, wie sie legitim repräsentiert wird im ökumenischen Konzil aus menschlicher Berufung. Das ist der Sinn der sententia declaratoria, von der die Kanonisten in diesem Zusammenhang handeln. Auf welche Weise das im einzelnen konkret geschieht, läßt sich weder prinzipiell inhaltlich vorhersagen noch von den Lösungen der Vergangenheit konkret ableiten; die Kirche kann als Kirche aus Menschen ihre Geschichte nicht adäquat bewältigen, noch bevor sie sich ereignet.

Um die sententia declaratoria nach dem Sinn der heutigen Kanonistik richtig zu verstehen, ist zweierlei zu betonen: sie ist echte Sentenz – und sie ist doch nur deklarative Sentenz. Was heißt das? Sie ist *echte* Sentenz: Sie ist ein echtes Urteil mit bestimmten Rechtsfolgen. Sie ist konkret das Urteil: dieser Mensch, der Papst war, kann nicht mehr als Papst betrachtet werden; es kann also ein neuer Papst gewählt werden, und dieser ist dann der allgemein anzuerkennende legitime Nachfolger seines (zwar noch lebenden, aber des Amtes verlustig gegangenen) Vorgängers. Ohne eine solche Sentenz wüßte man dies alles in der Kirche nicht oder wenigstens nicht allgemein gewiß. Da es hier um eine Entscheidung geht, die für die gesamte Kirche von allerhöchster Bedeutung ist, ist dafür nur eine legitime Repräsentation dieser gesamten Kirche, vorzüglich das ökumenische Konzil, zuständig. – Diese echte Sentenz ist dennoch nur *deklarative* Sentenz: Sie ist ein Urteil, das das beurteilte Faktum nicht als solches schafft, kreiert, sondern öffentlich autoritativ als solches erklärt, deklariert. Sie *bewirkt* also nicht, daß dieser Mensch, der Papst war, nun nicht mehr Papst ist; sondern sie *stellt fest,* daß dieser Mensch, der Papst war, nun nicht mehr Papst ist. Wie eine Toterklärung – dieses Beispiel wird von den Kanonisten in diesem Zusammenhang gebraucht – nicht den Tod bewirkt, sondern konstatiert. Der eigentlich und wesentlich Recht schaffende Vorgang, der einen bisherigen Papst nicht mehr Papst sein läßt, ist nicht diese Erklärung, sondern ein Faktum, das von dieser Erklärung unterschieden werden muß: der Tod des Papstes, der Verlust der Geisteskräfte, seine Häresie, sein schismatisches Sichtrennen vom Ganzen der Kirche.

Insofern also das konziliare Urteil zwar nicht die Ursache des Amtsverlustes des Papstes ist und das Konzil somit nicht als von außen kommende übergeordnete Autorität dem Papst sein Amt entziehen kann, insofern nun aber doch das konziliare Urteil die rechtsgültige Feststellung des Amtsverlustes des Papstes ist und das Konzil somit als urteilende Instanz diesen Amtsverlust für die Öffentlichkeit der Kirche rechtlich mit allen ihren Folgen wirkkräftig macht, insofern können wir in diesem Sinn von einer vom Vatikanum I her zu vertretenden *Superiorität* des Konzils sprechen, ohne daß es dadurch eigentlich die höhere und vom Papst unabhängige Rechtsinstanz würde, der der Papst einfachhin als Untertan gegenüberstünde.

Doch ist von dieser „Superiorität" des Konzils noch ausführlicher zu handeln. Am Beispiel des Konzils von Konstanz wird sich nämlich zeigen lassen, daß einerseits die angestellten Überlegungen bezüglich einer „Superiorität" des Konzils sich mit Recht auf Konstanz berufen können und daß andererseits diese Überlegungen, wie die Situation des Abendländischen Schismas zeigt, auch von hoher praktischer Bedeutung sein können.

4. Die ekklesiologische Bedeutung des Konzils von Konstanz

Daß das Konzil über dem Papst stehe, wurde definiert vom ökumenischen Konzil von Konstanz im berühmten Dekret „Sacrosancta" der sessio V. (6. 4. 1415). Wir haben hier einen klassischen Konfliktsfall zwischen Kirche und Papst, der auch das im vorausgehenden Abschnitt Gesagte beleuchten dürfte. Die ganze Christenheit war gespalten worden allein wegen ihres Bekenntnisses zum Papst bzw. zu verschiedenen Päpsten, die von ihrer jeweiligen Gefolgschaft für legitime Päpste gehalten wurden; aus der „verruchten päpstlichen Zweiheit" (in der Römischen Obedienz Gregor XII.; in der Avignoneser Obedienz Benedikt XIII.) war, wie man damals sagte, eine „verfluchte Dreiheit" geworden (Pisaner Obedienz Alexander V., bzw. Johannes XXIII.). Was ist in der Kirche zu tun, wenn das Petrusamt, dessen Sinn die Wahrung der Einheit ist, in dieser Aufgabe praktisch versagt und selbst der Grund der Spaltung wird? Die Präambel des Dekrets betont den Zweck der Definition, das nun bald vierzig Jahre dauernde Schisma zu beseitigen, die Einheit wiederherzustellen und die Kirchenreform an Haupt und Gliedern zu fördern: „Haec sancta Synodus Constantiensis generale Concilium faciens, pro exstirpatione ipsius Schismatis, et unione et reformatione ecclesiae Dei in capite, et in membris, ad laudem omnipotentis Dei, in Spiritu sancto legitime congregata, ad consequendum facilius, securius, liberius unionem et reformationem ecclesiae Dei ordinat, diffinit, decernit, et declarat, ut sequitur."[1]

Und dann beruft sich die Kirchenversammlung als im Heiligen Geiste legitim versammeltes Generalkonzil, das die Gesamtkirche repräsentiert, auf die unmittelbar von Christus verliehene Gewalt, der alle, auch der Papst, zu gehorchen haben in dem, was sich auf Glauben, Beseitigung des Schismas und Kirchenreform bezieht: „Et primo declarat, quod ipsa in Spiritu sancto legitime congregata, Concilium generale faciens, et ecclesiam catholicam repraesentans, potestatem a Christo immediate habet, cui quilibet cujuscumque status vel dignitatis, etiam si papalis exsistat, obedire tenetur in his quae pertinent ad fidem et exstirpationem dicti schismatis, et reformationem dictae ecclesiae in capite et in membris."[2]

Jeder – und sei es der Papst –, der den Befehlen und Beschlüssen dieses Konzils und jedes rechtmäßigen ökumenischen Konzils in den genannten Punkten beharrlich den Gehorsam verweigert, soll gebührend bestraft werden: „Item, declarat, quod quicumque cujuscumque conditionis, status, dignitatis, etiam si papalis, qui mandatis, statutis seu ordina-

---

[1] Mansi 27, 590.
[2] Mansi 27, 590. Der Sinn des Dekrets darf nicht eingeschränkt werden: „Les Pères prirent le soin de le préciser dans le second paragraphe du décret, où il devient évident qu'il s'agit bien de la compétence de *tout* concile général *(et cujuscumque alterius concilii generalis)* et de *tout* ce qui touche de près ou de loin aux matières de foi *(super praemissis* – c'est-à-dire, la foi, la réforme et l'unité – *seu ad ea pertinentibus)*. Aucune autre précision que cette dernière *(ad ea pertinentibus)* ne pourrait donner un sens plus large à la définition." *P. de Vooght*, Le Conciliarisme aux conciles de Constance et de Bâle, in: Le concile et les conciles (Paris 1960) 152.

tionibus, aut praeceptis hujus sacrae Synodi et cujuscumque alterius Concilii generalis legitime congregati, super praemissis, seu ad ea pertinentibus, factis, vel faciendis, obedire contumaciter contempserit, nisi resipuerit, condignae poenitentiae subjiciatur, et debite puniatur, etiam ad alia juris subsidia (si opus fuerit) recurrendo."[3]

Nach einigen gegen Johannes XXIII. direkt gerichteten Anordnungen wird am Schluß des Dekrets beschworen, daß Johannes XXIII. und alle Anwesenden in voller Freiheit waren und noch sind. Gegen den von Konstanz geflohenen und vor dem Übertritt nach Burgund verhafteten Johannes XXIII. wird ein Prozeß eröffnet, der zur Vernichtung seiner Würde und zur Absetzung führt (29. 5. 1415). Auch von den beiden anderen Päpsten erwartet man den Rücktritt: Gregor verzichtet, nachdem auch ihm formell die Berufung des Konzils zugestanden wird (4. 7. 1415); Benedikt XIII. wird, nachdem die Verhandlungen gescheitert sind, formell abgesetzt (26. 7. 1417). Das Dekret „Frequens" (9. 10. 1417) bezeichnet die „frequens generalium Conciliorum celebratio" als bestes Mittel für die Kirchenreform; aus diesem Grunde wird darin angeordnet, daß das nächste Konzil bereits fünf Jahre nach dem Abschluß des Konstanzer Konzils, das übernächste sieben Jahre später und die folgenden Konzilien in einem zeitlichen Abstand von zehn Jahren stattfinden sollen[4]. Als neuer Papst wird schließlich Martin V. gewählt[5].

Das Konzil von Konstanz ist das einzige ökumenische Konzil der Konziliengeschichte, dem es nach unsäglichen Mühen (und durch wesentliche Unterstützung der starken und klugen Laiengewalt in der Person des Königs Sigismund) gelang, eine große Kirchenspaltung zu beseitigen. Die (traditionell verstandene) Legitimität Martins V. und aller folgenden Päpste bis auf den heutigen Tag hängt an der Legitimität des Konstanzer Konzils und seines Verfahrens in der Papstfrage. Trotzdem genießt das Konzil – abgesehen von den Verurteilungen von J. Wyclif und J. Hus – in den dogmatischen Schulbüchern keine große Beliebtheit. Dies liegt zweifellos an einer einseitigen Ausrichtung der neueren Ekklesiologie, die seit Johannes de Turrecrematas Summa de Ecclesia wenig Positives mit den Konstanzer Dekreten anzufangen wußte und sie vielfach nur als difficultates gegen bestimmte ekklesiologische Thesen anführt. Man hat sich nicht gescheut, die Nichtverbindlichkeit der Konstanzer Dekrete mit oft recht seltsamen, scheinbar historischen

---

[3] Mansi 27, 590.
[4] Mansi 27, 1159–1161.
[5] Zur Geschichte des Konzils von Konstanz vgl. die Literatur bei K. A. *Fink*, Art. Konzil von Konstanz, in: Lexikon für Theologie und Kirche (Freiburg i. Br. ²1961) VI, 501–503.

Argumenten aufzuweisen[6]. Nach der neuesten kirchengeschichtlichen Forschung aber, deren Ergebnisse wir hier vorerst kurz referieren, ohne sie auf ihre dogmatische Bedeutung hin zu interpretieren, geht es jedoch nicht an, auf der Unverbindlichkeit der Konstanzer Dekrete zu bestehen[7]. Die Ergebnisse sind:

1. Die Frage nach der päpstlichen Approbation darf nicht anachronistisch gestellt werden. Eine ausdrückliche Approbation der alten Konzilien durch den Papst wird von den heute führenden Kirchenhistorikern bestritten. Auf den mittelalterlichen päpstlichen Generalkonzilien hatte sich die Notwendigkeit der päpstlichen Approbation durchgesetzt. In der Zeit des Konstanzer Konzils wurde eine ausdrückliche päpstliche Approbation nicht für notwendig gehalten. Gerade weil das Konzil seine Gewalt unmittelbar von Christus herleitete, gerade weil das Konzil so über dem Papst (bzw. den drei Päpsten) stand (wenn auch die Frage des Wie dieser Suprematie und deren Grenzen dunkel sein mochte und verschieden verstanden wurde), kam eine päpstliche Approbation von vorneherein nicht in Frage: „Am 22. 4. 1418 schloß Martin V. die Synode. Eine gesonderte päpstliche Bestätigung kam nicht in Frage, und es geht, geschichtlich gesehen, nicht an, nur die letzten Sitzungen unter

---

[6] Hier nur ein Beispiel: „Beaucoup de théologiens, après Jean Torquemada (D. Ioan. de Turrecremata, *Summa de Ecclesia,* Venise, 1561, l. II, c. 99, f. 236ᵣ–237ᵣ), ont contesté que l'assemblée de Constance ait donné au décret de la cinquiéme session une portée générale. Les Pères n'auraient pas décrété la supériorité du concile sur le pape, mais seulement la supériorité de l'assemblée de Constance sur des papes incertains. Ce qui est manifestement contre la teneur même du décret. Celui-ci donne, il est vrai, comme *motif* de sa définition la nécessité d'unir et de réformer l'Église. Mais ce n'est pas au motif qui a poussé les Pères que nous demanderons le sens de ce qu'ils ont défini, lorsque ce sens ne laisse aucun doute. Or les Pères ne déclarent pas qu'en cas d'urgence le concile peut déposer le pape, mais bien que le concile de Constance est légitimement convoqué dans le Saint-Esprit, qu'il est un concile général, qu'il représente l'Église militante tout entière, qu'il tient son pouvoir immédiatement de Dieu, que tout homme, même le pape, lui doit obéissance, etc." *P. de Vooght,* a. a. O. 153.

[7] Vgl. *K. A. Fink,* Papsttum und Kirchenreform nach dem Großen Schisma, in: Tübinger Theologische Quartalschrift 126 (1946) 110–122; Art. Konzil von Konstanz, in: Lexikon für Theologie und Kirche (Freiburg i. Br. ²1961) VI, 501–503; *P. de Vooght,* a. a. O. 143–181; *R. Bäumer,* Art. Konstanzer Dekrete, in: Lexikon für Theologie und Kirche (Freiburg i. Br. ²1961) VI, 503–505. Sie alle bestätigen die grundlegende Arbeit von *B. Hübler,* Die Constanzer Reformation und die Concordate von 1418 (Leipzig 1867). Auf Grund der Forschungen Hüblers mußte schon *C. J. von Hefele* seine Auffassung bezüglich des Konstanzer Konzils verschiedentlich revidieren. Diese revidierte Auffassung wurde wiederum im Sinne Hüblers korrigiert von *F. X. Funk,* Martin V. und das Konzil von Konstanz, in: Kirchengeschichtliche Abhandlungen und Untersuchungen (Paderborn 1897) I, 489–498.

dem neuen Papst als ökumenisch zu betrachten."[8] Schon B. Hübler hatte herausgearbeitet, daß die Fragestellung, wie sie sich erst später zwischen Gallikanern (die eine ausdrückliche Approbation auch für die Dekrete der vierten und fünften Session annahmen) und den Kurialisten (die eine ausdrückliche Approbation auf die Verurteilung der wyclifitischen und hussitischen Irrlehren beschränkten) herausbildete, falsch ist: „Beide Teile gehen gleichmäßig von falschen Voraussetzungen aus. In Wirklichkeit bedurften die Konstanzer Synodalschlüsse gar keiner päpstlichen Approbation, in Wirklichkeit ist eine solche niemals nachgesucht worden, in Wirklichkeit hat sie auch Martin V. weder verweigert noch erteilt."[9] Weil sich das Konzil als über dem Papst stehend betrachtete, war schon auf der fünften Session beschlossen worden, die Dekrete nicht im Namen des Papstes, auch nicht im Namen des Konzils und des Papstes, sondern im Namen des Konzils allein auszufertigen; so wurde es mit allen Konzilsbeschlüssen bis zur Wahl Martins V. gehalten. Weil sich das Konzil als über dem Papst stehend betrachtete, konnte im Oktober 1417 dem neuen Papst eine obligatorische, von seiner Billigung unabhängige Auflage zur Durchführung der Kirchenreform (cautio de fienda reformatione) gemacht und so der Reformpartei eine eigentliche Garantie gegeben werden. Weil sich das Konzil als über dem Papst stehend betrachtete, konnte sich das Konzil auch grundsätzlich das Recht zusprechen, den Papst zu korrigieren und abzusetzen. Weil sich das Konzil als über dem Papst stehend betrachtete, konnte das Konzil schließlich dem Papst (durch eine Purifikationsresolution in der dreiundvierzigsten Session) für das vor seiner Wahl gegebene Reformversprechen die Entlastung erteilen, um die der Papst selbst gebeten hatte. Von der Notwendigkeit einer päpstlichen Approbation durch den neuen Papst kann also keine Rede sein. Und weil die Approbation nicht notwendig war, ist sie vom Konzil auch nicht gefragt worden[10].

---

[8] *K. A. Fink,* Art. Konzil von Konstanz, a. a. O. VI, 503; meinem Tübinger Kollegen, dem besonders auf Grund seiner langjährigen Beschäftigung mit den Verwaltungsakten des Pontifikats Martins V. für das Repertorium Germanicum wohl besten Kenner dieser quellenmäßig wenig aufgearbeiteten Periode, verdanke ich für dieses Kapitel wesentliche Anregungen. Zu den hier vorgetragenen Auffassungen wird *K. A. Fink* weitere Klärung bringen in einem Aufsatz: Zur Beurteilung der Großen Abendländischen Schismas, in: Zeitschrift für Kirchengeschichte 73 (1962) Heft III/IV sowie in anderen vorgesehenen Veröffentlichungen.

[9] *B. Hübler,* a. a. O. 260; vgl. *R. Bäumer,* a. a. O. VI, 504; *P. de Vooght,* a. a. O. 161.

[10] *B. Hübler,* a. a. O. 261–263. *Ioannes de Torquemada,* Summa de Ecclesia (Romae 1489. Venetiis 1560) lib. II, cap. 99, 237 behauptet: „Praefata synodus constantiensis postquam papa Martinus fuit creatus morem observando antiquorum conciliorum humiliter petivit ab eo confirmationem, et roborationem omnium quae fecerat." Für diese Behauptung findet sich keine Belegstelle.

2. Hat aber nicht Martin V. in der Schlußsitzung eine Approbation ausgesprochen, indem er erklärte: „quod omnia, et singula determinata, conclusa, et decreta in materia fidei per praesens sacrum Concilium generale Constantiense conciliariter, tenere et inviolabiliter observare volebat, et numquam contravenire quoquo modo"?[11] – Nachdem bereits das „Ite in pace" und damit der offizielle Schluß des Konzils ausgesprochen war, beschwerten sich die Polen, daß die Verurteilung einer Häresie (des deutschen Dominikaners Johann von Falkenberg), die in den Ausschüssen des Konzils konzilsreif beschlossen worden war, vom Papst als dem Präsidenten des Konzils nicht vor das Plenum gebracht worden sei. Um sich wegen dieser ihm peinlichen Verletzung der Geschäftsordnung aus der Affäre zu ziehen, gab Martin V. eine ausweichende Antwort, indem er die Rechtsverbindlichkeit der Nationalbeschlüsse (im Gegensatz zu den Beschlüssen des Konzilsplenums) ablehnte: was das Konzil *als solches* (= conciliariter, also nicht nur nationaliter) beschlossen habe, daran sei er von Rechts wegen gebunden, das nehme er an und wolle er treulich halten, nicht mehr und nicht weniger. Die Falkenbergsche Sache aber war nur nationaliter (nicht als Konzilsdekret, sondern nur als Abteilungsconclusum) beschlossen worden. Von irgendeiner *Beschränkung* der Zustimmung auf die materiae fidei (im Gegensatz zu den materiae reformationis und unionis, die die Superiorität des Konzils betrafen) kann keine Rede sein: „Auf den Zusatz *in causa fidei* fällt kein Gewicht, er hat keine eigentlich determinierende Bedeutung, sondern ist lediglich erläuternd. Die Untersuchungssache wider Joh. v. Falkenberg betraf die principalis intentio seu principale propositum s. concilii Constantiensis vid. haereses exstirpandi, sie war demgemäß von den judices *in causa fidei* deputati bearbeitet worden, und die gefaßten Vorbeschlüsse bildeten conclusa *in materia fidei*. Auf diese causa fidei nahmen die Beschwerdeführer wiederholt Bezug, auf sie ist auch das päpstliche Anerkenntnis abgestellt: Die Glaubens*dekrete* der Synode, nicht die Glaubens*conclusa* der Nationen wolle er halten, so erklärt Martin. Nur von Glaubenssachen war überhaupt die Rede."[12] Bezeichnenderweise fehlt denn auch in der nicht erst später, sondern noch in Konstanz selbst geschriebenen Braunschweiger Handschrift,

---

[11] Mansi 27, 1201.
[12] *B. Hübler,* a. a. O. 266. – Gegen verschiedene falsche Interpretationen des „conciliariter" nimmt *P. de Vooght,* a. a. O. 153–155 Stellung: 1. was die wyclifitischen und hussitischen Häresien betrifft (R. Bellarmin, M. Cano usw.), 2. was re diligenter examinata und nicht tumultualiter beschlossen wurde (R. Bellarmin usw.), 3. was mit Zustimmung der Kardinäle beschlossen wurde (A. Baudrillart). P. de Vooght bemerkt zu diesen Interpretationen: „Il faut bien avouer que tous les pauvres essais tentés pour vider de son sens le mot conciliariter restent vains" (S. 155).

die den Vorgang am sorgfältigsten berichtet, der Zusatz „in materiis fidei" ganz: „Papa . . . dixit, quod omnia et singula acta, facta et conclusa seu alias decreta *per generale Concilium conciliariter* velit tenere et observare inviolabiliter et non alias neque aliter."[13] Hefele sagt also mit Recht von der Erklärung des Papstes: „Der Papst konnte damit unmöglich sagen wollen, daß er allen andern Beschlüssen des Konzils, welche nicht *Glaubenssachen* betreffen, seine Bestätigung vorenthalte, denn er hätte ja sonst auch den Reformdekreten der neununddreißigsten Sitzung seine Bestätigung entzogen und sich selbst recht ungeschickt den Boden unter den Füßen weggenommen, denn auch *die* Dekrete, durch welche Johann XXIII. und Benedikt XIII. abgesetzt und eine Neuwahl angeordnet wurde, handelten nicht de materiis fidei."[14] In den Worten des Papstes geht es also um eine Stellungnahme zu einer ganz bestimmten Angelegenheit (Falkenberg)[15], die mündlich und improvisiert abgegeben wurde: um eine allgemeine Zustimmung zu den Konzilsbeschlüssen, nicht aber eine formelle Approbation im technischen Sinn, die eine sichtende Kritik der Konzilsbeschlüsse voraussetzte.

3. In der Angelegenheit Falkenberg wurde den Polen auf ihre Drohung, an ein *zukünftiges* Konzil zu appellieren, ein derartiger Rekurs vom Papst als unzulässig erklärt: „Eine eigentliche *Bulle* ist darüber sicherlich nicht ergangen. Gerson, der allein von dem Verbot berichtet, spricht nur von dem Entwurf (*minuta*) einer solchen, welcher in consistorio verlesen worden sein soll . . . Man scheint also einen *offenen* Bruch des neuen Verfassungsrechts gescheut zu haben. Der Erlaß wurde in Folge der mangelhaften Publikation denn auch ignoriert. Die Polen meldeten ihre Berufung nichtsdestoweniger an, Gerson schrieb noch in den letzten Tagen vor der Auflösung des Konzils eine besondere Abhandlung über die Zulässigkeit der qu. Appellationen . . . und – was vor allem in das Gewicht fällt – weder Eugen IV., noch der größte kirchliche Legitimist des 15. Jahrhunderts, Turrecremata, haben ihn später zu verwerten gewagt."[16]

---

[13] Zit. nach *B. Hübler,* a. a. O. 267.
[14] *C. J. von Hefele,* Conciliengeschichte (Freiburg i. Br. ²1873) I, 52.
[15] So nach Hübler auch *C. J. von Hefele,* a. a. O. I, 52; *F. X. Funk,* a. a. O. I, 49; *P. de Vooght,* a. a. O. 160.
[16] *B. Hübler,* a. a. O. 264; vgl. *P. de Vooght,* a. a. O. 157 s 161. Weitere Nachrichten in: Die Berichte der Generalprokuratoren des Deutschen Ordens an der Kurie, Bd. II: Peter von Wormdith (1403–1419), bearbeitet von H. Koeppen (=Veröffentlichungen der niedersächsischen Archivverwaltung, Heft 13. Göttingen 1960) 490 ff. Nr. 258: „do lies her lesen eyne minuten." Auch Nr. 259 und 266 enthalten Nachrichten über den Vorgang. Es geht daraus klar hervor, daß es bei der Antwort Martins V. um keinen allgemeinen, grundsätzlichen Entscheid, sondern um einen singulären Entscheid gegen die Polen ging, die in vehementer Art und Weise den Papst wiederholt belästigt hatten.

4. In der Bulle „Inter cunctas" (22. 2. 1418) verlangte Martin V. gegenüber den Hussiten die Anerkennung des Konstanzer Konzils in sehr deutlichen Worten: „Item utrum credat, teneat et asserat, quod quodlibet Concilium generale, et etiam Constantiense universalem ecclesiam repraesentet. Item, utrum credat, quod illud quod sacrum Concilium Constantiense, universalem ecclesiam repraesentans, approbavit et approbat in favorem fidei et ad salutem animarum, quod hoc est ab universis Christi fidelibus approbandum et tenendum: et quod condemnavit et condemnat esse fidei vel bonis moribus contrarium, hoc ab eisdem esse tenendum pro condemnato, credendum et asserendum. Item, utrum credat, quod condemnationes Joannis Wicleff, Joannis Hus, et Hieronymi de Praga, factae de personis eorum, libris et documentis per sacrum generale Constantiense Concilium, fuerint rite et juste factae, et a quolibet catholico pro talibus tenendae et firmiter asserendae."[17] Den Worten „in favorem fidei et ad salutem animarum" ist von einzelnen Theologen ein restriktiver Charakter zugeschrieben worden. F. X. Funk sagt dagegen richtig: „Die Worte stehen in einem Dokument, das zur Überführung bzw. zur Unterweisung der der Häresie verdächtigen Personen dienen sollte. Ist aber bei solcher Bestimmung des Schriftstückes anzunehmen, sein Verfasser oder Martin V. habe auch nur leise andeuten wollen, Papst und Konzil seien in gewissen Fragen uneins? Der angeführten Frage geht unmittelbar folgende voraus: Utrum credat, teneat et asserat, quod quodlibet concilium generale et etiam Constantiense universalem ecclesiam reprasentet? Der Gefragte hat also vor allem das Konzil von Konstanz als Repräsentanten der Gesamtkirche anzuerkennen, und nachdem er dieses getan, sollte man ihm sofort, wenn auch nur indirekte, zu verstehen gegeben haben, daß nicht alle Anordnungen desselben gültig seien, sondern nur die in favorem fidei et ad salutem animarum erlassenen? Das ist gewiß sehr unwahrscheinlich . . ."[18] Doch dürfte die weitere Folgerung Funks noch zu negativ formuliert sein, wenn er sagt: „. . . demgemäß gibt auch diese Stelle keinen Aufschluß über die Stellung Martins zum Konzil von Konstanz oder keinen Beweis, daß der Papst nicht alle Dekrete des Konzils anerkannt habe." Gut sagt P. de Vooght: „Le sens obvie de ces trois paragraphes est une profession de foi dans le concile de Constance en tant que concile général et dans la valeur de ses décisions doctrinales."[19]

5. Martins V. persönliche Einstellung zum Konzil: Wäre Oddo Colonna nicht wenigstens bis zu einem gewissen Maße Vertreter der konziliaren Theorie gewesen, wäre er bei der faktischen Konstellation

---

[17] Mansi 27, 1211.
[18] *F. X. Funk,* a. a. O. I, 497.
[19] *P. de Vooght,* a. a. O. 160.

auf dem Konzil nie Papst geworden. Auch er war also – wie man dies sehr mißverständlich nennt – „Konziliarist"; doch war er weder Fachtheologe noch Schriftsteller, sondern Kardinal, und er gehörte so zum konservativen Flügel der Vertreter der Konzilssuperiorität. Dieser konservative Flügel bejahte eine „Superiorität" des Konzils, interpretierte sie aber restriktiv. Während die extremen Vertreter der konziliaren Idee die gewöhnliche Kirchenleitung im Grund dem Konzil übertragen wollten, so die gemäßigten Vertreter wiederum dem Papst und den Kardinälen; das Konzil sollte nach der Meinung dieser Gemäßigten nur im Fall einer Krisis intervenieren. Zwar waren auch sie für eine Beschränkung und Kontrolle der Macht des Papstes; aber diese sollte nicht in erster Linie den Bischöfen, sondern den Kardinälen zukommen.

P. de Vooght hat es verstanden, von dieser Gesamtsituation des Konzils her die anscheinend widersprüchliche Haltung Martins V. begreiflich zu machen[20]: Kardinal Colonna war mit Johannes XXIII. nach Schaffhausen geflohen und war am Dekret „Sacrosancta" nicht beteiligt. Aber er sprach sich keineswegs dagegen aus, war doch auch er für eine „Superiorität" des Konzils. In der Folge sprach er sich zudem für die Proklamation des Dekrets „Frequens" aus, das die Periodizität der Konzilien anordnete. Doch war Colonna mit den anderen Kardinälen vor allem daran interessiert, möglichst bald einen Papst zu wählen und die Kirchenreform nachher, unter der Leitung des Papstes, in Angriff zu nehmen; das Konzil, obwohl in gewissem Sinn über dem Papst, sollte ja nur in Krisenfällen intervenieren. Doch war die Opposition zwischen dem gemäßigten und dem radikalen Flügel der Vertreter der Konzilssuperiorität nach der Beseitigung der drei Päpste schärfer geworden. Die Radikalen wollten eine allgemeine konziliare Kirchenleitung einführen und vor aller Papstwahl die Kirche reformieren. Der Kompromiß, der 1417 eingegangen worden war, brachte einerseits die Publikation der Reformdekrete (darunter das Dekret „Frequens"), andererseits die Wahl des neuen Papstes. Von diesem erwarteten die Gemäßigten eine Kanalisierung des radikalen Konziliarismus. Sie wurden nicht enttäuscht. Der sehr gewandte Colonna-Papst tat alles, um die Stellung des Papstes wieder zu festigen und den Einfluß des radikalen Konziliarismus zurückzudrängen; deswegen ließ er in der ersten Phase der Affäre Falkenberg den Appell vom Papst an das Konzil nicht zu; deswegen erachtete er eine Spezifizierung der Fälle, in denen der Papst von der Kirche gerichtet und abgesetzt werden kann, nicht für nützlich. Aber Martin leugnete in keiner Weise die konziliaren Ideen, wie sie definiert worden waren. Etwas anderes ist ja eine bestimmte prinzipielle Superiorität des Konzils über dem Papst – und etwas anderes

---

[20] *P. de Vooght*, a. a. O. 155–162.

sind die Rechte, die dem Papst in der Ausübung seiner Funktion zukommen. Derselbe Martin V. konnte sehr wohl eine grundsätzliche Superiorität des Konzils zugeben und trotzdem den Appell an das Konzil gegen Entscheidungen, die er innerhalb der Grenzen seiner Rechte gefällt hatte, sowie die Kodifizierung eines Absetzungsverfahrens ablehnen. Er konnte sehr wohl eine in gewissem Sinn grundsätzliche Stellung des Konzils über dem Papst anerkennen und doch eine Abneigung haben gegen endlose allgemeine konziliare Diskussionen. Dies alles widerspricht nicht dem, was aus den Handlungen Martins V. klar hervorgeht: sein Einverständnis mit den konziliaren Definitionen, wie es dann am Ende der Affäre Falkenberg und in der Bulle „Inter cunctas" auch offiziell zum Ausdruck gebracht wurde. Mit einer formellen päpstlichen Approbation hat dies allerdings, wie wir sahen, nichts zu tun; eine solche hat dieses Konzil ebensowenig erwartet wie die ökumenischen Konzilien des christlichen Altertums. Ebensowenig wie gegen die Verbindlichkeit der alten Konzilsdekrete besagt dies etwas gegen die Verbindlichkeit der Konstanzer Dekrete. Für die Verbindlichkeit reichte in Nikaia wie in Konstanz ein allgemeines Einverständnis des römischen Bischofs, ohne das kein consensus Ecclesiae möglich ist, durchaus aus.

6. Die Verbindlichkeit der Konstanzer Dekrete wird bestätigt durch die Tatsache, daß sich Martin V. auch nach dem Konzil an die Dekrete gebunden fühlte und sie getreu ausführte. Er entschied die (nicht entscheidbare) Frage, wer während des Großen Schismas der wahre Papst gewesen sei, nicht: „Mit dem Standpunkt der Ausklammerung der Zeit des Abendländischen Schismas und dem Wiederanknüpfen an 1378 (Gregor XI.) machte auch Martin V. Ernst und behandelte in seinen Erlassen alle drei früheren Obedienzen gleich, mit leichter Bevorzugung der Pisaner Obedienz."[21]

Dabei gab sich der Papst alle Mühe, daß man ihm keinen Ungehorsam gegenüber den Konzilsdekreten vorwerfen konnte: „Martin V. hielt sich formell an die Konstanzer Beschlüsse, an deren Verbindlichkeit ja die Gültigkeit seiner Wahl hing. Noch beharrte der Gegenpapst Benedikt XIII. unentwegt in Peniscola auf seinen Ansprüchen! Obwohl von tiefem Mißtrauen gegen die Konzilsbestrebungen erfüllt, beschickte Martin das auf 1423 nach Pavia angesagte und bald nach Siena verlegte Generalkonzil durch Legaten. Als aber unter den Teilnehmern der nur schwach besuchten Versammlung Streitigkeiten über die Gewalten- und Reformfrage ausbrachen, löste er sie schon am 7. März 1424 wieder auf und suchte die Reformer durch Inangriffnahme einer päpstlichen Kurialreform zu beschwichtigen, freilich ohne Erfolg. Als das für 1431

---

[21] K. A. Fink, Art. Konzil von Konstanz, in: Lexikon für Theologie und Kirche (Freiburg i. Br. ²1961) VI, 503.

nach Basel angesagte Konzil zusammentrat und nach einigem Zögern in der Person des Kardinals Cesarini einen päpstlichen Legaten erhielt, war der Radikalismus der Konziliaristen gesteigert, der Ruf nach Reform lauter geworden denn je."[22] Bei aller prinzipiellen Anerkennung und Durchführung der Konzilsdekrete verfolgte der Papst allerdings sehr energisch auch kurialistische Ziele. Gerade auf dem Wege der Durchführung verstand er es sehr geschickt, insbesondere das Decretum „Frequens" praktisch wirkungslos zu machen und die Macht des Papsttums wieder von neuem zu stärken: „Der rechtsgelehrte neue Papst wußte, was Rechtens war in der kirchlichen Vergangenheit. So gelingt es ihm auf dem Felde der eigentlichen Kirchenreform im Sinne der geänderten Kirchenverfassung durch geschickte Kirchenpolitik mit den einzelnen Staaten, das so gefährliche Dekret ‚Frequens' innerlich zu entwerten, indem er es möglichst genau äußerlich zu erfüllen trachtet, auf Tag und Stunde die fällige Synode nach Pavia und nach Siena einberuft, sie aber kurzerhand auflöst, als sie sich mit der Reform, will sagen mit der Änderung der kirchlichen Gewaltenverteilung zu beschäftigen versucht. Daß man diese Auflösung einfach hingenommen hat, zeigt doch deutlich genug, wie geschickt die Kurie in dem kurzen Zeitraum von fünf Jahren an der Wiederherstellung der politischen Macht des Papsttums im Sinne der Tradition gearbeitet hat. Dieses Dekret ‚Frequens' dient dann sogar zur Zurückweisung der englisch-französischen Wünsche nach Abkürzung der Einberufungstermine. Gerade durch Anerkennung und wörtliche Auslegung der Konzilsbeschlüsse verliert in der Hand des neu erstarkenden Kurialismus die periodische Beiordnung des Generalkonzils fast jede Bedeutung, nicht nur als übergeordnete Instanz oder als Kontrollinstanz, sondern auch als Synode überhaupt. Damit ist die Gefahr dieser Einrichtung beschworen und die Kirchenreform im Konstanzer Sinne (Superiorität und ‚Frequens') praktisch beiseite geschoben; mit andern Worten, die ordentliche Instanz und die dauernde Gewalt siegt durch ihr Gewicht über die außerordentliche Einrichtung. Das alles konnte aber nur gelingen durch Ausnutzung der Wünsche und Machtbestrebungen der einzelnen Länder und Fürsten."[23]

7. Unmittelbar nach dem Schluß des Konstanzer Konzils, auf den Konzilien zu Pavia und Siena bis zum Tode Martins V. ist von einem Zweifel an der Verbindlichkeit der Konstanzer Dekrete überhaupt

---

[22] *H. Jedin,* Geschichte des Konzils von Trient (Freiburg i. Br. ²1951) I, 12; vgl. *K. A. Fink,* Papsttum und Kirchenreform nach dem Großen Schisma, in: Tübinger Theologische Quartalschrift 126 (1946) 110–122; Art. Martin V., in: Lexikon für Theologie und Kirche (Freiburg i. Br. ²1962) Bd. VII.
[23] *K. A. Fink,* a. a. O. 116f.

nicht die Rede[24]. Das Konzil von Basel erneuerte gleich nach seinem Zusammentreten die Generaldekrete der vierten und fünften Session von Konstanz. Und der noch von Martin V. mit dem Vorsitz betraute Kardinallegat Julian Cesarini erklärte in einem Schreiben vom 5. 6. 1432 an den neugewählten Papst Eugen IV. sehr deutlich, daß an der Gültigkeit der Konstanzer Dekrete die Legitimität Martins V. und jedes folgenden Papstes hange: „An hoc Concilium legitimum sit, ex Concilio Constantiensi dependet; si illud verum fuit, et istud. Nemo autem dubitare visus est, an illud legitimum fuerit: *similiter et quidquid ibi decretum est*. Nam si quis dixerit Decreta illius Concilii non esse valida, fateri necesse habet, privationem olim Johannis XXIII. factam vigore illorum Decretorum non valuisse. Si illa non valuit, nec Papae Martini tenuit electio facta illo adhuc superstite. Si Martinus non fuit Papa, nec Sanctitas vestra est, quae per Cardinales ab ipso factos electa est. *Nullius ergo magis interest, defendere Decreta illius Concilii quam Sanctitatis vestrae. Et si quodcunque illius Concilli Decretum revocetur in dubium, eadem ratione poterunt revocari et reliqua ejusdem Concilii Decreta*: hac eadem ratione nec aliorum Conciliorum Decreta valebunt: quia qua ratione vacillat fides unius Concilii, vacillabunt reliqua omnia."[25] Auch Eugen IV. anerkannte, wenn auch in einer Notlage (die ihm seine Freiheit jedoch keineswegs nahm!), die Verbindlichkeit der Konstanzer Dekrete in der Bulle „Ad ea ex debito" (5. 2. 1547) mit dem ausdrücklichen Hinweis auf die gleiche Auffassung seines Vorgängers Martins V.: „Concilium autem generale Constantiense, decretum Frequens ac alia ejus decreta sicut caetera alia concilia, catholicam militantem Ecclesiam repraesentantia, ipsorum potestatem, auctoritatem, honorem et eminentiam, sicuti et caeteri antecessores nostri, a quorum vestigiis deviare nequaquam intendimus, suscipimus, amplectimur et veneramur."[26]

Doch war es erstaunlich rasch zu einer Restauration der päpstlichen Macht gekommen, die auch ihren Ausdruck in der Wiederherstellung der früheren Theorie der kirchlichen Verfassung fand. K. A. Fink sagt darüber: „Untersuchungen der letzten Zeit sind diesen Fragen schon in glücklicher Weise nachgegangen; eine von mir geplante systematische Bearbeitung der ganzen Publizistik dieser Epoche wird es noch deutlicher machen, daß schon vor der Mitte des Jahrhunderts die monarchische Auffassung der Kirchenregierung und die absolute Gewalt

---

[24] Vgl. *B. Hübler,* a. a. O. 269–277.

[25] Zitiert nach *B. Hübler,* a. a. O. 269 f.

[26] Zitiert nach *B. Hübler,* a. a. O. 270; *P. de Vooght,* der die Geschichte des Basler Konzils daraufhin analysiert, stellt als Konklusion fest: „Je ne crois pas qu'on puisse échapper honnêtement à la conclusion qu' Eugène IV a approuvé, dans un moment de dépression sans doute, la supériorité du concile sur le pape sous la forme prônée à Bâle."

des Papsttums wenn nicht von der Mehrzahl der Kanonisten gelehrt, so doch wieder namhafte Vertreter findet. Wie so oft in der Geschichte ist die ‚via facti' entscheidend für die Theorie geworden. Das Pontifikat Martins V. bringt also nichts anderes als die konsequente Durchführung der Konstanzer Papstwahl; der entschlossene und zähe Wille, die Persönlichkeit des neuen Papstes die ‚deductio ad absurdum' der neuen Theorien über die kirchliche Verfassung. So kann man auch auf dem Gebiete der Theorie der Kirchenverfassung eine überaus interessante Entwicklung feststellen: unter Martin V. und zum Teil auch noch unter Eugen IV., also zwischen Konstanz und Basel, ist die allgemeine Anschauung über die kirchliche Verfassung fast noch unumstritten konziliaristisch, und die kanonistische Doktrin folgt der von Martin V. eingeleiteten Restauration erst etwa zwei Jahrzehnte später, d. h. die Theorie stimmt nun gerade in dieser wichtigen ersten Hälfte des fünfzehnten Jahrhunderts gar nicht mit den tatsächlichen Verhältnissen überein."[27]

Mit dem Erstarken der kurialen Macht sind die Päpste in der Erneuerung ihrer Ansprüche immer entschiedener vorgegangen. Martin V. und – schon weniger – Eugen IV. hatten die Konstanzer Dekrete wenigstens noch formal durchgeführt und Konzilien einberufen. Nikolaus V. aber befolgte bezüglich des Konzils grundsätzlich die Politik des Hinausschiebens, sein Nachfolger Kalixt III. die des Ignorierens. Erst Pius II. wagte es 1460 in der Bulle „Execrabilis", offiziell die Apellation vom Papst an ein Konzil zu verbieten und mit der Exkommunikation zu belegen. Aber die päpstlichen Verbote konnten sich in der Kirche nicht durchsetzen: „‚Execrabilis' war der erste große Schlag des Restaurationspapsttums gegen den Konziliarismus. Er hat nicht die erhoffte Wirkung gehabt. Die Bulle stieß in Frankreich und Deutschland auf starken Widerstand und wurde außerhalb Roms nur sporadisch anerkannt. Obwohl Pius II. selbst in der Bulle ‚Infructuosos palmites' vom 2. November 1460, Sixtus IV. in der Bulle ‚Qui monitis' vom 15. Juli 1483 und Julius II. in der Bulle ‚Suscepti regiminis' vom 1. Juli 1509 das Verbot der Konzilsappellation wiederholten, fuhren Fürsten und kirchliche Körperschaften fort, dieselbe wie ein erlaubtes Rechtsmittel zu gebrauchen."[28] Man hielt die Verbote der Päpste für Maßnahmen kurialer Politik und stützte sich weiterhin auf die Konstanzer Dekrete, die außerhalb Roms heftig verteidigt wurden: von politischen Mächten, ungezählten Bischöfen und Theologen nicht nur in Frankreich (insbesondere von der Pariser Universität) und in Deutschland (von den Universitäten Köln, Wien, Erfurt, Krakau), sondern auch in Italien von den Kanonisten und Juristen in Padua und Pavia und sogar von

---

[27] K. A. Fink, a. a. O. 119f.
[28] H. Jedin, Geschichte des Konzils von Trient (Freiburg i. Br. ²1951) I, 52.

Kurialjuristen wie Giovanni Gozzadini am Hofe Julius' II. Dieser verteidigte dort noch 1511 die Konstanzer Dekrete als Glaubensartikel und bestritt die Verbindlichkeit des Appellationsverbotes. Die betreffenden Bullen entbehrten nach ihm jeglicher rechtlicher Wirkung. Wenn eingewendet werde, die Appellation richte sich an ein Tribunal, das gar nicht existiere, so sei zu bedenken: auch wenn kein Konzil versammelt sei, so existiere doch die Autorität der Kirche, und diese sei größer als die des Papstes. Zudem verpflichte das Dekret „Frequens" zur regelmäßigen Abhaltung von Konzilien und garantiere damit eine Repräsentanz der Kirche, an die appelliert werden könne; daß die Päpste dieses Dekret nicht durchgeführt hätten, sei ihre Schuld, ändere aber nichts am Recht. Ähnlich wie Gozzadini verteidigte der Weihbischof von Brescia, Mattia Ugoni, die Konstanzer Dekrete gegen Torquemada.

So war die Kirche des fünfzehnten und auch noch des sechzehnten Jahrhunderts weitgehend von den konziliaren Ideen beherrscht. Aber unermüdlich wurde von Papst und Kurie daran gearbeitet, ihre Ansprüche durchzusetzen. Auf dem Fünften Laterankonzil ließ Leo X. 1516 erklären: „. . . Romanum Pontificem pro tempore existentem tanquam auctoritatem super omnia Concilia habentem . . ."[29] Es wurde aber schon immer gegen dieses Konzil eingewandt, daß es fast ausschließlich von Italienern beschickt war und wieder wie die mittelalterlichen Generalsynoden ganz unter der Herrschaft des Papstes stand: „In Rom unter den Augen des Papstes gehalten, fast ausschließlich von italienischen Prälaten besucht, entsprach es ganz den Vorstellungen, die man sich während der Restaurationsepoche von einem päpstlichen Generalkonzil gebildet hatte. Der Papst bestimmte die Geschäftsordnung und ernannte in Sessio I vom 10. Mai 1512 die Konzilsbeamten. Er übte den maßgebenden Einfluß aus auf die Zusammensetzung der am 3. Mai 1513 gebildeten und am 26. Oktober 1516 erweiterten Deputationen. Die Dekrete erhielten die Form päpstlicher Bullen."[30] So war die Ökumenizität dieses Konzils schon immer stark in Frage gestellt worden: „Von den Gegnern des Papstes wurde es als unfreies Konzil bezeichnet. Noch auf dem Konzil von Trient fand es keine allgemeine Anerkennung."[31] Man hatte zum Teil vom „conciliabulum Romanum" an ein allgemeines Konzil appelliert. Sogar Bellarmin antwortete auf die Objektionen gegen die Ökumenizität des Fünften Laterankonzils recht zurückhaltend: „non fuisse generale vix dici potest."[32] Und bezüglich der Aussage, daß

[29] Denz. 740.
[30] *H. Jedin,* a. a. O. I, 102.
[31] *R. Bäumer,* Art. Lateran-Synoden, in: Lexikon für Theologie und Kirche (Freiburg i. Br. ²1961) VI, 818.
[32] *R. Bellarmin,* De conciliis lib. II, cap. 17 (Opera omnia, Parisiis 1870) II, 271.

der Papst über dem Konzil stehe, bemerkt er: „De concilio Lateranensi, quod expressissime rem definivit nonnulli dubitant an fuerit vere generale; ideo usque ad hanc diem quaestio superest etiam inter catholicos."[33]

Wie immer es um die Frage der Ökumenizität des Fünften Laterankonzils im einzelnen stehen mag: das Konzil, aus politischen Gründen einberufen, muß als Reaktion auf das Konzil von Pisa (1511–12) betrachtet werden; es konnte – bei der „Irreformabilität" der Dekrete ökumenischer Konzilien! – die Konstanzer Dekrete, die die Autorität der Gesamtkirche und des Papstes in einer ganz anderen Weise hinter sich hatten als die Fünfte Lateransynode, auf keinen Fall aufheben. Es ist bezeichnend, daß die Synode keine Ungültigkeitserklärung des Superioritätsdekretes von Konstanz und Basel, wie sie Ferdinand der Katholische in der Instruktion für seine Konzilsgesandten vorschlug, vorzunehmen wagte. Das Konzil von Konstanz wird von der päpstlichen Bulle bezeichnenderweise gar nicht genannt, und das Konzil von Basel wird erst von der Zeit der päpstlichen Verlegung an abgelehnt. Diese Aussage, daß der Papst über dem Konzil stehe, wird nicht direkt, sondern nur indirekt gemacht, nämlich als Argument für die andere Aussage, daß der Papst das Recht habe, Konzilien einzuberufen, zu verlegen und aufzulösen. Jedenfalls wagten weder Leo X. noch irgendein Papst dieser Restaurationsepoche, das Dekret „Sacrosancta" aufzuheben oder als nicht allgemein verbindlich zu erklären.

8. Der faktische Verlauf der Kirchengeschichte, der den Konstanzer Dekreten wenig günstig war, darf aber nicht übersehen lassen, daß die Konstanzer Dekrete keineswegs nur für den damaligen Zeitpunkt Bedeutung und Verbindlichkeit beanspruchten. Sie nur als „eine Maßnahme zur Überwindung der augenblicklich schwierigen Situation"[34] zu bezeichnen, entspricht weder dem Text der Dekrete noch der Absicht der Definierenden. Die Verbindlichkeit der Dekrete (wenn auch nicht im Sinne eines radikalen konziliaren Parlamentarismus, der nur *eine* Interpretation der Dekrete war) muß ernst genommen werden: „Es ist sicher nicht alles, wie einer gewissen engen und zu sehr dogmatisch gebundenen Geschichtsbetrachtung beliebt, durch den Notstand erklärbar und damit eigentlich in seiner Bedeutung entwertet, und andererseits hieße es zuviel der Reflexion in das geschichtliche Bewußtsein der Zeit hineintragen, wenn man das Dilemma übertreibend so formuliert: entweder monarchische *oder* parlamentarische Kirchen-

---

[33] *R. Bellarmin,* De conciliis lib. II, cap. 13, a. a. O. II, 265.
[34] *J. Hollnsteiner,* Das Konstanzer Konzil in der Geschichte der christlichen Kirche, in: Mitteilungen des Österreichischen Instituts für Geschichtsforschung, Erg.-Bd. XI (Innsbruck 1929) 414.

verfassung. So ganz eindeutig waren die Fragen sicher nicht zugespitzt und empfunden."[35]

Der Verbindlichkeit der Dekrete von Konstanz darf nicht ausgewichen werden. Die ganze Kirche und der Papst standen damals hinter diesen Dekreten mit großer Einmütigkeit; auf Grund dieser Dekrete war ja die Kirche mit den drei rivalisierenden Päpsten fertiggeworden und die Einheit der Kirche (wenigstens des Westens) wiederhergestellt worden. Auf Grund dieser Dekrete wurde der neue Papst gewählt, dessen Legitimität einerseits von der Legitimität jener Dekrete abhängt und andererseits nach der gewöhnlichen Auffassung wiederum Voraussetzung ist für die Legitimität der Päpste in den letzten fünfhundert Jahren. Das Konzil war überzeugt, mit seinen Dekreten eine Lösung zu geben, die nicht nur für diesen Konflikt zwischen Papst und Kirche, sondern auch für künftige Konzilien gelten müsse.

Was wurde also, wenn wir das Ergebnis des Konzils für unseren Problemkreis zusammenfassen wollen, in Konstanz definiert? *Nicht* definiert wurde der konziliare Parlamentarismus (im Sinne des radikalen Konziliarismus): nach diesem wäre die gewöhnliche ordentliche Leitung der Kirche vom Papst auf das Konzil übertragen worden und der Papst zu einem untergeordneten Exekutivorgan des konziliaren Parlaments degradiert. Zweifellos wurde dieser radikale Konziliarismus von manchen auf dem Konzil vertreten. Doch war er in keiner Weise die allgemeine Auffassung der Konzilsväter und so die allgemein verbindliche Interpretation des Konzils. Gegen den radikalen Konziliarismus standen die Gemäßigten vor allem aus Kardinalskollegium und südländischen Nationen und dann der neugewählte Papst. Der radikale Konziliarismus konnte sich denn auch in der Kirche als die genuine Interpretation der Konstanzer Dekrete nicht durchsetzen.

Definiert wurde aber jedenfalls eine bestimmte Art von Superiorität des Konzils (im Sinne einer, wenigstens gemäßigten, „konziliaren Theorie"): danach hat das ökumenische Konzil nicht nur für den damaligen Notfall, sondern auch in Zukunft die Funktion einer Art von „Kontrollinstanz" über den Papst, dessen Versagen in Häresie, Schisma usw. grundsätzlich ja auch in Zukunft möglich war. Für die Notwendigkeit einer bestimmten Kontrolle des Papstes durch das ökumenische Konzil als die Repräsentation der Gesamtkirche waren *alle* Konzilsteilnehmer, auch die gemäßigten Konzilsväter und der Papst. Das Dekret „Frequens" diente der Realisation des Dekretes „Sacrosancta", diente der Wahrnehmung jener konziliaren „Kontrollfunktion". Keines der beiden Dekrete wollte eine neue Kirchenverfassung im Sin-

---

[35] K. A. *Fink,* Papsttum und Kirchenreform nach dem Großen Schisma, in: Tübinger Theologische Quartalschrift 126 (1946) 112.

ne des Parlamentarismus einführen, ganz abgesehen davon, daß die alte Kirchenverfassung in diesem Punkt noch gar nicht ausdrücklich festgelegt war. Daß dem ökumenischen Konzil eine derartige „Kontrollfunktion" grundsätzlich zukomme (wenn dies auch nicht unbedingt genau nach der praktischen Regelung des Dekretes „Frequens", die zweifellos menschlichen Rechtes ist, zu geschehen hätte), mußte auch nachher – wie wir noch sehen werden – immer wieder zugegeben werden; allerdings bemühten sich kurialistische Politik, Dogmatik und Kanonistik eifrig, diese Kontrollfunktion des Konzils möglichst zu verschweigen durch einseitige absolutistische Betonung des päpstlichen Primats und praktisch zu bagatellisieren durch alleinige Berufung auf die Vorsehung Gottes und die Unmöglichkeit von Konflikten zwischen Papst und Kirche.

Viel Unglück hätte in der Kirche nach dem Konstanzer Konzil vermieden werden können, wenn man an der Grundposition des Konstanzer Konzils – päpstlicher Primat *und* eine bestimmte „konziliare Kontrolle"! – festgehalten hätte. Aber wie sich Martin V. und seine Nachfolger nach Kräften bemühten, wieder eine Primatialgewalt ohne Rücksicht auf irgendeine Kontrolle zu erobern, so strebten auf der anderen Seite die extremen Konziliaristen in Basel immer mehr nach einer faktischen Entleerung des Primats zugunsten der praktischen Kirchenleitung durch das Konzil. Beide Parteien hielten zunächst formal und offiziell an den Konstanzer Dekreten fest, interpretierten sie aber extrem nach ihren eigenen Absichten: papalistisch oder konziliaristisch. Die Konziliaristen wollten dem Papst und die Papalisten dem Konzil nur eine „Ehrenstellung" zugestehen. Hatten die Konziliaristen mehr den Text der Dekrete für sich, so die Papalisten die Macht des Papsttums. Der extreme Konziliarismus ohne echte primatiale Kirchenleitung führte – mit vielen anderen Faktoren – zum Basler Schisma, der extreme Papalismus ohne konziliare Kontrolle – mit vielen anderen Faktoren – zum Amtsmißbrauch des Renaissance-Papsttums und – indirekt – zur lutherischen Reformation. Die Gemäßigten von beiden Seiten aber waren sich näher, als dies nach außen oft den Anschein hatte: auch diejenigen, die die plenitudo potestatis des Papstes verteidigten, leugneten nicht ohne weiteres die Notwendigkeit der konziliaren Kontrolle wenigstens für bestimmte Fälle (und in diesen war dann faktisch das Konzil über dem, faktisch illegitimen, Papst); und diejenigen, die die Kontrollfunktion des Konzils verteidigten, leugneten nicht ohne weiteres die plenitudo potestatis des legitimen Papstes in der Kirchenleitung (in der dann faktisch der Papst über dem Konzil stand)[36].

---

[36] *P. de Vooght,* Le Conciliarisme aux conciles de Constance et de Bâle, in: Le concile et les conciles (Paris 1960) 177 s: „Si la distance est infranchissable

Es kann nicht übersehen werden, daß die Definitionen von Konstanz faktisch viele theoretische wie praktische Fragen offenließen. Was faktisch offengelassen wurde, ließ sich damals nicht leicht und eindeutig feststellen; waren doch die Konzilsväter gerade darüber verschiedener Meinung. So waren in der Folge weitere Bestimmungen des Verhältnisses Papst – Konzil möglich und in etwa auch nötig. Ein radikaler Konziliarismus, wäre er definiert worden, hätte keinen Raum gelassen für die Primatsdefinition des Vatikanum I. Jene bestimmte Art von ,,Superiorität'' des Konzils, wie sie in Konstanz im Sinne der gemäßigten konziliaren Theorie definiert wurde, ließ dafür Raum. In der Folge wurde die Art der ,,Superiorität'' des Konzils genauer bestimmt. Ausführlich haben wir bereits im Anschluß an die gegenwärtige kanonistische Lehre ausgeführt, in welchem Sinn man von einer auch vom Vatikanum I her zu vertretenden ,,Superiorität'' des Konzils über den Papst sprechen kann: im Sinne einer möglichen, in bestimmten Fällen wirksamen deklarativen Sentenz: insofern nämlich das konziliare Urteil zwar nicht die Ursache des Amtsverlustes des Papstes ist und das Konzil somit nicht als von außen kommende übergeordnete Autorität dem Papst sein Amt entziehen kann, insofern nun aber doch das konziliare Urteil die rechtsgültige Feststellung des Amtsverlustes des Papstes ist und das Konzil somit als urteilende Instanz diesen Amtsverlust für die Öffentlichkeit der Kirche rechtlich mit allen seinen Folgen wirksam macht.

Die antikonziliaristische, antireformatorische und antigallikanische Frontstellung von Kirche und Theologie hat es bei aller berechtigten Betonung der Superiorität des *Papstes* vielfach unnötig schwer gemacht, zugleich den guten und traditionellen Sinn einer Superiorität des *Konzils* in der richtigen Weise anzuerkennen und ernst zu nehmen. Bei der gegenwärtigen Sprachregelung der Kirche ist es

entre les progressistes bâlois du conciliarisme et les positions romaines, elle s'amenuise singulièrement entre des conciliaristes qui continuent à donner aux décrets de Constance une interprétation discrète et prudente et les théologiens romains qui, comme Torquemada, font au contrôle du pape par l'Église une place discrète, il est vrai, mais indiscutable. Ainsi les positions réelles de ceux qui de part et d'autre ne se contentaient pas uniquement de répéter des slogans (‚Le concile est supérieur au pape' ou ‚Le pape est supérieur au concile') paraissent très rapprochées. Si les idéologies (ou les théologies) systématisées ne concordaient pas, les plus sages des deux camps pensaient que l'Église *une* devait être gouvernée par un chef suprême unique (dans ce sens, le pape est au-dessus du concile), mais ils pensaient aussi qu'en des cas extrêmes, l'Église avait le droit de rappeler à l'ordre, même ce chef suprême (dans ce sens, le pape est soumis au concile). Sur ces deux points essentiels, le conciliariste Nicolas de Cuse et le papaliste Torquemada sont d'accord. N'est-ce pas ce fait capital qui explique, en dernière analyse, que Nicolas de Cuse ait pu, sans heurt, passer du conciliarisme au papalisme et devenir, comme disait Aeneas Sylvius, l'Hercule des eugéniens?''

allerdings sehr mißverständlich, undifferenziert von einer Superiorität des Konzils über den Papst zu sprechen. Eine solche wird im allgemeinen im Sinne eines häretischen extremen Konziliarismus verstanden und, mit Recht, abgelehnt. Daß sie auch in durchaus orthodoxer Weise, nämlich im Sinne der kanonistischen Aussagen über den Amtsverlust des Papstes und der Feststellung eines solchen durch das Konzil, verstanden werden kann, ist uns heute, obwohl von niemandem bestritten, vielfach zu wenig bewußt. Will man aber die Definitionen des Konzils von Konstanz nicht einfachhin fallenlassen, was einem Katholiken nach dem bisher Dargelegten nicht gestattet ist, wird man auf die Affirmation einer richtig verstandenen Superiorität nicht verzichten können. Am Wort „Superiorität" hängen die hier diskutierten Probleme allerdings nicht. Dieses Wort kann sowohl hinsichtlich des Konzils wie hinsichtlich des Papstes mißverstanden und richtig verstanden werden. Sowohl für die richtige Bestimmung des Verhältnisses Papst – Konzil wie für die richtige Bestimmung des Verhältnisses Konstanz – Vatikanum I [37] wird alles davon abhängen, daß man die Faktoren Papst und Konzil nicht auseinanderreißt, sondern innerhalb der Struktur der Gesamtkirche als Einheit betrachtet. Vom Wesen der Kirche her wird man das Verhältnis Papst – Konzil dann am tiefsten verstehen, wenn man es nicht primär als – in die eine oder andere Richtung verstandenes – Superioritätsverhältnis, sondern als ein gegenseitiges Bedingverhältnis begreift: nicht als so oder so verstandenes Untertanenverhältnis, sondern als gegenseitiges Dienstverhältnis im Dienst an der Kirche unter dem einen und einzigen Herrn.

Wir werden die ekklesiologische Bedeutung des Konzils von Konstanz noch besser verstehen können, wenn wir nun die Konstanzer Dekrete auf dem Hintergrund der Gesamtentwicklung der Ekklesiologie betrachten und dabei zweierlei herausstellen: 1. die konziliare Theorie des Konzils von Konstanz ist nicht eine Erfindung des Marsilius von Padua und Ockhams, sondern gründet in ihren Prinzipien in der offiziellen mittelalterlichen Kanonistik; 2. die konziliare Theorie des Konzils von Konstanz ist nicht mit dem Konzil von Basel begraben worden, sondern hat sich in ihrem wesentlichen Inhalt auch nachher in der Kirche gegen alle Widerstände durchgehalten.

---

[37] Darüber Weiteres im folgenden Abschnitt.

5. Die Konstanzer Dekrete in der ekklesiologischen Tradition

a) *Die Konstanzer Dekrete als Ergebnisse der mittelalterlichen Ekklesiologie:*

Man hat in neuerer Zeit aus einer dogmatischen Verengung heraus versucht, alle konziliaren Ideen und die besonders im Abendländischen Schisma entfaltete konziliare Theorie billig als häretisierenden „Konziliarismus" abzustempeln. Dies gelang um so leichter, als man – seit K. Wenck[1], A. Kneer[2] und K. Hirsch[3] um die Jahrhundertwende – bis in die kirchengeschichtlichen Lehrbücher hinein den Ursprung der konziliaren Ideen allgemein bei Marsilius von Padua und Wilhelm von Ockham sah. Auf diese Weise schien die revolutionäre, profan-demokratische, häretische Herkunft und Wesensart dieser Ideen und der Bruch mit der traditionellen Ekklesiologie von vorneherein gegeben. Nun haben schon die Werke von F. Bliemetzrieder[4], A. Hauck[5] und M. Seidlmayer[6] gezeigt, daß die These vom ockhamistisch-marsilianischen Ursprung der konziliaren Theorie und vom Bruch der Tradition nicht zu halten ist. Aber erst B. Tierney[7] hat – angeregt von W. Ullmann[8], E. F. Jacob und dem hervorragenden Kirchenrechtshistoriker S. Kuttner – den umfassenden und unumstößlichen Beweis erbracht, daß die konziliaren Theorien in der ganz und gar orthodoxen und traditionellen Ekklesiologie des zwölften und dreizehnten Jahrhunderts gründen[9].

---

[1] *K. Wenck*, Konrad von Gelnhausen und die Quellen der konziliaren Theorie, in: Historische Zeitschrift 76 (1896) 1–60.

[2] *A. Kneer*, Kardinal Zabarella: Ein Beitrag zur Geschichte des großen abendländischen Schisma (Münster 1890).

[3] *K. Hirsch*, Die Ausbildung der konziliaren Theorie (Wien 1903).

[4] *F. Bliemetzrieder*, Das Generalkonzil im großen abendländischen Schisma (Paderborn 1904).

[5] *A. Hauck*, Die Rezeption und Umbildung der allgemeinen Synode im Mittelalter, in: Historische Vierteljahrschrift 10 (1907) 465–482.

[6] *M. Seidlmayer*, Die Anfänge des großen abendländischen Schismas ... (Münster/W. 1940).

[7] *B. Tierney*, Foundations of the Conciliar Theory (Cambridge 1955); vom selben Verfasser: A Conciliar Theory of the Thirteenth Century, in: Catholic Historical Review 36 (1951) 415–440; The Canonists and the Mediaeval State, in: Review of Politics 15 (1953) 378–388; Ockham, the Conciliar Theory, and the Canonists, in: Journal of the History of Ideas 15 (1954) 40–70; Pope and Council: Some New Decretist Texts, in: Mediaeval Studies 19 (1957) 197–218. – Zu dem mit dem innerkirchlichen Problemkomplex eng zusammenhängenden zweiten Problemkomplex geistliche Macht – weltliche Macht vgl. das wichtige Werk von *S. Mochi Onory*, Fonti canonistiche dell'idea moderna dello Stato (Milano 1951).

[8] Vgl. bes. *W. Ullmann*, The Origins of the Great Schism (London 1948).

[9] Brian Tierney von der Catholic University of America in Washington ist Sekretär des dortigen, von S. Kuttner geleiteten Institute of Research and Study in Medieval Canon Law, das die Erschließung des riesigen kanonisti-

Nun beschränkt sich Tierneys Arbeit bewußt auf das (riesenhafte und quellenmäßig fast nicht zu überschauende) Material der Kanonistik, um hier anhand einiger der wichtigsten Kanonisten der einzelnen Epochen die Grundlinien jener Elemente herauszuarbeiten, die zum Wachsen der konziliaren Ideen beitragen konnten.

Natürlich wäre es nun wichtig, diese Untersuchung der mittelalterlichen Kanonistik durch eine Untersuchung der mittelalterlichen Theologie zu ergänzen. Doch kann kein Zweifel sein darüber, daß der Ertrag einer *theologischen* Untersuchung für unsere Problematik nicht entfernt so reich ausfallen würde wie der der *kanonistischen Untersuchung* Tierneys. Wie die patristischen Theologen, so haben auch die mittelalterlichen Theologen zwar viele Aussagen über die Kirche gemacht, doch waren sie an der systematischen Entfaltung eines ekklesiologischen Traktates wenig interessiert. In ihren ekklesiologischen Ansichten waren die mittelalterlichen Theologen vor allem von den Vätern, insbesondere von Augustin her bestimmt; die geistliche Seite der Kirche war für sie wichtiger als die rechtliche. Fragen der Kirchenverfassung überließen sie weitgehend der – in Rom schon längst führenden – Kanonistik. Von ihr übernahm die Theologie Theorien, Texte und Belege, als sie seit der Mitte des dreizehnten Jahrhunderts, besonders mit Thomas von Aquin, sich mehr den Fragen der Kirchenverfassung zuwandte und dabei das hierarchische Moment und die jurisdiktionelle Stellung des Papstes stärker betonte. Die ersten systematischen Traktate De Ecclesia – Jakobs von Viterbo „De regimine christiano", des Aegidius Romanus „De ecclesiastica potestate" und des Jean de Paris „De potestate regia et papali" – entstanden, wie schon früher bemerkt, anläßlich des Streites zwischen Bonifaz VIII. und Philipp dem Schönen und sind von vorneherein weniger ursprünglich theologisch als kirchenrechtlich bestimmt.

---

schen Quellenmaterials energisch in Angriff genommen hat. Tierneys Arbeit, von den Dogmatikern kaum beachtet, hat bei den Historikern bereits weite Anerkennung gefunden, vgl. vor allem die ausführliche Besprechung von *M. Seidlmayer* in: Zeitschrift der Savigny-Stiftung für Rechtsgeschichte, Kanonist. Abt. 43 (1957) 374–387; des weiteren *H. Wolter*, in: Scholastik 31 (1956) 603 f; *R. Elze*, in: Zeitschrift für Kirchengeschichte 69 (1958) 353 f; *H. Jedin*, Kleine Konziliengeschichte (Freiburg i. Br. 1959 ³1961) 61 f; Art. Konziliarismus, in: Lexikon für Theologie und Kirche (Freiburg i. Br. ²1961) VI, 532–534; *H. Schmidinger*, in: Anima 15 (1960) 308–318; *Y. Congar*, La Primauté des quatre premiers conciles œcuméniques, in: Le concile et les conciles (Paris 1960) 92–94; *G. Fransen*, L'Ecclésiologie des conciles médiévaux, ebd. 139–141; *P. de Vooght*, Le Conciliarisme aux conciles de Constance et de Bâle, ebd. 143–148; *C. Andresen*, Geschichte der abendländischen Konzile des Mittelalters, in: Die ökumenischen Konzile der Christenheit (Stuttgart 1961) 128 137 144; *H. Fuhrmann*, Das Ökumenische Konzil und seine historischen Grundlagen, in: Geschichte in Wissenschaft und Unterricht 12 (1961) 686–690.

Ist so für die konziliare Problematik von der mittelalterlichen Theologie selbst weniger Material zu erwarten als von der mittelalterlichen Kanonistik, so darf doch nicht übersehen werden, daß bestimmte Grundansätze, die für die Entfaltung der konziliaren Ideen wichtig waren, sich wie in der Kanonistik so auch in der Theologie finden. Dies gilt nicht nur für die spezifisch korporativen Vorstellungen im Kirchenverständnis, sondern ganz allgemein für das Verständnis der Kirche als congregatio fidelium. Sogar Thomas von Aquin, der in seiner Ekklesiologie besonders stark hierarchisch dachte, geht immer wieder von diesem traditionellen Kirchenbegriff aus; von hier aus erklärt er, wie wir sahen[10], in seiner Expositio zum Apostolikum, was Kirche ist[11]. In einer nicht nur kirchenrechtsgeschichtlichen, sondern theologiegeschichtlichen Sichtung der Problematik ließe sich aufzeigen, wie die konziliaren Ideen des Spätmittelalters nicht nur mit dem scholastischen Kirchenverständnis, sondern auch mit dem Kirchenverständnis der Patristik (insbesondere Augustins) und sogar mit dem Verständnis der Schrift von Kirche als congregatio fidelium (und nicht als Kleriker-Kirche) und vom Amt als Dienst an und in der Kirchengemeinschaft eng zusammenhängen; einiges dürften auch unsere bisherigen Kapitel zur Klärung beigetragen haben.

Die glänzende Untersuchung Tierneys nun zeigt sehr genau den Zusammenhang von konziliaren Ideen und mittelalterlicher Kanonistik auf. Die konziliaren Ideen wurden während des Abendländischen Schismas (und weit darüber hinaus) überall in der Kirche vertreten (es ragten hervor in Deutschland Konrad von Gelnhausen, Heinrich von Langenstein und Dietrich von Niem, in Frankreich Jean Gerson und Kardinal Pierre d'Ailly, in Spanien Andreas Randulf und in Italien Kardinal Francesco Zabarella). Es ist nun für Tierney von vorneherein zweifelhaft, daß selbst die erschreckenden Zustände des Großen Schismas so viele fromme und ausgezeichnete Kirchenmänner aus so vielen Ländern hätten verführen können, Lehren zu unterschreiben, die erst zwei Generationen zuvor von erklärten Häretikern erfunden worden waren. Und so stellt er mit Grund die Tendenz der früheren Forschung in Frage, die konziliare Bewegung als etwas Zufälliges, Äußerliches, der Kirche von außen Aufoktroyiertes zu betrachten, statt sie als logische Kulmination von

---

[10] Vgl. Kap. II.
[11] *Thomas von Aquin,* Expos. in Symb. art. 9: „Circa quod sciendum est quod Ecclesia est idem quod congregatio. Unde Ecclesia sancta est idem quod congregatio fidelium et quilibet christianus est sicut membrum ipsius Ecclesiae." Vgl. c. Gent. IV, 78; S. th. I, q. 117. a. 2. obj. 1; III, q. 8. a. 4. ad 2; De Ver. q. 29. a. 4. obj. 8; Comp. theol. I, 147; in 1 Cor c. 12. lect. 3; in Hebr c. 3. lect. 1.

Ideen zu verstehen, die in Lehre und Gesetz der Kirche selbst eingebettet sind[12].

Wenn nun Tierney die Kanonistik vom zwölften Jahrhundert an untersucht, so ist er sich sehr wohl im klaren, daß die führenden Kanonisten etwa zur Zeit Innozenz' III. keine Konziliaristen im Sinne des vierzehnten Jahrhunderts gewesen sind. Und doch ist er überzeugt, alle charakteristischen Propositionen der konziliaren Theorie bereits aus den Traktaten der papalistischen Kanonisten um 1200 herausarbeiten zu können[13]. Drei große Perioden der Entwicklung der konziliaren Ideen stellt Tierney fest; wir wollen die für unseren Themenkreis besonders bedeutsamen Aussagen kurz herausheben.

1. P e r i o d e : *Dekretistische Theorien über die Leitung der Kirche (1140 bis 1220)* : Was lehren zum Verhältnis Papst – Kirche, Papst – Generalkonzil die Kommentatoren des Decretum Gratiani, jener faktisch offiziell gewordenen kanonistischen Kompilation Gratians (unter ihnen der wohl größte der Dekretisten, Huguccio, Bischof von Pisa)? Für die Dekretisten um 1200 war die Überordnung des Generalkonzils über den Papst nicht – wie für die Publizisten um 1400 – das drängendste kirchenpolitische Problem der Gegenwart, sondern eine theoretische Frage der Versöhnung einander widersprechender Texte aus Gratians Decretum. In unbekümmerter Frische gingen sie all den verschiedenen Verwicklungen der im Dekret zitierten Rechtssätze nach, ohne sich sehr um eine große systematische Theorie der Kirchenverfassung zu kümmern.

Was lehren die Dekretisten vom Verhältnis *Papst – Kirche*? Die Ambiguität, die sich bezüglich des Wesens der Kirche in mittelalterlichen Schriften fand, war schon enthalten in der Interpretation der Petrusstelle Mt 16, 18 (nebst Mt 18, 18 und Lk 22, 32)[14]: Ob Christus, Petrus oder Petri Glaube das Fundament der Kirche sei, wird meist (so gerade von Huguccio) offengelassen. An *alle* Apostel werden die Schlüssel übergeben. Petrus hat dabei den Vorrang, steht aber – so nach Augustin, Gratian und vielen Dekretisten – „in figura ecclesiae", „significat eccle-

---

[12] „The neglect of canonistic sources by most writers on the origins of the Conciliar Theory may also arise from a mistaken approach to the early history of conciliar thought. There has been a tendency to treat the Conciliar Movement as something accidental or external, thrust upon the Church from outside rather than as a logical culmination of ideas that were embedded in the law and doctrine of the Church itself ... But to understand the origins of a constitutional crisis in the Church we must surely turn to the background of constitutional law from which all parties in the crisis sought to defend their claims." B. *Tierney*, Foundations of the Conciliar Theory (Cambridge 1955) 13.
[13] „It would, for instance, be possible to extract from the canonistic treatises written around the year 1200 a series of assertions that seem to anticipate all the characteristic propositions of the Conciliar Theory." B. *Tierney*, a. a. O. 19.
[14] Vgl. B. *Tierney*, a. a. O. 23–36.

siam"; in Petrus wird beim „tibi dabo claves" wie beim „rogavi pro te" die Kirche selbst angesprochen. Aus solchen dekretistischen Aussagen, die sich mit einer starken Betonung der päpstlichen Jurisdiktionsgewalt verbanden, ließen sich später je nach Akzentsetzung verschiedene verfassungsrechtliche Folgerungen ziehen: der Papst verkörpert alle Gewalt in der Kirche – oder er übt eine beschränkte Gewalt aus, die in ihrer Fülle bei der Kirche selbst liegt. Besonders zeigt sich die Ambivalenz der Aussagen bei der Irrtumslosigkeit[15]. Die Dekretisten lehren gemäß dem Decretum die Irrtumslosigkeit der „Romana ecclesia". Sie vermeiden aber bzw. lehnen ausdrücklich ab eine Aussage über die persönliche Unfehlbarkeit des Papstes, der nur als oberster Richter in Glaubenssachen anerkannt wird (Johannes Teutonicus: „certum est quod Papa errare potest . . ."); das Decretum selbst liefert verschiedene Fälle irrender Päpste (neben Marcellinus vor allem Anastasius II.). Wie lösen die Dekretisten das ihnen vom Decretum aufgegebene Dilemma: irrtumslose römische Kirche – häretischer Papst? Nicht durch die – auch den Dekretisten nicht unbekannte – moderne katholische Unterscheidung zwischen dem Papst als privatem Lehrer und als autoritativem Lehrer, sondern durch den ambivalenten Begriff der „Romana ecclesia": die römische Lokalkirche (Papst und Kardinäle)[16] können irren, nicht aber die römische Universalkirche, welche die Gemeinschaft aller Gläubigen ist. Nach Huguccio wurde diese Unterscheidung der Gemeinplatz der Dekretisten der nächsten Generation. Nicht Ockham, sondern die Dekretisten haben also – aus einer ganz anderen, unpolemischen Grundhaltung heraus – diese Unterscheidung aufgebracht, die in der konziliaren Theorie eine so bedeutungsvolle Rolle spielen sollte. Noch hatte man daraus kein System gemacht, aber das Rohmaterial lag – für Auswertung in verschiedenem Sinn – bereit.

Was lehren die Dekretisten vom Verhältnis *Papst – Generalkonzil?*[17] Das Vierte Laterankonzil 1215 stellte faktisch (und nach der Absicht des Papstes) die umfassende Repräsentation der Gesamtkirche dar: nicht nur eine Bischofssynode, sondern eine Versammlung der Stände der Christenheit. In dieser Hinsicht konnte es das Konzilsmodell für Konrad von Gelnhausen abgeben. Die Dekretisten haben allerdings weder den Repräsentationsbegriff noch das Verhältnis Generalkonzil – Gesamtkirche, noch das Verhältnis konziliare Repräsentation – päpstliche

---

[15] Ebd. 36–46.
[16] Zum Verhältnis Papst–Kardinäle vgl. *B. Tierney,* a. a. O. 68–94. Die reale Rechtsstellung des Kardinalskollegiums, dieses jungen Elementes in der Leitung der Kirche, ist noch sehr schwach: „The Decretist teaching on this point serves only to emphazise how very flimsy was the legal basis for the claims of the cardinals in 1378" (p. 75 s).
[17] Vgl. *B. Tierney,* a. a. O. 47–67.

Repräsentation theoretisch genau analysiert. Für die Dekretisten gibt es kein Konzil ohne Papst, und die Superiorität des Konzils besteht für sie noch in der Vereinigung aller Kirchen mit der römischen Kirche (und dem Papst). Wie steht es aber im Fall eines Konfliktes zwischen Papst und Konzil? Während Gratian eine Einschränkung der päpstlichen Gewalt durch das Konzil zurückweist, nehmen die Späteren (vor allem die für das vierzehnte Jahrhundert einflußreichste Glossa ordinaria des Johannes Teutonicus) im allgemeinen eine zweifache Beschränkung an: 1. Ein Papst darf die Glaubensentscheidungen eines Konzils nicht zurückweisen: „Ubi de fide agitur, tunc synodus maior est papa."[18] In Fragen des Glaubens (aber dann auch anderen die Gesamtkirche betreffenden Angelegenheiten) geben die Dekretisten dem Konzil entschieden den Vorzug vor *nur* päpstlichen Entscheidungen; dies wird mit dem römischen Rechtssatz begründet, der später von Bonifaz VIII. in die regulae iuris übernommen wird: „quod omnes tangit ab omnibus iudicetur". Und von Gratian wird von vielen übernommen, daß Glaubensfragen eine allgemeine, eine allen gemeinsame Sache seien, die nicht nur die Kleriker, sondern auch die Laien und überhaupt alle Christen angehe[19]. Der Papst ist deshalb an die Entscheidungen allgemeiner Konzilien gebunden. – 2. Ein Papst darf nicht gegen den „generalis status ecclesiae" verstoßen. Auch hier wird die Sentenz des Hieronymus zitiert: „orbis maior est urbe." Die Notwendigkeit, den Status ecclesiae zu schützen, wird immer mehr zur *Begrenzung* der päpstlichen Macht als zu ihrer Ausdehnung ins Feld geführt. Dabei ist „generalis status ecclesiae" keineswegs ein vager Begriff, sondern identisch mit den Regeln des kirchlichen Lebens, die in den Gesetzen der allgemeinen Konzilien niedergelegt und durch allgemeine Übereinstimmung bestätigt sind; der Begriff des „generalis status ecclesiae" geht über in den Begriff des „generale statutum ecclesiae".

Lehren die Dekretisten auch die Möglichkeit einer *Absetzung* des Papstes?[20] Gratian läßt den Rechtssatz „Papa a nemine iudicatur" unangetastet bis auf den einen, schon von Humbert a Silva Candida aufgestellten Fall: „nisi deprehendatur a fide devius". Dies hatte ungeheure Konsequenzen: vom zwölften bis zum vierzehnten Jahrhundert blieb die Verurteilbarkeit und Absetzbarkeit eines häretischen Papstes die

[18] Vgl. die Texte des Johannes Teutonicus bei *B. Tierney*, a. a. O. 250–254.
[19] „quae universalis est, quae omnium communis est, quae non solum ad clericos verum etiam ad laicos et ad omnes omnino pertinet Christianos." *B. Tierney*, a. a. O. 49.
[20] Die Ausführungen Tierneys in diesem Punkt werfen von der Kanonistik her ein klärendes Licht auf unsere historischen Ausführungen über den Rechtssatz „Prima sedes a nemine iudicatur", die mittelalterlichen Papstabsetzungen und ihre iuridische Begründung. Vgl. Kap. VII, 3.

sententia communis der Kanonisten, auch der radikal papalistischen. Dabei blieb es keineswegs beim einen Fall der Häresie. Schon die Summa des Rufinus († 1190) zählt zur Häresie auch das (Häresie im Gefolge habende) Schisma. Jüngere Dekretisten stellen der Häresie noch eine Reihe von aburteilbaren notorischen Verbrechen eines Papstes an die Seite. Die erste ausführliche Diskussion der ganzen Frage findet sich bei Huguccio.[21] Für diesen ist die Häresie im Dekretum nur ein Beispiel für andere notorische Verbrechen (Ehebruch, Raub, Sakrileg), die die Kirche skandalisieren und beim vorsätzlichen Verharren der Häresie gleichkommen. Der Grund, weswegen des Papstes Immunität nicht auf diese Verbrechen ausgedehnt werden kann, ist das Wohl der Gesamtkirche: „propter periculum ecclesiae vitandum et propter confusionem generalem ecclesiae vitandam". Huguccio beschäftigt sich zugleich eingehend mit den Problemen der Prozeßführung gegen einen Papst. Die Frage ist ja vor allem, wer richten kann, da der Papst nach dem Decretum keinen Höheren über sich hat. Tierney kritisiert an dieser Stelle die öfters vorgetragene moderne Auffassung, daß Huguccio, bzw. die mittelalterlichen Kanonisten, den Satz „Papa a nemine iudicatur" unangetastet ließen, weil für sie ein häretischer Papst automatisch aufgehört hätte, ein Papst zu sein. Tierney nennt diese moderne Auffassung eine „over-simplification" einer komplexen Frage: Wer entscheidet denn, *ob* der Papst tatsächlich ein Häretiker ist oder nicht, ob er also tatsächlich Papst ist oder nicht? Im Bewußtsein dieser Schwierigkeit gab sich Huguccio alle Mühe, um genau die Umstände abzugrenzen, unter denen gegen den Papst vorgegangen werden darf, um so einen Prozeß gegen einen Menschen, der noch wahrhaft Papst ist, möglichst auszuschließen. Die differenzierte Position Huguccios wurde jedoch von der nächsten Dekretistengeneration bereits stark vergröbert; manche Sicherungen, die er eingebaut hatte, wurden fallengelassen. Dies gilt gerade von Johannes Teutonicus und seiner Glossa ordinaria, die unter den dekretistischen Werken im vierzehnten Jahrhundert den größten Einfluß ausübte (schon bei ihm der Satz: „ubi de fide agitur . . . tunc synodus maior est papa"). Aufs Ganze gesehen sind die Dekretisten sehr viel mehr daran interessiert, die Kirche gegen Mißbräuche der päpstlichen Macht zu verteidigen, als die Lehre von der gerichtlichen Immunität des Papstes um jeden Preis aufrechtzuerhalten. Ihre Argumente schlugen eine wichtige Bresche in das Prinzip einer absolutistisch verstandenen päpstlichen Suprematie[22]. Obwohl sie die

---

[21] Vgl. den vollen Text der Glosse Huguccios über die Worte „nisi deprehendatur a fide devius" bei *B. Tierney*, a. a. O. 248—250.
[22] „In reading the Decretist sources one cannot escape the impression that these writers were far more interested in defending the Church against abuses of papal power than in upholding at all costs the doctrine of papal immunity

Konzilsuperiorität nicht ausdrücklich formulierten, führten sie doch
sehr offenkundig darauf hin.

2. Periode: *Papalismus und kanonistische Korporationslehre im dreizehnten Jahrhundert :* Anders als die Dekretisten, die eine beschränkte päpstliche Monarchie vertraten, treten vorwiegend die Dekretalisten (die
Kommentatoren der besonders seit Alexander III. und Innozenz III. neu
entstandenen zahllosen päpstlichen Dekretalien) im dreizehnten Jahrhundert für eine absolutistische päpstliche Monarchie ein[23]. Unter
Innozenz III. sind noch beide Tendenzen zugleich (manchmal auch beim
selben Kanonisten) vorhanden. Aber die absolutistische Tendenz setzt
sich unter Innozenz III. und seinen Nachfolgern immer mehr durch.
Der Papst erscheint immer mehr als der Stellvertreter Gottes im aller-
wörtlichsten Sinn, versehen mit einer absolutistischen plenitudo potestatis[24]. Für einige Zeit werden die gemäßigten Lehren der Dekretisten
halb vergessen und beinahe ganz ignoriert. Gewisse Grenzen der päpstlichen Dispensationsgewalt (das Gemeinwohl der Kirche, der „generalis status ecclesiae", Glaubensartikel, bestimmte konkrete Gebote) werden erörtert. Doch geschieht dies gänzlich abstrakt und ohne praktische
Auswirkungen; denn eine menschliche Autorität, die die päpstliche
Dispensationsgewalt in der Praxis beschränken könnte, wird nicht zugelassen. Die Idee, daß Konzil oder Kardinäle des Papstes Gewalt beschränken können, wird weniger abgelehnt als einfachhin ignoriert.

Aber paradoxerweise erarbeiteten gerade diese extremen Papalisten
auf einem scheinbar abseitigen Feld, ohne es zu wollen, wertvollstes
Material für die antipapalistischen Theoretiker des folgenden Jahrhunderts: sie wandten die scholastische Korporationslehre in eingehenden
juristischen Analysen auf die *einzelne* Kirche (vor allem das Bistum) an[25].

Die Kanonistik des dreizehnten Jahrhunderts stellt innerhalb der
kirchlichen Korporation die Rechte gegenüber dem Haupt immer deutlicher heraus. Gegen die streng autoritäre Auffassung des großen
Juristenpapstes Innozenz IV. setzt sich allgemein die Auffassung des

---

from judgement. Their arguments did open up an important breach in the
principle of papal supremacy." *B. Tierney,* a. a. O. 66; vgl. zu diesem ganzen
Abschnitt auch vom selben Verfasser: Pope and Council: Some New Decretist
Texts, in: Mediaeval Studies 19 (1957) 197–218.
[23] Vgl. *B. Tierney,* Foundations of the Conciliar Theory (Cambridge 1955) 87–95.
[24] *Tancred :* „Vices: in iis gerit vicem dei quia sedet in loco Jesu Christi qui est
verus deus et verus homo . . . item de nichilo facit aliquid . . . item in iis gerit
vicem dei quia plenitudinem potestatis habet in rebus ecclesiasticis . . . item
quia potest dispensare supra ius et contra ius . . . item quia de iusticia potest
facere iniusticiam corrigendo ius et mutando . . . nec est qui dicat ei, cur ita
facis . . ." *Bernardus Parmensis :* „In his quae vult ei est pro ratione voluntas"
(bei *B. Tierney,* a. a. O. 88).
[25] Vgl. *B. Tierney,* a. a. O. 96–131.

Heinrich von Segusia, Kardinalbischof von Ostia (= Hostiensis, † 1271, „fons et monarcha iuris"), durch, nach dem die Autorität einer kirchlichen Körperschaft grundsätzlich nicht nur im Haupt, sondern ebenso in ihren Gliedern ruht; deshalb bedarf das Haupt in Angelegenheiten, die die Gesamtheit betreffen, der Zustimmung der Glieder; die Grenze seiner Autorität ist das allgemeine Wohl der Kirche. Die Rechtsentwicklung des dreizehnten Jahrhunderts brachte eine stufenweise Ausdehnung und Systematisierung der Rechte der Glieder gegenüber dem Haupt: in der Mitte des Jahrhunderts war festgesetzt worden, daß die Zustimmung der Kanoniker notwendig war für Handlungen, die ihre Interessen betrafen; am Ende des Jahrhunderts hatten sie bereits eine ausgedehnte richterliche und administrative Autorität für die Zeit der bischöflichen Sedisvakanz. Und der Bischof, soweit er ex officio für seine ganze Kirche handelt, wurde verstanden als „Prokurator" und „Administrator", dessen administrative und iurisdiktionelle Gewalt man nicht von der Weihe, sondern von der Wahl herleitete. Diese Auffassung bildete ein wichtiges Zwischenglied zwischen dem im zwölften Jahrhundert herrschenden Begriff der Repräsentation als reiner *„Personifikation"* der Gemeinschaft und dem – im vierzehnten Jahrhundert sich durchsetzenden – Begriff der Repräsentation auf Grund ausdrücklicher *Delegation* der Autorität durch die Gemeinschaft. So liegt der Ursprung der Gewalt bei der Gemeinschaft; bei Sedisvakanz (wirklicher oder „virtueller": Gefangenschaft, Häresie, Schisma, notorische Verbrechen, ja bloße Nachlässigkeit) devolvieren die meisten Rechte des bischöflichen Stuhles an die Glieder. Es brauchte wenig, um solche Theorien im Großen Schisma anzuwenden. Wenn es auch im dreizehnten Jahrhundert nur um das Verhältnis Bischof – Kanoniker ging, so war doch im Hintergrund dieser Lehrmeinungen die ältere katholische Auffassung nie ganz vergessen worden, daß sich die Kirche nicht nur auf die Prälaten gründet, sondern als „Ecclesia" die „universitas fidelium", den mystischen Leib aller Gläubigen meint[26].

Damit die Korporationslehre Folgen auch für die plenitudo potestatis des Papstes hatte, brauchte sie nur von der Einzelkirche auf die Gesamtkirche übertragen zu werden. Auch dafür findet Tierney schon im dreizehnten Jahrhundert Beispiele[27]. Von besonderer Wichtigkeit ist hier

---

[26] „Yet there always remained in the background, never wholly forgotten, the older, more catholic view that the Church was not made up of prelates and higher clergy alone, but that the word ‚ecclesia' in its fullest significance meant nothing less than the whole ‚universitas fidelium', the Mystical Body of Christ." *B. Tierney,* a. a. O. 131.

[27] Vgl. *B. Tierney,* a. a. O. 132–149; *M. Seidlmayer* (Zeitschrift der Savigny-Stiftung für Rechtsgeschichte, Kanonist. Abt. 43 [1957] 382) findet Tierneys Argumentation in diesem Punkt, abgesehen von Hostiensis, etwas konstruiert.

der Ausdruck „plenitudo potestatis". Dieser, seit 1200 bei den Dekretisten allgemein üblich, wurde ursprünglich nicht nur für den Papst, sondern auch für andere Bischöfe usw. gebraucht. Er hatte – gleich wie die Ausdrücke plena potestas, plena auctoritas, plenaria potestas – den Sinn einer Bevollmächtigung und nicht den einer absolutistischen Vollmacht. Im letzten Sinn wird der Ausdruck, nun dem Papst reserviert, von Innozenz III. und den nachfolgenden Päpsten und Kanonisten angewendet. Aber gerade dem absolutistischen Begriff konnte – in Erinnerung an den ursprünglichen gemäßigten Begriff und auf den Bahnen des korporativen Denkens – sehr leicht eine *konziliaristische* Bedeutung gegeben werden: plenitudo potestatis als Vollmacht, die von der Gesamtkirche durch Bevollmächtigung auf den Papst *delegiert* wird und unter Umständen auch durch die Gesamtkirche beschränkt wird. Wie so die korporativen Ideen die konziliaren vorbereiteten, zeigte sich besonders am Beispiel des großen Hostiensis, der die Regeln des Körperschaftsrechts auf die Romana ecclesia (Papst und Kardinäle) anwandte[28]. Hostiensis, selber ein Kardinal, bezieht das Kardinalskollegium, dessen Macht mit der Macht des Papstes gewachsen war, juridisch in die plenitudo potestatis der „Romana ecclesia" mit ein. Beim Tod des Papstes übt das Kardinalskollegium dessen Iurisdiktion aus. Bliebe aber auch keiner der Kardinäle übrig, fiele die Wahl eines neuen Papstes dem römischen Klerus zu, oder – forsan iustius – Klerus und Volk von Rom müßten ein Konzil einberufen: „et clerus et populus Romanus debent concilium convocare"[29]. So devolviert die Gewalt vom Papst auf die Kardinäle und von diesen über Klerus und Volk von Rom auf das Generalkonzil: Der Weg von Hostiensis, dem monarcha iuris des dreizehnten Jahrhunderts, zu Konrad von Gelnhausen und Kardinal Zabarella in der Zeit des Großen Schismas war nicht weit! Die congregatio fidelium, von den Dekretisten mehr als negative Potenz behandelt, mußte nur als – mindestens in Notzeiten – aktive Macht ernst genommen werden.

3. Periode: *Die konziliaren Ideen im vierzehnten Jahrhundert*[30]: Es ist in unserem Zusammenhang nicht notwendig, in dieser Periode noch auf Einzelheiten einzugehen. Was für uns wesentlich ist, hat sich bereits deutlich ergeben: Die konziliaren Ideen (und mit ihnen die Konstanzer Dekrete) gründen in der traditionellen Ekklesiologie bzw. Kanonistik des zwölften und dreizehnten Jahrhunderts und lassen sich von dort

---

[28] Vgl. *B. Tierney*, a. a. O. 149–153; und vom selben Verfasser: A Conciliar Theory of the Thirteenth Century, in: Catholic Historical Review 36 (1951) 415–440.
[29] *B. Tierney*, Foundations of the Conciliar Theory (Cambridge 1955) 152.
[30] Vgl. *B. Tierney*, a. a. O. 157–237.

aus noch weiter zurückverfolgen. Die konziliare Theorie des vierzehnten Jahrhunderts entsprang der Befruchtung der dekretistischen Ekklesiologie des zwölften Jahrhunderts durch die dekretalistischen Korporationsbegriffe des dreizehnten Jahrhunderts: „The elaboration of conciliar systems of Church government in their more developed forms was made possible by the assimilation of these rather inchoate ideas of the Decretists into the framework of later corporation theory... The Conciliar Theory, one might say, sprang from the impregnation of Decretist ecclesiology by Decretalist corporation concepts."[31]

Um die Jahrhundertwende verlieh der Streit Bonifaz' VIII. mit den Colonna-Kardinälen und Frankreich dem Konzilsthema eine unerwartete Aktualität. Der große Staatstheoretiker Jean de Paris[32], der kein professioneller Kanonist war, kombinierte die bisher unzusammenhängenden Doktrinen (vor allem des Decretum, der Glossa ordinaria und des Hostiensis) in einer neuen und kühnen Synthese: die geschlossenste und vollständigste Formulierung der konziliaren Theorie vor dem Ausbruch des Großen Schismas. Jede höhere kirchliche Autorität, auch die des Papstes, beruht nach ihm auf göttlicher Einsetzung *und* auf der cooperatio humana (Amtsübertragung durch Wahl). Herrin und Eigentümerin aller Kirchengüter ist die „communitas universalis ecclesiae", der Papst ist nur ihr „universalis dispositor et dispensator". In Glaubensfragen ist der Papst auf die Mitwirkung des Konzils angewiesen. Alle kirchliche Gewalt ist nicht zur „destructio", sondern zur „aedificatio" der Kirche verliehen. Daß von daher ein Träger des päpstlichen Amtes jedem menschlichen Gericht entzogen sein soll, kann Jean de Paris nicht verstehen. Wie Gott die Wahl eines würdigen Papstes gutheißt, so würde er die Absetzung eines unwürdigen, der ganz unnütz wäre, gutheißen.

Nach Jean de Paris behandelt Tierney Kardinal Johannes Monachus (einen Vertreter der oligarchischen Kirchenleitung), Wilhelm Durantis (einen Vertreter der episkopal bestimmten Konzilsidee: alle zehn Jahre Generalkonzil!) und eine Reihe akademischer Kanonisten des vierzehnten Jahrhunderts[33]. Ockham war nach Tierney[34] dort, wo er Einfluß hatte, ganz und gar von der kanonistischen Tradition abhängig; seine originellen Ideen hingegen (evangelische Freiheit, Leugnung der Unfehlbarkeit des Generalkonzils, Stellung des Kaisers) hatten keinen Einfluß auf die Vertreter der konziliaren Theorie. Abschließend behandelt

[31] *B. Tierney*, a. a. O. 245.
[32] Vgl. *B. Tierney*, a. a. O. 157–178.
[33] Vgl. *B. Tierney*, a. a. O. 179–219.
[34] Vgl. *B. Tierney*, Ockham, the Conciliar Theory, and the Canonists, in: Journal of History of Ideas 15 (1954) 40–70.

Tierney als einen Vertreter der eigentlichen Konzilstheoretiker des Großen Schismas Kardinal Zabarella, der sich gerade dadurch auszeichnet, daß er seine konziliare Theorie ausschließlich kanonistisch aus den alten Rechtsquellen begründet[35].

Man sieht, wie falsch es ist, den Ursprung der konziliaren Ideen in den „revolutionären" und häretischen Ideen des Ockham und des Marsilius zu suchen und auf diese Weise die Konstanzer Dekrete von vornehrein in ein schiefes Licht zu rücken. „Die ‚occamistische Konzilstheorie' hat auf Grund des Buches von Tierney endgültig den Platz zu räumen. Der Konzilsgedanke erwuchs – abgesehen von dem einzigartigen Notstand der Schismazeit, zu dessen Bewältigung sich ein starrer Papalismus als unfähig erwies – tatsächlich aus Ideen, die ‚in Lehre und Gesetz der Kirche selbst eingebettet' waren, er ruhte – jedenfalls als Möglichkeit – in der Vergangenheit der Kirche selbst. ‚Verius est licet difficilius', wie der Hostiensis sagt."[36]

Und was Tierney von der konziliaren Theorie im allgemeinen sagt, muß auch von den *Konstanzer Dekreten* im besonderen gesagt werden: Sie sind „nicht etwas Akzidentelles und Äußerliches, der Kirche von außen her Aufoktroyiertes", sondern „eine logische Kulmination von Ideen, die in Gesetz und Lehre der Kirche selbst eingebettet waren"[37]. Selbstverständlich waren nicht nur die konziliaren Theorien in Gesetz und Lehre der Kirche eingebettet; es gibt ja neben der konziliaren Stoßrichtung auch die – im hohen Mittelalter zweifellos stärkere – papale. Beide setzen voraus: „the ambivalence in canonistic doctrine"[38]. Ambivalenz: Ausdruck einer fruchtbaren Spannung oder Ausdruck eines zerstörenden Widerspruchs in der Struktur der Kirche?

b) *Konziliare Ideen nach der konziliaren Epoche* : Mit dem Konzil von Basel waren die konziliaren Ideen nicht begraben. Das Ende der konziliaren Epoche bedeutete nicht das Ende der konziliaren Ideen. Tatsache ist, daß auch „im Zeitalter der päpstlichen Restauration sowohl die strenge Konziliartheorie wie gemäßigte, episkopalistische Fassungen derselben weiter vertreten wurden, ferner daß Konzilsdrohung und Konzilsappellation als politische Druckmittel gegen die Päpste ausgiebige Verwendung fanden"[39]. Wir bemerkten schon, daß die Kirche des fünfzehnten und sechzehnten Jahrhunderts weitgehend von den konziliaren Ideen beherrscht war[40]; die Aufarbeitung des riesigen un-

---

[35] Vgl. *B. Tierney,* Foundations of the Conciliar Theory (Cambridge 1955) 220–237.
[36] *M. Seidlmayer*, in: Zeitschrift der Savigny-Stiftung für Rechtsgeschichte, Kanonist. Abt. 43 (1957) 387.
[37] *B. Tierney,* a. a. O. 13.   [38] Ebd. 241.
[39] *H. Jedin,* Geschichte des Konzils von Trient (Freiburg i. Br. ²1951) I, 24.
[40] *H. Jedin,* a. a. O. I, 24–48.

gedruckten Materials wird dies noch sehr viel deutlicher zeigen. Auch in den folgenden Jahrhunderten waren diese Gedanken immer lebendig; oft verbanden sie sich mit oppositionellen Strömungen innerhalb der Kirche. Die ganze weitere Entwicklung konziliarer Ideen aufzuzeigen ist für unseren systematischen Zweck nicht notwendig. Wichtiger ist es, anhand bekannter Theologen der päpstlichen Restauration, bzw. dann der Gegenreformation, aufzuzeigen, daß auch als papalistisch abgestempelte Theologen wenigstens am Rand immer wieder zugegeben haben, daß es Fälle gibt, in denen der Papst versagen kann und in denen sich die Kirche durch das Konzil gegen den Papst zur Wehr setzen kann und muß.

Mit P. de Vooght wurde bereits darauf aufmerksam gemacht, daß schon nach Konstanz gemäßigte „Konziliaristen" und gemäßigte „Papalisten" sich faktisch weitgehend trafen und daß sowohl der Satz „der Papst steht über dem Konzil" wie der Satz „das Konzil steht über dem Papst" seinen guten Sinn haben konnte. Denn auch die gemäßigten „Papalisten" gaben die Notwendigkeit einer gewissen Kontrolle des Papstes durch die Gesamtkirche zu. In Basel verteidigte *Johannes von Tarent* 1432 die päpstliche Vollgewalt; doch in bezug auf das berühmte Adagium „Orbis maior est urbe" gab auch er zu, dies treffe den Papst, der sich vom Glauben der Kirche entferne: „‚Orbis est maior urbe . . .‘ illud intelligitur, cum papa dissentiret a tota ecclesia in articulis fidei."[41] Zwei weitere Verteidiger des Papstes, *Johannes von Mella* und der *Abt von St. Maria von Monaco,* führen 1433 aus, daß es, nachdem Eugens IV. Wandel untadelig sei, für das Konzil keinen Grund gebe, dem Papst zu widerstehen; stillschweigend gaben sie so zu, daß es Gründe geben kann, dem Papst zu widerstehen[42]. Auch *Nikolaus von Kues* konnte deswegen so leicht aus einem „Konziliaristen" zum „Herkules der Eugenisten" werden, weil es dabei weniger um eine grundsätzliche Änderung der Theorie als um eine Änderung der praktischen Einstellung ging[43]: „Papalist im üblichen Sinne des Wortes ist er nie geworden. So bleibt z. B. wesentlich für ihn der Gedanke, daß der Papst für die ‚Aedificatio ecclesiae‘ da ist; auf Sicherungen gegen den möglichen Mißbrauch der Vollgewalt will er auch später nicht verzichten. Pius II. selbst hat die dramatische Szene beschrieben, mit welcher Überzeugungstreue der Cusaner für die Ansprüche des Kardinalskollegiums einge-

---

[41] Mansi 39, 488.
[42] *P. de Vooght,* Le Conciliarisme aux conciles de Constance et de Bâle, in: Le concile et les conciles (Paris 1960) 175 s.
[43] *M. van Steenberghe,* Nicolas de Cues (Lille 1920) 65: „la volte-face de Nicolas s'explique donc moins par le dedans que par le dehors: elle implique de sa part moins un changement de théorie qu'une modification de jugement pratique . . . sur le concile de Bâle" (zit. bei *P. de Vooght,* a. a. O. 178).

treten ist. Und daß er die Reformaufgabe des Papsttums ernst nahm, lehrt seine große Legatenreise durch Deutschland."[44]

Das besonders deutliche Beispiel aber ist der mächtige und einflußreichste Kämpfer für den päpstlichen Primat im fünfzehnten Jahrhundert, bei dem alle nachfolgenden Verteidiger des Primats – von Domenico Jacobazzi und Cajetan über Melchior Cano, Suarez, Gregor von Valentia und Bellarmin bis zu den Theologen des Vatikanum I[45] – ihre Argumente geholt haben: der spanische Kardinal *Johannes de Torquemada*. Obwohl Torquemada die – von der Schrift und der Geschichte her unhaltbare – These verteidigte, der Papst sei die „una fontalis origo tocius potestatis ecclesiastice"[46], und obwohl in seiner gewaltigen Summa de ecclesia bezeichnenderweise von Reformaufgaben so gut wie gar nicht die Rede ist[47], so vertritt er doch keineswegs in allem einen päpstlichen Absolutismus: „Es wäre aber falsch, Torquemada für einen blinden Absolutisten und Gegner des Konzils als solchen zu halten; dazu stand er der bewegten Zeit des Schismas noch zu nahe. Das Konzil ist für ihn immer noch ‚die letzte Zuflucht der Kirche in allen großen Nöten‘, die höchste Instanz zur Entscheidung von Glaubensstreitigkeiten, zur Hebung der Seelsorge und – zur Zügelung der Willkür gewisser Päpste."[48]

Torquemada versucht, mit zum Teil recht fragwürdigen Argumenten die Möglichkeit eines Vorgehens der Kirche gegen einen versagenden Papst möglichst einzuschränken; anders als frühere Kanonisten umgeht er dabei leicht die eigentlichen Schwierigkeiten. Aber es ist auch für ihn ganz und gar selbstverständlich, daß ein Papst wegen *Häresie* sein Amt verliert: „per haeresim papa cadit a papatu."[49] Gründe: 1. Wer den Glauben verliert, ist kein Glied der Kirche mehr und erst recht nicht ihr (ministeriales) Haupt: „Fide perdita per quam fit prima unio ad corpus

---

[44] *H. Jedin,* a. a. O. I, 18; vgl. auch Jedins Aussagen über Piero da Monte und Antonio Roselli (I, 19).

[45] *K. Binder,* Wesen und Eigenschaften der Kirche bei Kardinal Juan de Torquemada O. P. (Innsbruck-Wien-München 1955) 196–207.

[46] *J. de Torquemada,* Oratio synodalis de primatu, ed. E. Candal, in: Concilium Florentinum. Documenta et Scriptores, series B, vol. IV, fasc. II (Romae 1954) 26.

[47] *H. Jedin,* a. a. O. I, 21 f: „Die Dekrete ‚Sacrosancta‘ und ‚Frequens‘, die eine Reform der Kurie einleiten und sicherstellen sollten, bleiben unwirksam; das Papsttum kehrte zum streng monarchischen Prinzip zurück. Damit nahm es aber auch die Kirchenreform als Aufgabe auf sich. War es nicht Pflicht des angesehensten Theoretikers der päpstlichen Gewalt, ihre Träger auf die schwere Verantwortung hinzuweisen, die sie übernahmen?"

[48] *H. Jedin,* a. a. O. I, 21.

[49] *J. de Torquemada,* Summa de Ecclesia (1448–1449. Venetiis 1560) lib. II, cap. 102, 241.

Christi quod est ecclesia membrum ecclesiae esse desinit: et per consequens esse caput."[50] 2. Die Kirche ist auf den Felsen, d. h. den Glauben
an Christus gebaut (Mt 16, 18), ohne den auch der Papst nicht Papst sein
kann: „Ecclesia est fundata super petram scilicet fidem Christi. Math. 16.
Super hanc petram aedificabo ecclesiam meam. Ergo qui cadit a petra
scilicet Christo sive fide eius notorie, et contumaciter cadit omnino
ab ecclesia Christi, et per consequens a principatu eius qui importatur
nomine papatus."[51] 3. Nach Thomas von Aquin[52] verlieren Schismatiker
die Jursidiktion. 4. Nach Thomas von Aquin[53] wird ein Papst durch
Häresie geringer als jeder Gläubige: „Quod si papa in haeresim labitur
minor efficitur quocunque fideli... Hic est casus in quo papa papam
ligare potest in quo papa in canonem late sententiae incidit."[54] Aus
diesen und anderen Gründen folgt für Torquemada, daß der Papst von
der Kirche gerichtet werden kann oder als von Gott Gerichteter deklariert werden kann: „Per ecclesiam iudicari poterit sive iudicatus a Deo
declarari."[55] Und dies geschieht durch das Konzil: „Proprie loquendo
nec propter haeresim papa deponitur a concilio sed potius declaratur
non esse papa cum ostenditur quod in haeresim fuit collapsus, et in-
corrigibiliter in ea obstinatus perseverat."[56]

Ein Papst kann nach Torquemada nicht nur ein Häretiker, er kann
auch Schismatiker werden. Wann wird ein Papst Schismatiker? Wenn
er sich von der Einheit der Kirche und vom Gehorsam gegenüber dem
Haupt der Kirche lostrennt: „Papa potest illicite se dividere ab unitate
ecclesiae, et ab obedientia capitis ecclesiae."[57] Wie ist dies möglich?
Auf drei Weisen: 1. Wenn sich der Papst von Christus, dem Haupt der
Kirche und Garanten der kirchlichen Einheit, durch Ungehorsam lostrennt, indem er dem Gesetz Christi nicht gehorcht oder etwas dem
göttlichen oder natürlichen Recht Entgegengesetztes vorschreibt:
„Quoniam papa potest a Christo qui est principale caput ecclesiae, et
respectu cuius maxime unitas ecclesiae attenditur per inobedientiam
recedere non obediendo legi eius aut praecipiendo ea quae naturali aut
divino iuri contraria sunt, et per consequens separare se a corpore
ecclesiae Christo subiecte per obedientiam, et ita absque dubio videtur
papa possit in schisma incidere."[58] – 2. Wenn er sich aus reiner Willkür

---

[50] Ebd.   [51] Ebd.
[52] *Thomas von Aquin,* Summa theologiae II–II, q. 39. a. 3.
[53] *Thomas von Aquin,* IV Sent. dist. 19. a. 2.
[54] *J. de Torquemada,* a. a. O. 241 v.
[55] Ebd. 241.
[56] Ebd. 241v; vgl. zur Frage des Papa haereticus auch lib. IV, pars II, cap.
18–20, p. 390 v–396 v.
[57] *J. de Torquemada,* a. a. O. lib. IV, pars I, cap. 11, 369 v.
[58] Ebd.

vom Leib der Kirche und dem Kollegium der Bischöfe lostrennt, indem er nicht beachtet, was die Gesamtkirche entsprechend der apostolischen Tradition beobachtet oder was durch die allgemeinen Konzilien oder die Autorität des apostolischen Stuhles allgemein angeordnet wurde (besonders bezüglich des Gottesdienstes): „... papa potest separare se sine aliqua rationabili causa sed pura voluntate sua a corpore ecclesiae, et collegio sacerdotum per non observantiam eorum quae universalis ecclesia ex traditione apostolorum observat ... aut per non observantiam eorum quae per universalia concilia aut apostolicae sedis auctoritatem sunt universaliter ordinata maxime ad cultum divinum utputa nolendo observare in se ea quae universalem statum ecclesiae aut universalem ritum cultus ecclesiastici concernunt."[59] Nach Papst Innozenz (IV.?) ist dem Papst zu gehorchen, außer wenn er sich „contra universalem statum ecclesiae" vergeht. – 3. Wenn mehrere Päpste um das Papsttum streiten und derjenige, welcher der – wenn auch nicht von allen anerkannte – wahre Papst ist, sich so nachlässig und widerspenstig gegenüber der Wiedervereinigung verhält, daß er das, was er für die Wiedervereinigung tun könnte, nicht tun will: „Contendentibus aliquibus de papatu si etiam is qui esset verus papa dubius tamen probabiliter apud aliquos ita negligenter, et pertinaciter se haberet ad unionem ecclesiae procurandam quod nollet facere quicquid in se esset pro unitate ecclesiae reintegranda talis videretur scismatis nutritor."[60] Als Beispiele werden Benedikt XIII. und Gregor XII. genannt.

Auf den Einwurf, ein Papst könne sich nicht von sich selber trennen und deshalb auch nicht in ein Schisma fallen, antwortet Torquemada: Das Schisma darf nicht nur als Trennung vom Papst verstanden werden; der Papst selbst kann sich im Ungehorsam von Christus, dessen Stellvertreter er ist, und von der Tradition der Kirche trennen, und dann ist er schismatisch. Auf den weiteren Einwurf, der Papst sei der, in dem und bei dem die Kirche sei, und er könne so nicht schismatisch werden, antwortet Torquemada: Beim Papst ist nur dann wahrhaft die Kirche Christi, wenn er selbst dem Haupte Christus unterworfen bleibt, indem er die Abhängigkeit seiner Gewalt von Christus anerkennt, die ihm geschuldete Unterwerfung wahrt und sich durch die Traditionen der Gesamtkirche, die die Braut Christi ist, bestärken läßt[61].

Torquemada stellt auch die Frage, was mit einem Papst zu geschehen hat, der unzweifelhaft der rechtmäßige ist, aber wegen eines ausgebrochenen Schismas sich nicht durchsetzen kann. Torquemada vertritt – salvo semper meliori iudicio – die Meinung: Ein solcher rechtmäßiger Papst könne zwar nicht zur Resignation gezwungen oder abgesetzt

---

[59] Ebd.   [60] Ebd.
[61] *J. de Torquemada,* a. a. O. lib. IV, pars I, cap. 11, p. 369 v–370.

werden (außer er sei häretisch), aber er sei, obwohl rechtmäßiger Papst, zur Resignation im Gewissen verpflichtet[62]. Der gute Hirt gebe sein Leben für seine Schafe: um der Wiedervereinigung willen solle ein Papst auch auf sein Recht und Amt verzichten, um einem anderen Platz zu machen, der die Wiedervereinigung herbeiführen kann. Er solle also mehr um seine ewige als um seine zeitliche Ehre besorgt sein und alles Ärgernis in der Kirche vermeiden. Dafür zitiert Torquemada verschiedentlich Augustin, der einschärft: Die stolze Ehre des Bischofs dürfe nicht die Einheit der Christen hindern; der Bischof sei nicht seinetwegen, sondern der anderen Christen wegen Bischof; deswegen hätten verschiedentlich demütige Bischöfe wegen frommer Bedenken ihr bischöfliches Amt in durchaus untadeliger, ja lobenswerter Weise niedergelegt. Um der Einheit willen soll der Bischof nicht zögern, in der Nachfolge Christi sich zu demütigen und von seiner Kathedra herunterzusteigen; für sein Seelenheil genüge es ja, daß er ein Gläubiger und gehorsamer Christ sei, und dies bleibe er auch ohne Bischofsamt; Bischof sei er ja nur um des christlichen Volkes willen, und was dem christlichen Volk zum Frieden diene, das solle er tun. Schließlich sei auch er nur ein unnützer Knecht, und die bischöfliche Würde sei für ihn fruchtbarer, wenn sie *niedergelegt* die Herde Christi sammle, als wenn sie *festgehalten* Christi Herde zerstreue[63].

Ein weiteres charakteristisches Zeugnis für diese Auffassung gibt aus der Zeit des Konzils von Trient der große Konzilstheologe *Melchior*

---

[62] *J. de Torquemada*, a. a. O. lib. IV, pars I, cap. 13, 370 v–372.

[63] *J. de Torquemada*, a. a. O. lib. IV, pars I, cap. 13, 370: „Excellentes quippe in ecclesia vigilanti intentione consulere debent ne propter suos honores superbae agendo scismata faciant unitatis compage dirupta. Nam qua fronte in futuro seculo promissum a Christo sperabimus honorem, si Christianam in hoc seculo noster honor impediat unitatem? . . . Nec episcopi propter nos sumus sed propter eos quibus verbum, et sacramentum dominicum ministramus, ac per hoc ut eorum sine scandalo sese necessitas habet, ita vel non esse debemus, quod non propter nos sed propter alios sumus, denique nonnulli sancta humilitate praediti viri propter quaedam in se offendicula quibus pie religiosaeque movebantur episcopatus officium non solus sine culpa, verum cum laude deposuerunt... Quid dubitamus redemptori nostro sacrificium istud humilitatis offerre, an vero ille de coelis in membra humana descendit, nisi membra eius essemus, et nos ne membra eius crudeli divisione lanientur de cathedris descendere formidamus propter nos sufficit quod Christi fideles, et obedientes sumus. hoc ergo semper sumus, episcopi autem propter Christianos populos ordinamur, quod ergo Christianis populis ad Christianam pacem prodest hoc de nostro episcopatu faciamus... Si servi utiles sumus cur domino aeternis lucris pro nostris temporalibus sublimitatibus invidemus, episcopalis dignitas nobis fructuosior erit si gregem Christi deposita magis collegerit quam retenta disperserit." Zum Verhältnis Papst–Konzil vgl. auch *J. de Torquemada*, Tractatus notabilis de potestate papae et concilii generalis (Coloniae 1480. Innsbruck 1871).

Cano. Er spottet über den Apologeten Albertus Pighius, der schon damals häretische Päpste (Liberius, Marcellinus, Viktor, Anastasius, Honorius) von Häresie freiwaschen wollte: „Dicit itaque ille (Pighius) multa multis locis de hac re quidem, sed aqua haeret, ut ajunt."[64] Auf deutsch: da ist er (Pighius) mit dem Strom seiner Weisheit am Ende! Nach Cano ist es gar nicht nötig, zu bestreiten, daß ein Papst (als doctor privatus) häretisch sein kann: „Non est igitur negandum, quin summus Pontifex haereticus esse possit, cujus rei exemplum unum et item alterum forsitan proferetur."[65] Mit Berufung auf die Zeugnisse der Tradition hält er gerade das für wichtig, was Pighius für unwichtig hält: daß nämlich die Häresie der eine Fall sei, in dem die Schafe über die Hirten richten dürften: „... ille unus casus, in quo oves pastorem suum judicare possunt, scilicet cum fuerit haereticus ..."[66] In diesem Fall steht der Papst unter der Kirche und ihrem Urteil: „... summus Pontifex propter crimen haeresis subditus fit ecclesiae in foro exteriore, idque ex divina institutione."[67]

Was Melchior Cano als vergebliche und unnötige Mühe verspottet hatte, tut Kardinal *Robert Bellarmin* von neuem: Mit ausdrücklicher Berufung auf Pighius versucht er zu beweisen, daß es keine häretischen Päpste gegeben habe[68]. Es geschieht dies mit Argumenten, die nach dem heutigen Stand der kirchengeschichtlichen Forschung nicht zu halten sind[69]. Und Bellarmin selbst muß zugeben, daß diese Auffassung nicht certa sei und die communis opinio gegen sich habe: „Quia tamen non est certa, et communis opinio est in contrarium, operae pretium erit videre, quid sit respondendum, si Papa haereticus esse possit."[70] Auch er ist jedenfalls der Ansicht, daß die Meinung, ein Papst könne weder wegen verborgener noch offener Häresie abgesetzt werden, unhaltbar sei:

---

[64] *M. Cano,* De locis theologicis (Salamanca 1563. Patavii 1762) lib. VI: de ecclesiae romanae auctoritate, cap. 8, 189.

[65] *M. Cano,* a. a. O. lib. VI, cap. 8, 190.

[66] Ebd.

[67] *M. Cano,* Relectio de poenitentiae sacramento (1547–1548. Patavii 1762) pars V, 497.

[68] *R. Bellarmin,* De summo pontifice (Ingolstadt 1586–1593. Parisiis 1870) lib. IV, cap. 6–14, II, 88–119.

[69] Vgl. zum Beispiel zum klassischen Fall des Honorius *R. Bäumer,* Art. Honorius I., in: Lexikon für Theologie und Kirche (Freiburg i. Br. ²1961) V, 475: „In der Reformationszeit versuchte A. Pigge den sich aus der Verurteilung ergebenden Schwierigkeiten durch die These zu begegnen, die Verurteilung des Honorius sei nie erfolgt, sondern fälschlicherweise von den Griechen in die Konzilsakten eingefügt worden. Seine These fand dankbare Aufnahme bzw. Erweiterung bei Bellarmin und Baronius und noch im neunzehnten Jahrhundert Verteidiger, obschon sich bereits M. Cano scharf gegen die Fälschungshypothese gewandt hatte."

[70] *R. Bellarmin,* a. a. O. lib. II, cap. 30, I, 608.

dagegen spricht nach ihm die berühmte Dist. 40 des Decretum Gratiani, wonach ein Papst nicht gerichtet werden kann „*nisi* deprehendatur a fide devius"; dagegen sprechen Innozenz III. in seinem zweiten Sermo de consecratione pontificis und die Verurteilung des Honorius durch das sechste und achte ökumenische Konzil sowie durch Papst Hadrian II. und die römische Synode: „Adde, quod esset miserrima conditio Ecclesiae, si lupum manifeste grassantem, pro Pastore agnoscere cogeretur."[71] Bellarmins grundsätzliche Auffassung ist also die folgende: „Papam haereticum manifestum per se desinere esse Papam et Caput, sicut per se desinit esse Christianus et membrum corporis Ecclesiae; quare ab Ecclesia posse eum judicari et puniri. Haec est sententia omnium veterum Patrum . . ."[72]

Bellarmin hatte gegen Cajetan ausgeführt, daß ein häretischer Papst unmittelbar von Gott selbst abgesetzt werde. Cajetan wird in Schutz genommen von *F. Suarez*, der zusammen mit M. Cano und D. Soto die Notwendigkeit einer Sentenz der Kirche bzw. eines Konzils festhält: „. . . si papa sit haereticus et incorrigibilis, cum primum per legitimam Ecclesiae jurisdictionem sententia declaratoria criminis in eum profertur, desinit esse papa. Est communis doctorum."[73] Auf die außerordentlich klaren Ausführungen des Suarez bezüglich des papa haereticus und des papa schismaticus haben wir bereits früher hingewiesen[74]. Es soll zum Abschluß dieser Zeugnisse nur noch *L. Thomassinus* zitiert werden, der gerade von Theologen vor dem Vatikanum I eifrig benützt wurde. Thomassinus erkennt zwei Fälle, in denen das Konzil gegen den Papst einschreiten kann und in denen sich die Päpste freiwillig fügen sollen: Der eine ist das Schisma: „Ergo cum inter duos aliquos vel plures de Pontificatu certantes, dubia nutat Ecclesia, consentaneum est, ut Synodico ipsa judicio his sese expediat ambagibus: et non de Apostolica ac prima Sede, sed de ejus incubatoribus sententiam ferat."[75] Der zweite Fall ist die Häresie: „Praeterea autem in causa haereseos publice professae, posse de Pontifice ferri judicium, in confesso est apud omnes catholicos doctores."[76] Auch er beruft sich auf die Verurteilung des Papstes Honorius und das Decretum Gratiani.

Vom Ersten Vatikanischen Konzil wurde die Appellation vom Papst an das Konzil von neuem verboten[77]; dieses Verbot wurde vom CIC auf-

---

[71] Ebd. [72] *R. Bellarmin,* a. a. O. lib. II, cap. 30, I, 610.
[73] *F. Suarez,* De fide theologica, Disputatio X de Summo Pontifice, sectio VI (Coimbra 1621. Parisiis 1858) 12, 317.
[74] Vgl. Kap. VII, 3.
[75] *L. Thomassinus,* Dissertationum in concilia generalia et particularia tomus singularis (Parisiis 1667. Coloniae 1784) Diss. XV, 20, 418.
[76] *L. Thomassinus,* a. a. O. Diss. XV, 20, 419.
[77] Denz. 1830.

genommen[78]. Doch das von den klassischen Autoren seit dem Mittelalter behandelte Problem der Konfliktsfälle zwischen Papst und Kirche, wie es in diesem Kapitel durch die Jahrhunderte hindurch verfolgt werden konnte, wurde nur kurz berührt und nicht entschieden; mit wenigen Sätzen ist der Relator der Glaubensdeputation Zinelli über dieses nach dem Zeugnis der gesamten katholischen Tradition außerordentlich wichtige Problem hinweggegangen;[79] über die Honoriusfrage und ähnliches wurde nur im Zusammenhang mit der päpstlichen *Unfehlbarkeit* eingehender gesprochen. Sowenig wie die früheren Appellationsverbote hat das Appelationsverbot des Ersten Vatikanischen Konzils die theologischen und kanonistischen Diskussionen darüber unterbunden, was im Falle eines Versagens des Papstes zu gelten hat. Dies bezeugen die Handbücher des Kirchenrechts, die – wie anhand von Wernz-Vidal eindrücklich gezeigt werden konnte – den Konfliktsfällen zwischen Papst und Kirche nach wie vor ihre Aufmerksamkeit schenken und die klassischen Positionen der Theologen vor dem Ersten Vatikanischen Konzil beibehalten haben. Der CIC selbst gibt zwar für diese Konfliktsfälle keine direkten, konkreten Lösungen. Doch wird von ihm die Möglichkeit einer freiwilligen Resignation des Papstes ausdrücklich offengehalten[80]. Außerdem wird ganz allgemein festgestellt, daß alle Häretiker und Schismatiker ohne Ausnahme ipso facto exkommuniziert sind und nach Mahnung ihres Amtes und ihrer Würde in der Kirche verlustig gehen; die Kleriker werden darüber hinaus nach wiederholter Mahnung abgesetzt: „Can. 2314: Omnes a christiana fide apostatae et omnes et singuli haeretici aut schismatici: 1. Incurrunt ipso facto excommunicationem; 2. Nisi moniti resipuerint, priventur beneficio, dignitate, pensione, officio aliove munere, si quod in Ecclesia habeant; infames declarentur, et clerici, iterata monitione, deponantur."[81] Die katholische Tradition sagt, daß auch ein Papst, wenn er Häretiker oder Schismatiker wird, sein Amt verliert und daß er sich in diesem Fall nicht auf den Satz „prima sedes a nemine iudicatur" berufen kann. Die Frage, die der CIC nicht beantwortet, ist: wer urteilt? Die Antwort der katholischen Tradition und insbesondere die des ökumenischen Konzils von Konstanz ist eindeutig: die *Kirche* urteilt, die Kirche in ihrer gültigen Repräsentation, die Kirche, repräsentiert durch das ökumenische Konzil aus menschlicher Berufung.

c) *Zwei Pole :* Schon zu Beginn des Abschnittes über den Konfliktsfall zwischen Papst und Kirche wurde gesagt: Es geht nicht um die Be-

---

[78] CIC can. 228 § 2, zugleich mit §1: „Concilium Oecumenicum suprema pollet in universam Ecclesiam potestate."
[79] Mansi 52, 1109 f.   [80] CIC can. 221.
[81] CIC can. 2314 § 1; vgl. can. 188, 4.

trachtung irgendwelcher kirchengeschichtlicher oder kirchenrechtlicher Kuriositäten am Rande des kirchlichen Lebens. Jetzt darf beigefügt werden: Es geht nicht um die Prophezeiung irgendwelcher schon für morgen zu befürchtenden Komplikationen. Gewiß kommen solche Komplikationen oft unerwartet (man denke an den Umschlag unter Bonifaz VIII.: päpstlicher Absolutismus – Exil und Schisma). Und in einer Zeit, wo – wie in der Tschechoslowakei, in Ungarn und China – Bischöfe und Kardinäle verhaftet und jahrzehntelang von ihrer Kirche getrennt gehalten werden, in einer Zeit, wo Wahlen erzwungen werden und Bischöfe unter politischem Druck handeln müssen, wird man nicht der vermessenen Illusion huldigen, dem Bischof von Rom könne solches von vorneherein nicht zustoßen. Ein politischer Umschwung, eine Internierung des Papstes und eine unter politischem Druck erfolgte und von daher in ihrer Legitimität zweifelhafte Papstwahl könnte die Kirche auch heute wieder in höchste Gefahr bringen. Vor Häresie und Schisma ist kein Jahrhundert sicher[82]. Trotz allem: Nicht solche Befürchtungen stehen an der Wurzel unserer Überlegungen, sondern die Überzeugung, daß die Grenzfälle, wie wir sie betrachtet haben, in oft greller Weise die Struktur der Kirche beleuchten und übersehene Linien ins Bewußtsein bringen. Was im Alltag leicht vergessen oder für selbstverständlich genommen wird, lehren Zeiten der Not. Und oft lehrt erst die Unordnung, wie wichtig dieser oder jener Faktor im Ordnungsgefüge ist.

Unsere geschichtlichen Ausführungen haben gezeigt, wie zentral die Fragen sind, die mit jenen Grenzfällen im Leben der Kirche gestellt sind. Es ist deutlich geworden: die Kirche, die große Gemeinschaft der Gläubigen, ist das ökumenische Konzil aller Glaubenden, das Gott selbst in Christus und unter Christus versammelt hat. Herr ist nur einer, Christus, alle anderen sind Brüder. Auch der Papst ist nicht der Herr der Kirche, sondern ihr Diener, der Diener aller. Er kann nicht Papst sein, er sei denn zuerst und immer wieder neu mit allen anderen zusam-

---

[82] *G. Dejaifve,* Der Erste unter den Bischöfen, in: Theologie und Glaube 51 (1961) 21: „Die Rechtswissenschaft, die saubere Kategorien liebt, hat ihre Aufmerksamkeit bislang kaum auf diese Zwischensituationen gelenkt, die sich präzisen Regelungen entziehen, und hat sie noch viel weniger gesetzlich erfaßt. Die Kirchengeschichte hat uns schon mehr solche Fälle geliefert, die vor sehr heikle juristische Probleme führen; man denke an das abendländische Schisma. Sie könnte uns in Zukunft vor ähnliche Aporien stellen, ja sie tut es jetzt schon, da örtliche Kirchen, die in Gemeinschaft mit Rom stehen, in Wirklichkeit aber von jeder Verbindung mit dem Zentrum der Katholizität abgeschnitten sind, dahin geführt werden könnten, für unbestimmte Zeit hinter Eisernen oder Bambus-Vorhängen abgeschlossen, weiterleben und in einer von den Umständen aufgezwungenen Autonomie ein authentisches katholisches Leben organisieren zu müssen.“

men schlichter, demütig glaubender Christenmensch. Ist er dies nicht, handelt und lehrt er gegen das Evangelium Jesu Christi, ist ihm die Kirche keineswegs – wie uns von evangelischer Seite vorgeworfen wird – auf Gedeih und Verderben ausgeliefert, darf sich die Kirche vielmehr seiner erwehren. Die Kirchengeschichte zeigt, daß dies nicht nur Theorie ist.

Die Geschichte der Kirche spielt sich immer wieder ab zwischen der Problematik des Vatikanum I und der Problematik von Konstanz. Beides sind Konzilien der *einen* Kirche, beide lehren Notwendiges und zeigen wesentliche Strukturen der Kirche, beide können falsch verstanden werden und, anstatt Strukturen konstruktiv zu deuten, gegen ihre Absicht destruierend wirken. Werden diese beiden Konzilien vom Ganzen der kirchlichen Wirklichkeit her verstanden, manifestieren sie die fruchtbare Spannung zwischen Petrus und Apostelgemeinde, Petrusamt und Kirche, Zentrum und „Peripherie". Werden sie auswählend (häretisch) verstanden und verabsolutiert, drücken sie nicht einen fruchtbaren lebendigen Gegensatz, sondern einen für die Kirche tödlich wirkenden Widerspruch aus. Beide Konzilien hatten nicht die Absicht, die Gesamtstruktur der Kirche darzulegen und eine umfassende Ekklesiologie zu formulieren; dies kann nicht Aufgabe von Konzilien sein. Beide Konzilien wollten einfach wesentliche Strukturen hervorheben und in der Ekklesiologie wichtige Akzente setzen. Beide sind vom Ganzen der Ekklesiologie her zu verstehen. Wer seine Ekklesiologie exklusiv von den Konstanzer Dekreten her aufbaut, endet nicht beim Petrusamt im Sinne der Heiligen Schrift, sondern bestenfalls beim Chefbeamten eines demokratisch-parlamentarischen Kirchenverbandes. Wer seine Ekklesiologie exklusiv von den Dekreten des Ersten Vatikanums her aufbaut, bekommt nicht die Kirche zu Gesicht als das große Konzil aller Glaubenden, die nach der Schrift *alle* geisterfüllte (Röm 8), königliche Priesterschaft (1 Petr 2, 5–10) sind, sondern bestenfalls ein von einem absolutistischen Monarchen (bzw. seinem Beamtenapparat) totalitär regiertes kirchliches Untertanenvolk.

Konstanz und Vatikanum I sind je verschiedene Akzentuierungen der beiden Pole, auf die alle Strukturen der Kirche direkt oder indirekt bezogen sind, ohne daß sie einfach auf den einen oder den anderen zurückgeführt werden können: Papst und Ekklesia. Nicht nur heißt es (theologisch leicht mißverständlich) im CIC: „Catholica Ecclesia et Apostolica Sedes moralis personae rationem habent ex ipsa ordinatione divina."[83] Auch in den beiden einzigen Worten Jesu, in denen „Ekklesia" vorkommt (Mt 16, 18 und 18, 17), können die zwei Pole beobachtet werden. Von da her hat Y. Congar die Geschichte der Ekklesiologie als

---

[83] CIC can. 100 § 1.

Wechselspiel zwischen Papst und Ekklesia dargestellt. Aus seiner Darlegung kann wertvolles Licht auf unsere bisherigen Ausführungen fallen[84].

Nach Congar ist die Glaubenserfahrung von der Kirche in den ersten Jahrhunderten stark sakramental und symbolhaft bestimmt, eine himmlisch-irdische Wirklichkeit[85]. Der Pol Ekklesia als lebendige Gemeinschaft der Gläubigen in Christus steht hier im Vordergrund sowohl der Theologie wie der Liturgie (die versammelte Ekklesia als Subjekt der Liturgie). Petrus und Petrusamt sind hier weniger Quelle als Zeichen der Einheit der Kirchen; Petrus repräsentiert die Kirche (Cyprian – Augustin). Neben dieser Sicht steht schon früh – indirekt grundgelegt bei Clemens Romanus und Viktor I., immer deutlicher ausgesprochen durch Siricius, Innozenz I., Bonifaz I. und vor allem Leo I. – die spezifisch römische Ekklesiologie[86]. Der Genius des Rechts und der Apostel Petrus sind für die Ausbildung dieser Ekklesiologie von besonderer Bedeutung, beide Größen verbunden in der initiativen Lehre und Praxis eines Primats göttlichen Rechts. Von daher ist die römische Ekklesiologie im Gegensatz zur Ekklesiologie des Ostens eine Ekklesiologie der Einheitskirche: Kirche nicht als mehr oder weniger föderative Gemeinschaft von lokalen Kirchen, sondern das universale Volk der Gläubigen in der rechtlichen Struktur einer umfassenden Körperschaft unter einer zentralen Leitung. Gefördert wurde diese Ekklesiologie erstens durch die politischen Umstände: Gegenüber dem stark ausgeprägten Partikularismus des Ostens besaß das lateinische Rom auch nach dem Untergang des Imperiums eine stark einigende mystische Anziehungskraft. Und zweitens durch theologische Umstände: Gegenüber dem symbolhaft-sakramentalen Denken des Ostens, bei dem die kanonistische Tätigkeit nicht ins theologische Bewußtsein einging, lernte der Westen unterscheiden zwischen Gültigkeit und Wirksamkeit der Sakramente, zwischen Weihevollmacht und Jurisdiktionsgewalt, was den Unterschied in der Jurisdiktion des Papstes und der Bischöfe herausarbeiten ließ. Während so der Osten und Afrika (wie weite Kreise im Westen bis ins neunte Jahrhundert) eine kollegiale und konziliare Idee von der Kirche haben und dabei verharren, öffnet sich der Westen immer mehr der Idee des monarchischen Universalepiskopats.

---

[84] Y. *Congar,* Geschichtliche Betrachtungen über Glaubensspaltung und Einheitsproblematik, in: Begegnung der Christen (Festschrift O. Karrer. Stuttgart-Frankfurt a. M. ²1960) 405–429; vgl. dazu vom selben Verfasser: Conclusion, in: Le concile et les conciles (Paris 1960) 329–334; Jalons pour une théologie du laïcat (Paris 1953); Bulletin d'ecclésiologie (1939–1946), in: Revue des sciences philosophiques et théologiques 31 (1947) 77–96 272–296.

[85] Y. *Congar,* Geschichtliche Betrachtungen über Glaubensspaltung und Einheitsproblematik, a. a. O. 405–408.

[86] Y. *Congar,* a. a. O. 408–419.

Seit Nikolaus I. und Johannes VIII., aber insbesondere seit der gregorianischen Reform nimmt der Pol „Papst" im Westen immer mehr eine ausschlaggebende Stellung ein. Immer mehr wird die Ordnung des ganzen kirchlichen Lebens vom Pol „Papst" abgeleitet. Kardinal Humbert setzte das Verhältnis „ecclesia" – päpstliche Vollmacht gleich dem Verhältnis Türe–Angel, Familie–Mutter, Gebäude–Fundament, Strom–Quelle. Ähnlich wie die Titel „Papa" und „Sedes apostolica" wird auch der Titel „Vicarius Christi", früher Bischöfen, Priestern und Fürsten eigen, seit Innozenz III. dem Papst allein vorbehalten. Damit war ein wichtiger Bedeutungswandel gegeben[87]. Das kanonische Recht, in den Dienst der päpstlichen Gewalt gestellt, war eine unentbehrliche Stütze zur notwendigen Befreiung der Kirche von der überhandnehmenden Macht des Laientums im frühen Mittelalter. Doch führte es oft zur Verrechtlichung (und dann folgerichtig auch Verpolitisierung) ursprünglich pneumatischer Begriffe und zur weitgehenden Klerikalisierung der Kirche.

Doch es ist nicht zu übersehen, daß auch im Mittelalter von vielen Kräften in der Kirche der Pol „Ekklesia" kräftig akzentuiert wurde. Nicht daß nur vom Osten her (gerade auch unter Photius) die Legitimität der alten synodalen und episkopalen Kirchenordnung und das Recht anderer kirchlicher Formen innerhalb der einen katholischen Kirche kräftig betont wurde. Auch innerhalb der westlichen Kirche gab es neben den römischen Kanonisten die vorgregorianischen Kanonisten

---

[87] *Y. Congar,* a. a. O. 415f: „Die Bezeichnung ‚Statthalter' oder ‚Bevollmächtigter Christi' hatte noch nicht den Sinngehalt, den sie später bekam, seit der Titel ausschließlich auf den Nachfolger Petri angewandt wurde. Übrigens nannte man damals den Bischof von Rom auch ‚Vicarius Petri' oder auch ‚Nachfolger Petri'. ‚Vicarius' (Stellvertreter) bedeutete im Symbolzusammenhang des Irdischen mit dem Himmlischen . . . die sichtbare Person, die eine unsichtbare, aber handelnde Person repräsentierte und sogar (man verzeihe uns diesen notwendigen Pleonasmus) in aktueller Weise aktiv war. Der Ausdruck ist mehr im Rahmen eines hier und jetzt von oben kommenden Eingreifens Christi (Gottes) oder Petri oder der Heiligen zu verstehen als mit Beziehung auf einen zeitlichen Anfang, auf die Gründung der Kirche oder eine für immer übertragene Vollmacht. Übrigens wurde damals diese ‚Gründung' selbst mehr als ein immer wieder aktuelles Geschehen denn als ein im Ursprung geschehenes, ein für allemal fortwirkendes Ereignis verstanden. Umgekehrt wandelte sich, grosso modo infolge der juridischen Denkweise, welche die lebhafte kanonistische Aktivität seit der gregorianischen Reform einführte, die Bedeutung ‚Stellvertreter' (Vicarius) mehr und mehr zum Titel eines Bevollmächtigten, dem eine Autorität als persönliche Qualifizierung übertragen wurde, also praktisch (wenigstens bezüglich der päpstlichen Gewalt) zum Titel eines Nachfolgers. Als die Bezeichnung ‚Vicarius Christi' zum Eigentitel des Papstes wurde und die juridische Bedeutung eines Bevollmächtigten Christi erhielt, wurde die alte, aktualistisch-abbildliche Idee deswegen nicht etwa ausgeschaltet, sie verband sich vielmehr mit der Bedeutung des Tätigkeitswortes ‚vices agere', und

(Burchard von Worms, Yvo von Chartes usw.). Und wir haben bereits ausführlich gesehen[88], wie auch bei den Dekretisten des zwölften Jahrhunderts in gewissen Momenten die Bedeutung der Ecclesia als congregatio fidelium überraschend deutlich zum Ausdruck kam, wie dann die korporativen Ideen der Dekretalisten des dreizehnten Jahrhunderts diese Tendenzen entscheidend verstärkten, und wie schließlich diese Bewegungen die konziliaren Ideen zeugten, die im fünfzehnten und sechzehnten Jahrhundert weitgehend die Kirche beherrschten und den Pol Ekklesia wieder deutlich zur Geltung brachten.

Doch vermochten alle diese innerkirchlichen theologischen, kanonistischen und praktischen Bestrebungen jene Bewegungen nicht aufzufangen, die – angefangen von den spiritualistischen Sekten des zwölften Jahrhunderts über Ockham und Marsilius von Padua, Wyclif und Hus bis schließlich zu den Reformatoren – allesamt eine radikale antihierarchische Kritik an der konkreten zeitgeschichtlichen Kirche als einem Machtapparat, einer politisch belasteten Größe und einem Rechtsgebilde der Heilsvermittlung durchführen und sich zugleich bemühen, die Ekklesia als congregatio fidelium nach dem Evangelium wieder geistlicher zu verstehen. In Gegenwehr wurde der ekklesiologische Traktat gleich bei seinem Entstehen – wie bereits aufgezeigt – als Hierarchologie aufgebaut; viele Texte setzen „Ecclesia" einfachhin mit der Hierarchie, ja manchmal sogar mit der Kurie und mit dem Papst gleich[89]. Die Ekklesiologie wird so weitgehend konstruiert in Reaktion auf bestimmte Negationen oder bestimmte Irrtümer[90]: Gegen den Gallikanismus und die Legisten der französischen Krone entwickelte

---

dies besonders in der Sakramentstheologie." Zur Geschichte dieses Ausdrucks vgl. weiter *M. Maccarrone,* Vicarius Christi. Storia del titolo papale (Lateranum N. S. XVIII, 1–4. Roma 1952). – Vgl. auch die Arbeit von *O. Wüst,* Die stellvertretende göttliche Rechtsgewalt des Papstes. Eine theologiegeschichtliche Untersuchung (Diss. Pont. Univ. Gregoriana. Rom 1956): Es wird vom Verfasser gut herausgestellt, wie so weittragende Lehren wie die potestas vicaria Dei entstanden sind, um praktische Maßnahmen (etwa in der päpstlichen Dispensenpraxis) nachträglich kanonistisch zu begründen. Die Problematik des damals gängigen Gedankenganges „Papa fecit, ergo potestatem habet" wird hierbei nur zu sehr offenkundig.

[88] Kap. VII, 5a.

[89] Vgl. z. B. *Ägidius von Rom :* „Summus pontifex qui tenet apicem ecclesiae et qui potest dici ecclesia." *Petrus Amelii,* Kardinal von Embrun: „Papa et domini cardinales ita sunt in Romana ecclesia quod etiam ipsi sunt eadem Romana ecclesia . . ." *Silvester Prierias :* „Ecclesia universalis virtualiter est ecclesia Romana, ecclesia Romana repraesentative est collegium cardinalium, virtualiter autem pontifex maximus" (zit. bei *Y. Congar,* Jalons pour une théologie du laïcat [Paris 1953] 71 s).

[90] Vgl. *Y. Congar,* Bulletin d'ecclésiologie (1939–1946), in: Revue des sciences philosophiques et théologiques 31 (1947) 77.

man die Theologie der hierarchischen, insbesondere der päpstlichen Gewalt und die Theologie der Kirche als eines organisierten Reiches. Gegen die konziliaren Theorien entwickelte man vor allem die Theologie des päpstlichen Primats. Gegen den wyclifitischen und hussitischen Spiritualismus den kirchlichen und sozialen Charakter der christlichen Botschaft. Gegen die Reformatoren die objektive Bedeutung der kirchlichen Gnadenmittel (Sakramente wirksam ex opere operato), die Bedeutung der hierarchischen Gewalten, des Amtspriestertums, des Bischofsamtes und vor allem des römischen Primates. Gegen den mit Gallikanismus mehr oder weniger verbundenen Jansenismus betonte man noch mehr päpstliche Gewalten und Rechte. Gegen den Laizismus und den Staatsabsolutismus des neunzehnten Jahrhunderts insistierte man auf der Kirche als einer mit allen Rechten und Mitteln ausgestalteten societas perfecta. Gegen den Modernismus schließlich entwickelte man stark die Vorrechte der lehrenden Kirche. Dies alles bedeutete eine oft recht einseitige Herausstellung des Poles „Papst" gegenüber der Ekklesia[91]. Nur zu oft entsprach diese polemische Ekklesiologie dem deistischen Grundsatz, wie ihn Möhler persiflierte: „Gott schuf die

---

[91] Leider waren die Klagen über Papolatrie im sog. Neoultramontanismus rund um das Vatikanum I nicht unbegründet. *R. Aubert,* Le pontificat de Pie IX (Fliche-Martin, Histoire de l'Église. Paris 1952) 302 s schreibt darüber: „La dévotion au pape, elle aussi, prenait parfois des formes bien discutables que l'archevêque de Reims dénonçait comme ‚une idolâtrie de la papauté'. Les uns, afin de mieux confesser que, pour eux, le pape était le vicaire de Dieu sur la terre – le ‚vice-Dieu de l'humanité' disait l'un d'eux – croyaient bon de lui appliquer des hymnes qui, dans le bréviaire, s'adressent à Dieu lui-même:

> Rerum, *Pius,* tenax vigor,
> Immotus in te permanens
> Da verba vitae quae regant
> Agnos, oves et saeculum.

ou encore:

> A Pie IX, Pontife-Roi:
> Pater Pauperum
> Dator munerum
> Lumen cordium
> Emitte coelitus
> Lucis tuae radium.

D'autres le saluaient des titres attribués au Christ par la Sainte Écriture: ‚Pontifex sanctus, innocens, impollutus, segregatus a peccatoribus et excelsior coelis factus.' Or, ces inconvenances n'étaient pas seulement boutades d'irresponsables. Un article de ‚La Civiltà cattolica', la revue des jésuites romains, expliquait que ‚lorsque le pape médite, c'est Dieu qui pense en lui'; l'un des évêques ultramontains les plus en vue de France, Mgr Bertaud de Tulle, présentait le pape comme ‚le Verbe incarné qui se continue'; et l'évêque de Genève, Mgr Mermillod, n'hésitait pas à prêcher sur ‚les trois incarnations du Fils de Dieu': dans le sein d'une vierge, dans l'eucharistie et dans le vieillard du Vatican."

Hierarchie, und für die Kirche ist nun bis zum Weltende mehr als genug gesorgt."[92]

Selbstverständlich fehlten auch in der Kirche der Neuzeit die Gegenströmungen nicht. Wir sahen, daß die konziliaren Ideen nicht nur bei den Gallikanern, Episkopalisten und Febronianern nachwirkten, sondern auch bei den großen Theologen der nachreformatorischen Scholastik. Die eigentliche Erneuerung der Ekklesiologie, die zu einer Weitung und Vertiefung des Kirchenbegriffs und so schließlich zur Enzyklika „Mystici Corporis" führte, ging im neunzehnten Jahrhundert vor allem von der Tübinger Schule aus. Insbesondere die Ekklesiologie J. A. Möhlers hat auf die Theologen des Collegium Romanum (Perrone, Schrader, Passaglia), die wesentlich die Vorbereitung des Vatikanum I trugen, tiefgreifende Wirkungen ausgeübt[93]. Das Vatikanum I betonte den Pol „Papst" in maximaler Weise. Aber es hat nicht nur den extremen Episkopalismus, sondern auch den extremen Papalismus verurteilt[94]. Es wollte im übrigen seiner Darlegung der Stellung des Papstes eine Darstellung der Ekklesia folgen lassen[95].

Die katholische Theologie arbeitet heute auf allen Gebieten mit Eifer daran, die Ekklesia und ihre Strukturen besser ins Licht zu stellen. Diese zentrale ökumenische Aufgabe bietet gewaltige Schwierigkeiten, wie auch unsere Studie in allen Kapiteln gezeigt haben dürfte. Am Ende sind wir jedenfalls noch lange nicht. Immer wieder gilt es, Extreme, die nur einen Pol ernst nehmen wollen, zu vermeiden und den Weg der Mitte zu gehen, der allein den richtigen Blick für die komplexe Struktur der katholischen Kirche zu geben vermag. J. A. Möhler hat es vor bald hundertfünfzig Jahren richtig ausgesprochen: „Zwei Extreme im kirchlichen Leben sind aber möglich, und beide heißen Egoismus; sie sind: wenn *ein jeder* oder wenn *einer* alles sein will; im letzten Fall wird das Band der Einheit so eng und die Liebe so warm, daß man sich des Erstickens nicht erwehren kann; im ersten fällt alles so auseinander, und es wird so kalt, daß man erfriert; der eine Egoismus erzeugt den anderen; es muß aber weder einer noch jeder alles sein wollen; alles können nur alle sein, und die Einheit aller nur ein Ganzes. Das ist die Idee der katholischen Kirche."[96]

---

[92] *J. A. Möhler,* Rezension zu: Th. Katerkamp, Des ersten Zeitalters der Kirchengeschichte 1. Abt.: Die Zeit der Verfolgungen (Münster 1823) in: Tübinger Theologische Quartalschrift 5 (1823) 497.
[93] Vgl. *W. Kasper,* Die Lehre von der Tradition in der Römischen Schule (Giovanni Perrone, Carlo Passaglia, Clemens Schrader) (Diss. Tübingen 1961. Freiburg i. Br. 1962). [94] Vgl. *J. Ratzinger,* Primat, Episkopat und Successio apostolica, in: Episkopat und Primat (Freiburg-Basel-Wien 1961) 42 f.
[95] Vgl. Kap. VII, 2. [96] *J. A. Möhler,* Die Einheit in der Kirche oder das Prinzip des Katholizismus (Ausgabe J. R. Geiselmann. Darmstadt 1957) 237.

Die Kirchengeschichte bestätigt Möhlers Worte von den beiden Extremen. Der Kirche *und* dem Petrusamt kann man auf zwei Weisen schaden: indem man dem Petrusamt zu wenig oder indem man ihm zu viel zuschreibt. Die hypertrophe Funktion eines Organs schädigt den Organismus nicht weniger als die hypotrophe. Zu *wenig* schreibt man dem Petrusamt zu, wenn man es bestenfalls als ein menschliches Gebilde, als eine Setzung menschlichen Rechtes betrachtet und den inneren Zusammenhang des Papsttums mit der in der Schrift begründeten petrinischen Kirchenleitung nicht würdigt. Zu viel schreibt man ihm zu, wenn man seinen Dienstcharakter in der Kirche nicht ernst nimmt, es als eine absolutistische Herrschaftsmacht betrachtet und kirchliche Leitung und Initiative soweit als möglich auf Leitung und Initiative des Petrusamtes reduziert. Es ist fraglich, ob die hypertrophe oder die hypotrophe Aushöhlung des Petrusamtes der Kirche mehr geschadet hat. Jedenfalls hat Möhler recht, wenn er sagt, daß ein Egoismus den anderen zeuge: Der absolutistische Papalismus war Voraussetzung für den demokratischen Konziliarismus; dieser wiederum war Voraussetzung für die reaktionäre Restauration eines absolutistischen Papalismus. Heute, am Ende der im vorigen Abschnitt kurz skizzierten Entwicklung, ist wohl die hypertrophe Funktion des Petrusamtes die größere Gefahr. Selbstverständlich wird man nicht anachronistisch die Stellung des Petrusamtes im zwanzigsten Jahrhundert auf die des ersten oder zweiten Jahrhunderts zurückschrauben wollen.

Man wird geschichtlich denken und anerkennen, daß der Zentralisationsprozeß etwa der gregorianischen Reform viel Gutes mit sich brachte: Die Abhängigkeit von den Fürsten war oft sehr viel drückender als alle Abhängigkeit von Rom, und die Mängel des germanischen Eigenkirchentums sind allgemein bekannt. Andererseits wird man auch nicht ungeschichtlich denken in der Weise, daß man bestimmte historische Formen des Petrusamtes mit seinem Wesen identifiziert und sie als für alle Zeiten notwendig und unveränderlich erklärt. Sosehr das von Christus gesetzte Wesen des Petrusamtes immer nur in bestimmten geschichtlichen Formen verwirklicht werden kann, sosehr wird man andererseits – um die Perspektive des Evangeliums nicht aus den Augen zu verlieren – grundsätzlich unterscheiden müssen zwischen dem, was Gotteswerk, und dem, was Menschenwerk ist. Die kanonistische Unterscheidung zwischen ius divinum und ius humanum (ecclesiasticum)[1] ist nicht nur eine Schuldistinktion, sondern im Evangelium selbst begründet. In Mk 7, 1–11 (vgl. Mt 15, 1–9) ist gegen den pharisäischen Le-

---

[1] Vgl. z. B. can. 6; can. 27 § 1.

galismus von Christus gesagt worden, daß Gotteswort und Menschenwort nicht dasselbe sind. *Das (im Menschenwort sich kundtuende) Gotteswort darf nicht zum Menschenwort gemacht werden,* indem man Gotteswort durch eine menschliche Satzung und Tradition ablöst: „Ihr verlaßt das Gebot Gottes und haltet die Überlieferung der Menschen fest. Und er sprach zu ihnen: Prächtig verwerft ihr das Gebot Gottes, um eure Überlieferung zu befolgen. Denn Moses hat gesagt: ‚Ehre deinen Vater und deine Mutter‘, und: ‚wer Vater oder Mutter flucht, soll des Todes sterben.‘ Ihr aber sagt: Wenn jemand zu Vater oder Mutter spricht: ‚Was dir von mir zugute kommen könnte, soll (vielmehr) Korban, das heißt: eine Opfergabe sein‘, so laßt ihr ihn für seinen Vater oder seine Mutter nichts mehr tun und macht damit das Wort Gottes ungültig durch eure Überlieferung, die ihr überliefert habt; und Ähnliches der Art tut ihr viel" (Mk 7, 8–13).

Aber auch umgekehrt: *Das Menschenwort darf nicht zum Gotteswort gemacht werden,* indem man Menschenlehren und Menschensatzung als Gottes Gebote anpreist. Es geht ja hier um denselben Vorgang: erniedrigt man Gotteswort zu Menschenwort, so erhebt man zugleich das Menschenwort zum Gotteswort: „Da fragten ihn die Pharisäer und die Schriftgelehrten: Warum wandeln deine Jünger nicht nach der Überlieferung der Alten, sondern nehmen mit unreinen Händen Speise zu sich? Er aber sprach zu ihnen: Trefflich hat Jesaia über euch Heuchler geweissagt, wie geschrieben steht: ‚Dieses Volk ehrt mich mit den Lippen, doch ihr Herz ist weit weg von mir; vergeblich aber verehren sie mich, indem sie Lehren vortragen, welche Gebote von Menschen sind" (Mk 7, 5–7)[2].

Wenn also die Kirche einen scharfen Strich zieht zwischen Gotteswort und Menschenwort, Gottesgebot und Menschengebot, Gottesrecht und Menschenrecht, dann spricht sie vom Evangelium her. Gottesgebot ist grundsätzlich absolut und unveränderlich. Menschengebot

---

[2] *J. Schmid,* Das Evangelium nach Markus (Regensburg ³1954) 134: „Diese ‚Überlieferung der Alten‘, von der die Reinheitsgesetze nur einen Teil bildeten, wurden von den Schriftgelehrten und ihren pharisäischen Anhängern für ebenso heilig und verpflichtend erklärt wie das im AT enthaltene Gesetz des Moses, ja als ‚ungeschriebenes Gesetz‘ auf die Offenbarung Gottes am Sinai zurückgeführt." *J. Huby,* Évangile selon Saint Marc (Paris 1948) 180: „Il ne suffit pas aux Pharisiens de mettre les commandements des hommes avant les préceptes de Dieu, de garder les uns et de négliger les autres; mais cette Loi divine, ils l'annulent, ils la réduisent à rien. Le grief pouvait paraître paradoxal: les Pharisiens ne se flattaient-ils pas d'élever la tradition orale comme une ‚haie protectrice‘ de la Loi écrite? Jésus va apporter les preuves de son accusation. Sans doute, les Pharisiens ne prennent pas la contradictoire du précepte divin pour l'ériger publiquement en règle de conduite: une telle manière de faire n'aurait plus été hypocrisie, mais révolte ouverte."

grundsätzlich bedingt (muß relativ, bezogen auf das Gottesgebot und von ihm gedeckt sein) und veränderlich (kann im Lauf der Geschichte gesetzt und abgesetzt, gebildet, verbildet, umgebildet und neugebildet werden).

Aufgabe gerade auch der Theologie und der Kanonistik ist es, diese Unterscheidung zwischen göttlichem und menschlichem Gebot in allen wichtigen Punkten kirchlicher Lehre und Praxis herauszuarbeiten, damit nicht Menschenwort zu Gotteswort gemacht und als schwere Last den Menschen auferlegt werde. Hier steht das Mahnwort des Herrn: „Sie binden schwere Bürden und legen sie auf die Schultern der Menschen; doch sie selbst wollen sie nicht einmal mit dem Finger bewegen" (Mt 23, 4).

Wichtig ist diese Unterscheidung göttliches Recht – menschliches Recht gerade in unserem Problemkreis: Petrusamt – ökumenisches Konzil. Nach der gegenwärtigen kirchenrechtlichen Regelung ist es so, daß nur der *Papst* ökumenische Konzilien einberufen, verlegen, vertagen, aufheben, rechtskräftig bestätigen, daß nur der *Papst* auf den ökumenischen Konzilien den Vorsitz führen, Verhandlungsgegenstände und Verhandlungsordnung bestimmen kann[3]. Schon im ersten Kapitel haben wir ausgeführt, daß diese Bestimmungen nicht göttlichen, sondern menschlichen Rechtes sind. Diese Aussage ist nun, wie schon dort angekündigt, zu präzisieren. Das Einberufungsrecht des Papstes wird bisweilen als ius divinum verstanden, wenn auch längst nicht immer direkt als solches bezeichnet. Man darf jedenfalls der Meinung sein, daß dieses Problem noch nicht genügend geklärt und differenziert ist. Wenn man sagt, das Einberufungsrecht des Papstes sei iuris divini, so muß überlegt werden: bezieht sich dieses ius divinum auf die in der Einberufung durch den *Papst* faktisch tätige *primatiale Vollmacht* oder auf den – mit dem Akt der primatialen Vollmacht möglicherweise formal nicht identischen – *Akt der Einberufung als solchen?* Wenn in dieser Aussage das ius divinum sich auf die in der Einberufung faktisch tätige primatiale Vollmacht bezieht, muß ein ius divinum, nämlich das des Primats, der vatikanischen Definition entsprechend bejaht werden. Denn wenn der Papst schon faktisch ein ökumenisches Konzil einberuft, dann gewiß als Primas der Gesamtkirche. Daraus folgt aber noch keineswegs, daß iure divino nur der Primas der Gesamtkirche und niemand sonst ökumenische Konzilien einberufen kann, daß also mit dem göttlichen Recht des Primats auch schon das *exklusive* Recht der Konzilsberufung gegeben wäre. Es kann nicht von vornherein bestritten werden, daß ein Papst auch dann den Primat der Kirche haben kann, wenn nicht er allein Konzilien einberufen kann. Wollte man dies bestreiten, müßte man von

---

[3] CIC can. 222.

vorneherein behaupten, jede die Gesamtkirche verpflichtende Aktion könne allein vom *obersten* Hirten ausgehen. Kurz: Wollte jemand das ius divinum bei einer Einberufung durch den Papst nicht nur auf die faktisch getätigte primatiale Vollmacht, sondern auch auf den Akt der Einberufung als solchen beziehen, so müßte er dieses ius divinum aus der Offenbarung unwiderleglich beweisen können. Aus der Problemlage ergibt sich, daß es dabei nicht genügt, einfachhin einen Beweis für den Primat Petri oder des Papstes zu führen: es geht ja nicht einfachhin darum, ob dem Papst der *Primat* zukommt, sondern ob ihm das *exklusive Einberufungsrecht* auf Grund des Primates zukommt. Vielmehr wäre unwiderleglich zu beweisen, daß der Primat ohne das exklusive Einberufungsrecht nicht mehr echter Primat im Sinne der Heiligen Schrift (nicht im Sinne etwa eines weltlichen Absolutismus) sein könnte. Oder, wie wir gleich noch eingehender untersuchen werden: Es geht ja nicht einfach darum, zu beweisen, daß das Konzil notwendig in Einheit mit dem Papst stehen muß (das ist für die Katholiken selbstverständlich), sondern darum, zu beweisen, daß die Einheit mit dem Papst nur gegeben wäre, wenn iure divino der Papst allein das Konzil einberufen könnte.

Wir sind der Meinung, daß a) die in der Einberufung durch den Papst faktisch tätige primatiale Vollmacht iuris divini ist, daß aber b) der Akt der Einberufung als solcher nur iuris humani ist und folglich nicht notwendig nur zusammen mit der primatialen Vollmacht als solcher gegeben ist. Zu beweisen, daß auch der Akt der Einberufung als solcher des Papstes exklusives ius divinum sei, dürfte bis anhin niemandem gelungen sein und wird jedenfalls die Fakten der Konziliengeschichte gegen sich haben. Währenddem bezüglich des ersten Satzes in der Kirche mindestens seit dem Vatikanum I volle Klarheit besteht, so wurde bezüglich des zweiten Satzes von der Kirche und auch vom Vatikanum I nichts Verbindliches festgelegt. Im CIC fällt vielmehr auf: Kanon 219, der von der Übertragung der obersten Jurisdiktionsgewalt auf den neugewählten Papst handelt, beruft sich auf ein ius divinum. Kanon 222, der von der Einberufung, Vertagung usw. des ökumenischen Konzils durch den Papst handelt, beruft sich auf kein ius divinum.

Der Rechtssatz, jede (nicht nur die ökumenische!) rechtmäßige Synode bedürfe päpstlicher Berufung und Leitung, ihre gesetzgeberischen und richterlichen Akte bedürften päpstlicher Bestätigung, stammt aus den gefälschten *pseudoisidorischen Dekretalen*[4]. „Das Hauptziel des Fälschers

---

[4] Pseudoisidor läßt bereits Papst Pelagius II. das Konvokationsrecht für den römischen Stuhl in Anspruch nehmen, indem er ihm die Worte in den Mund legt: „Cum generalium synodorum convocandi auctoritas apostolicae sedi beati Petri singulari privilegio sit tradita et nulla unquam synodus rata legatur, quae apostolica auctoritate non fuerit fulta etc." Decretales Pseudoisidori, ed. Hinschius (Leipzig 1863) 721.

ging offenbar dahin, die *Bischöfe* gegen die Übergriffe der weltlichen Großen und gegen den überragenden Einfluß der Metropoliten und Provinzialsynoden zu sichern. Als Mittel zum Zweck dient ihm die *Erhöhung der Gewalt des Papstes,* der als ‚caput totius orbis' bezeichnet wird: ihm wird das bisher von den fränkischen Königen geübte Recht, Synoden abzuhalten und zu bestätigen, allein zugesprochen; angeklagte Bischöfe können an ihn appellieren; seinem Forum sind überhaupt alle wichtigeren Angelegenheiten (causae maiores, i. e. episcoporum) zur endgültigen Entscheidung vorbehalten; Staatsgesetze, die mit den Kanones und Dekreten des Papstes in Widerspruch stehen, sind nichtig."[5] E. Amann beschreibt, wie unter Nikolaus I. (858–867) der gefälschte Rechtssatz durch den (auf einer Synode von Erzbischof Hinkmar von Reims abgesetzten) Bischof Rothadius von Soissons nach Rom gebracht und von der römischen Kurie unbedenklich aufgenommen wurde[6]. Er kam dann von Pseudoisidor in das Decretum Gratiani, welches die ganze mittelalterliche und neuzeitliche Rechtsentwicklung in der Westkirche bestimmte. So war es nicht erstaunlich, daß man das päpstliche Berufungsrecht in der Folge als *exklusives* Recht des Papstes ansah und von daher die ganze frühere kirchliche Rechts- und Verfassungsgeschichte nach einem aprioristischen „dogmatischen" Schema interpretierte. Richtig bemerkt F. X. Seppelt zu dieser Wirkung der pseudoisidorischen Dekretalen, „daß die Verneinung des Entwicklungsgedankens im kirchlichen

[5] *K. Bihlmeyer* – *H. Tüchle,* Kirchengeschichte (Paderborn 1952) II, 58f; vgl. *J. Lortz,* Geschichte der Kirche (Münster 16 1950) 138; *N. Iung,* Art. Concile, in: Dictionnaire de Droit Canonique (Paris 1942) III, 1280; *H. E. Feine,* Kirchliche Rechtsgeschichte (Weimar 1950) I, 271; *H. Fuhrmann,* Das Ökumenische Konzil und seine historischen Grundlagen, in: Geschichte in Wissenschaft und Unterricht 12 (1961) 684f; *C. Andresen,* Geschichte der abendländischen Konzile des Mittelalters, in: Die ökumenischen Konzile der Christenheit, hrsg. von H. J. Margull (Stuttgart 1961) 87–89.
[6] *E. Amann,* L'époque carolingienne (Fliche-Martin, Histoire de l'Église 6. [Paris 1947]) 387: „C'était celle dont les Fausses Décrétales entreprenaient résolument la vulgarisation. Pour ne l'avoir pas créée, le recueil du mystérieux Isidore contribuait à lui donner un singulier relief. Le pape Nicolas et ses conseillers lurent avec une curiosité intéressée cette collection canonique, inconnue jusque-là, et que Rothade leur apportait d'au-delà des monts. Aussi bien, dès ce moment, on va voir figurer dans la correspondence pontificale – Anastase en était maintenant le rédacteur à peu près exclusif – des idées, des arguments que l'on avait jusqu'à présent négligés. ‚Pas de concile valable, va-t-on répéter, s'il n'a été réuni par l'autorité de Rome; réserve à Rome de toutes les causes majeures, spécialement de celles où sont impliqués des évêques; nécessité avant tout procès d'évêque, de remettre celui-ci en possession de ses biens et de ses droits; protestation renouvelée contre toute ingérence civile en matière ecclésiastique.' Tout cela qu'exprimaient si clairement les décrétales des très anciens papes allait se retrouver dans les documents de la curie; le style y prend désormais une autre allure."

Verfassungsleben, wie sie in der Zurückdatierung viel späterer Bestimmungen in eine frühere Zeit und in dem Hineintragen von Ideen und Forderungen einer kirchlichen Partei des neunten Jahrhunderts bis in die nachapostolische Zeit liegt, von schlimmem Einfluß gewesen ist[7]."

Erst seit dem zwölften Jahrhundert werden die allgemeinen Synoden vom Papst einberufen. „Für die älteren Synoden stand die Sache . . . tatsächlich anders. Unter dem Einfluß der zu seiner Zeit üblichen Rechtsordnung und bei seiner geringen Geschichtskenntnis kam indessen das Mittelalter zu dem Glauben, es sei immer so gewesen."[8] So spricht Thomas von Aquin[9] mit größter Selbstverständlichkeit vom Recht des Papstes zur Einberufung von Generalsynoden. Ebenso tat dies die Fünfte Lateransynode[10], deren geschichtliche Begründung zum Teil schon J. Hergenröther einer Kritik unterzogen hatte[11]. Ernstliche Zweifel an den Pseudoisidoren waren allerdings schon im fünfzehnten Jahrhundert, unter anderem von Nikolaus von Kues und von Torquemada, laut geworden; ihre erneute Verteidigung gegen die Magdeburger Centuriatoren durch den Jesuiten F. Torres (1572) widerlegte entscheidend der Calviner D. Blondel (1628).

Dennoch blieb in der systematischen Theologie die Auffassung am Leben, nur der Papst könne ökumenische (so wurde der früher ganz allgemeine Satz später umgedeutet) Konzilien berufen und er habe sie auch berufen. So sagt *Bellarmin*, auch er Pseudoisidor zitierend: „munus convocandi Concilia generalia ad Romanum Pontificem proprie pertinere . . ., sic tamen, ut possit etiam alius, Pontifice consentiente, Concilium indicere, quin etiam satis sit, si indictionem factam, ipse postea ratam habeat, et confirmet."[12] Und in historischer Beziehung behauptet er unbefangen: „nullum esse Concilium generale Catholicum a solo Imperatore indictum, id est, sine consensu, et auctoritate Romani Pontificis";[13] dies versucht er für die ersten vier ökumenischen Konzilien (und auch für das von Sardika) zu erhärten.

Die Auffassungen Bellarmins (hinter denen auch die von Torquemada, Cajetan und Jacobazzi stehen) wurden von vielen bis ins neunzehnte Jahrhundert hinein weitergetragen. Typisch sind dafür die Theses de

---

[7] *F. X. Seppelt,* Geschichte der Päpste (München ²1955) II, 238.

[8] *F. X. Funk,* Kirchengeschichtliche Abhandlungen und Untersuchungen (Paderborn 1897) I, 39.

[9] *Thomas von Aquin,* Summa theologiae II-II, q. 1, a. 10; vgl. auch ad 2; vgl. De potentia q. 10, a. 4, ad 13.

[10] Mansi 32, 967.

[11] *J. Hergenröther* in der Fortsetzung von Hefeles Conciliengeschichte (Freiburg 1887) VIII, 713.

[12] *R. Bellarmin,* De conciliis (Parisiis 1870) lib. I, cap. 12, 211.

[13] Ebd. 214.

conciliis des römischen Theologen Carlo *Passaglia*[14]. Seine Thesen können uns helfen, unseren Standpunkt zu klären, um zu einer theologisch wie historisch vertretbaren Auffassung zu kommen. In These II führt Passaglia richtig aus, daß es entsprechend der Norm des Evangeliums kein ökumenisches Konzil geben könne, das von Petrus und seinen Nachfolgern getrennt und losgelöst wäre: „Ad normam Evangelii christianaeque traditionis neque esse neque concipi potest oecumenicum concilium quod a Petro eiusque successoribus Romanis Pontificibus divisum sit atque seiunctum."[15] Und für den Beweis wird in knapper Form auf den klassischen Repräsentationsgedanken zurückgegriffen: „Forma oecumenici concilii eo continetur ut in ipso perque ipsum Christi Ecclesia iuridice repraesentetur: est enim oecumenicum concilium verissima Christi Ecclesiae ἀνακεφαλαίωσις. Atqui ad normam Evangelii christianaeque traditionis repraesentari nequit Christi Ecclesia sine suo fundamento sine pastore oecumenico sine eo qui confirmat fratres sine capite visibili et sine centro unitatis, id est sine Petro et sine iis in quibus Petrus vivit et praesidet. Ergo."[16] Passaglia geht in diesem Zusammenhang allerdings nicht auf die wichtige traditionelle Lehre ein, daß ein Papst sich selbst von der Kirche und dem Konzil trennen und loslösen kann, nämlich durch Häresie und Schisma; das Konzil von Konstanz behandelt er in seiner letzten These[17] in rein apologetischer Sicht und mit historischen Argumenten, die von der heutigen Geschichtsforschung her nicht mehr vertretbar sind[18]. Doch dies soll uns hier nicht aufhalten, da der These II, wie sie vorliegt, grundsätzlich zuzustimmen ist.

Passaglias These III schreibt das Recht der Einberufung dem Papst zu: „Praestituto discrimine ius inter ac factum contendimus I. Romanis Pontificibus auctore Christo ius inesse oecumenica concilia convocandi, II. hoc iure funditus carere tum universim politicos principes tum nominatim ipsos quoque imperatores. Proindeque III. convocationem imperatoribus tributam alterius esse ordinis a convocatione iuridica, ac postremo IV. causas non defuisse propter quas in evocandis oecumenicis

---

[14] *H. Schauf* hat das Verdienst, diese Thesen zum ersten Male mit reichlichen Anmerkungen versehen ediert zu haben: De conciliis oecumenicis. Theses Caroli Passaglia de conciliis deque habitu quo ad Romanos pontifices referuntur (Romae - Friburgi Brisg. - Barcinone 1961). – Fruchtbar wäre es gewesen, wenn der Herausgeber diese Thesen Passaglias auch mit der nach wenigen Jahren folgenden Schrift La causa di S. Em. il Cardinale G. d'Andrea (Torino 1867) in Beziehung gesetzt hätte; diese Schrift kann zeigen, daß die universalkirchliche Verantwortung des Episkopats, von der diese Thesen kaum etwas berichten, im theologischen Denken Passaglias durchaus gesehen wird. Vgl. dazu auch Passaglias früheres Werk: De Ecclesia Christi (Ratisbonae 1853–1856).
[15] *C. Passaglia,* a. a. O. 16.   [16] Ebd.
[17] Ebd. 31–33.   [18] Vgl. Kap. VII, 3–5.

conciliis suae veluti partes imperatoribus deferrentur."[19] Im ersten Teil der These behauptet Passaglia also, daß den römischen Bischöfen durch die Verleihung Christi das Recht zukomme, ökumenische Konzilien zu berufen. Dieser Aussage kann in folgendem Sinn zugestimmt werden: Insofern von Christus in Petrus auch dessen Nachfolgern die Hirtensorge für die Gesamtkirche als Dienst der Liebe aufgetragen wurde, kommt den Nachfolgern Petri auch die Hirtensorge (man kann noch mehr sagen: die Hirtenpflicht) zu, im Dienst an der Kirche, wenn notwendig, ökumenische Konzilien einzuberufen. Von daher haben die päpstlichen Konzilsberufungen seit dem zwölften Jahrhundert ihre „Rechtsgrundlage"; von daher hat auch Kanon 222 seine Berechtigung. Dies alles ist unter Katholiken heute selbstverständlich.

Folgt aus all dem aber auch, daß der Papst *allein* ökumenische Konzilien einberufen kann? Dies besagt Kanon 222, und folglich muß zugegeben werden, daß wenigstens ex iure ecclesiastico (humano) dem Papst heute das Recht der Konzilsberufung faktisch exklusiv zukommt. Auch dies ist unter Katholiken heute unbestritten. Aber die entscheidende Frage ist: Muß dies unbedingt so sein und war es immer so? Ist also ein ökumenisches Konzil, das zwar in einer (wenigstens im weiten Sinn verstandenen) Einheit mit dem Papst steht, aber nicht zugleich auch von ihm einberufen wurde, *kein* ökumenisches Konzil? Kommt also dem Papst das Recht, Konzilien einzuberufen, ex iure *divino* exklusiv zu? Es ist nicht klar zu sehen, ob Passaglia mit „auctore Christo" schlicht das *Recht* des Papstes zur Berufung meint (in dieser Interpretation muß man seiner These zustimmen), oder ob er mit „auctore Christo" auch die *Beschränkung* des Rechtes auf den Papst allein meint; seine Aussagen sind im allgemeinen nicht exklusiv, sondern schlicht affirmativ formuliert; in anderem Zusammenhang gibt Passaglia zu, daß zahlreiche (vermutlich nicht ökumenische) Konzilien „ab episcopis generatim"[20] berufen worden seien. Doch setzen wir einmal voraus, Passaglias Aussagen seien exklusiv gemeint: wären sie durch Passaglias Begründungen gedeckt? Abgesehen von den Traditionsargumenten, von denen zum Teil schon gesprochen wurde und zum Teil noch zu sprechen sein wird, führt Passaglia zwei Gründe ins Feld[21]: 1. Der Papst hat von Christus her die universalis iurisdictio ecclesiastica, deshalb hat er das Recht, Konzilien einzuberufen. Diesem Argument ist zuzustimmen. Folgt daraus aber, daß er *allein* das Recht hat? 2. Der Papst hat die Pflicht, a) dafür zu sorgen, daß die gemeinsame Sache der Christenheit nicht gefährdet wird, b) dafür zu wirken, daß die für die Erhaltung der Kirche und die Glaubenseinheit geeigneten Mittel ergriffen werden; deshalb hat er das Recht,

---

[19] *C. Passaglia*, a. a. O. 16 s.
[20] Ebd. 18.   [21] Ebd. 17.

Konzilien einzuberufen. Auch dem ist zuzustimmen. Folgt daraus aber, daß er *allein* das Recht hat?

Daß dem Papst ex iure *divino* das *exklusive* Recht der Konzilsberufung zustehe, läßt sich aus den Gründen, die Passaglia angibt, nicht ableiten. Seltsamerweise kommt Passaglia in diesem Zusammenhang auf das Amt, das hier in Betracht gezogen werden könnte, gar nicht zu sprechen. Er handelt von den Fürsten und vom Kaiser, schweigt aber über den Episkopat. Nun kommt ja gerade auch dem Episkopat nicht nur die Sorge um die je einzelne Diözese zu, sondern zugleich auch die Sorge um die Gesamtkirche. Die Bischöfe stehen ja nicht nur als einzelne in der Kirche, sondern sie sind dem *Kollegium* der Bischöfe eingegliedert, das als solches dem Apostelkollegium nachfolgt und dem als solchem die Sorge um die Gesamtkirche übertragen ist: gewiß nicht ohne den Papst, sondern mit dem Papst, aber doch ebenso ex iure divino[22]. Deswegen kommt dem auf einem ökumenischen Konzil versammelten Episkopat eine potestas nicht nur über die je einzelnen Diözesen, sondern in universam ecclesiam zu[23]. Was also Passaglia vom Papst sagt, das gilt, wenngleich in anderer Weise, auch vom Episkopat: Auch er hat eine universale kirchliche Jurisdiktion; auch er hat die Pflicht, dafür zu sorgen, daß die gemeinsame Sache der Christenheit nicht gefährdet wird, und dafür zu wirken, daß die für die Erhaltung von Kirche und Glaubenseinheit geeigneten Mittel ergriffen werden. Deshalb läßt sich durchaus die Möglichkeit denken (die vom gegenwärtig gültigen Recht nicht vorgesehen wird), daß die Konzilsberufung in besonderen Umständen einmal vom Episkopat ausginge, daß sich der Episkopat der verschiedenen Länder (und damit auch der Papst) darüber verständigte, zu einem Konzil zusammenzukommen. So läßt sich die Möglichkeit denken, daß im Falle einer Verhinderung (Internierung, Gefangensetzung oder auch Geisteskrankheit) des Papstes der Episkopat in einer solchen Zeit höchster kirchlicher Not nicht lahmgelegt wäre, sondern von sich aus zu einem Konzil zusammenkommen könnte; er wäre dann – um mit Passaglia zu reden – keineswegs „divisus atque seiunctus a successore Petri", sondern in geistiger Einheit mit ihm. Suarez geht, wie wir gesehen haben, sogar noch bedeutend weiter: Obwohl er das Recht des Papstes zur Konzilseinberufung verteidigt, sagt er deutlich: Einem Papst, der sich selbst im Schisma vom Leib der Kirche losgetrennt habe (indem er z. B. versuchte, die ganze Kirche zu exkommunizieren oder die apostolischen Traditionen umzuwerfen) und der zugleich ein Konzil zu verhindern trachte, sei nicht zu gehorchen, weil dieser Papst in einem solchen Fall seine Hirtenvollmacht gegen die Gerechtigkeit und das Wohl der Gesamtkirche gebrauche. Unter solchen Umständen könnte

---

[22] Vgl. Kap. VII, 2.   [23] CIC can. 228 § 1.

folglich der Episkopat sich trotzdem zu einem ökumenischen Konzil versammeln[24].

In Zeiten der Not und der kirchlichen Krisen wird man auch Laien nicht ex iure *divino* das Recht bestreiten können, Konzilien zum Wohle der Kirche *einzuberufen,* vorausgesetzt, daß sie die Gesamtkirche (d. h. also auch den Episkopat mit dem Papst) wenigstens grundsätzlich – ohne formellen Auftrag, ohne formelle Zustimmung, wohl aber im Sinne einer wenigstens schweigenden Zustimmung oder wie immer man den Vorgang erklären soll – hinter sich haben. In dieser Weise haben die alten Kaiser die Einberufung getätigt. Und gerade sie bilden eine Bestätigung von der Geschichte her für die Richtigkeit unserer Auffassung, wie wir gleich noch sehen werden.

Weil ein exklusives Berufungsrecht des Papstes nicht ex iure divino bewiesen werden kann, könnte dieses Recht – anders als im gegenwärtigen CIC – auch anderen zukommen oder früher zugekommen sein. Sollte es sich somit auf Grund des historischen Befundes zeigen, daß verschiedene allgemein als ökumenisch anerkannte Konzilien nicht vom Papst, sondern von jemandem anderen einberufen wurden, dann brauchen wir weder an den historischen Tatsachen zu rütteln, noch brauchen wir juristische Hypothesen aufzustellen und zu sagen: es sei diesem anderen (etwa dem Kaiser) dieses Recht vom Papst delegiert worden (obwohl eine Delegation in keiner Weise nachweisbar ist, obwohl sie sich vielleicht sogar als unwahrscheinlich, ja als unmöglich erweist). Dann ist es unnötig, apriorische Distinktionen über die Tatsachen zu stülpen und zu sagen: dieser andere hätte das Konzil nur de facto, aber nicht de iure, nur materialiter, aber nicht formaliter, nur opitulative, aber nicht auctoritative einberufen. Alle die Tatsachen vergewaltigenden juristischen Fiktionen und kanonistischen Distinktionen sind in diesem Fall überflüssig. Wir brauchen nicht die dogmatische Methode gegen die historische auszuspielen, um gerade so unsere Dogmatik vor den Historikern, die die Tatsachen hinter sich haben, unglaubwürdig zu machen. Wir können vielmehr, ohne am Primat etwas abzustreichen, ruhig die Tatsachen nehmen, wie sie sind, und unsere Theologie auf Tatsachen bauen.

Weil Passaglia von einer unbewiesenen, ja falschen Voraussetzung ausgeht oder jedenfalls nicht scharf genug distinguiert, ist er gezwungen, zu Hypothesen Zuflucht zu nehmen und geschichtliche Tatsachen zu vergewaltigen. Um seine These historisch zu beweisen, beruft er sich – mitten im neunzehnten Jahrhundert – noch immer auf Pseudoisidor[25],

---

[24] *F. Suarez,* De charitate, Disputatio XII de schismate, sectio I (Opera omnia, Parisiis 1858) 12, 733 s; De fide theologica, Disputatio X de Summo Pontifice, sectio VI (Opera omnia, Parisiis 1858) 12, 317 s.

[25] *C. Passaglia,* a. a. O. 17.

unterscheidet dann in aprioristischer Weise zwischen ius und factum[26], versucht die Einberufung der ersten ökumenischen Konzilien durch den Kaiser in Frage zu stellen und will die Einberufung der ersten ökumenischen Konzilien als abhängig von einem Befehl, einer Ermahnung oder einer Zustimmung des römischen Bischofs historisch erweisen: „ex historia conciliorum non obscure demonstrari pleraque omnia concilia ad VIII usque, quorum evocatio imperatoribus tribuitur, non fuisse ab iisdem indicta citra nutum adhortationem consensumque Romani Antistitis."[27]

Doch wird man gegen diesen bedeutenden Theologen, der in manchen ekklesiologischen Fragen (besonders bezüglich der Nichtnotwendigkeit eines päpstlichen Kirchenstaates) sehr fortschrittliche Thesen vertreten hat, nicht ungerecht sein. Die entscheidende kirchengeschichtliche Klärung hat erst nach Passaglias Vorlesungen der fünfziger Jahre stattgefunden. Die historische Beweisführung Bellarmins, die auch bei Passaglia (mit Thomassinus) im Hintergrund stand, war ja vom Geschichtsschreiber der Konzilien, *C. J. Hefele,* zwar in verschiedenen Punkten korrigiert, aufs Ganze aber beibehalten worden[28]. Dadurch hatte die Theorie Bellarmins weithin Anerkennung gefunden. Aus dem Munde Hefeles hatte diese Auffassung in Tübingen auch Hefeles Schüler und Nachfolger auf dem Lehrstuhl für Kirchengeschichte, *F. X. Funk,* vernommen und sie längere Zeit selbst vertreten. Doch durch die nähere Beschäftigung mit den alten Konzilien stiegen in Funk immer mehr Bedenken auf, so daß er diese Theorie als den Tatsachen widersprechend verließ. Seine historische Untersuchung zeigte ihm klar, daß die Kaiser die Konzilsberufung in einer Weise übten, die dieselbe als ein ihnen selbständig zustehendes Recht erscheinen ließ, und daß demgemäß von einer Mitwirkung beim Akt oder einer Anteilnahme an demselben seitens der Päpste strenggenommen nicht geredet werden könne. Funk vertrat seine veränderte Auffassung zuerst in der Realenzyklopädie der christlichen Altertümer von Kraus[29], wurde deswegen angegriffen und behandelte sie aufs neue in der Tübinger Theologischen Quartalschrift 1882[30]. Später sagte er darüber: „Da mir nicht unbekannt war, daß der Fortschritt der Wissenschaft sich bisher nur unter schweren Kämpfen vollzog, daß hunderte von Punkten, welche jetzt als feststehende Wahrheit gelten, erst allmählich Annahme fanden, nachdem sie geraume Zeit als irrtümlich abgewiesen worden waren, konnte ich

[26] Ebd. 18.   [27] Ebd. 19.
[28] *C. J. von Hefele,* Conciliengeschichte (Freiburg i. Br. ²1873) I, 5–15.
[29] *F. X. Funk,* Art. Concilien, in: Real-Encyclopädie der christlichen Altertümer (Freiburg i. Br. 1882) I, 320–321.
[30] *F. X. Funk,* Der römische Stuhl und die allgemeinen Synoden des christlichen Altertums, in: Tübinger Theologische Quartalschrift 64 (1882) 561–602.

nicht hoffen, mit meiner Ansicht sofort durchzudringen. Einzelne und zwar hervorragende Gelehrte erklärten mir allerdings ihre Zustimmung. Andere aber glaubten sie ablehnen zu sollen.“[31]

Es war vor allem der große neuscholastische Theologe *M.-J. Scheeben*[32], der zur Zeit des Vatikanum I heftige polemisch-apologetische Artikel gegen I. von Döllinger und J. Fr. von Schulte geschrieben und dann in seiner dogmatischen Erkenntnislehre[33], in den Artikeln „Concil“ im Kirchenlexikon[34] und im Staatslexikon[35] theologisch-systematisch zur Theologie des Konzils Stellung genommen hatte[36], der sich gegen Funk erklärte[37]. Ohne der nun aufgeworfenen historischen Frage historisch gründlich nachzugehen, sprach er sich wiederum für die Auffassung Bellarmins aus: „So nach lag das Rechtsverhältnis damals im wesentlichen wie heute, indem der Papst allein der Berufer im juristischen und auktoritativen Sinne war. Der Unterschied ist nur der, daß der Papst die Ausführung der Einladung zugleich mit der Veranstaltung der zur materiellen Ermöglichung des Concils erforderlichen oder zweckdienlichen Maßregeln (z. B. der Besorgung der Reisemittel und der betreffenden Einrichtungen an dem Versammlungsorte) dem Kaiser überließ und dann allerdings unter Umständen sich veranlaßt sah, in der Erteilung seiner Auktorisation den Wünschen und Vorschlägen des Kaisers, resp. auch der durch dessen Vorgreifen geschaffenen Notlage, sich anzubequemen.“[38]

Zu Scheebens Darlegung bemerkt *F. X. Funk*: „Die Darlegung läßt an Bestimmtheit nichts zu wünschen übrig, und wenn die Gründe ebenso stark wären, als die Sprache zuversichtlich ist, so wäre wohl schwerlich

[31] *F. X. Funk,* Die Berufung der ökumenischen Synoden des Altertums, in: seinen Kirchengeschichtlichen Abhandlungen und Untersuchungen (Paderborn 1897) I, 41.

[32] Über Biographie und Bibliographie Scheebens gibt Auskunft *H. ʾ. Hecker,* Chronik der Regenten, Dozenten und Ökonomen im Priesterseminar des Erzbistums Köln 1615–1950 (Studien zur Kölner Kirchengeschichte I) Düsseldorf 1952) 187–193.

[33] *M. J. Scheeben,* Handbuch der katholischen Dogmatik I: Theologische Erkenntnislehre, hrsg. von M. Grabmann (Ges. Schriften hrsg. von J. Höfer III. Freiburg i. Br. ³1959) 242–261.

[34] *M. J. Scheeben,* Art. Concil, in: Kirchenlexikon hrsg. von Wetzer und Welte (Freiburg i. Br. ²1884) III, 779–810.

[35] *M. J. Scheeben,* Art. Concil, in: Staatslexikon (Freiburg i. Br. 1899) I, 1475–1502.

[36] Vgl. *L. Scheffczyk,* Die Lehranschauungen Matthias Joseph Scheebens über das ökumenische Konzil, in: Tübinger Theologische Quartalschrift 141 (1961) 129–173.

[37] Besonders im Kirchenlexikon a. a. O. III, 790f.

[38] *M. J. Scheeben,* Art. Concil, in: Kirchenlexikon (Freiburg i. Br. ²1884) III, 791.

gegen sie aufzukommen. Diese Voraussetzung trifft indessen in keiner Weise zu. Es wird nicht so fast ein historischer Beweis, der doch vor allem zu erwarten wäre, als eine dogmatische oder vielmehr, da ein Dogma nicht in Betracht kommt, eine dialektische Konstruktion geboten. Die Schwierigkeiten, welche der verteidigten Ansicht sich entgegenstellen, werden einfach mit der Erklärung beseitigt, sie seien nicht so gar ernst zu nehmen, bzw. es könne vernünftigerweise nicht so gewesen sein, als ob unsere Vernunft, bzw. unsere moderne Auffassung ein absoluter Maßstab für die Beurteilung der Vergangenheit wäre; und um der These wenigstens einen Schein von Begründung zu geben, wird ein Spiel mit Begriffen getrieben, das an sich schon verrät, daß ein eigentlicher Beweis nicht zu erbringen ist. Im Anfang ist, ganz im Einklang mit der Theorie, von einer Beauftragung oder Bevollmächtigung die Rede, welcher der Kaiser seitens des apostolischen Stuhles für sein Vorgehen bedurfte. Aus der Bevollmächtigung wird sodann, da sie eben schlechterdings nicht zu erhärten ist, ein Einverständnis, als ob dieses das gleiche wäre, und da auch dessen Beweis großen Schwierigkeiten unterliegt, tritt an seine Stelle zuletzt seine bloße Präsumtion. Auf dieser ruht also endgültig die Anschauung, gegen welche die geschichtlichen Zeugnisse so sehr sprechen. Die Schwäche des Beweisverfahrens liegt hiernach auf der Hand. Mit dem gleichen Grund, wie von einer Beauftragung durch den Papst, könnte man so von einer Bevollmächtigung durch die orientalischen Patriarchen reden, da die in Betracht kommenden Momente im wesentlichen sich auch bei ihnen dartun lassen. Man muß somit auch diese als notwendig annehmen oder, wenn man das nicht will, eingestehen, daß jene nicht bewiesen ist."[39]

Immerhin veranlaßte die Entgegnung Scheebens (und auch die ähnliche Stellungnahme J. Blötzers), daß Funk der Frage der Konzilsberufung, die vorher noch nie methodisch und zugleich erschöpfend behandelt worden war, nun bis in alle Einzelheiten nachgeht. Er untersucht zuerst die zahlreichen noch erhaltenen Konvokationsschreiben[40], dann die vier erhaltenen kaiserlichen Erklärungen an die Synoden, drei Schreiben und eine Rede[41], und schließlich die Äußerungen Konstantins des Großen bezüglich der Synode von Nikaia[42]. Funks Resultat ist: „Die Kaiser sahen die Berufung der Konzilien hiernach als eine Angelegenheit an, über die sie selbständig zu entscheiden hatten, wenn sie sich auch des Rates einiger Bischöfe bedienten. Sie rechneten den Akt eben zu den ἐκτὸς τῆς ἐκκλησίας, und in diesen Dingen betrachteten sie sich

---

[39] *F. X. Funk*, Die Berufung der ökumenischen Synoden des Altertums, in seinen Kirchengeschichtlichen Abhandlungen und Untersuchungen (Paderborn 1897) I, 42f.
[40] Ebd. I, 44–52.   [41] Ebd. I, 52–55.   [42] Ebd. I, 55f.

selbst als Bischöfe, wie schon Konstantin d. Gr. ausdrücklich erklärte (Eus. V. C. IV, 24). Der Gedanke, dazu der Beistimmung eines bestimmten Bischofs, näherhin des Papstes, zu bedürfen, lag ihnen durchaus ferne. Die angeführten Konvokationsschreiben und anderweitigen Äußerungen zeigen das mit aller Bestimmtheit, und bei diesem Sachverhalt ist klar, was von der Behauptung Scheebens zu halten ist, es sei evident, daß die christlichen Kaiser in der Angelegenheit nicht selbständig oder ohne vorheriges Einverständnis mit dem Papste vorgehen konnten. Die vermeintliche Evidenz der Unmöglichkeit beruht auf einer Annahme, die in den Quellen keinen Anhalt findet. Die Berufung der Konzilien wurde aber von den Kaisern als Recht nicht bloß in Anspruch genommen, sondern ihnen von den Zeitgenossen auch als solches zuerkannt. Dies ergibt sich daraus, daß der Akt von den Alten im ganzen einmütig den Kaisern zugeschrieben wird, näherhin den Kaisern allein und ohne daß der Mitwirkung eines Dritten oder des Rechtes eines Dritten, dabei ein entscheidendes Wort mitzusprechen, gedacht wird."[43]

Nachdem Funk die Schwierigkeiten gegen diese Auffassung eingehend geprüft hat[44], stellt er fest: „Nach diesen Zeugnissen kann es keinem Zweifel unterliegen, daß die Berufung der alten Konzilien, wie von den Kaisern als Recht in Anspruch genommen, so von den Zeitgenossen als solches anerkannt wurde. Scheeben meint zwar, man mute den Päpsten eine Absurdität zu, wenn man sie so handeln lasse. Andere finden dies nicht, und wenn er den Sachverhalt sorgfältiger erforscht hätte, dann hätte er wohl ebenfalls anders geurteilt. Die fragliche Haltung ist nun einmal Tatsache, und sie wird es bleiben, mag man sie auch noch so zuversichtlich für ungereimt erklären. Mit solchen Urteilen ist auf dem Gebiete der Geschichte nichts auszurichten. Sie gefährden im Gegenteil die Sache, welcher man dienen will, und statt einer Verteidigung ergeben sie eine Anklage. In der Tat bedarf es auch einer solchen Abweisung hier nicht. Die kaiserliche Berufung widerspricht zwar dem Stande des kirchlichen Rechtes der späteren Zeit. Sie ist aber deswegen noch keineswegs ein solches Unding, daß sie schlechterdings unbegreiflich wäre."[45]

Funk ist aus der Schlacht eindeutig als Sieger hervorgegangen[46]. Alle kompetenten Historiker stimmen heute Funk gegen Scheeben (Kneller

---

[43] Ebd. I, 56f.   [44] Ebd. I, 52–70.

[45] *F. X. Funk,* a. a. O. I, 70; vgl. dazu die die Stellung des Kaisers auf den ökumenischen Konzilien noch genauer umschreibenden Ausführungen S. 70–75; den Epilog zur zitierten Abhandlung S. 498–598 sowie schließlich den Aufsatz: Zur Frage nach der Berufung der allgemeinen Synoden des Altertums, in seinen Kirchengeschichtlichen Abhandlungen und Untersuchungen (Paderborn 1907) III, 143–149; vgl. 406–439.

[46] *H. Schauf* läßt in seiner ausführlichen Note 8 zu *C. Passaglia,* De conciliis oecumenicis (Romae - Friburgi Brisg. - Barcinone 1961) 43–48 die Schlacht

usw.) zu. Besonders wichtig ist das Zeugnis des gelehrten Herausgebers der Acta Conciliorum Oecumenicorum, der schreibt: „Nur der Kaiser hat das Recht, eine Reichssynode zu berufen; ihre Verhandlungen müssen, um rechtsgültig zu sein, mit der offiziellen, zu den Akten genommenen Verlesung der kaiserlichen Botschaft beginnen, die ihr befiehlt zusammenzutreten und ihr die Streitfragen zuweist, die sie zu lösen hat. Es steht dem Kaiser frei, persönlich oder durch seine Beamten an den Sitzungen teilzunehmen, ja sie zu leiten. Der Versuch Theodosius' II., auf die Ausübung dieses Rechtes zu verzichten, mißglückte gründlich, und seine Nachfolger, das kaiserliche Paar Pulcheria und Marcian,

---

gleichsam rückwärts abrollen: Er setzt bei Funk ein und endet bei Scheeben, so daß der Besiegte als Sieger erscheint. Es wäre bei diesem wichtigen Punkt wie auch an anderen Stellen gut gewesen, wenn die Noten des Herausgebers die Thesen des Verfassers vom heutigen Stand der Geschichtsschreibung aus korrigiert hätten, wie dies zum Teil geschehen ist. – Beispielhaft hat der Tübinger Dogmatiker *L. Scheffcz yk,* Die Lehranschauungen M. J. Scheebens über das ökumenische Konzil, in: Tübinger Theologische Quartalschrift 141 (1961) 164–166, die systematischen Thesen Scheebens vom Historischen her richtiggestellt: „Dabei ist es angebracht, von den äußeren zu den inneren Tatbeständen fortschreitend, mit einer Kritik der historischen Beweise zu beginnen, mit denen Scheeben seine dogmatischen Untersuchungen unterbaut. Man wird hier dem Bemühen, in der dogmatischen Erörterung auch die historischen Fakten zur Geltung zu bringen, die Anerkennung nicht versagen dürfen. Aber es läßt sich auch nicht verkennen, daß die Deutung der geschichtlichen Tatsachen doch sehr stark im Lichte der dogmatischen Idee vom Wesen des Konzils erfolgt und die Vieldeutigkeit der Entwicklung dieses Institutes in der Geschichte der Kirche unterschätzt wird. So ist die Behauptung, nach der sich der Ursprung der Allgemeinen Konzilien direkt auf das Apostelkonzil zurückführt, historisch nicht überzeugend. Auch die Beschreibung des Verhältnisses zwischen den Päpsten und den Kaisern bei der Berufung der alten Konzilien, bei der Scheeben wenigstens eine Präsumption des Einverständnisses der Päpste gewahrt wissen will, trifft nicht die Tatsachen. Ebenso wird die Behauptung, daß die älteren Konzilien vor allem zur Exekution, Promulgation und Bestätigung bereits ergangener päpstlicher Urteile dienten, der Differenziertheit in dem Verhältnis zwischen der römischen Kirche und den Allgemeinen Synoden des ersten Jahrtausends nicht gerecht. Das zeigen gerade die geschichtlichen Beispiele, die Scheeben hier zur Stützung seiner Behauptung heranzieht, nämlich die Hinweise auf das dritte und vierte Allgemeine Konzil. Im Falle des Ephesinums geht Scheeben z. B. über die von Hefele deutlich hervorgehobene Tatsache hinweg, daß das Konzil seine Aufgabe in der ersten Sitzung durchaus nicht so auffaßte, als ob es dem römischen Spruch über Nestorius nur beizutreten hätte, und deshalb eine neue Untersuchung über die Rechtgläubigkeit des Nestorius einleitete. Nachher allerdings erteilte es der päpstlichen Auffassung seine Zustimmung. Was aber Chalkedon betrifft, so wurde zwar das Lehrschreiben Leos d. Gr. vom Konzil angenommen, aber dann sogar gegen das Widerstreben der päpstlichen Legaten eine neue Glaubensformel aufgestellt und proklamiert, die gegenüber den päpstlichen Formulierungen einen Fortschritt darstellte."

unterwarfen die chalkedonische Synode einer Leitung durch die höchsten Reichsbeamten, die an Energie nichts zu wünschen übrigließ. Justinian übersandte dem Konstantinopler Reichskonzil seine Befehle zu gehorsamer Befolgung. Es versteht sich danach von selbst, daß die von der Reichssynode gefaßten Beschlüsse der kaiserlichen Bestätigung bedurften: sie war keineswegs eine Formsache. Andererseits sollte die Kirche durch die Kirche selbst regiert werden."[47]

Die historisch richtige Auffassung wird ebenfalls vertreten: für Nikaia von V. Grumel[48] und von G. Bardy[49], für die Konzilien des ganzen vierten Jahrhunderts von M. Goemans[50] und für die alten Konzilien überhaupt von Fr. Dvornik[51]. Besonders genau wurde das imperiale Synodalrecht untersucht von A. Michel[52], der im einzelnen ausführt: „Stand der Kaiser durch sein Nominationsrecht am Anfange der wichtigsten Pontifikate, so stand er auch durch das *Synodalrecht* am Anfange, im Mittelpunkte und am Ende der wichtigsten Synoden. Beherrschte er dort die einzelnen Ämter, so erfaßte sein mächtiger Einfluß hier die Gesamtheit der griechischen Kirche. Denn die Synoden, besonders die sogenannten ökumenischen, waren das wichtigste Organ des kirchlichen Lebens, durch das die Hierarchie sich im Lehramt und in der

---

[47] *E. Schwartz,* Über die Reichskonzilien von Theodosius bis Justinian, in: Zeitschrift der Savigny-Stiftung für Rechtsgeschichte. Kanonist. Abt. 11 (1921) 209.

[48] *V. Grumel,* Le siège de Rome et le concile de Nicée. Convocation et présidence, in: Échos d'Orient 28 (1925) 411–415.

[49] *G. Bardy,* De la paix constantienne à la mort de Théodose (Fliche-Martin, Histoire de l'Église 3 [Paris 1950]) 80 bezeugt, daß das Konzil von Nikaia eindeutig von Konstantin berufen wurde, und bemerkt zum Versuch, eine „convocation formelle" des Papstes von einer „convocation matérielle" des Kaisers zu unterscheiden: „Il y a à une subtilité bien inutile."

[50] *M. Goemans,* Het algemeen concilie in de vierde eeuw (Nijmegen-Utrecht 1945) 285: „De *bijeenroeping,* ook die van het Algemeen Concilie, geschiedde door den keizer en door dezen alleen, die dit opvatte als een aangelegenheid, welke hem als basileus rechtens toekwam en waarover hij zelfstandig beslissen kon, zonder dat een medewerking, goedkeuring of opdracht van een tweede, met name van den Bisschop van Rome, daartoe vereischt was. Ook de tijdgenoten, de Concilie-Vaders en de Pausen niet uitgezonderd, kenden aan den keizer het recht toe conciliës, in het bijzonder ook een Algemeen Concilie bijeen te roepen. Het was bovendien de keizer, die het concilie ontbond en den Vaders toestond naar huis terug te keeren."

[51] *F. Dvornik,* De auctoritate civili in conciliis oecumenicis, in: Acta VI. Conventus Velehradensis (Olomucii 1933) 156–167; Emperors, Popes and General Councils, in: Dumbarton Oaks Papers 6 (Cambridge, Massachusetts 1951) 1–23.

[52] *A. Michel,* Die Kaisermacht in der Ostkirche (843–1204), in: Ostkirchliche Studien 2 (1953) 1–35 89–109; 3 (1954) 1–28 133–163; 4 (1955) 1–42 221–260; 5 (1956) 1–32.

Hirtensorge *korporativ* auswirkte ... Das Recht der *Konvokation der ökumenischen Konzilien* nahmen die Kaiser in ihren Ausschreibungen ohne weiteres, aber auch unbestritten in Anspruch. ‚Es ist mein Wille', erklärt schon Konstantin in seinem Berufungsschreiben für Nikaia, ‚daß ihr alle in der genannten Stadt euch bereitwillig versammelt.' Die Kaiser allein hatten die Möglichkeit zu solcher Berufung, sie wurde ihnen deshalb von niemand bestritten, ihnen schließlich ausdrücklich allein zugeeignet und dem Papste abgesprochen. Selbst Männer wie Athanasios und Leo d. Gr. ersuchten den Hof dringend um die Berufung der Synode von Sardika und einer italischen Synode. Als sich mit den Umständen Leos Wille änderte, berief Kaiser Markian, von seiner Alleinzuständigkeit überzeugt, trotzdem das Konzil nach Nikaia-Chalkedon. Papst Vigilius erschien aber nicht auf der 5. ökumenischen Synode (553), wie selbst Patriarch Kerullarios weiß. Schon im 6. und 7. Jahrhundert sollten überhaupt bloß jene Synoden gelten, die auf Befehl des Kaisers zusammentraten. Deshalb betonen die Bischöfe der Quinisexta (691) in ihrem Dankeswort an Justinian II., daß der Kaiser ‚diese heilige, gotterwählte ökumenische Synode berufen habe'. Kaiserin Irene teilt Papst Hadrian im Jahre 784 einfach mit: ‚Wir haben ein Konzil beschlossen.' "[53]

Weitere Zeugnisse zu zitieren ist unnötig; kurz bemerkt H. Jedin: „Die seit der Reformation, in neuerer Zeit zwischen dem Dogmatiker Scheeben und dem Kirchenhistoriker Funk heftig umstrittene Frage, ob die Kaiser bei der Berufung der alten Konzilien die vorherige Zustimmung oder gar den Auftrag der Bischöfe von Rom eingeholt haben, darf, was die Tatsachen anbetrifft, als negativ entschieden gelten."[54] Wenn göttliche Weisung und menschliche Weisung, wenn Gottesrecht und Menschenrecht gut auseinandergehalten werden und wenn nicht nur die Dogmatiker, sondern auch – was längst nicht immer der Fall ist – die Historiker deutlich sehen, daß es bei den Fragen der Einberufung, der Leitung und Bestätigung der ökumenischen Konzilien von vornehrein um Fragen *menschlichen* Rechtes geht, dann kann der Konflikt zwischen Dogma und Geschichte vermieden werden. Dann brauchen weder die Dogmatiker im geheimen Angst zu haben vor den Fakten der Historie noch die Historiker Angst vor den Zensuren der Dogmatik.

Da es zu weit führen würde, auf die Problematik der Konzilsleitung und der Konzilsbestätigung vom Historischen her näher einzugehen, seien abschließend nur zwei generell orientierende ausführliche Zeugnisse angeführt:

[53] *A. Michel,* a. a. O. 3 (1954) 1f.
[54] *H. Jedin,* Kleine Konziliengeschichte (Basel-Freiburg-Wien 1959. ³1961) 15.

a) Vorsitz und Leitung: „Den *Vorsitz und die bestimmende Leitung* zunächst der *allgemeinen* Synoden hatten von Rechts wegen wiederum die Kaiser inne, wenn sie auch öfter hervorragende Bischöfe oder weltliche Kommissäre damit beauftragten. Dabei ist zwischen inneren und äußeren kirchlichen Angelegenheiten kaum zu unterscheiden. Schon auf der Synode gegen die Donatisten zu Karthago führte ein kaiserlicher Tribun im Jahre 315 den Vorsitz, dann wieder Kaiser Konstantios persönlich auf der eindrucksvollen ‚Kirchweih-(Enkänien-)Synode‘ zu Antiocheia im Jahre 341. So war es noch auf dem 8. antiphotianischen Konzil vom Jahre 869/870. Leo d. Gr. hält zwar den Vorsitz seiner Legaten auf dem Chalcedonense (451) für angebracht, nachdem der kaiserliche Beauftragte Dioskur die sogenannte Räubersynode (449) in das häretische Fahrwasser gesteuert hatte, rechnet aber nicht ernstlich damit. Den Vorsitz führte vielmehr energisch der Kommissär Kandidian. Immer aber ‚saßen‘ die Vikare des Papstes ‚an erster Stelle‘ (praesidebant), und die Päpste waren es, die durch ihre jeweils vorausgehende Haltung den orthodoxen Kurs der meisten ökumenischen Synoden erzwangen, durch Sendschreiben und Legaten auch moralisch überwachten. Die Akklamationen zu Chalkedon feierten aber Kaiser Markian als Lehrer des Glaubens. Die meisten Sitzungen des 6. allgemeinen Konzils von Konstantinopel (680/681) leitete der Kaiser Konstantin IV. Pogonatos persönlich, und er ließ die Akten den Patriarchen zuleiten. Bei der 7. ökumenischen Synode zu Nikäa (787) führte das Präsidium der eben von der Kaiserin Irene ernannte Patriarch Tarasios, ihr früherer Geheimsekretär, wenn auch kaiserliche Kommissäre der Tagung beiwohnten. Am Schlusse aber erschien die Kaiserin selbst mit ihrem Sohne Konstantin, stellte die entscheidende Frage nach dem Konsens und unterschrieb auch den Horos zuerst. Auf dem sogenannten 8. ökumenischen Konzil (869/870) führte wieder Basileios I., soweit er anwesend war, ‚selbstverständlich‘ den Vorsitz, ließ die Beglaubigungsschreiben der römischen Legaten zu ihrem Ärger nochmals prüfen, rollte die ganze photianische Frage nochmals auf, statt dem Absetzungsurteil des römischen Konzils einfach beizutreten, ließ die Eröffnungsrede verlesen, befragte die Photianer, stellte den Konsens fest und überließ in seiner Abwesenheit das Präsidium seinen Kommissaren, besonders dem Patrizier Baanes, die ‚eine bedeutende Rolle spielten‘. So hatte es der alexandrinische Patriarch erwartet, wenn er in seiner Adresse den Kaiser ‚das höchste Haupt und den Lehrer‘ der Synode nennt. So ist die kaiserliche ‚Führung‘ längst zu einem ‚formalen Element‘ der ökumenischen Synoden geworden."[55]

b) Bestätigung der Synoden: „Keiner der für die päpstliche Appro-

---

[55] *A. Michel,* a. a. O. 3 (1954) 7 f.

bation der alten Synoden üblichen Beweise hält hiernach einer wissenschaftlichen Prüfung stand. Mit dem Ergebnis ist, da die Beweislast den Vertretern der Approbationstheorie zufällt, bereits dargetan, daß diese Auffassung nicht haltbar ist. Dasselbe läßt sich aber auch noch positiv erhärten. Mehrere Synoden sprechen sich über ihre Beschlüsse in einer Weise aus, daß die Approbation durchaus ausgeschlossen ist. Sie betrachten dieselben als an sich gültig. Bei einer Synode wurde als bedeutsam bereits auch der Umstand hervorgehoben, daß die Promulgation vor der angeblichen Bestätigung erfolgte. Der Punkt verdient indessen noch eine nähere Erwägung. Er blieb zwar bisher, soviel ich sehe, in der katholischen Literatur unbeachtet; er entging früher auch meiner Aufmerksamkeit. Er ist aber von der höchsten Wichtigkeit, und wenn meine Ausführung je noch einen Zweifel übrig ließe, so müßte derselbe nunmehr schwinden. . . Die Tatsachen sprechen für sich selbst. Das Verfahren beweist klar und unwidersprechlich, daß man die Gültigkeit der Beschlüsse nicht von einer folgenden Bestätigung des römischen Stuhles abhängig dachte. Sonst konnte man die Beschlüsse nicht publizieren, und der Kaiser konnte sie nicht mit Gesetzeskraft ausstatten, bevor jene Bestätigung erteilt worden war."[56]

Mit dem in diesem Abschnitt Gesagten ist auch eine positive Antwort auf Martin Luthers *grundsätzliche* Frage nach der Konzilsberufung gegeben. Dadurch, daß einiges auch von uns *grundsätzlich* als ius humanum bzw. ecclesiasticum aufgezeigt wurde, ist selbstverständlich nicht gesagt, daß *praktisch* alle Möglichkeiten gleichwertig oder auch nur wünschenswert wären. Welches der praktische Modus von eventuellen Unionskonzilien heute sein könnte, ist hier nicht darzulegen. Immerhin freut es im Hinblick auf die Wiedervereinigung der getrennten Christen, zu sehen, daß auch die Verfassung der katholischen Kirche keineswegs von vornherein alle Tore verschlossen hält, sondern viel Raum gibt für ernste ökumenische Begegnung. Illusionen brauchen wir uns deswegen keine zu machen. Der Weg zur Wiedervereinigung ist lang und mühselig, nicht nur in der Theologie. Der Weg zur Wiedervereinigung erfordert Geduld, Buße, echte Verzichte im Bereich des Kirchlich-Relativen, Verzicht von allen Beteiligten, die ja auch alle nicht ohne Schuld sind, Verzicht – Konstanz kann uns da Lehre sein – gerade auch vom Petrusamt als Dienst der Liebe für die Einheit der Christenheit.

Die Frage aber, die uns hier aus dem evangelischen Raum sofort gestellt wird, ist die folgende: Verzicht auch in der Lehre? Wie steht es denn mit der Unfehlbarkeit konziliarer und päpstlicher Entscheidungen?

---

[56] *F. X. Funk,* Die päpstliche Bestätigung der acht ersten allgemeinen Synoden, in seinen Kirchengeschichtlichen Abhandlungen und Untersuchungen (Paderborn 1897) I, 119 121.

VIII

WAS HEISST UNFEHLBAR?

1. Die Fehlbarkeit der Konzilien nach Luther und Calvin

Schon die ersten Auseinandersetzungen *Luthers* mit seinen Gegnern führten dazu – wir machten darauf aufmerksam –, daß Luther zugeben mußte: Konzilien können irren: „. . . tam Papa quam concilium potest errare" (Antwort an Prierias 1518[1]). Und noch mehr: Konzilien haben geirrt: „Consentio cum d. doctore, quod conciliorum statuta in iis que sunt fidei sunt omni modo amplectenda: hoc solum mihi reservo, quod et reservandum est, concilium aliquando errasse et aliquando posse errare, presertim in iis que non sunt fidei, nec habet concilium auctoritatem novorum articulorum condendorum in fide: alioquin tot tandem habebimus articulos quot hominum opiniones" (Disputation mit Eck 1519[2]). Luther wurde von Eck zu dieser Aussage gezwungen im Zusammenhang mit der Verurteilung von Hus durch das Konstanzer Konzil. In seinen Operationes in Psalmos greift er in der Folge das „conciliabulum Satanae" zu Konstanz in schärfster Form an[3]. Die Behauptung der Irrtumsfähigkeit der Konzilien (insbesondere des Konzils von Konstanz) bildete dann die Hauptursache, weswegen Luther vom Kaiser und von den Fürsten auf dem Reichstag zu Worms 1521 fallengelassen und mit der Reichsacht bestraft wurde.[4] Im Verhör forderte der Trierer Kanzler Johannes von Eck Luther auf, er möge die Irrtumslosigkeit der Konzilien zugeben und die in Konstanz verurteilten Sätze widerrufen. Darauf Luthers klare Absage: „Nisi convictus fuero testimoniis scripturarum aut ratione evidente (nam neque Papae neque conciliis solis credo, cum constet eos et erasse sepius et sibiipsis contradixisse) victus sum scripturis a me adductis et capta conscientia in verbis dei, revocare neque possum nec volo quicquam, cum contra conscientiam agere neque tutum neque integrum sit."[5] In diesem Zusammenhang Luthers berühmtes Wort: „Ich kan nicht anderst, hie stehe ich, Got helff mir, Amen!"[6]

Luthers Wormser Bekenntnis blieb wegweisend für alle späteren

---

[1] WA 1, 656; für Luthers Stellung zum Konzil siehe Anmerkung zu Beginn von Kapitel V, 1.
[2] WA 2, 303.   [3] WA 5, 451.
[4] Vgl. *J. Kolde,* Luthers Stellung zu Concil und Kirche bis zum Wormser Reichstag 1521 (Gütersloh 1876).
[5] WA 7, 838.   [6] Ebd.

Jahre: Nur von den Zeugnissen der Schrift (oder von den evidenten Vernunftsgründen) läßt er sich im Gewissen binden, nicht aber von den Konzilien, wenn sie Gottes Wort nicht hinter sich haben. Konzilien können irren, sie haben öfters geirrt und sich selbst widersprochen.

Ausführlich und systematisch hat zur Frage der Autorität der Konzilien *Calvin* in seinem Hauptwerk „Institutio christianae religionis" Stellung genommen. Es lohnt sich, seinen Standpunkt genau kennenzulernen[7]. In seinem vierten Buch über die äußeren Hilfsmittel, mit denen uns Gott zur Gemeinschaft mit Christus einlädt und in ihr erhält, handelt Calvin von der Kirche, ihren Ämtern und ihrer Vollmacht. Das achte Kapitel ist dabei der Vollmacht der Kirche in bezug auf die Glaubenssätze gewidmet. Einleitend bezieht sich Calvin auf das Pauluswort 2 Kor 10, 8 (bzw. 13, 10), das in der Amtstheologie sowohl der mittelalterlichen Kanonistik wie besonders der konziliaren Epoche eine große Rolle gespielt hat: Alle kirchliche Vollmacht müsse auf das eine Ziel ausgerichtet sein: zur Auferbauung und nicht zur Niederreißung, „ad aedificationem et non in destructionem"[8]. Diejenigen, die die Vollmacht ausüben, sollen sich nicht für mehr halten als für Christi und des Volkes Diener. Die Erbauung der Kirche geschehe nur dann, wenn die Diener sich befleißigten, daß *Christus* die ihm gebührende Autorität erhalten bleibt. Nicht von irgendwem anders, sondern von ihm allein stehe geschrieben: „Den sollt ihr hören" (Mt 17, 5). Es kommt Calvin in seiner Amtstheologie auf zwei Dinge zugleich an: einerseits, daß die kirchliche Vollmacht ohne Kleinlichkeit geehrt werde, andererseits, daß sie in bestimmten Grenzen eingeschlossen bleibe[9]. Die Vollmacht der Kirche ist nicht unbegrenzt, sondern dem Wort des Herrn unterworfen und gleichsam darin eingeschlossen: „subiecta verbo Domini et in eo quasi inclusa"[10]. Für Gottes Wort aber darf nichts anderes gehalten werden, als was in Gesetz und Propheten und in den apostolischen Schriften enthalten ist. Es gibt in der Kirche keine andere Art, rechtmäßig zu lehren, als nach Vorschrift und Norm dieses Wortes[11]. Die treuen Diener der Kirche und die Kirche insgesamt haben sich an dieses Wort zu halten und nicht neue Dogmen zu schmieden[12].

Scharf nimmt Calvin Stellung gegen die – wie er meint – eigenmächtige

---

[7] Wir zitieren nach Calvins letzter Ausgabe von 1559 (CR 30); vgl. dazu die deutsche Ausgabe von *O. Weber,* Unterricht in der christlichen Religion (Neukirchen 1955). Zu Calvins Ekklesiologie vgl. die Bibliographie bei *W. Niesel,* Die Theologie Calvins (München ²1957) 183. Zu Calvins und der Calvinisten Lehre vom Konzil vgl. *J.-L. Leuba,* Das ökumenische Konzil in der reformierten Theologie, in: Die ökumenischen Konzile der Christenheit, hrsg. von H. J. Margull (Stuttgart 1961) 373–392.
[8] CR 30, 846.   [9] CR 30, 847.   [10] CR 30, 848.
[11] CR 30, 850.   [12] CR 30, 852.

Lehrautorität der katholischen Kirche, deren dekretierender Willkür man sich einfachhin gläubig zu unterwerfen habe[13]. Die katholische Kirche berufe sich auf die Verheißungen, die der Kirche gegeben seien: daß der Herr sie nie verlassen und der Geist sie in alle Wahrheit einführen werde. Doch diese Verheißungen sind nach Calvin nicht nur der Gesamtkirche, sondern auch jedem einzelnen Gläubigen gegeben. Gewiß sei nicht jedem das gleiche Maß der Weisheit geschenkt, und der ganzen Gemeinschaft der Gläubigen komme sie in sehr viel größerem und reicherem Maße zu. Und doch seien die Gläubigen bei allen Verheißungen, die ihnen geschenkt sind, noch auf dem Weg, seien sie noch unvollkommen, müssen sie also noch fortschreiten. Dies gelte aber auch für die Gesamtkirche, der gewiß nichts Notwendiges abgehe, die aber noch nicht vollkommen sei. Die Kirche sei von Christus geheiligt, werde aber erst am Ende der Tage ganz „ohne Flecken und Runzel" (Eph 5, 26f) sein. In der Kirche werde – durch das Predigtamt – die Wahrheit Gottes bewahrt; und so sei die Kirche, sofern sie dies treu und rein vollbringe, eine „Säule und Grundfeste der Wahrheit" (1 Tim 3, 15)[14].

Hier gerade liegt nach Calvin der Angelpunkt der Kontroverse, der genau ins Auge zu fassen ist: Auch er behauptet, daß die Kirche in Dingen, die zum Heil notwendig sind, *nicht irren kann*. Warum? Weil die Kirche aller eigenen Weisheit den Abschied gibt und sich vom Heiligen Geist durch das Wort Gottes unterweisen läßt. Also nicht darin liegt der Unterschied zwischen der kalvinischen und der katholischen Lehre, daß die eine die Irrtumslosigkeit der Kirche in den Dingen des Heiles bestritte und die andere sie bejahte. Sondern der Unterschied besteht nach Calvin darin: die Katholiken stellen die Autorität der Kirche *außerhalb* des Wortes Gottes. Die Kirche kann nach ihnen mit Sicherheit auch ohne Gottes Wort ihren Weg gehen; wohin immer sie geht, kann sie nichts anderes als die Wahrheit denken und reden; wenn sie folglich außerhalb des Wortes Gottes oder über dasselbe hinaus etwas festsetzt, so ist dies einfachhin als untrüglicher Offenbarungsspruch Gottes anzusehen. Dagegen will Calvin, daß die Autorität der Kirche *an das Wort Gottes gebunden sei,* und er will nicht, daß sie von ihm getrennt werde[15]. Als

---

[13] CR 30, 852 s.   [14] CR 30, 854 s.

[15] „Quod illi negant errare posse ecclesiam, huc spectat, atque ita interpretantur: quando spiritu Dei gubernatur, tuto incedere sine verbo posse; quocunque pergat, non posse sentire aut loqui nisi verum; proinde, si quid extra aut praeter Dei verbum statuerit, id habendum esse non alio loco quam certum Dei oraculum. Nos si demus illud primum, errare non posse ecclesiam in rebus ad salutem necessariis, hic sensus noster est, ideo hoc esse, quod abdicata omni sua sapientia a spiritu sancto doceri se per verbum Dei patitur. Hoc igitur est discrimen: illi ecclesiae autoritatem extra verbum Dei collocant; nos autem volumus verbo annexam, nec ab eo separari patimur." CR 30, 855.

Braut und Schülerin Christi soll sie beständig und fleißig an seinem Mund hängen. Sie soll also nicht aus sich selbst heraus weise sein wollen, sondern vielmehr ihrer Weisheit eine Grenze setzen, wo Christus selbst seinen Reden eine Grenze gesetzt hat. Auch der Geist verkündigt ja keine neuen Wahrheiten, sondern erinnert an all das, was Christus gesagt hat (Jo 14, 26). Nie wird die Kirche *ohne* das Wort vom Heiligen Geist regiert.

Die Kirche wird somit den Fündlein ihrer eigenen Vernunft mit Mißtrauen begegnen. Aber in den Dingen, in denen sie sich auf Gottes Wort stützen kann, wird sie sich von keinem Mangel an Vertrauen und keinem Zagen ins Wanken bringen lassen, sondern vielmehr mit großer Gewißheit und fester Beständigkeit sich darauf verlassen. Sie wird auf die Größe der ihr gegebenen Verheißungen vertrauen, um ihren Glauben herrlich zu erhalten, und nicht im geringsten zweifeln, daß ihr der Heilige Geist allezeit zur Seite stehen wird[16]. Die einhellige Überzeugung der Kirche, die auf die Wahrheit des Wortes Gottes hin zusammenstimmt, wird also keiner verachten. Die Kirche muß man hören. Doch ist es der Kirche nicht erlaubt, neue Lehren zu begründen. Es geht nicht an, das, was Menschen für richtig gehalten haben, als Offenbarungswort Gottes zu deklarieren[17].

Die Lehren des Kapitels 8 wendet Calvin im folgenden Kapitel auf die *Autorität der Konzilien* an. Gleich zu Beginn vermerkt er, daß er hier recht scharf sprechen werde. Aber dies geschehe nicht etwa deswegen, weil er die alten Konzilien geringer einschätze, als es sich gebührt. Ganz im Gegenteil: ,,Veneror enim ea ex animo, suoque in honore apud omnes esse cupio."[18] Doch sei ein Maß einzuhalten: Christus darf nichts genommen werden! Er allein hat das Recht auf die Leitung der Konzilien, und diese Leitung hat er nur dann, wenn die ganze Versammlung von seinem Wort und von seinem Geist regiert wird. Calvin will also einerseits die Konzilien hochhalten, andererseits sie in ihren Grenzen halten. Nicht etwa, so betont er, weil er vor den Konzilien Angst hätte; gerade die alten Konzilien gäben ihm ja über die Heilige Schrift hinaus reichlich Stoff gegen das Papsttum in die Hand. Aber um Christi und seines Wortes willen.

---

[16] ,,Quamobrem non ex se sapiat ecclesia, non ex se cogitet quidquam; sed sapientiae suae terminum statuat, ubi loquendi finem ille fecerit. In hunc modum et omnibus rationis suae inventis diffidet; in quibus autem verbo Dei nititur, nulla diffidentia aut haesitatione vacillabit, sed magna certitudine firmaque constantia conquiescet. Sic etiam earum quas habet promissionum amplitudine confisa habebit unde fidem suam praeclare sustineat, ut nihil addubitet, spiritum sanctum sibi semper adesse, optimum rectae viae ducem." CR 30, 855.

[17] CR 30, 857.   [18] CR 30, 858.

Calvin geht davon aus, daß es neben wahren Konzilien auch falsche geben kann: Wenn man aus der Schrift erfahren will, welche Autorität die Konzilien besitzen, so muß man sich auf die Verheißung des Herrn besinnen: „Wo Zwei oder Drei in meinem Namen versammelt sind, da bin ich mitten unter ihnen" (Mt 18, 20). Christus hat hier offenkundig nicht verheißen, bei *allen möglichen* Konzilien gegenwärtig zu sein, sondern nur bei denen, die *in seinem Namen* versammelt sind. Nicht das ist das Entscheidende, daß Bischöfe versammelt sind, sondern daß die Versammlung – mag sie ein besonderes oder ein allgemeines Konzil sein – in Christi Namen versammelt ist. Vom Heiligen Geist werden die Konzilien nur dann regiert, wenn sie in Christi Namen versammelt sind. In Christi Namen sind jedenfalls die nicht versammelt, die Gottes Gebot verwerfen, in dem untersagt ist, daß man zu seinem Wort irgend etwas zufüge oder etwas davontue (Dt 4, 2; Apk 22, 18f), die dann nach ihrem eigenen Gutdünken das eine oder andere festsetzen, die sich mit den Offenbarungsworten der Schrift nicht zufriedengeben und sich aus ihrem eigenen Kopf heraus Neues ersinnen. In Christi Namen sind die versammelt, die sich an Gottes Wort in der Heiligen Schrift halten und sich mit ihm zufriedengeben[19].

Es gibt also nach Calvin falsche Konzilien und Konzilien böser Bischöfe. Es sei ja nicht so, daß die Wahrheit nur dann in der Kirche bliebe, wenn die Kirche unter den Hirten ist, oder daß die Kirche nur dann bestehen könnte, wenn sie sich in allgemeinen Konzilien darstellt: Vielmehr berichtet schon das Alte Testament vom schmählichen Versagen der Hirten und Priester. Und Christus wie seine Apostel haben genügend vorausgesagt, daß der Kirche die höchste Gefahr von seiten ihrer Hirten drohen werde (Mt 24, 11. 24). Vor falschen Lehrern und Propheten warnt 2 Petr 2, 1. Und Paulus zeigt, daß der Antichrist seinen Sitz nirgendwo anders als im Tempel Gottes haben wird (2 Thess 2, 4). Und auch in der Ansprache an die Bischöfe von Ephesus warnt er vor den Wölfen und falschen Lehrern, die die Kirche nicht schonen werden (Apg 20, 29f). Dies alles sei in den folgenden Jahrhunderten der Kirchengeschichte nur zu sehr bestätigt worden. Die Wahrheit lebt wahrhaftig nicht nur in den Hirten, und der unversehrte Bestand der Kirche ist glücklicherweise nicht vom Zustand der Hirten abhängig. Gewiß sollten die Hirten Verteidiger des kirchlichen Friedens und Heiles sein. Aber: „aliud est praestare quod debeas, aliud, debere quod non praestes"[20]. Die Autorität der wahren Hirten soll in keiner Weise erschüttert werden. Aber es muß unbedingt unterschieden werden zwischen denen, die Hirten sind, und denen, die nur Hirten heißen. Schon im Blick auf das Alte Testament und auf das Konzil, das die

---

[19] CR 30, 858s.   [20] CR 30, 860.

Hirten der Juden in der „Kirche" von damals gegen Christus beriefen (Jo 11, 47), darf unter keinen Umständen zugegeben werden, daß die Kirche auf der Versammlung der Hirten beruhe; denn nirgendwo hat der Herr verheißen, daß die Hirten allezeit gut sein werden; wohl aber hat er angekündigt, daß sie zuzeiten böse sein werden[21].

Aber es gibt auch wahre Konzilien. Und diese dürfen nach Calvin nicht abgelehnt, deren Verhandlungsergebnisse nicht umgestoßen werden. Hat es aber so nicht jeder selbst in der Hand, willkürlich zu entscheiden, was er von den Konzilien annehmen oder verwerfen will? Keineswegs. Nach Calvin ist zuerst gründlich zu erwägen, zu welcher Zeit ein Konzil gehalten, aus welchem Grund und in welcher Absicht es durchgeführt worden ist und welche Leute dabei gewesen sind. Dann aber soll man das Konzilsergebnis nach dem Richtmaß der Schrift prüfen, wobei die Definition des Konzils durchaus ihr Gewicht hat, ja als vorläufiges Urteil, als praeiudicium gilt, jedoch die Prüfung selbst nicht hindern darf. Und Calvin beruft sich dafür auf Augustin. Augustin bringt den Ketzer Maximinus, der über die Beschlüsse der Konzilien Streit führt, kurz zum Schweigen, indem er ihm sagt: „Weder darf ich dir die Synode von Nicäa, noch darfst du mir die Synode von Ariminum (359) vorhalten, um etwa damit ein Vorurteil zu fällen. Ich bin nicht durch die Autorität der letzteren, du nicht durch die der ersteren gebunden. Nein, es soll Sache gegen Sache, Angelegenheit gegen Angelegenheit, Begründung gegen Begründung streiten, und zwar auf Grund der mit Autorität ausgerüsteten Aussagen der Schrift, die also nicht der einzelne für sich allein hat, sondern die uns beiden gemeinsam sind."[22]

Calvins Auffassung ist also die folgende: Den Konzilien muß die ihnen gebührende Majestät zukommen. Die Heilige Schrift aber hat auch den Konzilien gegenüber den Vorrang. Der Richtschnur der Heiligen Schrift sind alle Konzilien unterworfen. Deshalb nimmt Calvin die alten Konzilien (Nikaia, Konstantinopel, Ephesus, Chalkedon und andere) gern an, ja verehrt ihre Glaubenssätze als heilig; denn sie enthalten für ihn nichts anderes als die reine, ursprüngliche Auslegung der Heiligen Schrift gegenüber den Häretikern. Auch von manchen späteren Konzilien kann Calvin dasselbe sagen. Doch hat ihm die Folgezeit auch gezeigt, wie Konzilien – trotz mancher guter Konzilsväter – von der Norm der Schrift abfallen können.

Abgesehen von all den Menschlichkeiten, die auf den Konzilien festzustellen sind[23], steht nach Calvin auch in der Lehre oft ein Konzil gegen

---

[21] CR 30, 861.
[22] *Augustinus,* contra Maximinum, lib. II, cap. 14, 3; zitiert nach der deutschen Ausgabe der Institutio von *O. Weber* (Neukirchen 1955) 797.
[23] CR 30, 863 s.

das andere[24]; z. B. hat das Konzil von Konstantinopel 754 die Bilder-verehrung verworfen, das Konzil von Nikaia 787 sie bestätigt. Faktisch hat sich das zweite Konzil durchgesetzt, aber hätten wohl Augustinus oder Epiphanius, die gegen die Bilderverehrung waren, diese Konzils-beschlüsse angenommen? Keine Lösung sei es, die eine Synode als recht-mäßig und die andere als nicht rechtmäßig zu erklären; nur auf Grund der Heiligen Schrift sei es möglich, zu einem sicheren Urteil über die Recht-gläubigkeit eines Konzils zu kommen. Von daher komme man nicht darum herum zuzugeben, daß Konzilien irren können. Die Katholiken wollen dies nicht zugeben; es bleibe ihnen dann nichts anderes übrig als im Fall des Irrtums von Konzilien zu verbieten, die Wahrheit zu sehen, bzw. zu verbieten, den Irrtümern nicht zuzustimmen. Dagegen will Calvin eine realistischere Auffassung vertreten: Aus der Tatsache, daß Konzilien irren können, folgt für ihn: Der Heilige Geist regiert zwar die im übrigen frommen und heiligen Konzilien, aber er regiert sie so, daß er es zuläßt, daß ihnen ab und zu etwas Menschliches widerfährt, damit wir unser Vertrauen nicht allzusehr auf Menschen setzen[25]. Die Wahrheit geht in der Kirche nicht unter, weil sie auf einem Konzil unterdrückt wird. Sondern gegen den Irrtum eines Konzils wird die Wahrheit in der Kirche vom Herrn wunderbar erhalten, so daß sie zu ihrer Zeit wieder hervorbricht und den Sieg behält[26]. Eine solche An-sicht ist nach Calvin sehr viel besser als etwa die des Gregor von Nazianz, nach welchem noch nie ein Konzil gut ausgegangen ist; so werde ja die Autorität der Konzilien überhaupt zerstört[27].

Aus der Tatsache, daß der Heilige Geist, wie überall, wo Menschen sind, so auch auf den Konzilien Irrtümer zuläßt, folgt aber für Calvin auch dies: Es gibt einem Konzil gegenüber keinen blinden Gehorsam. Vielmehr sei uns von der Schrift vielfach eingeschärft worden, die Geister zu prüfen, ob sie aus Gott sind (1 Jo 4, 1), sich vor falschen Propheten zu hüten, die in Schafskleidern zu uns kommen, aber inwen-dig räuberische Wölfe sind (Mt 7, 15), sich nicht als Blinder von Blin-den führen zu lassen, so daß beide in die Grube fallen (Mt 15, 14). Deshalb sollen wir uns von keinen Titeln und Namen, sollen wir uns weder von Konzilien noch von Bischöfen oder Päpsten schrecken lassen. Vielmehr sollen wir prüfen, ob sie wahre Hirten und nicht

---

[24] CR 30, 862 s.
[25] „Neque aliud intendo, quam inde posse colligi, spiritum sanctum sic pias alioqui et sanctas synodos gubernasse, ut interim aliquid eis humanitus accidere sineret, ne nimium hominibus confideremus." CR 30, 864.
[26] „Fateor; sic enim omnino statuo, non ideo interire in ecclesia veritatem, etiamsi ab uno concilio opprimatur; sed mirabiliter a Domino servari, ut iterum suo tempore emergat et superet." CR 30, 866.
[27] CR 30, 864.

blinde oder böse Hirten sind; an der Richtschnur des Wortes Gottes sollen wir ihre Definitionen prüfen, um festzustellen, ob sie aus Gott sind[28].

Ist es unter diesen prekären Umständen überhaupt gut, daß Konzilien zusammenkommen? Calvin bejaht diese Frage: Trotz aller Schwierigkeiten ist ein Konzil von wahren Bischöfen das beste Mittel, um einen Streit über irgendeinen Glaubenssatz zu schlichten. Aus drei Gründen: 1. Eine Entscheidung, zu der sich die Hirten der Kirchen nach Anrufung des Geistes Christi alle miteinander einmütig zusammentun, wird viel mehr Gewicht haben als die Entscheidung eines einzelnen Hirten oder die einiger amtloser Leute. 2. Die Versammlung am gleichen Ort läßt die Übereinstimmung in der Lehre leichter herstellen und das Ärgernis der Verschiedenheit in der Lehre vermeiden. 3. Paulus schreibt dieses Verfahren vor (1 Kor 14, 29), wie es sich auch vom Empfinden der Frömmigkeit nahelegt: In schweren Fällen sollen die Kirchen gemeinsam das Urteil in die Hand nehmen. Auf diese Weise kann durch eine Konzilsdefinition die Unsicherheit im Volk behoben und nichtsnutzigen, parteisüchtigen Leuten der Mund gestopft werden. So geschah es auf den alten Konzilien[29].

Dem Konzil kommt also eine große Bedeutung in der Interpretation der Schrift zu. Doch darf dies nach Calvin nicht so billig geschehen, wie es die Katholiken tun. Diese erklären *alles,* was die Konzilien beschlossen haben, als Auslegung der Schrift, auch die Dinge, von denen in der Schrift nichts steht (Fegefeuer, Fürbitte der Heiligen, Ohrenbeichte usw.), ja sogar Dinge, von denen in der Schrift ausdrücklich das Gegenteil geschrieben steht (Verbot der Kommunion unter beiden Gestalten, obwohl nach Mt 26, 26 Christus gebietet, daß alle aus dem Kelch trinken sollen; oder das Verbot der Ehe für den ganzen Priesterstand, obwohl nach 1 Tim 4, 1–3 das Verbot der Ehe eine Heuchelei böser Geister ist und nach Hebr 13, 4 der Ehestand bei allen heilig ist)[30].

So weit Calvin in seinen Kapiteln „de potestate ecclesiae quoad fidei dogmata" und „de conciliis eorumque autoritate". Seine Auffassung ist von beeindruckender Klarheit und Geschlossenheit. Calvin bemüht sich positiv darum, Stärke und Schwäche der Ämter und der Konzilien unter dem Worte Gottes ernst zu nehmen und dabei an der Irrtumslosigkeit der Kirche in dem, was das Heil betrifft, festzuhalten. Manche von den Fragen, die hier auftauchten, haben wir schon früher beantwortet, so bezüglich der Ämter und ihrer Vollmacht in der Kirche[31] und bezüglich der Bedeutung der Heiligen Schrift für Kirche und Konzil[32].

---

[28] CR 30, 864 s.   [29] Vgl. CR 30, 865 s.   [30] CR 30, 866.
[31] Vgl. Kap. VI und VII.
[32] Vgl. Kap. IV, 3 und VI, 1.

Auf Grund dieser Ausführungen lassen sich einige Mißverständnisse Calvins bezüglich der katholischen Lehre kurz berichtigen: 1. Auch nach katholischer Auffassung ist die Kirche dieser Welt immer eine Kirche aus Menschen und eine Kirche aus sündigen Menschen; sie ist und bleibt deshalb bis zum Ende der Zeiten unvollkommen; immer wieder gibt es ein Versagen der Gläubigen und der Hirten, gibt es falsche Propheten und falsche Lehrer, gegen die sich die Kirche zur Wehr setzen muß. 2. Auch nach katholischer Auffassung sind die Amtsträger nicht Herren, sondern Diener Christi und der Kirche; ihre Vollmacht ist in keiner Weise unbegrenzt, sondern an das Wort und den Auftrag des Herrn gebunden. Sie stehen nicht automatisch, sondern nur im Glauben unter dem Heiligen Geist, über den sie nie eigenmächtig verfügen können. 3. Auch nach katholischer Auffassung darf die Kirche bzw. das Konzil nicht willkürlich definieren, sondern muß sich, wenn es unter dem Heiligen Geiste stehen will, an Christi Wort halten, das sich findet in der Heiligen Schrift. Die Definitionen der Kirche müssen von der Heiligen Schrift her verstanden werden.

Die Kluft zwischen Calvin und der katholischen Lehre ist nicht so groß, wie sie Calvin damals erschienen ist; es muß dabei zugegeben werden, daß zur Zeit Calvins die katholische Lehre in ihrer Reinheit zweifellos sehr viel schwieriger zu erkennen war, als dies heute der Fall ist. Doch der eigentliche Kontroverspunkt ist unübersehbar: Er betrifft zwar nicht – und dies ist wohl zu beachten – das grundsätzliche Verbleiben der *Kirche* in der Wahrheit, wohl aber das Verbleiben der einzelnen *Konzilien* in der Wahrheit. Er betrifft die Irrtumslosigkeit der Konzilien, die Calvin bestreitet und die katholische Kirche bejaht. Aber gerade diese Bejahung der Irrtumslosigkeit (Unfehlbarkeit) der Konzilien geschieht keineswegs so undifferenziert, wie dies von den Reformatoren und auch oft von den heutigen evangelischen Theologen dargestellt wird. Diesem Punkt haben wir nun unsere ganze Aufmerksamkeit zu schenken, indem wir zuerst die Lehre desjenigen Konzils betrachten, das sich direkt mit der Unfehlbarkeit des Papstes, aber damit indirekt auch mit der Unfehlbarkeit der Konzilien befaßt hat.

2. Die Eingrenzungen der Unfehlbarkeit auf dem Vatikanum I

a) Karl Barth und das Vatikanum I:

Nach heftigen Auseinandersetzungen hat Pius IX. zusammen mit dem Ersten Vatikanischen Konzil feierlich definiert, daß der Papst, wenn er als Hirt und Lehrer aller Christen auf Grund seiner apostolischen Autorität eine Lehre über Glauben oder Sitten als für die ganze Kirche verpflichtend erklärt, auf Grund des göttlichen Beistandes, der ihm in Petrus verheißen ist, jene Unfehlbarkeit besitzt, mit der der göttliche Erlöser seine Kirche bei endgültigen Entscheidungen in Glaubens- und Sittenlehren ausgerüstet haben wollte: „. . . sacro approbante Concilio, docemus et divinitus revelatum dogma esse definimus: Romanum Pontificem, cum ex cathedra loquitur, id est, cum omnium Christianorum, pastoris et doctoris munere fungens pro suprema sua Apostolica auctoritate doctrinam de fide vel moribus ab universa Ecclesia tenendam definit, per assistentiam divinam ipsi in beato Petro promissam, ea infallibilitate pollere, qua divinus Redemptor Ecclesiam suam in definienda doctrina de fide vel moribus instructam esse voluit; ideoque eiusmodi Romani Pontificis definitiones ex sese, non autem ex consensu Ecclesiae, irreformabiles esse."[1]

Für die katholische Lehre hängen Unfehlbarkeit der Kirche und Unfehlbarkeit des kirchlichen Amtes (des Papstes und der Konzilien) wesentlich zusammen: Weil Christus in seinem Geist die Kirche als ganze durch seine eschatologisch siegreiche Gnade vor dem Abfall zu bewahren verheißen hat, wird er auch das Amt als ganzes in der Kirche vor dem Abfall bewahren: vor dem Abfall vom Glauben, vor einem wesentlichen Irrtum, der die Botschaft Christi zerstören würde. Es gibt kein Dilemma zwischen der Kirche des Glaubens der Apostel und der Kirche des Amtes der Apostel. Insofern es um die verpflichtende Lehre der Gesamtkirche geht und insofern es die Aufgabe des Amtes (des Papstes und der Konzilien) ist, der die Gesamtkirche verpflichtenden Lehre zu dienen, ist dieses Amt mit und in der Kirche unfehlbare Norm für den Glauben des einzelnen Christen. Das Amt erhebt sich dabei nicht über die Schrift als dem Christuszeugnis der Apostel, sondern übt in seinem autoritativen Lehren gerade seinen eigenen Gehorsam gegen die Lehre der Apostel. Diese Unfehlbarkeit ist nicht durch irgendeine menschliche Eigenschaft oder eine in den Trägern des Lehramtes notwendig anzunehmende „Zuständlichkeit" garantiert, sondern durch den der Kirche verheißenen Beistand des Heiligen Geistes. Der Geist übt diese seine beratende und einführende Macht auf die Weise aus, die ihm gefällt. Und gerade so hindert er das Amt, in seiner letzten Lehrentscheidung menschliche Erfindung in das verpflichtende Christuszeugnis einzutragen.

Die ungeheuren Schwierigkeiten, die den Weg zu einer Wiedervereinigung der getrennten Christen versperren, erscheinen wohl an keinem Punkt der katholischen Lehre derart unüberwindlich wie gerade hier. Unmöglich scheint es zu sein, daß je Lutheraner, Reformierte, Anglikaner, Altkatholiken, Orthodoxe ein solches Dogma akzeptieren

---

[1] Denz. 1859.

könnten. Die Gegensätze dürfen hier nicht verwischt werden, können auch gar nicht verwischt werden. Und doch ist es der Christen, die um die Einheit ringen, Pflicht, sich auch mit diesem hoffnungslos erscheinenden Zwiespalt zu beschäftigen, um wenigstens von beiden Seiten den Abstand zu verringern. Die erste Stufe hiezu ist der gegenseitige Abbau von Mißverständnissen. Wir haben eben anhand von Calvin (und zum Teil schon früher auch von Luther) aufgezeigt, daß es ein Mißverständnis der reformatorischen Lehre wäre, wenn man von katholischer Seite meinte, die Reformatoren hätten ein Interesse daran, die Autorität der Konzilien einfachhin zu untergraben; die Reformatoren möchten vielmehr die Autorität der Konzilien gut begründen, indem sie ihr Verhältnis zur Offenbarung positiv wie negativ klar abgrenzen. Wir haben uns nun den Mißverständnissen zuzuwenden, denen die Lehre des Vatikanum I von der Unfehlbarkeit des Papstes (und der Kirche) ausgesetzt ist.

Die Opposition, die Luther und Calvin gegen die „Eigenmächtigkeit" des katholischen Lehramtes anmeldeten, wird von *Karl Barth* in verschärfter Weise fortgesetzt. Barth verschärft insbesondere den Vorwurf, die katholische Kirche unterscheide nicht genügend Kirche und Offenbarung. Denn nach ihm ist der Prozeß der Identifikation, der ja nicht erst mit dem Trienter Konzil und seiner Definition der Tradition als einer zweiten Offenbarungsquelle begonnen hatte (vgl. Andeutungen schon bei Irenäus und später besonders das Commonitorium des Vinzenz von Lerinum 434)[2], weit über das Trienter Konzil hinausgeschritten. Nach Barth ist es der reformatorischen Lehre gegenüber „für das römisch-katholische System ebenso wesentlich und bezeichnend, daß es diese angebliche Einengung der Offenbarung auf ihre biblische Bezeugung ablehnt und an Stelle dessen zunächst ein bestimmtes, als göttliche Offenbarung qualifiziertes Moment des kirchlichen Lebens, die sog. Tradition, neben die Heilige Schrift stellt, dann dieses Moment mehr und mehr erweitert, bis das Ganze des kirchlichen Lebens gerade in ihm beschlossen scheint, dann die Heilige Schrift diesem Ganzen unter- und einordnet und endlich dieses Ganze und damit sich selbst für mit Gottes Offenbarung identisch erklärt"[3]. Es rächt sich so an der katholischen Kirche (und auf andere Weise auch an dem mit der katholischen Konzeption nur zu sehr verwandten Neuprotestantismus)[4], daß sie die Einmaligkeit der Offenbarung und mit ihr der prophetisch-apostolischen Situation nicht ernst genommen hat: „Indem die Kirche an sich reißt, was ihr nicht gehört, wird es sich sofort zeigen, daß sie zu dem Gehorsams-

[2] *K. Barth,* Kirchliche Dogmatik (Zollikon-Zürich 1939. ⁴1948) I/2, 610–613.
[3] *K. Barth*, a. a. O. I/2, 607.
[4] Ebd. I/2, 606–608 634–637.

verhältnis, in welchem die Propheten und Apostel der Offenbarung gegenüber standen, unfähig ist. Sie wird dieses Gehorsamsverhältnis verfälschen in ein Verhältnis, in welchem sie als Besitzende, Wissende und Mächtige mit Gott, Christus und dem Heiligen Geist meint umgehen zu dürfen, in welchem sie nicht nur zu gehorchen, sondern auch zu verfügen hat. Und es kann nicht anders sein: immer mehr wird sie selbst die wahrhaft Verfügende in diesem Verhältnis werden. Sie wird zwangsläufig immer mehr sich selbst in die Nähe jener unmittelbaren, absoluten und inhaltlichen Autorität schieben und sich schließlich mehr oder weniger direkt mit ihr identisch erklären. Sie wird zwangsläufig zu einer unter dem Vorwand des Gehorsams gegen die Offenbarung sich selbst regierenden Kirche werden."[5]

Immer mehr hat man im nachtridentinischen Katholizismus statt wie im Tridentinum von zwei nun von drei Quellen der christlichen Erkenntnis gesprochen: Schrift, Tradition und – von der Tradition abgehoben – die gegenwärtige Kirche[6]. Immer weniger braucht es ein Zurückgehen auf die Tradition der „Väter", immer weniger ein Zurückgehen auf die sonst gegenüber den Protestanten hochgepriesene Autorität der alten Kirche. Das tridentinische „pari pietatis affectu" dehnt sich auf immer weitere Instanzen der Kirche der Gegenwart aus. Diese Entwicklung treibt nach Barth im Katholizismus des neunzehnten Jahrhunderts auf eine letzte Zuspitzung hin, welche sich vor allem in zwei Ereignissen zeigt: in der katholischen Tübinger Schule und im Vatikanum I.

„Das erste dieser Ereignisse ist die nicht genug zu beachtende Existenz der katholischen sog. *Tübinger Schule*."[7] Nach Johann Michael Sailer „hat dann der Tübinger *Johann Sebastian Drey* den Sailerschen Ansatz zu wiederholen und seine Schwäche zu überwinden versucht durch seine Anschauung von der Kirche bzw. der Offenbarung als eines lebendigen Organismus, der sich aus dem ihm innewohnenden Lebensprinzip unter Leitung des göttlichen Geistes entwickelt habe und weiter entwickle, so jedoch, daß in seinem Leben das statische Prinzip, d. h. das ursprünglich göttliche Gegebene, durch das dynamisch lebendige Prinzip – und dieses ist eben die Tradition – bewegt und im Fortschritt erhalten werde"[8]. Von daher gilt: „Schrift, Tradition und Theologie sind die lebendige Bewegung und Entfaltung des christlichen Geistes in der Kirche, die darum, weil eben in ihr diese Bewegung und Entfaltung stattfindet, zu hören, und zwar zuerst und entscheidend in dem jeweils letzten Stadium der Entfaltung jenes Geistes zu hören ist: in der Objektivität ihres in der Gegenwart lebendigen Glaubens und in der Subjektivität des begrifflichen Ausdrucks, den dieser sich in seiner jeweiligen zeit-

---

[5] Ebd. I/2, 606. [6] Ebd. I/2, 620 f. [7] Ebd. I/2, 622 f.
[8] Ebd. I/2, 623.

geschichtlichen Antithetik geschaffen hat."[9] Die klassische Form gab dieser Lehre dann „der mit Recht als der Vater des neueren deutschen Katholizismus verehrte *Johann Adam Möhler*"[10]. Barth zitiert Möhler, nach welchem die Kirche ist: „*der* unter den Menschen in menschlicher Form fortwährend erscheinende, stets sich erneuernde, ewig sich verjüngende *Sohn Gottes, die andauernde Fleischwerdung desselben*", „seine sichtbare Gestalt, seine bleibende, ewig sich verjüngende Menschheit, *seine ewige Offenbarung*"[11]. In dieser Sicht versteht es sich dann von selbst, daß diese Kirche unfehlbar ist, unfehlbar sein muß. Auch hier zitiert Barth Möhlers Symbolik: „Ist das Göttliche der lebendige Christus und sein Geist in ihr allerdings das Unfehlbare, das ewig Untrügliche, so ist doch auch das Menschliche unfehlbar und untrüglich, weil das Göttliche ohne das Menschliche gar nicht für uns existiert; das Menschliche ist es nicht an sich, aber wohl als das Organ und als die Erscheinung des Göttlichen."[12] Für Barth ist hier die Gleichsetzung der Kirche, ihres Glaubens und ihres Wortes, mit der sie begründenden Offenbarung endgültig an den Tag gekommen[13]. Diese Auffassungen haben sich in der katholischen Theologie durchgesetzt: „In der Richtung und in verschiedener Nuancierung der Gedanken von Drey und Möhler haben nach ihnen *Johann Kuhn* und *Franz Anton Staudenmaier* in Tübingen gelehrt. Die entscheidenden Positionen dieser Schule sind gemeinsamer Besitz der katholischen Theologie geworden, obwohl diese in der zweiten Hälfte des 19. Jahrhunderts viel stärker als in der ersten in eine neue Beziehung zur ‚Theologie der Vorzeit' und das heißt vor allem: zu Thomas von Aquino trat: eine Entwicklung, über der die aus dem deutschen Idealismus übernommenen Elemente als stilfremd äußerlich wieder mehr in den Hintergrund treten mußten."[14] Insofern steht auch Matthias Joseph Scheeben durchaus auf den Schultern Möhlers[15].

Im Ersten Vatikanischen Konzil hat schließlich das Lehramt selbst einen Schlußstrich unter die ganze Entwicklung gezogen: „Auch bei

---

[9] Ebd.   [10] Ebd. I/2, 624.   [11] Ebd.   [12] Ebd. I/2, 625.
[13] Ebd. I/2, 628: „So lag denn auch die eigentliche Wucht der Möhlerschen Gedankengänge nicht darin, daß er den Komplex Schrift und Tradition, endgültig als solchen zusammengefaßt, mit der Offenbarung, mit der Fleischwerdung des Wortes, mit Jesus Christus identifizierte, sondern darin, daß er die ganze diesem Komplex damit zugesprochene göttliche Würde und Vollmacht nun doch nur als ein Prädikat eben der Kirche, der Kirche der Gegenwart als der lebendigen Trägerin des Apostolates, als den Repräsentanten Jesu Christi selbst verstanden wissen wollte. Sie ist es, in deren Glauben das Wort Gottes *eingegangen*, in deren Glauben es faktisch *aufgegangen* ist. Sie hat es; sie legt es aus; sie ist *in concreto* die Offenbarung, keine neue zwar, sondern die eine alte, in sich abgeschlossene, aber gerade so die volle und ganze Offenbarung. Sie ist der heute redende, regierende, handelnde, entscheidende Jesus Christus."
[14] Ebd. I/2, 627.   [15] Ebd. I/2, 628.

Möhler war noch nicht endgültig geklärt die Frage, wo denn nun die mit der Offenbarung identische Kirche bzw. wo denn nun ihr Offenbarung redender Mund, wo denn also die mit der Autorität des Wortes Gottes identische Autorität der Kirche *in concreto* zu suchen und zu hören sei. Noch Möhler hatte auf diese Frage die überkommene, korrekte, aber unvollständige Antwort gegeben: sie sei zu hören in der Stimme des gesamten, mit seiner päpstlichen Mitte vereinigten Episkopates als dem durch ununterbrochene Sukzession erwiesenen Rechtsnachfolger und Träger des Apostolates, als dem sichtbaren Stellvertreter Jesu Christi."[16] Aber bei diesem dialektischen Nebeneinander von Papst und Episkopat, Papst und Konzil konnte man nicht stehenbleiben: ,,Ist das erste Wort: daß die sichtbare römisch-katholische Kirche darum an der Stelle Jesu Christi steht und redet, weil sie selber der fortlebende Jesus Christus ist – ist dieses erste Wort ein letztes, ist es wirklich und vernehmbar und glaubwürdig gesprochen, wenn es nicht vorbehaltlos auf das amtliche Stehen und Reden dessen übertragen und angewandt wird, der zugestandenermaßen ihre organisierende Mitte, nämlich die Mitte ihres Lehramtes, ihres Episkopates bildet? War die ganze Verwandlung der Schriftautorität in Kirchenautorität, die der Sinn der Entwicklung von Irenäus bis auf Möhler gewesen war, nicht umsonst, weil in ihrem Sinn immer noch vieldeutig und letztlich unanschaulich, solange nicht als letzte, nunmehr ganz konkrete Spitze der Fleischwerdung des Wortes *ein* Mensch als der lebendige Träger der mit der Offenbarung identischen Überlieferung und also selber als die heute zu hörende Offenbarung die Kirche, d. h. die in den Besitz der Offenbarung gelangte christliche Menschheit, repräsentierte und ihre Selbstregierung faktisch vollzog? Durfte die längst zur Aussprache reif gewordene Erkenntnis länger unausgesprochen bleiben, daß dies eben das Wesen und die Funktion des römischen Papstes in Wahrheit sei? Durfte es unausgesprochen bleiben: das amtliche Votum des Papstes steht unter keinem Vorbehalt und es bedarf keiner Bestätigung; es ist als solches und für sich auch das Votum des gesamten Episkopates und also das Votum der unfehlbaren Kirche, das unfehlbare Votum der Schrift und der Tradition, die unfehlbare Erklärung der Offenbarung und also selbst die unfehlbare Offenbarung für die Gegenwart: der Papst wird kraft seiner Vollmacht und apostolischen Lehrgewalt der Verheißung des Herrn gemäß und von der göttlichen Vorsehung geleitet, nie anders als aus dem Gesamtbewußtsein der unfehlbaren Kirche, er wird also, in seinem Amte redend, nie etwas anderes reden als die unfehlbare Offenbarung für die Gegenwart? Konnte, durfte dies länger verschwiegen bleiben, nachdem es von Anfang an wahr gewesen und schon so lange, wenn auch erst teilweise, als wahr er-

---

[16] Ebd. I/2, 628 f.

kannt worden war?"[17] So ist für Barth die vatikanische Infallibilitätsdefinition „der Abschluß des Kreises, für dessen Eröffnung die im Tridentinum wiederkehrende dualistische Formel des Irenäus, für dessen Fortsetzung die Trias des Vinzenz von Lerinum, für dessen Kulminieren die Synthetik Möhlers charakteristisch ist. Seit dem Vatikanum kann man wissen, was man nach alledem noch nicht wußte: wo und wer *in concreto* die die Offenbarung lehrende Kirche ist."[18]

Diese Kritik Barths erschien 1939; man wundert sich, wie wenig Beachtung sie bisher in der katholischen Literatur gefunden hat. Lag dies daran, daß diese Publikation mit dem Ausbruch des Zweiten Weltkrieges zusammenfiel, oder lag es daran, daß eine Beantwortung der Barthschen Schwierigkeiten nicht allzu bequem sein dürfte? In der Tat ist es ja nicht damit gemacht, daß man sich Barth gegenüber auf die Petrusstellen des Neuen Testaments beruft, die Petrus als Fundament der Kirche (Mt 16, 18), als ihren obersten Hirten (Jo 21, 15–17) und als Stärker des Glaubens der Brüder (Lk 22, 31 f) bezeichnen (wobei man die Verleugnung Petri und sein widersprüchliches Verhalten in Antiochien verschweigt). Es käme – abgesehen von all den schwierigen Fragen bezüglich der Fortdauer des petrinischen Primats im Papst – vielmehr darauf an, aufzuzeigen, daß alle diese Stellen *Unfehlbarkeit* besagen[19]. Schon Calvin macht geltend: Aus der Aussage, daß die Kirche die Säule und Grundfeste der Wahrheit ist, folgt nicht mit Notwendigkeit die

[17] Ebd. I/2, 629f.
[18] Ebd. I/2, 631; vgl. nach Barth auch *G. Ebeling,* Die Geschichtlichkeit der Kirche und ihrer Verkündigung als theologisches Problem (Tübingen 1954) 47: „Während man auf der einen Seite einen festen Damm errichtete gegen die Neuerer, schritt man nun selber zu der kühnsten Neuerung. Der modernistische, allgemeingeschichtliche Entwicklungsgedanke wurde übertrumpft durch den kirchengeschichtlichen Entwicklungsgedanken. Indem dieser kirchengeschichtliche Entwicklungsgedanke verkoppelt wurde mit der Unfehlbarkeitserklärung des Papstes, fand das Problem des Verhältnisses von Offenbarung und Geschichte eine grandiose Lösung. Der Traditionsbegriff wurde völlig gemeistert durch den papalistischen Kirchenbegriff, die maßgebende Autorität aus der Vergangenheit verlagert in die Gegenwart. Sehr treffend hat Loofs diesen Vorgang formuliert: ‚Im Vaticanum ist es der Tradition – wenigstens der wirklichen, historisch konstatierbaren Tradition – ergangen wie im Tridentinum der Heiligen Schrift. Sie ist zurückgedrängt durch eine andere Größe. Diese Größe ist die lehrende Kirche. Was die Schrift lehrt, zeigt die Tradition; so dekretierte das Tridentinum. Was Tradition ist, lehrt die Kirche, so will es das Vatikanum'."; vgl. weiter *H. Rückert,* Schrift, Tradition und Kirche (Lüneburg 1951) 14–22; *W. von Loewenich,* Der moderne Katholizismus ³1956) 155–166.
[19] *G. Dejaifve,* Der Erste unter den Bischöfen, in: Theologie und Glaube 51 (1961) 14: „Die Exegese der Schrifttexte, wie man sie beim Tridentinum und beim Vatikanischen Konzil übte, war auf diesem Gebiet ein wenig ‚Situations'Exegese und von der These eingegeben, die man beweisen wollte."

Unfehlbarkeit eines einzelnen Konzils. Was so von der Kirche gesagt wird, könnte noch mehr vom Papst gelten: Aus der Aussage, daß Petrus das Fundament ist, folgt nicht ohne weiteres, daß Petrus unfehlbar sein muß. Könnte das Wunder der Gnade Gottes nicht noch größer erscheinen, wenn Petrus wie jeder Mensch – nachdem Irren menschlich ist – auch einmal im Glauben irren könnte und er trotzdem das Fundament der Kirche bliebe, wenn er gerade so Hirte (der die Schwächen der Menschen kennt) bliebe und er gerade so seine Brüder verständig trösten könnte? Wäre der Sieg der Gnade nicht vollständiger, wenn sich ihre Stärke auch hier in der Schwachheit vollendete, wenn sich die Wahrheit der Offenbarung, scheinbar unterlegen, immer wieder gegen menschliche Schwachheiten und Irrtümer schließlich und endlich sieghaft durchsetzte? Auf diese und ähnliche Fragen hat die katholische Theologie den Evangelischen noch nicht genügend Antwort gegeben; weniger noch als in anderen Fällen kann sie sich dagegen einfach auf unfehlbare Definitionen berufen. Doch über alle diese schwierigen Fragen hinaus bleibt der grundsätzliche Vorwurf Barths: Die katholische Kirche identifiziert sich mit der Offenbarung Gottes; sie stellt sich selber als Offenbarung Gottes hin und handelt darnach.

Dieser grundsätzliche Vorwurf Barths könnte nur in einer größeren Arbeit, die den Rahmen dieser Studie sprengte, gründlich beantwortet werden. Es müßten ja zuerst einmal eingehende theologiegeschichtliche Untersuchungen gemacht werden[20]. Man würde dabei

---

[20] Zu J. A. Möhlers Kirchenauffassung schreibt richtig *W. Kasper,* Die Lehre von der Tradition in der Römischen Schule (Diss. Tübingen. Freiburg i. Br. 1962) 141 f: „Die Aussage, daß die Kirche die andauernde Fleischwerdung Christi ist, ist bei Möhler weniger, oder gar nicht in erster Linie, eine Aussage über das Wesen der Kirche in sich, sondern über das Fortwirken Christi im Raum der Kirche. Nach Möhler lebte der Erlöser ,nicht bloß vor achtzehnhundert Jahren, so daß er seitdem verschwunden wäre und wir uns nur noch seiner geschichtlich erinnern könnten, wie irgend eines verstorbenen Menschen; vielmehr ist er ewig lebendig in seiner Kirche und macht dies auf eine sinnliche, dem sinnlichen Menschen begreifliche Weise im Altarsakrament anschaulich', und in ähnlicher Weise gilt das auch von der Verkündigung des Wortes und von den anderen Sakramenten. Die eigentliche Definition, die Möhler von der Kirche gibt, ist so gar nicht die, daß die sichtbare Kirche ,der unter den Menschen in menschlicher Form fortwährend erscheinende ... Sohn Gottes, die andauernde Fleischwerdung desselben' ist. Vielmehr gilt diese Aussage nach Möhler nur von einem bestimmten ,eben entwickelten Gesichtspunkte aus'. Welches ist dieser Gesichtspunkt? Kein anderer als der, daß Christus auch nach seiner Himmelfahrt auf sichtbare Weise, mit sichtbaren Mitteln fortwirkt und zwar in der Kirche, sie ist ,seine Anstalt, in der er fortlebt, sein Geist fortwirkt, und das von ihm gesprochene Wort ewig forttönt'. Nur unter diesem Gesichtspunkt gilt die genannte Beschreibung des Wesens der Kirche. Die Kirche ist der fortlebende Christus nur insofern, als Christus in ihr fortlebt und fortwirkt. Die Aussage Möhlers will, mit anderen Worten,

– einmal auf diesen grundsätzlichen Aspekt der Frage aufmerksam geworden – um die Feststellung gewiß nicht herumkommen, daß katholische Theologen zum mindesten höchst mißverständliche Formulierungen gebraucht haben und vielleicht noch brauchen. Dies geschieht
z. B., wenn oft vom sensus fidelium gesprochen wird, als ob der Glaube der Gläubigen die Offenbarung darstellte, zeugte, normierte, und
nicht umgekehrt der Glaube der Gläubigen von der Offenbarung ge-
zeugt wird und sich nach der Offenbarung zu richten hat. (Was wäre in
den verschiedenen Jahrhunderten alles definiert worden, wenn man sich
einfachhin nach dem „sensus" der Gläubigen gerichtet hätte!) Es darf
als Warnzeichen betrachtet werden, daß die Enzyklika „Mystici corporis" feststellen mußte, in der Lehre vom mystischen Leib Christi habe
sich ein falscher Mystizismus eingeschlichen, der die unverrückbaren
Grenzen zwischen Haupt und Leib, zwischen Gott und Geschöpf zu
beseitigen sucht und so die Heilige Schrift verfälscht: „. . . falsus subre-
pit *mysticismus,* qui immobiles limites removere conatus inter creatas
res earumque Creatorem, Sacras Litteras adulterat."[21]

Nun ist aber auch nicht zu übersehen, daß bereits auf dem Vatikanum I
in der Definition der päpstlichen Unfehlbarkeit die Grenzen zwischen
Kirche und Offenbarung gewahrt blieben. Nicht nur fehlen in der vatikanischen Erklärung Ausdrücke, die die Kirche als „fortlebenden
Christus" usw. bezeichnen: die Konzilsmehrheit hat – eher exzessiv nach
der anderen Seite hin – sogar abgelehnt, in der Beschreibung der Kirche
vom Begriff „Leib Christi" auszugehen[22]. Bezüglich des Verhältnisses
Offenbarung – kirchliches Lehramt wurde ausdrücklich festgestellt:
Seelsorgliche Hirtenaufgabe (munus pastorale) des Petrusamtes ist es,
dafür zu sorgen, daß die Heilslehre Christi (salutaris Christi doctrina)

---

dialektisch verstanden sein. Die eigentliche umfassende Definition, die Möhler
von der Kirche gibt, lautet denn auch ganz anders: ‚Unter der Kirche auf
Erden verstehen die Katholiken die von Christus gestiftete sichtbare Gemeinschaft aller Gläubigen, in welcher die von ihm während seines irdischen
Lebens zur Entsündigung und Heiligung der Menschheit entwickelten Tätig-
keiten unter der Leitung seines Geistes bis zum Weltende vermittels eines von
ihm angeordneten, ununterbrochen währenden Apostolates fortgesetzt und
alle Völker im Verlaufe der Zeiten zu Gott zurückgeführt werden.'"

[21] *Pius XII.,* Enzyklika „Mystici Corporis", in: Acta Apostolicae Sedis 35
(1943) 197.

[22] Bischof Ketteler tadelt im Schema, man solle nicht anfangen „ab eo quod est
occultum, mysticum, quodque ultimo loco erat ponendum" (Mansi 51, 745);
Bischof Ramadié „imprimis invehitur in notionem ecclesiae ut corporis
mystici Christi, quam causatur esse nimium abstractam et mysticam" (Mansi
51, 741); Bischof Place „nollet declarari ecclesiam esse corpus mysticum
Christi; cui bono enim hoc fiat, non perspicit" (Mansi 51, 755). Vgl. dazu
R. Aubert, L'ecclésiologie au concile du Vatican, in: Le concile et les conciles
(Paris 1960) 252 s.

bei allen Völkern verbreitet werde und unversehrt und rein bewahrt werde (sincera et pura conservaretur)[23]. Aufgabe weder der Kirche noch erst recht des Petrusamtes ist es also, Offenbarung zu zeugen, Offenbarung zu ersetzen oder zu absorbieren. Aufgabe der Kirche wie des Petrusamtes ist es, der Offenbarung zu dienen durch die bewahrende Sorge um die pura doctrina des Evangeliums.

Aber nicht nur in dieser Allgemeinheit wurde dies vom Vatikanum I gesagt, sondern das Unfehlbarkeitsdogma wurde ausdrücklich gegen Fehldeutungen im Barthschen Sinn abgeschirmt: Die Definition eines Papstes bedeutet gerade nicht ein Offenbaren; der Heilige Geist ist den Nachfolgern Petri nicht versprochen, damit sie durch seine Offenbarung eine neue Lehre offenbarten: „Neque enim Petri successoribus Spiritus Sanctus promissus est, ut eo revelante novam doctrinam patefacerent..."[24] Die Definition eines Papstes bedeutet nur ein autoritatives Zeugnisablegen für die ergangene Offenbarung; der Heilige Geist ist den Nachfolgern versprochen, damit unter seiner Hilfe die durch die Apostel überlieferte Offenbarung heilig bewahrt und getreu ausgelegt werde: „ut, eo assistente, traditam per Apostolos revelationem seu fidei depositum sancte custodirent et fideliter exponerent"[25]. Mit großer begrifflicher Schärfe wird deshalb von der katholischen Theologie im Anschluß an das Vatikanum I die Unterscheidung zwischen Offenbarung Gottes und der unfehlbaren Rede des Papstes herausgearbeitet: Im Gegensatz zu Gottes Offenbarung bedeutet das vom Geist den Nachfolgern Petri geschenkte Charisma der Unfehlbarkeit a) kein neues autoritatives Reden Gottes, sondern nur Erklärung und Verteidigung der bereits ergangenen Offenbarung, b) bleibt ihre Hauptursache immer das menschliche Subjekt (der Papst), c) hat für sie der Beistand des Geistes nicht den Charakter einer besonderen inneren Offenbarung, sondern nur den einer an sich äußeren Bewahrung vor Irrtum, d) ist sie also nicht Wort Gottes, sondern nur menschliches Wort um das Wort Gottes[26].

Selbstverständlich ist es nicht nur möglich, sondern sogar erwünscht, daß die katholische Theologie die vom Vatikanum I erwähnte Unterscheidung von Offenbarung Gottes und Rede der Kirche theologisch

---

[23] Denz. 1836.   [24] Denz. 1836.   [25] Denz. 1836.
[26] *S. Tromp,* De sacrae scripturae inspiratione (Romae ⁴1945) 96: „*Charisma* quo Romanus Pontifex fit doctor *infallibilis* differt a *revelatione :* a) Quod non fit nova locutio auctoritativa Dei, sed quod locutio antea data explicatur, evolvitur, defenditur. b) Quod causa principalis locutionis ex cathedra semper est et manet ipse Romanus Pontifex. c) Quod infallibilitas locutionis non est ex influxu interno, sed ex assistentia per se externa, qua praesuppositis donis ordinariis Spiritus Sancti et studio humano, Deus paratus est corrigere, si Pontifex a veritate aberraret. d) Quod locutio pontificia non est Verbum Dei sed circa Verbum Dei."

vertieft. Das Erste Vatikanische Konzil hat seine bestimmte (antigallikanische) Ausrichtung; in einer umfassenderen Schau könnten die biblischen Perspektiven besser zum Ausdruck gebracht werden: Die Kirche und das Lehramt befinden sich gegenüber der Offenbarung Gottes im Verhältnis des Gehorsams, im konkreten Gegenüber zum erhöhten Herrn der Kirche, der gebieterisch spricht zur Kirche aller Jahrhunderte durch sein Glaube und Gehorsam forderndes Evangelium. Dieses Gehorsamsverhältnis wird nie nachträglich aufgelöst in ein Herrschaftsverhältnis, indem die Kirche über Christus und sein Wort verfügen könnte. Die Kirche „besitzt" nie das im Menschenwort sich kundtuende Wort Gottes als ihr Eigentum, sondern die Kirche bleibt unter dem Worte Gottes, bleibt gerade so Besitz und Eigentum des Herrn, bleibt die κυριακή, die dem Herrn Gehörende. Bei aller Einheit der Kirche mit Christus bleibt also die Kirche ihm *gegenüber* wie der Schüler dem Meister, der Knecht dem Herrn, die Herde dem Hirten, der irdische Leib dem himmlischen Haupt.

Deshalb ist die Lehrautorität der Kirche nie eine unmittelbar-ursprüngliche, sondern immer nur eine von Christus und seinem Wort her mittelbar-abgeleitete. Grund und zugleich Grenze der kirchlichen Lehrautorität ist das im Menschenwort sich kundtuende Wort Gottes. Auch die Ausübung der kirchlichen Lehrautorität kann immer nur verstanden werden als eine Realisierung des Gehorsams gegenüber dem übergeordneten Gotteswort. Gott und sein Wort sind oben, die Kirche und ihr Wort unten; hier ist keine Umkehrung möglich; alle Beauftragung, Bevollmächtigung, Autorisierung kommt von oben. Es ist aber auch keine Absorbtion des Gotteswortes durch die Kirche möglich. Nie kann Gottes Autorität von der Kirche einfach angeeignet werden. Nie kann der Gehorsam der Kirche einfachhin ein Gehorsam gegenüber sich selbst, gegenüber ihrer eigenen Lehrautorität werden. Gottes Autorität allein ist auto-nom, der Kirche Autorität ist und bleibt hetero-nom. Die Kirche könnte ihrer echten(!) Lehrautorität nicht mehr schaden, als wenn sie diese vergöttlichen, transzendent machen wollte; hat diese Autorität nicht mehr Gott und sein Wort über sich, so fehlt ihr Quelle und Grund, löst sie sich selber auf. Die Kirche kann ihre Lehrautorität nicht mehr stärken, als wenn sie immer wieder neu und konkret ihre Autorität der Autorität des Wortes Gottes demütig, bescheiden und dankbar unterordnet, als wenn sie eben schlicht nicht ihr eigenes Wort, sondern Gottes Wort hören, verkünden, ausführen will.

Deshalb stehen wie die Propheten und Apostel, so auch in ihrer Nachfolge die Träger des kirchlichen Lehramtes und insbesondere der Papst nur in Gehorsam unter dem Geist. Immer wieder neu hat der Amtsträger im Menschenwort der Schrift Gottes Wort zu hören, zu empfangen, zu lernen. Ihm, dem Gotteswort, muß er sich immer wieder fügen und nach ihm sich immer wieder richten. Das, was er von oben in seinem Lehramt erhält, darf er gelten lassen, dafür darf er dankbar sein. Aber er wird auf das, was er nicht aus sich hat, nicht selbstbewußt pochen, als ob es sein Besitz wäre; er wird sich damit nicht schmücken und sich autoritär aufspielen, als ob er darüber verfügen könnte. Er wird aus dem Ruhm Christi keinen Eigenruhm, aus dem Lob Christi kein Eigenlob machen, sondern auch in seinem Amt als armer, schwacher Mensch und Sünder von der Gnade Gottes leben.

So schwierig die Unfehlbarkeit des Papstes für einen evangelischen Christen zu verstehen ist – sie kann nur in der eben aufgezeichneten Perspektive verstanden werden: nicht als selbstherrliches Sichaneignen der göttlichen Offenbarung, sondern als demütiger, gehorsamer, unpathetischer, vom Heiligen Geist geführter und geschützter Dienst der Interpretation, die menschliche Interpretation bleibt. Alles Verständnis der päpstlichen Unfehlbarkeit, die so oder anders auf eine Identifikation der Kirche mit der Offenbarung hinausliefe, ist ein Mißverständnis der päpstlichen Unfehlbarkeit.

Nun macht Barth aber mit Recht geltend, daß rein theoretische Behauptungen des Unterschiedes von Kirche und Offenbarung, Papst und Offenbarung nicht ausreichten, um die Schwierigkeiten zu beheben. Die Frage ist ja vielmehr die, ob diese Unterschiede und alles, was damit gegeben ist, in der katholischen Kirche und im Lehramt des Papstes noch *konkret* werden können. Ob die katholische Kirche und das päpstliche Lehramt eben bei allen theoretischen Beteuerungen faktisch nicht doch die Offenbarung statt *über* sich *in* sich habe als ihren ursprünglichen Besitz, über den sie faktisch doch absolut verfügt. Ob Kirche und Lehramt konkret nicht doch das apostolische Zeugnis der Heiligen Schrift als freier Gottesmacht in ihre eigenen Pläne einordneten, gleichsam domestizierten. Ob der Papst als Stellvertreter Christi nicht eben doch Christus faktisch ersetze.

Man würde sich Illusionen hingeben, wenn man nicht sähe, daß auch das Problem der päpstlichen Unfehlbarkeit im ökumenischen Gespräch keineswegs nur ein abstrakt theologisches Problem, sondern zugleich ein praktisch-existentielles Problem ist. Gerade hier gehen Theologie und Leben ineinander über, gerade hier schwingen eine ganze Menge von wahren, halbwahren und unwahren „Vor-urteilen" mit. Jeder, der im lebendigen ökumenischen Gespräch steht, stellt fest: Evangelische Christen stoßen sich an gewissen Äußerlichkeiten des päpstlichen Lehramtes, die sie davon abhalten, Sinn und Wert eines solchen Lehramtes auch nur ernsthaft zu diskutieren. Sie stoßen sich an der Sprache lehramtlicher Dokumente (die Identifikationen mit Christus in verschiedenen päpstlichen Titeln, z. B. „Sanctissimus Dominus noster"; die oft unbiblische philosophisch-kirchenrechtliche Ausdrucksweise; der bei allen frommen

Einkleidungen oft selbstherrlich und lieblos klingende Kurialstil; das selbstbewußte Pochen auf die eigenen Vorrechte und Vollmachten; das menschliche Rühmen der Hierarchie; der Unterschied im Ton zwischen den Apostelbriefen und den neuzeitlichen Papstdokumenten). Sie stoßen sich dann auch vielfach an der inneren Grundhaltung, die ihnen hinter der Ausübung des Lehramtes mehr oder weniger versteckt zu stehen scheint (sie behaupten, die Heilige Schrift würde vielfach nur als Argumentengrube benützt, nicht als herrschendes und forderndes Gotteswort in der gesamten kirchlichen Lehr- und Leitungstätigkeit ernst genommen; die Tradition würde dem Zeugnis der Heiligen Schrift weit vorgezogen und in dieser Tradition sei Göttliches und Menschliches oft gefährlich vermischt; in der Tradition würde nur das den bequemen Status quo Bestätigende betrachtet; die konkrete Lehrüberwachung hätte totalitaristische Züge und ließe die katholische Kirche nicht gemäß der Schrift als einen Raum der Freiheit erscheinen: in manchen, auch durchaus nicht unfehlbaren Dekreten würde auf eine Grundangabe verzichtet und in solchen Dekreten begangene Fehler würden nie ehrlich zugegeben; auch echte theologische Diskussionen würden frühzeitig und mit drastischen Mitteln unterbunden; das Zensursystem, dem sich katholische Theologen zu unterziehen hätten, und die Denunzierungen, mit denen sie zu rechnen hätten, verbreiteten unter den katholischen Theologen eine Atmosphäre der Angst und der Unfreiheit gegenüber der ganzen Wahrheit und lähmten vielfach schöpferische theologische Leistungen). Kurz, der Vorwurf lautet: die konkrete Ausübung des Lehramtes entspreche nicht dem Evangelium.

Die Kritik der übrigen Christen am päpstlichen Lehramt ist oft einseitig, unerleuchtet, ungerecht, protestlerisch. Und trotzdem, wer wagte zu behaupten, es sei daran alles falsch? Wir Katholiken können dem Petrusamt nur schaden, wenn wir solche Vorwürfe verschwiegen oder leichthin abtäten. Werden sie ja oft gerade von den Theologen ausgesprochen, denen an einem konstruktiven ökumenischen Gespräch und an Verständigung mit der katholischen Kirche gelegen ist[27]. Wir dürfen darauf auch nicht mit abstrakten Distinktionen antworten, indem wir z. B. das reine Wesen des päpstlichen Lehramtes von seiner geschichtlichen Verwirklichung absetzen. Die Menschen außerhalb unserer Kirche können das Wesen des päpstlichen Lehramtes nur in seiner geschichtlichen Verwirklichung und nirgendwo anders erkennen. Auch das petrinische Lehramt ist vor die dauernde Aufgabe gestellt, sein evangelisches Wesen stets neu vor Kirche und Welt zu verdeutlichen, sich

---

[27] Einige ausführliche Belege habe ich wiedergegeben in: Konzil und Wiedervereinigung. Erneuerung als Ruf in die Einheit (Wien-Freiburg-Basel 1960. ⁵1962) 168–173.

selbst *glaubwürdig* darzustellen: als Dienst der Liebe und der Glaubensstärkung der Brüder, zum Schutz und zur Förderung der Freiheit der Kinder Gottes, zu welcher Freiheit uns Christus selbst vom Gesetz befreit hat (Gal 5, 1). Auch die Aufgabe des Petrusamtes ist es, immer wieder neu zu überzeugen – nicht durch „überredende Weisheitsworte", sondern durch den „Beweis des Geistes und der Kraft" (1 Kor 2, 4).

Karl Barth gesteht in seiner Kirchlichen Dogmatik bezüglich der apostolischen Sukzession zu: „Die Differenz zwischen evangelischer und katholischer Anschauung besteht also auch hier nicht hinsichtlich des *Daß*, sondern hinsichtlich des *Wie*. Und auch hinsichtlich des Wie kann unsererseits weder gegen die Zusammenfassung des Apostolats in Petrus noch auch gegen die Möglichkeit eines Primats in der Kirche, der dann ja auch derjenige der römischen Gemeinde sein könnte, *grundsätzlicher* Einspruch erhoben werden."[28] Aber den entscheidenden Einwand hat Barth einmal im Gespräch so formuliert: „Von diesem ‚Stuhle Petri‘ her kann ich die Stimme des Guten Hirten nicht hören." Sollte uns Katholiken dies nicht sehr zu denken geben?

b) Beschränkte Unfehlbarkeit

Dadurch daß man auf die konkrete Glaubwürdigkeit des Petrusamtes Gewicht legt, ist die theologische Klärung der Problematik nicht überflüssig gemacht, sondern vielmehr mitgefordert. Will man in der Diskussion nicht von vornherein Mißverständnissen zum Opfer fallen, kommt es darauf an, die päpstliche Unfehlbarkeit genau so zu verstehen, wie sie das *Vatikanum I* verstanden hat[29]. Allzuoft wird außerhalb der katholischen Kirche die vatikanische Definition als der unüberbietbare Höhepunkt der Konzentration der Lehrgewalt im Papst und als die

[28] *K. Barth,* Kirchliche Dogmatik (Zollikon-Zürich 1932. ⁶1952) I/1, 106.
[29] Neben der Literatur, die wir zu Beginn von Kap. VII, 1 über die Primatsdiskussionen auf dem Vatikanum angegeben haben, vgl. insbesondere zur Unfehlbarkeitsfrage auf dem Vatikanum: *R. Aubert,* L'ecclésiologie au concile du Vatican, in: Le concile et les conciles (Paris 1960) 245–284; *A. Chavasse,* L'ecclésiologie au concile du Vatican. L'infaillibilité de l'Église, in: L'ecclésiologie au XIX siècle (Paris 1960) 233–245; *W. Caudron,* Magistère ordinaire et infaillibilité pontificale d'après la constitution „Dei Filius", in: Ephemerides Theologicae Lovanienses 36 (1960) 393–431; *O. Karrer,* Das ökumenische Konzil in der römisch-katholischen Kirche der Gegenwart, in: Die ökumenischen Konzile der Christenheit, hrsg. von H. J. Margull (Stuttgart 1961) 237–284, bes. 241–264; *G. Dejaifve,* Pape et évêques au premier concile du Vatican (Paris 1961) 93–137; *K. Rahner,* Episkopat und Primat (Freiburg-Basel-Wien 1961) 86–93; *G. Thils,* Parlera-t-on des évêques au concile?, in: Nouvelle Revue Théologique 93 (1961) 785–804; *J. P. Torrell,* L'infaillibilité pontificale est-elle un privilège „personnel"?, in: Revue des sciences philosophiques et théologiques 45 (1961) 229–245; *W. Kasper,* Primat und Episkopat nach dem Vatikanum I, in: Tübinger Theologische Quartalschrift 142 (1962) 68–77.

Aufrichtung einer schrankenlosen päpstlichen Unfehlbarkeit betrachtet. Dabei ist es Tatsache, daß gerade diese Definition eine sehr deutliche *Beschränkung* bedeutet gegenüber dem, was vor dem Konzil von der Unfehlbarkeit des Papstes in der katholischen Kirche vielfach behauptet worden war. Mit Recht konnte man darin den Sieg der Konzilsminorität sehen. Oder auch wie Kardinal J. H. Newman ein Walten des vorsehenden Gottes: Dieser „hat über Pius gewaltet: ich glaube, er (Pius IX.) hätte (persönlich) ein viel strafferes Dogma gewünscht, als er erreicht hat"[30]. Man vergleiche – um hier von den bereits zitierten, ungewollt blasphemischen Hymnen verschiedener Neoultramontanen auf Pius IX. zu schweigen[31] – die 1865 von Erzbischof Manning vorgeschlagene Formel mit der schließlich nach heftigsten Diskussionen definierten. Mannings Formel sprach vollkommen undifferenziert von der Unfehl-

---

[30] *J. H. Newman,* an Miss Holmes, in: Karrer-Newman, Die Kirche (Einsiedeln 1945) I, 399.

[31] Vgl. die Anmerkung gegen Ende von Kapitel VII, 5. – Bezüglich der Unfehlbarkeit insbesondere seien nur zwei typische Zeugnisse erwähnt: 1. *W. G. Ward,* Eigentümer und Herausgeber der Dublin Review, der theologische Vorkämpfer der englischen Gruppe des extremen Ultramontanismus; seine Ansichten wurden in England vor allem durch Th. Fr. Knox vertreten, und Erzbischof Manning von Westminster war mehr als geneigt, sie anzunehmen. *C. Butler – H. Lang,* Das Vatikanische Konzil (München [3]1933) 66 fassen seine Ansichten wie folgt zusammen: „Für ihn sind alle direkt lehrhaften Unterweisungen aller Enzykliken, aller Briefe an einzelne Bischöfe und alle Ansprachen, die von den Päpsten ausgingen, *ex cathedra*-Aussprüche und *ipso facto* unfehlbar. Er befaßte sich nicht direkt mit der Gallikanischen Streitsache, ob das Organ der Unfehlbarkeit der Papst allein oder der Papst mit dem Episkopat sei; sein Interesse ging, wie er es ausdrückte, nicht auf das ‚Subjekt' der Infallibilität, sondern auf das ‚Objekt', auf die Art von Äußerungen, auf die sie sich erstreckte. Er behauptete, das unfehlbare Element in Bullen, Enzykliken usw. dürfe nicht auf ihre formellen Definitionen eingeschränkt werden, sondern gehe durch die Lehrunterweisungen als Ganzes hindurch; die Dekrete der Römischen Kongregationen seien, wenn der Papst sie annahm und kraft seiner Autorität veröffentlichte, dadurch mit dem Zeichen der Unfehlbarkeit geprägt; kurz gesagt: ‚Jede seiner Lehräußerungen ist vom Heiligen Geist unfehlbar geleitet.' Pusey erwiderte in Eirenicon nicht mit Unrecht, daß solch eine Unfehlbarkeitslehre weit über die Irrtumslosigkeit bei Definition von Glaubens- und Sittenlehren hinausgehe, die dem Papst durch den besonderen Beistand des Heiligen Geistes garantiert sei, wie dies durch die maßgebenden katholischen Theologen gelehrt werde; eine solche Lehre erhebe sich in der Tat praktisch zur Inspiration: Wirklich behauptete auch Ward ausdrücklich, daß Unfehlbarkeit sich oft zu einer ‚neuen Inspiration' erhebe, worüber er die Verwerfung der fünf Sätze des Jansenismus als Beispiel heranzog (Dublin Review [Oktober 1869] 479). Ohne Achselzucken erklärte er, daß Bullen wie die ‚Quanta cura' von 1864 ‚als das Wort Gottes' angenommen werden müßten. . . Mit unerbittlicher Logik und großer Leidenschaftlichkeit der Sprache vertrat er seine eigene Ansicht über den unfehlbaren Charakter dieser ungeheuren und ganz unabsehbaren Masse von ex cathedra-Lehren

barkeit jedes päpstlichen Ausspruches über Glauben und Sitten: „Vivae vocis oraculum a summo pontifice prolatum circa fidem, mores vel facta ut aiunt dogmatica, seu circa veritates fidei morumque questionibus circumstantes infallibile esse."[32] Dagegen hat das Konzil – wie wir gleich sehen werden –. sehr bestimmte Bedingungen festgelegt, die die Unfehlbarkeit des Papstes faktisch stark beschränken.

1. Absolute Unfehlbarkeit kommt Gott allein zu; dem Papst kommt *in keiner Hinsicht eine absolute Unfehlbarkeit* zu. Das sagt der Sprecher der Glaubensdeputation, Bischof Gasser, mit aller wünschenswerten Deutlichkeit: „Quaeritur in quo sensu infallibilitas pontificis Romani sit *absoluta*. Respondeo et ingenue fateor: nullo in sensu infallibilitas pontificia est absoluta, nam infallibilitas absoluta competit soli Deo, primae et essentiali veritati, qui nullibi et nunquam fallere et falli potest."[33] Unfehlbarkeit ist dem Papst nur im Hinblick auf ein bestimmtes Ziel mitgeteilt. Sie ist ganz bestimmten *Grenzen* und *Bedingungen* unterworfen: „Omnis alia infallibilitas utpote communicata ad certum finem habet suos limites et suas conditiones, sub quibus adesse censetur. Idem etiam valet de infallibilitate Romani pontificis."[34] Die Unfehlbarkeit des Papstes ist

---

bis zu Ausgrabungen aus dem Bullarium und den Papstakten der Vergangenheit. Doch nicht nur das! Er bestand auch mit unnachgiebiger Selbstsicherheit darauf, daß diese seine Ansicht die einzig katholische sei, daß sie als der zum Heil notwendige katholische Glaube angenommen werden müsse, wobei nur unüberwindliche Unwissenheit von Todsünde entschuldige." – 2. *Louis Veuillot*, dessen Zeitung „Univers" in Frankreich weitreichenden Einfluß und starke Rückendeckung im Klerus besaß. Veuillot behandelte die päpstliche Unfehlbarkeit „als ,Inspiration': ,Wir alle wissen mit Gewißheit nur das Eine, daß kein Mensch irgend etwas weiß, ausgenommen der Mann, mit dem Gott für immer ist, der Mann, der den Gedanken Gottes durchsetzt. Wir müssen seinen inspirierten Weisungen unbeirrbar folgen.' In einem Schreiben aus Rom während des Konzils stellte Veuillot die Frage folgendermaßen: ,Glaubt die Kirche, oder glaubt sie es nicht, daß ihr Oberhaupt direkt von Gott inspiriert ist, das heißt, daß es in seinen Entscheidungen über Glauben und Sitten unfehlbar ist?' Solchen Ideen entspricht durchaus, was ich selbst von einem Überlebenden der Veuillot-Schule sagen hörte: er liebe es nicht, wenn man von den Definitionen des Konzils sage, sie seien durch die Diskussionen auf dem Konzil in Form gebracht worden: ,Viel einfacher ist es, sie für direkte Einflüsterungen des Heiligen Geistes in das Ohr des Papstes zu halten.' Wiederum sagte Veuillot: ,Wir müssen geradewegs die Autorität und Allmacht des Papstes als die Quelle aller Autorität, geistlicher und weltlicher, bezeichnen. Die Verkündigung des Dogmas von der Unfehlbarkeit des Papstes hat keinen anderen Zweck.'" C. Butler – H. Lang, a. a. O. 67f.

[32] Zit. bei *R. Aubert,* L'ecclésiologie au concile du Vatican, in: Le concile et les conciles (Paris 1960) 280.

[33] Mansi 52, 1214; das Referat des Bischofs Gasser darf als offizielle Interpretation des Unfehlbarkeitsdekrets gelten.

[34] Mansi 52, 1214.

ganz und gar auf den Hirtendienst an der Gesamtkirche (Mt 16, 18; Jo 21, 13–17) beschränkt: „Petrus extra hanc relationem ad ecclesiam universalem positus in suis successoribus hoc veritatis charismate ex certa illa promissione Christi non gaudet."[35] Deshalb ist des Papstes Unfehlbarkeit dreifach beschränkt: bezüglich des *Subjekts* (nur wenn der Papst als allgemeiner Lehrer und oberster Richter der Kirche in cathedra spricht), bezüglich des *Objekts* (nur wenn er von den Dingen des Glaubens und der Sitten spricht), bezüglich des *Aktes* selbst (nur wenn er definiert, was von allen Christusgläubigen zu glauben oder zu verwerfen ist): „Proinde reapse infallibilitas Romani pontificis restricta est ratione *subiecti,* quando papa loquitur tanquam doctor universalis et iudex supremus in cathedra Petri, id est, in centro, constitutus; restricta est ratione *obiecti,* quando agitur de rebus fidei et morum; et ratione *actus,* quando definit quid sit credendum vel reiiciendum ab omnibus Christifidelibus."[36]

Wenn der Papst also nur als private Person oder nur als privater Lehrer spricht, ist er nicht unfehlbar[37]. Ja, auch wenn er einfachhin als Papst spricht, ist er ebenfalls nicht unfehlbar[38]. Sondern *nur,* wenn er als allgemeiner Lehrer und oberster Richter der Kirche im striktesten Sinn definieren, unter Beanspruchung seiner ganzen Autorität eine endgültige Lehrentscheidung in Glaubens- und Sittendingen für die Gesamtkirche geben will, ist er unfehlbar[39]. Das „nur" („solummodo") wird von Gasser verschiedentlich mit starkem Akzent hervorgehoben[40]. *Alle* Bedingungen ohne Ausnahme müssen also erfüllt sein und *sicher* feststehen, damit man von einer unfehlbaren Definition reden kann[41]. Deshalb bestimmt auch der CIC: „Declarata seu definita dogmatice res nulla intelligitur, nisi id manifeste constiterit."[42]

---

[35] Mansi 52, 1214.   [36] Mansi 52, 1214.
[37] Mansi 52, 1212: „Infallibilitas personalis papae in se ipsa debet accuratius definiri, quod nempe non competit Romano pontifici quatenus est persona privata, neque etiam quatenus est doctor privatus; nam qua talis par est aliis doctoribus privatis . . ."
[38] Mansi 52, 1213: „Neque etiam dicendus est pontifex infallibilis simpliciter ex auctoritate papatus, sed ut subest divinae assistentiae dirigenti in hoc certe et indubie. Nam auctoritate papatus pontifex est semper supremus iudex in rebus fidei et morum, et omnium christianorum pater et doctor."
[39] Mansi 52, 1213: „Sed assistentia divina ipsi promissa, qua fit, ut errare non possit, solummodo tunc gaudet, cum munere supremi iudicis in controversiis fidei et universalis ecclesiae doctoris reipsa et actu fungitur. Hinc sententia: Romanus pontifex est infallibilis, non quidem ut falsa debet traduci, cum Christus personae Petri et personae successoris eius illam promiserit: sed est solummodo incompleta, cum papa solummodo sit infallibilis quando solemni iudicio pro universa ecclesia res fidei et morum definit."
[40] Vgl. mehrere Male bei Mansi 52, 1213.
[41] Vgl. Mansi 52, 1212f und 1225.   [42] CIC can. 1323 § 3.

2. Der Papst wird also *von der Kirche nicht losgelöst*. Nur insofern er der Repräsentant der Gesamtkirche ist, ist er auch unfehlbar: „.. . ideo non separamus pontificem ab ordinatissima coniunctione cum ecclesia. Papa enim solummodo tunc est infallibilis, quando omnium christianorum doctoris munere fungens, ergo universalem ecclesiam repraesentans, iudicat et definit quid ab omnibus credendum vel reiiciendum."[43] Ein Mitwirken oder Zusammenwirken von seiten der Kirche wird keineswegs ausgeschlossen: „Ab ecclesia universali tam separari non potest, quam fundamentum ab aedificio cui portando destinatum est. Non separamus porro papam infallibiliter definientem a cooperatione et concursu ecclesiae, saltem id est in eo sensu, quod hanc cooperationem et hunc concursum ecclesiae non excludimus."[44] Der Papst besitzt ja seine Unfehlbarkeit nur in Hinordnung auf die Gesamtkirche, und er ist auf den Glauben der Gesamtkirche angewiesen, insofern er aus demselben das kirchliche Verständnis der Offenbarung schöpft. Da dem Papst die zu definierende Wahrheit weder geoffenbart noch inspiriert wird, ist der Papst verpflichtet, die der Schwere der Sache entsprechenden Mittel (Konzilien, Gutachten der Bischöfe, Kardinäle und Theologen usw.) anzuwenden, um die Wahrheit richtig zu erforschen und angepaßt auszusprechen[45]. Zwar besteht keine absolute Notwendigkeit, daß der Papst in einer bestimmten Weise die Kirche bzw. den Episkopat befragt, wohl aber besteht eine relative Notwendigkeit[46]. Die Befragung der Bischöfe wird als „medium ordinarium" bezeichnet, und beispielhaft wird auf die Definition der „Unbefleckten Empfängnis" verwiesen[47].

In die Formel, daß die unfehlbaren Definitionen des Papstes „ex sese irreformabiles" sind, wurde in letzter Minute aus antigallikanischen Motiven vor allem auf Betreiben Mannings eingefügt: *„non autem ex consensu ecclesiae"*[48]. Nach dem autoritativen Kommentar Gassers bedeuten diese Worte nichts anderes als eine Erklärung des „ex sese": Die Kathedralentscheidungen des Papstes haben verbindliche Kraft aus sich selbst, also nicht auf Grund der Zustimmung der Kirche oder des Episkopats[49]. Nur der Rechtsgrund, aus dem die verbindliche Kraft stammt, nicht

---

[43] Mansi 52, 1213.   [44] Ebd.
[45] Mansi 52, 1213: „Hanc cooperationem ecclesiae tum ideo non excludimus, quia infallibilitas pontificis Romani non per modum inspirationis vel revelationis, sed per modum divinae assistentiae ipsi obvenit. Hinc papa pro officio suo et rei gravitate tenetur media apta adhibere ad veritatem rite indagandam et apte enuntiandam; et eiusmodi media sunt concilia vel etiam consilia episcoporum, cardinalium, theologorum."
[46] Mansi 52, 1215: „In hac stricta et absoluta necessitate consistit tota differentia quae inter nos versatur, et non in opportunitate aut aliqua relativa necessitate, quae iudicio Romani pontificis rerum circumstantias ponderantis prorsus remittenda est."
[47] Mansi 52, 1217.   [48] Mansi 52, 1317.   [49] Ebd.

der Erkenntnisgrund, aus dem der Papst schöpft, wird hier angegeben. Es soll die Notwendigkeit einer gleichzeitigen oder nachfolgenden Zustimmung des Episkopats ausgeschlossen werden; nicht aber soll behauptet werden, daß der Papst eine Wahrheit definieren könnte, ohne daß bereits im Grunde eine Übereinstimmung der Kirche bestünde[50]. Zwar braucht der Papst für die Definition nicht den formellen consensus ecclesiae, doch darf er nicht definieren ohne den sensus ecclesiae[51]. Es bleibt dabei bestehen, was Gasser sagte, daß der normale Weg (medium ordinarium) die Ausübung des Lehramtes zusammen mit der Kirche und mit dem Episkopat ist[52].

3. Im Anschluß an die Diskussionen auf dem Ersten Vatikanischen Konzil wird von den Theologen die Frage erörtert, ob es *zwei oder nur ein Subjekt der kirchlichen Unfehlbarkeit* gibt (Papst und Konzil oder der Papst allein). Die zweite Auffassung, daß alle Unfehlbarkeit in der Kirche sich vom einen eigentlichen Subjekt, nämlich vom Papst, ableite, hielt der Referent der Glaubensdeputation Gasser für bedauerlich: Er verwirft die Auffassung, „quae ex hoc ambone aliquoties, dolens dico, indicata fuit, scilicet, ac si omnis infallibilitas ecclesiae sit sita in solo papa et a papa derivetur in ecclesiam et illi communicetur"[53]. Nach K. Rahner stehen wir „vor der aus positiven Quellen sich ergebenden Tatsache, daß auch das Konzil eine aktive Unfehlbarkeit hat, daß darin zusammen mit dem Papst die Bischöfe *Richter* des Glaubens und nicht nur seine Ratgeber sind, und nicht nur die ersten sind, die einer päpstlichen Entscheidung, die der Papst für sich allein getroffen hat, zustimmen und so im Grunde doch nur jene ‚hörende', passive Unfehlbarkeit besäßen, die

---

[50] *R. Aubert,* L'ecclésiologie au concile du Vatican, in: Le concile et les conciles (Paris 1960) 271: „Tout le contexte des débats montre bien qu'il s'agissait dans leur idée d'exclure le consentement concomitant ou ultérieur de l'épiscopat et non pas de prétendre que le pape puisse définir une vérité sans qu'il y ait déjà accord de l'Église sur le fond."
[51] *R. Aubert,* a. a. O. 281: „Indéniablement, les discussions sérieuses auxquelles a donné lieu la définition du Vatican ont permis de mieux percevoir la distinction entre le *sensus Ecclesiae,* dont le pape, organe de la tradition, ne peut jamais s'affranchir, et le *consensus Ecclesiae,* qui, lui, n'est pas nécessaire."
[52] *G. Thils,* Parlera-t-on des évêques au concile?, in: Nouvelle revue théologique 93 (1961) 791: „On en a conclu, à tort, à une sorte d'infaillibilité séparée, s'exerçant normalement ‚sans' rapport avec l'épiscopat ou les témoins de la tradition. Au contraire, le magistère pontifical s'exerce ‚normalement' avec l'Église, en union avec ses organes, en communion avec les témoins de la tradition, et, certes, en fidélité parfaite avec les sources de la révélation. Mais, – et ici se trouve la pointe de la déclaration conciliaire – le Pape peut, en des conditions bien déterminées, faire appel au charisme de l'infaillibilité et, en ce cas, l'acte par lequel il définit est valable, infaillible, par lui-même, en vertu de ce charisme, et non en vertu du consentement de l'Église."
[53] Mansi 52, 1261.

allen Gliedern der hörenden Kirche eignet. Man kann nicht behaupten, daß die bisherigen Konzilien sich jemals nur aufgefaßt hätten als eine Art Resonanz und ‚Verstärkergerät' der päpstlichen Unfehlbarkeit. So etwas zu meinen wäre nicht nur hinsichtlich der alten Konzilien absurd, sondern auch hinsichtlich der neueren, auch dort, wo man am päpstlichen obersten Jurisdiktionsprimat und so an der päpstlichen höchsten Lehrautorität nicht mehr zweifeln konnte. Bis auf den heutigen Tag weisen viele Theologen (z. B. jüngst noch Salaverri) darauf hin, daß die Verheißung Christi an das Apostelkollegium doch die Verheißung eines *unmittelbaren* göttlichen Beistandes für das Apostelkollegium als solches zu beinhalten scheine (Mt 18, 18; 28, 18–20; Mk 16, 15; Jo 14, 16; 17, 26; 20, 21; vgl. Mt 10, 40; Lk 10, 16), so daß dieses Apostelkollegium unmittelbar und nicht nur ‚abgeleiteterweise' von Petrus her unfehlbar sein müsse."[54] Andererseits, bemerkt Rahner, sei eine doppelte *höchste* Lehrautorität unmöglich, weil sie letztlich zu zwei verschiedenen Körperschaften führen müßte[55]. Rahner betrachtet aber das ganze Dilemma als ein unechtes Dilemma, dessen stillschweigende, auf beiden Seiten gemachte Voraussetzung nicht richtig ist: „daß nämlich die Unfehlbarkeit des Papstes, wenn er ‚allein' definiert, in keiner Weise auch die des Bischofskollegiums ist, so daß darum er entweder allein eine unmittelbar aktive Unfehlbarkeit haben muß (wenn es nur eine in der Kirche geben kann) oder, wenn das Konzil auch unmittelbar unfehlbar ist, es wirklich zwei Subjekte der Lehrautorität unfehlbarer Art geben müsse, weil ja der Papst auch ‚ohne' Konzil bzw. ohne Bischofskollegium unfehlbar sei"[56]. Dagegen vertritt Rahner mit Recht die Ansicht: „daß man von vorneherein und in jedem Fall nur *ein* Subjekt der obersten kirchlichen Führungsvollmachten konzipiert: das unter dem Papst als seiner Spitze verfaßte Bischofskollegium, so daß Akt des Papstes ‚allein' und Akt des Konzils nur verschiedene Formen und Weisen des Handelns dieses einen Subjektes der obersten kirchlichen Führung sind, aber nicht von zwei verschiedenen Führungssubjekten abgeleitet werden müssen"[57]. So ist einerseits im Akt des Konzils auch der Akt des Papstes eingeschlossen, andererseits ist im Akt des Papstes immer schon der Akt des Bischofskollegiums eingeschlossen. Diese Auffassung entspricht durchaus dem vatikanischen „ex sese, non ex consensu ecclesiae"[58].

4. Gilt aber nicht trotz allem, daß schließlich und endlich doch der *Papst allein,* auch ohne Episkopat und Kirche, definieren kann und so *willkürlich* definieren kann? Gewiß, er soll seine Unfehlbarkeit in Hin-

---

[54] *K. Rahner,* Episkopat und Primat (Freiburg-Basel-Wien 1961) 87 f.
[55] Ebd. 86 f.   [56] Ebd. 88.   [57] Ebd.
[58] Vgl. die weitere Erklärung bei *K. Rahner,* a. a. O. 88–93.

ordnung auf die Gesamtkirche gebrauchen[59]: aber bestimmt nicht er allein, was der Gesamtkirche frommt? Gewiß wird eine Mitwirkung des Episkopats in irgendeiner Form nicht ausgeschlossen[60]: aber verfügt nicht er allein, ob sie zugelassen wird? Gewiß, er soll für eine Definition die entsprechenden Mittel anwenden[61]: aber befiehlt nicht er allein, ob sie in Anspruch genommen werden? Gewiß soll der Papst sorgfältig und überlegt vorgehen[62]: aber kann ihn nach der vatikanischen Definition jemand hindern, wenn er es nicht tun will? Gewiß würde er dann unter Umständen sündigen: aber wären seine Definitionen nicht wahr und die ganze Kirche bindend?

Die katholischen Theologen geben sich heute alle Mühe, um auf Grund der Diskussionen auf dem Vatikanum I herauszustellen, wie der Papst doch an die Kirche gebunden ist. Aber es muß in aller Schärfe gesehen werden, daß nach dem, was auf dem Vatikanum I *gesagt* wurde, keine Möglichkeit zu bestehen scheint, einen Papst am willkürlichen (vielleicht wahren, aber unter Umständen doch für die Kirche höchst schädlichen) Definieren wirksam zu hindern. Wenn der Papst nur will, so kann er schließlich auch alles ohne die Kirche allein. Darauf spitzte sich schließlich die ganze Diskussion zwischen Majorität und Minorität zu; daran scheiterte schließlich jeder Kompromiß; gerade dies wollte die antigallikanische Majorität unbedingt durchsetzen; gerade deswegen wurde im letzten Moment „non autem ex consensu ecclesiae"[63] eingefügt; alles konnte man vom Kommissionsreferenten Gasser erwarten (es sei „opportun", es sei „relativ notwendig" usw.), nur das eine nicht: es sei *absolut* notwendig, daß der Papst die Kirche konsultiere[64].

Es hat keinen Sinn, daß man die Definition verharmlost: Der Majorität ging es wirklich um den Papst und seine ausschließliche Lehrgewalt; am consensus ecclesiae war ihr im Grund recht wenig gelegen. Und doch muß hier gefragt werden: Folgt aus all dem wirklich, daß der Papst *allein willkürlich* definieren kann? Gewiß, das Vatikanum I wollte sich hier offenkundig nicht festlegen. Auf die Einwürfe mehrerer Väter, daß nach verschiedenen theologischen Traktaten noch mehr Bedingungen zur Ausübung der unfehlbaren Lehrgewalt des Papstes gefordert seien, insbesondere „bona fides" und „diligentia in veritate indaganda et enuntianda", bemerkt Gasser, ohne zu negieren, ausweichend: solche Bedingungen würden zwar des Papstes *Gewissen* binden, gehörten aber deswegen weniger der dogmatischen als der moralischen Ordnung an: ordini potius morali quam dogmatico accensendae sunt"[65]; deshalb wurde diese Frage nicht weiterbehandelt.

Aber damit hat Gasser gerade die Frage umgangen, die, wir sahen es,

---

[59] Mansi 52, 1213. [60] Ebd. [61] Ebd. [62] Mansi 52, 1214.
[63] Mansi 52, 1317. [64] Mansi 52, 1215. [65] Mansi 52, 1214.

in der katholischen Dogmatik eine so große Rolle spielte: Kann der Papst nicht nur *ohne,* sondern auch *gegen* die Gesamtkirche vorgehen? Gewiß sind seine Definitionen nicht „ex consensu ecclesiae irreformabiles" (auf diese Weise wäre seine gesamtkirchliche Lehrvollmacht gerade in entscheidenden Momenten paralysiert). Aber heißt das, daß der Papst eine (wenn auch an sich wahre) Glaubensaussage gegen den Willen der Gesamtkirche, „*contra* consensum ecclesiae", definieren könnte? Auf keinen Fall; das Vatikanum I legt bei aller Betonung der päpstlichen Vollmacht immer wieder darauf Gewicht, daß zwischen Papst und Kirche (Episkopat) kein Gegensatz aufkommen darf. Auch der Papst, der eine Definition *vorhat,* ist moralisch verpflichtet, sich – auf die Stimme der Kirche hörend – vor einem *Schisma* zu hüten, das entstünde, „si nollet tenere cum toto ecclesiae corpore unionem et coniunctionem quam debet"[66].

c) „Unfehlbar"

Es ist, obwohl selbstverständlich, nicht ganz ohne Bedeutung, zu bemerken, daß „Unfehlbarkeit" nicht „Makellosigkeit" bedeutet. Schon Gasser hat in seinem Kommentar zum Dekret erklärt, daß im Deutschen „Unfehlbarkeit" leicht mit „Makellosigkeit", „Sündelosigkeit" verwechselt werden könne: „Sic verbi gratia in lingua germanica facile haec vox (infallibilitas) posset confundi cum impeccabilitate"[67]. Wichtig ist diese Bemerkung nicht so sehr deshalb, weil man sich im Vulgärprotestantismus noch immer öfters darüber wundert, daß auch der „Heilige Vater" einen Beichtvater hat. Sondern weil der Ausdruck „Unfehlbarkeit" im Deutschen zwielichtig ist und einen moralischen und oft negativen Beigeschmack hat, den das lateinische „infallibilitas" im Sinn des Vatikanum I nicht hat: Wenn im Deutschen in einem Alltagsgespräch von einem Menschen gesagt wird, er gebe sich „unfehlbar", er halte sich für „unfehlbar", so meint man damit einen Menschen, der sich für „fehlerlos" (ohne Fehler und Mängel) hält. Deshalb wäre es gut, in der Übersetzung von „infallibilitas" diesen moralischen Unterton, der (ob man will oder nicht) mitschwingt, zu vermeiden und statt „Unfehlbarkeit" einen anderen Ausdruck zu wählen. Welchen?

Auf dem Vatikanum I wird „infallibilitas" im allgemeinen mit „immunitas ab errore", also Irrtumsfreiheit bestimmt[68]. Diese Irrtumsfreiheit besagt nicht nur ein de facto, sondern ein de iure: nicht nur ein „non errare", sondern ein „errare non posse": Der Papst irrt in Kathe-

---

[66] *F. Suarez,* De charitate, Disputatio XII de schismate, sectio I (Opera omnia, Parisiis 1858) 12, 733 f.
[67] Mansi 52, 1219.
[68] Vgl. Mansi 52, 7 14 24 usw.; vgl. in der Konstitution selbst: „ab errore illibata" (Denz. 1836).

dralentscheidungen nicht nur faktisch nicht, sondern er kann in Kathedralentscheidungen grundsätzlich nicht irren. Es wäre zu begrüßen, wenn im Deutschen statt des zweideutigen und vielfach odiosen Wortes „Unfehlbarkeit" das Wort „Irrtumsfreiheit" (Irrtumslosigkeit) sich einbürgern würde. Nun ist allerdings mit der Definition der Infallibilität als „immunitas ab errore" theologisch noch nicht allzuviel geklärt. Denn es kommt ja entscheidend darauf an, wie man die „Irrtumsfreiheit" des näheren versteht. Dieser Begriff ist keineswegs so eindeutig, wie er auf den ersten Blick erscheinen mag. Auf dem Konzil hat man sich mit dieser Frage nicht weiter beschäftigt; der Begriff wurde mehr selbstverständlich vorausgesetzt, als positiv präzisiert. In den Debatten zeigte es sich ja, daß es meist schwierig wurde, zu einer allgemein annehmbaren Formulierung zu kommen, wenn man sich auf eine tiefer gehende theologische Klärung einlassen wollte. In solchen Fällen zeigt sich die Begrenztheit auch ökumenischer Konzilien, die auf keinen Fall die Theologie mit Hilfe eines wunderbar wirkenden Heiligen Geistes ersetzen können. Es ist kein Zufall, daß für den zentralen Begriff der „infallibilitas" weder in der Konstitution noch in der eigentlichen Definition eine Begriffserklärung gegeben wurde. In der Tat war die Formel, die die Infallibilität des Papstes näher umschreibt, in gewisser Hinsicht eine „Verlegenheitslösung" gewesen[69]: Weil man sich bezüglich der näheren Bestimmung des Objekts der Infallibilität nicht einigen konnte, entschloß man sich dazu, die Infallibilität des Papstes durch die Infallibilität der *Kirche* zu definieren: „Romanum pontificem ... ea infallibilitate pollere, qua divinus Redemptor Ecclesiam suam in definienda doctrina de fide vel moribus instructam esse voluit"[70].

Nun muß aber gerade diese Formel als ausgesprochen glücklich bezeichnet werden: Der Zusammenhang der Irrtumsfreiheit des Papstes und der Irrtumsfreiheit der Kirche wird gut zum Ausdruck gebracht. Die Irrtumsfreiheit des Papstes hat ja ihren Zweck nicht in sich selbst, sondern sie hat der Irrtumsfreiheit der Kirche zu dienen; das Wichtige ist die Irrtumsfreiheit der Kirche, deren Organ (nur eines unter mehreren) die Infallibilität des Papstes ist. Noch deutlicher ließe sich sagen: Der Kirche ist das Charisma der grundlegenden Irrtumsfreiheit gleichsam auf andauernde und bleibende Weise geschenkt, währenddem es dem Papst nur außerordentlich und vorübergehend zukommt. Das ist der Grund, weswegen nach dem Kommissionsreferenten Gasser der Satz „Der Papst ist irrtumsfrei" zwar nicht einfach als falsch, wohl aber als unvollständig bezeichnet werden muß, da der Papst ja nicht immer infallibel ist, sondern nur, wenn er „ex cathedra" definiert[71]. Der ursprünglich stark

[69] Mansi 52, 1226.   [70] Denz. 1839.
[71] Mansi 52, 1213; vgl. R. *Aubert,* L'ecclésiologie au concile du Vatican, in:

persönlich ausgerichtete Titel des Dekrets „De Romani pontificis infallibilitate" wurde ersetzt durch „De Romani pontificis infallibili magisterio"[72]. Mit G. Thils kann man von daher – wenn man die Unterscheidung nicht überspitzt – richtig sprechen von einer Irrtumsfreiheit der Gesamtkirche (infallibilitas in credendo), einer Irrtumsfreiheit des Bischofskollegiums im allgemeinen (infallibilitas in docendo) und einer Irrtumsfreiheit des Papstes (und des ökumenischen Konzils) im besonderen (infallibilitas in definiendo)[73].

3. Anmerkungen zur Problematik

Wir haben eingehend über die Interpretation der vatikanischen Infallibilitätsdefinition berichtet. Dabei zeigte sich deutlich, wie im Vergleich zu früheren ultramontanen Behauptungen die päpstliche Irrtumsfreiheit auf dem Vatikanum I sehr eingeschränkt bestimmt wurde, wie auch der Papst *unter* dem Worte Gottes steht und wie er den Zusammenhang mit Kirche und Episkopat zu wahren hat. Dies alles wirkt auch für das ökumenische Gespräch klärend. Oft allerdings lenken diese innerkatholischen Diskussionen von der eigentlichen Schwierigkeit der Irrtumsfreiheit ab und lassen die Bedeutung der besprochenen theologischen Präzisierungen für das ökumenische Gespräch weit überschätzen. Man gebe sich keinen Illusionen hin: Ob der Papst allein oder in Verbindung mit dem Episkopat irrtumsfrei ist, ob er Hilfsmittel gebrauchen muß oder nicht, ob sich die Irrtumsfreiheit nur auf Glaubens- und Sittendinge oder weiter erstreckt, ob der irrtumsfrei definierende Papst für seine Definitionen die Zustimmung der Kirche benötigt oder nicht usw., dies alles sind für einen evangelischen Christen sehr sekundäre Fragen. Um es scharf zu formulieren: Es genügt, daß in einer Kirchengeschichte von Jahrtausenden auch nur ein Papst zu irgendeiner Stunde einen einzigen für die Kirche verbindlichen Glaubenssatz als ein von vorneherein irrtumsfreier Papst mit absoluter Sicherheit auszusprechen vermag, damit das Problem in seiner ganzen Schärfe gestellt ist: ein Mensch, der nicht Gott ist – irrtumsfrei?

Le concile et les conciles (Paris 1960) 282; „Cette façon de procéder montre que l'infaillibilité de l'Église y est première et que le Souverain Pontife n'est que l'organe – ou plutôt l'un des organes – de l'Église. Tout au plus peut-on se demander s'il ne serait pas été souhaitable, dans cette même perspective, d'ajouter que le charisme de l'infaillibilité réside de façon endémique et permanente dans l'Église, tandis que le pape n'en jouit que de façon transitoire et exceptionnelle."
[72] Mansi 52, 1218.
[73] G. *Thils,* Parlera-t-on des évêques au concile?, in: Nouvelle revue théologique 93 (1961) 797.

Was für *einen* Menschen gilt, gilt auch für *mehrere,* gilt auch für ein ökumenisches Konzil. Insofern geht es bei der Irrtumsfreiheit eines Konzils um genau dasselbe Problem wie bei der Unfehlbarkeit eines Papstes. Und wie die Evangelischen an der Fehlbarkeit des Menschen Papst festhalten, so auch an der Fehlbarkeit des Konzils aus Menschen. Es nützt dabei wenig, sich Evangelischen gegenüber auf ein Charisma der Irrtumsfreiheit zu berufen. Ein solches ist für sie ein reines Postulat, das trotz der von der katholischen Theologie angeführten Schriftbeweise in der Schrift für sie kein Fundament hat, sondern juristische Konsequenzmacherei auf Grund bestimmter Texte ist („Wenn Petrus der Fels sein soll, dann *muß* er auch dieses sein, haben oder können, und jenes usw.").

Gewiß, nach der Schrift hat die Kirche in Christus Bestand und Dauer, bleibt sie in seiner Wahrheit, wird sie von den Pforten der Hölle nicht überwältigt. Insofern – von Jesus Christus und seiner erhaltenden Gnade her – können auch Evangelische von einer in ihrem *Wesen unzerstörbaren, dauernden, „unfehlbaren"* Kirche reden; in ihrem *Wesen* ist sie vom gnädigen und treuen Gott, der sie nie einfach aufgibt, der sie nie einfach liegenläßt, gehalten[1]. Aber dies schließt für sie die Sünde im Leibe Christi nicht aus. Und wenn schon nicht die Sünde, dann erst recht nicht den Irrtum, der keine Sünde ist. Die konkrete Geschichte der durch Christi Gnade in ihrem Wesen heiligen, unzerstörbaren und unfehlbaren Kirche ist in *allen* ihren Gliedern immer wieder neu eine Geschichte der Sünde und des Irrtums. Gerade eine Kirche, die sich eigenmächtig mit Unfehlbarkeit bekleidet, beweist dies am eindrücklichsten[2].

---

[1] So nach den Reformatoren sehr deutlich *K. Barth,* Kirchliche Dogmatik (Zollikon-Zürich 1953) IV/1, 770: „Ist es wahr, daß die Gemeinde heilig ist, weil und indem Jesus Christus das ist, dann ist von ihr zu sagen, daß sie als das, was sie, verschieden von der Welt und allen ihren civitates, in ihrem Weg ist, *unzerstörbar* ist. Die alte Dogmatik sagte hier geradezu: die Kirche ist infallibel, *unfehlbar.* Gemeint war in der evangelischen Dogmatik auch mit diesem Ausdruck: die Sonderung, in der sie existiert, kann *nicht* rückgängig gemacht werden, sie kann also ihre Unterschiedenheit und Auszeichnung mitten in der Welt *nicht* verlieren. Sie kann, weil und indem sie von Jesus Christus her sein Leib ist, *nicht* aufhören, *das* zu sein, nichts Anderes werden, nicht einem anderen Gesetz als dem ihr auferlegten unterworfen werden. Sie hat es sich nicht genommen, heilig zu sein: so kann sie diese ihre Bestimmung auch nicht abstreifen. Sie hat sie von Gott, so kann sie ihr auch niemand nehmen. Genau so, wie ja auch *Israel* nicht – in keiner Peripetie seiner Geschichte in Gottes Bund mit ihm – aufhören konnte und kann, dessen erwähltes, berufenes und beauftragtes Volk zu sein. Und nun existiert ja die Kirche gerade in Einheit mit diesem Volk des alten Bundes. Nun ist Israels Perennität als das Volk Jesu Christi auch die ihrige!"

[2] *K. Barth,* a. a. O. IV/1, 770f: „Die Gemeinde kann da und dort an die Wand geschoben, verfolgt, unterdrückt, äußerlich zum Verschwinden gebracht werden, wie es ihr denn, ähnlich wie Israel, in manchen ihrer geschichtlichen

Ein evangelischer Christ darf sich nach keiner Seite hin Illusionen hingeben; im *Glauben* darf er beides auf seine Weise ernst nehmen: Die in ihrem Wesen *heilige* Kirche *sündigt* in allen ihren Gliedern! Die in ihrem Wesen *unfehlbare* Kirche *fehlt, irrt* in *allen* ihren Gliedern! Und obwohl sie sündigt und obwohl sie irrt, wird sie durch Christi Zusage und Fürbitte – und durch sie allein – erhalten, bewahrt, beschützt: als der Leib Christi und als seine Braut. Der Herr gibt die Kirche, die sich immer wieder selber aufgibt, nicht auf[3].

Auch wenn also ein Konzil im Glauben irrt, auch wenn – sollte es ihn geben – ein Papst im Glauben irrt, deswegen hat die Kirche – durch Gottes überreiche Gnade im Heiligen Geist – trotzdem in Christus Bestand und Dauer, bleibt sie trotzdem in seiner Wahrheit, werden gerade dann die Pforten der Hölle sie nicht überwältigen. Der Geist Jesu Christi ist es ja, der die Kirche führt, stark macht und erhält – trotz und gegen alle

---

Gestalten in alter und neuer Zeit tatsächlich widerfahren ist. Sie kann sich, was schlimmer ist, wie Israel verfehlen und verirren. Sie kann ihren Herrn verleugnen und von ihm abfallen. Sie kann entarten. Und sie hat wohl noch gar nie und nirgends anders denn als mehr oder weniger, leichter oder schwerer entartete Kirche existiert: in der neutestamentlichen Zeit jedenfalls nicht und laut der Annalen der Kirchengeschichte auch sonst nicht! Und da sicher am schlimmsten, wo sie sich selbst ihrer Reinheit aufs höchste bewußt war und aufs kräftigste zu rühmen wußte! Auch das genau so, wie laut des Alten Testaments schon Israel zu keiner Zeit – und in den Zeiten seines höchsten Selbstbewußtseins am wenigsten – das gewesen zu sein scheint, was es in Treue gegen seinen treuen Gott zu sein bestimmt war. Die Kirche steht im Feuer der Kritik ihres Herrn. Sie ist aber auch der Kritik von der Welt her durchaus ausgesetzt, und diese Kritik ist noch zu keiner Zeit etwa *nur* falsch und ungerecht gewesen. Sie ist der Selbstbesinnung und der Selbstkorrektur noch immer bedürftig gewesen und wird es auch immer sein. Sie kann nicht anders existieren denn als ecclesia semper reformanda – und wäre es doch so, daß sie sich immer und überall als das verstanden und entsprechend gehandelt hätte! Ihre Taten und Vollbringungen, ihre Bekenntnisse und Ordnungen, ihre Theologie und die von ihr vertretene und von ihren Gliedern gelebte Ethik waren und sind wahrhaftig in keinem Stück unfehlbar – und wieder da bestimmt am fehlbarsten, wo man sie eigenmächtig mit Unfehlbarkeit bekleiden wollte."
[3] *K. Barth,* a. a. O. IV/1, 771 f: „Und nun, angesichts von Allem, was der Kirche widerfahren ist und noch widerfährt, was über sie und gegen sie zu sagen ist: credo *sanctam* ecclesiam. Das credo davor ist offenbar unentbehrlich. Anders denn als Glaubensbekenntnis kann man das nicht sagen. Aber zum Glaubensbekenntnis gehört es, auch das zu sagen... Der Leib Christi kann wohl krank oder wund sein. Wann und wo wäre er es nicht? Er kann aber als Leib dieses Hauptes nicht sterben. Der Glaube der Gemeinde mag schwanken, ihre Liebe erkalten, ihre Hoffnung erschreckend dünn werden: das *Fundament* ihres Glaubens, ihrer Liebe und ihrer Hoffnung aber und mit ihm sie selbst *bleibt,* ist davon *unberührt*. Der Reflex dessen, der der Heilige Gottes war in Ewigkeit und sein wird in Ewigkeit, hört nicht auf, auf sie zu fallen. Sie befindet sich auf einem Weg, den sie sich nicht gesucht, auf den sie sich nicht

menschliche Schwachheit. Die Menschen, auch die Amtsträger, sind und bleiben schwache, jederzeit fehlbare, sündige und irrende Menschen. Ein *un*fehlbarer Mensch ist eine contradictio in adiecto. Das Postulat der Unfehlbarkeit von Menschen ist für evangelische Christen Ausdruck eines Mangels an Glauben an die Macht des Heiligen Geistes in der Kirche: wer nicht glaubt, sondern wundersüchtig ist, der fordert ein außerordentliches, mirakulöses Eingreifen eines Irrtumsfreiheit verleihenden Deus ex machina, der die Menschlichkeit des Menschen durch ein Wunder überspielen soll, um die Kirche zu retten. Wer aber nach dem Wort des Herrn nicht Wunder sehen will und doch glaubt, der vertraut fest darauf, daß der unauffällig wirkende Heilige Geist die Menschlichkeit der Menschen und der Kirche gewähren läßt in Irrtum und Sünde bis zum Ende der Zeit, daß der Herr aber gerade so bei der Kirche bleibt, daß gerade so sein Geist immer wieder der Wahrheit und der Gnade in der Kirche und im einzelnen sieghaft zum Durchbruch verhilft. Die Fortdauer und Unzerstörbarkeit der Kirche hängt für evangelische Christen nicht an der Irrtumsfreiheit bestimmter Sätze, sondern am Geist, der *durch* die Gebrechlichkeit und Fehlbarkeit der Menschen und ihrer Sätze *hindurch* wirkt: „lavans quod est sordidum, rigans quod est aridum, sanans quod est saucium; flectens quod est rigidum, fovens quod est frigidum, regens quod est devium . . .“

---

gesetzt, den sie aber auch nicht verlassen, auf dem niemand sie aufhalten, auf dem sie auch von sich aus nicht auf die Länge stillstehen kann. Sie kann auf ihm wohl hinken, straucheln, fallen; sie mag auf ihm oft genug daliegen: scheintot wie der unter die Räuber Gefallene auf der Straße von Jerusalem hinab nach Jericho. Sie hat aber den Tod hinter sich und kann ihm, ‚nicht aus vergänglichem, sondern aus unvergänglichem Samen wiedergeboren durch Gottes lebendiges und bleibendes Wort‘ (1 Petr 1, 23), nicht wieder verfallen. Sie ist immer wieder aufgestanden und wird immer wieder aufstehen: von Gott mit Recht und von den Menschen mit Recht oder Unrecht geschlagen und doch nicht aus der Welt geschafft, in dieser Form überaltert, um in einer anderen mit neuer Kraft von vorn anzufangen, an einem Ort fast oder auch ganz ausgelöscht, dafür als junge Kirche anderwärts nur um so freudiger sich bauend. Ihre Autorität, ihre Wirkung, ihr Einfluß, ihre Erfolge mögen klein, ganz klein sein, beinahe oder ganz zu verschwinden drohen, aber die Autorität und Macht Gottes steht hinter ihr, und ganz umsonst wird sie nie auf dem Plan sein. Sie mag zur Bettlerin werden, sie mag sich als Krämerin gebärden, sie mag sich zur Hure machen – das alles kam und kommt vor – sie ist und bleibt darum doch die Braut Christi. Es mag ihre Existenz die seinige verhöhnen – indem sie seine irdisch-geschichtliche Existenzform ist, kann sie so wenig untergehen, ihr Wesen so wenig verlieren wie er selber. Nicht daß sie im Grunde von ihm nicht läßt, rettet sie, macht sie unzerstörbar – wer weiß denn, in welcher Tiefe und Gründlichkeit sie oft genug von ihm gelassen hat und noch läßt? – und auch nicht dieses und jenes Gute, das sie sonst sein und tun mag, wohl aber dies: daß er nicht von *ihr* läßt – er so wenig von ihr wie Jahve in allen Gerichten von seinem Volk Israel lassen wollte.“

Man wird einer solchen Auffassung von Heiligem Geist und von der Kirche, wie wir sie bei Luther, Calvin und Barth festgestellt haben, den tiefen Glaubensernst nicht absprechen; mit Rationalismus und Glaubensarmut hat diese Leugnung der Irrtumsfreiheit ökumenischer Konzilien und des Papstes – anders als Katholiken, die sie nicht genau kennen, oft meinen – nichts zu tun. Behauptet man zu viel, wenn man zugibt, daß ihr vom Vatikanum I her schwierig beizukommen ist? *Diese* Problematik stand den Vätern jenes Konzils nicht vor Augen. Es ging ihnen darum, den Gallikanismus bis in seine letzten Konsequenzen hinein auszurotten. Die Hauptdiskussionen wurden um gewisse Modalitäten der Infallibilität und um die Opportunität einer Infallibilitätsdefinition geführt. Die Auffassungen der Reformatoren in diesem Punkt standen nicht zur Debatte, und um die Infallibilität als solche wurde nicht direkt diskutiert. Auch die ganz in der Problematik des Vatikanum I stehenden theologischen Schulbücher und die wenigen neueren Spezialuntersuchungen lassen uns ohne eine tiefere Antwort auf die eben dargestellten Schwierigkeiten.

Man wird es uns also nicht verübeln können, wenn wir uns im Rahmen dieses Buches damit begnügen, die Probleme zur Diskussion zu stellen. Wir reden ja hier von den Strukturen der *Kirche ;* die eben aufgeworfenen Probleme sprengen diesen Rahmen bei weitem. Es ist indessen schon etwas erreicht, wenn man sie sieht und nicht bei einer schmalspurigen Behandlung der Frage, die mehr um die Modalitäten als um das Wesen der autoritativen Lehraussage selbst kreist, stehenbleibt: Die Frage einer irrtumsfreien Lehraussage ist als Frage nach der Struktur des Dogmas zugleich eine Frage nach der Struktur der theologischen Wahrheit und der theologischen Wahrheitsaussage überhaupt. Die katholische Theologie bemühte sich aber bis dahin nicht darum, zuerst vom Neuen Testament her die Struktur des Dogmas mit verwandten Grundformen der theologischen Aussage in Verbindung zu bringen, Gemeinsamkeiten und Unterschiede zwischen der Struktur des Dogmas und der des Gebetes, der Doxologie, des Zeugnisses, des Bekenntnisses, der Lehre herauszustellen, um so schließlich den verschiedenen Strukturveränderungen und Strukturverschiebungen des Dogmas nachzugehen. Ebensowenig hat man sich in der katholischen Theologie darum bemüht, von der Philosophie, Psychologie, Soziologie usw. her die verschiedenen vorgegebenen Grundformen des menschlichen Erkennens im Verhältnis zu seiner Umwelt und im Verhältnis zu sich selbst und insbesondere der vorgegebenen Grundformen der Denkbewegung zu analysieren, die von ungeheurer Wichtigkeit sind für die Struktur des theologischen Erkennens. Es wäre notwendig, die Fragestellungen und Ergebnisse der verschiedenen Wissenschaften (nicht nur der Erkenntnistheorie, der Logik und der Ontologie, sondern auch der Sprachwissenschaft und der Philosophie, der Psychologie und der Anthropologie, der Soziologie und der Geschichte) fruchtbar zu machen, um zu einer umfassenden Darstellung dessen zu kommen, was dogmatische Aussage in ihrer ganzen Vielschichtigkeit und in allen ihren geschichtlichen Bindungen ist. So wäre es möglich, auf eine neue Weise zur Frage nach der inhaltlichen Wahrheit des Dogmas vorzustoßen[4].

Man kann sich vorstellen, daß nach einer solchen umfassenden Aufarbeitung der Gesamtproblematik, die zweifellos noch vieler Theologen Mühen fordert, auch die Frage der Infallibilität in einem anderen und in ökumenischer Perspektive hoffnungsvolleren Lichte aufleuchten wird. Noch dürfte unsere Theologie auf diesem Wege längst nicht den Gipfel erreicht haben, von dem aus sich der Horizont abstecken ließe, der dieses Dogma auch anderen Christen selbstverständlich in die Struktur der Kirche eingefügt zeigt. Vorläufig können wir nicht viel mehr tun, als in kleinen Schritten geduldig Wege zu ebnen und hindernde Mißverständnisse aus dem Weg zu räumen. In diesem Sinne sollen die folgenden Anmerkungen zur Problematik aufgefaßt werden; sie wollen weder die Fragen ausführlich behandeln noch Endgültiges sagen, sie wollen vielmehr zu weiteren Fragen aufrufen.

a) Kirchliche Lehrautorität und Gewissen: Ist die katholische Lehrautorität, wie oft bemerkt oder stillschweigend vorausgesetzt wird, eine Vergewaltigung des christlichen Gewissens, die jede persönliche Verantwortung und Stellungnahme ausschließt? Darauf ist zu sagen: auch die katholische Lehrautorität beseitigt nicht die Freiheit des christlichen Gewissens. Nach der allgemeinen Auffassung der katholischen Moraltheologie ist das Gewissen in *jedem* Fall die unmittelbare Norm des Handelns: „Da das Gewissen die persönliche sittliche Letzt-Instanz ist, muß man seinem Entscheid folgen. Dies gilt auch für den Fall, daß die persönliche Wertskala unverschuldet falsch ist (sog. irriges Gewissen). Seinem Gewissensanspruch nicht folgen ist Sünde."[5] Es gibt deshalb einen echten Primat des subjektiven Gewissens vor aller objektiven Norm: nicht als autonome Unabhängigkeit von objektiven Normen, wohl aber als Fähigkeit und Pflicht, nach dem subjektiv sicheren Gewissensurteil zu handeln, selbst wenn es objektiv unüberwindbar irrig ist[6].

---

[4] Vgl. dazu die wertvollen Anregungen bei *E. Schlink,* Die Struktur der dogmatischen Aussage als ökumenisches Problem, in seinem Sammelband: Der kommende Christus und die kirchlichen Traditionen (Göttingen 1961) 24-79.
[5] *J. Stelzenberger,* Lehrbuch der Moraltheologie. Die Sittlichkeitslehre der Königsherrschaft Gottes (Paderborn 1953) 97; vgl. *F. Hürth – P. M. Abellán,* De principiis, de virtutibus et praeceptis (Romae 1948) I, 124.
[6] *F. Hürth – P. M. Abellán,* a. a. O. I, 139: „*Suprematia* seu ‚primatus‘ conscientiae subiectivae prae norma obiectiva, si solummodo intelligitur: facultas

Dies alles gilt selbstverständlich auch gegenüber irrtumsfreien päpstlichen Entscheidungen. Richtig sagt K. Adam: „ . . . auch im Luthertum sind die christlichen Gewissen nicht schlechtweg souverän, sondern dem Lehrwort ihrer Kirche verpflichtet. Ja, man darf weiter gehen und sagen: mag auch die Bindung der protestantischen Gewissen eine losere sein, so ist sie doch ihrem *Wesen* nach *keine andere* als die der Katholiken. Denn auch für den Katholiken ist es letzten Endes nicht die objektive Norm des Lehrwortes, sondern der subjektive Entscheid des *Gewissens,* welcher über die gläubige Annahme der von der kirchlichen Autorität vorgelegten Offenbarungswahrheit endgültig zu bestimmen hat. Es ist wahrhaftig nicht so, als ob sich der Glaube des Katholiken im knechtischen Gehorsam gegen ein starres Kirchengesetz erschöpfte. Auch er ist vielmehr ein ganz und gar personaler Akt, ein Akt des besinnlichen Denkens wie des aus innerster Freiheit entspringenden sittlichen Wollens, ein Entscheidungsakt. Auch er vollzieht sich nirgends anders als im Gewissen allein. Ja dort, wo das Gewissen aus subjektiv zwingenden Gründen in einen unüberwindlichen Irrtum verstrickt ist und sich genötigt sieht, sein Nein zum kirchlichen Lehrwort zu sagen, ist es auch nach katholischer Auffassung nicht nur berechtigt, sondern verpflichtet, aus diesem Nein die Folgerung zu ziehen und aus der Kirche auszutreten. Erklärt doch der angesehenste Lehrer der katholischen Theologie, der heilige Thomas von Aquin, ausdrücklich, daß man von Gewissens wegen verpflichtet sei, aus der christlichen Gemeinschaft auszuscheiden, wenn man an die Gottheit Christi nicht mehr glauben könne. So berühren sich beide Bekenntnisse sowohl in der Anerkennung einer kirchlichen Lehrautorität wie in der Hochschätzung des Gewissensurteils."[7]

Es ist Auffassung der klassischen Theologie und Kanonistik, daß selbst eine drohende Exkommunikation einen Christen nicht davon abhalten darf, der Weisung seines Gewissens zu folgen. Sähe er sich in einen solchen tragischen Konflikt gestellt, müßte er gerade als glaubender Christ die Exkommunikation im Glauben ertragen, so schwer ihm dies bei seiner Treue zur Kirche fiele. Mit Berufung auf das in solchen Fällen immer wieder zu Recht zitierte Pauluswort: „Alles, was nicht aus Glauben geschieht, ist Sünde" (Röm 14, 23), wird schon von Innozenz III. diese Antwort gegeben: „ . . . quod non est ex fide, peccatum est, et quicquid fit contra conscientiam aedificat ad gehennam . . . quum illa (persona) contra Deum non debeat in hoc iudici obedire, sed potius

---

et officium agendi iuxta conscientiae dictamen subiective certum etsi obiective invincibiliter erroneum, (vel norma a qua proxime pendet formalis et *subiectiva honestas* hominis et hominis *responsabilitas*) recte statuitur et concedi debet."
[7] *K. Adam,* Una sancta in katholischer Sicht (Düsseldorf 1948) 60 f; vgl. Das Wesen des Katholizismus (Düsseldorf [11]1946) 230–236.

excommunicationem humiliter sustinere."[8] S. Merkle, der über diese Auffassungen berichtet, bemerkt dazu: „Demgemäß hatte denn auch der hl. Thomas, der größte Lehrer des Predigerordens, und mit ihm eine Reihe anderer Scholastiker gelehrt, daß ein auf irrtümliche Voraussetzungen hin Exkommunizierter lieber im Banne sterben müsse als einer nach seiner Kenntnis der Sachlage verfehlten Weisung des Vorgesetzten gehorchen. ‚Denn das wäre gegen die Wahrheit (contra veritatem vitae), *die man auch nicht wegen eines möglichen Ärgernisses preisgeben darf.*'[9] Und der lange ebenfalls dem hl. Thomas zugeschriebene Sentenzenkommentar, den man heute dem Dominikanerkardinal Anibaldo degli Anibaldeschi (†1272) zuzuweisen pflegt, kennt (l. 4, D. 38) eine Lage, in der man auf Grund sicherer Kenntnis des Tatbestandes einer Weisung der Kirche nicht folgen darf, ‚selbst wenn sie einen durch die Exkommunikation dazu zwingen will. Die Kirche nämlich urteilt nach dem, was äußerlich in die Erscheinung tritt, dagegen das Gewissen verpflichtet auf den Spruch Gottes, der ins Herz sieht. Darum muß man dem Gewissen treu bleiben, mag die Kirche noch so starken äußeren Zwang anwenden'."[10] Auch Kardinal Bellarmin muß bei aller Betonung der Autorität des Papstes zugeben: Wie man dem Papst Widerstand leisten darf, wenn er einen leiblich angreift, so auch, wenn er die Seelen angreift, wenn er den Staat in Verwirrung bringt, und erst recht, wenn er die Kirche zu zerstören sucht: passiven Widerstand, indem man seine Befehle nicht vollzieht, und auch aktiven, indem man ihn an der Durchsetzung seines Willens hindert[11]. Nach ihm wäre die Kirche in einer schlimmen Lage, wenn sie einen offen wütenden „Wolf" als „Hirten" anerkennen müßte.[12]

Dies alles zeigt: auch in der katholischen Kirche rechnet man durchaus mit der Fehlbarkeit und Gebrechlichkeit der Menschen und ihrer Worte unter dem Worte Gottes, und man überantwortet den Einzelchristen und sein Gewissen in keiner Weise absolut irgendeiner, sei es auch in bestimmten Fällen sogar irrtumsfreien Lehrautorität.

b) Glaube und Glaubensformulierung: Der Unterschied von Glaube und Glaubensformulierung ist von grundlegender Bedeutung.

---

[8] Corpus Iuris Canonici, ed. Ae. Friedberg (Lipsiae 1881) II, 287; vgl. II, 908.
[9] *Thomas von Aquin,* In IV Sent. dist. 38, expos. textus in fine.
[10] *S. Merkle,* Der Streit um Savonarola, in: Hochland 25 (1928) 472f; vgl. auch *Y. Congar,* Vraie et fausse réforme dans l'église (Paris 1950) 531–536.
[11] *R. Bellarmin,* De summo pontifice (Ingolstadt 1586–1593. Parisiis 1870) lib. II, cap. 29, I, 607: „Itaque sicut licet resistere Pontifici invadenti corpus, ita licet resistere invadenti animas, vel turbanti Rempublicam, et multo magis si Ecclesiam destruere niteretur: licet, inquam, ei resistere, non faciendo quod jubet, et impediendo ne exequatur voluntatem suam."
[12] *R. Bellarmin,* a. a. O. lib. II, cap. 30, I, 608: „... quod esset miserrima conditio Ecclesiae, si lupum manifeste grassantem pro Pastore agnoscere cogeretur."

Schon in der Schrift zeigt es sich, daß der *eine* Glaube unter *verschiedenen* Formulierungen lebendig sein kann. Die eine Frohbotschaft ist von vier Evangelisten auf sehr verschiedene Weise wiedergegeben, der eine Herr mit sehr verschiedenen Hoheits- und Niedrigkeitsprädikaten bezeichnet, die einen eucharistischen Einsetzungsworte auf sehr verschiedene Weise überliefert worden. Im Neuen Testament gibt es zwar zahlreiche formelhafte Elemente, jedoch keine bestimmte Formel, die in gleichem Wortlaut von allen urchristlichen Zeugen für die Verkündigung von Jesu Christi Tod und Auferstehung gebraucht worden wäre. Der christliche Glaube hat geschichtlichen Charakter und spricht sich in immer neuen Formulierungen aus. Und so gab es auch in den auf das Neue Testament folgenden Jahrhunderten in den verschiedenen Gemeinden oft recht verschiedenartige Bekenntnisformeln, die gegenseitig anerkannt waren. Erst seit dem vierten Jahrhundert versucht man immer mehr, eine und dieselbe Formel in der Gesamtkirche durchzusetzen. Aber grundsätzlich ist man der Überzeugung geblieben, daß keine einzige Formel ausreichen kann, um den Glauben in seiner Fülle auszuschöpfen, und daß eine Verschiedenheit der Formel nicht ohne weiteres eine Verschiedenheit des Glaubens besagen muß.

Das vielzitierte Beispiel für die dogmatische Offenheit noch der mittelalterlichen Kirche ist das „filioque" auf dem Konzil von Florenz: „Man hat dort selbst Diskussionen über bereits definierte Glaubenswahrheiten zugelassen, so über das filioque (über den Ausgang des Heiligen Geistes aus Vater und Sohn), um festzustellen, ob sachliche Differenzen vorlagen oder ob es sich nur um verschiedene Ausdrucksweisen, um Akzentverschiebungen, um Betrachtung der gleichen Wahrheit aus verschiedenen Blickpunkten handelte. Das Unionsdekret zeigt das Ergebnis dieser Diskussionen: die volle Anerkennung auch der griechischen Art, das Geheimnis zu sehen und in Worte zu fassen: ,Man hat die Zeugnisse aus der Heiligen Schrift und von vielen heiligen Kirchenlehrern des Ostens und des Westens beigebracht. Einige von ihnen sprechen vom Ausgang des Heiligen Geistes aus dem Vater *und* dem Sohne, andere vom Ausgang vom Vater *durch* den Sohn. Alle verstehen, wenn auch unter verschiedenen Worten, das gleiche.'"[13] Die katholische Kirche forderte die Anerkennung des „filioque" durch die Ostkirche, aber sie forderte nicht seine Aufnahme in das ostkirchliche Bekenntnis.

Die Konzilien von Nikaia und Sardika und viele Väter setzen voraus, daß es in Gott *eine* Hypostase gebe; das erste Konzil von Konstantinopel, das Konzil von Chalkedon und viele andere setzen voraus, daß es in Gott *drei* Hypostasen gebe. Dabei geht es nicht nur um eine simple Auswechs-

---

[13] *W. de Vries,* Wegbereitung zur Einheit der Christen aus ostkirchlicher Sicht (Recklinghausen-Gelsenkirchen 1961) 22.

lung von Worten (bzw. verschiedenen Wortdefinitionen), sondern es steht dahinter ein höchst komplizierter dogmen- und geistesgeschichtlicher Vorgang, den zu entwirren der Dogmengeschichtler die größte Mühe hat[14].

Aus all dem ersieht man: der Glaube als Geschenk des Wortes Gottes ist nicht schlechthin identisch mit einer bestimmten Glaubensformulierung[15]. *Ein* Glaube, aber viele Glaubensformulierungen. Der eine sagt mit Nikaia und Sardika: in Gott ist nur eine Hypostase; der andere mit dem Konzil von Konstantinopel: in Gott sind drei Hypostasen. Die beiden können, was man nicht von vorneherein ausschließen kann, unter den verschiedenen Formulierungen einen verschiedenen *Glauben* haben. Sie können aber auch, was unter Christen in einer interpretatio benigna präsumiert werden darf, unter den verschiedenen Formulierungen durchaus den *einen und selben* Glauben an den einen dreifaltigen Gott haben. Ähnliche und sehr viel schwieriger zu durchschauende Beispiele aus der Christologie (Einheit Christi in der Person – in der Natur), in der Rechtfertigungslehre (Rechtfertigung durch den Glauben allein – nicht durch den Glauben allein; simul peccator et iustus – olim peccator nunc iustus), in der Eucharistielehre (das Brot bleibt in der Eucharistie – bleibt nicht) usw. ließen sich im Laufe der Kirchen-, Dogmen- und Theologiegeschichte zahlreiche aufzählen.

Der Glaube kann derselbe sein, die Formulierungen verschieden, ja gegensätzlich. Hinter den verschiedenen und gegensätzlichen Glaubensformulierungen stehen verschiedene Vorstellungen und Anschauungsbilder, Begriffe, Urteile und Schlüsse, stehen verschiedene Formen des Wahrnehmens, Fühlens, Denkens, Wollens, Sprechens, Beschreibens, Handelns, stehen verschiedene Formen des Existenzbewußtseins und des Gegenstandsbewußtseins, stehen verschiedene physiologische, psychologische, ästhetische, sprachliche, logische, ethnologische, historische, weltanschauliche, philosophische und religiöse Voraussetzungen, stehen verschiedene individuelle und kollektive Erfahrungen, Sprachen und Weltbilder, Umweltsgefüge und Menschenverständnisse,

---

[14] *A. Michel,* Art. Hypostase, in: Dictionnaire de théologie catholique (Paris 1922) VII, 369–437; *P. Galtier,* De SS. Trinitate in se et in nobis (Parisiis 1933) 45–119; *H. Diepen,* Art. Hypostase, in: Lexikon für Theologie und Kirche (Freiburg i. Br. ²1960) V, 78 f (Lit.).

[15] Es bedarf wohl keiner langen Ausführungen darüber, daß diese unsere Anmerkungen nicht in modernistischem Sinne mißverstanden werden dürfen. Es geht uns hier um den von Gottes Gnade geschenkten Glauben, nicht aber um „religiosus sensus, qui per *vitalem immanentiam* e latebris subconscientiae erumpit" usw. (Denz. 2077; vgl. 2078–2080 2087–2089); neuere Literatur zur Dogmenentwicklung vgl. *H. Küng,* Rechtfertigung. Die Lehre Karl Barths und eine katholische Besinnung (Einsiedeln 1957. ³1961) 107.

stehen verschiedene Traditionen der einzelnen Völker, der theologischen Schulen, der Universitäten und der Orden.

Ist es da ein Wunder, daß die Christen *eines* Glaubens sich oft nicht verstanden, daß sie sich ausschlossen, wo sie sich hätten einschließen können? Oft kam es vor, daß man bei den Aussagen der Anderen nur das sah, was fehlte, und bei sich nur das, was da war; daß man in seiner Formulierung nur den Wahrheitsgehalt und in der der Anderen nur einen Wahrheitsmangel feststellte. In der heutigen Zeit ökumenischer Begegnung wäre es von höchster Bedeutung, daß alle Christen sich der Unvollkommenheit, Unvollendetheit, Stückwerkhaftigkeit ihrer Glaubensformulierungen neu bewußt werden. Gewiß wird die Kirche den Glaubensformulierungen gegenüber nicht gleichgültig sein, da sich ja durch sie hindurch der Glaube selbst ausdrückt. Gewiß wird sie mit Recht daran festhalten, daß nicht jeder jederzeit jedes formulieren kann, wenn nicht Mißverständnisse, Unordnung, Streit, Spaltung, ja das Chaos in die Kirche einziehen sollen. Gewiß wird die Kirche deshalb im Dienst am einen Glauben als Sprachregelung zu gewissen Zeiten gewisse Formulierungen verbieten und andere gebieten müssen. Gewiß wird sie aus der Überzeugung heraus, daß auf Grund des Zuspruches und der Fürbitte des Herrn auch die Kirche früherer Jahrhunderte im selben Glauben stand, die Formulierungen dieser früheren Kirche als Äußerungen des einen und gleichen Glaubens achten und sie nicht, auch wenn sie anders, umgekehrt und vielleicht sogar verkehrt formuliert erscheinen, verwerfen und verurteilen. Gewiß wird so die Kirche unter all den verschiedenen Formulierungen der verschiedenen Jahrhunderte immer den einen und gleichen Glauben der Kirche aufspüren und festhalten. Aber trotz allem und zugleich wird die Kirche in der heutigen Zeit ökumenischer Begegnung mit den anderen christlichen Gemeinschaften zusammen ihre Bemühungen darauf richten, unter den verschiedenen und gegensätzlichen Formulierungen der Anderen den einen und gleichen Glauben zu entdecken, um so in größtmöglicher Offenheit und Verständnisbereitschaft den Anderen die verschiedene Formulierung zuzugestehen, wenn sie nur denselben Glauben haben. Auf diese Weise können materiale Fortschritte im gegenseitigen Verstehen gemacht werden, ohne daß die formale Frage der Irrtumsfreiheit oder Irrtumsfähigkeit kirchlicher Lehrformulierungen hindernd im Wege steht. Ja, durch solche materialen Fortschritte wird nicht zuletzt auch die Verständigung in jener formalen Frage vorangetrieben.

c) Dogmen und Dogmenverbesserung: Wenn eben herausgestellt wurde, daß sowohl in der Heiligen Schrift wie in den Glaubensformulierungen der späteren Kirche für den einen Glauben verschiedene Formulierungen stehen können und daß diese Formulierungen geschichtlich bestimmt sind, so ist doch ein Unterschied zu beachten. Wohl stellen wir schon innerhalb des Neuen Testaments eine Verkündigungs- und Überlieferungsgeschichte fest: die Botschaft Jesu wurde von Anfang an in der Überlieferung – vor allem im Zusammenhang mit den alttestamentlichen Schriften („gemäß der Schrift") – interpretiert, entfaltet, expliziert, je nach dem Wechsel der Verkündigungssituation mit verschiedenen Betonungen oder Abschwächungen, Hinzufügungen oder Auslassungen. Allein, es geht in den durch den Kanon abgegrenzten Schriften des Neuen Testament um das primäre Zeugnis von der geschichtlichen einmaligen Heilstat Gottes in Jesus Christus; die ursprüngliche apostolische Verkündigung und Lehre, das Zeugnis der von Jesus Christus selbst berufenen Augenzeugen seines Wirkens, seines Sterbens und seines Auferstehens ist für alle spätere Verkündigung und Lehre maßgebend. Die Verkündigung und Lehre der Kirche muß bei allem Fortschritt bei Jesus Christus bleiben, bei der ein für allemal ergangenen Offenbarung Gottes. Darnach hat sich eine jede Glaubensformulierung der Kirche zu richten.

Es ist folglich nicht möglich, daß Lehrdokumente der nachapostolischen Kirche die neutestamentlichen Schriften der apostolischen Kirche einfach überholten und ersetzten, wie ja schon innerhalb des Neuen Testaments eine paulinische Interpretation nicht einfach ein Logion Jesu überholen und ersetzen kann. Möglich ist jedoch, daß ein Lehrdokument der nachapostolischen Kirche ein anderes Lehrdokument der nachapostolischen Kirche im Lichte der Schrift überholt und faktisch ersetzt; so hat die christologische Definition von Chalkedon die christologische Definition von Ephesus überholt und faktisch ersetzt. Als menschlichgeschichtliche Formulierungen haben es so die Definitionen der Kirche in sich, verbesserungsfähig und verbesserungsbedürftig zu sein. Schon Augustinus sagt in dieser Frage an einer klassischen Stelle: „Wer aber wüßte nicht, daß *die kanonischen Schriften* des Alten wie des Neuen Testamentes ... vor allen nachfolgenden Schriften von Bischöfen einen derartigen Vorrang haben, daß man an ihnen nicht rütteln kann, ob ihr Inhalt wahr und echt ist; daß dagegen *die Schriften von Bischöfen,* die nach der Festlegung des Kanons geschrieben wurden, durch das weisere Wort irgendeines anderen, in dieser Sache Erfahreneren, durch die höhere Autorität anderer Bischöfe, durch eine gelehrtere Klugheit und durch Konzilien zurückgewiesen werden können, wenn in ihnen etwa in einem Punkt von der Wahrheit abgewichen ist; daß sogar *Konzilien,* die in einzelnen Gegenden oder Provinzen gehalten werden, der Autorität der Plenarkonzilien, die vom gesamten Erdkreis ausgehen, ohne alle Umschweife weichen (sine ullis ambagibus cedere); und daß selbst frühere Plenarkonzilien oft (saepe) von späteren verbessert werden (emendari), wenn durch irgendeine sachliche Erfahrung (cum aliquo experimento rerum) eröffnet wird, was verschlossen war, und erkannt wird, was verborgen war?"[16] Und Thomas von Aquin zitiert Isidor: „Articulus (fidei) est perfectio divinae veritatis *tendens in ipsam*."[17] Und aus der heutigen Sicht heraus sagt Karl Rahner: „Die klarste und deutlichste Formulierung, die geheiligtste Formel, die klassische Verdichtung der Jahrhunderte währenden Arbeit der betenden, denkenden und kämpfenden Kirche um die Mysterien Gottes lebt also gerade davon, daß sie Anfang und nicht Ende, Medium und nicht Ziel ist, *eine* Wahrheit ist, die frei macht für *die* – immer größere – Wahrheit. Diese Selbsttranszendenz jeder Formel (nicht weil sie falsch, sondern gerade weil sie wahr ist) geschieht nun nicht bloß durch die Transzendenz des Geistes, der sie erfaßt und, sie erfassend, immer über sie hinaus auf die größere Fülle der Wirklichkeit und Wahrheit überhaupt aus ist, und nicht nur durch die göttliche Gnade des Glaubens, die die Erkenntnis der satzhaften Wahrheit immer zu einer Bewegung des Geistes auf die unmittelbare Ergreifung der ontologischen Wahrheit Gottes in sich selbst macht. Diese Transzendenz macht sich gerade auch geltend in der Bewegung der Formel selbst, indem diese selbst auf eine andere hin überschritten wird."[18]

Freilich, der Fortschritt kann hier nicht in beliebige Richtung gehen; er kann auch nicht beliebig weit gehen. Es genügt nicht, daß man hier einfach „konsequent" ist, daß man einfach weiterdeduziert, daß man einfach „entwickelt". Es kommt vielmehr alles darauf an, ob eine neue Entwicklung der ein für alle Male ergangenen Offenbarung entspricht oder nicht, ob sie von dieser Offenbarung nicht nur nicht verhindert, sondern positiv gedeckt wird, ob die Abhängigkeit einer neuen Aussage von dieser ein für alle Male ergangenen Offenbarung auch wirklich positiv sichtbar ist. Keine Volksfrömmigkeit und kein „sensus fidelium" kann der Kirche eine neue Offenbarung verschaffen, weil so die Kirche sich selbst zur Offenbarung würde und die ein für alle Male abgeschlossene Offenbarung in Frage stellte.

Es kann beim Dogmenfortschritt auch nicht einfach um organische Entfaltung gehen. Dogmen können ja auch zu einer gewissen Erstarrung des Glaubens führen. Jedenfalls wäre es nicht gut, wenn die Meinung aufkäme, als ob dadurch, daß ein Dogma definiert wird, auch schon der Glaube zur Blüte gebracht würde. Wenn dem so wäre, wäre es völlig unbegreiflich, weswegen die alte Kirche nicht *mehr* definiert hat. Aber man war schon damals der richtigen Überzeugung, daß der Glaube ent-

---

[16] *Augustinus,* De bapt. contra Donatistas; CSEL 51, 178; zit. nach *F. Hofmann,* Die Bedeutung der Konzilien für die kirchliche Lehrentwicklung nach dem heiligen Augustinus, in: Kirche und Überlieferung (Festschrift J. R. Geiselmann. Freiburg-Basel-Wien 1960) 82; zur weiteren Interpretation vgl. 83–89.
[17] *Thomas von Aquin,* Summa theologiae II–II, q. 1, a. 6.
[18] *K. Rahner,* Schriften zur Theologie (Einsiedeln-Zürich-Köln 1954) I, 169f.

faltet wird durch die Predigt des Evangeliums, durch die Sakramente, durch Gebet, Liebe, Leiden usw. und daß die Dogmen nicht mehr und nicht weniger als eben Notstandsmaßnahmen seien, zu denen die Kirche durch die Häresien gezwungen wird. Dies wird nicht nur von den Vätern, sondern auch von Thomas von Aquin deutlich betont. Nach ihm ist durch die Verkündigung Christi und der Apostel die Wahrheit des Glaubens genügend expliziert; es braucht also an sich keine Entfaltung des Glaubens; nur wegen sich erhebender Irrtümer ist eine Erklärung des Glaubens notwendig: „... in doctrina Christi et Apostolorum veritas fidei est sufficienter explicata. Sed quia perversi homines apostolicam doctrinam et ceteras Scripturas ‚pervertunt ad sui ipsorum perditionem‘, sicut dicitur II Petr. ult.; ideo necessaria est, temporibus procedentibus, explanatio fidei contra insurgentes errores.“[19] Auch auf dem Vatikanum I bemerkt der Relator der Glaubensdeputation Gasser: „... non pro veritate cognoscenda erant necessariae synodi generales, sed ad errores reprimendos.“[20] Und Bischof Martin von Paderborn sagt: „... ecclesia solet tantummodo eas veritates definire, quae impugnantur.“[21]

Ein Spezifikum des Dogmas ist also seine polemische Ausrichtung. Jede menschliche Wahrheit hat als menschliche ihre bestimmte Beschränkung. Dadurch aber, daß sich die Kirche wegen der einbrechenden Häresie auf ganz bestimmte Punkte konzentriert, gewisse Aspekte mehr und damit andere notwendig weniger beleuchtet bzw. sie im Schatten läßt, wird die Beschränkung besonders fühlbar. Hier besteht die große Aufgabe für Theologie und Kirche, Verschiebungen des inneren Gleichgewichts auszugleichen und in die ursprüngliche Spannungseinheit zurückzuführen. „Es wäre eines ausführlichen Nachweises wert, wie der Katholizismus verkehrte, abwegige Lehrsätze mit dem gesamten Gefüge ihrer Vorstellungsreihen, mit dem gesamten Drum und Dran ihrer Aufmachung gleich im Anfang scharf zurück- und abstößt, um jede Trübung seines Offenbarungsbewußtseins hintanzuhalten, wie er aber dann, wenn die Gefahr einer Beeinflussung vorüber ist, die von den Irrlehrern übernommenen, aber einseitig betonten Wahrheitselemente, versehen mit dem richtigen, dem Zusammenhang der Offenbarungswahrheit entsprechenden Akzent, bewußt in seine Verkündigung einbaut und festhält.“[22]

Bei solchen Prozessen wird auch deutlich, wie Unwahr-Scheinendes zum Wahr-Scheinenden wird. Es wäre notwendig, hier in eingehenden

---

[19] *Thomas von Aquin,* Summa theologiae II–II, q. 1, a. 10 ad 1; vgl. ad 2; a. 9 ad 2; a. 10 co.
[20] Mansi 52, 1211.   [21] Mansi 52, 940.
[22] *K. Adam,* Das Wesen des Katholizismus (Düsseldorf [10]1946) 179.

Analysen auszuarbeiten, wie jede menschliche Wahrheitsaussage als menschlich-begrenzte an Irrtum grenzt; der Irrtum, der ihr entgegengesetzt ist, folgt ihr als ihr Schatten. Es genügt, die menschlich-begrenzte Wahrheitsaussage nicht in ihrer Begrenztheit zu sehen, damit die Gefahr des Irrtums gegeben ist. Es genügt, die Wahrheitsaussage: „Der Gerechte lebt aus dem Glauben", nicht in ihrer Begrenztheit zu sehen, sie absolut und exklusiv zu verstehen, etwa mit dem geheimen Beisatz: „Der Gerechte lebt aus dem Glauben (und übt keine Werke)", um aus der Wahrheitsaussage einen Irrtum zu machen.

Eine polemisch definierende Wahrheit nun grenzt in besonderer Weise an Irrtum. Sie ist ja in besonderer Weise gezielt gesprochen, will diesen Irrtum unbedingt treffen. Da nun aber jeder Irrtum, sei er noch so groß, irgendeinen Wahrheitskern enthält, besteht von vorneherein die Gefahr, daß ein polemisch ausgerichteter Satz nicht nur den Irrtum, sondern auch des Irrtums Wahrheitskern trifft: des Irrtums wahres Anliegen. Solange ich unpolemisch indikativisch feststelle: „Der Gerechte lebt aus dem Glauben", tritt der Schatten des Irrtums, der ihm folgt, nicht hervor. Formuliere ich aber polemisch gezielt gegen den die Werke übertreibenden Irrtum eines legalistischen Christen: „Der Gerechte lebt aus dem Glauben", bin ich in Gefahr, daß der Schatten des Irrtums die Wahrheitsaussage verdunkelt mit der unausgesprochenen Nebenmeinung: „Der Gerechte lebt aus dem Glauben (er übt doch keine Werke)". Umgekehrt ebenfalls: Solange ich unpolemisch indikativisch feststelle: „Der Gerechte übt Werke der Liebe", tritt der Schatten des Irrtums, der ihm folgt, nicht hervor. Formuliere ich aber polemisch gezielt gegen einen den Glauben übertreibenden Irrtum eines quietistischen Christen: „Der Gerechte übt Werke der Liebe", bin ich in Gefahr, daß der Schatten des Irrtums die Wahrheitsaussage verdunkelt mit der unausgesprochenen Nebenmeinung: „Der Gerechte übt Werke der Liebe (und lebt nicht aus dem Glauben)".

Eine polemisch definierte Wahrheitsaussage ist in Gefahr, sich als bloße Verneinung eines Irrtums zu verstehen. So aber vernachlässigt sie notwendig den echten Wahrheitskern des Irrtums. Dann aber ist diese Wahrheitsaussage eine *halbe* Wahrheit: was sie aussagt, ist richtig; was sie verschweigt, ist auch richtig. Eine solche Wahrheitsaussage trifft vom Sprechenden her gesehen den Irrtum, vom Angesprochenen her den Wahrheitskern. Für den Sprechenden erscheint sie – mit Recht – als wahr, für den Betroffenen – nicht ohne Grund – als falsch. Kurz, weil eine halbe Wahrheit auch ein halber Irrtum sein kann, versteht man sich nicht: Jeder hält an *seiner* Wahrheit fest, jeder sieht den Irrtum beim Anderen; währenddem die Wahrheit des Einen die des Anderen einschließt, schließt jeder den Anderen auf Grund eines Wahrheitsmangels aus.

War es nicht oft so in der Kirchengeschichte? Die kirchliche Definition traf den Irrtum, nahm aber den Wahrheitskern des Irrtums aus der Verurteilung nicht ausdrücklich aus; dadurch erschien die wahre Verurteilung des Irrtums dem Anderen als falsche Verurteilung der Wahrheit. Die kirchliche Definition verurteilte eine sola fides, sofern diese ein leerer, vermessener, rechthaberischer Rechtfertigungsglaube ist; sie definierte nicht, was mit sola fides richtig gemeint werden *kann*: der wahre, gute Glaube, der sein ganzes Vertrauen allein auf den Herrn setzt. Die wahre Verurteilung der falschen sola fides war für die Anderen die falsche Verurteilung der wahren sola fides[23].

Es ist eine Simplifizierung der Wahrheit zu meinen, jeder Satz in seiner verbalen Formulierung als solcher müsse eindeutig wahr *oder* falsch sein. Jeder Satz kann wahr *und* falsch sein – je nachdem, wie er gezielt, gelagert, gemeint ist. Wie er gemeint ist, ist schwieriger zu entdecken, als wie er gesagt ist. Ökumenische Aufgabe der Theologie von beiden Seiten ist es, ernsthaft im Irrtum des Anderen die Wahrheit und in der eigenen Wahrheit den möglichen Irrtum zu sehen. Auf diese Weise geschieht in der Abkehr vom vermeintlichen Irrtum die Begegnung in der gemeinten Wahrheit. Auf diese Weise verdeutlicht sich die Kirche immer mehr als die Säule und Grundfeste der Wahrheit.

---

[23] Vgl. zur Problematik der sola fides *H. Küng,* Rechtfertigung. Die Lehre Karl Barths und eine katholische Besinnung (Einsiedeln 1957. ³1961) 243–266.

SCHLUSSWORT

Es gab Zeiten in der Kirchengeschichte, da war es Aufgabe der Theologie, Strukturen der Kirche festzulegen. Die Aufgabe war notwendig. Aufgabe der Theologie heute dürfte es sein, ursprüngliche Strukturen, die im Wechsel der Zeiten verdeckt, vergessen worden sind, wieder freizulegen. Auch dies ist notwendig. Es gibt Bücher, die Probleme abschließen, und Bücher, die Probleme aufschließen. Probleme abzuschließen kann befriedigender sein. Sie aufzuschließen fruchtbarer, allerdings auch schwieriger. Denn wer nicht vor Aporien ratlos stehenbleiben will, darf mit Routinebewegungen sich nicht begnügen. Zuweilen muß er es auf sich nehmen, einen ungewohnten, kühnen Griff zu tun, um zu einer guten Lösung zu kommen. Solcher Bemühung haftet notwendig an, Versuch zu sein. Sie ist nicht ohne Gefahr. Niemand als der, der sich den Weg Satz für Satz erkämpfte, ist sich dessen besser bewußt. Um theologischer Gelehrsamkeit willen würde sich der Einsatz nicht lohnen. Die Not der Kirche in der Not dieser Zeit indessen verlangt, nüchtern und verantwortungsbewußt den Dienst zu leisten, den die Kirche von einem Theologen erwarten darf.

EPILOG 1987:
DIE VISION EINER KÜNFTIGEN KIRCHE[1]

Die Situation

Die statistische Bilanz des deutschen Nachkriegskatholizismus ist bestürzend. Nur eine Zahl sei genannt: *1952* gingen (nach einer Allensbach-Umfrage) rund die Hälfte der befragten jungen Katholiken (16 bis 29 Jahre) regelmäßig zur Kirche und nur 8 % blieben dem Gottesdienst permanent fern, mitten im konziliaren Aufbruch 1963 sogar nur 4 %. *1980* gehen noch 16 % regelmäßig und 60 % selten oder nie. Fazit im Ganzen: ein *Schrumpfprozeß großen Stils*, Rückgang des Gottesdienstbesuches bei Jüngeren und Älteren, damit verbunden auch immer mehr Rückgang der Taufen, Firmungen, Priesterweihen, kirchlichen Eheschließungen. Nur kirchliche Beerdigung wünscht man in jedem Fall, selbst unter völlig säkularisierten Protestanten – für viele in unserem Land der einzige Grund, überhaupt noch Kirchensteuern zu bezahlen. Wir kommen am traurigen Faktum nicht vorbei: Wir haben es in Deutschland gegenwärtig mit einer über unermeßliche Finanzmittel und juristische Druckmittel verfügenden und so selbstherrlich am Volk vorbeiregierenden katholischen Kirchenbürokratie zu tun, die ihresgleichen sucht in der Welt und unter deren Herrschaft auch viele im »niederen Klerus«, Pfarrer und Vikare, leiden, schimpfen oder schweigen. Und weiß Gott, wenn diese selbstherrliche Amtskirche allein die Kirche Jesu Christi wäre, dann wäre es für viele von uns – und besonders die Jüngeren, Reformbereiten, Gesellschaftsorientierten – zum Verzweifeln, dann hätte für viele von uns diese Kirche keine Zukunft.

Aber auch wenn man in Rom diesen biblischen Ausdruck nicht mehr gern hört und lieber mystifizierend vom »Mysterium« der Kirche redet: Die Kirche bleibt das »Volk Gottes«, die Gemeinschaft der Glaubenden – und das sind wir *alle*! Jene vom Vatikan kontrollierte Prälatenkirche aber, die viele als »von oben herab« erleben, und die sich durch eine Allergie gegen Selbstverantwortung, Mitsprache, Mitentscheidung, Kritik und Demokratie auszeichnet, eine solche *Oberkirche* entspricht weder dem Willen Jesu Christi noch unserer Hoffnung auf die Zukunft.

Denn in aller Stille und unspektakulär, ermöglicht oft von einem mit Verzicht auf bürgerliche Bequemlichkeit erkauften hohen Engagement, ist von unten in- und außerhalb unserer Gemeinden das *Netz einer an-*

---

[1] Dieser Text entstand anläßlich des Besuches von Papst Johannes Paul II. in der Bundesrepublik im Mai 1987 und wurde als Rede gehalten auf der Veranstaltung der Initiative »Kirche von unten« in Köln am 25. April 1987.

dersartigen Kirche geknüpft worden, mitgetragen auch von vielen Pfarrern und Kaplänen, wohlwollend toleriert und indirekt unterstützt von vielen »Anonymen« an den Schaltstellen des kirchlichen Apparates, in manchen Ländern und Kontinenten auch von vielen Bischöfen: eine Kirche, bestehend aus Gruppierungen und Interessengemeinschaften aller Art, Arbeitskreisen, Aktionszirkeln, Meditationszentren, Initiativgruppen. Sie sind im christlichen Geist eine andere Art »bekennender Kirche«, eine alternative Form von »entschiedenem Christentum«, eine neue Form von Gemeindebildung oft jenseits der territorialen Pfarrei. Diese Kirche unter uns ist keine isolierte Kirche in der Kirche oder außerhalb der Kirche. Sie lebt mitten in der großen Kirchengemeinschaft, auch in zahllosen Jugendgruppen innerhalb der Territorialpfarreien, freilich mit oft anderen Prioritäten, anderen Umgangsformen, anderen Stilen und Aktionen als die hoch-amtliche Kirche, wie dies besonders auf Katholiken- und Kirchentagen zum Ausdruck kommt.

Deshalb, um nicht mißverstanden zu werden: Niemand in dieser andersartigen Kirche ist generell gegen höhere Amtsträger in der Kirche, auch wenn sie noch so oft irritieren, reglementieren und schikanieren. Alle aber sind entschieden dagegen, daß der Vatikan den Nationalkirchen gegen den Willen von Volk und Klerus zunehmend offenkundig ungeeignete, wenngleich gefügige römische Statthalter aufoktroyiert. Ist es doch diese autoritäre römische Politik, welche die Hauptschuld trägt am Niedergang der in der Konzilszeit blühenden holländischen Kirche, am gegenwärtigen Aufruhr in der Kirche Österreichs, den ungeheuren Spannungen in der Kirche der Vereinigten Staaten, an den Polarisierungen in der Kirche Lateinamerikas und auch bei uns in Deutschland. Diese Polarisierung aber will niemand. Sie wird nur überwunden, wenn Papst und Bischöfe in Deutschland nach dem Wort des Paulus »nicht die Herren unseres Glaubens, sondern die Diener unserer Freude« sind (vgl. 2 Kor 1,24); wenn sie vom hohen Thron einer selbstgerechten Orthodoxie und eines besserwisserischen Moralismus »herabsteigen«, wenn sie nach dem Vorbild von Papst Johannes XXIII. und vieler Bischöfe (nicht nur in Nord- und Lateinamerika) mit allen, auch mit der »Kirche von unten«, zu denken, fühlen, handeln bereit sind und Mitsprache und Mitentscheidung nicht zuletzt auch in Bischofswahlen gewähren.

Diese Kirche von unten will niemanden aus der Kirche ausschließen – auch nicht Lefebvre und die Seinen, denen wir gerne ihre lateinische Messe lassen. Aber sie möchte auch von niemandem aus der Kirche ausgeschlossen werden – weder iuridisch noch geistig. Gewiß: sie spricht nicht wie zur Konzilszeit auch für die offizielle Kirche von oben. Aber: sie spricht, ohne sich darauf etwas einzubilden, für die meist schweigenden Millionen, die sich nach einer christlicheren Kirche Christi sehnen. Sie spricht für die übergroße Mehrheit auch der Katholiken, die nach allen Meinungsumfragen in den umstrittenen Fragen gegen den gegenwärtigen reaktionären römischen Kurs sind. Sie spricht für eine Kirche, die der manipulierten und zensierten Massen-»Begegnungen« zwischen Papst und Volk, all des frommen Showbusiness und des organisierten Jubels nicht bedarf, die stattdessen bemüht ist um unauffällige alltägliche Nachfolge im Geiste Jesu Christi, unseres Herrn.

Diese andersartige Kirche ist auch hörende Kirche, gewiß. Aber auch die gehörte Kirche? Das ist sie wahrhaftig kaum. Denn gehört wird in der Regel oben nur, wer sich anpaßt, wer nachgibt, wer Beifall klatscht. Und weil wir nicht gehört werden, müssen wir uns Gehör verschaffen. Was aber kann man bei dieser Kirche hören?

Sicher nichts Offizielles und Amtliches, nichts von Hoftheologen klug mit Publikumswirkung Ausgekochtes, von einer Bischofskonferenz Abgesegnetes, von einem Zentralkomitee Angeregtes oder von einer römischen Kurie Zensiertes. Zu hören ist hier schlicht, was in der Kirche »da unten« über alle Konfessionsgrenzen hinweg gedacht und gelebt wird, von einer Kirche, von der wir, allem Anschein zum Trotz, glauben, daß sie Zukunft hat. Deshalb möchte ich die Vision einer künftigen Kirche entwerfen in drei, vier wesentlichen Perspektiven.

PERSPEKTIVE I: Zukunft hat nicht eine vergangenheitsverliebte, sondern eine ursprungs- und gegenwartsbezogene Kirche

Endgültig der Vergangenheit gehört an:
1. jenes Modell einer *konstantinisch-byzantinischen Reichskirche*, wo Staat und Kirche allzugut harmonierten und das Reich Gottes auf Erden selber zu verwirklichen meinten;
2. auch jenes Modell einer *mittelalterlichen Papstkirche*, wo ein theokratisch regierender Monarch meinte, über die apostolischen Kirchen des Ostens und die Kirchen des Westens, ja über die Gewissen aller Menschen absolutistisch herrschen und gar den weltlichen Regierungen die Moral diktieren zu können: eine papalistisch fixierte Kirche, die auch heute noch mit autoritären Verordnungen, disziplinarischen Sanktionen und politischen Strategien ihre Macht bewahren zu können meint;
3. aber auch jenes Modell einer *protestantischen Fürsten- oder Staatskirche*, wo der Papst durch den Fürsten oder den Staat abgelöst und das allgemeine Priestertum der Gläubigen zu einer inhaltsleeren Worthülse vertrocknet ist;
4. und schließlich auch jenes Modell einer finanzkräftigen *modernen Bürokratie-Kirche*, die sich zur Abwehr des modernen Liberalismus und Sozialismus in Zentralisierung und Bürokratisierung geflüchtet hat: ein nur modern verkleidetes, im Grunde aber mittelalterlich-gegenreforma-

torisches Paradigma von Kirche, wie man es im Vatikanum I (1870) sakral legitimierte und auch wieder nach dem Vatikanum II (1962–65) mit autoritär-inquisitorischen Mitteln, einem neuen alten Codex Iuris Canonici durchzusetzen versucht: unterstützt mit einem massenwirksamen Personenkult und einer auf römische Machterhaltung gezielten, unkollegialen und völlig undemokratischen Personalpolitik.

Nein, Zukunft hat die Kirche nur unter drei Bedingungen:
– wenn sie erstens sich auf ihren *Ursprung* besinnt und immer wieder neu Maß nimmt am Evangelium, an Jesus Christus selbst. Und das heißt:
Kirche verstanden nicht als Machtapparat und religiöser Multi, der die Ausübung von Dialog und Demokratie ständig behindert, sondern als Volk Gottes und als Gemeinschaft der Glaubenden vor Ort;
das kirchliche Amt verstanden nicht als Phalanx, als »heilige Herrschaft« (= »Hierarchie«), sondern als »Dienst« (= »Diakonie«) an den Menschen;
der Papst nicht ein Halbgott und geistlicher Autokrat, sondern als leitender Bischof mit seinem Pastoralprimat kollegial eingebunden in das Bischofskollegium im Dienst an der Ökumene;
– wenn sie zweitens die vom Evangelium gedeckte *große katholische Tradition* (nicht aber die vielen kleinen, vom Evangelium keineswegs immer gedeckten katholischen Traditionen) bewahrt:
immer wieder entschieden orientiert an der Urgemeinde, aber angeregt auch von der universalen Weite eines Origenes und dem persönlichen Engagement und der Sprachkraft eines Augustin, vom Armutsideal und von der Naturfrömmigkeit eines Franz von Assisi, der intellektuellen Offenheit eines Thomas von Aquin und der Mystik wie Kirchenkritik einer Hildegard von Bingen oder Teresa von Avila, aber auch von den echt evangelischen Anliegen Luthers und Calvins und vom christlichen Leben, Wirken, Kämpfen und Leiden aller unserer Brüder und Schwestern, die vor uns lebten;
– wenn sie sich drittens schließlich neu auf die *Aufgaben der Gegenwart* ausrichtet:
die Kirche so eine solidarische, brüderlich-schwesterliche Gemeinschaft wird, die nicht triumphalistisch sich selbst zelebriert, sondern selbstkritisch ihre ungeheuren Versäumnisse in Lateinamerika, in China, Indien und Afrika und in der Ersten Welt eingesteht, ihre Fehler offen korrigiert und sich auf ihre große Aufgabe in der heutigen Gesellschaft konzentriert. Und was Deutschland betrifft: Allen Respekt vor Gestalten wie Rupert Mayer und Edith Stein und ihrem christlichen Zeugnis unter dem Nationalsozialismus, die Anfang Mai 1987 selig gesprochen wurden; aber begründetes Mißtrauen gegenüber einem aus dem Mittelalter stammenden kirchlichen Brauch, wenn vereinzelter tapferer Widerstand inmitten allgemeiner kirchlicher Anpassung zur päpstlichen Selbstdar-

stellung, zur Schuldverdrängung und Schuldablehnung statt zum klaren Schuldbekenntnis der Kirche benützt wird.

Sind dies alles nur hoffnungslose Illusionen? Keineswegs: *die neue Zukunft der Kirche hat bereits begonnen!* Denn wir bezeugen es hier: diese neue Zukunft beginnt *von unten.* Sie ist angebrochen

– wo immer ein *Pfarrer* (es gibt ihrer mehr als man denkt) – in Fragen wie Geburtenregelung, Mischehe, Zulassung Geschiedener zu den Sakramenten, Autoritätsausübung, Eingestehen kirchlicher Irrtümer, Dritter Welt und Befreiungstheologie – nicht einfach systemkonform die Auffassungen der römisch-deutschen Kirchenoberen vertritt, sondern mit den Menschen seiner Gemeinde denkt, fühlt und handelt;

– wo immer ein *Bischof* (ein Oscar Romero, Helder Câmara, Evaristo Arns, Aloisio Lorscheider, Raymond Hunthausen) in Auseinandersetzungen sich nicht einfach am Vatikan orientiert, sondern – als »guter Hirte«, nicht »Mietling« – sich im Geiste Jesu primär mit den Menschen seiner Diözese und seines Landes identifiziert;

– wo immer ein *Papst* wie vielleicht wieder ein Johannes XXIV. sich – statt an den Zwängen des römischen Systems – an den Erfordernissen des Evangeliums und den Bedürfnissen der heutigen Menschen orientiert und so für das »aggiornamento« der Kirche, für die Ökumene, für volle Katholizität und kritisches evangelisches Engagement in Worten und in Taten eintritt: dann, ja dann gehört auch er zur Kirche von unten, dann verhält er sich nicht als Oberherr, Oberlehrer und Oberrichter der Kirche Gottes. Dann ist er, was er als Nachfolger des bescheidenen und sympathisch fehlbaren galiläischen Fischers Petrus nach einem Wort Gregors des Großen sein soll: »Diener der Diener Gottes«.

PERSPEKTIVE II: Zukunft hat nicht eine patriarchale, sondern eine partnerschaftliche Kirche

Vorbei ist die Zeit:
1. der *stereotypen Frauenbilder:* Frauen nehmen nicht länger schweigend hin, was kirchliche Amtsträger und Theologen über sie, »ihr« Wesen und »ihre« – offenbar einzige – Rolle in Kirche und Gesellschaft zu sagen haben. Sie wehren sich dagegen, daß sie den von Männern gemachten Bildern entsprechen sollen. Als mündige Christinnen wollen, können sie selbst bestimmen, wer sie – jede auf ihre Art – sind und worin jede einzelne ihre Aufgabe sieht;
2. der *eingleisigen Sprache:* Frauen finden sich nicht länger mehr ab mit einer kirchlichen, liturgischen, theologischen Sprache, die sie ausschließt, unsichtbar macht, verschweigt. Sie wollen sich nicht mehr kirchlich unter »Brüder« und »Söhne« »mitgemeint« sein lassen. Sie sind nicht mehr bereit, von und zu Gott in Begriffen zu sprechen, die

ausschließlich dem Erfahrungsbereich von Männern entnommen sind. Immer mehr Frauen nehmen sich das Recht, selbst zu benennen, was Gott für sie und ihr Leben bedeutet. Sie lassen es nicht mehr unwidersprochen zu, daß im Namen des Vatergottes und im Namen des Mannes Jesus Männerherrschaft und Frauenunterdrückung in der Kirche legitimiert werden;

3. der *vorherbestimmten Geschlechterrolle*: Frauen akzeptieren nicht länger »still und in aller Unterordnung«, wie die Praxis der Kirche faktisch mit ihnen umgeht: vom Verbot von Ministrantinnen bis zu dem von Frauenordination und von künstlicher Geburtenregelung: ein einziger Strang der Reglementierung. Frauen lassen sich heute nicht mehr zu Objekten männlicher Gebote, Verbote, Regeln und Rollenzuweisungen degradieren. Jede Form von Herrschaft und Autorität, die versucht, anderen ihren Willen aufzuzwingen statt sie in ihrem Selbstwerdungsprozeß zu fördern, halten Frauen nicht nur für unzeitgemäß und unrecht, sondern für Sünde. Immer mehr Frauen widersetzen sich solchen Zwängen und arbeiten damit gleichzeitig für eine andere Kirche.

Zukunft hat Kirche nur unter weiteren drei Voraussetzungen:
– wenn *alle umkehren*: wenn wir alle, Frauen und Männer, Sexismus und Patriarchalismus nicht länger dulden: Solange gerade in der Kirche die Macht allein in den Händen von Männern liegt, während von Frauen erwartet wird, aus Liebe zu dienen und das fürsorgliche, menschenfreundliche Element zu vertreten, wird die für Christen grundlegende Einheit von Macht, Gerechtigkeit und Liebe zerrissen und korrumpiert;
– wenn wir *allesamt handeln*: wenn es uns gelingt, in einer sexistisch-patriarchalischen Welt glaubwürdig von Gott als dem Gott der Befreiung und Erlösung und vom Gutsein Gottes in Wort und Tat zu zeugen: Die Gottebenbildlichkeit aller Menschen dürfen wir nicht nur verbal beteuern; der Einteilung in Menschen erster und zweiter Klasse müssen wir uns gerade in der Kirche aktiv widersetzen;
– wenn der Klerikalismus aufhört und *Amt und Charisma in der Kirche wieder eine unverzichtbare Einheit bilden*: Die wichtigsten Kriterien für ein Amt in der Kirche dürfen nicht mehr männliches Geschlecht und opportunistisch-konformistische Bejahung des Status quo sein. Vielmehr sollten wir Ernst damit machen, daß es unterschiedliche Fähigkeiten, Berufungen, Charismen gibt, die zum Aufbau einer partnerschaftlichen Gemeinschaft von Frauen und Männern in der Kirche beitragen.

Ist dies alles ein leeres Postulat? Mitnichten: *die Zukunft der Kirche in Richtung Partnerschaft hat endlich begonnen*. Denn das bekunden heute viele Frauen und Männer gemeinsam: die partnerschaftliche Kirche wächst *von unten*:

– In der ganzen Welt haben Frauen begonnen, Sexismus und Patriarchalismus in christlicher Kirche und Theologie aufzudecken; sie nehmen die kirchlichen und theologischen Strukturen der Unterordnung von Frauen nicht mehr einfach hin, sondern kritisieren sie öffentlich als Ausdruck ungerechter, ungerechtfertigter Herrschaft.

– Die Phase, nur Fragen zu stellen, freilich ist für viele Frauen vorbei. Auch die Zeit des Wartens darauf, daß die Amtskirche auf ihre Bitten und Forderungen eingeht. Frauen nehmen sich die Freiheit, ihrem eigenen Verständnis von christlichem Glauben entsprechend zu handeln – im Bewußtsein, daß sie selbst auch Kirche sind.

– Christinsein heißt für sie: Aus dem Gedanken heraus, daß es »in Christus weder Mann noch Frau« (Gal 3,28) gibt, die Verpflichtung, sich für die Befreiung aus Unterdrückung zu einem menschenwürdigen, selbstbestimmten Leben aller hier und jetzt einzusetzen.

PERSPEKTIVE III: Zukunft hat nicht die konfessionalistisch verengte, sondern die ökumenisch offene Kirche

Abgelaufen ist die Zeit:
1. der *konfessionellen Exklusivität:* spätestens seit den Dokumenten des Zweiten Vatikanischen Konzils ist es nicht mehr zulässig, daß sich eine einzelne Konfession als alleinseligmachende, einzig wahre Kirche Jesu Christi aufspielt, außerhalb derer niemand zum Heile komme. In diesem Geist nehmen es ungezählte Christen nicht mehr länger hin, daß die Kirchen sich wegen ihrer Lehrgegensätze gegenseitig bis in die Familien hinein ausgrenzen und Christen sich wegen der jeweils anderen Konfessionszugehörigkeit gegenseitig diskriminieren;
2. der *konfessionellen Amtsanmaßung:* Auch zahllose Katholiken, Laien und Ordinierte, akzeptieren es nicht mehr länger, daß die Amtshandlungen protestantischer Pfarrer und Pfarrerinnen (vor allem beim Abendmahl) für ungültig angesehen werden, daß das Eingehen einer Mischehe als Vergehen gegen den Glauben, daß die aktive Teilnahme an einem evangelischen Gottesdienst als religiöses Delikt gilt, daß ökumenische Gottesdienste gerade am Sonntag strikt verboten sind;
3. der *konfessionellen Gemeinschaftsverweigerung:* In allen Kirchen versteht es der Großteil der Gläubigen nicht mehr, daß man sich gegenseitig von der Mahlgemeinschaft ausschließt und die Sakramente der anderen Kirchen (mit Ausnahme bestenfalls der Taufe) als wirkungslos oder überflüssig betrachtet. Das ist Gemeinschaftsverweigerung wider den Geist Jesu, der alle, gerade auch die von der frommen Gesellschaft Ausgeschlossenen, an seinen Tisch geladen hatte. Verweigerung auch wider den Geist der urchristlichen Gemeinde, die Mahlgemeinschaft als Zeichen der Einheit in aller Verschiedenheit von Status, Bildung, Geschlecht und Theologie ansah.

Zukunft hat die Kirche nur unter dreifachem Vorbehalt:

— daß sie *nach innen praktiziert,* was sie nach außen predigt: Was nützt es, wenn kirchliche Hierarchen von der Welt Versöhnung, Frieden, Gerechtigkeit und Freiheit fordern, selber aber die Versöhnung der Gemeinden verhindern; wenn sie den Frieden in der Christenheit verzögern, die Gerechtigkeit in der Kirche – gegenüber Theologen, Theologinnen, Klosterfrauen, Frauen überhaupt – mit Füßen treten und die Freiheit der Bischofswahl wie der theologischen Forschung unterdrücken? Was nützt es, wenn der Papst auf dieser Reise im Ruhrgebiet sich gegen Arbeitslosigkeit in der Gesellschaft ausspricht und nicht alles für die Verminderung von Arbeitslosigkeit in der Kirche tut: z. B. indem er all den unbeschäftigten Laientheologen einen Arbeitsplatz ermöglicht, die unsere zunehmend priesterlosen Gemeinden bitter nötig haben;

— daß sie den zahllosen ökumenischen Worten, Gesten und Gebeten endlich, endlich *ökumenische Taten* folgen läßt: Wie soll es glaubwürdig sein, wenn die offizielle Kirche trotz weithin erfolgreicher Annäherung der Standpunkte in den zwischenkirchlichen Gesprächen sich auf die verbleibenden Unterschiede versteift? Es ist hohe Zeit, daß die Kirchenführung die Ergebnisse ihrer eigenen ökumenischen Dialogkommission ernsthaft in die Tat umsetzt; ein erster Schritt wäre statt immer neuer praktisch unverbindlicher Wortgottesdienste die feierliche Aufhebung der »Verwerfungen« aus der Reformationszeit und der Exkommunikation Martin Luthers durch den Papst;

— daß sie die vom Vatikanum II initiierte *Erneuerung weiterführt:* Es ist kontraproduktiv für die Kirche weltweit und vor Ort, wenn Papst und Bischöfe die in vielen Gemeinden seit Jahren gewachsene ökumenische Gemeinschaft statt zu fördern wieder abzuwürgen beginnen; wenn sie, die sonst Pfarrer und Gemeinden mit kaum gelesenem Papier überschütten, nicht endlich durch realistische Unionspläne konkrete Schritte zur Einheit einleiten.

Doch ist dies alles vielleicht doch nur ökumenisches Wunschdenken? Weit gefehlt: *Die ökumenische Zukunft der Kirche hat schon begonnen!* Denn das bestätigen die vielen hier: die ökumenisch offene Kirche wächst *von unten:*

— Seit Jahren arbeiten zahllose evangelische und katholische Theologen überall auf der Welt in Lehre und Forschung unauffällig und ohne Angst vor Karriereeinbrüchen an den neuralgischen kirchentrennenden Fragen und machen durch ihre Arbeit eine Aufhebung der Kirchenspaltung möglich.

— Eine vielfältige praktische Zusammenarbeit zwischen den Gemeinden hat sich vor Ort entwickelt im Bildungs- und Sozialbereich, in Jugendarbeit, Lebensberatung und Altenbetreuung, in der Friedens- und Entwicklungszusammenarbeit.

– Viele Jugendliche wählen auf unseren Schulen ganz selbstverständlich ihren Religionslehrer selber; konfessionsgemischte Familien respektieren vielfach längst die Praxis der anderen Kirche und nehmen aktiv an ihr teil.

– Ja, zahllose Seelsorger und Seelsorgerinnen der getrennten Kirchen haben sich in der Praxis seit langem gegenseitig anerkannt und stehen zur gemeinsamen Verantwortung für die Verkündigung des Evangeliums: nicht zuletzt, weil sie realisiert haben, daß die Trennungslinie heute immer weniger zwischen den Konfessionen als zwischen Glauben und Nicht-Glauben verläuft.

– In vielen Gemeinden in aller Welt wird längst ohne großes Aufsehen eucharistische Gastfreundschaft praktiziert und als Ausdruck schon realisierter Glaubensgemeinschaft begriffen.

PERSPEKTIVE IV: Zukunft hat nicht eine eurozentrische, sondern eine universale Kirche

Dahin ist die Zeit

1. des *christlichen Alleinanspruchs*: Nach dem Zweiten Vatikanum verliert auch in den Kirchen des Weltrates die selbstgerechte Überzeugung an Boden, der christliche Glaube sei die einzige legitime Religion auf Erden; sie allein dürfe von allen Respekt verlangen, ohne solchen Respekt auch anderen schuldig zu sein. Daß andere Religionen als teuflische Ausgeburt der Unwissenheit, der Selbstrechtfertigung und der Arroganz des Menschen diffamiert werden, wird mehr und mehr als unvereinbar angesehen mit dem Geist des Nazareners, der so vielen Nichtjuden Sympathie, ja, Liebe entgegengebracht hat;

2. des *europäischen Kolonialismus*: Daß in der europäischen Neuzeit religiöse und wirtschaftliche Expansion, von militärischen Interessen unterstützt, im Namen Jesu Christi andere Religionen und Kulturen vor allem in Lateinamerika und Afrika mutwillig und planmäßig zerstörten, wird heute von vielen Christen beklagt, von Kirchenfürsten aber nur selten als Schuld der Kirche eingestanden. Küssen des Bodens von fremden Ländern ist das eine und gut; ein klares Bekenntnis zur monströsen kirchlichen Schuldgeschichte und zur Mitverantwortung für die miserablen sozialen Verhältnisse in den betreffenden Ländern das andere und besser. Viele Christen von Südafrika bis Chile aber erwarten von der Kirche ein klares und unzweideutiges Wort des Widerstandes gegenüber ausbeuterischen Machthabern und repressiven politischen Strukturen. Zu sehr ist unsere Kirche noch immer mit den Herrschaftsinteressen der Ersten Welt verquickt. Wo immer die Kirche die Interessen des Volkes sich zu eigen macht (Beispiele: Haiti, Philippinen), sind demokratische Veränderungen erreichbar (hoffentlich bald auch in Chile und Südafrika);

3. des *römischen Imperialismus*: Aufgeschlossene Europäer aller Konfes-

sionen tolerieren es heute nicht mehr, daß alteingesessene wie junge christliche Kirchen in anderen Kontinenten gegängelt werden. Sie lehnen einen römischen Imperialismus ab, der alle Kirchen auf ein von der Zeit überholtes mittelalterliches Rechts- und Frömmigkeitssystem zu verpflichten trachtet. Und die drei chinesischen Forderungen nach Selbstunterhaltung, Selbstverwaltung und Selbstverbreitung der regionalen und nationalen Kirchen entsprechen nicht nur dem zeitgenössischen Demokratieverständnis. Sie entsprechen auch durchaus der urchristlichen Verfassung der Kirche und der großen katholischen Tradition des ersten Jahrtausends.

Zukunft aber hat die Kirche nur unter drei Prämissen:
— insofern sie erstens *Respekt hat vor der immer größeren Wahrheit.* Denn bei allem Anspruch auf Wahrheit hat die Kirche kein Monopol auf Wahrheit. Sie muß sich der Herausforderung des Wahrheitsanspruches der anderen Religionen ohne Angst vor Identitätsverlust stellen;
— insofern sie zweitens aber auch *von den anderen Religionen zu lernen sucht:* In Respekt vor der Geschichte der anderen Religionen ist die Kirche herausgefordert, die oft verdrängten Reichtümer der anderen Religionen zur Vertiefung ihrer eigenen Praxis aufzunehmen: all die ästhetischen, meditativen, liturgischen Traditionen der anderen – ohne synkretistische Vermischung;
— insofern sie den verschiedenen *National-, Regional- und Lokalkirchen eine angemessene Autonomie läßt:* Kirchen müssen in anderen Kulturen in eigener Verantwortung ihren Lebens- und Organisationsstil gestalten können – ganz entsprechend dem Reichtum und der gottgewollten Vielfalt der menschlichen Geschichte.

Doch ist dies alles nicht eine reine Utopie? Durchaus nicht: diese *globale Zukunft der Kirche hat schon begonnen!* Denn das wissen wir hier: die Kirche wächst *von unten:*
— Von Ostafrika bis Lateinamerika, von Indien bis nach Burma, Thailand und Korea organisieren sich Basisgruppen und »Small Christian Communities« zur Selbsthilfe, um Nächstenliebe über alle Grenzen von Religion und Ideologie hinweg konkret zu gestalten.
— In den Kirchen Afrikas insbesondere öffnet man sich vermehrt den künstlerischen Traditionen, dem Tanz und der spontanen Lebensfreude der Afrikaner und versucht gleichzeitig, der Überfremdung durch eine von den Herrschenden Afrikas getragene Verwestlichung zu widerstehen.
— In vielen Meditationszentren und Ordensgemeinschaften Amerikas, Europas und auch Deutschlands wird wie in christlichen Ashrams Indiens Schweigen eingeübt und nicht dogmatische Rechthaberei; gemeinschaftlicher Umgang mit Andersdenkenden und nicht hierarchische Indoktrinierung; spontane Bereitschaft zur Teilhabe am Leben der anderen und nicht

steife Distanz – alles in einer Einheit von geistig-mystischer Vertiefung und gesellschaftlich-politischem Engagement.

Worauf also hoffen wir?

Wie diese vier Perspektiven einer künftigen Kirche im einzelnen realisiert werden, wissen wir nicht. Niemand von uns ist so naiv zu glauben, etwa durch Strukturreformen allein werde die katholische Kirche automatisch wieder wachsen (die protestantischen Kirchen, in freilich anderer Problemlage, belegen das Gegenteil). Aber ohne sie wird die Zukunft in jedem Fall verspielt, und der Konflikt zwischen einer allzu beharrenden, absichernden, verwaltenden Oberkirche und innovativ drängenden, problem- und konfliktorientierten Aktions- und Nachfolgegruppen dürfte zunehmen.

Nein, wir wissen nicht, wie die Kirche des dritten Jahrtausends nach Christus aussehen wird. Aber aller Griesgrämigkeit, aller Skepsis, allem diffusen Zynismus zum Trotz lassen wir uns die Hoffnung nicht nehmen, daß die Kirche, die schon von unten zu wachsen begonnen hat, schließlich doch wie in der Konzilszeit nach oben durchbricht und blüht: eine Kirche mit menschenfreundlichem Antlitz. Auf welchem Grund? »Einen anderen Grund kann niemand legen«, so Paulus (1Kor 3,11), »als der gelegt ist: Jesus Christus!«. Nach welchem Maßstab? »Ich bin«, so Jesus nach Johannes (Jo 14,6), »der Weg, die Wahrheit und das Leben!«. Vom Maßstab der Botschaft und des Geschicks Jesu von Nazarets her, seines Todes und seiner Erweckung zum ewigen Leben gilt für uns ein Doppeltes: Die oft so menschenunfreundlich-bürokratische Kirche darf sterben und die menschenfreundlich-jesuanische Kirche in unseren Herzen immer wieder auferstehen.

Sterben darf die Kirche mit menschenunfreundlich-bürokratischem Antlitz. Sterben darf eine Kirche,
– in der der *Ungeist* dogmatistischer Unbeweglichkeit, moralistischer Zensur, juristischer Absicherung und Sanktionierung herrscht;
– in der die *Angst* vor dem Untergang des jahrhundertelang Gehätschelten dominiert und dem Einfluß des Bösen zugeschrieben wird;
– in der die *spießige Mentalität* von Bürokraten in Ordinariaten überwiegt, von Paragraphenreitern in kirchlichen Gerichten, von moralischen Rechthabern in kirchlichen Kommissionen, von Hofberichterstattern in kirchlich beherrschten Medien. Finanzskandale des Vatikans von Milliardenausmaß mit ungeklärten Maffiaverbindungen und mysteriösen Todesfällen würden endgültig verschwinden und eine transparente Finanzpolitik

Platz greifen. Und ein sogenanntes »Opus Dei« – finanzkräftiger Geheimbund aus dem Geist spanischer Gegenreformation mit faschistoiden Zügen – würde sich nicht länger, von ganz oben gefördert, ungeniert in unserer Kirche breitmachen können, nachdem man lange genug Geheimgesellschaften wie die Freimaurer verurteilt und exkommuniziert hat.

Aber auch umgekehrt: *Auferstehen* in unseren Herzen darf immer wieder die jesuanisch-menschenfreundliche Kirche. Denn in seinem, in Jesu Geist, dem Geist der solidarischen Menschlichkeit, sind wir fähig,
– auf *Diskriminierung und Inquisition unter uns zu verzichten:* ein Leonardo Boff in Brasilien, ein Eduard Schillebeeckx in Holland, ein Jaques Pohier in Frankreich, ein Charles Curran in den USA, ein Georg Bulanyi in Ungarn und zahllose andere unbekannte Theologen in Asien und Afrika hätten nichts mehr zu befürchten! In einer Zeit, in der selbst der Kreml seine Dissidenten zu rehabilitieren beginnt, wird man wahrhaftig fragen dürfen, was der Vatikan mit den seinen zu tun gedenkt. Weiter so im Geist der Inquisition, die viele von uns in die Resignation und einige gar an den Rand der physisch-psychischen Erschöpfung und der beruflichen Vernichtung gebracht hat?
– statt die Schuldgeschichte zwischen den Kirchen und Religionen aufzurechnen, *Vergebung zu üben und einen Neubeginn zu wagen:* Interkommunion wäre kein Reizwort mehr, und die erfreuliche religiöse Manifestation in Assisi mit Vertretern anderer Religionen keine Eintagsfliege!
– uns auch *gesellschaftspolitisch neu zu engagieren:* in der Friedensbewegung nicht nur für Abrüstung, sondern tiefer gegen den Rüstungswahn für einen Geist der Friedfertigkeit auf allen (auch privaten) Ebenen; in der Ökologiebewegung nicht nur für Umweltschutz, sondern tiefer gegen den Ausbeutungswahn für einen Geist der Schonung und Bewahrung der Schöpfung auf allen (auch privaten) Ebenen. In der Alternativbewegung nicht nur für menschliche Produktions- und Konsumweisen, sondern tiefer gegen den Verschwendungswahn für einen Geist der Neugeburt, einer neuen Grundhaltung, einer neuen Wertskala unseres (auch privaten) Lebens. In der Sozialbewegung nicht nur für mehr soziale Verpflichtungen, sondern gegen Konkurrenzwahn tiefer für einen anderen Geist weltweiter ökonomischer Partnerschaft und Verteilung.

Wo sein Geist herrscht, da hat Kirche schon jetzt Zukunft. Sie bricht dort an,
wo in Basisgemeinden und Initiativgruppen die alten sozialen und kirchlichen Hierarchien nicht mehr gelten;
wo Gemeinden sich mit Randgruppen und Außenseitern solidarisieren;
wo Homosexuelle nicht mehr diskriminiert und Geschiedene-Wiederverheiratete nicht mehr exkommuniziert werden;

wo verheiratete Priester und ihre Frauen nicht mehr ausgestoßen werden;
wo katholische Kindergärtnerinnen nicht mehr ihren Arbeitsplatz verlieren, weil sie einen Protestanten heiraten, und katholische Laientheologen und -theologinnen (ähnlich wie protestantische Pfarranwärter) nicht deshalb vom pastoralen Dienst ausgeschlossen werden, weil sie einen konfessionell verschiedenen Partner ehelichen;
wo es zur Einheit (nicht Uniformität) zwischen den christlichen Kirchen, zum Frieden unter den großen Religionen und zur Abrüstung und Verständigung zwischen den Nationen kommt.

Ja, wo Jesu Geist herrscht, da hat Kirche schon jetzt Zukunft. Darauf gründet unsere »docta spes«, unsere »geprüfte Hoffnung«!

Hans Küng

Christ sein
11. Aufl., 133. Tsd. 1984. 676 Seiten. Geb.

Ewiges Leben?
5. Aufl., 86. Tsd. 1985. 327 Seiten. Serie Piper 364

Existiert Gott?
Antwort auf die Gottesfrage der Neuzeit. 2. Aufl., 73. Tsd. 1984. 878 Seiten. Geb.

Freud und die Zukunft der Religion
1987. 160 Seiten. Serie Piper 709

Die Kirche
3. Aufl., 19. Tsd. 1985. 605 Seiten. Serie Piper 161

Rechtfertigung
Die Lehre Karl Barths und eine katholische Besinnung
Geleitbrief von Karl Barth. 1986. 393 Seiten. Serie Piper 674

Theologie im Aufbruch
Eine ökumenische Grundlegung
1987. 320 Seiten. Geb.

24 Thesen zur Gottesfrage
3. Aufl., 35. Tsd. 1980. 134 Seiten. Serie Piper 171

20 Thesen zum Christsein
6. Aufl., 100. Tsd. 1980. 75 Seiten. Serie Piper 100

**Hans Küng/Josef van Ess/
Heinrich von Stietencron/Heinz Bechert
Christentum und Weltreligionen**
Hinführung zum Dialog mit Islam, Hinduismus und Buddhismus
1984. 631 Seiten. Geb.

Katholische Kirche – wohin?
Wider den Verrat am Konzil
Herausgegeben von Norbert Greinacher und Hans Küng.
1986. 467 Seiten. Serie Piper 488

Theologie bei Piper

Das Buch der Bücher
Altes Testament
Einführung, Texte, Kommentare. Mit einer Einführung von Gerhard von Rad.
Herausgegeben von Hanns-Martin Lutz, Hermann Timm, Eike Christian Hirsch.
6. Aufl., 42. Tsd. 1987. 573 Seiten mit 4 Karten. Serie Piper 347

Das Buch der Bücher
Neues Testament
Einführungen, Texte, Kommentare. Herausgegeben von Gerhard Iber, in Verbindung mit
Hermann Timm. Mit einer Einführung von Günther Bornkamm.
5. Aufl., 23. Tsd. 1987. 496 Seiten. Serie Piper 348

Albert Görres
Kennt die Religion den Menschen?
Erfahrungen zwischen Psychologie und Glauben. 2. Aufl., 9. Tsd. 1984. 142 Seiten.
Serie Piper 318

Helmut Gollwitzer
Was ist Religion?
Fragen zwischen Theologie, Soziologie und Pädagogik.
2. Aufl., 10. Tsd. 1985. 78 Seiten. Serie Piper 197

Norbert Greinacher
Die Kirche der Armen
Zur Theologie der Befreiung. 2. Aufl., 14. Tsd. 1980. 177 Seiten. Serie Piper 196

Norbert Greinacher
Der Schrei nach Gerechtigkeit
Elemente einer prophetischen politischen Theologie. 1986. 199 Seiten. Serie Piper 643

Karl Jaspers
Die maßgebenden Menschen
Sokrates – Buddha – Konfuzius – Jesus. 8. Aufl., 44. Tsd. 1984. 210 Seiten. Serie Piper 126

Leszek Kolakowski
Falls es keinen Gott gibt
Aus dem Engl. von Friedrich Griese. 1982. 220 Seiten. Geb.

Wilhelm Korff
Wie kann der Mensch glücken?
Perspektiven der Ethik. 1985. 388 Seiten. Serie Piper 394

PIPER

Theologie bei Piper

Lust an der Erkenntnis
Die Theologie des 20. Jahrhunderts.
Ein Lesebuch. Herausgegeben und eingeleitet von Karl-Josef Kuschel.
1986. 506 Seiten. Serie Piper 646

Willard G. Oxtoby
Offenes Christentum
Ein Plädoyer für mehr Toleranz zwischen den Religionen.
Mit einem Geleitwort von Hans Küng. Aus dem Amerik. von Bernd Rullkötter.
1985. 124 Seiten. Serie Piper 435

Helmut Thielicke
Mensch sein – Mensch werden
Entwurf einer christlichen Anthropologie.
3. Aufl., 19. Tsd. 1981. 526 Seiten. Kart.

Paul Tillich
Auf der Grenze
Eine Auswahl aus dem Lebenswerk.
Mit einem Vorwort von Heinz Zahrnt zur Taschenbuchausgabe.
1987. 240 Seiten. Serie Piper 593

Heinz Zahrnt
Aufklärung durch Religion
Der dritte Weg. 1980. 122 Seiten. Serie Piper 210

Heinz Zahrnt
Westlich von Eden
Zwölf Reden an die Verehrer und die Verächter der christlichen Religion.
1981. 238 Seiten. Kart.

Heinz Zahrnt
Wie kann Gott das zulassen?
Hiob – Der Mensch im Leid. 2. Aufl., 13. Tsd. 1985. 96 Seiten. Serie Piper 453

PIPER

Karl-Josef Kuschel

Jesus in der deutschsprachigen Gegenwartsliteratur

Mit einem Geleitwort von Walter Jens und einem Vorwort zur Taschenbuchausgabe.
1987. 394 Seiten. Serie Piper 627

Karl-Josef Kuschel stellt am Schnittpunkt von Theologie und Literatur dar, wie die
Jesus-Gestalt in der modernen Literatur gesehen wird. Er zeigt anhand wichtiger Texte
(u. a. von Böll, Frisch, Dürrenmatt, Andersch, Handke, Seghers, Celan) welche
überragende Bedeutung die Jesusfigur auch gerade für nicht-christliche Schriftsteller hat.

»Kuschel gelingt hier ein Unternehmen, wohl einzigartig im christlichen Schrifttum ...«
Zeitschrift für katholische Theologie

»Dieses Buch hält mehr, als der Titel verspricht ... Ein Buch, in dem die Dichtung so
ernst genommen wird wie die Theologie.«
Elisabeth Endres, Frankfurter Allgemeine Zeitung

Der andere Jesus

Ein Lesebuch moderner literarischer Texte.
Hrsg. von Karl-Josef Kuschel. 1987. 413 Seiten. Serie Piper 625

Diese Sammlung von modernen literarischen Texten zeigt, daß Jesus von Nazareth
die große Bezugsgestalt auch der zeitgenössischen Literatur ist. Dieser Jesus der
Literaten ist freilich zumeist ein anderer als der traditioneller Kirchlichkeit. Über Literatur
erschließt dieses Lesebuch einen neuen Zugang zur Gestalt des Nazareners. Es enthält
Texte u. a. von: A. Andersch, I. Bachmann, H. Böll, W. Borchert. B. Brecht, P. Celan,
H. Domin, I. Drewitz, F. Dürrenmatt, G. Eich, E. Fried, M. Frisch, G. Grass, P. Handke,
S. Heym, W. Hildersheimer, R. Hochhuth, W. Jens, M. L. Kaschnitz, W. Koeppen, R. Kunze,
K. Marti, L. Rinser, N. Sachs, W. Schnurre, A. Seghers, E. Zeller.

Weil wir uns auf dieser Erde nicht ganz zu Hause fühlen

Zwölf Schriftsteller über Religion und Literatur. In Zusammenarbeit mit
Hartmut Musmann. 4. Aufl., 19. Tsd. 1987. 180 Seiten. Serie Piper 414

Karl-Josef Kuschels Fragestil ist unaufdringlich, unapologetisch.
Literatur wird bei ihm nicht religiös vereinnahmt, sondern als Herausforderung an Theologie,
Kirche und Christentum erschlossen.

Lust an der Erkenntnis

Die Theologie des 20. Jahrhunderts. Ein Lesebuch. Hrsg. und eingeleitet von
Karl-Josef Kuschel. 1986. 506 Seiten. Serie Piper 646

Dieser zweite Band der Reihe »Lust an der Erkenntnis« will die Theologie unseres
Jahrhunderts mit wichtigen Autoren und Themen vorstellen. Etwa 50 kürzere,
repräsentative Texte zeigen die Entwicklung der modernen Theologie und eröffnen
einen Zugang zum christlichen Denken unserer Zeit.

PIPER

Heinz Zahrnt

Jesus aus Nazareth

Ein Leben.
1987. 320 Seiten. Geb.

Heinz Zahrnt hat *sein* Jesus-Buch geschrieben: keine Biographie, keine Christologie, sondern »ein Lebensbild, geformt aus den verschiedenen Aspekten seiner Erscheinung und so lebendig und anschaulich erzählt, wie Stoff und Autor es hergeben«.

»Von Jesus aus Nazareth muß man erzählen – um seinetwillen, weil er ein leibhaftiger Mensch war, und um der Zeitgenossen willen, damit sie ihn gleichfalls leibhaftig sehen. Dazu muß man unten einsetzen, auf der Erde, nicht im Himmel, in Raum und Zeit, nicht in der Ewigkeit, bei Jesu Geschick, bei seinen Worten und Taten, bei seinem Glauben, Verkündigen und Verhalten, bei seinem Leiden, Sterben und Auferstehen«. So umreißt Heinz Zahrnt die Intention seines Jesus-Buches: Nicht der Versuch (im üblichen Sinn der Gattung) eine neue Jesus-Biographie zu schreiben (was mangels historischer Quellen unmöglich ist), auch keine »neue Christologie«, sondern auf der Grundlage der historischen Überlieferung eine Verbindung von beidem.

Zahrnt teilt seinen Stoff in vier Teile: Im ersten – »Zwischen den Zeiten« – schildert er die weltgeschichtliche Bühne, auf der Jesus von Nazareth auftreten wird: Palästina unter römischer Herrschaft, die Welt des zeitgenössischen Judentums und der römisch-hellenistische Kulturkreis.

Im zweiten, umfangreichsten Teil geht es um Jesus selbst als den »Anfänger des Glaubens«: Das Auftreten des Mannes aus Nazareth, seine Lehre und ihre Wirkung auf seine Zeitgenossen, aber auch ihre Bedeutung für unsere Zeit. Hier werden Leben und Glauben Jesu erzählt, zugleich aber auch zahlreiche »theologische« Fragen gestellt und beantwortet.

Im dritten Teil, »Der Vollender des Glaubens«, wird der Konflikt geschildert, der zu Ende und neuem Anfang geführt hat: Kreuzigung, Tod und Auferstehung Jesu.

Im letzten Kapitel schildert Zahrnt die Entstehung des Christentums, wie aus dem Glauben und Verkündigen Jesu die Kirche aus Juden und Heiden wurde und warum gerade sie sich gegenüber den vielen Religionen der antiken Welt durchgesetzt hat.

Piper 1/16

PIPER